마르틴 호네커

신학윤리학

 참조는 저자의 설명임.
* 표시는 옮긴이 설명임.

마르틴 호네커

신학윤리학

Einführung in die
Theologische Ethik

Martin Honecker

마르틴 호네커 지음

유석성 감수

오희천 옮김

종문화사

감수자 서문

우리시대에 기독교윤리학의 대표적 교과서라고 할 수 있는 두 권의 책이 있다. 마르틴 호네커(Martin Honecker 1934~2021) 교수의 신학윤리학개론(Einführung in die Theologische Ethik, 1990)과 사회윤리학 개설(Grundriß der Sozialethik, 1995)이다. 기독교 윤리학 분야에 독일에서 출판된 많은 책들이 있지만 이 두 책들은 압권이라 할 수 있다.

마르틴 호네커(Martin Honecker) 교수는 1934년 5월 2일 독일의 남부도시 울름(Ulm)에서 목사인 칼 호네커(Karl Honecker)의 아들로 태어났다. 울름은 물리학자 아인슈타인(Albert Einstein)의 고향이며 세계에서 가장 높은 교회탑이 있는 곳으로 유명한 도시이다.

독일 튀빙겐(Tübingen)대학교에서 박사학위를 받고 조교수로 있다가 본(Bonn)대학교에서 1969년부터 1999년 정년퇴직 할 때까지 사회윤리학 교수로 재직하였다. 호네커 교수는 독일을 대표하는 신학윤리학, 사회윤리학 교수였다. 2021년 6월 2일 별세하였다. 1993년 한국을 방문하여 여러 대학에서 강의를 한 바 있다. 호네커 교수는 신학만이 아니라 법학에도 조예가 깊었다.

호네크 교수는 이 책에서 윤리의 신학적 근거들을 제시하며, 신학윤리와 사회윤리의 기본개념들, 즉 자유, 정의, 율법과 복음, 칭의와 성화, 선행, 인간의 존엄성, 자연법, 양심, 사랑의 개념, 십계명, 책임윤리로서 사회윤리 등을 다루고 있다.

『신학윤리학』의 출판을 위해 출판비를 지원해준 단해그룹 엄주섭 회장님과 은혜마을에 감사드린다. 출판을 맡아 수고한 종문화사에 고마운 뜻을 전한다.

2024년 1월 10일

유 석 성

차례

차례

서 문

1.

'신학적 윤리학 입문'[1]을 직접 저술하려고 시도해 본 사람은 그 작업이 얼마나 어려운 작업인지 절실하게 느끼게 될 것이다. '입문' 은 어떤 사실을 소개하여 알려주며, 그 사실을 신뢰하도록 만드는 작업이다. 소개하는 사람은 어떤 주제나 대상 또는 실태를 개괄적 으로 보여주고자 한다. 그러나 소개하는 작업은 또한 '숙지시키는 작업'이기도 하다. 이같이 이중적인 의미에서 볼 때, 한편에서 '입 문'은 윤리학적 물음들을 개관하는 것이며, 다른 한편에서 윤리학적 논쟁으로 이끌어주는 것이기도 하다. 그러나 신학적 윤리학이 소개 하려는 '사태'는 무엇인가? 만일 신학적 윤리학의 과제와 목표설정 이 중요하다면, 오늘의 개신교 신학에서는 도대체 이론의 여지없이 중요한 것이 무엇인지 명확하지 않다. 사람들은 신학적 윤리학의 목적에 관해 다양한 의견을 가질 수 있다.

첫째, '신학적 윤리학'은 윤리학과 기독교인의 행위에 '신학적 근

---

[1] * 원서의 제목은 『신학적 윤리학 입문』(Einführung in die theologische Ethik)이다. 그러 나 이 책의 제목을 『신학윤리학』으로 하였다.

거를 마련해 주는 것'이라고 생각할 수 있다. 단적으로 말해 신학적 윤리학은 교의학이나 성서의 신학적 진술들을 기독교인의 행위와 삶에 적용해야 한다. 이때 신학적 진술들이 제공해 주는 근거는 무엇보다도 정당성을 보장해 주는 역할을 한다. 쇼펜하우어가 분명하게 말했듯이 "도덕적으로 설교하는 것은 쉽지만, 도덕적 근거를 제시해 주는 것은 어렵다." 여기서 "도덕적으로 설교하는 것"은 도덕적으로 살도록 촉구하는 것이다. 그러나 우리는 도덕적으로 요구된 것과 윤리적으로 올바른 것이 무엇인지, 책임질 수 있는 것이 무엇인지 언제나 확실하게 알 수 있는가?

둘째, 따라서 신학적 윤리학은 윤리적으로 유의미한 실태들을 '알려주는 것'이며, 윤리적 논증들을 '소개해 주는 것'이라고 생각할 수도 있을 것이다. 그렇다면 윤리학은 오히려 서술적이고 분석적이라 할 수 있다. 그렇다면 그런 윤리적 견해에 핵심적 문제가 되는 것은 사실 제시, 즉 일반적인 윤리적 가치평가와 신학적 가치평가를 중재해 주는 것이다. 그렇다면 특별히 기독교적인 것, 즉 윤리학의 기독교적 고유성은 무엇인가? 그리고 이런 기독교적 고유성은 어떻게 적절하게 실현될 수 있겠는가? 윤리학에 관한 그런 견해가 필연적으로 신학적 관점들의 포기를 요구하지는 않는다. 그러나 근거물음은 다른 문제이다. 여기서 '논증'은 정당화하는 것이 아니라 근거를 제시하고 논점을 신중하게 고려하는 것을 의미한다. 확신시킨다는 의미에서의 논증은 왜 사람들이 특정한 가치평가와 제안에 도달하게 되는지 그 이유를 설명하는 것이다.

마지막으로 신학적 윤리학은 성직을 수행하는 신학자들을 위한 윤리학이라 할 수도 있다. 이때 '성직수행'은 슐라이어마허에 의하면 성직을 직업으로 수행한다고 할 수 있다. 사실 신학으로부터 '유래한' 윤리학 이외에도 신학과 교회를 '위한' 윤리학, 즉 일반적인 윤리적 기준들과 척도들에 근거하여 신학적 진술들과 교회의 요구들을 평가하고 교회의 법규에 따른 행위를 평가하는 윤리학이 있다. 신학적 윤리학은 종종 목회윤리학, 즉 목사의 직무수행을 위한 길잡이로 이해되기도 했다. 예를 들어 기독교적 주장들의 신뢰성이 중요한데, 이런 신뢰성은 교회에서의 고유한 실천은 물론 일반화 가능성과도 밀접한 관계가 있다. 인권, 관용, 심지어 신앙의 자유에 대한 요구, 다원주의와의 교류, 설득하고 화합할 수 있는 능력은 교회 내적으로도 중요하며 교회 밖을 향한 요구들의 신뢰성을 좌우하는 시금석이기도 하다.

이 연구서에서 논의된 내용들은 핵심적인 세 가지 목표들을 충족시키고자 한다. 당연히 나는 결코(절대적인) 신학적 논증을 시도하지 않을 것이다. 왜냐하면 그런 유형의 논증은 이데올로기적인 제재와 합법화를 위해 악용되기 쉽기 때문이다. 따라서 나는 무엇보다 우선적으로 윤리학의 활동분야를 기술하고 측정하는 데 치중하고자 한다.

제1장은 연구과제에 관해 서술한다.

제2장에서 "윤리학의 신학적 전제들"이 소개될 것이다. 이때 "전제들"이란 표현을 사용한 것은 기초신학, 신학적 인간론과 교의학에서도 논의될 수 있는 신학적 근거제시가 중요하기 때문이다.

제3장에서는 "윤리적 근거개념들"이 다루어진다. 나는 특정한 윤리적 방법론과 이론만이 타당하다는 생각을 단호히 거부한다. 윤리학적 논의의 단초들과 방법론의 다원성은 교재와 연구서가 고려해야 할 사실이다. 우리는 어떤 경우이든 다양한 단초들과 물음들을 종합하고자 시도할 수 있다. 이런 시도에는 아무런 구체적인 방

법론도 제시되어 있지 않다고 비난할 수도 있다. 그러나 나는 이 '입문서'에서 사안들을 명료하게 설명함으로써 윤리적 논증방식들이 간접적으로 드러나도록 할 것이다. 그러나 나는 이 입문서에 어떤 윤리학적 방법론도 들어있지 않음을 잘 알고 있다.

　　제4장의 "규범들과 가치들"은 개신교 윤리학에서 특히 논란이 되는 주제를 다룬다. 가톨릭의 도덕신학이 전통적으로, 특히 자연법에 근거하여 그리고 결의론적(決疑論的) 법해석 방식을 따라 기존의 척도와 규범에서 출발하는데 반해, 개신교 윤리학은 종종 단지 윤리적 주체의 특수한 상황, 즉 실존적인 요구를 중요하게 생각하거나 아니면 의식적으로 상황윤리를 지향한다. 물론 규범과 가치에 대한 물음을 간과할 수 없기는 하지만 말이다. 규범과 가치에 대해 '개신교적인' 접근방식과 논의방식이 있는가? 단지 성서를 규범으로 제시하는 것만으로는 아직 충분하지 못하다. 성서주석과 윤리적 성찰 사이에는 분명 간과할 수 없는 괴리가 존재한다. 이 둘은 전혀 다른 언어를 말하고 있기 때문이다.

　　제5장의 "기독교 윤리의 기원"은 의식적으로 "기원"이란 단어를 사용한다. 이 단어를 사용한 것은 기독교적 신앙과 삶의 근원을 상기시키기 위해서이다. 역사비평적 주석은 — 성서가 윤리학의 규범이라는 근본주의적 견해와는 달리 — 성서의 본문을 무시간적으로 타당한 권위와 규범으로 인정할 수 없다. 따라서 사실에 근거하여 논증하지 않고 단지 피상적으로 성서가 윤리학의 규범이라고 주장해서는 안된다. 더 나아가 성서와 현재의 상황 사이에는 성서를 수용하고 해석한 역사가 있음을 생각해야 한다. 신학적 윤리학의 역사를 고려하는 것은 그런 점에 주목하도록 하기 위함이다. 이런 연관성에서 개신교 윤리학의 고유한 신앙적 특성도 설 자리를 발견할 수 있다. 개신

신학윤리학

교 윤리학의 이런 특성은 루터에게서 발견될 수 있다.

제6장의 "사회윤리의 근본물음들"은 실질적 사회윤리를 함께 다루어야 하는 2권으로 이어진다. '사회윤리'의 주된 개념은 책임윤리이다. 이런 사회윤리는 다양한 삶의 영역들의 윤리를 경제윤리의 관점에서 전개할 것이다. 생명과 건강(의료윤리), 결혼생활, 가정과 성생활, 환경세계로서의 자연, 정치와 국가, 산업과 국가 등은 우리가 보존하고 조성하며 더욱 발전시켜야 할 자산으로 우리에게 맡겨져 있다. '신학적 세계관'은 (두왕국설이나 그리스도의 통치처럼) 우리의 현존과 생명과 함께 총체적으로 주어져 역사를 통해 이어져 온 그런 자산의 의미를 해석한다. 그런 다음에는 사회윤리의 결론으로서 사회 속에서 교회의 역할이 무엇인지 생각해 보아야 한다.

이 책 마지막 제7장은 "윤리학의 한계"를 지적한다. 중요한 것은 윤리학은 인간 삶의 모든 영역을 다루는 것이 아니라 단지 인간 실존의 중요한 측면만을 다룬다는 점이다. 개신교의 신앙고백에 의하면 인간은 자신의 업적에 의해 살지 않는다. 인간은 하나님의 피조물이며, 하나님의 은혜에 의해 산다. 그리스도인은 그런 사실을 특별한 방식으로 이해한다. "의인은 믿음으로 말미암아 산다."

2.

윤리학의 논증유형에서 볼 때 특별히 고려해야 할 점이 있다. "윤리학에 대한 수요"가 대단히 크다. 따라서 출판사도 저자에게 이 책의 출판을 강하게 요구했다. 윤리학과 윤리학자는 사회적 담론에서 동반자의 관계에 있다. 윤리학의 기여에 대한 물음이나 심지어 윤리학의 대답에 대한 물음이 종종 제기된다. 지금 '윤리학'은 좋은 기회를 맞이하고 있다. 윤리학(또는 윤리학자)이 대립적인 사회적 논의들에 기여해야 한다는 요구가 크다.

윤리학은 이런 요구를 어떻게 만족시킬 수 있는가? 이 물음에 대답할 수 있기 위해서는 우선 윤리학에 대한 "수요"의 본질이 도대체 어디에 있는지 설명하는 것이 중요하다. 무엇인가 필요하다고 말하는 사람은 부족한 것이 있다는 느낌을 주어야 하며, 부족한 것이 채워지기를 바라는 간절함이 있어야 한다. 그는 필요를 느끼며, "욕구"를 가진다. 윤리학에 대한 그런 욕구는 당연히 주관적일 수 있다. 우리는 종종 이런 결핍을 객관적으로 - 적어도 출발에 있어서는 - 제시하기보다는 오히려 윤리적 방향설정의 결함을 지적한다. 그럴 경우 윤리에 대한 호소는 대단히 공허하다. 분명한 것은 윤리학에 대한 욕구 또는 좀더 신중하게 말해 도덕적 진술들에 대한 필요가 있다는 것이다.

예를 들어 유전공학의 전망에 관해 논의할 때는 신학자들도 장차 이 분야에서 무엇이 옳으며 무엇이 옳을 것인지 알지 못했다는 비판을 경청해야 한다. 이런 비판에 의하면 유감스럽게도 오늘의 사회에서는 무엇이 도덕적으로 올바른지 아닌지 단적으로 자명하게 말할 수 있는 어떤 심의기관이나 도덕적 권위자도 존재하지 않는다. 따라서 윤리학에 대한 요구가 빈번하게 발생하는 것은 일반화된 불확실성 때문이다. 물론 불확실성이 언제나 속수무책일 정도는 아니다. 정치가들과 대표적인 여론기구들은 종종 신학과 교회가 도덕의 수호자 역할을 해달라고 요구한다. 윤리학이 대답할 것을 요구하는 주제들은 시대와 상황에 따라 다르다. 단지 유전공학이나 아니면 원자력의 윤리적 책임만이 논의대상은 아니다. 평화정책, 가령 위협이론, 망명권의 윤리적 가치, 외국인과 이주자 문제의 정치적 해법과 관련해서도 교회는 입장을 표명한다. 예를 들어 공중

위생 개혁을 계기로 신학적 윤리학과 교회교육이 성숙함, 개인책임과 연대책임에 대해 무엇을 말하느냐 하는 물음이 제기된다. 주말 노동의 확대가 쟁점이 될 경우 노동조합과 고용주는 일요일의 기독교적 의미를 그들의 이해관계에 따라 다르게 해석하고자 한다. 더이상의 사례는 불필요하다. 물음이 야기될 수 있는 사례들은 차고 넘친다. 신학적 윤리학은 이런 사례들에 대해 무슨 말을 하는가?

당연히 이 윤리학 책이 어떤 목적에 기여하는지 검토해야 한다. 윤리학에서(또는 윤리학자들이나 성직자들에게) 모든 문제를 해결하는 말을 기대하는 것은 지나친 요구일 것이다. 왜냐하면 사실에 관한 모든 문제들에 있어서 윤리학자는 사실과 논란거리를 정확하게 알고자 하여 사려 깊게 생각하는 사람들보다 더 높은 지식과 더 나은 견해를 가지고 있지 못하기 때문이다. 그렇지만 사람들은 대체로 자신의 의견과 입장을 사려 깊게 생각하라고 권고할 수 있는 조언자를 전혀 원하지 않는다. 그들은 자신의 위치를 확고히 하고 이익을 얻기 위해 교회나 윤리학의 권위를 찾는다. 그럴 경우 윤리학을 찾는 이유는 무엇보다 자신의 의견과 비판을 정당화하거나 아니면 수세에 몰린 자신의 입장을 강화하기 위해서이다. 좀더 높은 도덕법을 요구함으로써 자신의 정치적 요구들을 관철시키고자 한다. 때로는 정당화에 대한 욕구와 도덕계몽에 대한 관심이 '윤리학에 대한 수요'가 있어야 한다는 요구를 촉발한다. 왜냐하면 자기 자신과 자신의 일이 도덕적이라고 주장할 수 있는 사람은 좀더 쉽게 정치적 입지를 확보할 수 있기 때문이다. 이를 통해 윤리학은 정치적 입지를 위한 도구가 된다. 이와 함께 윤리학의 필요는 도구화되며, 행위의 옳고 그름과 삶에서 선이나 악이 무엇인지 구체적으로 알려 하기보다는 오히려 다른 목적을 위한 도구가 된다. 그렇게 형성된 수

요나 그렇게 구체적인 목적에 부응하는 윤리학은 이데올로기가 된다. 이럴 경우 윤리학에 대한 수요는 윤리학자로 하여금 책임적이고, 사실적으로 윤리학자의 '고유한' 역할을 수행하고 근거를 제시하기보다는 오히려 윤리학자로서 조언하고 추천하고 지시하고 규범을 정하는데 관여하게 만든다. 어떤 윤리학도 삶의 모든 경우에 적용할 수 있는 판단들을 비축해 두었다가 제시해 주지 않는다. 윤리학은 오히려 새로운 도전에 직면한 사람들, 새로운 상황에서 새로운 과제를 접하고 당황한 사람들에게 조언해 주는 역할을 한다. 윤리학이 할 수 있는 일은 그런 당혹스런 상황에 접했을 때 합리적으로 대처할 수 있는 방안을 제시해 주는 것이다.

윤리학의 과제가 공동체의 방향설정에 대화 상대자로 참여하는 것이라면 윤리학의 수요가 실제로 존재하는 것이 분명하다. 그렇다면 윤리학의 과제는 단정적인 대답을 제시해 주는 것이 아니라 간과된 불편한 관점들을 드러내 보여주는 것이며, 침묵하는 사람들과 침묵이 강요된 사람들의 소리가 되는 것이며, 시야를 넓혀 먼 미래를 내다보며 포괄적인 관계들에 주목하는 것이다. 간단히 말해 함께 생각하고, 신중하게 생각하고, 서로의 의견을 경청하도록 촉구하는 것이다. 따라서 윤리학의 논증은 대화 형식이어야 한다. 다른 의견들에 대한 관용과 개방성이 필요하다. 반론을 수용하고 고려할 준비가 되어 있어야 하며, 반대 근거들을 인정할 줄 알아야 한다. 윤리학 자체는 신중하고 다원적이며 선구적이 된다.

3.

물론 윤리학의 과제를 그렇게 개방적이고 문답식으로 이해하는 것은 구속력이 없고 상대주의에 빠지게 된다는 비판을 받는다. 윤리학에 관한 그런 관용적이고 '진보적인' 견해에 대한 비판의 주된 내용은 절대적인 규범을 인정하지 않으려 하고 옳고 그름과 선과 악의 구분을 모호하게 만든다는 것이다. 복잡한 상황으로 인해 결정하기가 쉽지 않다고 주장하는 것은 단지 윤리학적 요구의 명료성을 흐리게 할 뿐이라는 것이다.

이제 절대적인 구속력과 권위의 필요성에 관해 논의해 보자. 성직의 권위에 관해 상반된 주장을 하는 가톨릭의 도덕신학은 이런 논의의 대표적인 예일 수도 있다. 교황 바오로 6세가 "인간생명"(humanae vitale, 1968)이란 회칙을 반포한 이후 성도덕을 둘러싼 논쟁들이 일어나게 되었는데, 이런 논쟁들은 성직자의 "제한 없는"(nihil obstat) 교육권한이 도덕신학자들에게 금지되는 결과를 낳았다. "자율적 도덕"을 둘러싼 논쟁이 일어난 것도 이런 상황에서였다. 또 다른 예는 "해방신학"을 둘러싼 논쟁이었다. 때문에 우리는 가톨릭 교회의 세 번째 "현대주의 위기"에 관해 말한다. 첫 번째 '현대주의 위기'는 프랑스 혁명의 결과에 관한 견해차에서 점화되어 교황제도와 성직체계에 관한 전통적인 보수적 이론과 정치적 자유주의 사이의 갈등으로 이어졌다. 갈등의 내용은 국가관, 인권, 특히 종교적 자유에 관한 것이었다. 두 번째 '현대주의 위기'는 성서해석과 교리사에 역사적─비평적 방법론을 적용하자 교황 비오 10세가 "내 양을 먹임"(pascendi dominici gregis)이라는 회칙을 반포함으로써 야기되었다. 세 번째 '현대주의 위기'는 단순히 제2차 바티칸공의회의 결과일 뿐만 아니라 바로 윤리학에서 나타나게 되었는데, 이것은 결코 우연이 아니다. 공의회 이후의 전개상황을 보고 사람들은 도덕의 와해를 염려하여 절대적 규범들을 다시 철저하게 적용하고자 했다. 교도권의 권위는 명증성과 합리적 확신을 신뢰하여 윤리적 주체의 자율과 책임을 존중하는 도덕신학을 거부했다. 소통능력, 관용과 개방성은 교도권에 직면할 때 자기책임에 복종하는 것보다 더 높이 평가하는 것이 윤리학의 특징들이다.

그러나 불가침적 권위에 대한 요구는 가톨릭의 도덕신학에만 있는 것은 아니다. 개신교 근본주의는 절대적 규범인 성서의 권위에 의존한다. 신앙고백에 근거하여 윤리학 이론을 전개하면 윤리학은 "신앙고백의 자리"(status confessionis)가 되지 않으면 "윤리적 이단"이 된다. 그렇게 되면 논증 대신 신앙고백이 등장하거나 아니면 "예언자적" "징표를 보여주고자 하는" 과시적 행위가 등장한다. 그렇게 되면 사람들은 윤리적 판단형성에 따르는 어려운, 때로는 단지 그럴듯해 보이는 이성적 고찰을 생략하거나 완전히 피할 수 있을 것이라고 생각한다. 이와 달리 개신교 신학은 윤리적 판단형성을 위해 기독론의 "확고한 기초"에 근거하는 경향이 있다. 나사렛 예수의 복음과 역사에 초점을 맞추어 기독교인의 신앙과 삶의 방향을 설정하는 것과 나사렛 예수를 그리스도로 고백하는 것은 기독교 신학의 본질적 특성이다. 그러나 예수 그리스도에 대한 고백을 기독론 형식으로 제시하는 것은 다시 한번 비판적으로 검토될 수 있다. 그리고 이런 비판적 검토를 통해 우리는 서로 다른 기독론이 있을 수 있음을 인식하게 된다. 따라서 '기독론'은 단지 기독교인들의 모든 생각과 행위가 지향해야 할 좌표라 할 수 있다. 그러나 기독론은 모든 윤리적 물음을 손에 쥐어주듯 대답하는 보편적 인식원리를 제시해주지는 않는다. 기독론이 윤리적 논의를 대체할 수 없으며, 이성적으로 공감할 수 있는 규범발견 과정과 판단형성 과정을 대신할 수는 없다.

그밖에도 모든 윤리학과 마찬가지로 신학적 윤리학에도 또 다른

신학윤리학

어려움이 있다. 구체적인 윤리적 결정들은 "복합적인" 사태들과 관계가 있다. 여기서 "복합적"이란 한편에서는 경험적 여건들과 사실들을 고려하고, 다른 한편에서는 윤리적 가치판단을 고려해야 함을 의미한다. 대체로 여건들은 단적으로 판단할 수 있는 방식으로 주어지지 않는다. 이런 현상은 원자력 에너지, 정보처리 기술이나 유전공학과 같은 새로운 기술들을 평가할 때 특히 두드러지게 나타난다. 극한치, 위험요인, 위험감수 의지, 결과예측은 단적으로 측정될 수 없다. 그렇지만 이런 예측 불가능성은 아직 우리에게 익숙하지 않은 기술들의 경우에 훨씬 더 강하게 나타난다. 대체로 적응과 습관은 사실정합성이나 상황정합성과 인간다움과의 관계에 대한 물음이 경제윤리를 논의할 때 언제나 제기된다는 사실을 간과하게 한다. 위에서 언급했듯이 윤리학의 필요성에 대한 재발견은 현실의 불확실성에 직면하여 확실성을 보증하고 매개해주는 윤리학이 요구되기 때문이다. 신학적 윤리학은 때때로 단정적으로 말하고 그리스도의 주권에 대한 절대적 요구를 강화함으로써 이런 요구에 부응하고자 한다. 신학적 윤리학의 논증유형이 냉혹한 대안들을 제시하는 것은, 그리고 하나님과 원자력 또는 하나님과 자본주의 중에서 하나를 선택하는 것과 같은 명백하지만 단순히 방향을 제시하는 양자택일의 선택을 요구하는 것은 바로 이런 이유 때문이다. 이런 단언적인 주장은 결국 단순한 논쟁으로 끝나기 쉽다.

신학적 윤리학이 단순한 논쟁과 시대비판으로 귀결되지 않으려면 무엇보다 중요한 것은 사실정합성과 인간다움 사이의 괴리를 조정하는 것이다. 따라서 신학적 확신에서 출발하는, 연역적으로 엄격하고 절대적인 윤리적 요구들을 주장하는 것은 바람직하지 못하다. 오히려 윤리적 성찰을 이끌어내기 위해 중요한 것은 불확실성으로부터 논의를 시작하는 것이다. 따라서 윤리적 성찰은 언제나 자기성찰과 회의적 사고를 수반한다. 따라서 이 책에서 소개된 모든 윤리적 성찰들은 더 나은 통찰과 교육을 위한 예비적 시도이다. 이 책에서 제시된 모든 성찰들은 더 설득력 있는 다른 성찰들과 마찬가지로 삶의 관계들에서 일어나는 현실적인 문제들을 미리 파악하여 대안을 제시할 수 있다. 이런 의미에서 이 책은 의식적으로 특정한 논의상황과 특정한 시대경험과의 관련성을 모색한다. 윤리적 성찰들은 또한 우리가 처한 현실의 불확실성과 대안 없음을 솔직하게 인정해야 한다.

4.

마지막에 이 책의 원고가 의심의 여지없이 완전하게 마무리되었다면, 이것은 전적으로 다양한 조언들 덕분이다. 드 그루이터 출판사의 벤첼(Wenzel) 교수는 늘 나에게 원고를 재촉했다. 본(Bonn) 대학교 개신교 신학부의 사회윤리연구소의 열악한 환경에도 불구하고 에르나 폰 갈렐라(Erna von Gallera) 여사와 크리스티아네 귄터(Chritiane Günther) 여사 이외에도 많은 학생들이 원고를 작성하고 수정하는 일에 도움을 주었다. 많은 물음들과 문제들에 적극적인 지원과 조원을 아끼지 않은 하르트무트 크레스(Hartmut Kreß) 박사와 신학과 학생 토비아스 슐링엔지펜(Tobias Schlingensiepen) 군에게도 감사한다. 특히 필자의 아내는 내가 회의적인 생각으로 이 저술을 포기하지 않도록 격려해 주었고 용기를 북돋아 주었다.

그럼에도 여전히 주저하는 마음이 남아 있었다. "많은 책을 짓는 것은 끝이 없고."(전 12:12) 스스로 책임지는 삶을 위해 결정적인 통찰은 책을 통해 얻어지는 것이 아니라 경험을 통해 그리고 윤리적으로 책임지는 삶을 실천한 선각자들의 예에서 얻어진다는 사실은 분명하다. 그러나 책은 사람들이 우리에게 부과된 과제들에 관해 성찰하도록 하는 데 기여할 수는 있을 것이다. 성찰은 대체로 기억에 근거한다. 그러므로 이 책의 목표는 기독교 전통을 상기시키고, 이를 통해 현재 윤리학이 직면한 도전들이 무엇인지 밝히는데 기여하는 것이다.

1990년 1월 1일 본(Bonn)에서
마르틴 호네커(Martin Honecker)

1장
서론 : 윤리학의 개념과 문제제기

1. 윤리학, 에토스, 도덕

1.1. 개념설명

윤리학(Ethik)은 아주 자명한 학문분야라 할 수 있다. 선(善, das Gute)을 권장하고 악(惡, das Schlechte)을 억제하는 것은 모든 윤리학에 공통된 원칙이기 때문이다. 선과 악을 구분하는 것은 윤리학의 기초이다. 더 나아가 신학적 윤리학은 선은 하나님의 뜻에 합치하는 것이고 악은 하나님의 뜻을 거역하는 것이라는 주석적 전제에서 출발한다. 비셔(Friedrich Theodor Vischer)에 의하면 "도덕적인 것은 자명하다."

그러나 쇼펜하우어의 생각은 다르다. "도덕적으로 설교하는 것은 쉽지만, 도덕적 근거를 제시하는 것은 어렵다."[2] 그리고 마르크스는 『거룩한 가정』(Die Heilige Familie)에서 단언했다. "공산주의자들은 어떤 도덕도 설교하지 않는다." "이상적 가치의 관점에서 정

---

2) Arthur Schopenhauer, *Preischrift über die Grundlagen der Moral*, Werke, ed. von P. Deussen, 3Bd. 1912, S. 573.

당성이 인정된 훌륭한 도덕은 실천에 있어서는 무능력하다." 마르크스에 의하면 역사의 경제적 운동법칙이 도덕적 요구를 대신한다. 역사이론이 윤리학을 대체한다. 그렇다면 마르크스주의 윤리학에 대한 물음은 역사해석과 경제적 사회론의 생산력에 대한 물음이다.[3]

'윤리학'이란 개념과 학문분야는 '윤리학 이론'(ἠθικῆς θεωρίας)이란 개념을 처음 사용한 아리스토텔레스에게까지 소급된다.(Anal. post 89 b 9) 아리스토텔레스는 에토스('ἦθος', 거주지, 습관, 관습, 풍습)에서 유래한 '윤리적'이란 단어와 함께 소크라테스와 플라톤이 소피스트와 대결할 때 당면했던 문제, 즉 어떻게 하면 폴리스의 관습과 제도들의 정당성을 입증할 수 있느냐는 문제를 다루었다. 아리스토텔레스 이후 윤리학은 법, 관습과 습관에서 규정된 폴리스에서의 삶의 근거에 대해 묻는다.[4] 이제 윤리학은 더 이상 단지 전통과 전승의 권위에만 의존하지 않고 이론적 고찰에 관심을 가지게 된다. 윤리학은 인간이 삶과 행위(Leben und Handeln, πρᾶξις)에서 도달할 수 있고 이용할 수 있는 최고선을 추구한다. 아리스토텔레스에 의하면 최고선은 행복(Glück, εὐδαιμονία)인데, 행복은 그 자체가 목적이다.(Ethik. Nic. 1097 a 34ff.) 그 자체가 목적인 행복의 본질은 "덕에 따른 영혼의 실현"(ψηχῆς ἐνέργεια κατ' ἀρετήν)이다.

덕(德, Tugend)에 따른 영혼의 실천을 위한 전제는 폴리스에 사

---

3) 참조. Leszek Kolakowski, *Der Mensch ohne Alternative. Von der Möglichkeit und Unmöglichkeit, Marxist zu sein*, Münschen 1964; ders, *Hauptströmungen des Marxismus*, München 1977-79, 1981, 2. Auflage; Milan Machovec, Vom Sinn des menschlichen Lebens, München 1964.

4) Aristoteles, Ethik. NIc. 1180 b 3; 참조. W. Kluxen, *Ethik des Ethos*, 1974.

는 자유민의 이성적 통찰력이다. 윤리학은 덕에 관한 이론이다. 그리고 덕은 실천적 태도이기 때문에 윤리학은 실천철학이다. 윤리학의 과제는 선을 위해 인간이 취해야 할 태도가 무엇인지 제시하고 그런 태도가 습관이 되도록 하는 것이다. 아리스토텔레스에 의하면 덕은 인간을 인간으로서 다른 생명체들보다 우월하게 하는 인간의 고유한 활동이다. 윤리학은 덕론이다. 윤리학은 선한 삶, 선한 행위, 올바른 태도에 관한 이론적 고찰이다.

그러나 윤리학(ἦθος)과 동일한 어원을 가지면서 동시에 '관습, 습관'(ἔθος)에서 유래하기도 한 '에토스'는 도덕적 근본태도를 가리킨다. 현대적 관점에서 보면 '에토스'란 단어는 개인의 도덕적 자세 또는 인간의 도덕적 태도, 윤리의 한 유형 전체를 가리키는 데 사용되기도 한다. 윤리학이 흔히 적절한 행동과 태도에 관한 이론적 성찰을 의미하는데 반해, '에토스'는 개인이나 공동체의 생활태도나 신념을 가리킨다.

'도덕'이란 표현은 원래 그리스어의 에티케(ἠτική)를 번역한 라틴어에서 유래했다. 키케로는 "도덕철학"(philosophia moralis)이란 용어를 처음으로 사용했다.(De fato 1) 'Moral'이란 단어는 관습을 의미하는 라틴어 모스('mos') 또는 모레스('mores')에서 유래했다.

오늘날 도덕은 공동체나 단체에서 수용되어 전통을 통해 정착된 태도규범 전체를 의미한다. 사람들은 '사람들'이 통상적으로 행하는 것을 '도덕'이라 부른다. 윤리학이 비판적 성찰과 논증적 근거 제시를 요구하는 데 반해, 도덕을 설명하기 위해서는 실제로 경험된 합의를 참조하는 것으로 충분하다.

1.2. 윤리학의 다양한 차원들

윤리학, 에토스 그리고 도덕에 관한 어원적 구분은 윤리학을 구분하는 첫 번째 단계이다. 윤리적 물음을 보다 정확하게 제시하기 위해서는 네 차원의 도덕적 고찰방식들이 구분될 수 있다. (a) 표현하여 주의를 환기하는 차원. (b) 도덕적 차원. (c) 윤리적 차원. (d) 메타윤리 차원.[5]

(a) 표현하여 주의를 환기하는 차원에서는 충동적이고 성찰하지 않는 즉흥적인 도덕적 평가가 이루어진다. 우리는 격정적으로 거절하거나 동의하는 감정을 표현하며, 직설적으로 '그래서는 안돼'라고 말한다. 그렇지만 그런 충동적이고 즉흥적인 표현은 직접적인 감정을 더 이상 비판적으로 검토하지 않는 위험에 빠진다. 그런 격정적인 감정은 착각을 일으키거나 잘못된 선택을 야기할 수 있다. 예를 들어 빈사 상태에 있는 사람의 호흡을 따라 숨을 쉬는 사람은 견디기 힘들고 생각할 수 없을 정도로 고통스러울 것이다. 빈사 상태에 있는 사람은 더 이상 의식이 없기 때문이다.

(b) 도덕적 차원에서는 구체적 과제를 맡은 사람에게 이러저러한 구체적 경우에 무엇을 해야 하느냐는 물음이 제기된다. 특정한 상황에 처할 때 즉각적으로 발생하는 물음은 내가 하고 있거나 하고자 하는 것이 진실로 선한가 하는 것이다.

도덕적 차원에서 우리의 과제는 개별적인 윤리적 결정들을 위해 합리적 근거들을 마련해 주어 결정의 정당성을 보증해 주는 것이다. 전통적으로 윤리적 판단과 결정의 정당성은 근본명제들을 통

---

5) 참조. James Gustafson, *Situation contra Prinzipien*, ZEE 13, 1969, S. 16.

해 입증된다. 그런데 도덕에서는 윤리적 판단의 정당성이 근본적으로 '실천적 관점에서' 결정된다. 정당성은 구체적인 윤리적 판단, 즉 그때마다의 결정과 관련하여 결정된다. 이때 특히 중요한 것은 '상식적인 것', 즉 인간적으로 받아들일 수 있는 것이 무엇이냐 하는 것이다.

자비를 베푼 사마리아인의 태도는 그런 전반성적 도덕성을 대표한다.(눅 10:25) 사마리아인은 도대체 누가 그의 이웃이냐 하는 이론적 고찰을 하지 않고 즉시 도움을 주었다.

(c) 윤리적 차원에서 비로소 논증들이 비판적으로 성찰되는데, 그런 성찰의 도움에 의해 특정한 윤리적 판단의 정당성이 결정된다. 윤리적 차원에서는 판단의 근거가 되는 논증들과 근거들과 규범들이 현실적으로 타당하고 적용할 수 있는지 검토된다. 도덕적 차원에서 이루어진 개별적 행위들과 판단들의 전반성적 근거가 윤리적 차원에서는 중요한 논제가 된다.

(d) 마지막으로 메타윤리 차원에서는 도대체 윤리적 판단이란 무엇이며 그런 판단이 무엇을 위해 필요하냐는 물음이 제기된다. 메타윤리 차원에서는 미적 판단과 윤리적 판단의 차이에 관한 논의가 이루어진다. 이 차원에서는 무엇이 윤리적 판단들의 기준이며, 이런 판단들이 선과 악이란 단어를 마찬가지로 가치 있는 것으로 인정하면서 사용하는 다른 언어사용과 어떻게 다른지 논의된다. '이웃을 돕는 것은 좋은 일이다'와 같은 명제는 '이 물고기는 맛이 좋다'라든가, '이 그림은 잘 그린 그림이다'라든가, '이 자동차는 잘 달린다'와 같은 명제들과 어떻게 다른가?

메타윤리는 주로 앵글로 색슨어 계통의 언어를 사용하는 지역에서 논의되었다.[6] 그곳에서 주된 논의 주제는 윤리학의 학문성이었다. 조지 무어(George Edward Mooore, 1873-1958)의 『윤리학』(Ethics, 1914) 이후 윤리학의 학문성에 관한 이런 문제제기는 '자연주의적 오류추리'(naturalistischer Fehlschluß)를 표어로 하여 논의되었다. 존재로부터 당위성을 추론하는 것은 타당한가? X가 유용하기 때문에 X를 해야 하는가? 예를 들어 속이는 것이 유용하기 때문에 속일 수 있거나 속여야 하는가? 아니면 낙태가 유용하기 때문에 - 예를 들어 유산이 인구팽창을 완화하기 때문에 - 낙태가 허용되는가? 무어는 서술적 존재명제로부터 규범적 당위명제를 추론하는 것이 부당함을 강하게 주장했다.

신학적 논의는 대체로 두 번째 차원과 관련하여 '나는 무엇을 해야 하는가?'(Was soll ich tun?) 하는 구체적인 물음에 대해 실천적인 대답을 시도한다. 다양한 차원들의 구분은 다양한 문제제기들을 해명하는 데 특히 중요하다. 소위 신학적 윤리학의 '기독론적 근거'가 도덕적 차원이나 윤리적 차원에서 - 아니면 심지어 메타윤리의 차원에서 - 논의될 수 있느냐 하는 물음은 대단히 중요하다. 이런 물음은 후에 윤리학과 신학의 관계를 설명할 때 다시 논의될 것이다.

윤리학과 달리 '도덕'은 원래 관습적이다. 도덕은 관습과 관례에 근거한다. 관습과 관례는 윤리적 논의 이전 단계에서 이루어진다. 모든 사람이 행하는 것을 '평균도덕'이라 한다. 통상적인 도덕을 기

---

6) 참조. Hans Biesenbach, Zur Logik der moralischen Argumentation. Die Theorie Richard M. Hares und die Entwicklung der Analytischen Ethik, Düsseldorf,1982; Werner Schwarz, Analytische Ethik und christliche Theologie. Zur metaethischen Klärung der Grundlagen christlicher Ethik, Göttingen 1984; Friedrich Kaulbach, Ethik und Metaethik. Darstellung und Kritik metaethischer Argumente, Darmstadt 1874; 특히 Annemarie pieper, Ethik und Moral. Eine Einführung in die praktische Philosophie, München 1985.

신학윤리학

준으로 하여 위로나 아래로의 일탈이 있을 수 있다. 더 나아가 도덕은 사회학적 관점에서 '도덕통계'의 형식으로 설명될 수 있다. 이와 달리 성찰된 윤리적 책임은 경험적으로 입증할 수 없다. 윤리학은 비판적 검토로서 언제나 도덕비판이다. 윤리학은 합리적인 인간적 실천, '올바른' 태도에 대해 묻는다. 윤리학의 목표는 윤리적 주체의 자율, 자유 그리고 책임성이 실현되도록 고취시키는 것이다. 이와 관련하여 비써트 후푸트(Visser't Hooft)의 관찰은 주목할 만하다.

> "내가 여러 해에 걸쳐 여러 나라를 순회하며 강의하는 가운데 특히 인상적인 것이 있었다. 어떤 새로운 것이 시작될 때는 언제나 – 그것이 새로운 종교이든 아니면 새로운 정책이든 – 즉시 새로운 도덕도 함께 발생한다. 가장 먼저 이전의 윤리학이 도전에 직면하게 된다. 사람들은 새로운 윤리학을 주창함으로써 자신의 의견을 관철시키고자 한다. 세상의 행불행이 자신이 주창하는 새로운 윤리학에 달려있다는 점을 강조하면서 말이다."

1.3. 새로운 도덕의 주제

새로운 도덕에 관한 최근 논의는 아주 다양한 주제들을 다룬다. 로마 가톨릭의 성무성은 1956년 2월 2일에 "새로운 도덕"이란 개념을 처음으로 사용했다. 교황 비오 12세(Pius XII)는 상황윤리, 즉 실존적이고 상황과 관련된 윤리학을 "새로운 도덕"이라 칭했다. 새로운 도덕은 무엇보다 성도덕과 부부도덕에서 인식의 변화를 야기했다. 교황 비오 12세는 새로운 도덕이 무절제와 통제할 수 없는 "부도덕"을 초래할 위험이 있다고 생각했다. 이런 우려와는 달리 50년 대의 교회 교도권은 가톨릭의 전통적인 도덕규범들의 절대적 가치를 더욱 철저하게 가르쳤다. 그러는 사이에 "새로운 도덕"은 성도덕에만 국한되어 논의되지 않았다. 비록 무엇보다 먼저 그리고 가장 두드러지게 인식의 변화가 나타난 것은 성을 대하는 태도에서이기는 했지만 말이다. 성도덕보다는 오히려 "가치관 변화"라는 주제가 훨씬 더 포괄적으로 사유되었으며, 미래의 윤리는 "새로운 가치추구"라고 생각하게 되었다.[7]

'새로운' 도덕을 지나치게 단순화하여 성적 규범들의 변화와 동일시하는 것은 분명 잘못이다. 왜냐하면 도덕은 단지 성도덕과 동일시될 수 있는 것처럼 오해되기 쉽고, 따라서 부도덕은 특히 성적 규범들을 위반하는 형태로 나타난다는 오해를 불러일으키기 쉽기 때문이다. 일반적인 성도덕으로부터의 해방이 자유를 위한 첫 걸음이라고 생각하는 것도 도덕을 성도덕과 동일시하는 것과 마찬가지로 잘못이다. 더 나아가 도덕을 성도덕에만 국한시키는 것은 도덕이 단지 개인의 사적 영역에만 관련이 있는 것처럼 오해를 불러일으키기 쉽다. 그럴 경우 도덕은 순전히 개인윤리로 이해되는데, 그와 반대로 사회에서는 '자율'과 '강제성'이 규정하는 힘으로 작용한다.

이제 마지막으로 수용성의 문제가 대두된다. 도덕은 각자의 개인적 삶을 통해 경험된 도덕이 된다. 삶, 즉 도덕의 구현은 책임적인 인격적 주체의 과제이자 일이다. 공적으로 지지되고 요구되는

---

7) 성도덕에서의 "새로운 도덕"의 적용에 관한 논의를 위해서는 참조. H. Ringeling, *Theologie und Sexualität*, 1968; Guyla Barczy, *Revolotion der Moral? Die Wandlung der Sexualnormen als Frage an die evangelische Ethik*, Zürich 1967; Alex *Comfort, Der aufgeklärte Eros*, 1964; H. J. Gamm/F. Koch(Hg.), *Bilanz der Sexualpädagigik*, 1977.

신학윤리학

도덕과 개인적인 삶 사이의 모순은 당연히 도덕 자체에 대한 불신을 야기한다. '이중 도덕'(Doppelmoral)이란 개념에서는 바로 이런 신뢰성 결핍이 거론되고 논의된다.

따라서 '새로운 도덕'의 과제는 윤리적 이론과 구체적 현실에서 실천된 에토스의 관계는 물론 규범과 상황의 관계를 해명하는 것이다. '새로운 도덕에 대한 요구'에는 세 가지 동기들이 결합되어 있다. (a) '새로운 도덕'은 '옛 도덕'에 대한 비판을 포함한다. (b) 새로운 도덕은 도덕을 개인의 인격적 태도에 제한하는 것을 거부한다. (c) 새로운 도덕에 대한 정책적 요구는 실제적 태도와 전통적 요구 사이의 긴장으로부터 그의 동력을 확보한다.

'새로운 도덕'에 대한 모색은 필연적으로 윤리적 성찰과 이론형성으로 이어진다. 새로운 도덕체계의 출현은 도덕적 불안의 징후이다.

1.4. 윤리학의 분류

1.4.1. 개인윤리와 사회윤리

개인윤리와 사회윤리의 구분은 윤리학의 통상적인 구분이다. 개인윤리와 사회윤리 대신 '개인적 에토스'와 '사실적 에토스'란 개념을 사용하기도 한다. 이미 이런 용어의 불명확성은 논쟁적 사태를 예고한다. 개인윤리와 사회윤리의 구분 배후에는 사적 영역과 공적 영역을 구분하는 근대 시민사회가 있다.[8] 16세기에는 개인윤리가 강조되었으며, 윤리학은 덕론, 십계명 해석, 선행을 장려하는 학문

---

8) 참조. J. Habermas, *Strukturwandel der Öffentlichkeit*, 1962.

으로 간주되었는데 반해, 20세기의 독일 개신교 신학에서는 무게중심이 사회윤리로 옮겨지게 되었다. 개인윤리는 윤리적 행위자의 주체성과 자율을 중요하게 생각한다. 개인윤리의 내용은 무엇보다 덕과 의무이다. 사회윤리는 윤리적 행위자의 사회적 제한성과 사회적 책무를 중요시한다.

개인윤리와 사회윤리를 철저한 대립적 관점에서 이해하게 되면 이중도덕에 빠지게 된다. 개인적 태도에서는 비윤리적이라고 간주되는 것이 공적 행위에서는 용인되거나 정당화되는 것처럼 보이기도 한다.개인윤리가 사회윤리 속으로 해체되면 책임적 주체가 소홀하게 취급된다. 그렇게 되면 윤리적으로 책임적인 개인 대신 사회, 기술, 시대정신, 파악할 수 없는 '사람들'과 같은 익명의 크기가 나타난다. 사회윤리를 경시하면 윤리적 행위자의 사회적 조건들이 잘못 인식된다. 그렇지만 개인윤리와 사회윤리의 구분은 – 분리가 아니라 – 결코 무시되어서는 안된다. '그리스도인'과 '세상사람'을 구분하고 자기 자신을 위한 개인과 타자를 위한 개인을 구분하는 종교개혁의 두왕국설도 그 나름의 방식으로 이런 구분을 표현하고 있다.

아르투어 리히(Arthur Rich)는 명확한 개념구분을 제안했다.[9] 그는 윤리를 개인윤리(Individualethik), 인격윤리(Personalethik) 그리고 사회윤리(Sozialethik)로 구분한다. 개인윤리는 개인의 자기 자신에 대한 책임을 주로 다룬다. 예를 들어 개인윤리의 관점에서 보면 모든 개인은 자기 자신의 건강을 스스로 관리해야 하며, 재산관리에 대해 스스로 책임을 져야 한다. 인격윤리에서 중요한 것은 다른 사람들에 대한 책임이다. 인격윤리는 나와 너 사이의 인격적 관계를 중요하게

---

9) Arthur Rich, *Mitbestimmung in der Industrie*, Zürich 1983.

신학윤리학

생각한다. 부모는 자녀들의 건강에 대해 책임이 있다. 가장이나 후견인은 그에게 맡겨진 사람들의 재산을 관리해야 한다. 사회윤리도 마찬가지로 다른 사람들에 대한 책임을 중요하게 생각한다. 그렇지만 사회윤리에서의 책임은 사회제도를 통해 규정된 책임이다. 따라서 사회윤리는 '사회구조윤리'이다. 예를 들어 사회윤리에서 중요한 것은 인간을 존중하는 정치적 헌법, 가능한 한 공정한 재산분배, 그리고 원칙적인 문제들을 명확하게 해명하고 공중위생 제도를 조직하는 것이다. 사회윤리는 윤리적 행위자의 제도적 조건들을 감시하고 조정한다.

그런 세분화된 문제제기에 근거하여 개인의 변화와 구조변경 사이의 모순이 극복된다.[10] 개인윤리와 사회윤리의 구분에 비추어 '사회구조를 통한 사랑'(Liebe durch Strukturen)이란 구호도 비판적으로 검토될 수 있다. 막스 콘스탐(Max Kohnstamm)은 1966년 제네바에서 열린 세계교회협의회에서 사회구조를 고려하여 사랑의 계명에 근거한 전통적인 신학적 윤리학의 영역을 확장해야 한다고 주장했다. 그의 주장에 의하면 이렇게 확장된 윤리학은 사회구조의 형태와 개조에도 관심을 가져야 한다. 개인을 돌보는 것만이 신학윤리학의 과제일 수는 없다는 것이다. 그러나 사회구조를 통한 사랑이나 "구조들의 전향"을 요구한다는 점에서 볼 때 사랑은 개인들 사이의 사건, 즉 사랑은 개인윤리의 범주에 속한다고 볼 수 있다. 이와 달리 구조들은 정의와 평등을 촉진시키거나 자유를 확보하여 보장할 수 있다. 우리는 정의롭고 자유로운 사회에 관해 말할 수는 있지만, 사

---

10) 참조. Eberhardt Müller, *Bekehrung der Strukturen, Konflikte und ihre Bewältigung in den Bereichen der Gesellschaft*, Zürich/Hamburg 1973.

랑하는 또는 사랑을 매개하는 사회에 관해서는 말하기 쉽지 않다. 사회는 정의로워야 하는 행위의 장소 또는 근원지이다. 그러나 사회는 사랑의 근원이란 의미에서 윤리적 행위를 야기하는 원천은 아니다. 그러므로 사회는 사랑을 제공해 줄 수도 없고 사랑을 요구할 수도 없다.

간단히 말해 더 나은 삶을 위해서는 인간적인 사회 또는 사람을 존중하는 국가형태가 필수적이다. 역으로 사회구조는 시민들의 에토스에 의해 그리고 사람들의 참여와 노력에 의해 유지된다. 따라서 개인윤리와 사회윤리는 상호보완적 관계에 있다. 책임적인 인간과 인권을 존중하고 정의로운 사회구조는 서로 의존적 관계에 있다.

개인윤리와 사회윤리의 구분과 함께 윤리의 근본원리들과 이론적 토대를 논구하는 일반윤리학과 원리들을 개별적 사안들에 적용하는 특수윤리학을 구분하는 전통적인 분류는 적절치 못함이 드러난다. 상황에 따른 구체적인 판단은 추상적인 원리들과 구체적인 가치평가를 그렇게 구분해서는 이루어질 수 없다.

이제 윤리적 원리들과 윤리적 상황의 이해와 관련하여 새로운 윤리학 논의들에 관해 살펴보자.

1.4.2. 상황윤리와 원칙윤리

1952년 이후 상황윤리(Situationsethik)냐 아니면 원칙윤리(Prinzipienethik)냐 하는 논쟁이 시작되었다. '상황윤리'라는 용어는 이미 '새로운 도덕' 개념과 관련하여 사용되었다. 조셉 플레처(Joseph Fletcher)와 존 A. T. 로빈슨(John A. T. Robinson) 같은 사람들은 상황윤리를 주장하는 대표적인 신학자들이다. 그들의 주장은 "사랑하라. 그리고 그대가 원하는 것을 행하라"[11](Dilige, et quod vis fac)는 아우구스티누스의 권고에 의존하지만 전적으로 옳다고 볼 수는 없다. 상황윤리에 관해서는 '상황'에 관한 세 가지 견해들을 구분할 수 있다.

(1) 상황은 현실세계에서 그때마다 일어나는 사실적 사건들과 관계들의 분석이다. 이 경우 상황분석은 사실적으로 주어진 것을 사실과 상황에 맞게 기술하고 제시해야 한다. 여기서 상황윤리의 관점에서 논증한다는 것은 사실적 관계들을 고려한다는 의미이다.

(2) 상황은 하나님 행위의 우연성이다. 이런 의미에서 바르트는 하나님 행위의 우연성, 인위적 처분 불가능성, 사건성을 강조했다. 하나님의 계명은 일반적이고 추상적이지 않다. 하나님의 계명은 구체적인 계명으로서 특정한 시기에 특정한 장소에서 특정한 개인에게 명령한다.

> "개개의 그리고 단 하나의 가능성은, 그리고 내적이든 외적이든 도대체 생각할 수 있는 모든 양태의 이런 가능성은, 그리고 우리가 수행하는 모든 사상들, 단어들과 운동들 전체를 통한 결정은 매 순간 우리에게 주어진 하나님의 계명이다. 외적인 것이든 내적인 것이든 어떤 것도 우리 의도의 상대적인 비밀에서와 마찬가지로 우리 행위의 명백한 성취에서도 결코 우연적이지 않으며, 우리가 임의로 처분할 수 있도록 우리 자신에게 위임되어 있지 않다. 하나님의 계명은 이렇게 우리에게 주어진다. 오히려 하나님은 가시적이거나 비가시적이든 모든 것들에 이르기까지 다른 어떤 것이 아니라 바로 그것을 우리로부터 가지고자 하시며, 우리가 그의 의도에 따라 이것을 정확하게 행하느냐 행하지 않느냐에 따라 우리를 평가하신다."(KD II, 2, S. 739f.)

---

11) MPL 35, 2533.

상황의 우연성, 일회성 그리고 인위적 처분 불가능성에 관한 이런 견해의 배경에는 하나님의 행위와 그 행위의 우연성에 관한 특정한 표상이 있다. 인간의 행위는 하나님의 행위와 일치해야 한다는 것이다. 그렇지만 바르트는 이런 당위성으로부터 윤리적 규범들이 아니라 실천적 교훈들에 도달한다.

예를 들어 바르트는 '우리는 무엇을 해야 하는가?'(Was soll wir tun?)라는 물음에 대답한다. "우리는 예수 그리스도와 그의 백성의 실존에 대답해야 한다. 우리는 우리가 받은 이런 은혜에 대해 행위로 대답해야 한다."(KD II, 2, S. 640) "우리는 우리의 삶이 우리 자신에게 속하지 않는다는 사실, 우리의 삶을 우리가 임의로 처리할 수 없다는 사실, 우리의 삶이 예수 그리스도 안에서 오히려 하나님의 소유가 되었다는 사실을 당연한 것으로 인정하고 그렇게 살아야 한다."(KD II, 2, S. 646)

'상황'은 여기서 자유로운 은혜, 즉 하나님의 예정의 자유와 그런 예정에 대해 믿음으로 응답하는 것을 의미한다. 그리스도인의 '상황'은 예수 그리스도에 의해 마련된 상황이다. 이것은 신앙적 진술이며, 교의학적 확증이다. 바르트와 마찬가지로 디트리히 본회퍼(Dietrich Bonhoeffer) 또는 폴 레만(Paul L. Lehmann)도 그리스도인의 특권이 은사(恩賜)와 하나님의 은총을 받은 존재에 있다고 제시한다는 점에서 '상황윤리학자'이다.

(3) 상황은 이웃에 대한 책임을 경험하는 것이다. '상황'에 대한 첫 번째 견해가 사회적 상황을 염두에 두고, 두 번째 견해가 상황을 하나님의 행위의 특수성으로 이해하는데 반해, 세 번째 견해는 인격적 만남의 경험이다. 부버(Martin Buber)의 '나와 너' 철학은 이웃과의 만남을 윤리적 책무의 '원상황'(Ursituation)이라고 보았다. 이웃과의 이런 만남은 절대적으로 철저함을 요구한다.

루돌프 불트만의 동료들과 뢰그스트루프(Knud E. Løgstrup)는 상황을 타자의 부름에 응답이 요구되는 만남이라고 생각한다.[12] 신뢰와 사랑 같은 개인적 행동방식은 개인이 직면한 상황에 따라 달라진다. 신뢰와 사랑은 모든 사람들에게 선택의 여지없이 베풀어져야 할 덕목이 아니라 자신의 고유한 특성과 욕구, 고민거리와 결점, 약점을 지닌 구체적인 이웃에게 필요한 덕목이다.

이런 이상적인 분류에서 보듯이 상황윤리는 의도에 따라 아주 다양하게 적용될 수 있다. 원칙윤리도 다르지 않다. 여기서는 적용 범위가 훨씬 크고 넓다. 자연법 이념을 지지하는 사람들 이외에도 여기 독일어권에서는 무엇보다 질서윤리를 지지하는 사람들도 여기에 포함될 수 있다. 파울 알트하우스, 베르너 엘러르트, 발터 퀴네트, 헬무트 틸리케와 같은 루터교 신학자들은 물론 개혁파 신학자 에밀 브루너도 - 기독론적 우연성과 구체적 계명을 강조하는 바르트의 윤리학과 달리 - 창조질서의 일관성을 중요하게 생각했다.

그러나 1948년 이후 에큐메니컬 운동에서 판단척도로 도입된 조셉 H. 올담(Joseph H. Oldham)의 "책임사회"의 "중간공리"(middle axiom)도 하나의 원리이다. 원리는 척도, 가치, 규범, 판단기준일 수 있으며, 요약하면 상대주의 입장에 대립되는 평가일 수 있다. 더 나아가 원리는 추상적이고 무시간적 공리(영원한 가치)라 할 수 있으며, 마찬가지로 역사적으로 경험되었기 때문에 변경 가능하기도 한 척도라 할 수도 있다. 따라서 원리를 윤리학에 적용할 때는 커다란 차이들이 있다.

더 나아가 원리는 단지 결의론적 방법의 도움으로 구체적인 사례, 즉 "상황'에 적용될 수 있는 확고한 원리라 할 수 있다. 그러나

---

12) Knud E. Løgstrup, *Die ethische Forderung*, Tübingen 1959.

원리는 방향을 제시하는 지침이라 할 수도 있다. 이 경우에는 규범이나 원리의 권위와 타당성이 논의된다.

그렇지만 상황윤리가 아니면 규범윤리라는 단순한 양자택일적 사고는 옳지 않다. 설득력 있는 윤리적 판단은 상황과 원리를 모두 고려해야 한다. 원리가 없다면 상황을 설명하고 평가할 수 없다. 척도를 철저하게 적용하고자 하지 않는 사람은 결정의 순간과 갈등상황에서 단지 맹목적이고 비합리적이고 결정론적으로 결정할 수 있을 뿐이다. 그런 사람은 그의 결정에 대해 근거를 제시할 수 없다. 역으로 우리는 원리로부터 실존적 상황을 도출할 수 없다. 상황 경험과 원리 인식은 상호보완적이다. 상황 없는 원리는 공허하고, 원리 없는 상황은 맹목적이다. 따라서 우리는 우선 윤리적 판단의 복합성을 인식해야 한다. 윤리적 판단은 다음의 사항들을 고려해야 한다.

(a) 사회적 맥락. 사회적 맥락을 파악하기 위해서는 경험적(경험적-비판적) 분석이 필요하다.

(b) 근본적 원리. 분석 자체는 아직 상황을 이해하고 판단하기 위한 어떤 척도도 제공해 주지 못한다. 상황분석이 규범을 불필요하게 만들지 않으며, 규범을 대체하지도 않는다.

(c) 윤리적 척도들, 규범들, 평가들 그리고 신학적 진술들의 연관관계는 분리되어 논의될 수 있다. 그리고 마지막으로 구체적인 판단을 위해서는 상황분석과 규범의 조화가 필요하다. 다시 말해 존재와 당위 사이의 적절한 관계, 즉 사실과 평가의 결합을 제시하는 것이 중요하다.

여기서는 규범들의 근거를 제시하기 위해 간단하게 언급하는 것으로 만족하자.(4장을 참조하라) 규범들은 역사적 경험들에 근거하여 형성된다. 예를 들어 노예제도, 고문 그리고 사형이 그런 역사적 경

신학윤리학

험들이다. 그런 행위들은 윤리적으로 정당화될 수 없다는 사실이 모든 시대에 보편적으로 인정되지는 않았다. 예를 들어 사람들은 노예제도, 체형, 사형을 윤리적으로 정당하다고 생각했다.

막스 베버에 의하면 정치적 지배의 정당성에는 전통적 정당성, 권위적 정당성 그리고 합리적 정당성이라는 세 유형이 있다. 우리는 베버의 이런 분류에 상응하여 윤리적 규범들의 근거를 삼중으로 제시할 수 있다. 윤리적 원칙들은 관습과 습관에 근거하여 전통적으로, 예언자적 (또는 이데올로기적) 설득력의 형태에서 권위적으로 그리고 증거에 의해 합리적으로 유효하다.

데카르트는 잠정적 도덕의 기본사상을 제시했다.(참조. 『방법서설』 3장) 데카르트의 이론철학에서는 회의(懷疑, 의심)가 근본이다. 그러나 실천적 행위에서는 – 데카르트처럼 – 모든 결과들이 검토되기 이전에 행동하지 않을 수 없다. 모든 의심이 풀리기까지는 행동을 멈출 수 없다. 절대적인 도덕적 확실성은 존재하지 않기 때문에 데카르트는 행위자에게 다음과 같은 규칙들에 주목하도록 권고한다.

(1) 국법, 종교적 전통, 주변의 사려 깊은 사람들과 같이 지금까지 확실하다고 입증된 것은 존중되어야 한다.

(2) 일단 한 번 들어선 길은 그 길이 잘못된 길임이 입증되기까지는 계속 갈 수 있다. 숲에서 길을 잃은 사람이 그 숲을 맴돌기만 한다면 숲에서 빠져나갈 수 없듯이 일단 들어선 길을 계속 가지 않는 것은 어리석은 일이다.

(3) 더 나아가 데카르트는 세계질서 전체를 바꾸려하기보다는 차라리 자신이 원하는 것을 바꾸려 하라고 조언한다. 데카르트의 윤리학은 철저하게 상대주의적이다. 잠정적 도덕은 도덕적 확실성을 제시해 줄 수는 있지만, 그 확실성을 절대적으로 보증해 줄 수는 없다.

데카르트의 윤리학이 말하고자 하는 것은 대체로 모든 윤리적 판단은 단지 예비적일 수 있다는 것이다. 다시 말해 윤리적 판단은 궁극적 확실성을 요구할 수 없다는 것이다. 원칙도 그런 확실성을 보장해 주지는 못한다. 도덕의 잠정적 성격에 주목한다면 그런 원칙들은 역사적이다. 따라서 그것들을 적용할 때는 상황연관성을 고려해야 하며, 경우에 따라서 그 원칙들이 바뀔 수도 있다. 신념윤리와 책임윤리의 구분은 윤리적 성찰의 다른 시각(관점)을 지시한다.

1.4.3. 신념윤리와 책임윤리

신념윤리(Gesinnungsethik)와 책임윤리(Verantwortungsethik)의 구분을 통해 윤리적 성찰의 또 다른 측면을 생각해 보자. 막스 베버는 신념윤리와 책임윤리의 구분을 원래 논쟁적 형식으로 제시했다. 그런 구분은 처음부터 정치적 성향에 따른 구분이다. 베버가 1919년 행한 『직업(소명)으로서의 정치』(Politik als Beruf)라는 강연에서 알 수 있듯이 그의 의도는 실용적 결과를 중요시하고 실현가능 방안을 고려하는 정치적 윤리학을 강조하는 것이었다.[13]

이와 달리 베버에 의하면 신념윤리의 목표는 결과와 무관하게 오로지 신념의 순수성을 보존하는 것이다. 베버에 의하면 신념윤리의 대표적인 예는 산상설교에 내포된 "복음의 절대적 윤리"이다. 베

---

13) * 막스 베버의 『*Politik als Beruf*』를 『직업으로서의 정치』라고 번역하여 왔으나(최문환, 전성우) 최근에는 『소명으로서의 정치』(박상훈)라고도 번역한다. 독일어 Beruf라는 단어에는 직업(영어 vocation)이라는 말과 소명(영어 calling)이라는 말의 두 가지 뜻이 다 있다. 베버의 이 강연에서 Beruf를 소명과 직업 두 가지 의미로 다 사용하고 있다. 직업과 소명 둘 중에 하나를 택하게 되면 직업보다는 소명이 더 나을 것 같다. 베버는 정치인을 "단순한 직업정치인을 말하는 것이 아니라 소명의식을 가진 직업 정치가를 말하기 때문이다".(최장집, "정치가는 누구인가"최장집 교수의 정치철학 강의 1. 『막스 베버 소명으로서의 정치』, 후마니타스, 2016, p. 36.) Gesinnungsethik도 심정윤리로 번역하였으나(최문환), 최근에는 신념윤리로 번역 사용하고 있다.(전성우, 박상훈)

신학윤리학

버는 다음과 같이 주장한다.

"복음의 절대적 윤리인 산상설교는 이 설교를 즐겨 인용하는 사람들이 믿는 것보다 더 진지한 문제를 다루고 있다. 산상설교를 농담처럼 생각해서는 안된다. 산상설교는 과학에서 인과율과 같은 것이다. 산상설교는 우리가 아무 곳에나 세워서 타고 내릴 수 있는 영업용 택시와 같은 것이 아니다. 전부가 아니면 전혀 아니다. 진부하지 않은 어떤 것이 나와야 한다면 바로 그것이 산상설교의 의미이다."

이런 절대적 윤리는 무조건적 진리, 즉 폭력포기를 의무로서 규정한다. 이와 달리 책임윤리는 예측 가능한 결과를 함께 고려한다. 책임윤리는 실현가능성을 중요하게 생각한다. 신념윤리를 지지하는 사람은 전혀 다르게 생각한다.

"신념윤리를 지지하는 사람은 오직 순수한 신념의 불꽃, 예를 들어 불공정한 사회질서에 대한 저항의 불꽃이 꺼지지 않는 것에 대해서만 책임이 있음을 느낀다."

막스 베버에 의하면 신념윤리 학자는 세상의 비합리성을 견디지 못한다. 그는 "우주적―윤리적 합리주의자"이다. 베버에 의하면 행위는 언제나 모험을 동반한다. 행동은 결단을 요구한다. 베버는 결단을 위한 하나의 대안을 제시한다. 윤리적으로 행동하는 사람은 오직 신념윤리적 태도를 취하든가 아니면 오직 실용주의적이면서 목적지향적인 책임윤리적 태도를 취할 수 있다. 당연히 베버는 다음과 같은 단서를 덧붙인다.

"신념윤리는 무책임하고 책임윤리는 신념이 없다고 생각해서는 안된다. 그러나 신념윤리의 원칙에 따라 행동하느냐 – 종교적 관점에서 바르게 행동하고 결과를 하나님에게 맡기느냐 – 아니면 책임윤리의 관점에서 자기 행위의 예상되는 결과들에 대해 책임을 지느냐 하는 것은 전적으로 다르다."[14]

　　마찬가지로 베버는 신념윤리와 '성과윤리'(Erfolgsethik)를 대립시킨다. 셸러에 의하면 신념윤리의 대표적 인물은 칸트이다. 칸트에 의하면 오직 선의지(善意志), 즉 주관적 신념만이 선하다 할 수 있다. 성과윤리의 경우에는 의지의 질이 아니라 성취될 목적이 평가기준이다. 그러므로 성과윤리는 공리주의에 가깝다.

　　이제 책임윤리와 신념윤리를 이렇게 철저히 대립적 관점에서 이해하는 것이 과연 타당하냐 하는 원칙적인 물음이 생길 수 있다. 의지와 '객관성'의 법은 철저히 대립적인 것이라 할 수 있는가?

　　막스 베버의 목표는 정치에서 도덕주의적 사고를 경계하는 것이다. 그는 타협을 허용하지 않고 효용성을 고려하지 않으며 가치충돌과 의무충돌의 존재를 부정하는 절대적 도덕을 비판한다. 신념윤리학자는 삶의 복합적인 현실을 고려하지 않고 신념이 요구하는 것에만 치중한다는 것이다. '잠정적 도덕'을 주장하는 데카르트와 마찬가지로 베버도 모든 도덕의 상대성에 대한 통찰을 중요하게 생각한다. 그러나 그는 순전히 신념윤리에 따르는 윤리적 논의들을 언제나 무책임한 것처럼 보이게 하는 하나의 이상적인 윤리관을 제시한다.

　　사실 모든 윤리학은 책임에 의존한다. 행위의 근원이 신념이냐 아

---

14)　Max Weber, *Politik als Beruf*, Tübingen,1994, S,79.

니면 책임이냐 하는 것은 대안이 될 수 없다. 중요한 것은 어떤 신념으로부터 어떤 책임이 인지되느냐 하는 것이다. 사회윤리를 책임윤리로서 정립시키는 것이 중요하다면 이런 문제는 새로운 논의대상이 될 수 있다. 당연히 "책임"은 두 개의 기준을 만족시켜야 한다. 사실적 합성의 기준과 행위를 자신의 신념과 조화시키는 기준이 그것이다.

1.4.4. 훈계와 규범윤리

규범윤리(normative Ethik)의 특수성과 고유성에 관해 브루노(Bruno)는 다음과 같이 말한다. "규범윤리는 … 서로 밀접하게 연관된 두 가지 의무를 충족해야 한다. 규범윤리는 윤리적 명령의 내용을 결정해야 하며, 그 명령의 구속력을 지지하는 근거를 제시해야 한다. 논증한다는 것은 내용의 근거를 밝히고 행동방식과 규범을 제시하는 것이다. 이것이 규범윤리의 과제 중 하나이다. 또 다른 과제는 규범이 가치 있다는 근거를 제시하는 것이다.[15]

그렇게 근거를 제시하는 것은 규범들이 보편적으로 받아들여질 수 있음을 보여주는 것이다. 규범윤리는 논증의 명증성에 의존한다.규범윤리에 관해 논증하는 것 이외에도 자명한 것을 잊지 않고 기억하는 것도 중요하다. 논쟁의 여지없이 타당하고 그 내용과 가치가 논란의 여지없이 선한 것은 더욱 철저하게 기억되어야 한다. 그렇게 경계하면서 기억시키는 것을 '훈계'(Paränese), 보다 정확하게 '파라클레제'라 한다.

헬라어 '파라클레오'는 '격려하다', '촉구하다', '경고하다', '말을

---

15) Bruno Schüller, *Die Begründung sittlicher Urteile*, 1980, S.15; 참조. 15ff. 단락 : "경고, 판결, 논증".

건네다', '위로하다'는 의미를 가진다. 그 단어는 신약성서에서 여러 차례 언급되지만, 스토아 철학에서도 발견된다.[16] '파라클레제'와 관련하여 가장 잘 알려진 본문은 로마서 12장 1절 이하이다. "그러므로 형제들아 내가 하나님의 모든 자비하심으로 너희를 권하노니 너희 몸을 하나님이 기뻐하시는 거룩한 산 제물로 드리라. 이는 너희가 드릴 영적 예배니라. 너희는 이 세대를 본받지 말고 오직 마음을 새롭게 함으로 변화를 받아 하나님의 선하시고 기뻐하시고 온전하신 뜻이 무엇인지 분별하도록 하라."

바울에게 있어 '파라클레제'(훈계)는 선포이다. 그것은 하나님의 자비를 선포하며, 그리스도인들에게 생명을 감사의 제물로 드리라고 촉구하며, 행동할 것을 요구한다. '파라클레제'는 말을 거는 것이다. 그렇게 말을 거는 것은 설교와 성례전에서 필수적이다. 그러나 그것은 방법론적 논증은 아니다. 니체의『차라투스트라는 이렇게 말했다』도 '파레네제'(Paränese)이다. 그런 유형의 훈계들은 상당히 많다.

(a) 구약성서에서는 십계명이 "간결하면서도 함축성 있는 의미 심장함에 있어서"(B. Schüller) '파레네제'의 대표적인 예이다. 효용성을 고려하는 것이나 의무충돌과 같은 복합적인 사태들은 당연히 훈계가 아니라 논증을 통해서 해결되어야 한다.

(b) 신약성서에서는 덕의 목록과 악의 목록이 훈계 차원에서 명확하게 제시되어 있다.(참조. 갈 5:19-21) 물론 개개의 단어들을 중복해서 해석해서는 안된다. 예를 들어 갈 5:19ff에서 "음행"이 "호색"과 다른 점은 무엇인가? 가족들 사이에 지켜야 할 명령들(골 3:18ff;

---

16) Seneca, *Ad Lucilium Epistulae 94,95*.

엡 5:25-32)도 훈계에 속한다. 이와 유사한 명령들은 사람들이 인간으로서, 시민으로서, 아들로서, 형제로서, 조언자로서, 아버지로서 인지하고 수행해야 할 의무들을 규정하고 있는 고대의 '가훈표(가정규범)'에서도 발견된다.(예를 들어 Epictetus, Diatriben II, 10) 많은 훈계들에 있어서 근본적으로 중요한 것은 특별히 언급할 필요가 없는 자명성이다. "그런즉 거짓을 버리고 각각 그 이웃과 더불어 참된 것을 말하라. … 분을 내어도 죄를 짓지 말며 … 마귀에게 틈을 주지 말라. 도둑질하는 자는 다시 도둑질하지 말며 … ."(엡 4:25-28) 이런 훈계는 분명 진부하지만 가장 중요한 권고이다.

(c) 특별히 인상적인 훈계의 예는 소크라테스가 자신의 필생의 과제를 설명하는 플라톤의『소크라테스의 변명』(29d)에서 발견된다.

"나는 결코 철학하기를 멈추지 않고 여러분을 권고하기를 그치지 않을 것입니다. 내가 만나는 모든 사람들에게 내가 늘 하던 대로 확실하게 말할 것입니다. 나의 가장 사랑하는 여러분은 지혜와 능력에 있어서 가장 위대한 도시 아테네의 시민들입니다. 그런데 어찌 재산을 쌓아 놓는 데 급급한 것을 부끄러워하지 않습니까? 어찌 여러분의 명성과 명예를 위해서는 염려하지 않고, 선과 진리를 인식하는 것에는 관심이 없으며, 여러분의 영혼이 선하게 되기 위해서는 염려하지 않으십니까? 그리고 만일 여러분 중 어떤 사람이 자기는 그렇게 한다고 주장한다면, 나는 그를 바로 떠나보내고 나의 길을 가는 것이 아니라 그에게 묻고 시험해 보며 반론을 제기할 것입니다. 만일 그가 전혀 덕(arete)을 소유하지 못하고 단지 주장하기만 하는 것처럼 보인다면, 나는 그가 가장 가치 있는 것을 가장 가볍게 생각하고 가장 사소한 것을 더 귀하게 여긴다고 책망할 것입니다. 나는 젊은 사람이든 늙은 사람이든 내가 만나는 사람에게 늘 그렇게 할 것이며, 낯선 사람에게든 친한 사람에게든 그렇게 할 것이지만, 무엇보다 이 도시의 사람들에게 그렇게 할 것입니다. 여러분은 나의 가까운 혈통에 속하기 때문입니다. 신께서 나에게 그렇게 명령했기 때문입니다. 이 도시에서 나의 이런 예배보다 여러분을 위해 더 선한 것이 없다고 믿기 때문입니다. 나는 이리저리 다니면서 여러분을 설득하는 일 이외에는 아무것도 하지 않을 것이며, 여러분의 영혼의 완성을 위해서 염려하는 것처럼 그렇게 여러분의 육체와 재산을 위해서는 염려하지 않을 것입니다."

파라클레제가 사람들에게 그렇게 중요하지만 규범윤리의 과제와는 구분되어야 할 것이다. 많은 경우 파라클레제는 윤리적 요구를 통찰하기 위해 필수적이다. 도덕적 선한 삶에 대한 이런 요구는 선을 행하도록 촉구하는 것이다.

이런 의미에서 츠빙글리는 소리쳤다. "하나님의 이름으로 무언가 용기 있는 일을 하시오." 그러나 파라클레제 자체는 아직 구체적으로 선한 것이 어떤 것인지, 용기의 본질이 무엇인지 제시해 주지 않는다. 십계명 중 다섯 번째 계명을 다음과 같이 상세히 분석해 보면 문제가 분명해질 수 있다.

1. 살인하지 말라.
2. 불법적으로 살인하지 말라.
3. 살인이 예외적으로 정당화되지 않는다면 살인하지 말라.
4. 살인하지 말라. 정당방위, 정의로운 전쟁 또는 사형집행의 경우가 아니라면 말이다.

첫 번째의 자명한 선언적 표현만이 급진적이고 단호한 인상을

신학윤리학

풍긴다. 물론 고대 이스라엘에서는 첫 번째 명령과 네 번째 명령은 내용에 있어서 동일하였다. 규범윤리는 개념을 보다 정확하게 정의하기 위해 묻는다. 살인이란 무엇인가? 불법적이란 무엇인가? 윤리적으로 허용되는 예외가 있는가? (구약성서에서는 정당방위, 전쟁, 사형은 예외에 속한다.) "무죄한 생명"이란 무엇인가? 마찬가지로 여섯 번째 계명에서 "간음"이란 개념이나 도둑질을 금지하는 일곱 번째 계명에서 "재산"이란 개념도 정확한 정의가 필요하다.

더 나아가 우리는 "그럴듯한 명칭"을 통한 "가치판단 왜곡"을 경계해야 한다.(Schüller, S. 281) 교묘한 표현을 통해 정당성을 확보하기 위해 대량살상무기를 "평화를 만드는자"라 하는 것이 그런 경우이다. 파라클레제의 위험성은 논증을 통해 확신시키는 대신 설득하고, 개념을 의미론적으로 해석하며, 사실에 입각한 논증이 아니라 문법상의 규칙을 이용하는 것이다.

파라클레제의 언어가 "표현행위"에까지 확대되면 문제는 더욱 복잡해진다.(참조. Schüller, 295-297) 마가복음 13장 3절 이하에 보면 어떤 여자가 옥합을 깨뜨려 예수의 발에 붓는 장면이 기록되어 있다. 유다는 이렇게 귀한 물건을 300데나리온에 팔아 청빈한 사람들을 지원해 줄 수 있을 것이라고 책망했다. 유용성의 관점에서 본다면 이렇게 도덕적으로 무의미한 행위는 단순한 낭비이다. 하지만 그런 행동은 "표현행위"로서 "사랑의 표시"이며 행동의 진정성을 보여주는 것이다. 도덕성에는 진정성 문제와 진실성이 절대적으로 중요하다. 구약성서에서 선지자들의 상징적 행위들이나 순교자들의 목숨을 건 행위에서 그런 도덕성을 발견할 수 있다. 참여의 직접성은 인간적으로 설득력이 있지만, 그렇다고 규범윤리의 과제가 불필요하게 되는 것은 아니다. 규범윤리의 과제는 윤리적 요구들의 언어사용과 담론방식을 비판적으로 검토하는 언어비판과 논증들을 숙고하는 사실비판이다.

합의수단으로서 논증과 이성은 책임윤리로서의 사회윤리를 위해 특별히 중요하다. 도덕적 근거들의 합리성과 타당성은 범사회적 인정과 수용을 목표로 하는 사회윤리의 근거확립을 위해 중요하다. 언어비판의 과제는 문화윤리 영역에서 행해질 수 있다. 예를 들어 이데올로기 비판, 대중적인 의사소통과 정보를 다루는 윤리학이 그것이다.

2. 신학으로서 윤리학

2.1. 교의학과 윤리학의 관계 – 개신교적 윤리이해의 근본물음

신학으로서 윤리학을 해명하기에 앞서 우선 세 가지 분명히 전제되어야 할 것들이 있다. (a) 특별히 신학적인 윤리학적 방법론은 존재하지 않는다. 신학적 윤리학도 그 방법론에 있어서는 단지 다른 윤리학들의 연구형식들과 조치를 차용하기 때문이다. (b) 윤리학의 근본개념들은 – 예를 들어 규범, 의무, 덕 등 – 대체로 특별히 기독교적인 개념들이 아니다. 파라클레제 자체도 특별히 기독교적인 개념은 아니다.

그럼에도 불구하고 신학적 윤리학은 전통적으로 조직신학의 한 분야이다. 그리고 개신교 신학에서 교의학과 윤리학은 밀접한 관계에서 다루어진다. 윤리학이 신학적 학문분야인가 하는 물음은 단지 윤리학의 자기이해에 의존할 뿐만 아니라 무엇보다 조직신학과 교의학에 관한 견해에 의해 규정된다.

교의학은 교리에 관한 이론이다. 교의학은 교리에 관한 이론인데 반해, 윤리학은 삶의 실행을 다룬다. 그렇다면 교의학과 윤리학의 차이는 교리와 삶의 차이일 것이다. 교의학의 과제를 기술할 때는 또한 교의학은 교회의 공식적인 가르침인 교리를 설명해야 한다는 점이 강조될 수도 있을 것이다. 그렇다면 윤리학이 그리스도인의 행위와 관계가 있는데 반해, 교의학은 교회의 가르침일 것이다. 그렇다면 교의학에서는 근본적으로 교육규범들, 교육권위 그리고 신앙교육이 교회 공동체의 존재와 합의를 위해 가지는 책임에 대한 물음이 논의된다.

'교의학'(Dogmatik)은 단지 '교리'라는 명사에서 뿐만 아니라 '교리를 체계화하다'(dogmatizein)라는 동사에서 유래한 학문일 수도 있다. 에벨링(G. Ebeling)에 의하면 교의학의 과제는 믿음의 확실성, 근거가 확실한 "견해"를 제시해 주는 것이다. 그렇다면 교의학은 교회의 가르침을 단순히 체계적으로 제시해 주는 것이 아니라 믿음을 삶의 경험과 관련하여 설명하는 것이다.[17]

교의학을 교리의 해석으로 이해하느냐 아니면 신앙과 삶의 관계를 다루는 학문으로 보느냐에 따라 교의학과 윤리학의 관계에 대한 이해가 달라진다. 바로 이런 문제는 현대신학에서 조직신학에 관한 서로 다른 세 가지 기본적인 견해들을 비교할 때 드러난다.

조직신학은 우선 신앙에 관한 총체적인 지식체계일 수 있다. 그렇다면 체계는 기독교 신앙 전체를 숙고해야 한다. 이런 의미에서 바르트는 그의 교회교의학 체계를 하나의 근본원리인 하나님의 말씀으로부터 전개했다. 명제들을 체계적으로 설명하는 것은 신학적 체계를 구상하는 것과 다를 수 있다. 신학적 체계를 수립하는 것과 달리 명제들을 체계적으로 설명하는 이런 작업은 체계화되지 않

---

17) 참조. G. Ebeling, *Theologie und Verkündigung*, Tübingen 1962, S. 105f.; '교의학' (Dogmatik)이란 개념에 관해서는 참조. ders., *Dogmatik des christlichen Glaubens*, Bd. *I*, Tübingen 1979, S. 11ff.

은 신학적 주제들도 합리적으로 논의할 수 있다는 장점을 가진다. 죄의 현상이나 구원의 종말론적 미완결성이 그렇게 논의될 수 있는 주제에 속한다. 죄론과 종말론은 체계사상과 근본적으로 다르다. 결론적으로 조직신학의 과제는 신학적 물음들을 체계적으로 철저히 고찰하고 그 물음들을 해석학적으로 성찰하는 것이다.

윤리학은 삶의 물음들을 주제로 다루고 이론적 명제들을 단순히 적용하지 않기 때문에 단지 교의학과 조직신학에 관한 "열린" 견해와 결합할 수 있을 뿐이다. 신학적 윤리학은 교회교의학을 실천적으로 적용하는 학문이 아니다. 기독교 신앙은 신학적 윤리학의 전제이긴 하다. 그러나 이것은 기독교 신앙이 의심의 여지없는 교리로 받아들여질 수 있다는 의미에서 그렇다는 것은 아니다. 따라서 교의학과 윤리학의 관계에 대한 물음은 기독교적 또는 신학적 윤리학의 가능성에 대한 물음이라 할 수 있다. 이것은 대략 20년 전부터 대단히 집중적이고 논쟁적으로 논의된 윤리학의 기독교적 또는 신학적 고유성, 즉 신학적 윤리학의 고유성이나 특수성에 대한 물음이다. 이런 고유성은 개신교적 관점의 윤리학에서는 교의학적 명제들의 형태로 규범적이고 권위적으로 확정될 수 없다. 이것은 가톨릭의 "자율적 도덕" 또는 "도덕의 자율"에 관한 논제와 일치한다. 예를 들어 알폰스 아우어의 주장에 의하면, "그리스도인은 다른 모든 사람들과 동일한 사람이기 때문에, 그를 위한 어떤 특별한 윤리적 규범도 존재하지 않는다. 인간적인 것은 이방인과 그리스도인에게 있어서 동일하게 인간적이다. 그러나 그리스도인은 그의 신앙에 근거하여 하나의 새로운 의미지평에 서있다." [18]

"그리스도인은 다른 모든 사람들과 동일한 사람이다." 신학적 윤리학과 일반 윤리학은 인간론의 바탕에서 만난다. 그렇지만 인간론에서 인간 존재에 관한 해석은 다양하다. 이런 의미에서 기독교적 인간론의 근본 개념들인 피조성, 죄, 죄로부터 해방으로서의 칭의, 은혜, 믿음도 윤리학의 주제이다. 기독교적 인간론은 교의학의 일부이다. 기독교적 인간론이 인간을 하나님의 형상(imago dei), 의인이면서 동시에 죄인(simul iustus simul peccator), 믿음으로 의로워진 인간(homo fide iustificandus)으로 이해하고 설명한다면 말이다. 따라서 신학적 윤리학의 근본물음은 그리스도인의 행위근거인 삼위일체 하나님에 대한 믿음과 그리스도인의 행위와의 관계에 관한 것이다. 그것은 삶과 결정의 동기부여이다. 이런 동기부여는 윤리적으로도 중요하기 때문에 주제로 다루어질 수 있다. 다른 한편 모든 윤리학은 현실에 대한 해석, 즉 인간, 세계 그리고 신에 관한 총체적 견해이다. 삶의 해석은 의미지평에서 제시된다. 기독교적 인생관은 성서의 증거와 복음 그리고 나사렛 예수 그리스도의 운명을 통해 정의된 의미지평을 지향한다. 동기부여와 의미지평은 신학적 윤리학 전체를 포괄하는 틀이다.

2.2. 신학의 역사에서 신학적 윤리학과 일반 윤리학의 관계

신학적 윤리학의 전통에서 볼 때 신학적 윤리학과 일반 윤리학의 관계에 관한 우리의 문제제기는 인간성과 기독교 신앙이 서로 어떤 관계에 있느냐 하는 물음과 관련해서도 논의되었다. 이런 논

---

18) Alfons Auer, Ein theologisch-ethischer Argumentation. 'Autonome Moral', in: A. Auer, *Moralerziehung im Religionsunterricht*, 1975, S. 42.

의에서는 일반적으로 신학적 윤리학의 특수성이 규범 자체에서 발견되지 않는다. 아우구스티누스는 신학적 윤리학과 일반 윤리학의 관계에 대한 물음을 명시적으로 제기한 첫 번째 신학자였다. 그는 근본적인 덕들을 "사랑의 형식들"이라고 이해함으로써 고대철학의 덕론을 신약성서의 사랑의 계명과 결합시켰다. 아우구스티누스가 고대철학의 이런 전통을 수정하여 수용함으로써 고대철학의 덕론은 신학적 윤리학에 용해되었다. 사랑의 계명을 수용한 경우 이외에도 이런 수정 적용은 '최고선'(summum bonum)에 대한 해석에서도 발견된다. 하나님 자신은 '최고선'이다. 하나님은 행복과 정의의 이념이 아니다. 윤리학의 목표는 '행복한 삶'(vita beata)으로 이끌어 주는 것이며, '하나님을 향유하도록'(frui deo) 안내해주는 것이다.

아우구스티누스가 고대철학으로부터 행복주의 윤리이론을 수용함으로써 하나님 사상을 오염시켰다고 비판하는 사람들도 있었다. 윤리학의 목표가 '하나님을 향유함'에서 경험하는 행복에 있다면 종교적 행복주의가 조장된다는 것이다.[19] 더 나아가 그리스 철학의 덕론과 성서의 사랑의 계명을 통합했다는 주장에 대해 비판하는 사람도 있다.[20] 니그렌(Andres Nygren)은 인간적 에로스와 기독교적 아가페는 양립할 수 없다는 관점에서 교리사 전체를 제시했다. 아우구스티누스가 그랬듯이 고대철학의 에로스를 기독교 신앙에 수용하는 것이 신학적으로 도대체 어느 정도까지 허용될 수 있느냐 하는 논의와 함께 기독교적 에토스와 인간적 에토스의 결합가능성이 역사

---

19) Karl Holl, *"Augustins innere Entwicklung"*, 1922, in: K. Holl, Gesammelte Aufsätze III, 1928, S. 54–116, S. 85f.
20) Anders Nygren, *Eros und Agape* (2 Bände, Band 1, 1930; Band 2, 1937)

적으로 중요한 주제가 되었다.

토마스 아퀴나스는 자연적 덕론과 초자연적인 기독교적 행위는 상호 보완관계에 있다고 주장했다. "은혜는 자연을 파괴하지 않고 오히려 세우고 완성한다."(gratia non destruit, sed supponit et perfecit naturam) 이런 근본명제에 의하면 보편적 도덕(자연권)과 기독교의 고유한 에토스 사이에는 등급의 차이가 있다. 기독교의 고유한 에토스를 실천하는 사람들은 청빈(Armut), 순명(Gehorsam), 정결(Keuschheit)과 같이 복음이 권고하는 덕들을 완전하게 따르는 성직자들과 수도자들이다.

2.3. 개신교 관점에서 윤리학의 신학적 근거제시

일반 윤리학과 신학적 윤리학의 관계에 관해 제기되는 결정적인 물음은 신학적 윤리학이 자연적 윤리학을 수정하느냐(아우구스티누스) 아니면 보완하느냐(아퀴나스) 하는 중세의 전통적인 물음이 아니라 도대체 윤리학의 신학적 근거가 무엇이냐 하는 물음이다. 이 문제와 관련하여 지금까지도 근본명제가 무엇이냐 하는 논의가 진행 중이다. 이런 근본명제 논의는 윤리학의 전체적인 신학적 토대에 관한 논의이다. 이런 논의는 윤리학의 영역을 훨씬 넘어 근본적인 신학의 문제까지 다룬다. 여기서는 이런 논쟁의 대상에 관해 간단하게 다루기로 하자. 쟁점이 되는 물음은 다음과 같다. 신학적 윤리학은 그 내용에 있어서 윤리적 요구를 보편타당하게 제시해 주는 것과 다른 어떤 것일 수 있는가? 이 물음에 대해 취하는 근본적으로 다른 두 가지 입장이 있다. 첫 번째 입장에 의하면 윤리학은 엄밀한 의미에서 신학의 영역에 속하지 않으며 자연법에 근거한다. 이미 멜랑히톤(Melanch-thon)은 이런 입장을 지지했다.[21] 이와 함께 계몽주의 시대에 이르기까지 고대철학의 도덕론 전통은 윤리학 강의의 토대가 되었다.

첫 번째 입장과 대립되는 두 번째 입장은 바르트에 의해 고전적으로 정의되었다. 바르트에 의하면 신학적 윤리학은 하나님의 은혜가 요구하는 것을 제시해 주는 것이다. 신학적 윤리학은 복음을 예수 그리스도 안에서 계시된 하나님의 계명으로서 제시해 주어야 하며 그 복음의 권위를 드러내야 한다. 이런 입장은 복음과 율법(Evangelium und Gesetz), 격려와 요구((Zupruch und Anspruch)), 직설법과 명령법(Indikativ und Imperativ)이라는 일련의 정형화된 틀로 요약된다. 폴 레만(Paul Lehmann)은 신학적 윤리학을 다음과 같이 정의했다. "신학의 한 분야로서 신학적 윤리학은 '예수 그리스도를 믿는 신자로서 그리고 교회 구성원으로서 나는 무엇을 행해야 하는가?'(Was soll ich tun?)라는 질문과 대답에 대한 성찰이다."[22] 역사적으로 볼 때 이런 근본명제 논의에서 중요한 논제는 신학 일반의 근거를 제시하는 것이었다.[23]

신학과 윤리학의 관계를 교의학과 윤리학의 귀속관계에 근거하여 설명하는 것은 단순히 분과의 문제가 아니고 주제를 구분하는 문제도 아니다. 오히려 근본적으로 중요한 것은 인간적인 것과 기독교적인 것의 관계에 대한 물음이며, 창조와 구원의 관계에 관한 물음이다. 물론 독자적인 신학적 윤리학의 등장은 ─ 그와 함께 교의학의

---

21) Melanchthon, *Epitome philosophieae moralis 1538*, CR 1, 21ff.; *Ethicae elementa*, 1550, CR 16, 165ff.

22) Paul L. Lehmann, *Ethik als Antwort, Methode einer Koinoniaethik*, 1966, S. 19.

23) 참조. Hans-Joachim Birkner, "Zum Verhältnis von Dogmatik und Ethik", in: *Handbuch der Christlichen Ethik, Band 1*, 1978, S. 281-296.

등장도 – 특별히 근대적인 현상이다. 중세의 신학에서는 기독교 교리 전체에서 십계명이나 덕론은 교리전승의 일부로 다루어졌다.

　가톨릭 교회에서는 예수회가 가장 먼저 도덕신학을 독립적인 신학 분야로 분리해 다루었다. 도덕신학의 과제는 고해해야 할 양심적인 일들을 논의하는 것이다. 알폰스 폰 리구오리(1696-1787)[24]는 "목회신학과 교회법을 다루는 학문분야"(Birkner S. 283)로서 도덕신학을 주창했다. 구세주 수도회(Redemptoristenorden)의 창립자 리구오리는 1389년에 성인으로 추서되었으며, 1871년에는 교황에 의해 박사로 승진되었으며, 1950년에는 고해신부와 도덕실천가의 후원자로 공표되었다. 성모 공경자인 리구오리는 도덕신학을 고해도덕을 위한 결의론 형식으로 체계화했다.

　멜랑히톤과 칼뱅에 의하면 윤리학은 십계명이 명령하는 개개의 규범들을 해석하는 학문이다. 최초로 윤리학을 독립적인 학문분야로 주장한 사람은 칼릭스트(Georg Calixt, *Epidome theologiae moralis*)였다. 물론 그의 목적은 윤리학을 교의학으로부터 분리하는 것이 아니라 철학적 윤리학을 교의학에 편입시키는 것이었으며, 따라서 궁극적으로는 교의학의 새로운 단초를 마련하는 것이었다. 18세기에는 도덕신학이 교의학으로부터 분리되어 독립적인 학문분야로 정착되어 교의학은 이론신학이라 불리고 신학윤리는 실천신학이라 불리게 되었다. 18게기 말에는 라틴어 용어 대신 교리론(Glaubenslehre)과 관습론(Sittenlehre)이란 개념들이 등장하였는데, 이 개념들이 19세기에는 교의학과 윤리학이란 개념으로 대체되었다. 이와 함께 교의학과 윤리학의 귀속관계는 물론 윤리학의 신학적 근거 전체가 논쟁의 주제가 되었다.

---

24) Alfons von Liguori, *Theologia moralis*, 1748.

2.4. 윤리학과 교의학의 귀속관계에 관한 상이한 견해들

윤리학과 교의학의 관계규정은 세 가지 유형으로 요약될 수 있다.[25]

(1) 교의학의 적용으로서의 윤리학. 교의학은 윤리학의 근거이다. 교의학과 윤리학의 차이와 공속성은 다음과 같은 개념의 개념쌍들에서 잘 나타난다. 신앙과 행위(Glaube-Handeln), 선물(은사, 恩賜)과 과제(Gabe-Aufgabe), 직설법과 명령법, 격려와 요구.

(2) 교의학의 일부로서 윤리학. 켈러와 바르트는 이런 입장을 취하는 대표적인 인물들이다.[26]

(3) 교의학 대신 윤리학. 이런 획기적인 의식의 전환에 관해 틸리히는 말했다. "지금까지는 교회를 움직인 것이 교의학적 물음이었지만, 지금부터는 윤리적인 것이 교회를 움직일 것이다."[27] 현재는 "윤리신학"을 기획한 렌토르프가 이런 입장의 가장 대표적인 인물이다.

물론 교의학과 윤리학의 귀속관계는 위에서 개괄적으로 제시된 세 유형들보다 더 복잡하다. 이것은 특히 슐라이어마허의 『신학연구 개관』[28]에서 잘 나타난다. 이 책에서 그는 윤리를 두 가지 기능에서 제시한다.

"윤리학"은 (a) 기초학문, 즉 "역사의 원리들을 다루는 학문"(2. Aufl. § 29)이다. "철학적" 신학은 교의학에 윤리적-종교철학적 토대를 마련해 준다. 말하자면 "윤리학"은 신학의 토대이다.

---

25) 참조. Birkner, S. 278.

26) 참조. Martin Kähler, *Die Wissenschaft der christlichen Lehre*, 1887; K. Barth, *Die kirchliche Dogmatik*, Bd. I–IV, 1932.

27) Paul Tilich, *Der Sozialismus als Kirchenfrage*, Ges. II, 1962, S. 13.

28) Schleiermacher, *Kurzen Darstellung des theologischen Studiums*, 1811, 1830.

(b) 한편 윤리학의 역사신학의 영역에서는 개별학문이 된다(§ 195). 교의학이 이론적 개념들을 다루는데 반해, 윤리학은 교의학에서 제시된 이론적 개념들의 실천적 측면을 다룬다. 교의학과 윤리학이 어떤 귀속관계에 있느냐 하는 물음은 슐라이어마허에게 있어서 전혀 중요하지 않다. 왜냐하면 그는 "그런 구분은 일반적으로도 개신교 신학에서도 근원적인 어떤 것이 아니라고"(§ 23) 생각하기 때문이다. 이런 점에서 볼 때 슐라이어마허는 교의학과 윤리학의 통일성을 지지하는 대표적인 사람이라 할 수 있다. 그러나 실제로는 그가 『교의학』 "서론"에서 "윤리학적 보조명제들"의 도움으로 "기독교의 본질"을 "경건성의 목적론적 방향에 속하는 것"이라고 규정할 때 거기에는 이미 교의학과 윤리학의 귀속관계에 대한 물음이 암묵적으로 전제되어 있다.[29] 기독교는 "윤리적 종교"이다. 슐라이어마허 이후 개신교 신학에서는 윤리학의 신학적 근거에 대한 물음은 더 이상 신학의 근본적인 문제가 아니다.

따라서 교의학과 윤리학의 귀속관계와 관련하여 위에서 언급된 비르크너의 규정 이외에도 기독교 교의학의 비판적 성찰에 근거하여 다음과 같은 세 가지 규정들이 가능하다.

(1) 윤리학은 교리비평과 교의학비평이 된다. 윤리학은 교의학을 대체한다. 로테(Richard Rothe)에 의하면 교의학은 역사신학, 즉 교리사에 속한다.[30] 교의학은 "교리를 다루는 학문"이다. 이와 달리 윤리학의 과제는 현재의 "기독교의 이론"을 체계적으로 제시하는 것이다. 왜냐하면 기독교는 지금 세계사적으로 볼 때 종교적—교리

---

29) 참조. Schleiermacher, *Glaubenslehre*, 2. Aufl. § 11, 참조. § 9).
30) 참조. Richard Rothe, *Theologische Ethik*, 3 Bde. 1845–1848, 2. Aufl. 5 Bde. 1867–1871.

적 시대에서 세속적-윤리적 시대로 넘어가는 과정에 있기 때문이다. 기독교는 이론적 진리만 선포해서는 안된다. 기독교의 과제는 "신학적 원칙들"의 이론적 제시가 아니라 삶의 실천적 성취에 있다.

(2) 윤리학은 기초신학이다. 이런 의미에서 헤르만(Wilhelm Herrmann)은 그의 『윤리학』(1901, 1921)을 기초신학이라고 규정했다. 오늘날 인간은 윤리학을 통해서만 종교를 현실적으로 경험한다. "기독교 신앙과 그 신앙이 펼쳐지는 정신적 과정들을 이해하기 위해서는 … 윤리적인 것의 이해로부터 출발해야 한다."[31] "윤리적인 것의 명증성"(G. Ebeling)은 하나님에게 이르는 길을 가리켜 보여준다. 이에 따라 헤르만의 윤리학은 "자연적 삶과 윤리적 사유"와 "기독교 윤리적 삶"의 두 부분으로 구성된다. 헤르만의 물음은 오늘날 에벨링에 의해 경험을 강조하는 방향에서 부분적으로 다시 제기된다.

(3) 바르트는 이런 "신프로테스탄트적 견해"와는 반대로 "윤리학으로서의 교의학"을 주장한다.(KD I, 2, S. 875-890) 바르트에 따르면 교의학을 윤리학에 귀속시키는 것은 신학을 인간학에 귀속시키는 것이며, 인간의 자율성이 하나님을 대체하는 것이다. 이와 반대로 신학은 근본적으로 교의학, 즉 전적으로 하나님의 행위와 말씀에 관한 진술이라 할 수 있다. 인간의 말과 행위는 단지 하나님의 행위와 말씀을 따를 수 있을 뿐이다. 바르트에 따르면 방법론적으로 독자적으로 성찰된 윤리학은 단지 기술적인 "보조학문"으로 간주될 수 있을 뿐이다.

바르트에 의한 윤리학의 계시신학적(또는 기독론적) "근거"와 함께 대단히 포괄적인 신학적 물음이 제기되었다. 이런 물음은 단지

---

31) W. Herrmann, *Ethik*, 1913, S. 6.

인간학에서만 대답될 수 있다. 실제로 개신교 윤리학은 복음을 들음에서 유래한 "은혜의 윤리학" 이외의 다른 것이 아니라는 것이다. 기초적인 신학적 관점에서 볼 때 도대체 복음이 인간의 행위를 통해 실현될 수 있느냐 하는 물음이 제기될 수 있다. 이것은 들음과 행위, 믿음과 행위, 믿음과 공로(그리고 율법과 복음)의 관계에 대한 해석학적 물음이다.

동시에 교의학과 윤리학의 귀속관계에 관한 논의에 있어서 윤리적 물음에 관한 교회의 교육권위에 대한 물음도 논쟁의 대상이 된다.

교의학과 윤리학의 관계에 관한 바르트의 새로운 규정에 있어서 가능한 신학적 대안을 논구하기 위해서는 몇 가지 철저한 고찰들이 필요하다. 바르트는 율법과 복음의 순서를 복음과 율법의 순서로 바꿈으로써 이 둘의 통일성을 강조했다.

2.5. 신학과 윤리학에 관한 새로운 논의

에벨링은 윤리학을 교의학의 일부로 보는 바르트와 반대로 둘을 근본적으로 구분해야 할 필요성을 강조했다. "하나님 앞에서"와 "세상 앞에서"를 근본적으로 구분하는 루터의 두왕국설은 단지 국가와 교회의 권한과 능력을 설명하는 것에 초점을 맞추는 정치적 이론일 수 없다. 오히려 두 유형의 관계들을 신학적으로 철저하게 구분하는 이유는 신앙과 생활 사이의 긴장, 즉 윤리적 경험과 하나님의 구원에 대한 신뢰 사이의 긴장관계를 공식화하기 위한 것이다. 윤리학은 "순수하게 인간적인 것, 일반적으로 인간적인 것 그리고 구체

적으로 인간적인 것"을 대상으로 가진다.[32]

윤리적인 현상은 인간 존재의 근본현상이다. 모든 인간은 윤리적 결정의 필연성에 직면한다. 그런 결정들은 이미 주어진 행동지침들, 관례, 관습, 법을 중심으로 이루어진다. 그렇지만 시대를 초월하는 영원한 윤리적 규범들을 상대화하는 이런 견해가 곧바로 윤리의 와해를 의미하지는 않는다. 실제로는 이런 방식으로 윤리학의 난문들이 드러난다. 우선 단순히 관습들만 반영하지 않는 모든 윤리학은 근본적인 긴장 상태에 있다. 윤리적 요구의 절대성은 절대적 요구들이 실현될 수 없음을 아는 일상의 경험과 모순된다. 그밖에도 절대적 요구와 관련된 그런 경험은 죄책에 관한 경험에서, 즉 신뢰가 깨어진 것을 알게 될 때와 갈등상황에서 좌절을 인식할 때 더욱 강화된다. 마지막으로 운명은 모든 윤리적 행위와 활동을 제한하는 외적 요인이다.

따라서 에벨링에 의하면 철학적 윤리와 신학적 윤리의 관계에서와 마찬가지로 신학과 윤리학의 관계와 관련해서도 구체적인 내용 자체에서는 결국 일반윤리와 기독교윤리 사이에 차이가 있을 수 없다. 삶의 관련성과 삶의 다양한 방식들에 대한 통찰은 모든 윤리학에 공통적이다. 윤리학은 인간의 행위를 책임져야 하며, 삶의 총체적 문제를 숙고해야 한다. 그런데 삶의 총체적 해석과 관련하여 신학적 윤리학과 비신학적 윤리학의 차이가 드러난다. 이런 차이는 두 가지 측면에서 관찰될 수 있다.

원칙적으로 개신교 신학은 윤리학의 구원론적 효력을 전혀 인정하지 않는다. 이로써 윤리학은 상대화된다. 기독교 신학 자체는

---

32) G. Ebeling, *Studium der Theologie*, 1976, Kap. 11, "Ethik", Zit. S. 146.

윤리학이 아니다. 기독교 신학은, 특히 개혁주의 신학은 사람과 업적, 행위자와 행동, 믿음과 행위를 구분한다. 윤리학은 행위자로서의 인간을 다룬다. 윤리학은 인간을 활성화시키고자 한다. 복음 앞에서 인간은 순수한 수용자, 즉 수동적으로 듣는 자이다. 따라서 루터의 전통을 따르는 신학적 윤리학에 있어서 율법과 복음의 구분은 본질적으로 중요하다.

더 나아가 신학은 뿌리 깊은 죄의 힘에 대한 유례가 없는 인식에 근거하여 윤리적인 것의 현상을 강화한다. 죄 이해에서 신학적 윤리학과 철학적 윤리학은 갈라진다. 당연히 신학적 해석은 죄를 부도덕과 동일시하지 않는다. 신약성서에 의하면 인간의 높은 윤리적 성취들이 곧 죄일 수 있다.[33]

신학은 죄를 하나님에 대한 불신(sine fiducia erga deum)과 동일시한다. 따라서 에벨링은 교의학과 윤리학을 구분하지만 분리하지는 않는다. 윤리적인 것을 기독교적 관점에서 해석하여 믿음을 도덕적으로 입증하고 정당화하는 것은 경솔한 판단일 것이다. 윤리학의 기독교화는 행위에 의한 의를 조장한다. 당연히 믿음을 행위와 분리하고 행위(열매)를 신앙(나무)과 분리하여 생각하는 것도 경솔한 판단일 것이다. 에벨링에 의하면 인문적 윤리와 기독교적 윤리를 신학적으로 구분하는 것은 윤리적인 것을 과도한 구원론적 요구로부터 해방시키는 데 있다.

윤리학은 구원의 요구들과 전혀 무관할 수 있다는 윤리학의 한계에 대한 에벨링의 견해는 주목할 필요가 있다. 왜냐하면 근대의 윤리

---

33) 참조. 눅 18:9절 이하. 성전에서 바리새인들과 세리들에 관한 비유. 바울은 자기자랑(καύχημα)을 죄라고 규정한다.(롬 3:27; 4:2; 고전 9:15f.; 고후 11:10, 17; 12:1ff; 갈 6:13)

신학윤리학

학은 고대의 전통에 비해 윤리적 요구를 강화했으며 따라서 철학적 윤리학과 신학적 윤리학 사이의 갈등 가능성을 철학적 윤리학으로부터 심화시켰기 때문이다. 근대 윤리학은 다음과 같은 특징들을 가진다.

(a) 전통적 권위로부터의 해방과 도덕비판.

(b) 자율. 타자에 의해 규정되는 타율을 거부하고 개인의 자기 규정에 기초한 윤리적 책임.

(c) 합리성과 명증성에 기초한 윤리적 논증을 요구함.

트루츠 렌토르프(Trutz Rendtorff)는 근대 윤리의 이런 요구를 수용하였다.[34] 그는 이런 요구를 『윤리학』[35]에서 더욱 강하게 주장했다. 리하르트 로테(Richard Rothe)와 에른스트 트뢸치(Ernst Troeltsch)와 마찬가지로 렌토르프는 기독교가 그의 윤리적 시대에 들어섰다는 사실에서 출발한다. 따라서 바르트와 달리 "기초학문"은 교의학이 아니라 윤리학이다. "윤리학은 인간적 생활태도에 관한 이론이다.(I, 11) 윤리학은 이론, 성찰이지 행위 프로그램이 아니다.

더 나아가 윤리학은 생활태도실천에 관한 이론이다. 따라서 윤리학의 주제는 생활세계 자체의 체제이다. 윤리학은 삶의 이론으로서 "현실학문"(I, 15)이다. 윤리학에 관한 이런 광범위하고 포괄적인 이해는 다음과 같은 명제로 이어진다.

"윤리학은 신학의 상승형식이다. 윤리학은 그의 상승된 방식에서 모든 신학의 기초가 되는 물음, 즉 우리의 현실이해의 근본구조에 대한

---

34) T. Rendtorff, *Ethik. Grundelemente. Methodologie und Konkretionen einer ethischen Theologie*, Bd. 1, 1980, Bd 2, 1981.

35) Ethik. *Methodologie und Konkretionen einer ethischen Theologie*, Bd.1, 1980, Bd.1,1980, Bd.2,1981.

물음을 주제로 하기 때문이다. 따라서 윤리학은 신학을 배제하지 않고 새롭고 개혁된 방식의 신학을 필요로 한다."(I, 16)

윤리학이 생활태도실천에 관한 이론이라는 이런 견해에 의하면 윤리학과 기초신학의 과제는 일치한다. 윤리학의 주제는 신앙의 현실관계 전체이기 때문이다. 윤리학이 신학의 "상승형식"이라는 명제는 이런 의미에서 이해되어야 한다.

이런 주장의 위험은 윤리적 물음에서 다루어질 수 없는 모든 신학적 주제들(경건, 기도, 하나님의 관념)이 완전히 배제되거나 사실상 새로 재정립되어야 한다는 사실이다.

렌토르프가 주장하는 "윤리적 신학"(ethische Theologie)과 달리 윤리학은 현실적 학문이나 생활에 관한 이론이 아니라 인간적 행위, 그 행위의 조건들, 전제들과 결과들에 관한 고찰이다. 따라서 우선적으로 다루어져야 할 주제들은 기준들, 척도들 그리고 조건들에 대한 규범적 물음들이다.

그렇지만 렌토르프의 주장은 오늘의 개신교 윤리학의 근본적인 문제점이 무엇인지 주목하게 해준다. 그는 의식적으로 바르트가 주장하는 윤리학의 기독론적 근거를 거부하며, 교의학과 윤리학의 근거관계에 관한 바르트의 주장에도 반대하기 때문이다. 바르트와 달리 렌토르프는 윤리학이 근거를 제시할 때 그리스도의 계시가 아니라 실생활에 관한 현상학적 이해에서 출발한다. 이와 반대로 바르트는 개신교 윤리학의 형식과 내용을 모두 기독론적으로 논증한다. "형식적으로" 볼 때 신학적 윤리학의 과제는 오직 예수 그리스도 안에서 해석하고, 예수 그리스도에게서만 인식될 수 있다. "실질적으로" 볼 때 신학적 윤리학의 지침들은 오직 그리스도 사건에 상응하

신학윤리학

는 것으로서만 발견될 수 있다.

바르트의 주장에 대한 논의와 비판을 통해 다양한 반론들이 제기되었다.

(a) 그리스도의 계시를 다루는 기독론의 요구에 대해 이의가 제기된다. 기독론의 요구에 현실인식도 포함되어야 한다면 말이다. 따라서 인식론적으로 볼 때 계시로부터 윤리적 판단을 추론하는 것은 논란의 여지가 있다.

(b) 바르트의 계시론 이외에도 특히 유비적 방법론, 즉 "신앙의 유비"에 대해 이의가 제기된다. 유비적 방법론을 통해 신앙적 또는 기독론적 언급들로부터 윤리적 요구들을 이끌어낼 수 있는가?

유비적 추론은 숨겨진 의미를 찾아내고, 설명하고, 의견을 전달하고, 명확하게 해주기는 하지만 행위의 근거를 제시해 줄 수는 없다. 뿐만 아니라 유비들에는 그런 유비들을 드러내고 발견하는 사람의 입장이 반영된다는 점도 비판적으로 고려되어야 한다.

개별적 행위들의 기준은 언제나 구체적인 사례에서 단지 그때마다의 행위가 상황에 적합하면서도 윤리적으로 올바르냐 하는 물음일수 있을 뿐이다. 유비적 방법은 결코 검증할 수 있는 구체적 논증을 대체할 수 없다. "유비"에 관한 물음은 "율법과 복음"의 관계를 다룰때(2장 §3) 다시 한번 논의될 것이다. 거기서 복음과 율법의 유비에 대한 물음이 제기될 것이다. 그렇지만 윤리학의 근거를 교의학에서 발견하려는 바르트를 비판한다고 해서 필연적으로 윤리학의 신학적 근거를 완전히 포기해야 한다고 생각해서는 안된다. 신학의 다른 분야에서는 윤리학의 신학적 "논증"이 인간론과 구원론과 관련하여 다루어진다. 그리고 그런 논증은 계시론이나 배타적인 "신학"에 근거하지 않는다. 이런 신학이 인간론과 대립되고 모순된다면 말이다.

3. 학문으로서의 윤리학

지금까지는 학문적 윤리학의 과제가 인간의 행위에 대한 방법론적 성찰로 규정되었다. 그렇다면 윤리학의 학문성은 도덕적 물음에 대한 방법론적 성찰에 있다. 그렇지만 바로 이런 요구는 새로운 철학적 논의와 학문방법론적 논의에서 반론이 제기되었다. 그것도 많은 관점에서 말이다. 우선 윤리학은 생활세계의 주제들을 다룬다. 따라서 원칙적으로 생활세계와 학문의 관계, 즉 실생활에서의 실천과 학문적 사유의 관계에 대해 물음이 제기된다.

3.1. 실증주의적 반론

신실증주의는 윤리학을 대단히 제한적인 의미에서만 유효한 학문으로 인정한다. 신실증주의는 단지 엄밀하고 명백한 진술만 학문적이라고 인정하기 때문이다. 오직 경험적으로 확인할 수 있거나 논리적으로 검증할 수 있는 명제들만이 학문적이다. 윤리적 진술들과 종교적 진술들은 전혀 학문적일 수 없다. 그런 진술들은 해석이

며 가치판단이기 때문이다. 빈(Wien)학파의 대표적 학자인 비트겐
슈타인은 『논리철학 논고』(tractatus logico-philosophicus)에서 이런 주
장을 지지했다. 비트겐슈타인에 의하면 확인가능성의 기준에서 보
면 오직 자연과학과 논리학만이 학문적이고, 전통적인 철학과 윤리
학과 신학의 명제들은 유의미하지 않다. 비트겐슈타인은 그의 후기
철학(『철학적 탐구』, 1953)에서 다양한 세계와 언어를 연구하며, 단지
"언어놀이", 즉 언어사용에 관해서만 기술한다.

　　비트겐슈타인은 『논리철학 논고』(Suhrkamp12, 1963)에서 주장한
다. "윤리가 진술될 수 없다는 것은 분명하다. 윤리학은 초월적이
다."(6.42) 그러나 왜 윤리가 진술될 수 없는가? 세계의 의미는 "세
계 밖에 있어야 하기" 때문이다.(6.41)

　　"세상의 모든 것은 그것이 지금 있는 그대로 있고, 모든 것은 그것이 지
　　금 일어나는 그대로 일어난다. 세상일에는 어떤 가치도 없다. 그리고
　　만일 가치가 있다면 그 가치는 아무런 가치를 가지지 않을 것이다. 만
　　일 가치를 가지는 가치가 있다면 그 가치는 일어나서 그렇게 존재하는
　　모든 것의 외부에 있어야 한다."(6.4) "따라서 윤리학의 어떤 명제들도
　　존재할 수 없다."(6.42) 비트겐슈타인이 『논리철학 논고』에서 주장하듯
　　이 언어의 과제는 세계를 모사하는 것이다. 언어는 이런 기능을 단지
　　자연과학과 논리학에서만 수행할 수 있다. 그러나 윤리학은 단지 사실
　　들 사이의 의미론적 관계만 다루는 학문이 아니다. 비트겐슈타인은 서
　　문에서 다음과 같은 원리를 제시한다. "도대체 말해질 수 있는 것은 명
　　백히 말해질 수 있다. 그리고 말할 수 없는 것에 대해서 우리는 침묵해
　　야 한다." 이런 원칙에서 볼 때 윤리학은 무의미를 생산한다는 선고를
　　받게 된다. 말하자면 윤리학은 사실에 근거하여 논리적으로 이해될

수 없다.(참조. 1.1) 윤리학은 "더 높은 어떤 것"이라는 것이다. 그러나 이런 높은 것은 표현될 수 없다. 이로부터 비트겐슈타인은 결론적으로 말한다. "세계가 어떤지는 높은 그것에게 전혀 중요하지 않다. 하나님은 세계에 자신을 계시하지 않는다."(6.432) 사실 논리실증주의가 세계를 "사실들의 전체"(1.1)로 이해하고자 하고 사상을 사실들의 그림(3)이라고 생각한다면 윤리적 명제들과 신학적 명제들과 문제제기를 위한 여지는 남아있지 않다. 따라서 가치물음과 의미물음은 학문적으로 다룰 수 없는 주제들이다.

그렇지만 여기서는 논리실증주의의 편협한 학문이해를 비판할 필요가 있다. 만일 철학과 신학이 "더 높은" 어떤 것이고자 한다면, 즉 "초월적"이라면 그들은 이미 그렇기 때문에 학문이 아니다. 그러므로 윤리학이 학문이냐는 물음은 학문 개념의 해명을 필요로 한다. 윤리학과 신학은 단지 주관적인 취향의 문제만 다루지는 않는다. 신학과 윤리학은 나름대로 학문성을 가진다. 비트겐슈타인 자신은 개인적으로 결코 종교에 대해 단지 부정적인 입장을 취하지 않았다. 이런 사실은 비트겐슈타인을 지지하는 사람들은 물론 불가지론자인 러셀도 부정하지 않았다. 종교에 대한 비트겐슈타인의 입장은 일기에 표현되어 있다. 그에게 있어서 "더 높은 것"은 물론 말할 수 없는 것이다. 그에게 있어서 종교는 단지 "신비적" 경험으로서만 가능하다. 우리는 그런 경험들에 관해서 말할 수 없다. 비트겐슈타인에 의하면 "문제점들은 새로운 경험들을 축적함으로써가 아니라 오랫동안 알려진 것을 종합함으로써 해결된다. 철학은 우리의 언어의 도구를 통해 우리의 지성(오성)의 기만에 대항해 싸우는 것이다."[36]

---

36) L. Wittgenstein, *Philosophische Untersuchungen*, *Schriften 1*, 1960, S. 342.

따라서 더 높은 것, 즉 종교적인 것은 말할 수 없으며 단지 침묵함으로써 수용할 수 있을 뿐이다. 후기 유명론과 마찬가지로 비트겐슈타인도 이중적 경험과 이중적 진리, 즉 논리적으로 말할 수 있는 진리와 신비적으로 경험할 수 있는 진리를 인정한다. 이런 인식에 의거하여 비트겐슈타인은 단정적으로 말하는 교의학(예를 들어 바르트의 교의학)을 비판하며, 신학의 학문성을 인정하지 않는다. 그는 종교 자체가 무의미하다고 생각하지는 않는다. 그러나 "특정한 단어들과 공허한 말들을 고집하고 다른 것들을 배제하는 신학은 아무것도 밝혀내지 못한다.(바르트) 신학은 단어들을 자의적으로 사용한다. 신학은 무엇인가 말하고자 하지만 표현할 줄을 모르기 때문이다. 단어의 사용이 단어에 의미를 부여해 준다."[37] 어쨌든 비트겐슈타인의 견해는 우리로 하여금 학문이란 개념의 의미에 대해 묻도록 촉구한다. 비트겐슈타인 자신은 "부정신학"을 지지하지만 무신론자는 아니다. 따라서 그에게 있어 종교에 근거한 윤리학의 실천적 논증은 - 논리적 논증이 아니라 - 가능하다.

3.2. 학문이란 무엇인가?

우선 "지식"(Wissen)이란 개념에 관해 생각해 보자. 지식은 단순한 추측이나 의견과 달리, 그리고 믿음과도 달리 논증된 인식이다. 셸러는 지식을 현실적 삶에 기여하는 실천적 지식, 인격을 형성하는 교육학, 그리고 종교적 실존의 근거가 되는 종교적 지식으로 구

---

37) L. Wittgenstein, *Vermischte Bemerkungen*, hg. von G. H. Wright, 1977, S. 161.

분한다.[38) 따라서 지식은 언제나 보다 다양한 연관관계들에서 이루어진다. 지식은 개별적 사실들에 관한 단순한 인식 이상의 것이다. 학문은 체계적으로 추구된 지식이다.

더 나아가 지식은 영향, 타당성, 힘을 마련해준다. 따라서 지식은 종종 특정한 집단들, 계급들, 계층들의 특권이었다. 중세에는 수도자들이 교육의 특권을 가지고 있었다. 따라서 지식은 사회윤리적 자원을 가지게 된다. 이런 점에서 볼 때 학문과 윤리학은 지식윤리와 학문윤리에 대한 물음에서 – 그리고 그런 요구에서 – 서로 결합되어 있다. 그들은 지식과 학문이 어떻게 사용되느냐 하는 주제를 다룬다. 지식에 이르는 통로가 모든 사람들에게 동일한가? 아니면 주도적 지식을 다루는 전문가들이 있는가? 이때는 지식과 학문의 제도화도 중요하다. 자유민주주의적 사회는 개방성, 즉 지식의 보편적 접근가능성을 요구한다.

학문은 탐구, 교육 그리고 문헌에 근거하여 전승된 지식의 결과 전체라 할 수 있다. 학문의 본질은 방법론에 따라 수행된, 원칙적으로 상호주관적으로 공감할 수 있는 인식작업의 과정에 있다. 학문은 내용이 풍부한 진술들인데, 이런 진술들에서 중요한 것은 논리적, 경험적, 규범적 내용이다. 학문의 기준은 전통적으로 사회적 수용성과 유용성이 아니라 진리추구이다. 학문은 또한 사실들의 수집 이상이다. 학문의 과제는 주어진 것을 설명하고 해석하고 논증하는 것이다. 이때 학문은 그런 작업들을 방법에 따라 수행한다. 따라서 학문들마다 각자에게 적합한 다양한 방법들이 있다. 방법적 다원성과 학문론적 고찰들(정의, 가설을 세움, 관찰들, 전제들, 법칙들을 종합하여

---

38) M. Scheler, *Die Formen des Wissens und die Bildung*, 1925.

신학윤리학

이론을 세움)은 윤리학을 위해서도 고려되어야 한다. 그렇지만 학문 분야들을 서열화해서는 안된다. 물론 이론적 학문, 실험적 학문 그리고 기술적 학문을 구분하는 것은 가능하지만 말이다.

3.3. 윤리학과 학문론

학문론은 주로 앵글로색슨계의 여러 나라들에서 윤리학에 적용되었다. 우리는 이런 윤리를 "분석윤리"라 부른다. 그렇지만 보다 적절한 명칭은 '도덕언어 분석'일 것이다. 왜냐하면 좁은 의미의 언어분석이란 개념 이외에도 교의학적 사고나 복음적 사고나 해석학적 사고와 구분될 수 있는 사고유형은 분석적이기 때문이다. 특정한 내용의 주제가 아니라 방법이 분석적이다. 앵글로색슨의 윤리학은 독일 전통에서 일상적이고 토착화된 사유방식과 다르다. 비젠바하(Hans Biesenbach)는 분석윤리의 철학적 전통, 즉 고대 그리스 철학과 19세기의 흄과 칸트의 철학을 간단하게 다룬다.[39]

분석윤리는 조지 무어(George Richard Moore, 1873-1958)의 주저『윤리학 원리』(Principia Ethica)과 함께 시작되었다 할 수 있다. 무어는 어떻게 존재가 당위성의 근거가 될 수 있는지 묻는다. 자연주의 윤리학은 존재로부터 당위를 도출한다.(자연주의적 오류추리) 그렇지만 언어분석에 의하면 "좋은"이란 술어는 결코 존재의 속성에 속하는 것이 아니라 가치평가이다. 그렇다면 그후에는 다음과 같이 묻게 된

---

39) Hans Biesenbach, *Zur Logik der moralischen Argumentation. Die Theorie Richard M. Hares und die Entwicklung der analytischen Ethik*, 1982.

다. "좋은"이란 이런 가치평가는 도대체 어디에 근거하는가? 감정주의가 주장하듯이 감정에 근거하는가? 인지주의가 주장하듯이 인식에 근거하는가? 동의와 수용성에 근거하는가? "좋음"의 기준이 동의와 수용이라면, "나쁨"의 기준은 비동의, 거부일 것이다.

분석윤리학은 전적으로 윤리적 언어를 설명하고 유용성을 이해시키기 위한 윤리일 수 있다. 여기서 중요한 것은 문제점 논증을 더 잘 파악하고 논의를 객관화하는 것이다.

더 나아가 슈바르츠는 영국에서의 논의를 개관한다.[40] 비젠바하와 달리 슈바르츠는 분석윤리가 기독교윤리를 위해 가지는 의미를 강조한다. 따라서 그는 윤리적 판단의 타당성에 대한 통상적인 물음뿐 아니라 도덕과 종교의 관계에 관한 종교철학적 물음도 함께 논의한다. 종교적 명제들은 어떤 것들인가? 종교적 명제들은 윤리학을 위해 어떤 기능을 가지는가? 종교적 명제들은 세계관의 표현이다. 슈바르츠는 앵글로색슨 계통의 이런 해석을 리츨(Dietrich Ritschl)이 주장하는 "이야기" 개념과 결합시킨다. 기독교윤리는 신앙공동체의 이야기들에 근거한다.

문제는 윤리학의 언어형식들과 논증들을 단지 메타-윤리적으로 탐구하는 것이 학문적으로 충분하냐 하는 물음, 즉 단지 윤리학의 언어논리가 학문일 수 있느냐 하는 물음이다. 규범윤리도 개개의 결정들을 더 잘 입증된 것으로 간주하고, 설득력 있게 제시하는

---

40) Werner Schwarz, *Analytische Ethik und christliche Theologie. Zur metaethischen Klärung der Grundlagen christlicher Ethik*, 1984.

신학윤리학

한 학문적일 수 있다. 학문적 윤리학의 목표는 단순히 도덕적 명제들의 의미를 탐구하는 것일 수 없으며, 윤리적 판단들과 윤리적 결정들을 논증할 수 있어야 한다. 윤리학은 근거들과 대상들을 객관적으로 인지하고 검증해야 한다. 윤리학은 학문으로서 객관적이어야 한다. 윤리학은 주관적 편견과 집착을 비판적으로 검토하고 성찰해야 하며, 따라서 그의 논증들이 추후에 다시 검증될 수 있음을 고려해야 한다. 이것은 명증성과 합리성을 위해 필요하다. 이런 점에서 보면 윤리학도 당연히 학문이다. 비판적 윤리학은 특별한 논증방법에 근거한다. 이밖에도 윤리학의 학문적 탐구는 사실성, 냉정함, 비판능력, 새로운 논증에 대한 개방성과 같은 학문적 태도를 요구한다.

3.4. 학문윤리에 대한 요구

윤리학에 대한 이런 요구들은 상충되는 이해관계와 학문의 사회적 의존성을 고려할 때 하나의 고상하지만 도달할 수 없는 이념이 아닌가? 따라서 학문의 윤리, 즉 "학문윤리"(Wissenschaftsethik)의 물음이 제기된다. 이 주제는 단지 학자의 개인적인 책임의 문제가 아니라 제도로서의 학문에서 제기되는 물음이다. 학문과 사회의 밀접한 결합관계는 당면한 현재의 문제이다. 이와 관련하여 잘 알려진 문제들은 다음과 같은 것들이다.

a) 기초연구는 사회적 결과들을 가진다. 예를 들어 한스(O. Hahns)에 의해 발견된 원자핵의 분열가능성은 원자폭탄과 핵에너지의 원인이 되었으며, 인간의 유전자정보(DNA) 해독은 유전자조작을 가능하

게 했다. 따라서 학문의 가치중립성을 요구하면서(Max Weber) 다음과 같이 말할 수 있는가? 나쁜 것은 단지 원자탄, 생명공학을 인간에게 적용하는 유전자조작, 인간개량이며, 지식 자체는 선하고 가치중립적이다. 아니면 "순수한" 학자, 즉 기초연구자는 그의 발견과 지식이 정치와 사회에 끼치는 결과들도 함께 생각해야 하는가? 그렇지만 책임은 결과를 생각한다. 따라서 학문윤리의 과제는 시급하다. 지식은 무엇에 기여하는가? 우리는 지식을 무엇에 이용하는가?

지식은 그 자체로 가치중립적이지 않다.(참조. 창 3:5. 선과 악을 아는 지식) 특히 지식은 더 이상 폐기될 수 없다는 점에서 그렇다. 발명은 있지만 "탈발명"은 없다.

b) 학문과 그의 적용은 문화와 사회 전체에 영향을 미친다. 우리는 "학문적–기술적 문명"(Helmut Schelsky)에 관해 말한다. 이를 통해 생활태도의 학문화가 이루어진다. 오늘날 학문은 실제로 사회적 힘이며 정치적 권력이다. 우주탐사, 원자물리학, 해양탐사와 같은 대규모 연구에서는 이론과 실천이 사실상 전혀 분리될 수 없다. 대규모 연구는 국가와 기업의 지원에 의존한다.

그러나 그렇다면 반대로 사회도 학문에 의존적일 것이다. 학문은 중요한 생산요인이 되며, 생활태도와 정치에 영향을 준다. 예를 들어 원자력, 교통혁신, 비행기, 통신, 컴퓨터, 뉴미디어(유선통신) 등이 그런 영향의 결과들이다. 학문의 결과로 발생하는 사회적 변화들은 단지 수용의 문제인가? 학문의 진보는 양면성을 가지며 따라서 윤리적 주제가 아닌가? 또한 전문가들에 의한 지배층지식의 힘도 문제이다. "전문가 통치"는 민주주의를 위협한다.

지금까지 살펴본 이런 관점들에서 판단해 볼 때 다음과 같은 결과들이 주어진다.

신학윤리학

(a) 학문적 인식들의 결과들은 모든 사람들과 관련되며, 따라서 일반적으로 윤리적으로 고려되어야 한다.

(b) 투명성, 즉 학문적-기술적 개입의 사회적 통제가 요구된다. 학문은 사회와 무관하지 않으며, 완전히 익명적이 아니다. 따라서 학문은 (1) 사회를 납득시켜야 하며, (2) 결과에 관해 설명해야 한다.

(c) 학문적 결과들은 학문의 능력을 과대평가하는 원인이 될 수 있다. 기술행위, 학문적 객관성은 결코 그 자체로 윤리적 문제들을 해결할 수 없다. 오히려 학문의 신앙화가 있다. 학문과 기술이 구원행사가 되고 종교를 대개 비판의 한 측면이 된다. 기술관료주의에 관한 논쟁이 그런 예이다. 기술관료주의는 기술이 민주적 결정, 사회적 합의, 윤리적 책임을 대신함을 의미한다. 윤리학은 "비학문적"이라는 주장은 종종 보호전략과 방어전략의 한 부분이 된다. 학문적 객관성에 의존하여 윤리적 반론들에 대해 면역을 부여하는 일이 일어난다. 그렇지만 학문은 근본적으로 윤리적 논의에 관여하지 않을 수 없다.

(d) 마지막으로 신(新)마르크스주의 학문론은 인식과 이해관계의 관련성에 특히 주목한다. 학문은 이해관계와 무관하게 가치중립적 일 수 없다는 것이다. 따라서 신마르크스주의는 학문이 가치중립적이어야 한다는 막스 베버의 주장에 대해 근본적으로 물음을 제기한다. 막스 베버에 의하면 학자는 사실자체가 말하도록 해야 한다. 학자는 객관적 사실을 이데올로기에 의해 오염되지 않은 상태로 제시해야 한다. 가치판단자유(Werturteisfreiheit)는 학문적 객관성을 요구한다. 이런 의미에서 베버의 요구는 당연히 타당하고

실제적이다. 학문은 세계관이 되어서는 안된다. 학문은 대상과 일치해야 하며, 비판적이고, 자기 비판적이며, 객관적이어야 한다. 이런 의미에서 가치판단자유 요구는 언제나 학문연구의 적절하고 중요한 규정이다. 그렇지만 학문이 "순수한" 학문으로서 언제나 사회적 힘들의 투쟁에 관여하지 않아야 한다고 주장하는 것은 환상일 것이다.[41] 따라서 학문의 사회적 전제들을 다루는 것도 학문윤리의 과제이다.

더 나아가 오늘날에는 학문의 통일성이 지금도 여전히 보편적 인식론, 즉 학문론을 거쳐 도달될 수 있느냐 하는 물음이 제기될 수 있다. 어쨌든 학문들의 통일성은 더 이상 보편지식, 즉 백과사전적 지식을 거쳐 제시될 수는 없다. 오히려 학문의 통일성은 윤리에서, 즉 사태관련성 및 새로운 통찰력에 대한 개방성과 같은 학문적 덕에서, 비판적 태도에서 그리고 학문적 행위의 예상 가능한 결과들에 대한 책임성에서 새롭게 발견되어야 할 것이다. 그렇다면 윤리학은 − 그리고 그와 함께 신학적 윤리학의 성찰도 − 학문의 토대를 마련하는데 본질적으로 중요하다. 이런 물음은 보편적인 합리성의 규범들이 있느냐 하는 물음에까지 확장될 수 있다. 여기서 윤리적 합리성의 옛 딜레마는 학문의 보편화 가능성에 대한 새로운 물음과 결합된다.[42]

---

41) 참조. Ernst Topitsch, *Die Freiheit der Wissenschaft und der politische Auftrag der Universität*, 1968.
42) Vgl. zu Einzelfragen näherhin: Ethik der Kultur, in der "Sozialethik"

신학윤리학

2장
윤리학의 신학적 전제들

모든 윤리학은 인간론, 즉 인간에 대한 근본적인 이해를 전제한다. 신학윤리의 전제는 하나님 앞에 있는 인간에 대한 이해이다. 이런 인간이해는 하나님을 통해 인간에게 부여된 것을 중점적으로 다룬다. 하나님은 이스라엘 백성의 역사에서, 나사렛 예수 그리스도의 복음과 운명에서, 복음의 역사에서, 교회의 선포에서 인간과 관계를 맺으셨다. 창조와 구원, 화해는 복음의 내용이며 기독교 신앙의 근거이다. 이런 복음을 현재의 문제들과 관련하여 해석하는 것은 교의학과 기초신학의 가장 중요한 과제이다. 신학윤리는 이런 포괄적인 의미에서 교의학과 관계가 있다. 그러나 윤리학의 가장 우선적인 과제는 인간론의 근본물음들을 명확하게 주제로 다루는 것이다. 그런 근본물음들은 다음과 같다.

윤리적 책임에 대해 그리스도인에게 전권을 부여해주는 것은 무엇인가? 이 물음은 기독교적 자유를 주제로 다루는 계기가 된다.

그리스도인이 윤리적 책임을 느끼지 않을 수 없게 만드는 것은 무엇인가? 그것은 악과 죄의 경험이다.

그리스도인이 태도를 취할 때 표준으로 삼을 수 있는 신학적 지침들이 있는가? 율법과 구별, 칭의와 성화의 관계, 선행, 자연법, 양심, 그리스도 제자직(Nachfolge Christi)은 이런 지침들에 속한다. 사랑의 계명은 기독교윤리의 완성이라 할 수 있다. 물론 사랑의 계명은 최고의 규범이 아니라 '메타규범'(Meta-Norm)이다. 따라서 윤리학의 신학적 전제들은 단순히 행위의 가치와 규범일 뿐만 아니라 더 포괄적으로 인간 삶의 현실에 대한 해석과 관점이다.

기독교윤리의 출발점은 자유의 경험이다. 그리스도인은 선과 정의를 행할 수 있는 자유인이 된다. 복음은 "자유의 부름"(Ernst Käsemann)이다. 그리스도의 진리는 그리스도인을 자유롭게 해준다.(요 8:32) 물론 자유는 단지 기독교적 구호일 뿐만 아니라 이미 오래전부터 철학적 성찰의 주제이며 근대의 근본개념이다. 특히 신학적-기독교적 근본명제들과 일반적-인간론적 근본명제들은 자유에 대한 이해에서 일치한다.

개신교 윤리학은 신학적 전제들의 확실성을 추구하는 과정에서 궁극적으로 삶과 신앙의 귀속관계에 대한 복음적 이해의 토대가 무엇이냐 하는 물음에 도달한다. 죄, 율법, 복음, 칭의와 성화에 대한 종교개혁자들의 이해는 개신교 윤리학의 가장 중요한 토대이다. 그런 이해를 위해서는 인간론과 구원론 분야에서 루터의 신학적 주장들을 주목해 볼 필요가 있다. 이 책에서는 이런 신학적 주장들이 무엇보다 루터의 직접적인 언급들을 중심으로 다루어진다. 루터의 이런 언급들이 신앙과 에토스의 관계에 대한 복음적 이해를 위해 본질적인 한에 있어 말이다. 이때 다른 신앙고백 전승들과 문건들은 교회일치운동의 이해를 위해서 중요하기는 하지만 단지 부수적으로만 다루어질 것이다. 마찬가지로 여기서도 성서적 관련성들만이 언급될 것이다. 당연히 루터의 신학도 성서적 증언들의 비판에 의해 검증되어야 한다. 2장의 목적은 종교개혁 전통에 따른 윤리학의 전제들이 가진 특성을 제시하는 것이며, 그와 함께 "개신교적" 윤리학의 특수성이 특별한 신학적 사유형식에 있음을 밝히는 것이다.

1. 기독교적 자유

1.1. 문제제기

자유는 윤리적 행위와 태도의 전제이다. 자기규정의 가능성이 없다면 어떤 책임도 있을 수 없다. 윤리학은 오직 그리고 처음으로 자유가 윤리를 가능하게 한다는 선험적 전제에서 출발한다. 그래서 칸트는 자유를 윤리의 토대라고 규정했다. 자유는 실천이성의 요청이다. "너는 할 수 있다. 왜냐하면 너는 해야 하기 때문이다.(Du kannst, denn du sollst)" "당위성은 가능성을 포함한다." 그러나 문제는 자유의 한계가 어디까지냐 하는 점이다. '자유'라는 단어는 "개념적 심층구조"를 가진다. 자유 개념의 윤리적 위상을 파악하기 위해서는 이 개념의 다양한 측면들을 인지하는 것이 중요하다.

1.2. 자유 개념의 차원들

(a) 피상적으로 볼 때 자유는 우선 독립성, 즉 정치적 자유이다.

예를 들어 중세시대에 교회의 자유는 이런 의미의 정치적 자유였으며, 개인에게 있어서 교회의 부담면제, 도시들로부터의 자유, 계급으로부터의 자유, 조합으로부터의 자유도 이런 정치적 의미의 자유였다. 이런 의미에서의 자유는 예를 들어 "도시의 공기는 사람을 자유롭게 한다"는 명제에서처럼 성주의 관할권, 시장 개설권, 재판권과 같은 특권들을 의미한다.

(b) 자유는 선택의 자유, 즉 결정의 자유와 행동의 자유이다. 의지의 자유가 없다면 어떤 윤리도 있을 수 없을 것이다. 철학적 윤리학과 종교적 윤리학은 예로부터 의지의 자유, 윤리적 귀책, 책임성에 관한 이런 문제를 다루었다. 인간은 자유라고 주장하는 비결정론과 인간은 자유롭지 못하다고 주장하는 결정론이 대표적인 예이다. 물론 인간의 자유를 객관적으로 입증할 수는 없다. 행동의 자유에 대한 심리학적 설명들도 그렇게 할 수 없다. 그럼에도 불구하고 내적 자유는 인간론적 관점에서 보나 윤리적 관점에서 보나 모두 근본적인 현상이다. "자기 자신의 주인으로 존재함"은 단순한 외적 자유 이상의 내적 자율과 "자립적 존재"를 의미한다.

폴리스의 자유를 상실하게 되자 이미 고대 그리스에서는 철학적 사유들이 점점 더 개인의 내적 자유에 치중하게 되었다. 스토아 철학은 자유를 그렇게 생각했다. 자유는 '아우타르케이아'(αὐτάρκεια) (그럼에도 불구하고 자족함), 윤리적 자기규정, 자제이다. 에피쿠로스에 의하면 자유는 내적 독립이다. "자유로운 사람은 그가 원하는 대로 사는 사람이며, 강요당하지 않고 방해받지도 않는 사람이며, 강요되지 않고 그가 추구하는 것이 방해받지도 않는 사람이며, 그가 추구하는 것들을 성취하는 사람이며, 그가 피하고자 하는 것에 빠지지 않는 사

신학윤리학

람이다."(Diss. VI, 1.1) 자유는 자기의지, 열정, 욕구보다 높은 차원의 선택의 자유이다. 에피쿠로스는 말한다. "나는 아직까지 내가 원하지 않을 때 강요된 적이 없다. 그러나 어떻게 그것이 가능한가? 나는 나의 생명을 신에게 맡겼다. 신은 내가 정열을 가지기를 원한다. 나도 그렇다. 그가 원하지 않으면 나도 원하지 않는다. 누가 나의 판단을 방해하거나 강요할 수 있겠는가?"(Diss. VI, 1, 89f.)

윤리적 자기규정 능력은 책임적 삶의 근본적인 전제이며, 따라서 "근본적인 가치"이다. 자유는 인간이 윤리적 인격체로서 지칭될 수 있기 위한 전제조건이다. 그렇기 때문에 윤리적 성찰의 역사는 바로 자유라는 주제를 실마리로 하여 제시될 수 있다. 이런 윤리적 성찰에서 중요한 물음은 '무엇이 인간을 윤리적 주체이게 하느냐?'이다. 이런 물음은 이미 고대의 스토아 철학과 에피쿠로스를 움직인 물음이었으며, 후에는 계몽과 독일 관념론(칸트와 피히테)의 핵심 주제가 된다. 윤리학은 자유가 주체성의 증거라고 생각한다. 자유에 관한 독일 관념론의 이런 견해는 "세계사는 자유의식의 진보"라는 헤겔의 명제에서 단적으로 드러난다. 국가, 사회, 예술 그리고 학문은 자유가 실현되어 나타난 형태들이다.

아리스토텔레스는 행동의 자유를 인간론적인 관점에서 고찰했다. 그에 의하면 자유로운 사람은 강요되지 않고 자유의지에 따라 내적 충동으로부터 행동하는 사람이다. 스토아 철학은 자유에 관한 이런 이해를 내면화했다. 자유로운 사람은 운명에 매이지 않고 자기 자신을 만들어 가는 사람이다.(에픽테투스, 세네카 : αὐτεξούσιον)

(c) 기독교 신앙은 이런 주제를 더욱 철저하게 제시한다. 스토아 철학은 인간이 자기 자신을 지배함으로써, 즉 그가 추구하는 내적

자립성에 도달하여 자신의 욕구와 추구하는 것들의 주인이 됨으로써 자기 자신을 통제할 수 있다는 전제에서 출발했다. 그러나 바울은 바로 스토아 철학의 이런 견해를 비판했다. 인간은 결코 자신이 자유의 주인이 아니며, 하나님의 은혜를 통해 비로소 자유롭게 된다는 것이다.

이제 자유와 죄에 관한 주제 및 하나님의 의지(선택)와 인간의 행위(결정) 사이의 조화가능성에 대한 물음을 다룰 차례이다. 아우구스티누스는 그의 예정론, 죄론 그리고 은총론에서 자유의 문제를 성서적 하나님 사상과 결합하였다. 자유는 초월적 차원, 즉 형이상학적 차원을 가지게 된다. 이때 중요한 것은 무엇으로부터 또는 무엇을 위한 자유가 아니라 무엇을 통한 자유냐 하는 것이다. 무엇이 인간을 자유롭게 하는가? 무엇이 양심을 자유롭게 하는가?

루터와 종교개혁 사상가들도 그렇게 물었다. 근대와 계몽시대의 사상가들은 죄론과 예정론을 거부하고 스토아 철학의 전통으로 돌아간다. 자유는 윤리적 자기결정, 즉 자율의 주제가 된다. 자유는 전적으로 인간론의 주제이다. 자유는 루터가 주장과 달리 더 이상 하나님의 예정이 아니다. 루터에 의하면 오직 하나님만이 자유롭다. "자유의지"(liberum arbitrium)는 오직 하나님에게만 속한다. 슐라이어마허도 인간은 절대의존 감정을 가지기는 하지만 절대적 감정은 가지지 못하기 때문에 절대자유의 감정을 가지지 못한다고 주장했다. 계몽시대 이후에는 신앙을 통한 자유의 이런 제한성에 대해 이론이 제기된다. 자유는 인간의 고유한 능력에 의한 기획이다. 사르트르는 이런 사상을 역설적으로 표현했다. "인간은 자유로울 수밖에 없도록 '저주받은' 존재이다." 인간은 세상의 어떤 것을 통해서도 제약되지 않는다. 사르트르에 의하면 절대적 자유는 현실이 되

신학윤리학

었다. 인간은 자기 자신을 선택해야 한다. 인간은 결정하지 않을 수 없는 존재이다. 그러나 자유는 동시에 짐이며 재앙이다.

자유에 관한 다양한 견해들은 서로 밀접하게 연관되어 있다. 사회적 자유, 윤리적 자유와 형이상학적 자유는 공통점을 가진다.

사회윤리의 관점에서 보면 자유가 구체적으로 각 시대의 사회질서에 의존한다는 사실이 중요할 것이다. 따라서 사회윤리는 자유로운 사회를 요구하고, 인권을 본질적인 자유로 인정해 줄 것을 요구한다. 당연히 여기서 새로운 문제도 발생한다. 시민은 관료체제 하에서 얼마나 자유로우며 자립적인가? 국가는 건전한 시민들의 자유를 얼마나 보장하는가? 따라서 자유는 사회질서와 관계가 있다. 자유는 언제나 무조건적인 자유가 아니며, 무제한적 자유가 아니다.

동시에 자유의 속성에 대한 물음이 제기된다. 당연히 억압적인 사회형태에서는 부자유가 소비선택을 통해 조정된다. 이것은 진보적 자유개념에 대한 마르쿠제의 반론이다. 그에 의하면 억압적인 인내는 자기규정으로서의 자유를 타율적 자유로 변질시킨다.

마지막으로 자유는 특히 인도주의적 자기이해와 관계가 있다. 인격의 자유, 즉 양심의 자유는 정치적 자유와 사회적 자유와는 다르며 그 이상이다. 여기서는 중요한 것은 자기 자신 앞에서의 내적 자유이다.

1.3. 자유에 관한 신학적 해석

위에서 언급된 견해들은 결국 다음과 같은 신학적 물음으로서 제기된다. 어떻게 인간은 하나님 앞에서(coram deo) 자유로운가? 그리스도인의 신앙은 획득된 것이 아니라 선물로 주어진 것이다. 이와 달리 정치적 또는 윤리적 자유, 즉 자립성은 인간의 행위의 과제이다.

그러나 신학적으로 하나님 사상은 자유를 이해하는 데 어떤 역할을 하는가? 하나님의 자유와 인간의 자유 사이에는 경쟁구도가 발생하지 않는가? 이런 의미에서 예정론은 인간의 심리학적 결정이라고 해석되었다. 따라서 현대의 사상가들은 인간은 하나님이 없을 때에만 자유로울 수 있다고 설명한다. 무신론은 자유의 조건이 된다.(사르트르, 까뮈)

이와 반대로 기독교 신앙은 하나님이 자유의 근원이자 근거임을 확신한다. 인간의 자유는 하나님에 의해 허락되어 보장된 자유이다. 인간의 자유는 생산적이고 창조적이며 세계를 형성하는 자유이다. 이런 자유개념은 인간과 하나님의 동일형상(창 1:26)에 관한 설명에 단적으로 나타난다.

루터는 『기독교인의 자유에 관하여』(1520)에서 자유에 관한 이런 해석을 주인과 종의 변증법, 즉 자유와 사랑의 속박의 변증법에서 탁월하게 제시했다. "그리스도인은 만물 위에 뛰어난 자유로운 주인이며, 믿음에서 아무에게도 예속되지 않은 주인이다." "그리스도인은 만물을 섬기는 종이며, 사랑에서 모든 사람에게 예속되어 있다." 바로 이런 루터의 견해는 자유이해에 있어서 관계의 다양성, 즉 내적 자유와 외적 자유, 믿음과 사랑, 힘과 자유 사이의 긴장관계를 강조한다.

기독교 신앙은 선험철학의 해석과는 달리 인간의 자유가 더 이상 연역할 수 없는 방식으로 주어져 있다는 사실에 근거한다. 기독교 신앙은 인간을 세상의 강제력과 자기폐쇄성으로부터 자유롭게

신학윤리학

해준 사건에 의존한다. 창조와 구원에 관한 성서의 기록은 이런 사건을 증언한다. 바르트에 의하면 하나님은 "자유 안에서 사랑하시는 분"이며, 따라서 믿음은 "자유의 선물"이다. 기독교 신앙은 자유에 관한 인간의 경험들이 서로 상반된다는 사실을 알기 때문에 인간 자유의 근거에 대해 묻게 된다. 따라서 자유가 행위의 전제라는 윤리적 주제는 당연히 종교적 물음, 즉 인간을 자유롭게 하는 것이 무엇이냐 하는 신앙적 물음으로 넘어간다.

자유의 조건들과 가능 근거에 대한 물음은 죄에 대한 인식을 통해 자유는 더욱 철저해진다. 죄를 범할 자유가 있는가? 근원적인 악의 현상은 어떻게 설명될 수 있는가? 윤리학의 전제인 자유에 관해 제기되는 해결할 수 없는 물음들로 인해 신학은 죄와 율법의 이해에 관해 다시 묻지 않을 수 없다.

보충설명 : 하나님의 형상

하나님과 인간, 하나님의 형상(imago dei)은 무엇보다 주석적이고 교의학적인 주제이다. 윤리학에서 중요한 것은 이런 하나님의 형상이 윤리적 인격성과 동일시되지 않으며, 이런 하나님의 형상이 바로 내용적으로 선을 지향하는 자유와 동일시되지 않는다는 사실이다. 왜냐하면 하나님의 형상이 자유와 동일시된다면 죄인도 여전히 자유를 소유하고 있느냐, 즉 그가 하나님의 형상을 상실했느냐 그렇지 않으냐 하는 잘못된 물음이 제기되기 때문이다. 더 나아가 타락 이전에는 "부패하지 않은 본성"을 가진 완전한 상태가 있었느냐 하는 물음이 제기된다. 사람들은 죄와 타락의 구속사적 순서에 의존해 타락 이전 인간의 참된 본질과 타락 이후의 현실적 실존을 구분하고자 한다. 이런 구속사적 시기구분은 죄인의 현실적 존재를 하나님의 형상에 관한 성서의 기록들을 통해 설명하려는 시도이다.

하나님의 형상을 증언하는 성서의 기록들은 창 1:26f; 5:3; 9:6 b를 제외하면 구약성서에서는 거의 발견되지 않는다. 신약성서에서는 하나님의 형상이 때로는 인간론의 관점에서 해석되고(고전 11:7; 약 3:9), 때로는 기독론의 관점에서 해석된다.(고후 4:4; 골 1:15; 3:10; 4:24) 결정적으로 중요한 구절은 창 1:26f이다. 이레니우스로부터 바르트에 이르기까지 이 구절에 대한 해석은 구약성서 주석에서보다 교의학에서 먼저 시도되었다.[1]

동일형상에 관한 모든 해석들을 여기서 일일이 다 제시할 수는 없다. 이레니우스는 하나님의 "형상"과 "모양"을 병치시킨 창 1:26절을 잘못 해석하여 하나님의 '형상'(imago)은 하나님과의 '유사성'(similitudo)과 다르다고 주장했다. 이레니우스의 이런 구분과 함께 자연적 본성과 타락에 의해 상실된 초자연적 본성을 구분하는 전통적 해석이 시작되었다. 알렉산드리아의 필론은 하나님의 형상이 인간의 정신적 우월성에 있다고 보았다.(opificium mundi 69) 19세기에 이르러서 비로소 주석가들은 교의학적 인간론의 해석에서 탈피하여 종교사적이고 언어적인 비교를 통해 하나님의 형상을 새롭게 해석하기 시작했다. 인간은 그의 육체와 몸과 본성에서의 '땅의 지배'(dominium terrae)에 있어서는 하나님의 형상이라는 것이다. 하나님의 형상은 직립보행에서 드러난다는 것이다.

신학의 역사에서 볼 때 하나님의 형상에 관한 이해는 언제나 인간에 관한 이해에 따라 – 인간의 특수성이 정신, 언어, 세계를 다스림 중 어디에 있느냐 하는 견해에 따라 – 달라졌을 뿐만 아니라 하

---

1) 참조. Leo Scheffczyk, *Der Mensch als Bild Gottes*, WdF CCXIV, 1969.

신학윤리학

나님, 세계 그리고 인간의 관계에 관한 견해에 따라서도 달라졌다. 그러나 일반적으로 하나님의 형상은 인간일반에 관한 진술이며, 단지 그리스도인에 관한 진술만은 아니라는 사실에 대해서는 의견이 일치했다. 이때 아우구스티누스 이후에는, 특히 루터에게서는 죄인도 하나님의 형상이기 때문에 여전히 자유의사를 가지느냐 하는 점에 관해 논의되었다. 오늘날에는 자유를 의사소통 사건으로 해석하기 때문에 하나님의 형상을 더 이상 실체론적 범주와 본성에 관한 범주를 가지고 설명할 수 없다. 오히려 관계성이 인간존재를 본질이라 할 수 있다. 인간은 언어를 사용하는 존재로서 언어관계에 의존한다. 인간은 다른 사람들과 관계를 맺으면서 살아간다. 그리고 신학적 인간이해는 언제나 이미 하나님과의 관계를 통해 언급된다.

'하나님의 형상'이란 상징에서 인간의 본질에 관해 제기된 물음은 결국 윤리적이 아니라 철저하게 신학적으로 대답된다. 인간이 도대체 어떻게 하나님을 생각하고 직관적으로 표상할 수 있느냐 하는 물음에서 요약되는 하나님에 관한 논의와 인간의 본질에 관한 논의는 '하나님의 형상'에서 서로 만난다. 인간론과 신론의 이런 교차는 윤리학을 위해서도 중요하지만, 윤리적 논의들의 전(前)윤리적 전제를 위해서도 중요하다. 따라서 하나님의 형상을 자유의 테마에서 다루는 것은 바람직하지 않다.

2. 기독교적 죄 이해

2.1. 죄 : 신학적 윤리학의 주제

기독교적, 신학적 윤리학은 죄에 대한 논의에 의해 그리고 그와 직접적으로 연관된 죄의 용서, 즉 칭의에 대한 믿음에 의해 일반 윤리학과 구분된다. 하이데거에 의하면 "철학적 물음은 죄에 관해 전혀 알지 못한다."[2] 그렇지만 기독교윤리는 인간 자체가 아니라 죄인으로서의 인간을 다루며, 하나님 자체가 아니라 타락한 인간에게 신의(信義)를 지키고 죄인에게 은혜를 베푸는 하나님을 다룬다. 그렇지만 오늘날은 죄에 대한 논의와 관련하여 커다란 불확실성이 존재한다. 이것은 신학에서 뿐만 아니라 기독교윤리에서도 그렇다. 하나님을 윤리적 관점에서 이해하면 죄에 관해 언급할 필요가 사라지게 된다. 루터에 의하면 신학의 주제는 "죄로 인해 고발당해 절망적인 인간"(homo peccati reus ac perdirus)과 "죄인을 의롭다고 인정하시는 하나님"(deus iustificans)이다.(WA 40 II, 328, 1f.) 오늘의 신학은 죄

---

2) M. Heidegger, *Sein und Zeit*, 1946, S. 306.

의 개념과 실상에 관해 명확하게 입장을 정리하지 못하고 있다. '죄'라는 단어 자체가 이미 이해할 수 없고 불명확한 개념이 되었다. 사람들은 일반적으로 죄를 법령 위반, 비도덕적 행위, 특히 성적인 범죄라고 생각한다. 죄라는 개념이 도덕적 관점에서 이해된다.

이와 달리 신학은 죄는 단지 도덕적 과오를 가리키는 개념이 아니라는 점을 강조한다. 비록 도덕적 과오가 죄의 현상과 결과이긴 하지만 말이다. 죄는 언제나 하나님과의 관계에서 이해되어야 한다. 인간은 하나님을 만날 때 비로소 죄를 인식하게 된다. 죄는 오직 거룩하고 의로우신 하나님 앞에만 인식된다. 그리고 죄는 오직 개인적으로만 인식된다. 죄의 고백은 하나님과의 만남을 통해 이루어지는 실존적 고백이다. 우리는 다른 사람들의 죄를 대신 고백할수 없다. 우리는 단지 자신의 죄를 고백할 수 있을 뿐이다. 우리는 다른 사람들의 죄를 고발하고 판단하고 비난할 수 있다. 그렇지만 죄의 용서는 모든 사람이 오직 개인적으로 자신을 위해 수용할 수 있는 사건이다. 죄는 개인적인 과실이지 객관적인 결함이나 법률위반이 아니기 때문이다.

따라서 죄가 있다고 말하는 것은 신앙적 진술이다. 자신의 죄를 고백하는 사람은 '하나님 앞에서 나는 누구인가?'라고 묻는다. 물론 죄는 일반적으로 확인할 수 있는 사실이기도 하다. 우리는 악을 경험한다. 악을 객관적으로 입증하는 경험적 증거가 있다. 공격의 불명료성과 사실성에 관해 연구한 사례들이 있다. 심리학자들에 의하면 인간의 무의식에는 악의 성향이 있다. 인간에게는 불안정, 불안, 질투, 증오, 적대감이 있다. 그렇다면 이렇게 인간에게서 일반적으로 관찰할 수 있는 "근본 악"(칸트)의 성향은 죄를 불신앙, 사랑이 없음, 희망 없음으로 해석하는 기독교 신앙과 어떤 관계에 있는가? 이것은 신학적 판단형성과 언어형성의 근본적인 물음이다. 죄의 현상인 악은 생명을 빼앗는 것이며, 삶을 완전히 손상시키는 것이며, 삶을 파괴하는 것이다. 살인과 거짓은 이런 악에 속한다. 살인은 생명을 빼앗는 것이다. 거짓말은 신뢰를 깨뜨리고 결과적으로 생명을 빼앗는다.

오늘의 신학자들이 종종 죄라는 단어 사용을 꺼리는 이유는 위에서 언급되었듯이 일반적인 언어사용에서 이해하는 죄 개념과의 관계에서 명확한 신학적 입장을 정리하지 못하기 때문이다. 루돌프 불트만에 의하면 죄는 비본래성, 즉 인간 현존재의 본래성에서 죄로부터 벗어나는 것이다. 칼 바르트에 의하면 죄는 "무"(無), 즉 하나님에 의해 부정되어 버림받은 것이며, 있기는 있지만 부정된 것으로서 있는 것이다. 틸리히에 의하면 죄는 존재의 근거인 하나님으로부터 인간의 소외이며, 사람들로부터 멀어짐이며, 자기 자신으로부터 멀어진 자기소외이다.

윤리학의 과제는 죄에 관한 모든 이론들을 빠짐없이 소개하는 것이 아니며, 신학적 죄 이해와 관련된 중요한 교의학적 전통을 논의하는 것도 아니다. 그러나 죄 개념과 관련된 몇 가지 근본적인 물음들을 주제로 선정하여 설명하는 것은 중요하다.

2.2. 죄 개념에 관한 신학적 관점들

(1) 죄론이 도대체 신학의 어느 부분에서 다루어져야 하느냐 하는 점에 관해 다양한 견해들이 있다. 죄론을 신학체계의 어느 부분에서 다룰 것인가에 관한 물음은 종종 죄론이 칭의, 즉 하나님과 인간의 화해 이전이 아니면 이후에 다루어질 수 있는 것처럼 논의되

었다. 죄의 인식은 칭의의 전제조건인가 아니면 칭의의 결과인가? 다시 말해 죄는 믿음에 근거해서 비로소 인식될 수 있는가? 이런 물음은 죄는 신학체계의 어떤 특정 부분에서 다루어질 수 있는 것이 아니며 만일 그렇게 하면 신학은 커다란 혼란에 처하게 된다는 사실을 인식할 때 비로소 명확하게 대답될 수 있다. 죄는 모든 신학적 주제에서 함께 다루어진다. 하나님을 거룩하고 의로우신 분으로 고백할 때 죄는 신론과의 관계에서 다루어진다. 죄론은 은혜와 구원, 구원과 화해에 관한 논의, 즉 구원론과 불가분적으로 결합되어 있다. 죄론은 교회가 예수 그리스도는 "우리의 죄를 위해"(um unserer Sünden willen) 죽으셨다고 고백하는 한 기독론과도 직접적으로 연관된다. 창조론에서는 창조와 타락, 하나님과의 동일형상과 죄인은 불가분적으로 결합되어 있다. 교회론에서는 "죄인들의 교회"라는 표어 아래서 죄가 다루어지며, 종말론에서는 악에 대한 결정적인 승리와 함께 죄가 다루어진다. 따라서 신학에서 죄는 다루어지지 않는 "장소가 없기" 때문에 "편재(偏在)한다." '마치 죄가 없는 것처럼' 가정한 (etsi peccatum non daretur) 신학은 불가능하다.

이것은 윤리학의 경우도 마찬가지이다. 죄가 없다면 인간은 당연히 선을 행할 것이며, 따라서 선과 악을 구분할 필요도 없고, 윤리학은 불필요하게 될 것이다. 그렇지만 선과 악을 구분하는 것이 신학적 윤리학과 일반 윤리학을 분리시키지는 않는다. 오히려 이런 구분은 둘을 결합시킨다. 물론 신학은 악을 하나님 앞에서의 죄로 규정함으로써 악을 하나님과의 관계에서 이해한다.

(2) 죄에 관해 명확한 입장을 정리하지 못하는 것과 하나님 생각을 소홀히 하는 것은 서로 연관되어 있다. 인간이 하나님과 그의 거리를 적게 의식하면 할수록 그만큼 하나님의 필요성을 덜 느낀다.

하나님 부재의 삶은 하나님과의 관계성 상실의 결과이다. 따라서 다른 한편에서 보면 하나님과의 관계성을 상실한 인간은 그의 행위를 통해 죄로부터 해방될 수 있다고 생각하게 된다. 신학을 윤리적 관점에서 바라보는 것은 하나님만이 하나님으로부터 멀어진 거리를 없앨 수 있다고 생각하지 않기 때문이다. 죄는 단순히 선의 결핍(privatio boni)이 아니라 하나님을 떠남(aversio)이며, 아우구스티누스의 고백록에 의하면 "하나님에 대한 믿음을 상실함"(sine fiducia erga deum)이다. 죄는 단순히 부정으로서 기술될 수 없다.

(3) 이미 언급되었듯이 악의 경험은 이미 죄 인식이냐 아니면 죄 인식이 믿음의 표현이냐 하는 것은 신학적으로 논란의 여지가 있다. 루터에 의하면 "오직 믿음에 의해서만 우리는 우리가 죄인임을 안다.(sola fide credendum est, nos esse peccatoes)"(WA 56, 231. 9f.) 죄 인식에 관한 물음은 오직 일상적 삶의 경험과 믿음을 구분할 수 있을 때에만 설명될 수 있다. 이것은 죄의 본질은 죄의 현상과 구분해야 함을 의미한다. 죄의 본질을 이해하는 것은 신앙의 과제이다. 죄의 현상은 인간의 통찰과 이성을 통해서도 알 수 있다.

(4) 이런 구분과 함께 죄인으로 존재함과 죄를 행함을 구분하는 것은 신학적으로 근본적으로 중요하게 된다. 전통적인 교의학은 실제로 행한 죄와 근원적 죄인 원죄를 구분한다. 이런 구분은 죄론에 있어서 근본적으로 중요하다. 구체적인 죄의 행위는 일반적으로 기술될 수 있고 인식될 수 있다. 그럼에도 불구하고 죄의 뿌리, 즉 근본적이고 실제적이며 근원적인 죄는 그런 방식으로 파악되지 않는다. 행위로서의 죄의 근원은 '존재론적 죄'이다. 아우구스티누스는 죄의 근원을 "탐욕"이란 개념을 통해 심리학적으로 설명하고자 했다. 인간은 갈망한다. 그리고 이런 갈망에서 인간은 하나님으로부

신학윤리학

터 멀어진다. 사도 바울이 로마서 7장에서 기술하듯이 인간의 의지("원함")와 실행("선을 행하는 것") 사이의 갈등은 "탐욕" 때문이다. 물론 아우구스티누스가 탐욕을 성적인 욕구와 동일시하는 것은 분명 문제가 있다.

하나님과 같은 단계의 지식과 인식에까지 이르고자 하는 인식론적 탐욕, 즉 지성적 욕구도 있다. 죄를 감성과 성욕과 동일시하여 육체적인 것을 경멸하는 것은 아우구스티누스의 유산에 속한다. 아우구스티누스의 죄론은 육체와 정신을 구분하는 신플라톤주의 이원론을 신학적으로 해석한 것이다. 아우구스티누스의 이런 죄론에는 원죄가 생식을 통해 생물학적으로 유전된다는 그의 견해도 일조했다. 아우구스티누스는 로마서 5장 12절을 주석하면서 원죄를 인간의 본성과 동일시했으며, 모든 사람이 아담의 후손이라는 사실을 통해 원죄를 합리적으로 설명했다. '행위로서의 죄'와 '존재론적 죄'의 구분에서 알 수 있듯이 개별적인 죄는 죄를 범한 사람이 그 행위에 대해 변호할 수 있고 그에 대해 형벌을 받을 수 있는 행위이다. 그렇지만 인간이 왜 죄의 세력 아래 있으며 그 세력에서 벗어날 수 없는지 설명되지는 않는다. 죄의 기원을 발생론적으로 설명하는 것은 불가능하다.

(5) 죄 이해는 하나님의 존재를 어떻게 이해하느냐에 따라 달라진다. 하나님을 인간적 신뢰의 근거라고 이해한다면 불신, 즉 '신뢰하지 않음'(sine fiducia erga deum)이 근원적 죄(원죄)이다.

하나님을 포괄적 질서의 근원이라고 이해하면 죄는 '법을 위반함'(transgressio legis)이다. 따라서 요한일서 3장 4절에 의하면 "죄를 짓는 자는 불법을 행하는 자"(ἡ ἁμαρτία ἐστίν ἡ ἀνομία)이다. 그렇지만 이런 정의는 일반적으로 죄를 정량적으로 평가하고 도덕적 관점에서 이해하는 결과를 초래한다.

"진리는 전체성이다"라는 헤겔의 명제에 따라 하나님이 전체의 합리성이라고 이해될 수 있다면 죄는 '어리석음'이다.

죄에 대한 이런 해석들과 기술들의 한계는 하나님에 관한 인간의 논의들이 하나님과 동일시될 수 없다는 점에 있다. 죄의 불가사의성은 하나님의 불가지성, 즉 "실재의 비밀"의 불가지성에 상응하는 결과이다. 죄의 불가지성은 비동일성의 신비이다.

(6) 죄의 결과로부터 죄의 본질을 추론하는 것은 문제점이 있다. 소외, 부당한 공격, 질투와 같은 현상들로부터 또는 본질적으로 부당한 관계들에서 발생하는 "구조적 악"으로부터 죄를 추론하는 것은 불가능하다. 결과로부터 죄의 근거를 추론할 수 없다고 해서 질투, 부정의 등과 같은 태도들을 악하고 나쁘다고 해서는 안되는 것처럼 오해해서는 안된다. 이런 악이 죄라고 말할 수 있는 것은 죄인식을 전제해서만, 즉 믿음만으로 의롭다고 인정된다는 인식에 근거해서만 가능하다. 죄 인식과 죄 고백은 믿음의 결과이다. 이런 의미에서 루터는 "모든 인간은 고깃덩어리이다"(totus homo caro est; WA 56, 343, 23ff.)라고 선언한다. 인간 안에는 스스로의 힘으로 기만과 죄의 세력을 깨뜨릴 수 있게 해주는 것이 전혀 없다는 것이다. 하나님만이 죄의 세력을 무력화시킬 수 있다. 죄를 용서해 주는 것은 윤리학의 과제가 아니다. 따라서 어떤 윤리적 경건주의도 죄의 용서와 무관하다. 인간의 과제는 죄를 제거하는 것이 아니라 죄의 결과들과 싸우는 것이다.

(7) 인간은 죄의 지배로부터 벗어났기 때문에 오히려 양면적 위험에 처하게 되는 딜레마에 빠지게 된다. 인간은 죄의 세력을 축소하고 경시하려는 유혹에 빠질 수 있다. 그럴 경우 인간은 죄의 심각

신학윤리학

성을 깨닫지 못하게 된다. 인간은 죄를 제거할 수 있다고 생각하는 것처럼 보인다. 그렇다면 죄를 극복하는 것은 인간의 과제이자 인간의 의지와 노력의 결과가 된다. 예수 그리스도 안에서 성취된 죄의 용서를 수용하는 것이 세상에서 악의 세력과 싸우는 것과 동일시하게 된다. 죄에 대한 싸움이 십자군 원정이 된다.

이와 반대로 두 번째 위험의 본질은 죄의 세력을 과대평가하여 죄에 대해 싸우는 것이 무의미하다고 생각하는 것이다. 인간과 세상의 총체적 부패로 인해 악을 제거하는 것이 불가능하다고 생각하는 것이다. 세계 전체가 악하고 마귀가 세상을 지배한다면 악을 저지하려는 기독교의 모든 노력은 좌절될 수밖에 없다. 죄의 세력을 이길 수 없다는 비관적 태도는 세상에 대한 책임의식을 방해한다. 죄에 대한 논의가 윤리적 논의를 포기하게 만든다. 윤리학은 인간이 수행해야 할 과제로서 불가능하게 된다. 원죄의 밤에 모든 고양이들은 회색이고, 선악에 대한 모든 구체적인 가치판단들은 중요하지 않게 된다. 이런 딜레마는 만족스럽지 못할 뿐 아니라 사람들을 혼란에 빠뜨린다.

(8) 이런 딜레마에서 벗어나기 위해서는 죄에 대한 종교개혁의 견해처럼 죄인들의 인격과 행위을 구분해야 한다. 죄인의 인격과 관련해서 보면 "모든 인간은 고깃덩어리이다." 죄인의 행위들에 관해서는 선한 행위와 악한 행위가 구분될 수 있다. 이런 제한적인 의미에서 '죄'라는 개념을 복수로 이해하여 7가지 중대한 죄를 분류하는 것은 정당하다. 뿐만 아니라 죄인의 인격으로서의 존재는 악한 행위가 구체적으로 드러난 형태들과 구분될 수 있다. 사회적으로, 경제적으로 또는 생태적으로 구체화된 악은 전적으로 인간이 저지른 범죄의 결과일 수 있다.

'사람들 앞에서'(coram hominibus)는 이런 구조적 악과 객관적 과실을 제거하는 일을 할 수 있다. 세상을 개선하고 관계를 개선할 수 있는 가능성이 있다. 죄의 심각성에 대한 철저한 인식은 숙명론으로 끝날 수 없다. 지배하는 죄(peccatum regnans)와 지배된 죄(peccatum regnatum)에 대한 루터의 구분은 여기 그대로 적용된다.[3]

지배하는 죄와 지배된 죄를 구분하는 목적은 세례 이후에도 여전히 남는 육욕(concupiscentia)을 "죄의 형식"일 뿐이라고 주장하는 스콜라 신학과 반대로 실질적인 죄라는 사실을 강조하기 위함이다. 루터에 의하면 육욕은 세례와 죄의 용서 이후에도 여전히 죄로 남아 있다.

(9) "의인이면서 동시에 죄인"(simul iustus, simul peccator)이라는 ─ 정확한 본문은 "실제로는 죄인이지만 희망에 있어서는 의인"(peccatores in re, iusti autem in spe) ─ 종교개혁의 표어는 이런 의미에서 이해되어야 한다. 이 표어가 강조하는 것은 그리스도인의 의는 '외부로부터 오는 의'(iustitia externa)라는 사실이다. 의는 그리스도인에게 전가된 의이며, 결코 존재의 변화(실제적인 의)가 아니다. 그리스도인은 죄로부터 돌아서기는 했지만, 아직 죄가 없는 완전한 상태에 도달하지는 못했다. 그러나 요에스트(W. Joest)처럼 "의인이면서 동시에 죄인"을 "존재형식"으로 이해하면 의롭다고 인정하시는 하나님의 행위와 죄인으로서 인간존재 사이에 정역학적 균형상태의 변증법이 형성되는 것처럼 오해하기 쉽다. 그렇게 되면 죄가 더 이상 믿는 사람을 해칠 수 없으며, 따라서 그는 죄에 편안하게

---

3) 참조. Rudolf Hermann, *Luthers These "Gerecht und Sünder zugleich"*, 1930, 1960; Wilfried Joest, *Paulus und das Luthersche simul iustus et peccator, Kergma und Dogma 1*, 1955, S. 269-320.

신학윤리학

머물러도 좋다고 생각할 위험이 있다.

물론 죄의 무해성에 대한 주장은 믿음의 확신을 심어주기 위한 것이다. 그러나 그런 주장은 윤리적 관점에서는 받아들이기 어렵다. 그렇다면 그리스도인의 행위와 태만함은 중요하지 않단 말인가?

이런 주장은 중세의 스콜라적 은총론을 반박하는 입장에서 보면 이해할 수 있다. 스콜라적 은총론에 의하면 인간은 전적으로 죄인이며, 스스로 구원할 수 있는 능력이 없으며, 구원을 결정할 수 있는 어떤 자유의지(liberum arbitrium)도 가지지 못한다.(참조. CA 18) 인간에게는 선을 지향하고 선을 행할 수 있는 어떤 능력도 남아있지 않다는 것이다. 오히려 칭의의 법적인 성격을 위해서라면 "모든 인간은 고깃덩어리이다"라고 고백될 수 있다. 따라서 하나의 급진적인 죄 이해가 가능하다. 다음과 같은 역설적인 주장들이 있을 수 있다. "두 입장은 모두 가능하다. 어떤 그리스도인도 죄를 가지지 않으며, 모든 그리스도인은 죄를 가진다."(Enarratio zu Psalm 51, WA 40 II, 352) 모든 그리스도인은 "전적으로 의인으로 간주되지만, 실제로는 전적으로 죄인이다."(WA 39 I, 564,3ff.) 루터는 이런 표현들을 다음과 같이 해석한다. "성도들(그리스도인들)은 내적으로는 언제나 죄인이다. 그렇기 때문에 그들은 외적으로는(그들 자신 밖의 광장에서는) 의롭다고 말해진다."(WA 56, 268,27ff.) 루터의 이런 해석의 의도는 "오직 은총만으로" 의롭게 된다는 사실을 강조하지만 죄의 무해성을 주장하는 것은 아니다. 말하자면 "의인이면서 동시에 죄인"이란 명제는 존재론적으로 오해되어서는 안된다. 그 명제에서 중요한 것은 인간의 본질규정이 아니라 하나님의 은총의 행위를 기술하는 것이다. 따라서 이 명제는 세상에서 불의와 악을 저지하려는 노력을 결코 약화시킬 수 없다. 그러나 그 명제는 분명 사려있는 태도를 취하게 한다. 악을 저지하려는 노력은 영원히 끝나지 않는 과제이다. 루터도 이런 사실을 강조했다. "우리는 모든 죄가 의심의 여지없이 용서되었음을 믿는다. 그러나 우리는 모든 죄가 무화되어 완전히 사라지도록 노력해야 하며 또 그렇게 되기를 기다려야 한다. 그리고 그렇게 되도록 노력하는 사람들은 선한 일을 하는 사람들이다."(WA 8,96) 우리는 믿음을 가지고 있지만 용서가 필요한 사람들이다. 따라서 종교개혁의 죄 이해는 새롭고 완전한 인간과 완전한 세상을 꿈꾸는 유토피아적 환상을 거부한다.

(10) 죄의 기원과 극단성은 합리적이고 이성적으로 설명할 수 없다. 인간이 죄인이라는 사실은 인간론적 필연성에 속한다고 생각할 수도 없다. 따라서 신학의 모든 노력은 죄의 불가해성을 현상으로서 직시하는 데 초점을 맞출 수 있을 뿐이다. 이런 해석에서 볼때 죄는 시간적으로 이해될 수 있고 상황과 관련하여 구체적으로 지정될 수 있다. 죄는 개인적인 차원은 물론 사회적 차원에서도 설명되어야 한다.

2.3. 죄론의 윤리적 의미

개인적 관점에서 볼 때 죄는 자아결핍, 즉 정체성의 균열로 나타난다. 해방신학은 개인주의적인 편협한 시각을 비판하고 죄의 사회적 영역을 지적한 것은 옳았다. 죄는 제도화된 부정의와 억압의 상황에 따른 결과이다. 죄는 사회적, 경제적, 문화적 환경을 통해 매개된 악의 힘이며 무기력의 경험이다. 부정의를 통해 야기된 물질적 빈곤이 인간존재를 부정하는 "흉악한 죄"(himmelschreiende Sünde;

신학윤리학

전성기 중세 이후의 표현)로 나타나게 하는 객관적 죄의 상황들이 있다.

여기서는 사회적, 사회학적 분석에 근거하여 경제적이고 정치적인 관계들에서 발견되는 "구조적 죄"(strukturelle Sünde)의 구체적인 예들을 제시하고자 하지는 않는다. 그런 상황분석과 그런 분석의 비판적 검토는 사회윤리학의 과제이다. 그렇지만 어떤 경우이든 분명한 것은 죄는 초개인적인 힘으로 나타난다는 사실이다. 이미 슐라이어마허와 리츨은 이런 사실을 직시했다. 슐라이어마허에 의하면 "죄는 인류 전체의 행위와 허물이다."(Glaubenslehre, 2. Aufgabe § 71.) 리츨은 원죄라는 개념 대신 "죄의 제국"(Reich der Sünde)이란 표현을 사용했다. 죄는 개인적인 결함과 개인적인 허물 이상이다. 합리화 과정을 통해 형성된 산업사회에서 죄는 초개인적인 실재성으로 경험된다. 이와 함께 전통적인 원죄 개념은 예상치 못한 새로운 의미를 가지게 되었다. 이때 원죄는 당연히 생물학적이 아니라 역사적으로 이해될 수 있다.

죄의 현상을 설명할 때 두 가지 위험을 경계해야 한다. 첫째, 죄가 개인주의적이고 심령론적으로 이해되고 내면화되는 위험을 경계해야 한다. 그렇게 되면 죄는 단지 가슴속에 묻히게 된다. 죄의 이런 내면화는 기독론의 심령주의와 유사한 죄론의 단성론(Monopysitismus)이라 할 수 있다. 둘째, 그러나 죄가 외면화되고 사회적 구조와 동일시되어 단지 사회적 결함으로 간주되는 것을 경계해야 한다. 죄론의 외면화를 주장하는 사람들은 흔히 마르크스의 사회비판이론을 근거로 제시한다. 기독론 논쟁과 관련한 교의학 역사에서 이런 주장을 하는 사람들은 보면 아리우스주의자들과 네스토리우스주의자들일 것이다.

대체로 현대에는 악의 심각성을 경시하거나 부정하는 경향이 있다. 그러나 기독교 신앙에 의하면 죄의 고백은 회개의 전제이다. 한편 죄의 용서가 보장되지 않은 상태에서의 죄 인식은 체념과 냉소주의에 빠지게 한다. 루터는 죄를 용서하는 하나님의 은혜에 관한 복음이 없이 인간을 지배하고 노예로 만드는 악마의 절망을 경계했다. 하나님의 은혜는 생명으로 해방시킨다.

따라서 하나님의 은혜는 죄와 죄의 현상들(거짓말, 게으름, 무관심, Apathie)을 결합시킨다. 죄는 하나님의 구원의 뜻을 거부하고 차단하기 때문이다. 루터에 의하면 죄와 죄의 존재는 그리스도의 십자가와 고난을 숙고할 때 인식된다.

종교개혁의 죄 이해는 윤리학의 신학적 전제들에 속한다. 신학적으로 볼 때 죄의 반대 개념은 덕이 아니라 믿음이다. 죄의 가장 우선적인 의미는 법을 위반하거나 규범을 어기는 것이 아니라 인간의 본질에 관한 근본규정이다. 금지된 어떤 것을 행하는 사람이나 종교적 계명이나 교회법이나 훈령을 위반하는 사람을 죄인으로 규정하는 죄 개념은 율법적인 죄 이해이다. 율법적이고 결의론적인 윤리학은 율법적인 죄 이해에 기초한다. 이와 달리 죄를 삶의 파괴보다 더 포괄적으로 이해한다면 근본적인 죄는 인간의 행위와 태도를 전반적으로 규정하는 인간의 존재론적 근본규정이다. 따라서 세상에서 인간의 존재를 근본적으로 고려하는 것이 중요하다. 믿음과 사랑이 없는 인간은 "자기 안에 갇힌 인간"(homo incurvantus in se ipsum, WA 56, 356, 4; 40 II, 352,7), 즉 소외된 인간이다. 믿음과 사랑과 평화의 결여는 하나님으로부터 멀어진 증거이다. 그러나 루터의 '슈말칼트 신조'(Schmalkaidischen Artikeln)에 의하면 하나님으로부터 멀어짐은 근원적이고 핵심적이며 본질적인 죄, 즉 원죄이다.(C I,1)

3. 율법과 복음

3.1. 문제제기

율법과 복음을 구분하는 것은 신학을 전체적으로 이해하기 위해 근본적으로 중요한 문제이다. 이 주제를 다룰 때 고전적 견해는 "율법과 복음"의 순서로 제시한다. 이와 달리 바르트는 이 주제를 의도적으로 "복음과 율법"의 순서로 재배치했다. 가톨릭 교회의 공식적 표현은 율법과 은혜이다. 이 논의에서 무엇보다 뜨거운 논점은 "율법"이란 무엇인가라는 것이다. 개신교 윤리학은 전통적으로 가톨릭의 윤리학을 율법주의라고 비판한다. 마찬가지로 가톨릭 측에서는 개신교 윤리학이 반율법적이라고 비판한다. 그러나 사실 이 주제에 관한 논의는 훨씬 더 복잡하다. 윤리학의 관점에서 복음과 율법을 구분할 때는 세 가지 서로 다른 물음들이 제기될 수 있다.

첫째, 율법을 신학적으로 이해하는 데 있어 중요한 것은 현실에 대한 종합적 해석이다. 율법인식으로서의 현실경험과 복음 선포는 서로 어떤 관계에 있는가? 율법과 복음을 구분하는 것과 율법을 복음에 귀속시키는 것은 그와 함께 계시와 삶, 즉 케류그마와 현실의 관계에 관한 근본적인 신학적 주제를 다루는 것이기도 하다.

둘째, 중요한 것은 율법의 구원론적 의미이다. 구원에 이르게 해주는 것은 무엇인가? 하나님 앞에서 의롭게 해주는 것은 무엇인가? 하나님 앞에서 인간의 인격을 선하게 해주는 것은 무엇인가? 인간의 공로인가? 아니면 믿음인가? 이 물음에서 중요한 것은 윤리와 칭의의 관계이다.

셋째, 율법의 인식에 대한 물음과 율법의 효력에 대한 물음을 하나님의 율법이 현실의 삶에 구체적으로 어떤 의미를 가지느냐 하는 물음에까지 확장할 수 있는가? 이것은 결국 사회적 관습에 관한 물음이며, 일반적, 관습적 규범들이 신학적 윤리학에 대해 가지는 의미에 대한 물음이다.

이런 신학적 근본물음들을 해명하는 것은 어려운 일이다. 율법과 복음을 구분할 때는 삶의 전체적인 모습이 반영되기 때문이다. 이런 근본적 구분에는 신학적인 "근본적 결단들"(Gerhard Ebeling)이 압축되어 있다. 복음은 구원을 보증해주는 말씀이다. 복음이 구원의 말씀이라는 것은 분명하다. 그 말씀과 관계하는 유일한 방식은 믿음뿐이다. 믿음은 유일한 "복음의 사용"(usus evangeli)이다. 이와 달리 율법은 삶의 경험들과 세계이해 전 영역을 포괄한다. "율법"에서는 피조성과 죄, 하나님의 피조물로서의 인간과 죄인으로서의 인간이 동일한 방식으로 언급된다. 따라서 율법과의 관계는 필연적으로 이중적이다. 율법은 현실적 삶의 관점에서 보면 "정치적"이며, 하나님 앞에서는 "신학적"이다. 중요한 것은 율법과의 관계방식은 이중적이지만, 율법 자체는 이중적 율법(duplex lex)이 아니라는 점이다.

신학윤리학

3.2. 신학적 개념으로서의 "율법"

개신교 신학은 "율법주의"를 거부한다. "법"은 상황에 따라 다양하게 사용되는 개념이다.

1) 사법적 의미에서 "법"이란 단어는 단지 인간의 태도를 객관적으로 기술하는 데 사용될 뿐만 아니라 규범적으로 사용되기도 한다. 이럴 경우 율법은 법규범을 의미한다.

2) 케플러와 갈릴레이 이후 근대에는 "법"이란 개념이 주로 자연과학과 철학에서 사용되었다. 여기서 법은 자연의 대상들과 그 대상들의 질서에서 인간의 이성이 관찰하여 인식할 수 있는 일정한 관계구조의 법칙을 의미한다. 행성운동의 "법칙"이 그런 예이다. 그런 법칙은 인식론적 근거에서 볼 때 다음과 같은 문제점을 가진다. 이런 법칙들은 인식주체에 의해 구성된 것인가 아니면 대상들의 객관적 법칙들인가?

3) 도덕법은 사법적 법과 자연법칙과 다를 수 있다. 칸트는 "너는 마땅히 해야 한다"는 윤리적 요구를 자연법과 구분되는 실천적 법으로서 제시했다. 칸트에게 있어서 도덕법은 결코 자연법이 아니다.

4) 종교적이고 신학적인 법 이해는 두 개의 뿌리에서 기원되었는데, 그 중 하나는 성서의 법 이해, 즉 구약성서의 토라이며, 다른 하나는 법을 우주적 질서로 이해한 그리스의 법 이해이다. 그리스의 법 이해도, 예를 들어 스토아 철학의 법 이해도 종교적 배경을 가진다. 인간의 이성은 신적인 세계이성의 일부이다. 세상의 법은 세계이성의 전형적인 구현이다. 이와 달리 신약성서에서는 구원의 길로서의 율법에 대한 바울의 비판적 견해가 중심이다. 그리스도인은 "율법을 행함"(ἔργα νόμου)으로써가 아니라 "예수 그리스도를 믿

음"(πίστις Ἰησοῦ Χριστοῦ)으로써 의롭다고 인정된다. 따라서 바울에 의하면 다음과 같은 물음이 제기된다. 구약성서 전체는 마르키온이 주장하듯이 단지 율법에 불과한가?(참조. 롬 3:10-19)

그렇다면 법은 신학적으로 어떻게 이해될 수 있는가? 법은 결코 개별적인 지침들의 기준이 되는 확고한 규범은 아니다. 그러나 법이 확고한 규범이 아니라면 무엇인가? 법의 내용은 어떻게 규정될 수 있는가? 법은 그리스도인의 삶을 위해 어떤 "기능"을 하는가? '기능'은 라틴어 'usus'의 번역이다. 루터는 "율법의 이중적 기능"(duplex usus legis)에 관해 가르친다. 법은 인간의 사회적 삶의 질서를 규정한다.(usus politicus, civilis legis) 법은 인간에게 그의 죄를 확인시켜 준다.(usus theolocus, paedagogicus, elenchticus) 이 경우 법의 가장 우선적인 기능은 죄를 인식하게 해주는 것이다.

루터와 달리 멜랑히톤은 율법의 제3용법(tertius usus legis)을 가르친다. 율법은 그리스도인의 삶을 위한 지침이 되기도 한다는 것이다. 칼뱅도 율법의 교육적 기능을 강조한다. 율법은 그리스도인을 위한 삶의 지침이며, 그리스도인의 삶의 표준이다. 따라서 성서에 기록된 율법의 관습(예를 들어 안식일을 거룩하게 지키는 것)이 그리스도인들에게 구속력이 있느냐 하는 물음이 제기된다.

3.3. 율법과 복음에 관한 루터의 입장

3.3.1. 문제 지평
루터에 의하면 "율법과 복음"을 구분하는 것은 "기독교에서 가장 높은 예술"이다.(WA 36, 9) 물론 이런 구분은 종교개혁의 칭의 이해와 가장 밀접하게 결합되어 있다.

주지하듯이 루터는 율법과 복음의 구분을 하나의 독립적인 단원으로 다룰 어떤 교리체계도 구상하지 않았다. 율법과 복음의 구분은 어떤 특별한 교리와도 무관하며 단지 근본적 차이에 대한 일반적인 구분이다. 이런 일반적인 구분에서는 그리스도의 복음이 선포되어져야 하는 상황이 중요한 역할을 한다. 루터는 비텐베르크 소동이 있던 1520/21년에 처음으로 율법과 복음의 구분을 보다 명시적인 주제로 다루었다. 루터가 이렇게 율법과 복음을 구분하는 계기가 된 것은 행위에 의한 칭의를 강조하는 수도원 제도와 복음을 율법화하는 교황청의 교리에 대한 비판이었다. 후에는 율법에 관한 열광주의자들과 반율법주의자들 사이의 논쟁과 방탕한 생활태도가 새로운 상황으로 전면에 등장했다. 이런 상황변화에 관한 루터 자신의 회고에 의하면, 처음에는 복음 설교가 위협을 당하여 당황하고 놀란 양심들에게 복음의 기쁜 소식을 설교하지 못하게 하는 교황청의 규정을 저지해야 했다. 그렇지만 종교개혁을 통해 그런 법이 타파된 후에는 사람들이 자기 자신의 판단에 따라 회개하지 않고 방종하게 되었으며, 더 나아가 복음의 약속을 자신들의 나쁜 변화와 악한 품성을 정당화하는 데 악용하기까지 했다.(WA 39 I, 571, 10-572, 14) 복음은 안일함에 사로잡혀 자의적으로 해석하는 경박한 그리스도인들에 의해 자신들의 양심의 가책을 완화시키는 데 이용되었으며, 시련에서의 위안으로 받아들여지지는 않았다. 이런 상황에서 루터는 이렇게 요구했다.

"만일 당신이 시련을 당하고 역경에 처한 사람들을 보면 최선을 다하여 그들에게 그리스도를 설교하고 은총을 설교하십시오. 그러나 자기를 과신하는 사람들과 게으른 사람들과 창녀들과 간통한 자들과 비방자들에게는 그리스도와 은총을 설교하지 마십시오."(*WA 39*, I, 574, 8-11)

루터의 이런 요구에서 우리는 루터가 율법과 복음을 구분할 때 그 배후에는 심리학적이고 교육학적인 기대가 있었음을 느낄 수 있다. 그렇다면 이런 구분은 단지 교수법과 관련된 문제일 것이다. 이 구분에 관한 논의로 다시 돌아가 보자.

이런 상황변화와 함께 용어사용의 구분도 명백해지게 되었다. 1522년에 발행된 『교회설교』(Kirchenpostille) 이후부터 루터는 '율법의 이중적 기능'(duplex usus legis)이란 개념을 명시적으로 사용한다.(WA 10, I, 454f.) 율법의 제2용법인 '신학적 율법의 진정한 용법'(usus verus, theologicus usus)은 '죄 인식'(cognito peccati)에 기여한다. '율법의 제1용법'(primus usus legis)인 '시민적 사용'(usus civilis)은 '죄를 처벌함'(cohercere peccata)으로써 외적 질서를 유지하는데 기여한다. 그렇지만 루터는 율법의 '제3용법'(tertius usus legis)에 관해서는 언급하지 않는다.

이런 사실은 40년대 말에 엘러트(W. Elert)와 에벨링이 각자의 방식으로 입증했다. 바이마르 루터전집의 이율배반 논쟁(39 I, 485, 16-24)에서 율법의 제3용법에 관해 언급하는 유일한 곳은 멜랑히톤의 해석, 즉 "멜랑히톤의 변조"(W. Elrert)이다. 의롭다고 인정받은 사람에게는 더 이상 율법이 필요하지 않다. 그는 그리스도인의 자유 안에 살면서 자율적으로 선을 행한다. 멜랑히톤과 칼뱅은 다르게 가르친다.

루터는 디모데전서 1장 8절에 의거하여 'usus legis'(율법의 사용)란

신학윤리학

개념을 처음으로 사용했다. 그리고 1521년 이후에는 율법에 관한 그의 이론을 제시할 때 열광주의자들과의 논쟁이 중요하게 된다.

칼슈타트(Karlstadt)와 같은 열광주의자들은 모세의 율법은 기독교인들에게도 무조건적으로 유효하다고 주장했다. 이와 관련된 논쟁은 우상숭배와 관련된 물음에서 최고조에 달했다. 칼슈타트에게 있어서 전례법의 구속력은 구약성서의 우상숭배금지에서 구체적으로 입증되기 때문이다. 루터는 율법주의적이고 성서주의적인 성서 이해를 비판한다. 루터는 전례법은 물론이고 구약성서의 율법 전체가 이미 효력을 상실했다고 생각했다. 그리스도인들에게는 황제의 법이 모세의 율법을 대체한다.(WA 18, 81, 14.) 모세는 유대인들에게는 "작센법전"(Sachsenspiegel)이었지만 그리스도인들에게는 더 이상 중요하지 않다는 것이다. 모세의 율법 자체는 그리스도인들에게 더이상 계시로서의 권위를 가지지 못한다.

그럼에도 불구하고 루터는 마르키온과 달리 구약성서가 교회의 책이라는 사실을 부정하지는 않았다. 그리스도인들에게 구약성서의 의미는 관습적이고 제의적인 규정들에 있는 것이 아니라 그리스도에 대한 예고에 있으며, 믿음과 사랑과 십자가를 예시해 주는데 있다. 따라서 구약성서를 율법과 동일시하고 신약성서를 복음과 동일시하는 것은 지나치게 소박한 해석이다. 루터가 십계명에 계시로서의 위치를 부여하지는 않았다. 그러나 그는 십계명의 내용이 인간의 실존과 함께 사실적으로 주어졌다고 생각했다. 십계명은 자연법(lex naturalis)이다.

루터는 "실증주의적" 성서주의와 율법주의를 거부하고 복음의 자유를 강조했으며, '시민적 정의'(iustitia civilis)와 시민으로서의 정직성이 중요하다고 생각했다. 인간은 이런 시민적 정의를 실천할 수 있는 능력과 윤리적 책임을 다할 수 있는 능력이 있다. 물론 이런 윤리적 책임을 다했다고 해서 하나님 앞에서 의롭다고 인정받는 것이 아니기는 하지만 말이다.

루터는 율법의 절대적 타당성을 주장하는 열광주의자들을 경계했을 뿐 아니라 반율법주의에 대해서도 부정적이었다. 반율법주의는 율법에 대한 보편적인 포기를 요구한다. 루터는 1531년의 갈라디아서 강의에서와 마찬가지로 반율법주의 논쟁에서도 율법이 그리스도인의 삶에 여전히 중요함을 강조한다. 반율법주의자들과의 논쟁에서 루터가 취한 입장은 어떻게 이해될 수 있으며 어떻게 평가될 수 있는가?

바르트는 이와 관련하여 이렇게 설명했다. "나는 루터의 전기와 후기의 상당히 많은 저서들에서 반율법주의자들에 대한 그의 비판을 접하고 크게 놀랐다. 나는 반율법주의자들에 대한 루터의 비판을 전혀 이해하지 못한다. 그리고 이와 관련하여 이후에 제시된 전형적인 '루터파의' 교리는 더욱 더 이해하지 못한다." 따라서 바르트는 율법에 관한 루터의 견해를 근본적으로 거부한다. 이와 달리 루터파 신학자들은 반율법주의 논쟁에서 제시된 율법과 복음의 철저한 구분을 대단히 중요한 신학적 출발점이라고 생각한다. 해석학과 윤리적 출발점과 관련한 루터파 신학과 바르트 신학의 근본적인 차이는 "율법과 복음"이냐 아니면 "복음과 율법"이냐 하는 언표형식의 차이에 의해 파악될 수 있다.

요한 아그리콜라(Johann Agricola, 1494년~1566년)에 의해 시작된 반율법주의 논쟁이 어떻게 야기되어 전개되었는지 간단하게 살펴보자. 아그리콜라는 복음만이 – 율법이 아니라 – 마음을 변화시킬 수 있다는 루터 자신의 주장에 근거하여 1527년에 처음으로 율법이 대속의 조건이라고 설교하기를 거부했다. 1537년에는 복음에서 주어진 은혜의 무조건성을 둘러싼 논쟁이 새로이 시작되었다. 루터는 반율법주의 논쟁에서 아그리콜라가 주장하는 일련의 주제들을 비판적으로 검토했다. 논쟁의 출발점은 아그리콜라의 근본명제인데, 루터에 의하면 그 근본명제는 다음과 같다. "대속은 십계명이나 모세의 어떤 율법으로부터가 아니라 복음을 통한 아들의 능욕을 통해 성취될 수 있다."(poenitentia docenda est non ex decalogo, aut ulla lege Mosis, sed ex violatione filii per evangelium.) 아그리콜라의 이런 명제는 진정한 "대속의 근원은 율법이 아니라 그리스도의 자비와 은혜"(ex benignitate et beneficiis Christi, non ex lege, WA 1, 319. 576; 2, 421)라는 종교개혁 초기 루터 자신의 주장에 근거한다. 아그리콜라는 "율법으로부터가 아니라 그리스도를 기억함으로써 성취된 대속"(docendam poenitentiam ⋯ ex memoria Christi, non ex lege, Th. 6 *WA 39 I*, 342, 20f.)을 요구한다. 따라서 기독교의 대속의 동기는 '율법을 범함'(violatio legis)이 아니라 '아들의 상처'(violatio filli)이다.(Th. 3 *WA 39*, 342, 15) 루터는 아그리콜라의 주장에 의하면 율법은 하나님의 말씀이 아니라고 비판한다. "율법은 하나님의 말씀이라고 부르기에 적합하지 않다."(Lex non est digna, ut vocetur verum Dei)

3.3.2. 율법의 일반적 의미

아그리콜라의 견해는 가능하기는 하지만 신학적으로 편협한 이상적 유형이다. 그의 견해에 의하면 신앙과 교회는 단지 복음에만 관계해야 한다. 신앙인으로서 그리스도인은 율법의 강제규정으로 부터 완전히 자유롭다. 그리스도인은 믿음으로 이미 의롭다 함을 받았다. 율법은 세속의 규정으로서 단지 행정기관에 속할 뿐 설교 강단에 속하는 것이 아니다. 율법은 단지 외적 규칙이다. "복지"와 "구원"은 동일하지 않다.

루터는 아그리콜라와 마찬가지로 복음과 율법을 분명하게 구분한다. 그는 복음을 다음과 같이 정의한다. "복음의 본질은 율법의 위협으로부터 자유롭게 해주고, 죄와 사망으로부터 자유롭게 해주며, 은혜와 죄의 용서와 정의와 영원한 생명을 가져다주는 그리스도의 약속이다."[4] 복음은 은혜를 약속함(promissio)인데 반해, 율법은 명령(praeceptum)이다. (WA 36, 22, 2; 7, 50, 53) 칭의 사건에서 율법은 '고발하는 법'이다.

율법의 고유한 임무는 "고발하는 것과 죽이는 것"(accusare et occidere)이며, 복음의 역할은 "생명을 주는 것"이다. (WA 39 I, 363, 19) 루터에 의하면, "고발하지 않는 법은 날조된 법이거나 내용이 없는 법이다. 정치적인 법도 자연법도 만일 죄를 고발하고 경고하지 않는다면 법이 아니다."[5]

루터에게 있어 엄밀한 신학적 의미의 법은 언제나 사법적인 개

---

4) 참조. evangelium propria definitione est promissio de Christo, quae laberat a terroribus legis, a peccato et morte, adfert gratiam, remssionem peccatorum, iustitiam et vitam aeternam; WA 39 I, 387, 2-4

5) 참조. Lex non damnans est lex ficta et picta, sicut chimaera aut tragelaphus. Nec politica aut naturalis lex ist quidquam nisi sit damnans et terrens peccatores; WA 39 I, 358, 26-29

신학윤리학

넘이다. 따라서 법은 그 자체로는 칭의를 위해 아무런 긍정적인 역할을 하지 않는다. 루터는 반율법주의 논쟁을 다루는 두 개의 논문에서 강하게 주장한다.[6] (*WA 39 I*, 347, 31f.) 따라서 율법은 결코 구원의 의미를 가지지 못한다. 그러나 율법은 인간이 처한 근본적 상태를 잘 드러내 보여준다.

인간은 죄와 죽음을 피할 수 없기 때문에 법의 지배를 받는다. "법, 죄, 죽음"의 삼중구조는 인간의 근본상태이다. 이 구조는 인간 존재의 실존적 근본구조를 보여준다. 죽음을 피할 수 없는 인간은 죄인이다. 죄인에게는 이웃 간의 정, 이웃사랑, 근본적인 신뢰가 요구된다. 그러나 피할 수 없는 윤리적 책임에 직면했음에도 인간은 이런 요구들을 충족시키지 못한다. 왜냐하면 인간은 이런 요구를 거부하여 죄책감을 가지게 되거나, 아니면 윤리적 요구를 충족하기는 하지만 이런 요구들을 이용하여 자기 자신 앞에서는 자아를 확인하고 하나님 앞에서는 자기 의를 주장하기 때문이다. 결국 율법으로서 경험된 요구는 절망을 야기하든가 아니면 거짓된 자기 의와 확신의 원인이 된다. (*WA 39 I*, 445, 20; 441, 10; 430, 7)

따라서 율법의 신학적 용법은 예속의지의 결과 인간이 율법의 노예가 되었음을 드러내 보여주는 것이다.

그렇지만 율법의 가장 중요한 정치적 용법은 "모든 인간에게 보편적인 율법경험이 가능한가?"라고 묻지 않을 수 없게 만든다. 이 물음과 관련하여 에벨링은 다음과 같이 주장한다.

---

6) 참조. Cum de iustificatione agitur, nihil potest satis dici contra legis impotentiam et pestilentissimam fiduciam in lege.

"루터에게 율법은 인간이 지금 이러저러하게 행동하도록 규정하는 규범이 아니라 인간존재의 본질에 관한 신학적 해석이 종합적으로 이루어지는 실존적 범주이다. 따라서 율법은 이념이나 규정집이 아니며 타락한 인간의 현실이다."(*WuG I*, s. 64f.)

따라서 인간존재의 현실에 관한 경험들과 율법경험은 일치한다. 죄와 죽음이 극복될 때 비로소 율법도 그 효력을 상실한다.(WA 39 I, 355, 3ff.)

율법에 관한 실존적 해석의 과제는 복음의 말씀(드러난 말씀)이 지향했던 인간의 실존을 밝히고 "덮개를 벗겨내는 것"이다. 따라서 실존적 해석이란 인간존재의 경험에 근거한 율법해석이다.

법이 요구하는 이런 보편타당성 때문에 루터는, 율법은 특히 십계명 형태의 율법은 모든 인간의 마음과 양심에 각인되어 있다고 주장한다.(*WA I*, 39, 413, 14f.) 일반적으로 모든 인간은 도덕법이 요구하는 것을 잘 안다.

오늘날 신학적 철학적 논의에서 그리고 무신론의 시대에 자연적 하나님 인식과 자연신학의 가능성은 논란의 여지가 있다. 보편적인 하나님 인식은 여전히 미해결의 "열린" 물음이다. 어쨌든 루터에 의하면 율법은 인간의 실존 자체와 함께 "실제로" 주어져 있다.(39 I, 477, 7f.) 따라서 율법의 훈계는 인간 자체에게 선행적으로 가능한 율법경험들이 있음을 상기시킨다. 모세는 "십계명의 저자"가 아니라 단지 "모든 인간의 마음에 기록되어 있는 십계명을 밝혀 해석한 사람"[7]이었다.(391 I, 454, 4.14) 인간은 괴물이 아니기 때문에 "태어나면서부터

---

7) 참조. interpres et iluustrator legum scriptarum in mentibus omnium hominum

신학윤리학

또는 창조 때부터 저절로"[49] 율법이 요구하는 것을 행해야 할 의무가 있음을 안다. 율법은 인간의 존재론적 요청이다. 따라서 율법의 훈계는 단지 인간성이 요구하는 것을 엄격하게 가르칠 수 있을 뿐이다. 그러나 구체적인 인간에게는 그의 죄로 인해 율법에 대한 지식이 어두워져 있기 때문에 율법을 기억시키는 훈계가 필연적이다. 율법의 훈계는 인간이 죄인이라는 실상을 드러내 보여주어야 한다. 이것은 인간이 스스로 이런 사실을 알 수 없기 때문이 아니라 철저하게 깨닫지 못하기 때문이다. 따라서 하나님은 모세를 율법의 훈계자로서, 야수를 올바르게 길들여야 하는 헤라클레스로서 보내셨다. 모세는 루터가 "정의의 의견"이라 부르는 야수를 길들여야 한다. (WA 40 I, 481)

그러나 루터는 결코 고립된 율법의 훈계를 요구하지 않는다. 단순한 율법의 훈계는 단지 "악마적인 절망"을 야기할 뿐이기 때문이다. (WA 39 I, 441, 10; 430, 6) 그런 훈계는 인간을 절망에 빠뜨린다. 이전에 가인, 사울, 유다가 절망에 빠졌듯이 말이다. (WA 39 I, 445) 그렇지만 복음은 "구원하는 절망"을 야기한다. 복음은 약탈자인 율법을 길들여 그리스도에게로 이끄는 길잡이가 되게 만든다. (39 I, 445, 11f; 446, 3f.) 루터에 의하면 단순한 율법의 훈계는 악마의 작업이다. 왜냐하면 "복음을 율법화할 수 있는 것은 악마의 최고의 기술이기 때문이다."(WA TR I, Nr. 590)

루터는 율법의 훈계와 복음의 통일성을 강조함으로써 모든 도덕적 교화와 심리학적 해석을 경계한다. 그는 율법이 먼저 설교된 다음에 복음이 설교될 수 있는 어떤 설교방법도 추천하지 않는다. 말하자면 율법과 복음을 구분하는 것은 결코 설교자의 교육학적 과제

---

8) 참조. ab ipsa nativitate seu creatioe hominis

가 아니라 성령의 활동이다. 결국 복음의 사용 주체는 인간이 아니라 그리스도가 아니면 악마이다.(Ebelling, WuG I, S. 65f.) 인간은 율법의 저자가 아니라 "율법의 재료"이며, 율법의 주체가 아니라 대상이며, 율법의 창시자가 아니라 율법의 주제이다.

율법과 복음의 구별은 오직 설교에서만 그의 삶속의 자리를 가진다. 율법에 관한 루터의 견해는 인간적인 삶의 현실을 구현하는 문제에 지향되어 있다. 시민적 사용의 과제는 법위반을 저지함으로써 세상의 질서를 유지하는 것이다. 따라서 법은 삼중의 목적을 가진다. 법은 우선 공동체의 평화를 위해 필요하고, 다음으로는 어린이들의 교육을 위해 필요하며, 무엇보다도 복음 설교가 방해되지 않기 위해 필요하다.(WA 40 I, 479ff.) 그리스도인은 당연히 이런 공적인 질서를 따라야 한다. 그러나 그는 시민의 정의(iustitia civilis)를 "하나님 앞에서의 영적인 정의"(iustitia spiritualis coram deo)를 위해 잘못 사용해서는 안된다. 그리스도인은 법을 세상의 사실적 형성원리로서 존중하기는 하지만, 법의 도움으로 "정의의 의견"을 획득할 수 있다고 생각하는 '불경건한 사람'이 되지는 않는다. 그리스도인은 자신이 믿음 안에 있음에도 불구하고 여전히 죄인임을 알기 때문이다. 따라서 외적으로 볼 때 그리스도인은 기독교 신앙에 따라 살지 않는 사람과 아무런 차이도 없어 보인다. "법"은 기독교인과 비기독교인에게 모두 동일하다. 단지 그들은 법의 의미와 영향과 기능에 대해서 다르게 생각할 뿐이다.

그러나 무엇보다 주목해야 할 것은 루터가 율법을 정적이고 경직된 방식으로 해석하지 않는다는 사실이다. 그리스도인은 율법이 요구하는 대로만 살지는 않기 때문이다. 오히려 그리스도인은 의롭다고 인정받은 자로서 하나님 자녀의 자유 안에서 살면서 율법의 강요가 없이 자발적으로 선과 정의를 행한다. "우리는 의롭다고 인정받은 사람들의 일을 행한다. … 뿐만 아니라 그리스도 자신이 우리 안에서 모든 것을 행하신다."(39 I, 46, 18) 따라서 정신의 자유는 그리스도인들이 스스로 새로운 율법들을 구상할 수 있도록 해준다.

루터와 바울에 의하면 성령이 충만한 그리스도인은 십계명을 제정할 수 있으며 모든 것을 올바르게 판단할 수 있다.[9]

물론 루터는 다음과 같은 단서를 덧붙인다. "그렇지만 그 사이에 우리가 체험한 성령은 서로 다르며 육체는 성령을 거스르기 때문에, 게다가 열광주의자들 때문에 교회가 분열되지 않기 위해 사도들의 확실한 지침들과 기록들을 따라야 한다. 사도들은 오류를 범하지 않는 박사들로서 확실한 명령을 가지고 우리에게 파견되었지만 우리는 모두가 사도들은 아니다."

본질적으로 성령이 그리스도인을 인도한다. 성령은 어떤 규정도 필요로 하지 않는다. 성령은 "옛" 법규에 매이지 않는다. 성령은 새로운 계명을 제정할 수 있다. 그러나 구체적인 상황에 처했을 때 모든 그리스도인이 성령의 인도를 충분히 받는 것은 아니다. 더 나아가 육체가 성령의 활동을 방해한다. 더구나 사적인 계시와 확신을 성경보다 더 신뢰하여 그것들을 기준으로 판단하는 열광주의자들이 나타나 사람들을 미혹하고 있다. 결과적으로 다른 삶들과의 소통이 필요하다. 따라서 윤리적 판단에서 기독교 전체의 통일성이 깨지지 않기 위해서는 그리스도인이 성경의 훈계와 계명을 알고 준수하는 것이 중요하다. 그래서 루터는 "소통의 윤리"로서의 기독교윤리를 구상하고 있다.

---

9) 참조. sdecalogum quendam ordinare et de omnibus rectissime iudicare Th. 56

3.3.3. "자연과 은총" 대신 "율법과 복음"

루터에게 있어서 율법과 복음의 구분은 언제나 구원론의 관점에서 칭의 사건에 지향되어 있다. 그의 주된 물음은 "무엇이 인간을 구원하는가?"이다. 이 물음을 신학적으로 해명하기 위해서는 죽음과 죄를 피할 수 없는 인간의 실존을 인식해야 한다. 율법은 인간의 이런 실존을 기술한다. 말하자면 율법에는 인간존재의 신학적 해석이 포함되어 있다. 물론 복음과 만날 때 비로소 율법인식의 본래적 의미가 드러난다. 율법과 복음에 관한 이런 구원론적 해석과 관련하여 두 가지 서로 다른 견해가 있다.

(1) 로마 가톨릭은 율법과 복음 대신 자연과 초자연(은총)에 관해 말한다. 아우구스티누스에 의하면 "율법이 주어지자 은혜가 추구되었으며, 은혜가 주어지자 율법이 충족된다."(De spr. et lit. 34; Ep. 145, 3) 아우구스티누스의 이런 주장은 로마 가톨릭이 율법과 복음 대신 자연과 초자연에 관해 말하는 근거이다. 아우구스티누스의 주장은 율법과 은혜(복음이 아니라)라는 형식을 취한다. 은혜는 율법을 충족시킬 수 있으며, 초자연은 자연을 완전하게 한다.

이 문제에 관해 종교개혁자들은 전혀 다르게 생각한다. 복음은 율법의 완전한 충족을 가능케 하는 것이 아니라 율법을 폐지한다. 인간은 복음을 통해 완전한 존재가 되는 것이 아니다. 인간은 새로운 기질(habitus)을 부여받는 것이 아니라 하나님과 새로운 관계를 맺게 되어 하나님의 자녀가 된다. 이와 반대로 인간의 자연적 능력인 자유의지와 하나님의 초자연적 개입을 강조하는 로마 가톨릭의 기질이론은 자연과 초자연의 도식에 속한다. 이런 관점에서 볼 때 율법과 복음의 구분은 대립적인 신학적 의미를 가진다.

(2) 바르트는 복음과 율법이 상응관계에 있다고 생각한다.

3.4. 바르트: 복음과 율법

3.4.1. 바르트의 입장

개신교 내부의 윤리적 논의에서는 20세기에 바르트가 루터의 "율법과 복음" 도식에 대립되는 새로운 대안을 제시했다. 바르트의 가장 중요한 관심사는 율법의 영향이나 기능, 즉 율법의 사용(usus legis)이 아니라 율법의 인식이다. 그는 구원론이 아니라 계시신학과 인식론에서 출발한다. 바르트의 근본적인 물음은 율법이 인간에게 어떤 영향을 끼치느냐, 즉, 율법이 절망이나 기대를 야기하느냐 아니면 단순히 시민적 정의를 확립할 수 있게 해주느냐가 아니라 인간이 하나님의 율법을 어떻게 인식하느냐 하는 것이다. 바르트에 의하면 인간은 복음에서, 즉 계시에서 하나님의 율법을 인식할 수 있다.

따라서 바르트의 문제제기는 이미 출발부터 루터와 다르다. 바르트에게 율법은 "복음의 형식", 즉 계시된 규범이다. 뿐만 아니라 바르트는 멜랑히톤 성향의 루터주의와 칼뱅의 입장과 마찬가지로 율법의 제3용법은 율법에 관한 교리의 고유한 대상이 된다고 주장한다. 루터는 율법의 인식, 즉 모든 인간은 율법에 반응할 능력을 가지고 있음을 단적으로 전제한다. 루터주의는 후에 구원의 계시 이전에 창조의 계시가 있었다는 교리에 의거하여 모든 인간에게는 율법을 인식하고 반응할 수 있는 능력이 모든 있음을 천명했다.

바르트는 그리스도의 계시에 의존하지 않는 그 밖의 모든 계시를 거부한다. 따라서 그는 복음과 율법의 통일성을 단호하게 주장한다.

바르트가 복음과 율법의 관계에 관한 논제를 처음으로 주장한 '복음과 율법'(1935)이란 제목의 강연은 나치에 대항하는 교회투쟁

(Kirchenkampf)에서 역사적 위치를 가진다. 이 강연에서 바르트는 역사적 과정에서 하나님이 계시하신다는 주장, 특히 1933년의 역사적 과정에서 하나님이 계시하신다는 주장을 간접적이지만 분명하게 논박한다. 독일 기독교인들은 하나님의 뜻이 당대의 역사적 사건들에서 계시되고 계속적으로 경험된다고 생각했다. 마찬가지로 루터주의자들도 역사적 은총, 즉 "교회의 독일적 시간"에 관해 말했을 때 그렇게 생각했다. 이런 율법이해에 기인한 불행한 문서는 에어랑엔의 신학자 파울 알트하우스(Paul Althaus)와 베르너 엘러트(Werner Elert)에 의해 작성된 1934년의 안스바하 권고(Ansbacher Ratschlag)이다. 이 문서에 의하면 민족적 질서는 기독교윤리의 척도이자 규범이기도 하다.

이와 반대로 바르트는 현실은 하나님을 계시하지 않는다고 주장한다. 역사적 사건들은 애매하여 언제나 두 가지 의미로 해석될 수 있다는 것이다. 따라서 역사는 하나님의 뜻을 전달하는 신탁으로 이용될 수 없다. 더 나아가 역사를 통해 하나님의 뜻을 통찰하고 역사를 신학적으로 해석하려는 우리의 인간적 의지는 결국 실패할 수밖에 없다.

신학적으로 볼 때 바르트는 계약이 율법과 복음을 포괄한다는 전제에서 출발한다. 격려의 말이 하나님의 요구에 선행한다. 계약에서는 복음이 율법에 선행한다.(KD II, 2, S. 567) "율법이 무엇인지 알기 위해서는 무엇보다 먼저 복음을 알아야 한다."(Evangelium und Gesetz = EuG S. 5) 따라서 율법 인식은 복음 다음에 따른다. 따라서 복음과 율법의 상위개념은 "하나님의 말씀"이다.(EuG S. 6) 물론 하나님의 말씀인 계시는 언제나 은혜이다. "하나님이 우리와 함께 말씀하신다는 사실은 어떤 경우에도 이미 그 자체로 은혜이다."(EuG S. 6)

신학윤리학

복음과 율법의 관계는 하나님의 말씀이 은혜라는 이런 근본적 이해에 의해 규정된다. 복음의 내용은 하나님의 은혜이다. 예수 그리스도는 하나님의 자유롭고 주권적인 은혜의 고지자이다.(S. 6) 은혜를 고지했기 때문에 인간의 순명이 요구된다.(S. 12) 이상의 내용을 바르트는 다음과 같이 요약하여 정리한다. "율법은 복음의 필연적 형식 이외의 다른 것이 아니며, 복음의 내용은 은혜이다."(S. 13)

바르트는 다음과 같은 비유를 사용한다. 시내 산의 석판이 법궤 안에 있듯이 율법은 복음 안에 있다.(S. 13) 복음은 율법 안에 있다. 구유 안에 있는 아기처럼, 계명의 포대기에 싸인 아기처럼 말이다. 복음의 진리(직설법)가 인간의 순명(명령법)에 선행한다. 믿음이 먼저 오고, 행동이 뒤따른다.(S. 15) 바르트는 교회교의학에서 다음과 같이 말한다. "윤리학은 하나님의 계명에 대한 가르침으로서 율법을 복음의 외형, 즉 인간을 선택한 하나님을 통해 인간에게 일어나는 성화라고 천명한다. 따라서 윤리학은 예수 그리스도 인식에 근거한다. 예수 그리스도는 거룩한 하나님이면서 동시에 성화된 인간이기 때문이다. 따라서 윤리학은 신론에 속한다. 왜냐하면 자신을 위해 인간을 요구하는 하나님이 바로 그런 요구와 함께 근원적으로 인간에 대해 책임을 지기 때문이다. 윤리학의 기능은 하나님의 은혜에 대한 철저한 증언에 있다. 이런 증언이 인간에게 거룩한 속박이며 책임인 한에서 말이다."(KD II, 2 S. 564)

더 나아가 바르트에 의하면 복음은 "율법의 능력"(KD II, 2 S. 628)이다. 바르트는 복음이 율법보다 우선한다는 강한 신념을 가지고 있기 때문에 율법주의를 전적으로 거부한다.(KD II, 2 S. 669) 계명은 허락과 자유로서 이해된다.(s. 669) 바르트에게 있어서 중요한 것은 "해도 좋음"을 강조하는 것이다.(S. 669) 이것은 전적으로 바울의 영향이다. 그리스도인은 성령의 전적인 위임(παρρησία)을 받아 자유롭게 행동한다. 그는 강요에 의해 행동하지 않는다. 마찬가지로 루터에게도 그리스도인의 자유, 즉 자발적인 선행은 근본적으로 중요하다. 따라서 바르트는 전적으로 바울과 루터의 견해에 의존한다. 바르트에 대한 루터파의 비판을 고려할 때 이것은 간과되어서는 안된다.

동시에 용어사용과 관련해서 중요한 것은 바르트가 "율법"을 "계명"과 동일시한다는 점이다. 율법은 복음을 받아들이라는 계명(명령), 즉 복음에 따라 살고 하나님이 행하신 것을 받아들이라는 명령이다. 율법의 고발하는 기능(lex accusans)이 루터에게는 첫 번째 기능이지만 바르트에게는 이차적이다. 바르트는 그의 책 『복음과 율법』의 마지막 부분에서 '율법-복음'의 도식도 의미를 가질 수 있음을 인정한다. 그 도식은 '죄-의'의 도식을 설명하는 도식이기 때문이다.(S. 29ff.) 그러나 그 도식은 단지 불신자들을 위해 "멀리 떨어진 그리스도에게"(remoto Christo)란 의미를 가진다. 그렇지만 그리스도인은 불신자들과 달리 처음부터 그리스도에게서 멀리 떨어져 있을 수 없다. 왜냐하면 그리스도인은 죄와 하나님의 진노 아래 있지 않고 은혜 아래서 살기 때문이다.

3.4.2. 바르트에 대한 다양한 관점의 비판들

바르트의 주장은 다양하고 예리한 비판을 야기했는데, 특히 루터파 신학자들, 예를 들어 알트하우스, 엘러트, 틸리케, 에벨링 같은 신학자들이 그렇게 비판했다. 이미 그가 사용하는 "형식"이란 개념과 "내용"이란 개념도 논리적으로 불명료하다. 어떤 때는 율법이

"내용"이다. 율법이 법궤 안에 있기 때문이다. 그리고 어떤 때는 복음도 구유의 "내용"이다. 다음에는 바르트의 계시관도 비판의 대상이 된다.(G. Wingren) 헬무트 틸리케(Helmut Thielicke)는 바르트가 모든 것을 "은혜라는 개념으로부터 연역하는" 은혜 일원론의 "형이상학적 단선율"(metaphysischer Monon)이라고 비난했다. 이반트(Hans-Joachim Iwand)는 이미 1935년에 율법과 복음의 구분이 하나님의 말씀과 인간의 말씀 사이의 변증법과 동일시될 수 있는지 비판적으로 물었다.

슐링크(Edmund Schlink)는 바르트의 "복음과 율법" 도식 대신 "율법과 권면"이란 도식을 제시한다. 슐링크는 바르트가 "율법"을 모세의 율법(νόμος)이 아니라 사도 바울의 "훈계"(Paränese)와 동일한 의미로 이해한다고 비판한다. 바울은 '복음과 권면', '직설법과 명령법'의 연계도식을 잘 알고 있었다. 그러나 권면은 율법과 동일하지 않다. 권면은 어떤 행함도 요구하지 않으며, 그리스도인의 카리스마적 실존을 가능하게 한다. 권면은 자유를 선사해 준다. 복음과 권면은 상호 배타적이지 않지만, 복음과 율법은 배타적이다. 바울에게 있어서 복음과 율법은 구원사에서 철저하게 구분된다. 이런 구원사적 구분은 갈라디아서의 주제이며, 로마서 6-8장의 주제이기도 하다. 그리스도인은 율법 아래 있으면서 동시에 은혜 아래 있을 수 없다는 것이다.

이와 반대로 권면은 복음과 율법의 연계도식을 포함한다. 권면에서는 복음과 계명이 하나이기 때문이다. 그렇지만 슐링크에 의하면 바르트는 바울이 제시하는 '율법-복음'의 근본구조를 주목하지 못하고 있다. 바르트는 단지 율법의 '제3용법', 즉 그리스도인을 위한 계명의 지시기능만 다루고 있다는 것이다. 따라서 바르트의 신학체계에서는 율법의 제1용법과 제2용법의 구분은 들어설 자리가 없고, 기독론적 계시론이 그 자리를 대체한다.

슐링크의 반론에 대한 바르트의 대답은 만족스럽지 못하다.(KD IV 3, S. 425f.) 바르트는 그리스도가 하나님의 말씀이라는 사실을 강하게 주장한다. 그리스도 없는 율법은 외적인 삶의 규범, 일반적인 윤리 그리고 고발하는 법으로서 자연법과 자연신학이며, 따라서 그 자체만으로는 가치가 없다고 주장한다. 오직 복음만이 "진지하고 정확한" 죄 인식을 가능하게 한다.(IV 3, S. 428)

복음이 비로소 하나님 앞에서 죄를 규정한다. 추상적이고 무시간적인 관점에서 본다면 이 명제는 정확하게 타당하다. 그러나 죄는 복음을 통해 인식되기 이전에도 언제나 이미 현실에 존재한다. 물론 정확한 하나님 인식은 복음을 통해서만 가능하다. 그러나 하나님에 대한 물음은 이미 인간의 실존과 함께 그 자체로 주어져 있지 않은가? 비록 그런 물음이 명시적으로 제기되지는 않는다 할지라도 말이다.

알트하우스는 슐링크보다 먼저 계명과 율법을 구분할 것을 제안했다.[10] 계명은 우리를 향한 하나님의 뜻이며, 율법은 계명의 특별한 형태, 즉 죄인을 위한 율법이라는 것이다. 따라서 알트하우스는 '계명, 율법, 복음'의 삼중적 도식을 주장한다.

물론 알트하우스의 구속사적 시기구분은 문제점이 있다. 태초에는 하나님의 의지가 계명이며, 타락 이후에는 율법이 하나님의 의지이며, 구원의 시기에는 복음에 의해 율법이 다시 계명으로 바뀌었다. 이런 시간적인 관점의 구속사 도식은 역사비평적 역사이해와

---

10) Paul Althaus, *Gebot und Gesetz*,1952.

양립할 수 없다. 더 나아가 알트하우스는 루터 자신과 달리 율법의 제3용법을 인정한다.

율법의 제3용법에 관해서는 루터주의 내에서도 서로 의견이 다르다.[11] 엘러트, 에벨링, 틸리케는 율법의 제3용법을 인정하지 않는다. 따라서 그들에 의하면 내용적으로 볼 때 특별히 "기독교적인" 어떤 도덕도 존재하지 않는다. 율법의 제3용법을 지지하는 사람들은 - 바르트, 에밀 브루너, H.N. 최(Søe), 이외에도 - 파울 알트하우스, 에드문트 슐링크, 빌프리트 요에스트 등이다. 그렇다면 율법은 기독교인들에게도 윤리적 의미를 가진다. 특히 요에스트는 루터 자신도 복음의 영역 내에서 계속해서 작용하는 율법의 영향이 제3용법이라고 가르친다는 사실을 입증하고자 한다.[12] 더 나아가 요에스트는 종교개혁의 '율법의 제3용법'을 신약성서의 훈계와 동일시한다. 요에스트에 의하면 그리스도인의 존재는 죄의 상태로부터 그의 삶 전체에 동행하는 하나님 앞에서의 의로움으로 끊임없이 이행해 나감(transitus)에 있을 뿐만 아니라 더 많은 죄로부터 보다 적은 죄로 나아가 과정을 야기하기도 한다. 율법은 이런 과정에서 방향을 설정하게 해준다.(S. 71 ff., 129 ff.)

루터가 그리스도인이 되어가는 점진적 과정을 인정한다는 사실에는 이론의 여지가 없다. 그러나 그리스도인의 이런 발전의 방향 설정은 율법을 통해서가 아니라 계약과 성령을 통해서 이루어진다. 요에스트가 인정하듯이(S. 78) 루터 자신은 이와 관련하여 어디서도

---

11) 참조. Wolfgang Werge, *Gesetz und Evangelium in der neueren Theologie*, 1958.

12) Wilfried Joest, *Gesetz und Freiheit. Das Problem des tertius usus legis bei Luther und die neutestamentliche Paraenese*, 3. Aufl. 1961.

"율법"(lex)이란 개념을 사용하지 않는다. 만일 요에스트가 율법의 제3용법 대신 복음의 실천적 사용에 관해 말하고자 한다면(S. 132), 복음의 실천적 사용이란 표현도 오해의 가능성이 있다. 왜냐하면 루터에게 있어서 율법은 인간이 그리스도인이 된다는 사실과 관계가 있는 것이 아니라 인간이 죄인이라는 사실과 관계가 있기 때문이다. 이와 반대로 요에스트는 율법이 그리스도인의 삶에서 권면으로서 가치가 있다고 생각하며, 그런 가치평가와 함께 율법의 제3용법의 근거를 논증한다.

3.5. 율법이해의 문제로서 율법의 제3용법

'일치신조'(Konkordienformel) 6조("율법의 제3용법")는 율법의 제3용법에 관해 말한다. 5조("율법과 복음")에서는 개념구분이 먼저 이루어진다. 이런 구분은 복음이 단지 은총설교이냐 아니면 동시에 형벌설교이기도 하냐는 쟁점을 해명해야 할 것이다. '일치신조'는 복음이란 개념은 이중적 의미로 사용된다고 설명함으로써 이 물음에 관한 논쟁을 용어의 관점에서 조정한다. 복음은 한편에서는 일반적으로 형벌설교를 포함한 예수님의 교훈 전체를 가리키는 일반적 정의이며(SD V, 5), 다른 한편에서는 단어의 본래적 의미에서 전적으로 은총설교이다.

일치신조는 복음 개념을 이렇게 구분함으로써 율법과 복음보다 상위의 형식적 개념, 즉 계시와 교훈이란 개념에 도달했다. 이런 개념으로부터 율법을 다음과 같이 정의한다. "율법은 본질적으로 올

신학윤리학

바르고 변할 수 없는 하나님의 뜻이 계시되는 거룩한 교훈이다."[13] 이와 달리 복음은 "가련한 죄인이 하나님 앞에서 죄를 용서받기 위해 무엇을 믿어야 하는지 가르치는 교훈이다."[14] 따라서 복음의 교훈은 내용적인 면에서 보면 자신의 삶과 고난을 통해 율법을 완성하고 인간을 대신해 형벌을 당한 그리스도의 대리적 화해에 관한 가르침이다.

그러나 루터는 일치신조와 반대로 율법과 복음의 차이를 하나의 사건으로 보았다. 일치신조는 두 종류의 교훈방식을 구분한다. 일치신조에서는 율법 또는 복음 아래서의 실존의 차이가 구분되는 것이 아니라 두 종류의 교훈 내용의 차이가 구분된다.

율법과 복음에 관한 이런 교리적 이해는 일치신조 6조를 전제한다. 순수루터주의 신학자들이 단지 율법의 두 가지 유익함을 가르치는데 반해, 멜랑히톤을 추종하는 필립주의 신학자들(Philippisten)은 율법의 제3용법을 주장한다. 필립주의 신학자들은 순수 루터주의 신학자들을 반율법주의자들이라고 선언한다. 왜냐하면 순수 루터주의 신학자들에 의하면 그리스도인은 죄인으로서 그리고 세계 내 존재자로서 언제나 율법을 필요로 하지만 의롭다고 인정받은 사람으로서 율법으로부터 자유롭다. 율법은 단지 외적 질서(disciplina externa et henestas)를 유지하고 죄인으로 하여금 자신의 죄를 인식하도록(ad cognitionem peccati) 해야 한다. 이와 달리 그리스도인은 "권

---

13) 참조. quod lex proprie sit doctrina divina, in qua iustissima et immutabilis Dei voluntas revelatur; SD V, 17

14) 참조. quae docet, quid miserrimus ille peccator credere debeat, ut remissionem peccatorum apud Deum obtineat; SD V, 20

고, 훈시, 압력과 강요가 없이"[15] 자유롭게 행동한다. 이와 반대로 멜랑히톤과 그의 영향을 받은 묄린(Mörlin)은 율법은 그리스도인의 삶에 지침을 제공한다고 주장한다. 일치신조는(Epit. VI, 1) 율법이 "확실한 규범"(certa aliqua regula)으로서 그리스도인이 "그의 모든 삶을 완성할 수 있고 완성해야 할 때까지"[16] 그리스도인을 위해서도 타당함을 인정한다. 율법은 하나님의 불변의 의지이며(immorta Dei voluntas), 따라서 거듭난 그리스도인을 위해서도 유효하다. 율법은 하나님의 뜻과 명령을 알게 해주지만, 하나님의 뜻을 실천할 수 있는 능력을 매개해 주지는 못한다.(SD VI, 11) 따라서 아우구스티누스의 회심의 예에서 보듯이 율법을 성취할 수 있는 능력이 되는 것은 은혜이다. 복음이 주는 성령만이 율법을 성취할 수 있는 능력을 선사해 준다.

그렇지만 일치신조는 거듭난 사람들 안에서의 율법의 사용에 관한 교리를 제한적으로 인정한다. 원칙적으로 그리스도인들은 더 이상 율법을 필요로 하지 않는다. 그렇지만 "고집 센 당나귀 같은 옛 아담은 율법의 교훈, 경고, 강요와 위협뿐만 아니라 때로는 형벌과 재앙의 곤봉으로 그리스도에게 복종하도록 해야 할 부분이다. 죄의 육체가 완전히 벗겨지고 인간이 부활에서 새로워져 율법의 설교나 율법의 위협과 형벌이 더 이상 필요하지 않으며 복음도 더 이상 필요하지 않을 때까지 말이다. 불완전한 삶에 속하는 모든 것들이 불필요하게 될 때까지 말이다."(SD VI, 24)

---

15) 참조. sine admonitione, cohortatione, impulsus et coactione; SD VI, 6
16) 참조. ad quam totam suam vitam formare possint et debeant

거듭난 사람 안에서 율법의 용법에 관한 교리는 그리스도인은 "의인이면서 동시에 죄인"이라는 루터의 명제에까지 소급된다.

이렇게 수정된 형태로 율법의 제3용법에 관한 멜랑히톤의 주장은 루터교에 의해 공식적으로 수용되었다. 멜랑히톤이 율법의 제3용법에 관한 주장을 처음으로 제시한 것은 1535년에 출간된 『신학적 사실들의 공통의 장소들 또는 근본적인 신학적 교리들』(Loci)[17]의 2판에서였으며, 그 다음에 특히 역사적으로 널리 알려지게 된 것은 1559년의 3판에서였다. 물론 믿는 사람은 율법의 저주로부터[18] 자유롭다. 그러나 율법은 신성한 질서로서 믿는 사람에게도 유효하다.

마찬가지로 칼뱅도 율법의 제3용법에 관한 멜랑히톤의 주장에 동조한다.[19] 칼뱅에 의하면 율법은 하나님의 뜻을 알 수 있도록 가르친다. 율법은 복종을 강화하며, 의로움의 원상이다. 율법의 특별한 유익이 제3용법이다.(II, 7,12) 율법은 믿는 사람에게 하나님의 뜻을 알려준다. 따라서 율법은 그리스도인에게도 규제적 힘으로서 여전히 유효하다. 하나님은 율법의 제정자이다. 율법과 복음은 서로 대립되는 것이 아니다. "복음은 단지 선언의 명확성 정도에 있어서만 율법과 다르다."[20] 따라서 칼뱅은 바르트의 선구자이자 또 다른 개혁교회 윤리학자라 할 수 있다.(Alfred de Quervain)

율법의 제3용법은 경건주의를 특정한 방향에서 해석한 것이라

---

17) 참조. Phipp Melanchthon, *Loci communes rerum theologicarum seu hypotyposes theologicae*(Wittenberg and Basel, 1521) 멜랑히톤은 이 책에서 로마서의 주축이 되는 사상들을 토론하는 형식으로 새로운 기독교 교리를 제시했다.

18) 참조. a meledictione et damnatione seu ab ira de

19) 참조. Institio religionis Christianae II, 7,12-14

20) 참조. II, 10,4: Evangelium respectu dilucidae manifestationis tantummodo ab ea differe

할 수도 있다.[21] 이런 해석에서 보면 "경건주의"는 신학적 인간이해를 위한 이상적 형태이다. 인간성 개혁은 인간 자체 안에서 일어난다. 이와 함께 거듭난 사람은 특별히 기독교적인 윤리의 주체가 된다. "율법"은 세상에서의 삶의 방향을 설정해 줄 뿐만 아니라 회개하여 거듭난 사람의 완전에 도움을 주기도 한다.

루터는 그리스도인의 존재를 세속의 관점에서 규정할 수 없음을 강조한다. 따라서 윤리학에서 율법과 복음을 구분할 때는 특별히 기독교적인 도덕과 특별히 신학적인 규범적 윤리에 대한 물음이 전제되어야 한다.

신학의 역사를 회고해 보면 율법의 신학적 이해가 윤리학을 위해 가지는 의미를 보다 정확하게 파악하는 데 도움이 된다. "율법과 복음"이냐 아니면 "복음과 윤리"이냐 하는 대안들에서 어떤 대안을 택하느냐에 따라 윤리학의 신학적 단초가 결정된다. 동시에 이런 대안에는 일련의 근본적인 신학적 문제제기들이 혼재되어 있다. "율법과 복음"이란 주제는 다양한 관점들을 내포한다.

3.6. 율법과 복음의 구분이 윤리학에 대해 가지는 의미

3.6.1. 문제제기
'율법과 복음'의 도식이냐 아니면 '복음과 율법'의 도식이냐 하는

---

21) 참조. Ragnar Bring, "Luthers Lehre vom Gesetz und Evangelium als der Beitrag der lutherischen Theologie für die Ökumene", in: Ernst Kinder/Klaus Haendler, *Gesetz und Evangelium*, WdF CXLXX, 1968, S. 76–123.

물음은 본질적인 신학적 물음이다. 이 물음은 주석적 측면, 역사적 측면 그리고 교의학적 측면을 가고 있다.

주석적 측면에서는 무엇보다 이런 구분과 성서와의 정합성에 대해 물음이 제시될 수 있다. 바르트는 칼뱅과 마찬가지로(Ins. II, 7,13) 율법이 복음의 형식이라는 율법이해의 근거로 구약성서 특히 시편 19편과 119편을 제시한다. 신명기에서 보면 훈계, 즉 명령법은 계약, 직설법의 결과이다. 마틴 노트(Martin Noth), 폰 라트(Gerhard von Rad), 한스-요아힘 크라우스(Hans-Joachim Kraus) 등은 바르트의 주장을 구약성서로부터 주석적으로 지원한다. 계약, 즉 은혜가 율법, 즉 계명에 선행한다는 것이다.

하나님의 율법에서 느끼는 "기쁨"은 율법의 신앙적 중요성에 대한 평가와 마찬가지로 구약성서 주석에서 논란의 여지가 있다. 침멀리(W. Zimmerli)는 저주와 심판의 요소를 제거하는 은혜일원론을 비판한다.[22] 하르트무트 게제(Hartmut Gese)는 "시나이 토라"와 "시온 토라"를 구분한다.[23] 하나님과 죄인 사이의 거리, 즉 하나님의 초월성을 강조하는 시나이 토라는 "율법"이다. 이와 반대로 하나님의 임재를 전달해 주는 시온 토라는 "복음"이다. 구약성서 자체에서의 율법이해와 계약이해에 대한 해석학적-주석적 물음은 그리스도인을 위한 구약성서의 가치는 물론 신학의 통일성, 즉 신앙전승의 연속성 또는 단절에 대한 그리고 구속사의 관계에 대한 훨씬 더 근본적인 물음을 전제한다.

루터가 그의 이론적 근거로 의존하는 바울은 율법이 구원의 길

---

22) W. Zimmerli, *Das Gesetz und die Propheten*, 1963, S. 77f. 93.
23) Hartmut Gese, "Das Gesetz", in: *Zur biblischen Theologie*, 1977, S. 55-84)

임을 단호히 거부했다. 이와 함께 주석적 물음은 이제 바울에 대한 이해와 바울신학의 신학적 구속력에 대한 물음으로 이행한다. 이런 물음은 예수와 바울의 관계에 대한 물음과 율법에 대한 예수 자신의 입장에 대한 물음과 밀접하게 연결된다. 바울은 어디서도 복음(εὐαγγίλιον)과 율법(νόμος)이 대립적이라고 명시적으로 말하지 않는다. 바울은 계약(ἐπαγγελία)과 율법(νόμος)의 대립에 관해 말한다.(롬 4:13; 갈 3:18, 21) 율법과 복음의 대립을 처음으로 이용한 사람은 마르시온이다. 더 나아가 바울에게 있어서 구속사적으로 볼 때 율법은 유대인들에 의해 왜곡된 구약성서의 토라를 의미한다.

루터에게 있어서 율법은 인간 존재의 근본규정, 즉 실존적 범주이다. 바울은 율법을 구속사의 일부로 분류한다. 아브라함은 아직 율법 없이 살았다.(롬 4장; 갈 3:6-16; 4:21-31) 모세가 처음으로 하나님으로부터 율법을 받았다.(갈 3:17) 율법은 구속사에서 임시로 주어진 것이다.(롬 5:20; 7:9) 죄를 폭로하는 율법은 구속사에서 중간역할을 한다. 바울에게서 율법과 은혜가 분리된다.

바울의 구속사의 시간적 연속관계가 루터에게서는 율법과 복음 사이의 지속적인 투쟁, 즉 끊임없는 변증법적 긴장관계로 변한다. 바울이 말하는 새로운 계약으로의 전환이 루터에게서는 새로운 계약에서의 실존구조로 바뀐다. 율법경험이 매번 새롭게 양심에서 경험된다. '의인이면서 동시에 죄인'이란 도식은 그런 경험을 표현하는 것이다. 루터의 이런 인간론적인 율법해석은 물론 바울 자신에게 근거한다.(롬 2:14; 갈 4장 3절 "초등학문"(στοιχεῖα τοῦ κόσμου); 골 2:8, 20) 그러나 바울은 루터와는 달리 예를 들어 "그리스도의 법"(갈6:2)이란 개념에서 율법을 긍정적으로 평가하지 않느냐 하는 물음은 여전히 남는다. 바울에게서도 사랑은 율법의 완성이다.(롬

13:8f.; 갈5:14) 이런 문제는 결국 바울이 복음에 의해 새로워진 율법, 즉 한편에서는 토라의 전통을 의하면서도 다른 한편에서는 율법주의에 빠지지 않는 '새로운 율법'(nova lex)을 긍정하느냐 하는 물음으로 이어진다. 바울에게 있어서 훈계는 율법이 아니라 성령의 선물, 즉 은사(Charisma)에 근거한다. 어쨌든 분명한 것은 루터가 비록 율법과 복음을 구분할 때 바울에게 의존하기는 하지만 율법을 새로운 상황에서 재해석한다는 사실이다. 루터는 사도 바울의 구속사적 율법이해를 실존적이고 인간론적인 관점에서 해석한다.

물론 루터에 대한 해석은 지금까지도 논란의 여지가 있다. 율법과 복음이 두 개의 서로 다른 교리내용, 즉 두 개의 "하나님의 말씀"이냐 아니면 그리스도인이 겪는 서로 다른 방식의 실존경험과 현실경험을 의미하느냐 하는 문제가 논쟁적으로 논의되고 있다. 물론 바울과 루터에게 있어 모두 분명한 것은 신학적으로 이해된 율법은 가장 우선적으로 윤리적 지침이나 계시신학적 교리가 아니라 구원의 길이라는 사실이다. 중요한 것은 율법의 구원론적 관련성이다. 더 나아가 율법이 하나님의 구원의 행위에 관한 구속사의 일부로 간주될 수 있느냐, 예를 들어 바르트가 주장하는 하나님의 선택의 역사에 편입될 수 있느냐 아니면 율법은 인간론적 근본규정이냐 하는 점도 논란의 대상이 된다. 마지막으로 논란거리가 되는 것은 바르트의 "복음과 율법" 도식은 종교개혁의 "율법과 복음" 도식과 조화될 수 있는 것인가 아니면 완전히 동일한 것인가 하는 점이다. 에른스트 볼프(Ernst Wolf), 게하르트 하인체(Gehard Heinze), 베르

---

24) 참조. Berthold Klappert, *Promissio und Bund, Gesetz und Evangelium bei Luther und Barth*, 1976.

트홀트 클라퍼트(Berthold Klappert) 등은 두 도식의 조화 가능성을 입증하고자 한다.[65] 이와 반대로 에벨링은 루터와 바르트 사이의 대립적인 입장을 강조한다.[25] 말하자면 바르트는 '복음의 정치적 사용'(poloticus)을 인정한다. 복음은 그리스도인에게 그의 정치적 실존을 위한 행동방식들을 제시해 준다는 것이다. 바르트와 루터 사이의 본질적 차이는 "복음과 율법"이란 표현형식에서 확정될 수 있다. 바르트에게서는 그리스도이해와 현실이해는 일치한다. 기초가 되는 논증기법은 아날로기이다. 루터에게서는 그리스도 선포와 실존경험의 이율배반이 그리스도인의 신앙과 삶을 규정한다.

에버하르트 윙엘(Eberhard Jüngel)이 지적했듯이 바르트는 복음과 율법은 이미 타락 이전에 예정되었다고 생각한다.[26] 기독론적 원역사는 모든 시대 이전의 "영원한 은총의 선택(예정)"이다. 이런 영원한 원역사는 타락 이후의 상황에서도 계속된다. 따라서 율법은 복음의 "형식"이다. 율법은 "단순한" 형식이 아니다. 형식을 통해 비로소 복음은 세상에서 형태를 취한다.

여기서 우리는 바르트와 루터 사이에는 인간론적으로도 근본적인 차이가 있음을 알 수 있다. 바르트에게 있어서 인간은 행위자이다. 루터에게 있어서 인간은 복음을 듣는 자로서 수용적이고 수동적이다. 물론 이것은 최고의 "창조적 수동성"(Jüngel, S. 205)이다. 그러나 복음은 복음을 듣는 자로서의 인간을 "자기 밖으로" 넘어서게 한다.(WA 40 I, 589,8: "posit nos extra nos") 이와 반대로 바르트의 인간

---

25) 참조. Gerhart Ebeling, "Karl Barths Ringen met Luther", in: G. Ebeling, *Lutherstudien III*, 1985, S. 428–573.
26) Eberhard Jüngel, *Barthstudien, Ökumenische Theologie*, Bd. 9, 1982, S. 200.

신학윤리학

론에서 인간은 행위자이며 자기 자신을 규정하는 자이다. 바르트에게서 인간은 하나님의 행위에 상응하는 행위자, 즉 행위에서 자신의 존재를 가지는 자이다. 인간의 행위에 대한 이런 인간론적 평가는 자연스럽게 윤리학이 교의학에 편입되는 계기가 되었다. 행위규범으로서의 율법에 관한 논의는 자연스럽게 순명 또는 불순명에 대한 물음으로 이어진다. 인간이 행하는 행위의 적극성으로부터 인간을 설명하는 바르트의 견해는 근대의 자기이해와 상응한다.

근대의 자기이해에 의하면 인간은 그의 행위를 통해 인간이 된다. 수동성, 배신감, 침묵, 더 이상 행동할 수 없음은 행위를 중단하게 되는 원인이 된다. 따라서 세계를 조성하는 일은 고상한 기독교적 의무이다. 기독교적 행위는 믿음의 현실적 적용이며, "정치적인" 예배행위가 된다. 우리는 복음으로부터 직접 정치적인 행위지침들을 도출할 수 있다. 이와 반대로 율법과 복음, "하나님 앞에서"와 "세상 앞에서", 신앙과 일, 보이지 않는 하나님과 계시된 하나님을 근본적으로 구분하는 루터는 들음과 믿음의 차이를 인간론적으로도 견지하고자 한다.

3.6.2. 윤리학에서 율법

율법과 복음의 관계를 유비적 관계로 볼 것이냐 아니면 서로 다른 관계로 볼 것이냐 하는 근본적인 신학적 결정에 따라 윤리학의 신학적 해석은 달라진다. 이런 관계는 다음과 같은 물음에서 요약될 수 있다. 인간론에는 교의학적-신학적 척도들 이외에도 인간론적이고 윤리적인 기준들이 있는가? 아니면 윤리적 요구는 단 하나의 명제, 즉 인간은 그의 모든 행위에서 하나님의 행위에 일치하도록 행해야 한다는 명제에서 요약될 수 있는가?

이런 구상에서 대표적으로 드러나는 논제, 즉 율법은 신학적으로 파악된 현실경험이라는 논제로부터 주어지는 윤리학의 과제와 전망은 다음과 같다.

(1) 율법은 언제나 이미 현실에 주어져 있다. 물론 구체적인 율법경험들은 상황에 따라 달라진다. 유대교의 토라에 대한 바울의 경험들, 노동을 신성시하는 중세의 상황에서 루터가 경험한 것들 그리고 민족법의 강제성 이데올로기에 반대하는 바르트의 입장은 전혀 다르다. 율법은 결코 무시간적이고 초자연적이며 초역사적으로 하나님의 뜻을 선포한 것이 아니다. 인간은 율법의 요구를 그의 인간존재 내에서 역사적으로 경험한다. 따라서 인간의 삶에 대한 진지한 이해는 율법연구의 목표이다.

(2) 따라서 철학적 윤리학, 일반윤리학 그리고 신학적 윤리학은 특별한 계시 이해에 근거하여 구분될 수 있다. 이미 루터에 의하면 철학도 율법을 이해하기는 하지만 죄인이 은혜에 의해 의롭다고 인정된다는 사실은 알 수 없다고 생각했다. 이성은 "하나님의 계명을 알고 옳고 그른 것이 무엇인지 안다."(WA 46,667) 그렇지만 "율법"으로서의 윤리적 요구를 통찰할 수 있는 능력은 신학적 판단이다.

(3) 율법경험들이 역사적 상황에 따라 변한다는 사실은 가치와 규범이 역사적으로 조정된다는 사실에서 알 수 있다. 각 시대의 개별적인 규범들은 역사적 통찰에 근거한다. 다만 인간의 윤리적 방향설정을 위해서는 인간론적 근본사태를 파악하는 것이 중요하다.

(4) 모든 현실경험의 이중성과 애매함은 복음을 통해서만 밝혀진다. 그러나 윤리적 요구가 필요함을 의식하는 것은 복음이 없이도 가능하다. 오직 복음만이 윤리적 요구를 거부하는 것이 "죄"라고

규정할 수 있다. 그리고 복음에서 도덕적 행위가 자기 확신과 자기 정당화를 위해 오용되는 것이 드러나게 된다. 다시 말해 복음은 인간존재와 함께 주어진 "자연법"을 신학적 의미의 율법으로 만든다.

(5) 복음은 율법을 폐하지 않는다. 복음은 율법이 현실경험의 궁극적 타당성일 수 있는지에 대해 의문을 제기한다. 바로 그런 율법의 상대화를 통해 복음은 타당한 행위의 동기이며, 결코 아무것도 하지 않음을 정당화해주는 진정제는 아니다.

(6) 물론 율법과 복음 사이의 긴장은 현실과 이상 사이의 긴장과 혼동되어서는 안된다. 율법과 복음의 대립은 오히려 하나님 앞에서 인간이 처한 독특한 상황을 나타낸다. 하나님이 가까이 계신다는 약속은 현실경험을 통한 이의제기와 모순된다. 그렇지만 율법과 복음의 실질적인 변증법은 세상의 현실과 일치한다. 세상은 악의 세력에 대한 보존과 보호를 필요로 하며, 더 나아가 인간은 스스로를 구원할 수 없으며 그의 양심을 보증할 수 없다는 사실을 인식해야 한다.

물론 이런 인식은 저절로 도달되는 것이 아니다. 하나님의 말씀인 복음을 통해서 비로소 이런 현실인식에 도달하게 된다. 율법과 복음의 구별은 서로 반론을 제기하는 논의 과정에서 실존적으로 경험할 수 있다. 이런 구분은 신학적 이론을 형성하는 추상적인 작업이 아니다.

이런 논의 과정에서 그리스도인은 더 이상 율법 아래 있지 않지만 율법과 함께 산다는 신앙고백이 입증된다. 믿음은 율법과 윤리적 요구를 폐기하지 않는다. 그러나 복음은 고발하고 강요하는 율법의 힘으로부터 벗어나 자유롭고 신중하게 책임을 지는 삶을 감행하도록 해준다. 어떤 윤리적 행위도, 심지어는 그리스도인의 윤리적 행위도 삶의 의미근거를 생산해서는 안된다. 바로 그런 이유 때문에 하나님의 은혜는 윤리적 삶의 전적인 근거이다. 하나님의 "현실의 비밀"이다. 그러나 이런 비밀은 윤리적 설명과 현실분석을 통해서는 밝혀질 수 없다. 그 비밀은 복음에 기록된 하나님의 말씀을 통해 비로소 드러나게 된다.

따라서 "율법"을 이성적이고 사실적으로 이해하기 위해서는 복음을 설교해야 한다. 이런 관점에서 볼 때 율법과 복음의 구분은 신학적 논쟁 전체의 핵심이라 할 수 있다. 이 경우에 합리적이고 사실적이고 이성적으로 논증하는 윤리학은 성찰적이고 의식적인 신학적 근거결정의 결과이다.

이런 근본명제에서 볼 때 그리스도인의 행위를 하나님의 행위와 동일시하거나 예수 그리스도의 구원의 복음을 윤리와 혼동해서는 안된다.

신학윤리학

4. 칭의와 성화

4.1. 칭의론의 문제점들

(1) 개신교 신학에서 교의학과 윤리학의 관계에 대한 고전적인 도식은 '칭의와 성화'(Rechtfertigung und Heiligung)이다. 최근에는 이런 관계가 '직설법'과 '명령법', 격려'와 '요구'의 관계도식으로 표현되기도 한다.[27] 이런 도식 대신 복음과 윤리에 관해 말하기도 한다. 이때 근간이 되는 물음은 다음과 같다. 예수 그리스도 안에서 의롭다고 인정하시는 하나님에 관한 복음과 자유롭게 하시는 하나님의 은혜에 관한 복음은 어느 정도까지 개신교 윤리의 전제와 토대가 되는가?

아우구스트 트베스텐(August Twesten) 이후 "오직 성서만으로"는 개신교 신학의 형식적 원리가 되고, "오직 은총"만으로는 내용적 원리가 되었다. 이런 원리에 의하면 개신교 윤리의 정체성은 형식적

---

27) 참조. Oswald Bayer, *Aus Glauben leben. Über Rechtfertigung und Heiligung*, 1984.

으로는 성서의 증언에서 입증되고, 내용적으로는 칭의와의 연관성에서 입증된다. 개신교 윤리는 비록 형식적으로는 성서와의 일치를 지향하지만 그렇다고 축자적 성서주의에 빠질 수는 없다. 개신교 윤리는 성서의 증언을 그의 윤리적 명령들에서 해석할 줄 알아야 한다. 그리고 개신교 윤리가 지향하는 내용의 원리는 신앙과 일, 율법과 복음, 죄와 자유의 구분에서 입증될 수 있다.

칭의와 복음을 주석적이고 교의학적으로 설명하는 것은 신학적 윤리학의 과제가 아니다. 구원이란 무엇이며 구원론의 과제가 무엇이냐 하는 것은 교의학에서 자세하게 제시될 수 있다. 종교개혁의 관점에서 보면 복음은 무조건적으로 베풀어진 은혜이다. "복음은 그리스도의 이름을 통한 죄 용서를 선포하는 것이다."(M. Luther, WA 2, 466, 21f.) 복음은 양심을 해방시켜 준다. "복음은 양심을 강화시키고, 마음을 감동시키며, 믿음을 강하게 해줄 것이다. 그 외의 다른 가르침들은 육체에 관한 이교적 규정들에 불과하다."(WA 45, 383, 23ff.)

복음과 칭의는 도대체 얼마나 윤리와 관계가 있는가? 무신론의 시대에 이 물음에 대한 대답은 신학적으로 대단히 논쟁적이다. 이 물음에 대한 대답이 어려운 것은 의롭다고 인정하시는 하나님의 행위가 무신론의 시대에는 논쟁거리가 되기 때문이다. 뿐만 아니라 "칭의"는 오해의 여지가 있는 개념이다. 틸리히는 칭의라는 개념 대신 인간을 무조건적으로 받아들임, 즉 "받아들일 수 없는 것을 받아들임"이란 표현을 사용한다. 이렇게 받아들임은 인간이 그의 구원을 스스로 성취해야 한다는 요구를 면제해 주는 것을 포함한다. 의롭다고 인정하시는 하나님의 행위는 자기실현과 업적의 압박에서 벗어나게 해준다. 종교개혁에 의하면 칭의는 '자기 의'(iustitia propria)를 요구하지 않으며, 복음의 말씀을 통해 생명을 선물로 경험하게

신학윤리학

해준다. 바로 그렇기 때문에 복음은 세상과 자유롭게 교류할 수 있는 권한을 부여해준다. 복음은 책임을 질 수 있는 자격을 부여해주고, 책임을 지려는 용기를 가지도록 격려해준다. 따라서 칭의는 인간과 세상에 관한 근본적인 이해를 포함한다. 이런 칭의론을 윤리학에 적용할 수도 있다. 개신교 신학에 의하면 인간의 윤리적 행위는 그의 생존권의 근거가 아니다. 인간은 모든 윤리적 행위와 무관하게 하나님 앞에서 그의 생존권을 가진다. 인간의 본래적 존재는 거짓 신성을 포기할 때 가능하게 된다. 따라서 종교개혁 신학은 의롭다고 인정하시는 하나님의 칭의 행위가 인간의 행위보다 중요하며, 믿음이 행위보다 중요하다는 점을 강조한다. 무엇보다 중요한 것은 다음과 같은 오해들을 제거하는 것이다.

(1) 결정적으로 중요한 것은 "칭의"라는 용어가 아니다. 칭의는 특히 바울과 루터만 사용한 용어가 아니다. 예를 들어 산상설교의 첫 번째 복(마 5:3)은 칭의 사건을 증언한다. 더 나아가 예수의 비유들, 즉 포도원 품꾼(마 20:1ff.), 잃은 양(눅 15:4ff.), 탕자(눅 15:11ff.), 바리새인과 세리(눅 18:9ff.) 등은 칭의 사건을 사실적으로 잘 보여준다.

(2) '칭의'라는 개념은 독일어에서 원래의 의미와는 다른 의미로 사용된다. 오늘날 칭의는 '변명'(사과, Entschuldigung), '해명'(Erklärung)이란 의미로 사용된다. 그렇다면 "하나님의 칭의"는 신정론(Theodizee)의 문제가 된다. 그러나 칭의에서 중요한 것은 사람들 앞에서 하나님을 의롭다고 인정함이 아니라 하나님 앞에서 죄인을 의롭다고 인정함이다. 성서적으로 말하면 칭의는 불신앙적인 죄인에게서 하나님의 계약 신실성이 입증된 사건이다. 칭의는 하나님의 속성이 아니라 하나님의 행위이다. 따라서 칭의와 칭의론에 대

한 새로운 해석이 필요하다. 칭의론에서 공식적으로 인정된 기존의 학설을 고수하려 해서는 안된다. 칭의는 하나님이 예수 그리스도 안에서 인간을 만나는 양식과 방식의 총괄개념이다. 따라서 칭의에 관한 논의는 다음과 같은 물음에 답해야 한다. 하나님이 나사렛 예수에게서 지금 어떻게 우리를 만나시는가?

(3) 이스라엘 민족에 지향된 유대교 신학의 관점으로부터 야기된 개신교 신학의 칭의론에 대해 흔히 칭의는 개인적이라는 반론이 제기된다. 물론 칭의를 개인적인 양심의 위안으로 이해한다면 이런 비판은 타당하다. 그렇다면 칭의는 "영혼구원"이지 "세상을 위한 은혜"는 아니다.(G. Gloege) 그러나 이런 비판은 하나님이 칭의에서 세상의 창조자이자 주님으로 입증된다는 성서적 칭의 개념에는 적용되지 않는다. 칭의는 하나님이 세상의 주님이라는 사실을 선포한다.

(4) 칭의론을 개인주의적으로 축소시킨다는 비판과 함께 종종 제기되는 비판은 칭의론이 정숙주의를 조장한다는 것이다.(Max Scheler) 이것은 이미 토마스 뮌처가 루터를 "비텐베르크의 부드러운 고기"라고 비난했듯이 칭의를 "값싼 은혜"(본회퍼)로 생각한다는 비판이다. 개인주의적 칭의론은 "외상값을 그리스도의 장부에 기입하고 음심을 먹으면서" 자기는 아무 일도 하지 않고 모든 것을 하나님에게 전가하는 잘못된 믿음을 가지게 할 수도 있다. 트리엔트 신조도 그렇게 보았다.(can. 12, Decretum de iustificatione gratiae, Denz. 822) "만일 어떤 사람이 의롭다고 인정되었음을 믿는 것이 그리스도로 인해 죄를 용서하는 하나님의 자비를 믿는 것과 다르지 않다고 말하거나 홀로 그것을 믿는 것과 다르지 않다고 말한다면 우리는 의롭다고 인정되고 그는 저주이다."[69] 이와 반대로 트리엔트공의회는 의롭다고 인정된 사람의 선행은 "은혜를 더하게 한다"(Augmentum gratiae)고 선언했

다. (Can. 16; Denz. 809; can. 32, Denz. 842)

도로테 죌레도 윤리의 이름으로 칭의신앙의 수동성을 비판했다.[29] "하나님이 오랫동안 우리를 위해 무엇인가 행하신 후에 때가 찼기 때문에(갈 4:4), 하나님이 친히 개입하셔서 자신을 우리에게 종속시키고 동일하지 않는 것과 자신을 동일시하셨다. 이제는 우리가 하나님을 위해 무엇인가 행해야 할 때이다."

그러나 도대체 인간이 하나님을 위해 무엇을 할 수 있는가? 종교개혁의 신학적 입장에 의하면 인간은 하나님과 함께 일하는 구원자는 아니지만 세상에서 하나님의 동역자일 수는 있다.(고전 3:9ff.) 루터에 의하면 그리스도인은 하나님과 함께 창조하는 자가 아니라 협력자이다. "하나님은 우리가 없이는 일하시지 않는다. 왜냐하면 하나님은 자신이 우리 안에서 일하시고 우리는 하나님과 함께 일하도록 하기 위해 우리를 일하도록 새롭게 하셨으며 계속해서 새롭게 된 자로 머물게 하시기 때문이다."(WA 18, 754, 11-16) 따라서 선행은 칭의의 전제조건이 아니라 결과이며 열매이다.

칭의론은, 구원은 우리의 협력행위 없이 "값없이 오직 은총만으로"(umsonst, sola gratia) 주어진다는 사실을 철저하게 가르친다. 구원의 주도적 역할은 오직 하나님에게 있다. 이것은 구원이 하나님의 판단이라는 사실을 의미한다. 그러나 만일 그렇다면 칭의는 인간 자체에서는 아무런 변화가 일어나지 않았음에도 죄가 전가되어 의

---

28) 참조. "Si quis dixerit, fidem iustificatem nihil aliud esse quam fiduciam divinae misericordiae peccata remittentis propter Christum vel eam fiduciam solam esse, qua iustificaur: Anathema sit."

29) 참조. Dorothe Sölsle, *Stellvertretung. Ein Kapitel Theologie nach dem Tode Gottes*, 1967, W. 205.

롭게 되었다고 말하는 단순한 법적인 선언에 불과한가? 교의학에서
는 칭의에 관한 법적이고 전가된 또는 효과적인 이해에 관해 말한
다. 트리엔트공의회는 거룩하게 하는 은혜에 근거한 인간의 변화와
개혁에 관해 말한다. 가톨릭 교리에서는 하나님의 행위로서의 칭의
사건으로부터 인간이 새롭게 창조되는 인간론적 변화가 일어난다.
이것은 성화와 관련된 주제이다.

4.2. 성화

'성화'는 윤리학의 범주를 넘어서는 개념이다. 성화는 무엇보다
도 제의적이고 종교적인 행위이다. 구약성서의 제사장문서 전승에
서 보면 거룩한 것은 주로 제사와 관련된 것이다. 그렇다면 성화는
'성례전적' 사건이다. 그렇지만 제의적이고 성례전적 은혜를 인정하
지 않는 종교개혁 신학은 성화를 개인적인 사건으로 이해한다. 거
룩하게 되는 것은 사물이 아니라 사람이다. 계몽시대 이후 거룩한
것은 장소와 무관한 것으로 생각되었다. 따라서 '성화'란 개념은 그
진술내용을 잃어버리게 되었다. '거룩한', '거룩성'이란 개념의 의미
가 축소됨에 따라 거의 이해될 수 없게 된 칭의와 성화의 관계 대신
지금은 신론과 윤리학의 관계 또는 믿음과 행위의 관계에 대한 물
음이 논의의 주제가 되었다.

따라서 성화는 여기서 무엇보다 역사적인 시각에서 논의될 수
있다. 종교개혁 신학은 성화를 기독교에만 특별히 존재하는 덕목이
라는 생각을 거부한다. 기독교인들은 세상에서 직업을, 신앙생활을
한다. 그런 삶에 기준을 설정하는 것은 모든 사람들에게 따를 것을

요구하는 정치적 유용성의 법이다. 그리스도인의 삶의 양식이 일반적인 삶의 양식과 현저하게 다르고 두드러지도록 그리스도인의 삶의 태도를 규정하는 특별히 기독교적 어떤 규범들도 존재하지 않는다. 그럼에도 칭의는 인간의 내적 변화를 일으키고, 그의 신념에 영향을 주며 감정을 새롭게 정돈시켜 준다.

그러나 성화란 무엇인가? 루터에 의하면 "칭의는 일종의 새로운 삶으로 거듭남이다."(regeneratio quaedam in novitatem, WA 39 I, 44f. These 65) 루터의 이런 명제는 칭의와 성화의 동일성이 거듭남이라는 사실을 강조한다. 마찬가지로 멜랑히톤도 신뢰로서의 믿음은 동시에 "새로 태어남이며 새로운 삶"(Apol. IV, 63f.)이라고 가르친다. "의롭게 됨"(iustificari)은 단순히 "선고된 또는 전가된 의"(iustos pronuntiari seu reputari)가 아니라 "불의한 삶으로부터 다시 태어난 의"(ex iniustos iustos effici seu regenerari)를 의미한다.(Apol. IV, 72)

초기 프로테스탄트 정통주의에서는 인간에게서 일어나는 하나님의 구원의 행위가 "구원의 순서"(ordo salutis)에 따라 논리적으로 분류된다. 이런 순서는 심리학적인 발전 단계로서 다음과 같이 배열될 수 있다. 부르심(vocatio), 회개(conversio), 칭의(iustificatio), 하나님과의 신비적 합일(unio mystica), 갱신(혁신) 또는 성화(Erneuerung der Heiligung, renovatio, sanctificatio) 다음에는 경건주의가 이런 분류에 동의한다. 칭의에서 시작되는 믿음보다 더 중요한 것은 그리스도인의 새로운 삶, 즉 중생(슈페너)과 성화이다. 물론 루터는 그리스도인의 전 생애는 속죄하는 삶이어야 함을 강조했다.(Absaßthesen 1517, These 1) 그러나 이와 반대로 프랑케(August Hermann Franke)에 의하면 속죄의 노력은 중생의 순간에 단 한번 일어나는 행위이다. 속죄 다음에는 삶을 새로이 설계하는 성화가 따른다.

핵심적인 점에서 계몽주의와 경건주의는 크게 다르지 않다. 왜냐하면 계몽주의에 의하면 기독교는 실천적인 경건, 즉 삶에서 실천된 도덕이기 때문이다. 물론 계몽주의는 이런 도덕을 시민의 덕에서 발견하는데, 반해 경건주의는 "그리스도의 규범들"(슈페너)에 따라 사는 성화에서 발견한다. 그러나 분명한 것은 계몽주의와 경건주의는 모두 종교개혁의 칭의 이해와 다르다는 점이다.

소위 성화운동이라 하는 역사적 현상에 관해 살펴보자. "성화운동"은 경건주의 방식의 경건운동이다. "성화"는 종종 하나님의 행위(성령의 역사) 대신 주체의 자발적 "자기성화"에 대해 사용된다. 감리교의 창시자인 웨슬리에 의하면 "첫 번째" 은혜인 칭의에는 "두 번째" 은혜인 성화가 동반되어야 한다. 그리스도인은 단순히 죄가 용서된 것에 만족해서는 안되고, 그후에도 죄 없이 살아야 한다. 성화운동, 특히 1875년에 독일에서 전도활동을 한 영국의 복음전도자 로버트 스미스(Robert pearsall Smith)에 의해 시작된 성화운동에 의하면 그리스도인은 회개한 후에 죄 없이 살 수 있으며 또 그렇게 살아야 한다.

이런 주장에 의하면 윤리적 완전주의는 "진정한" 그리스도인의 조건이 된다. 이런 주장은 단지 교회공동체 내에서 과격한 형태의 "성령운동"에 의해서만 제기된 것이 아니라 일반 사회에서는 도덕재무장 운동에 의해 제기되기도 했다.

물론 완전주의의 조짐은 이미 칼뱅에게서도 발견된다. 종교개혁가들 중에서도 칼뱅은 성화를 강조한 신학자이다. 왜냐하면 그는 교회의 규칙을 통해 교육해야 한다고 생각했기 때문이다. 물론 칼뱅은 단지 "상대적" 완전주의자라 할 수도 있다. 이와 반대로 19세기의 성화운동은 더욱 강화된 성화운동이다. 그리스도인은 죄 없이 살 수 있다. 미국에서 처음 시작되었을 때 성화운동은 대단히 정치적이고 사회적인 목표를 지향했다. 그 운동은 흑인과 여자들의 동등한 권리를 지지했다. 그 운동의 목표는 그리스도인의 새로운 삶, 다른 삶, 대안적인 삶을 실천하는 것이었다. 성화운동은 종교적 해방운동이었다. 유럽에서 그 운동은 예를 들어 엘리아스 슈렝크(Elias Schrenk, 1831-1913)를 통한 운동이 그랬듯이 순전히 종교적인 각성운동이었다. 종교적으로는 개인적인 성화, 즉 자기 자신을 성화하는 것이 강조되었다. 이런 운동은 결과적으로 완전한 그리스도인(성화된 그리스도인)과 불완전한 그리스도인(죄인)을 구분하게 하는 계기가 되었다.

4.3. 성화를 이해하기 위한 비판적 관점들

성화에 대한 지금까지의 이해에 대한 비판들 중 하나는 그리스도인이 죄 없이 완전하게 살 수 있다는 주장에 대한 것이다. 더 나아가 그리스도인에게 요구되는 특별한 윤리도 비판의 대상이었다. 특별한 윤리에 대한 이런 요구는 자연법의 명령들(praecepta)은 모든 사람들에게 유효하고 그리스도인들의 죄 없는 삶을 위해서는 추가적인 "충고들"(consilia)이 요구된다는 중세의 이중도덕을 상기시킨다. 예를 들어 경건주의에서 요구하는 그리스도인들의 그런 삶의 방식들은 극장, 춤, 카드놀이 등과 같은 세속적인 유흥들을 포기하는 것이다. 그리스도인이 절대로 가져서는 안되는 특정한 직업들이 있다. 배우, 예술가, 그리고 많은 교구에서는 경찰관이나 군인도 그런 직업에 속한다.

"성화"란 개념이 그리스도인의 생활태도에 관해서만 국한되어 사용된다면 이미 오해의 여지가 있다.

　오히려 거룩하다는 것은 본래 관계개념이다. '성화'는 인간의 속성이나 특성이 아니라 하나님에게 소속됨을 표현하는 개념이다. 그러나 하나님의 공동체는 죄로부터 돌아설 때 생성되기 때문에 "거룩한"은 하나님의 공동체에 상응하는 삶의 형태를 의미하기도 한다. 물론 죄로부터 돌아선 공동체가 그에 상응하는 삶의 형태의 조건이다.

　이와 함께 믿음과 행위, 복음과 공로, 선포와 윤리의 선후관계는 도치될 수 있느냐 하는 물음이 새로이 제기될 수 있다. 성화를 자기성화로 이해한 지금까지 기독교 역사는 그런 도치를 가능하게 만든다. 이와 반대로 근본적인 신학적 관점에서 "거룩성"의 서술어는 바로 하나님의 초월성을 강조한다. 그렇다면 거룩성은 오직 종교적으로, 즉 성례전을 통해서 경험될 수 있을 뿐, 인간의 행위와 윤리적 활동을 통해서는 일어날 수 없다. 이와 함께 결과적으로 성화의 이해를 위해 두 가지 윤리적 성찰들이 발생한다.

　첫째, 금욕을 어떻게 평가할 것인가? "금욕"은 종교적 현상일 뿐만 아니라 동시에 윤리적 현상이기도 하다.

　둘째, 일반적으로 인식할 수 있는 금욕적 행위의 결과들은 윤리적 행위의 평가를 위해 어떤 의미를 가지는가? 성화는 결과를 중요시하는 윤리가 아니라 내적 확신, 즉 신념의 윤리이다. 윤리적 위험을 감수하려는 자세, 즉 다른 사람의 죄를 기꺼이 대신 지려는 자체는 성화에 대한 요구와 어떻게 조화될 수 있는가? "정결하고 더러움이 없는 경건은 … 세속에 물들지 아니하는 그것"(약 1:27)이라는 야고보의 명제는 그리스도인의 행위의 기준일 수 있는가? "강하게 죄를 범하라. 그러나 더 용감하게 믿어라"(pecca fortiter, sed crede fortius) 라는 멜랑히톤에 대한 루터의 요구는 타당한가? 물론 이런 요구는 강하고 뻔뻔스럽게 죄를 범하라는 것이 아니라 양심에 따라 용기 있게 행동하라는 의미이다.

칭의와 성화의 관계에 대한 물음은 이미 언급된 신학적 윤리학 의 전제들인 죄와 율법과 복음에 관한 주제들을 다시 다루지 않을 수 없게 만들며, 선행(善行)에 관한 주제를 미리 다루도록 만든다.

5. 금욕과 기독교윤리

5.1. 개념과 개념의 역사

금욕(Askese)은 일반적인 종교적 현상이지 특별히 기독교적 현상은 아니다. 금욕은 윤리에서보다는 오히려 영성에서 그의 삶의 자리를 가진다. 금욕은 무엇보다 경건의 실천이다. 금욕에서 세상에 대립되는 종교적 태도가 전체적으로 잘 드러난다. 우리는 도덕적 금욕, 종교적 금욕 그리고 신비적 금욕을 구분할 수 있다. 도덕적 금욕의 목표는 노력과 극기를 통한 자기완성이다. 종교적 금욕은 종교적 순수성에 도달하는 데 도움이 된다. 신비적 금욕은 신적인 존재자와의 만남을 준비시켜 준다고 한다.

금욕은 그리스어 '아스케오'(ἀσκέω)에서 유래한 개념으로 고전 그리스어에서 연습, 기술적이거나 예술적으로 제작하는 작업을 의미한다. 금욕은 육체적 단련과 동의어로 사용되기도 하지만, 더 나아가 정신적 수행과 훈육을 의미하기도 한다. 물론 금욕에 대한 통일된 정의는 없다. 그렇지만 금욕은 언제나 자발적인 절제의 한 유형이다. 이원론적 인간론에 의하면 "진정한", 철저한 금욕은 자기억제의 길이다. 종교사적으로 볼 때 금욕은 먹고 마시는 것, 거주지와 잠을 억제하거나 제한하는 것, 특히 성욕을 억제하는 것으로 확산되었다. 종교적 목적을 위해서는 일시적인 금욕이 행해진다. 자발적인 결심, 숭고한 포기와 개인적 희생은 금욕을 실행하는 사람의 대표적인 특징이다. 세속을 거부한다는 점에서 볼 때 종교들은 근본적으로 금욕적이 될 수 있다. 예를 들어 이원론적 종교인 영지주의와 마니교가 그랬다. 이원론적 종교들은 그들의 개종자들에게 구원에 참여하기 위해 이런 "자기 스스로에 대한 폭력"(자학)을 행하라고 요구한다.

물론 금욕은 종교에서만 행해지는 것은 아니다. 플라톤에 의하면 정의나 지혜와 같은 덕을 습득하기 위해서는 수련이 필요하다.(Euthyd. 283) 스토아 철학은 억제와 포기로서의 금욕이 욕망과 상념을 지배하는데 도움이 된다고 생각했다. 에픽테투스는 그가 쓴 논문의 「노력에 관하여」(περὶ ἀσκήσεως)란 장에서 의지에 대해 윤리적으로 교육하는 단계들로 다룬다.(Diss. III, 12) 필론과 에세네파 사람들은 포기와 금욕을 관조와 신적 직관에 도달하는 정신적 길이라고 생각했다.

금욕과 관련된 물음들은 신약성서에서도 제기되었다. 예수는 세례 요한의 금욕적 생활방식과 다르게 살기 때문에 고행자처럼 살지 않는다는 비난을 받았다.(막 2:18) 당연히 제자로 부름은 무조건적이다.(마 19장의 부자 청년) 바울을 따르는 교회들에서 영지주의자들은 금욕적인 실천을 요구한다.(골 2:21ff: 음식 제한; 참조. 딤전 4:1-4:3: 성적 금욕) 구약성서에서 전승된 창조사상은 세상을 부정하는 근본적인 금욕을 인정하지 않았다. 단지 영지주의적인 이집트복음에서는 다음과 같은 표현이 예수 자신의 말로 제시되어 있다. "내가 온 것은 여자의 일들을 해결하기 위해서이다."

그렇지만 바울의 십자가 신학에 금욕적 성향들이 있음은 분명하다. 그리스 신학, 특히 알렉산드리아 학파(알렉산드리아의 클레멘스와 오리게네스)는 이런 성향들을 수용하여 육체적 욕망을 죽이는 헬레니즘 사상과 결합시킬 수 있었다. 특히 수도원 제도가 금욕적 동기들에서 설립된다. 안토니오 이후로 수도사의 존재는 세속을 부정하는 것에 있다. 수도자는 금욕주의자의 모범이 된다. 불교에서도 승려는 금욕적 생활을 한다. 수도원 제도에는 제자를 선택하는 예수의 급진적인 방식이 이원론적이고 세속을 부정하는 태도와 결합된다. 그밖에도 서방교회에서는 공로에 의한 칭의 사상이 수도원의 이념과 결합된다. 반펠라기우스주의는 금욕을 경건한 행위라고 평가한다.

종교개혁은 수도원에서 주로 행해지던 중세의 이런 금욕을 타협의 여지없이 단호하게 거부했다. 수도원에서 행해지는 금욕은 행위에 의한 칭의 사상의 대표적인 형태이다. 세상의 직업을 포기하는 것은 세상에서 하나님을 섬기라고 그리스도인에게 부과된 과제를 부정하는 것이다. 세상에서 직업을 포기하는 것이 수도자의 윤리를 대신한다. 그리스도인의 삶은 세상 속에 숨겨져 있다. 그의 삶은 "빛나지" 않는다. 루터는 금욕의 실천을 반대하고 대신 창조된 세계와 자연의 가치를 존중해야 한다고 주장한다. 금욕은 결국 "창조질서를 바꾸는 것"(creationem mutare)이다.

5.2. 근대와 현대의 문제들

영지주의, 불교와 기독교에서 행해지는 금욕은 특별한 형태의 신앙수련이다. 그런 금욕은 명상을 하며 수련할 것이고, "위에 있는 것"(골 3:1)을 추구하도록 인도해 줄 것이다. 서방교회에서는 베네딕도 수도규칙의 영향으로 금욕적 생활이 수도원에서의 금욕적 생활과 동일시되었다. 동방교회도 은둔적 금욕을 행하였다. 따라서 금욕에 대한 평가에는 언제나 동시에 수도원 제도에 대한 입장이 반영된다. 그렇기 때문에 금욕에 대한 평가는 사실상 기독교 윤리가 매 순간 취하는 근본적인 방향설정을 위한 선례이다.

막스 베버는 종교개혁 신학에서 세상에 대해 취하는 새로운 관계형식을 "세계내적 금욕"이라 칭했다. 특히 철저한 직업수행과 절약을 요구하는 칼뱅주의는 하나의 금욕주의 이념을 구체적으로 실천하는 것이다. 행위의 목표는 세계내적이기 때문에 베버는 초월적이고 도피적이며 세계내적인 신비주의에 상응하는 "세계내적 금욕"을 주장한다. 베버에 의하면 이런 세계내적 금욕은 칼뱅주의에서 구원의 확신에 대한 물음과 결합되어 신정론 물음에 대답한다. 포기와 금욕을 통해 개인의 삶에 의미가 주어진다는 것이다. 이런 금욕이 비종교적이고 세계내적으로 이해되어 세속화되면, 생활방식이 종교적 태도로부터 합리적으로 변하게 되는데, 이런 변화는 근대자본주의 정신이 형성된 계기이다. 왜냐하면 자본주의 "정신"은 개인의 절약과 검소함에 근거하여 금전적 이익을 추구하는 생활방식과 경영스타일을 요구하기 때문이다.

쇼펜하우어는 막스 베버와 다른 방식으로 금욕에 관한 근대적 해석을 제시했다. 금욕은 포기와 체념의 철학의 결과가 된다. 쇼펜하우어에 의하면 의지의 부정을 야기하는 금욕은 윤리의 전제조건이다. 마찬가지로 니체도 자기제어와 금욕을 "금빛의 본성"에 도달하는 단계라고 보았다. 프로이트에 의하면 문화는 본능적 충동을 포기하는 금욕에 근거한다. 20세기 초에는 엘리트들에 의해 제기되었음직한 것이 지금은 환경과 자원고갈에 대한 위기의식으로 인해 범세계적으로 요청되고 있다. "금욕적 세계문화"(asketische Weltkultur, C. F. von Weizsäcker)를 추구함, 생존을 위한 조건으로서 포기의 필연성에 대한 통찰, 즉 자연을 보호하고 보존해야 할 필연성에 대한 통찰, 그리고 "검소함"의 요구는 금욕을 새롭게 평가하는 계기가 되고 있다. 이런 평가들이 쌓인 결과 1975년의 나이로비 세계교회협의회 총회 이후 "대안적 삶의 방식"(alternativer Lebensstil)이 요구될 수 있었다.

물론 새로운 삶의 방식을 실천해야 하는 포기는 윤리적이고 합리적인 근거와 함께 요구된다. 포기는 인격수양을 위해, 좌절극복훈련을 위해 요구된다. 이것은 근본적으로 플라톤과 스토아 철학에서 이미 논의되었던 덕의 수양과 같은 것이다. 물론 이때는 충동포기와 절제의 평가에 관한 심리분석적 물음이 제시된다.

한편 포기는 논리적 근거를 가진다. 포기는 곤경에 처한 다른 사람이나 환경을 위해 필연적이기 때문이다. 성장의 한계를 인식한 사람은 어쩔 수 없이 포기하게 된다. 호사한 삶을 포기하거나 환경세계 이용을 포기하는 것은 현실의 실태를 파악했기 때문이다. 그런 논증은 타당하다. 여기서 금욕이 권고되는 이유는 그것이 구원의 길이기 때문이 아니라 자원을 사용하는 올바른 기준을 발견하는 수단이기 때문이다.

물론 소비와 문명화와 관련하여 금욕을 요구하는 것은 억압의 수단으로 이용될 수도 있다. 포기의 필연성을 이유로 다른 사람에 대한 억압이 정당화된다는 것이다. 어쨌든 금욕의 문제는 납득할 수 있고, 인간적이며, 공정한 척도의 문제가 된다. 금욕의 문제는 생태윤리에서는 포기를 통한 자연보호와 관련하여 활발하게 논의되고 있으며, 의료윤리에서는 다음과 같은 물음들과 관련하여 논의된다. 의료적 처치는 예를 들어 생명연장의 경우에 어느 정도까지 적용되어야 하는가? 아이를 가지고 싶은 소망은 어떤 대가를 치르더라도 이루어져야 하는가? 그러나 금욕의 문제는 경제윤리에서도 논의된다. 이런 경우 자제, 포기, 금욕은 단지 종교적 윤리학의 주제일 뿐만 아니라 합리성을 지향하는 윤리학의 고찰대상이 되기도 한다.

금욕에 대한 기독교의 입장은 종파들마다 다양한데, 이것은 각 종파들마다 세계관이 다르기 때문이다. 근대에는 경건을 위한 금욕 대신 통찰력을 바탕으로 한 포기를 요구하게 된다. 금욕은 점점 더 합리적이고 이성적이 되며, 구원사상을 통해 그 근거가 설명되지 않게 된다. 자제는 자아형성, 자아교육, 인격형성의 형식으로서는 물론 자연과 지구의 자원을 대하는 올바른 척도를 확보하고 발견하기 위해서도 유의미하고 합리적일 수 있다. 동일한 이유에서 루터는 「소교리문답」에서 "금식을 하고 육체적으로 준비되는 것은 훌륭한 외적 훈육"이라고 선언했다. 그렇지만 금욕이 특별히 기독교적인 윤리의 전유물은 아니다. 그렇다고 금욕이 종교적 실천에서도 정당하다는 사실이 부정되지는 않는다. 그러나 금욕의 목적은 윤리적 시각에서는 종교적으로만 설명될 수는 없다. 스스로 선택하여 포기할 수 있는 능력은 인간의 자유의 표현이기도 하다.

6. 선행

　칭의와 성화의 밀접한 관계는 "선행"(善行)이란 표어 아래 새로이 논의된다. 루터는 명시적이든 묵시적이든 선행을 구원에 필연적인 행위로서 요구하는 교리와 경건을 강력하게 거부했다. 종교개혁자들은 선행에 관해 격렬한 논쟁을 벌였다. 마찬가지로 그들은 그들이 선행을 금지한다는 비난도 단호하게 반박했다. 따라서 선행에 관한 신학적 판단은 "개신교 윤리학에서 민감하고 어려운 주제"이다.(F. Lau, RGG3 II, 1915f.)

　종교개혁 당시에 논의되었던 믿음과 행위의 관계에 관한 주제는 현재의 윤리적 문제들에 직접 적용될 수 없다. 종교개혁 당시에는 믿음과 행위의 대립적 관계가 구원이냐 아니냐 하는 구원론적 의미를 가지고 있었기 때문이다. 구원의 물음은 최후의 심판과 관련하여 제시된다. 은혜에 관한 소식(복음, 믿음)은 심판에 대한 불안과 대조되는 경험에서 선포된다. 심판에 대한 근대의 이런 대조적인 경험이 간과된다면 루터의 칭의론은 인도주의적 정신을 가지고 살라는 공허한

---

30)　참조. Rolf Schäfer, "Glaube und Werke nach Luther", in: *Luther 58. Jg.*, 1987, S. 75-85.

명령이 된다.[71] 이런 오해를 피하기 위해서 무엇보다 중요한 것은 종교개혁이 제기하는 물음이 무엇인지 파악하는 것이다.

6.1. 종교개혁의 문제제기

(1) 루터는 신학적 결정의 해인 1520년에 "선행에 관한 설교"를 썼다.(참조. Sermon I, 227ff.) 이 설교는 십계명에 대한 해설이다. 그러나 루터는 개개의 계명들을 결의론적으로 해석하지 않고 철저하게 믿음만이 유일하게 실제적인 선행이라는 것을 최고의 명제로 제시한다. 그는 선행을 최고의 덕목으로 추천하는 중세의 가치관을 비판한다.

> "보라, 그런 모든 선행들이 믿음 밖에서 행해지고 있다. 따라서 그런 행위들은 아무것도 아니며 공허하다. 왜냐하면 그들의 양심이 하나님과 맞서서 믿듯이 그런 믿음에서 나오는 행위들도 그렇기 때문이다. 지금은 믿음이 없으며, 하나님을 향한 선한 양심도 없다. 그렇기 때문에 머리는 행위들에서 멀리 떨어져 있다. 그들의 모든 삶과 호의는 아무것도 아니다."(CL. I, 230ff.)

따라서 루터에게 있어 믿음은 유일하게 선한 행위이다. 왜냐하면 믿음은 우리 안에서 행하시는 하나님의 일이기 때문이며, 믿음은 인간의 업적이나 공로가 아니기 때문이다. 따라서 적선을 하는 것, 금식하는 것, 순례여행 자체는 선행이 아니다. 그리스도인의 모든 행위는 믿음에서 행해질 때에만 선한 행위이다.

"지금 어떤 사람도 그가 선행을 하고 선행을 행하지 않는다면 스스로 알아차리고 느낄 수 있다. 그때 만일 그가 하나님의 뜻을 따른다면 그 행위가 선하다는 것을 확신한다. 비록 그 행위가 티끌을 드는 것처럼 미미할지라도 말이다. 그런 확신이 없거나 그 행위에 대해 회의적이라면 그 행위는 선하지 않다. 비록 그 행위가 죽은 사람들을 모두 살리고, 사람이 자신을 불태우게 내어줄지라도 말이다."(Cl. I, 231,3ff.)

루터는 모든 선행의 원천인 믿음을 아무리 권장해도 지나치지 않다고 생각한다. 믿음은 "주된 업적"이며(I, 231, 11), 모든 지체의 머리이며, 모든 선행의 작업반장이자 지휘관이며(238,5f.), 금목걸이를 꿰는 줄이다. 믿음이 있다면 선행의 크기는 중요하지 않다.

"왜냐하면 믿음은 어떤 공로와도 무관하며, 마찬가지로 아무것도 빼앗기지 않기 때문이다. … 그러므로 하나님에 대한 확신을 가지고 사는 그리스도인은 모든 것을 알며, 모든 것을 할 수 있으며, 할 수 있는 모든 것을 감행하며, 모든 것을 즐겁고 거리낌 없이 행한다. 이것은 더 좋은 공적과 업적을 쌓기 위해서가 아니라 하나님에게 기쁨이 되기 위해서이다. 그는 순수하고 사심 없이 하나님을 섬기며, 그럼으로써 그 행위가 하나님을 기쁘시게 한다는 사실로 만족한다."(Cl. I, 232,6f 21ff.)

그렇지만 칭의는 선행에서 비롯되는 것이 아니다. 선행은 하나님의 은혜에 대한 감사에서 나오는 행위이다. 종교개혁 신학은 선행이 그리스도인의 삶에서 차지하는 위치를 다르게 해석한다. 선행은 영혼 구원을 획득하기 위한 공로가 아니라 드러나지 않는 자발적인 이웃사랑의 행위라는 것이다. 루터에 의하면 선행은 "빛나는

신학윤리학

공적이 아니다." 선행은 특별히 비범하고 두드러지게 괄목할 만한 행위가 아니다.(Cl. I, 235,14ff; 243,37ff.) 결정적으로 중요한 것은 선행의 내용이 무엇이냐 하는 것이 아니다. 루터의 표현을 빌리면 선행에는 어린 아이를 돌보고, 거리를 청소하거나 성지순례를 하는 것일 수도 있다. 그러나 오직 믿음에서 비롯된 행위만이 선한 행위일수 있다. 이웃에게 행한 선행은 돕는 행위와 사랑의 행위와 같이 일상적인 일이다. 그런 행위는 바로 믿음에서 일어날 때만 선하다.

따라서 "선행에 관한 설교"는 십계명의 처음 세 계명들을 해석하면서 그리스도인이 어떻게 믿음에 도달하는가 하는 물음을 다룬다. 선행에서 중요한 것은 창조적이고 의롭다고 인정하시는 하나님의 말씀에 대한 믿음이며(첫 번째 계명), 하나님의 이름과 행위를 영광스럽게 하고 인정하는 것이며(두 번째 계명), 인간의 모든 자기자랑을 포기하는 것이며, 예배와 믿음의 설교에 대한 존중(세 번째 계명)이다.

이 세 개의 계명들은 아름다운 반지처럼 동근원적으로 연결되어 있다. "첫 번째 선행은 하나님을 사랑하고 신뢰하는 믿음이다. 두 번째 계명인 다른 선한 행위, 즉 하나님의 이름을 찬양하고, 그의 은혜를 고백하며, 그에게 모든 영광을 돌리는 것은 모두 믿음에서 흘러나오는 것이다. 그 다음에 따르는 세 번째 계명은 예배하는 것, 기도하는 것, 설교를 듣는 것, 하나님의 은혜를 추구하는 것, 그리고 금욕과 육체를 억제하는 것이다."(272,26-31) 믿음이 비로소 십계명의 두 번째 판(네 번째 계명에서 열 번째 계명까지)이 명령하는 이웃 사랑을 가능하게 해준다.

그렇지만 루터는 십계명의 첫 번째 석판과 두 번째 석판 사이에 제4계명의 해석을 끼워 넣는다.(한국성경에서는 제5계명) 제4계명은 부모에 대한 공경은 물론 4종류의 권위, 즉 가정에서는 부모의 권위, 교회에서는 설교자의 권위, 국가에서는 제후들과 공직자들의 권위 그리고 직장에서는 대가의 권위를 인정하라고 명령한다. 제4계명에 대한 이런 포괄적인 해석을 통해 루터는 — 애매한 방식으로 — 가부장적 사회질서를 재가한다. 이미 1520년에 루터는 제4계명 다음의 계명들(5-10계명)에 관해 소교리문답서와 대교리문답서에서 보이는 그의 전형적인 해석방식과 같은 심화된 방식의 해석을 제시한다. 이런 해석방식에 따라 단지 살인, 절도, 간통과 같은 중대한 범죄들만이 아니라 이미 악한 충동들과 욕망들도 금지된다. 그리고 그런 악한 충동들 대신 인자함, 정결, 자선, 진리가 믿음의 열매로서 권장된다.

지금까지 보았듯이 선행에 관한 루터의 개혁적 해석에 의하면 그리스도인은 그런 선행을 강요된 율법에 근거하여 행해서는 안된다. 그런 행위들은 자발적이고 자명한 행위들이어야 한다. 일상의 유혹과 곤궁함에도 불구하고 그런 선행들에서 믿음이 입증되어야 한다.

믿음이 선행보다 중요하다고 생각하는 루터의 윤리적 근본명제에 의하면, 그리스도인은 합법적이기 위해서가 아니라 믿음의 확신에서 행동해야 한다. 그리스도인은 윤리적 모험을 할 수 있는 자유를 가진다.

(2) 루터가 믿음이 선행보다 우선한다는 것을 얼마나 강조했는지는 "행위가 은혜에 기여하느냐"라는 논제와 관련하여 1520년에 논의된 일련의 주제들에 의해 입증된다.

논제1 : "믿음 이외의 어떤 것도 의롭게 하지 못하듯이 불신앙보다 더 큰 죄는 없다." 논제2 : 죄가 불신앙의 본질이듯이 … 칭의는 믿음에 본질적(propria)이다. 위의 논제로부터 논제3 : 믿음과 선행의 관계에 관해 다음과 같이 주장한다. "믿음이 선행 없는 믿음이 아니라면, 그 공로가 아무리 미미하다 할지라도 그런 믿음은 의롭게 하지 못한다. 그렇다 그런 믿음은 믿음이 아니다." 논제4 : 부단히 많고 큰 선행들이 없는 믿음은 불가능하다. 믿음은 결코 선행이 없이 "홀로"가 아니다. 논제5 : "칭의 이후에 행해진 선행들이 의롭게 하지는 않는다. 비록 그 행위들이 의로운 행위들이긴 하지만 말이다. 논제5 : 마찬가지로 칭의 이전에 행해진 행위들도 죄는 아니다. 비록 그 행위들이 죄이긴 하지만 말이다." 루터에 의하면 선행은 전적으로 믿음과 칭의에 의존한다. 선행 자체는 아무런 의미가 없다. 이것은 다음의 논제들에서 훨씬 더 분명하게 제시된다. 논제9 : "열매가 나무의 본질에 기여하듯이 선행은 칭의와 죄책에 기여한다. (말하자면 아무런 기여도 하지 않는다.)" 논제10 : "만일 간통이 믿음 안에서 일어날 수 있다면 그것은 죄가 아닐 것이다." 논제11: 만일 당신이 믿지 않으면서 하나님에게 기도한다면 당신은 우상숭배를 하게 될 것이다. 논제12 : "믿음은 선행에 대한 자신감과 악행에 대한 절망을 모두 철저히 파괴한다. 논제13 : 믿음은 죄를 범할 때 양심의 가책을 줄이고, 선행을 할 때 양심의 가책을 증가시킨다." 따라서 선행을 할 때 모든 것은 "오직 믿음"(sola fide)에 의존하고 "자신의 능력에"(ex propriis viribus) 의존하지 않는다. 루터는 이같이 선행이 믿음에 의존한다는 결론에 도달한다. 논제20 : "믿음 또는 칭의가 선행에서 비롯되는 것이 아니라 선행이 믿음과 칭의에서 비롯된다."

선행은 믿음의 열매이지 구원의 조건이 아니다.

그는 언젠가 이런 사실을 다음과 같이 비유적으로 표현했다. "우리는 선행이 믿음에 뒤따라야 하며, 더 나아가 뒤따라야 하는 것이 아니라 저절로 뒤따른다는 사실을 고백한다. 이것은 마치 좋은 나무가 좋은 열매를 맺어야 하는 것이 아니라 좋은 나무는 저절로 좋은 열매를 맺는 것과 마찬가지 이치이다. 그리고 좋은 열매가 좋은 나무를 만드는 것이 아닌 것처럼 선행이 인간을 의롭게 만들지 않는다. 선행은 믿음을 통해 이미 의롭게 된 사람에 의해 행해진다. 좋은 열매가 이미 자연적으로 좋은 나무의 열매인 것처럼 말이다."(롬 3장 28절에 대한 논쟁; WA 39 I, 44ff.; These 34-36; 참조. 마 7:16-20)

선행은 강요에 의해서가 아니라 자유로운 의사결정에 따른 행위이다. 선행이 사람을 의롭게 하는 것이 아니라 의롭게 된 사람이 선행을 한다. 나무와 열매의 비유는 이런 사실을 일목요연하게 설명할 것이다. 그러나 믿음이 선행의 원인이기 때문에 결국 선행은 인간의 행위가 아니라 성령의 영향, 즉 성령의 열매이다. 믿음과 성령은 인간 행위의 성과가 아니라 선물이다. 따라서 그리스도인은 단지 선행을 자발적으로 할 수 있지만 억지로 할 수는 없다. 그리스도인이 선행을 하도록 하는 것은 선행에 대한 요구가 아니라 이웃의 곤궁함이다.

(3) 마찬가지로 멜랑히톤도 「아우구스부르크 신앙고백」 6절 "새로운 복종에 관하여"에서 선행에 관해 말한다.

"그런 믿음은 선한 열매와 선행을 야기할 것이다.(fides illa debeat bonos fructus parere) 우리는 선한 일을 해야 한다. 그렇지만 그런 선

신학윤리학

행에 의지하여 하나님 앞에서 은혜를 입기 위해서가 아니라 하나님을
위해 하나님이 명령하신 대로 그렇게 해야 한다. 왜냐하면 우리는 그
리스도에 대한 믿음을 통해 죄를 용서받고 의롭게 되었기 때문이다.
그리스도 자신이 말씀하셨듯이 말이다. '이같이 너희도 명령받은 것
을 다 행한 후에 이르기를 우리는 무익한 종이라 우리가 하여야 할 일
을 한 것뿐이라 할지니라'(눅 17:10)"

이 절(6절)은 칭의의 '오직 은총만으로'를 적극적으로 제시하고
있으며, 선행을 믿음의 열매라고 이해한다. 20절의 "믿음과 선행
에 관하여"(De fide et bonis operibus)는 가톨릭 교회의 경건실천에서
남용되고 있는 선행을 비판한다. 로사리오 기도, 성인공경지례, 수
도자다운 삶, 성지순례, 금식, 형제애는 불필요한 선행으로 배척되
는데 반해, 일상생활에서 십계명을 준수하는 것은 필요한 선행으
로 추천된다. 선행을 통한 의는 결코 칭의와는 거리가 멀다는 것이
다.(엡 2:8; 롬 5:1) 자신의 선행이 아니라 믿음만이 양심에 위안을 준
다. 이와 반대로 선행을 통한 의는 양심을 곤궁하게 만든다. 그렇
지만 믿음은 "역사의 지식"(notitia historiae)(XX, 23)으로서가 아니라
"확신"으로서 양심에 위안을 준다. 따라서 선행은 성령의 선물이
다. 인간은 자신의 능력에 의해 선행을 행하지 못한다. "왜냐하면
믿음과 그리스도를 떠나서는 인간의 본성과 능력은 너무나 허약하
기 때문에 선행을 할 수 없고, 하나님께 기도할 수 없고, 고난을 견
딜 수 없으며, 이웃을 사랑할 수 없고, 위임받은 사명을 성실하게
수행할 수 없으며, 순명할 수 없고 악한 욕망을 피할 수 없기 때문
이다."(CA XX, 36-37) 멜랑히톤은 여기서 선행에 관해 루터의 견해를
공유한다.

(4) 그렇지만 멜랑히톤은 후에 이런 입장을 취소한다. 그는 1536년에 다음과 같은 명제를 제시했다. 선행(bona opera)은 "칭의의 순간에 절대적인 조건"이다. "새로운 순명을, 선행은 영생을 위해 절대적이다." 이제 멜랑히톤은 루터와 달리 인간의 윤리적 행위에 독자적인 관심을 가진다. 따라서 그는 적극적으로 속죄하려는 자유의지의 능력을 강조하며, 그런 이유로 선행의 불가피성을 새로이 강조한다. 동시에 멜랑히톤은 율법의 제3용법에 대해 강한 관심을 드러낸다. 그는 말년에 그리스도인이 선행을 해야 하는 세 가지 근거가 있다고 가르쳤다. 첫째, 하나님이 선행을 명령하셨기 때문이다. 둘째, 속죄는 믿음의 일부이며, 자신의 믿음을 실행하지 않는 사람은 믿는 사람이 아니기 때문이다. 셋째, 보상을 받기 위해서이다.(CR 23, 181) 이제 그는 말한다. "화해된 사람의 선행은 믿음을 통해 중재자를 위해 행해진 것이기 때문에 이 세상에서와 저 세상에서 영적인 보상과 육적인 보상을 받는다."(CR 21, 177ff.) 이와 함께 멜랑히톤은 선행을 새로이 공로와 보상과 관련하여 생각한다.

(5) 선행의 필연성에 관한 순수루터주의 신학자들(Gnesiolutheraner)과 필립주의자들(Philippisten)의 논쟁은 루터와 멜랑히톤 사이의 대립에 그 기원을 가진다. 그 논쟁은 '일치신조' 4조 "선행에 관하여"에 의해 조정되었다.

필립주의자 마요르(Mayor)와 메니우스(Menius)는 1552년과 1554년에 "선행은 구원을 위해 필연적"(necessaria ad salutem)이라는 명제를 지지했다. 이와 반대로 순수루터주의 신학자 암스도르프(Amsdorf)는 "선행은 구원에 방해가 된다."(noxia as salutem)는 명제를 제시했다.

플라키우스는 암스도르프를 지지했다. 멜랑히톤은 이들을 중재하고
자 했다. "믿음만이" 의롭게 한다. 그러나 "믿음이 유일하지는 않다."

그렇지만 선행이 필연적이냐 아니면 방해가 되느냐 하는 논쟁은
이미 처음부터 잘못이다. 왜냐하면 그런 논쟁은 선행을 구원과 관
련시키는데, 이것은 종교개혁 신학에서 선행의 위치를 오해하고 있
기 때문이다. 종교개혁 신학에서 선행은 믿음의 열매, 즉 사심 없는
사랑의 봉사이다.

'일치신조'는 이런 대립을 조정하고자 한다.(Art. IV der Epitome) 이
신조에 의하면 선행은 하나님 앞에서의 칭의 항목에서 완전히 배제
될 수 없다.(Affirmation 2) 그러나 참된 믿음은 죽은 믿음이 아니라 살
아있는 믿음이며, 따라서 좋은 나무에서 열매가 열리듯이 확실하게
선한 행위가 뒤따른다. 그러므로 선행은 그리스도인의 의무이다. 따
라서 그리스도인이 선행을 행해야 한다고 말하는 것은 합법적이다.
그러나 필연성은 강요가 아니라 죄를 지은 자의 복종이다.(Aff. 5) 그
렇지만 믿음과 구원의 원천은 오직 성령이지 인간의 공로가 아니
다.(Aff. 10) 결과적으로 선행이 구원에 필수적이라는 주장과 구원에
방해가 된다는 주장은 모두 신학적으로 타당하지 못하다. 오히려 설
교자들은 "사람들을 기독교적으로 훈육하고 선행을 하도록 훈계하
고 각인시켜야 한다. 마찬가지로 그들도 믿음과 감사를 하나님께 입
증하기 위해 선행을 함으로써 자신을 수련하는 것이 필요하다."

이렇게 '일치신조'는 멜랑히톤으로부터 루터에게로 다시 돌아가
고자 했다. 선행은 칭의와 무관하다. 그러나 루터와 달리 일치신조
는 국민을 교육하는 데 독자적인 관심을 가지고 있었다. 사람들이
기독교적인 삶을 살도록 훈계해야 했다. 여기서 신학은 교육학적

과제를 가진다는 멜랑히톤의 영향을 발견한다. 자발성과 자유를 기독교적 삶을 근거라고 가르치는 루터의 견해가 멜랑히톤에게서 다시 나타난다.

(6) 종교개혁 측에서는 하이델베르크 교리문답 3부 "감사에 관하여"의 86번째 물음에서 그리스도인은 왜 선행을 해야 하는가 하는 물음에 대답한다. 이 교리문답에 의하면 그리스도인이 선행을 해야 하는 이유는 첫째로는 하나님의 은혜에 대한 감사 때문이며, 다음에는 우리가 우리 자신에게서 믿음의 열매들로부터 우리의 믿음을 확신하기 때문이다. 이것은 실천적 삼단논법의 출발점이다. 삶과 행위로부터 보이지 않는 믿음을 연역적으로 추론할 수 있다. 결국 우리는 "경건하게 변화된 우리의 삶을 통해 우리의 이웃을 그리스도에게로 인도할 수 있다." 그런 다음 하이델베르크 교리문답은 91번째 물음에서 선행은 하나님의 계명에 따라 하나님께 영광을 돌리기 위한 행위이며 인간의 선한 생각이나 제도에 근거하는 것이 아님을 강조한다.

(7) 이런 전통에서 바르트는 선행을 다음과 같이 정의한다. 선행은 "하나님의 기쁨에 참여하는 것이며, 하나님께 영광을 돌리는 방식으로 그의 영광을 공유하는 것이다."(KD IV, 2, S. 662) 그는 "선행의 영광"에 관해 말하며(VI, 2, S. 660), 루터와 마찬가지로 선행은 빛나서는 안되고 결코 인간의 자기영광을 위한 것일 수 없음을 가장 강력하게 주장한다. 선행은 하나님 자신에게서 비롯되며, 인간의 행위는 하나님이 스스로 일하실 수 있도록 하는 것이다. 따라서 선행은 하나님의 영광을 위한 행위이다.

신학윤리학

(8) 트리엔트공의회는 선행에 관한 종교개혁의 견해를 거부하고 대신 의롭다고 인정된 그리스도인은 "선행"의 덕으로 "은혜의 증가"를 경험할 수 있고 그의 영원한 삶과 자신의 영광에 기여할 수 있다고 가르친다.(Sessio VI, can. 32, Denz. 842)

(9) 요약. 종교개혁 신학에 의하면 선행은 인간의 공로나 업적이 아니라 믿음의 열매이다. 이미 복수로 사용된 '선행들'이란 개념은 그리스도인의 삶을 개별성과들로 분할하는 것처럼 보이기 때문에 오해의 여지가 있다. 그러나 선행에서 중요한 것은 성과들 총량이 아니라 사람과 그의 믿음이다. 더 나아가 루터는 인간은 바로 그의 행위(선행, 또는 특별한 행위)와 함께 특히 교만이라는 근본적 죄에 감염되기 쉽다는 사실을 정확하게 간파했다. 그러므로 루터는 선행을 인간의 치명적인 죄라고 부를 수 있었다. 왜냐하면 인간은 하나님의 칭의가 아니고 자신의 선행에 의지하여 살고자 하기 때문이다.(WA I, 350ff.) 그러나 다른 한편에서는 바로 신약성서도 그리스도인에게 선행을 기대한다. 멜랑히톤과 트리엔트공의회는 모두 선행을 기대하는 신약성서의 그런 요구들에 의존한다.

6.2. 주석적 관점들

신약성서에서 선행의 평가는 주석적으로 논란의 여지가 있다. 이때 주석적으로 바울의 칭의론을 거부하고 선행의 의를 지지한다고 생각되는 야고보서(특히 2:14-26)와 마태복음(참조. 3:10-12; 7:16-23; 12:39-43; 21:28-32; 특히 25:14-30)에서 먼저 시작될 수는 없다.

(1) 주석적으로 보면 오히려 바울도 선행에 다른 심판을 인정한다는 관점에서 출발하는 것이 더 나을 수 있다.(고후 5:10; 참조. 롬 14:10; 살전 5:23; 고전 3:8, 12ff.) 바울 자신의 주장에는 심판의 훈계와 칭의론 사이에 대립과 모순이 존재하는가? 그렇지만 그런 모순은 "이미"와 "아직 아니" 사이의 종말론적 긴장을 오해할 때에만 주장될 수 있다. 심판의 훈계는 현세의 유혹을 초월했다고 착각하는 열광주의의 교정수단이다.(선행에 관한 바울의 이해를 둘러싼 논쟁은 여기서 자세히 논의될 수 없다.)

(2) 공관복음서들에는 선행에 대한 요구가 보상개념 형태로 발견된다.(마 5:12, 46; 6:1; 10: 41f.; 눅 6:23, 35; 14:11; 18:14) 예수는 하나님의 뜻을 행하는 사람들에게 보상을 약속한다. 그러나 그는 사람들이 그런 행위에 대해 보상을 요구하는 것은 부당하다고 일축한다. 포도원 일꾼들에 관한 비유는 이런 사실을 강조한다.(마 20:1ff.; 참조. 눅 17:1ff.) 아버지가 그의 자녀들에게 "보상하시리라"고 말하는 예수의 표현방식은 보상과 행위의 동일가치를 파괴한다.(마 6:1, 4, 6, 18; 25:34) 바울이 그의 훈계에서 심는 대로 거둔다는 사실을 다시 강조할 때(갈 6:7ff.), 그도 마지막 결정이 아직 내려지지 않았다는 사실에 주의를 환기시킨다.

(3) 그렇지만 바울 이후의 신학에서는 바울서신들의 훈계를 위한 동기가(참조. 롬 6:21ff; 빌 1:10ff; 2:12ff) 인과응보를 예상케 하는 방향에서 해석된다. 바울은 단순히 행위(Werke, ἔργα)을 요구한다. 목회서신들은 선행(딤전 2:10), "아름다운" 행위(딤전 5:10, 25; 6:18; 딛 2:7-14)란 개념을 교회의 언어에 도입한다. 선행은 보상을 받지만, 악

행은 그에 상응하는 형벌을 받는다. 특히 야고보서는(1:2ff, 12, 25; 2:12f.; 5:4f, 7ff.) 보상과 형벌의 동기를 가지고 작성된 서신이다. 훈계를 위해 사용된 개념이 보상이론으로 바뀐다. 그렇지만 칸트에 의하면 보상이론은 윤리적 신념의 순수성을 흐리게 만든다. 칸트는 마태복음 19장 16절에서 부자 제자들이 예수께 질문한 것에 착안하여 보상에 대한 물음은 대단히 비윤리적인 물음이라고 생각한다. "행복(Eudämonie)은 모든 참된 윤리의 안락사이다."[31] 고대교회와 가톨릭의 보상사상에 대한 종교개혁의 거부감이 여기서 모든 타율을 거부한 칸트의 의무윤리와 결합된다.[32]

보상사상은 신약성서에서 세 개의 동기들을 가진다. 첫째, 고용과 관련된 급진적 요구. 둘째, 현세에서 인간의 시간적 실존과 마지막 심판, 즉 하나님의 심판과의 연관성. 셋째, 하나님의 선에 의존하는 인간의 유한한 실존.

(4) 행위에 따라 심판이 이루어진다는 충고를 후기 유대교와 가톨릭에서처럼 성과에 따라 보상이 주어진다는 식으로 해석하면 훈계의 의도가 왜곡된다. 훈계들은 은혜의 이름으로 경고한다.(롬 12:1f.) 훈계는 카리스마적 사건으로서 기독교적 행동을 촉구한다. 그러나 훈계는 개별적인 규정들에 의거하여 구체적인 선행들의 목록을 결의론적으로 제시하지는 않는다. 바울이 그리스도인의 행위를 카리스마적 봉사라고 생각했듯이 루터는 그리스도인은 "자발적

---

31) I. Kant, *Metaphysik der Sittenlehre, Tugentlehre*, Veorrede III.
32) 주석적 논의를 위해서는 참조. G. Bornkamm, "Der Lohngedanke im Neuen Testament", in: *Studien zu Antike und Urchristentum*, Gb. II, 1959, S. 69-92.

이고 즐겁게"(sponte et hilariter) 행동한다고 가르친다. 마찬가지로 바르트에 의하면 행위는 "기꺼이 행함"을 통해 다른 행동들과 구별된다.(KD III, 2, S. 318ff.)

(5) 바울이 제시하는 훈계의 근거와 선행에 관한 루터의 견해 사이에는 특이할 만한 공통점들이 있다. 바울에 의하면 훈계는 그리스도인의 카리스마적 실존에 관한 기술이다. 그리스도인은 그의 모든 행위에서 카리스마티커로서 활동한다. 이런 행위는 "일상세계에서의 예배"이다.(E. Käsemann) 이때 행위의 기준은 필연적인 것에 대한 카리스마적 인식이다. 종교개혁 신학에 의하면 이런 행위는 은혜의 열매이다. 선행들 사이에는 가치와 품격에 따른 어떤 차이도 존재하지 않는다. 선행은 스스로 선택된 공적이어서는 안되고 소명의식에서 행해져야 하며, 필연적인 것을 파악하여 행해야 한다.
　　그렇지만 훈계와 규범윤리의 차이에 관한 물음은 아직 정당히 설명되지 않았다. 뿐만 아니라 선행은 믿음 안에서 믿음으로부터 일어나는 인간의 행위라는 신학적 해명도 아직 올바른 행동의 규범에 관한 물음에 대한 대답은 아니다.

6.3. 체계적인 검토

선행에 대한 종교개혁 신학의 설명이 가지는 의미는 사람과 일, 행위자와 행위, 믿음과 사랑을 더 이상 구분하지 않는다는 데 있다. 그렇지만 "사람과 행위"란 개념쌍은 루터에게 있어서 낭만주의적 관점에서 이해되어서는 안된다. 낭만주의적 관점에서 보면 "작품"

　　　　　　　　　　　　　　　　　신학윤리학

은 창조적 개인의 자기표현이다. 예술작품은 창조적 개인이 어떤 사람인지 알 수 있게 해준다. 예술가는 작품을 통해, 경우에 따라서는 "필생의 작품"을 통해 자기를 표현한다. 작품은 작가의 주체성을 살아나게 해준다. 이때 중요한 것은 작가 자신의 삶을 예술작품으로서, 필생의 작업으로서 형태화하는 것이다. 작업의 목표는 개인의 자기실현이다. 선행에 관한 루터의 이해는 그런 낭만적인 작품이해와는 거리가 멀며, 창조적인 개인의 가치를 인정하는 것과도 거리가 멀다. 따라서 그는 근대적 "시민계급"의 내적 주체성을 기준으로 하여 이해될 수 없다.

루터에게 있어서 "행위"는 선행을 경건한 활동으로 생각한 중세의 일반적인 이해를 배경으로 해서 이해되어야 한다. 중세의 이런 경건한 선행은 주체성의 표현이 아니라 객관적인 행동이다. 일은 "행해진 일로 인해"(ex opere operato) 효과적이다.

한편 루터는 사람과 일의 관계와 관련하여 해석되는 나무와 열매에 관한 성서의 비유(마 7:18)에 영향을 받았다. 루터는 신학적 관점에서 인간의 본질이 무엇인가에 대해 묻는다. 인간의 고유한 상황이 아니라 의롭다고 인정하시는 하나님의 말씀이 사람을 만든다. 루터는 인간을 존재론적으로 내적 상태를 중심으로 이해하는 것이 아니라 관계성에 주목한다. 인간에게 말을 거는 하나님의 말씀이 인간을 만든다는 것이다.

이같이 하나님과의 관계와 말씀사건을 통한 인간의 본질규정은 자연스럽게 믿음과 사랑을 구분하는 계기가 된다. 루터에 의하면 "우리가 종종 언급했듯이 믿음과 사랑은 구분되어야 한다. 믿음의 중심은 사람이고, 사랑의 중심은 행위이다. 믿음은 죄를 사하고, 사람을 편안하고 의롭게 만든다. 그러나 만일 사람이 편안하고 의롭게 되었다면 그에게 성령과 사랑이 주어지고, 그는 기꺼이 선을 행한다."(WA 17, II, 97,7-11) 간단하고 정확하게 표현하자면 "믿음은 행위자이고, 사랑은 행위이다."(WA 17, II, 98,5)

물론 개인과 행위, 사랑과 믿음의 구분은 통상적인 의미에서 분리가 아니라 서로 다른 둘의 관계이다. 그러나 무엇보다 행위의 특징으로부터 사람을 판단할 수는 없다. 사람의 존재와 양심은 전적으로 하나님의 판단 아래 있다. 자신의 양심에 따른 판단을 통해 다른 사람을 판단할 수 없다. 사람과 행위의 구분은 양심이 유효하지 않다는 근거이다. "믿음이 사람을 만든다."(WA 39, 282,16) 루터에 의하면 신앙고백은 "내적" 고백이기 때문에 객관적으로 적용할 수 있는 기준이 될 수 없다. "선행이 있는 곳에 사람은 선하다"는 주장은 신학적으로 타당하지 않다. 행위의 선함을 판단하기 위해 외적으로 입증할 수 있는 신학적 척도는 존재하지 않는다. 따라서 행위가 선하고 옳은지 그리고 악하고 그른지 판단하는 기준들은 윤리학이 제시해야 한다. 그런 기준들은 가치와 규범이다. 종교개혁 신학이 선행을 구원과 칭의로부터 분리해 냄으로써 윤리학에서 올바른 행위에 관한 이성적 성찰이 가능하게 되었으며, 그 결과 척도, 가치, 규범에 대해 묻고 그에 대한 근거를 제시하고 평가할 수 있게 되었다.

보충설명 : 정숙주의(靜寂主義, Quietismus)

라틴어 'quies'(Ruhe 휴식, 쉼)에서 유래한 '정숙주의'란 개념은 종교생활에서 사건이 일어나는 대로 태연하게 맡겨두는 것을 의미한다. 정숙주의에서는 개인의 의지가 차단되고, 사람들은 전적으로 은혜에 의지하게 된다. 인간은 거룩한 존재와 거룩한 의지에 자신을 내어 맡긴다. 이같이 하나님의 뜻에 자신을 내어맡기는 것은 일반적인 종교적 현상인데, 특히 신비주의에서 그렇다. 삶의 태도로서의 정숙주의는 특히 유대교의 카발라와 불교에서 두드러지게 발견된다. 기독교에서는 중세의 '자유영혼 형제들'과 명상의 도움을 통해 수동적인 삶이 태도를 권장한 몰리노스(M. von Molinos)의 도덕 원칙들에서 발견된다. 몰리노스는 그의 이론에서 비롯되었다고 추정되는 도덕적으로 타락한 밀교(密敎) 때문에 1687년에 로마 교황청에 의해 파문되었다. 귀용(J. M Guyon)과 페넬롱(Fenelon)을 중심으로 한 프랑스의 단체들도 동일한 이유로 금지되었다. 프랑스의 이런 내적 영혼의 경건성이 테르슈테겐, 아르놀트, 슈페너, 친젠도르프, 클라우디우스와 같은 독일의 경건주의자들에게 영향을 주어 그리스도와의 연합과 하나님 안에서의 평안을 추구하도록 했다. 동방교회에서는 정숙주의가 헤시카스트주의(Hesychasmus)라는 13/14세기의 수도원 운동에서 특히 두드러지게 나타났다.

철학에서는 금욕, 포기 그리고 탈세속화를 표방하는 염세주의적 형이상학이 특히 정숙주의의 특징들을 가진다. 인간은 세상에 절교를 선언할 때에만 자유와 내적 평안과 구원을 발견한다. 왜냐하면 단지 그럴 때에만 인간은 고요한 생태에 도달하여 자기 자신으로부터 해방되기 때문이다.

칭의와 선행에 관한 종교개혁 신학의 견해는 정숙주의적이지 않다. 믿음은 결코 "진정제"가 아니라 행위의 운동근거(동기)이다. 하나님 앞에서 인간의 수동성은 윤리적 수동성이나 무관심적 신학은 믿음과 선행을 구별할 수 있을 때에만, 즉 한편에서는 자신의 활동을 통해 산출할 수 없는 실존적 신뢰와 확신과 다른 한편에서는 시대의 요청을 통해 제시된 책임 있는 과제들을 구분할 수 있을 때에만 정숙주의에 대해 제기되는 비판과 세상의 과제를 거부한다는 비판에 대처할 수 있다. 믿음은 하나님이 하시는 일이기 때문에 그리스도인으로 하여금 자기계발의 부담에서 벗어나게 해준다. 그렇지만 만일 그리스도인이 세상에 대한 과제들을 도외시하고 자신의 내면으로 돌아가 개인적인 영혼구원에만 치중하는 것을 정당하다고 생각한다면 그는 더 이상 삶을 영위할 수 없게 된다. 믿음의 수동성을 강조하는 것은 자기 자신을 절대적 주체라고 오해하는 인간의 잘못된 자기해석을 경계하는 것이다. 그렇지만 믿음의 수동성은 다른 사람들과의 교류와 세상에 대한 책임의 관점에서 보면 행위의 적극성이다.

신학윤리학

7. 자연법

7.1. 문제제기와 새로운 논의

자연법(自然法, Naturrecht)은 대단히 다층적인 개념이다. 자연법을 주제로 다룰 때는 대단히 다양한 물음들이 교차적으로 제기된다. 자연법은 도대체 어느 정도까지 법이며 단순히 윤리적 요청이 아닌가? 자연법 해석에 있어서 가톨릭 신학과 개신교 신학 사이에는 교리적 차이가 존재하는가?

장 폴(Jean Paul)은 상품전시회(도서전시회)와 전쟁이 끝난 후에는 언제나 새로운 자연법이 형성된다고 말한 적이 있다. 이런 주장은 당시에 칸트와 피히테의 철학적 자연법의 이념을 논박하기 위한 것이었다. 그러나 동시에 그는 자연법이 얼마나 다채로운 해석이 가능한 개념인지 알 수 있게 해준다. 독일의 법철학, 재판과 윤리학에서 우리는 자연법에 관한 견해가 부단히 변화되어 왔음을 발견한다. 19세기 말과 2차 세계대전이 끝날 때까지는 자연법이 과거의 주제로 간주되었다면, 1945년 이후에는 "자연법의 재탄생"이 시작되었다. 그때까지는 국가에 의해 제정된 실정법(實定法)만 법으로 인정하고 수용하는 법실증주의가 지배적이었다. 따라서 국가 권력이 유일한 법의 원천으로 간주되었다.

"제3제국"은 절대화된 법실증주의의 문제점을 충분히 입증했다. 국가는 단지 법을 제정할 뿐만 아니라 때로는 불법도 제정한다. 따라서 1945년 이후에는 철학, 신학과 재판에서 자연법으로 돌아가려는 움직임이 일어났다.[33]

그렇지만 그러는 사이에 이미 자연법과 관련하여 새로운 변화가 다시 일어났다. 우리는 1945년 이후의 첫 번째 감격에서보다 훨씬 더 분명하게 자연법의 취약성과 한계를 인식하고 경험했다. 자연법은 단지 예외적인 경우들에서만 분명한 법규범을 대체할 수 있기 때문이다. 따라서 자연법에 의지한 논증은 심지어 법의 확실성을 위태롭게 한다.

그럼에도 불구하고 확실한 것은 1945년 이후 자연법사상의 개혁은 역사적 경험들로부터 이해될 수 있다는 것이다. 나치즘의 불법국가를 경험한 후 구스타프 라트브루흐(Gustav Radbruch)는 법의 양면적 개혁을 요구했다. 잃어버린 법의 확실성과 손상된 정의가 회복되어야 한다는 것이다. 그러나 라트브루흐에 의하면 이런 회복은 자연법 이념의 본질을 주목할 때에만 가능하다.

> "법학은 고대와 중세와 계몽기의 공통된 지혜, 즉 실정법보다 더 상위
> 의 법인 자연법과 하나님의 법과 이성의 법이 있다는 지혜를 다시 명
> 심해야 한다. 그런 상위의 법을 기준으로 판단하면 불법은 비록 그것

---

33) 참조. Heinrich Rommen, *Die ewige Wiederkehr des Naturrechts*, München 1947. 1945년 이후의 논의에 관해서는 참조. Werner Maihofer(Hg.), *Naturrecht oder Rechtspositivismus?*, 1962.

신학윤리학

이 법의 형태로 주조되었다 할지라도 여전히 불법이며, 그런 불법적인 법에 근거한 판결은 판결이 아니며 오히려 불법이다. 비록 그런 불법이 바로 재판관의 실증주의적 법 교육 때문이기 때문에 재판관의 개인적 책임으로 돌려지지 않는다 할지라도 말이다."[34]

당시에 실제로 있었던 재판은 그런 이론을 따라 이루어졌다. 미국의 검찰총장 잭슨은 뉘른베르크 재판에서 모든 실증적 법규범들보다 상위에 있는 자연법적 정의의 이념에 근거하여 피고인들을 기소했다. 비록 뉘른베르크 재판의 피고인들이 나치 치하의 법에 의하면 전혀 불법적인 짓을 하지 않았다 할지라도 그들은 자연법을 위반했다는 혐의로 유죄판결을 받아야 했다는 것이다. 마찬가지로 독일 연방재판소는 국가사회주의(나치)의 불법이나 전후에 일어난 불법에 관해 판결하고 이런 불법을 식별하는 것이 필요했을 때 자연법에 근거했다. 그러나 예를 들어 자연법이 혼인의 영원한 도덕질서를 지켜야 했을 때 또는 혼인이나 도덕에 관한 특정한 가톨릭의 교리를 위해 동원되었을 때 곧 자연법사상의 한계가 드러났다. 1945년 이후에 자연법 이념에 대한 비판과 자연법에 대한 의존이 공존한다는 사실은 자연법의 이율배반적 성격을 보여주었다. 한편에서는 입법의 기준이 되는 초실증적 법인 정의가 존재한다는 사실에는 이론의 여지가 없다.

한편 자연법은 단지 예외적인 경우들에만 간접적으로 적용할 수 있다. 단지 불법이 명백한 경우에만 자연법을 직접 재수용할 필요

---

34) G. Radbruch, "Die Erneuerung des Rechts", in: M. Maihofer(Hg.), *Naturrecht oder Rechtspositivismus*, S. 2.

성이 인정되며, 그렇게 함으로써 자연법이 드러나게 된다. 1945년 이후의 경우가 그랬다. 그러나 법질서가 정의를 근본적으로 실행할 의무가 있다면 자연법은 법규범으로서의 기능을 하지 못한다. 왜냐하면 자연법에 의존하면 성문화된 법이 간과하게 되어 법의 확실성이 위태롭게 되기 때문이다. 자연법이 불법을 비판하는 기능을 한다는 점은 분명하다. 그러나 성문화되지 않은 자연법 이념으로부터는 실제로 적용할 수 있는 어떤 법규들도 도출될 수 없다. 그런 법규들은 실증적 법규범들로서 취급되고 성문화되어야 한다. 초법적인 자연법에 의존함으로써 법질서 전체가 의문시되지 않고 법의 확실성이 위태롭게 되지 않아야 한다면 말이다. 이것은 자연법에 관한 다양한 유형의 견해들을 보면 알 수 있다.

7.2. 자연법의 명백성?

자연법의 근원과 내용에 관해서는 다양한 견해들이 있다. 자연법의 이념이 한 가지로 해석되지 않는 이유는 자연법 해석의 역사에는 두 가지 유형의 자연법 개념, 즉 보수적 관점의 자연법과 진보적 관점의 자연법이 있다는 사실을 통해 분명하게 입증된다. 전통적인 가톨릭 윤리는 보수적 자연법을 대변한다. 여기서 자연법은 하나님의 뜻에 따른 삶의 질서로서 일부일처제와 사유재산을 보호한다. 이런 보수적 자연법 개념으로부터 분명히 드러나는 사회정치적 강령은 종단학교, 신분에 따른 사회분류, 사유재산 보호이다. 단지 공공의 복지를 위해 사용을 제한할 수는 있다.

보수적 자연법의 대표적 지지자 아돌프 쉬스터헨(Adolf Schüster-henn)은 말한다. "자연법 옹호자에게 있어서 가정은 국가보다 이전에 있었다. 따라서 그에게 있어서 자녀들의 교육에 관해 결정하고 그에 따라 자녀들을 대신해 종교관에 맞는 학교유형을 선택하는 부모의 권리는 논란의 여지없이 당연하다. 자연법 옹호자는 정치적 자치와 직능성의 자치를 지지한다. 이런 자치권은 국가에 의해 처음으로 부여된 것이 아니며, 따라서 국가에 의해 박탈될 수 없다. … 자연법 옹호자에 의하면 사유재산 제도는 개인과 가정의 자유를 위한 본질적 보증수단이다. 국가권력은 자연법에 근거하여 인정된 권력이다. 그러나 국가권력의 권리 이외에도 국가에 속하는 수많은 개별적 생활영역들의 권리도 국가권력과 마찬가지로 자연법에 근거하기 때문에 원칙적으로 국가권력과 동일한 가치를 가진다. 자연법 옹호자에게 있어 국가의 기능은 언제나 지원하는 기능이다. 국가는 개인이나 소규모 단체들이 공익적 과제들을 이행할 수 없을 때에만 개입할 수 있다."(Maihofer, S. 23f.)

자연법에 관한 이런 보수적 견해는 비오 교황들(Pius-Päpste)의 많은 회칙들을 통해 입증될 수 있다. 한편 자연법은 사회비판적 의도에서 요구되고 이용될 수 있다. 자연법의 이런 사회비판적 이용은 에른스트 블로흐가 『자연법과 인간의 존엄성』에서 주장하듯이 유토피아를 지향하는 마르크스주의에서 발견된다. 이 책에서 블로흐는 자연법은 인간을 위해 무엇보다 먼저 쟁취되어야 할 자연적 권리, 즉 생존권, 자유권 그리고 자아개발 권리라고 생각하는 사회혁명가들의 유산, 예를 들어 토마스 뮌처의 유산을 계승하고 있다.

이런 의미의 자연법의 실현은 미래에 있다. 자연법은 아직도 완

전히 충족되지 않은 인간의 존엄성에 대한 요구이다. 유사한 견해
는 마르쿠제의 논문 「윤리과 혁명」(Ethik und Revolution)에서도 발견
된다.[35] 이 논문은 저항을 위한 자연법을 주장(정당화)한다.

7.3. 자연법의 이데올로기 취약성

보수적이고 반동적인 자연법과 진보적이고 혁명적인 자연법의
이원론, 즉 내용적 모호성은 자연법 이념에 처음부터 내재되어 있
다. 그렇지만 자연법에 근본적인 또 다른 문제점은 자연법이 이데
올로기적으로 오용될 수 있다는 사실이다.

자연법 오용의 대표적인 예는 비토리아(Francisco de Vitoria: 1485-
1546)가 스페인의 후기 스콜라 철학(16세기)에 속하는 것으로 분류될
수 있는 그의 논문에서 주장한 자연법적 논거들이 국제법적으로 적
용된 것이다. 이 논문의 내용은 다음과 같다. 자연법에 의하면 모든
민족은 다른 민족과 상업적 교류를 추진할 자유를 가진다. 그런데 어
떤 민족이 거래관계를 수용하지 않는다면 이런 관계를 강요하는 것
은 자연법적으로 허용된다. 이와 함께 남아메리카에서 스페인의 식
민지 정책이 자연법적으로 정당화되었다. 만일 인디언들이 백인들의
약탈에 저항한다면 그들을 폭력으로 진압할 수 있다는 것이다.

기독교인 황제들의 인디언들에 대한 통치도 자연법적으로 정당
화되었다. 최고의 통치는 자연법의 원리에 따라 다스린다. 그런데

---

35) Herbert Marcuse, "Ethik und Revokution", in: *Kultur und Gesellschaft 2*, Surkamp
1967, S. 130–146)

신학윤리학

기독교인 황제는 그의 기독교 신앙에 근거하여 모든 인디언 추장들보다 뛰어나기 때문에 인디언들은 자연법 때문에 그의 통치를 인정해야 한다. 이런 예는 자연법 이데올로기가 폭력을 합리화시키고 제국주의적 폭력행사를 정당화하는 데 어떻게 이용될 수 있는지 보여준다. 따라서 자연법에 근거한 윤리는 비판적으로 검토될 필요가 있다. 자연법 자체는 그의 내용에서 볼 때 명확하게 규정되지 않으며, 더 나아가 이데올로기적 오용을 피할 수 없다. 이런 사실은 자연법 역사 전체에서 입증된다.

7.4. 자연법의 역사

자연법의 역사는 대체로 고대, 기독교적 중세 그리고 계몽기의 세 단계로 구분될 수 있다.

7.4.1. 고대의 자연법

서양의 자연법은 기독교가 아니라 고대 그리스에서 기원되었다. 그리스 문화는 법을 자연법과의 관계에서 생각했다. 이런 관련성은 헤라클레이토스에게서 처음으로 발견된다.

> "가장 큰 덕과 참된 지혜는 말과 행위에 있어서 자연, 즉 공통된 로고스를 따르는 것이다. 그렇기 때문에 모든 법은 이 공통의 신적인 법에 의해 계속적으로 영양을 공급받아야 한다."(Fragment 112)

이오니아 자연철학의 이런 보수적이고 귀족적인 자연법은 후에 소피스트들에 의해 혁명적이고 투쟁적으로 계승되어 더욱 극단적이 된다. 소피스트들은 자연적으로(φύσει) 타당한 의무와 협정과 인간에 의해 제정된 법령에 의존하는 의무를 구분한다. 예를 들어 소피스트 히피아스가 그렇게 주장한다.(플라톤의 대화편 『프로타고라스』 337 cd) 자연법은 폴리스에서 통용되는 기존의 법(νόμος)에 대해 비판적으로 타당성이 인정되어 통용된다. 소피스트들이 볼 때 자연법은 "더 강한 자들의 법"(Kalliklies)이다. 이때 히피아스는 고대 폴리스의 법의 규범이 되는 기록되지 않은 영원한 법(νόμος ἄγραφος)에 관한 직관을 실마리로 하여 논의를 진행할 수 있다.

소피스트들을 통해 자연법 이념이 널리 확산되기 시작할 때 이미 두 가지 현상들이 나타난다. (a) 이미 그리스인들은 보수적 자연법과 혁명적 자연법 사이의 대립을 알고 있었다. 이런 대립은 '자연적으로 옳은 것'에 관한 이해와 관련하여 이오니아의 자연철학과 소피스트들 사이의 긴장관계에서 발견된다. (b) 자연법의 시대는 언제나 변혁의 시대이다. 자연법의 도움으로 기존의 것이 보존되든가 아니면 새로운 것이 시작되어야 한다. 기존의 규범들과 가치들이 불확실하고 취약하다면 자연법은 윤리의 근거제시를 위해 필수적이며 중요하다. 그리스인들은 소피스트들을 통한 계몽의 시대에 그런 변혁을 경험했다. 왕의 명령과 기록되지 않는 경건의 법 중에서 무엇이 중요한가 하는 물음을 주제로 다루는 소포클레스의 『안티고네』를 참조할 수도 있을 것이다. 마찬가지로 자연법은 1648년과 1814년 사이의 유럽의 계몽기에 가장 활발한 논의 주제였다. 여기서도 자연법 논쟁을 통해 가치의 변혁이 일어났음을 확인할 수 있다.

소피스트와 비교해 볼 때 아리스토텔레스는 아주 제한적인 의미에서만 "자연법의 아버지"라 할 수 있다. 그렇지만 아리스토텔레스가 이런 명예로운 칭호로 불리게 된 것은 그가 실제로 자연법 이론을 주창했기 때문이라기보다는 오히려 스콜라 시대에 그를 높이 평가했기 때문이다. 아리스토텔레스에게 있어서 자연(φύσις)은 핵심적인 개념이 아니다. 더 중요한 것은 그가 사용하는 공정(ἐπιείκεια; aequitas)이란 개념인데, 이 개념이 스콜라 철학에 의해 완전히 전용되어 자연법에 도입되었다. 그러나 아리스토텔레스에게 있어서 공정에 대한 요구는 형식적인 요구이다. 공정은 자연법처럼 내용이 확정된 원칙이 아니다. 오히려 공정의 원칙은 역사적 우연성을 유지하는 데 기여한다. 이를 통해 성문화된 법은 상황윤리의 관점에서 실천될 수 있다.

성문화된 자연법의 전통을 위해서는 아리스토텔레스보다 스토아 철학이 더 중요하게 되었다. 스토아 철학의 사해동포주의는 '각자에게 그의 것을 주는 것'(suum cuique)이 마땅하다는 보편적 윤리를 구상했다. 정의는 유용성 검토에도 근거하지 않는다. 정의는 인간의 내적 본질에서 기원한다. 인간은 이성적 존재자로서 세계이성, 즉 우주적 로고스의 일부이기 때문이다. 스토아 철학의 자연법은 이성의 법이다. 모든 인간의 동일한 본성(자연, φύσις)은 그들이 동일한 로고스(λόγος)에 참여할 수 있게 매개해주며, 따라서 그들이 모든 사람의 권리에 해당하는 동일한 정의를 주장할 수 있게 매개해 준다.

자연적인 이성의 법에 관한 스토아의 이념은 특히 로마에 영향을 주었다. 무엇보다 키케로는 스토아 철학으로부터 법철학의 도움으로 실천적 법 이론을 구축했다. 로마제국의 확장에 따라 로마의 시민법도 보편적인 만민법(ius gentium)으로 바뀔 필요가 있었을 것이다. 모든 인간의 권리는 객관적인, 인간의 본성에 근거한 법질서에 의해 보장되어 있다고 가르치는 스토아 철학자들의 보편주의 이론의 도움으로 다른 민족들의 권리도 이해되고 확장될 수 있었다.

키케로의 『공화국』에 의하면 "참된 법은 자연과 일치하는 올바른 이성이다. 그런 법은 모든 것을 파악하고, 언제나 변하지 않으며 영원하다. 그 법은 의무이행을 명령하며, 악을 금지한다. 이 법은 폐지될 수 없다. 그 법에서 아무것도 떼어낼 수 없고, 그 법과 다른 어떤 것을 덧붙일 수도 없다. 원로원회의 결정이나 시민투표도 그 법의 구속력을 무력화시킬 수 없다. 그 법은 결코 해명과 해석을 필요로 하지 않는다. 그 법은 로마에서나 아테네에서나, 오늘이나 내일이나 언제나 동일하다. 그 법은 모든 민족과 시대를 넘어 영원불변하다. 말하자면 그 법은 세계의 교사이자 지배자인 신이 우리에게 말하는 것이다. 그가 이 법을 창안하여 발표하고 우리에게 주었다. 그를 따르지 않는 사람은 자신을 신뢰하지 않고 자신의 본성을 부정하는 사람일 것이다." 키케로에게 있어서 결정적으로 중요한 것은, 그 법은 인간이 자의적으로 폐지할 수 없는 초월적 성격을 가진다는 것이다. "만일 시민의 결정을 통해, 군주들의 명령을 통해 그리고 재판관의 판결을 통해 제정된 모든 것이 다 법이라면, 강도, 간통과 위조된 유언들도 다수의 동의와 결정을 통해 승인되면 합법적일 것이다."(Cicero, De legibus)

자연법의 결정적인 원리들도 스토아 철학과 키케로의 전통에 근거한다. "아무에게도 상처를 주지 말라. 각자에게 그의 것을 주어

신학윤리학

라. 명예롭게 살라. 신을 경외하라. 약속을 지켜라."(neminem laedere, suum cuique, deum colere, pacta sunt servanda.) 이 원리들은 추상적인 규범들로서 대단히 설득력이 있지만 구체적으로 적용하기는 대단히 어렵다. 특정한 사회적 경제적 상황에서 "각자에게 그의 것을 주는 것"은 무엇인가? 공정한 가격, 공정한 임금, 공정한 재산분배는 불가피하게 논란을 야기한다. 또는 어떻게 사는 것이 명예롭고, 품위 있는 삶인가? 로마시대의 재판관들은 자연법을 시민법과 동일시했다.

가이우스(Gaius)에 의하면 "자연의 이치는 모든 사람들에게 내재해 있기 때문에 그 이치는 모든 사람들에게서 지켜지고 만민법이라 일컬어진다."[36]

스토아 철학의 영향은 중세 전체에 걸쳐 최고의 지침이 된 울피안(Ulpian)의 정의에 대한 다음과 같은 정의에서도 발견된다. "정의는 각자에게 그의 것이 주어질 수 있는 확고하고 항구적인 법의지이다. 법의 규정들은 다음과 같다. 명예롭게 살아라. 다른 사람을 해치지 말라. 각자에게 그의 것을 주어라."[37]

고대의 자연법은 다음과 같이 요약될 수 있다. 법을 언제나 동일하고 보편적인 이성으로부터 도출하는 로마의 법 이론과 스토아 철학이 고대의 자연법을 체계적으로 제시했다. 이런 자연법의 배후에는 세계이성인 우주적 로고스가 세계와 인간과 신을 통합하며 인식뿐 아니라 의지와 행위의 포괄적 원리라고 주장하는 스토아 철학의

---

36) 참조. quod naturalis ratio iner omnes homines constituit, id apud omnes pereaque custoditur vocaturque ius gentium; Dig. I, 1,9.

37) 참조. iustitia est constans et perpetua voluntas ius suum cuique tribuendi: iuris praecepta sunt haec: honeste vivere, alterum non laedere, suum cuique tribuere; Dig. I, 1,10.

형이상학이 있다. 고대 자연법의 근본명제를 스토아 철학의 관점에서 표현하면 다음과 같다. 행위는 존재를 따른다.(agere sequitur esse) 포괄적인 합리적 세계인식과 우주적 세계질서를 주장하는 스토아 철학의 이런 형이상학에는 매력적인 어떤 점이 있다.

7.4.2. 기독교적 자연법

콘스탄티누스 황제 이후 교회는 로마의 법 이론은 물론 스토아 철학의 형이상학도 전폭적으로 수용했다. 이때 스토아 철학의 자연관은 성서의 창조론과 결합되었으며, 그 결과 우주는 하나님의 질서라는 결론에 이르게 되었다. 더 나아가 인간은 이성적 존재로서 사회성에 의존한다는 고대 후기의 인간론을 수용했다.

따라서 신약성서에 기초한 개신교 윤리는 한편에서는 황금률(마 7:12)에 근거하고 다른 한편에서는 자연적 관습법을 참조하는 바울의 주장(롬 1장과 2장)에 근거함으로써 자연스럽게 스토아 철학의 자연주의 윤리와 결합되었다. 헤겔의 용어로 표현하면 스토아 철학의 자연관은 "창조질서의 존재론"이라고 요약된다. 그런 생각들은 이미 아우구스티누스 이전에 키프리아누스, 락탄티우스와 암브로시우스에게서도 발견된다.

그렇지만 자연법 이론이 최종적으로 체계화된 것은 아우구스티누스에 의해서였다. 따라서 아우구스티누스는 "기독교적" 자연법의 "아버지"라 일컬어진다. 그는 스토아 철학의 우주적 세계이성(λόγος κοινός)을 하나님의 법과 동일시했다. 하나님의 의지, 즉 그의 영

---

38) 참조. Lex vero aeterna est ratio divina vel voluntas dei ordinem naturalem conservari iubens, perturbari vetans, C. Faust, Manich XXII, 27; MPL 42,418

신학윤리학

원한 법은 질서, 평화, 피조물의 아름다움에서 읽을 수 있다. "참으로 영원한 법은 자연의 질서가 보존되기를 명령하고 혼란되는 것을 금지하는 신적 이성 또는 하나님의 의지이다."[79] 법질서와 존재 질서는 일치한다. 아우구스티누스에게 있어서 영원한 법은 하나님의 지혜와 의지와 동일시된다. 그렇지만 창조는 선하기 때문에 자연의 질서도 선하다. 그렇지만 그것은 오직 타락 이전의 절대적인 자연법에만 타당하다. 절대적 자연법은 타락한 피조물에서 작용하는 상대적이고 이차적인 자연법과 구분되어야 한다. 상대적 자연법은 "자연적으로 심어진"(anturaliter insita) 것이며, "성문화된"(in litteris promulgata) 것이다. 그러나 영원한 법이 영원한 이념들의 합인데 반해 상대적 자연법은 "유한한 법"으로서 인간에게 언제나 부분적으로만 알려진다. 그 법은 특히 황금률로서 인간의 마음에 새겨져 있다. 그러나 "마음의 법"(lex cordis)은 타락 이후에는 모세의 법과 그리스도의 법을 통해 개혁된 훈계를 필요로 한다.

이같이 윤리적이고 법적인 질서의 자연적 합리성 사상은 아우구스티누스에 의해 성서적 죄론과 결합되었다. 그러나 중세의 정치와 윤리를 위해 중요하게 된 것은 특히 아우구스티누스의 질서사상(Ordo Gedanke), 즉 창조 때 하나님에 의해 의도된 합리적 질서에 관한 아우구스티누스의 사상이었다. 그렇지만 많은 것이 아직 아우구스티누스에게도 불명료한 채 남아 있었다. 예를 들어 중세의 교회법 논의에서 아우구스티누스와 관련하여 사유재산이나 공유재산이 자연법적으로 정당하냐 하는 물음이 빈번하게 제기되었다. 그 물음과 관련된 「그라티아누스 교령집」(decretum gratiani)의 결정에 의하면 낙원에서는 공유재산이 자연법적으로 명령되었지만 타락 이후에는 사유재산이 자연법적으로 보호된다.

가톨릭의 자연법 이론은 토마스 아퀴나스를 통해 이런 고전적 형태의 자연법 이해를 견지했다.(Traktate "de legibus" STh 1/II q 10-108 und "de iustitia" 2/II q 57) 아우구스티누스의 고전적 자연법 해석은 아리스토텔레스의 철학, 로마법, 교회법과 성서의 자료들을 수용함으로써 확장되었다. 아퀴나스에 의하면 만물에는 신학적으로 볼 때 세계질서를 '지향하는 질서'가 내재해 있다. 그의 이런 견해는 아리스토텔레스의 엔텔레키아 사상에 근거한다.[39] 아퀴나스에 의하면 "영원한 법은 하나님의 지혜의 이성 이외의 다른 것이 아니다. 모든 행위와 운동은 이 법을 따른다."(1/II q 93a 1) 이같이 "영원한 법", 즉 영원한 우주법칙이 있는데, 하나님도 이 법을 결코 문제시하고 폐지할 수 없을 것이다. 예를 들어 하나님 자신도 도덕법에서 예외일 수 없으며, 따라서 하나님도 거짓을 진리라고 주장할 수 없으며, 도둑질과 살인을 허락할 수 없다.

영원한 우주법칙은 창조의 구조에서 잘 드러난다. 사물들은 객관적으로 우주법칙을 지향하게 되어있다. 인간은 이성적 존재이기 때문에 이런 사실을 인식한다. 따라서 자연법은 "이성적 존재 안에서 영원한 법에 참여함 이외의 다른 것이 아니다."[40] 인간은 그의 이성에 발산되어 있는 하나님의 지혜의 빛에 근거하여 영원한

---

39) * 헬라어 '엔텔레케이아'(ἐντελέχεια)는 ἐν(~안에) + ἑαυτῷ(자기 자신) + τέλος(목적) + ἔχων(가지고 있는 것)의 합성어로 '자기 안에 목적을 가지는 것'이란 뜻이다. 이 개념은 아리스토텔레스가 그의 책 『형이상학』 XI 8에서 사용한 것으로 질료에서 스스로를 실현하는 형상, 특히 유기체에 내재하여 그 유기체를 잠재적인 상태에서 현실태가 되게 하는 힘이다. 프랑스의 철학자 베르그송(Henri Bergson; 1859~1941)은 『창조적 진화』란 책에서 이런 힘을 "엘랑 비탈"(élan vital : 생명의 약동)이라 했다. 그에 의하면 모든 생명체는 창조적으로 진화하는데, 이런 진화는 생명체 내에 약동하는 힘, 즉 "엘랑 비탈"에 의해 가능하다.

40) 참조. lex naturalis nihil aliud est quam participatio legis aeternae in rationali creatura, 1/II q 11a 2

법에 관계한다. 즉, 인간은 하나님과 우주질서에 관한 본유관념 (cognitio insita)을 가지고 있다. 이성을 통해 자연법으로서의 영원한 법이 인간 안에도 현존한다. "자연법은 존재론적 근거를 가지는 이성의 법이다. 자연법의 근본개념들은 단순히 인간에 의해 고안된 사유의 산물이 아니라 객관적인 존재관계들의 표현이다."(E. Wolf, Peregrinatio I, S. 187) "영원한 법은 이성의 규정으로서 인간의 정신에서 강제력을 가진다."(E. Wolf, RGG3 IV, 1361)

자연법의 내용은 객관적 가치들, 즉 자연윤리 전체이다. 이런 가치들은 유기체 질서에서 인간의 존재층들과 일치한다. 윤리적 가치들에는 자연의 질서가 반영되어 나타난다. 이때 중요하게 반영되어 나타나는 것은 자기보존 욕구, 즉 생명권에 근거한 자연법의 규범들, 즉 동물적 본성에 근거하여 후손의 교육과 양육을 규제하는 규범들이다. 특히 일부일처제는 자연법적 근거를 가진다. 더 나아가 가정의 교육의무와 같이 인간의 이성적 본성에 근거한 규범들도 있다.

자연법은 신체와 생명에 대한 인간의 기본권을 보호하며, 더 나아가 사유재산, 노동과 자손에 대한 기본권을 보호한다. 그렇지만 아퀴나스는 신체적 자유의 자연법을 알지 못했다. 아퀴나스에 의하면 노예제도는 자연법에 저촉되지 않는다. 오히려 노예제도는 타락 이후의 만민법에 노예제도의 실질적인 경제적 이득 때문에 제도화된 것으로 입증되었다.

아퀴나스에 의하면 자연법은 불변적이다. 그러나 최고의 원리들은 불변적이지만 그 원리들에서 추론된 구체적인 결과들은 그렇지 않다. 예를 들어 가톨릭의 사회론에 의하면 사유재산 자체는 자연법적으로 보장되어 있지만, 사용은 입법자에 의해 광범위하게 제한될 수 있다.

아퀴나스의 이런 자연법은 지금까지 가톨릭의 자연법 교리에 공식적으로 커다란 영향을 주었다. 이런 법철학의 자연법은 분명히 이성법이다. "자연법은 이성적 피조물들의 수용과 행위의 대상인 사물들의 본질에서 그리고 그 사물들을 위해 표명된 하나님의 세계 이성의 명령이다."(E. Wolf, S. 191) 가톨릭의 입장에 의하면 이런 자연법은 성서를 통해 입증된다. 비록 그것이 성서의 내용에 의해 거의 명시적으로 드러나 있지는 않지만 말이다. 어쨌든 아퀴나스의 자연법 개념 배후에는 개신교 신학자들이 의문을 제기하는 광범위한 신학적 결정들이 있다.

(a) 자연과 초자연, 이성과 계시, 보편적 자연법과 특수한 기독교 계명의 구분에는 세계질서의 등급분류가 전제되어 있다. 이런 등급분류는 특별히 기독교적인 도덕을 정당화할 수 있는 근거가 되기도 한다.

(b) 인간은 그의 "본성"에 의해 인간의 법(lex humana)으로부터 자연법(lex naturalis)을 거쳐 영원한 법(lex aeterna)으로 상승할 수 있다. 따라서 인간이 영원한 법의 원리들을 알 수 있는 것은 오직 인간이 그의 이성의 능력에 의해 그 원리들에 객관적으로 참여하기 때문이다. 그것은 바르트가 "반기독교인의 창작"이라고 부르는 "존재의 유비"의 원리이다.(KD I, 1, S. VIII) 하나님 인식을 최초로 가능케 하는 것은 계시가 아니다. 계시는 단지 인간에게 이미 언제나 접근 가능한 하나님 인식을 확인해 주고 순화시킬 뿐이다. 자연법과 자연신학은 이런 고전적인 존재론적 논증과 밀접하게 결합되어 있다.

(c) 아퀴나스의 자연법은 불변적 질서를 주장한다. 하나님은 결코 스스로 자연법의 모체인 영원한 법을 폐기하지 않는다. 따라서 아퀴나스의 자연법은 기존의 질서를 견고하게 하고 재가해 준다.

"질서"(ordo)는 핵심개념이다. 인간은 이 질서를 급진적으로 바꿀 수 없다. 따라서 아퀴나스의 구체적인 논의들에서 보면 그의 이런 자연법에는 중세사회의 신분제에 기초한 봉건주의의 계급제도가 반영되어 있음을 볼 수 있다. 가톨릭의 자연법이 특히 퇴행적인 것은 언제나 동일한 사회질서를 전제하지만 이런 전제는 가설적이고 유지되지 않을 것이기 때문이다.

7.4.3. 계몽기의 세속적 자연법

계몽철학은 자연법의 새로운 방향을 설정하고 새로운 근거를 제시하고자 했다. 가톨릭 교회와 신학이 전체 사회의 중세적 질서사상에서 출발하는데 반해, 계몽의 자연법은 개인의 합리적 권리를 강조한다. 가톨릭은 이런 자연법이 "개인주의적이고 합리적"이라고 평가절하 한다. 이 법은 인권에 의존하는 세속적인 이성법이다. 그 법은 법학자들과 철학자들이 종파적 불화와 종교전쟁을 극복하고자 했던 17세기에 발생했다. 다양한 종파들이 올바른 신앙을 명분으로 싸웠고, 믿음과 계시는 평화와 법을 보장하지 못했기 때문에, 사람들은 자율적 이성을 법의 수호자로서 인정하고자 했다. 그로티우스 (Hugo Grotius)는 30년전쟁이 진행 중인 1625년에 출판된 『전쟁과 평화의 법』(De iure belli ac pacis)에서 분쟁하는 분파정당들보다 상위의 법을 세우고자 했다. 따라서 그는 현대 시민법의 창시자가 되었다. 그로티우스에 의하면 전쟁 중에는 시민법이 침묵하지만 자연법은 침묵해서는 안된다. 왜냐하면 비록 신이 없다고 가정할지라도(etsi deus non daretur) 자연법은 유효할 것이기 때문이다.

이런 논증은 자연법 논쟁이 하나님의 섭리의 질서, 즉 영원한 질서에 근거한 자연법으로부터 인간이 구현해야 할 보편적 질서로서

의 자연법으로 이행함을 보여준다. 마찬가지로 독일에서는 철학자
이자 법학자인 푸펜도르프(Samuel Pufendorf, 1632-1694)와 토마지우스
(Christian Thomasius, 1655-1728)가 기독교적이 아니라 합리적인 자연
법 체계를 주장했다. 사회질서는 자연적–도덕적으로 정당성이 인
정되어야 한다. 사회질서는 인간의 실천적 사회이성으로부터 확보
될 수 있다. 왜냐하면 사회질서는 기독교나 어떤 특정한 종교만이
아니라 인류 전체를 위해 타당해야 하기 때문이다. 푸펜도르프에
의하면 "이 규범들은 기독교들만이 아니라 모든 종족의 사람들을
고려한다."[41] 따라서 자연법은 인간 존재의 본질로부터 확보되어야
한다.

유사한 견해들이 존 로크, 크리스티안 볼프와 루소에게서도 발
견된다. 계몽된 자연법은 후에 신앙과 양심의 자유, 법 앞에서의 평
등, 사유재산 보호와 같이 모든 인간이 그의 존재에 근거하여 요구
하는 인권을 선언하는 계기가 되었다. 이런 계몽된 인권은 개인에
게 활동영역을 보장해 주고자 한다. 이런 인권은 편견 없는 자유의
이념을 지지하지만, 아직 사회적 책임을 고려하지는 않는다.

가톨릭 신학은 이런 이성적 자연법을 개인주의적이라는 이유로
그리고 인간의 이성에만 의존하기 때문에 세속적이라는 이유로 배
척했다. 그러나 최근에는 가톨릭 신학의 자연법이 세속의 이성법과
화해를 시작했다. "오늘의 세계에서 교회"라는 주제로 열린 제2차
바티칸공의회의 사목헌장 「기쁨과 희망」(gaudium et spes)은 단지 프
랑스 혁명의 표어인 "자유, 평등, 형제애"를 강령으로 채택했으며,
그와 함께 19세기에 이루어졌던 자유주의에 대한 배척을 재검토했

---

41) 참조. haec disciplina non solos Christianos, sed universum mortalium genus spectet

신학윤리학

다. 동시에 이 공의회는 "인간의 존엄성"(Gaudium et spes, Nr-12-22)도 윤리적 고찰의 출발점으로 채택했다. 이와 함께 인간론적 인격법이 자연과 자연질서의 영원한 질서를 요구하는 스콜라 철학의 자연법을 대신하였다. 인간 본성의 존엄성을 보호해야 하는 이런 인격법은 역사적으로 달라질 수 있다. 이와 함께 심지어 가톨릭의 공식적인 교리도 스콜라 신학의 자연법을 취소한다.

7.5. 종교개혁의 자연법 개념

자연법에 관한 개신교 신학의 견해와 관련하여 다음의 물음이 제기된다. 종교개혁자들은 자연법을 어떻게 판단했는가? 이 물음은 언제나 논쟁의 여지가 있는 연구과제이기 때문에 단지 부분적으로만 일치된 의견으로 해명되었다. 분명한 것은 토마스 아퀴나스의 경우가 그랬듯이 종교개혁자들에게 있어서 "기독교적" 자연법은 그들의 신학에 본질적인 부분이 아니었다는 점이다. 더구나 그들은 하나님의 뜻을 역사적 영역으로 이해하기 때문에 무시간적으로 타당한 자연법 형이상학과 자연법 존재론을 주창하는 것은 그들에게 불가능하다. 자연법 형이상학은 칭의에서 출발하는 종교개혁 신학과 모순되기 때문이다.

한편 종교개혁자들도 자연법이 "이성적 공정성, 건전한 정의개념, 실천적 정의이해의 총체적 원리라는 점을 결코 모르지는 않았다. 그들은 형이상학적 자연법이나 정강에 따르는 자연법을 주장하지는 않았다. 그러나 루터도 윤리적 행위의 자연적인 법을 인정한다. 그가 사랑의 계명과 동일시하는 공정성의 법이 그런 법이다. 뿐만 아니라 이런 자연적인 법 감정은 성서의 요구를 이해하는 데 도움을 줄 수 있다.

멜랑히톤은 아리스토텔레스의 철학에 근거하여 루터보다 훨씬 더 강하게 자연법의 윤리적 의미를 강조했다. 그는 자연법에 근거하는 독자적인 도덕철학을 제시했다. 멜랑히톤의 이런 아리스토텔레스주의는 루터정통주의의 자연법 이론에 영향을 주어 후에 계몽기의 자연법이 마련되는 계기가 되었다.

루터의 경우는 사태가 더 복잡하다. 그가 자연법의 현상을 알고 인정하였다는 사실은 논란의 여지가 없이 분명하다. 황금률이나 모든 사람이 지켜야 할 사랑의 계명은 모든 사람에게 유효하며, 모든 사람에게 잘 알려진 것으로 전제될 수 있다. 루터는 모든 사람은 법이 무엇이고 무엇이 옳은 것인지 알 수 있으며, 이 법이 하나님의 뜻과 일치한다는 것을 안다고 전제한다. 그러나 그는 "당연히 법과 이성이라고 하는 귀한 보석은 사람들 사이에 특이한 물건"(WA 51,211,36)이라고 한정한다. 루터에 의하면 사람들은 법이 무엇인지 알 수 있지만, 이런 앎을 진리로 인식하여 실천하고자 하지는 않는다. 왜냐하면 그들은 죄인이기 때문이다.

따라서 우리는 루터의 의견대로 자연법 현상의 명백성을 주장할 수 있기는 하지만 이런 인식이 그대로 현실화되기는 쉽지 않음을 인정해야 한다. 더 나아가 루터는 자연법에 근거한 중세의 질서사상과 다르다. 중세는 자연법에서 정적이고 무시간적으로 고정된 보편적 세계 질서체계를 발견한다. 그러나 루터는 자연법의 역동성을 강조한다. "자연의 힘에서 기원되어 아무런 법이 없이도 두루 작용하는 법은 어떤 법에도 구속되지 않는다."(WA 51,214,14f.) 따라서 루터에게 자연법은 질서를 보존하는 기능을 가지는 것이 아니라 경색된 관계들을 깨뜨려야 한다. 루터에게 있어서 (올바르다는 의미의) 자연적인 것과 대립되는 것은 아퀴나스처럼 초자연적인 것이 아니라 자연을 거스르는 부자연스러운 것이다. 따라서 자연적인 것과 정당한 것은 동일하다 할 수 있다. 루터는 자연법 체계의 변호인이 아니라 자연법 감정의 실천가이다.

특히 주목할 만한 것은 지금까지도 자연법의 성서적 근거에 관해서 논란이 되고 있다는 점이다. 가톨릭의 견해를 대변하는 핵심적인 성경구절은 로마서 2장 14-16절이다. 이방인들은 법, 즉 토라를 가지고 있지 않지만 그들 자신이 법이다. 바울은 로마서 2장 14-16절에서 스토아 철학의 개념들과 표현들을 사용한다. 또한 여기서 이방인들은 아우구스티누스(De spiritu et litera 26-28)와 바르트 (KD I, 2, S. 232; IV, 1, S. 437)가 설명하듯이 기독교인 이방인들이 아니다. 물론 바울의 논증이 자연법을 체계적으로 제시하기 위한 것은 아니다. 오히려 바울의 의도는 모든 사람은 이방인이든 유대인이든 하나님 앞에서 의로울 수 없으며 따라서 심판을 피할 수 없음을 강조하는 것이다. 당연히 바울의 이런 목표를 자연법적 관점에서 해석하면 그의 의도가 왜곡될 수밖에 없다.

이런 점에서 보면 바르트가 기독론적 관점에서 자연법을 비판하는 것은 정당하다. 그러나 복음서의 "그리스도의 법"은 결코 자연법에 대한 대안적 내용을 제시하지 않는다. 따라서 자연법에 대한 바르트의 철저한 비판은 해결할 수 없는 난제에 부딪히게 된다. 이런 문제를 고려할 때 교회통합운동에 관한 논의에서 자연법이 완전히 배제되지 않고 실용적 관점에서 논의되었다는 것은 이해할 수 있는 일이다.

7.6. 자연법에 대한 평가

자연법의 원리에 대해 제기될 수 있는 반론들은 이미 언급되었다. "자연법"이란 단어의 사용은 철학과 신학에서는 물론 사법적 관점에서도 논란의 여지가 있다. 더구나 그 단어는 감정이 개입된 개념이다. 따라서 자연법에 근거한 주장은 종종 이데올로기라는 의심을 받는다. 게다가 시대에 따라 달라지는 자연법 해석에서 볼 때 무시간적인 자연법은 "인간의 역사성"과 모순됨을 알 수 있다. 자연법에 관한 모든 역사적 이론들은 변할 수 있으며, 마찬가지로 자연법의 구체적인 역사적 특징들도 그렇다. 슈타믈러(R. Stammler)에 의하면 "자연법의 내용은 변한다." 그 원인은 자연법 개념과 그 개념의 적용방식이 불명료하고 다의적이기 때문이다.

(a) 자연은 "본질적 속성"(essentia), 즉 근원적 "원질서", 본래적인 것, 위조되지 않은 것, 썩지 않는 것이란 의미로 이해될 수 있다. 이런 의미의 자연은 근원적인 것, 즉 "온전함의 상태"(status integritatis)로서 자연상태이다. 그렇다면 문화는 손상된 상태로서 자연과 대립되는 개념이다. 그래서 루소는 문화를 '낯설게 함'이라고 생각한다. 그러나 자연은 또한 객관화되어 자연과학적으로 이해될 수도 있다. 그렇다면 자연은 역사적으로 변할 수 있는 것과 대립되는 생물학적 합법칙성의 총체이다. 더 나아가 자연은 순전히 형식적 의미에서 사실정당성(Sachgerecht), 사실적합성(Sachgemäße)을 의미할 수 있다. 그리고 마지막으로 자연은 권력, "강자의 법"과 동일시될 수 있다.

자연이란 개념과 마찬가지로 법도 애매한 개념이다. "법"이란 무엇인가? 인준과 함께 실행될 법이냐 아니면 관습적 법칙이냐? 객

신학윤리학

관적 법질서냐 아니면 개인의 주관적 권리요구냐? 자연법이 시대에 따라 달라지는 이유는 법 개념과 자연 개념의 불확정성 때문이다.

(b) 일반적으로 인정된 자연법 인식이 어떤 방식으로 획득될 수 있는지도 명확하지 않다. 방법에 관한 물음에는 자연법이 가지는 구속력의 근거에 대한 물음이 포함된다. 인간은 자연법을 계시, 즉 창조의 계시에 근거하여 알 수 있는가? 자연법은 신학적 근거를 가지며 신학적으로 구속력이 있는가? 아니면 자연법은 보편적 인간의 이성에 의해 관찰된 윤리적-합리적 세계관에 근거하는가? 아니면 자연법은 객관적인 자연과학적 방법에 의한 인간 행동의 경험적 관찰에서 출발하는가? 아니면 자연법은 전통의 일부이며, 역사의 일부인가?

자연법에 대한 반대 입장들. 법실증주의, 윤리학의 계시신학적 접근(변증법적 신학), 비판적 합리주의와 실증주의, 역사상대주의는 자연법을 철저히 거부한다. 블로흐는 자연법을 "공허한 규정"이라고 비판한다. 이런 입장들이 제기하는 반론들은 다음과 같다.

(a) 신학적 반론은 자연법의 신학적 전제에 대해 이의를 제기한다. 자연법은 인간은 그의 본성(자연)에 의해 하나님의 뜻을 알 수 있다고 전제한다.(존재유비, analogia entis) 그러나 자연법의 원칙이 전제하는 인간상, 즉 인간은 전적으로 심지어 죄인이 아니라는 인간상은 지나치게 낙관적이라는 반론이 제기된다. 종교개혁 신학은 가톨릭의 자연법 이론이 전제하는 "인간론적 낙관론"과 거기에 근거하는 신학적 인식론을 비판한다. 그들에게 있어서 자연 자체는 하나님의 뜻을 알기에 적합하고 충분한 원천이 아니다.

(b) 한편 역사적 반론은 자연법이 무시간적이고 영원히 타당한 질서를 수립한다는 주장에 대해 이의를 제기한다. 이런 반론에 의

하면 자연법은 역사적 가변성을 고려하지 않는다. 따라서 근본적으로 보수적인 자연법은 종종 발전과 개혁의 장애가 되었다. 사실 인간 실존의 역사성은 시대를 초월하는 자연법 원칙, 즉 "본질주의"와 모순된다. 자연법의 근거가 되는 인간의 "자연"(본성)은 무시간적으로 동일하지 않다.

(c) 사법적 비판은 자연법에 실행가능성이 결여되어 있음을 지적한다. 자연법의 근본명제들은 형식적이고 추상적인 원리들이기는 하지만 구체적인 결정에 적용할 수 있는 법규범은 아니라는 것이다. 예를 들어 크놀은 충분한 자료에 근거하여 신학적 자연법이 자본주의 경제질서와 사회주의 경제질서, 노예제도와 신체적 자유권, 민주주의와 군주제, 일부일처제와 일부다처제, 소년 성가대원의 거세를 정당화하기 위해 어떻게 사용되었는지 지적한다. 식스투스 5세(1590)로부터 소년 성가대원의 거세를 금지한 레오 8세(1903년 서거)에 이르기까지 32명의 교황들은 거세한 소년들이 하나님의 영광을 위해 감미로운 노래를 할 것이라는 이유로 거세제도를 장려했다. 스콜라 신학의 자연법 자체는 내용이 없는 형식이다. 그 법은 구체적인 내용을 외부에서 채워야 한다. 더 나아가 자연법에는 구체적인 어떤 규칙도 들어있지 않다.

가톨릭 교회는 판결의 해석과 적용을 교도권에 위임함으로써 자연법의 이런 결핍을 극복하고자 했다. 자연법은 교도권의 권위 있는 해석을 통해 실현될 수 있다는 것이다. 가톨릭의 전통적인 자연법 개념을 수용하는 사람은 그가 동시에 교회의 교도권이 해석하는 것을 함께 인정할 때에만 그렇게 할 수 있다. 교도권에 대한 이런 동의가 없다면 자연법은 실행할 수 없게 된다. 그렇지만 권위에 의해 자연법을 교도권의 해석에 결합시키는 것은 사법적으로 볼 때도 개신교 신학적으로 볼 때도 구속력이 없고 타당하지 않다.

(d) 인식비판적 비판은 자연법사상이 순환논법에 근거하여 자연의 진행과정으로부터 가치체계를 추론한다고 반론을 제기한다. 그러나 자연은 단적으로 파악될 수 없다. 자연에 대한 평가가 먼저 있을 때에만 자연은 무엇인가 말할 수 있을 것이다. 실제로 인간의 "자연"(본성)이 무엇이냐 하는 것은 논란의 여지가 있다. "인간은 인간에게 신성한 존재"(Homo homini sacra res, Ep. 15,333), 즉 자연법이 인간 존엄성의 토대라는 세네카의 명제가 옳은가? 아니면 토마스 홉스의 "인간은 인간에게 늑대"(homo homini lupus, Leviathan II, 17)라는 명제가 옳은가? 이미 고대도 이런 명제를 알고 있다! 인간은 본성적으로 짐승이며, 타인을 배려하지 않는 이기주의자인가? 이런 이기주의적 본성에 의해 야기되는 혼란과 악은 단지 폭력을 통해서만 저지될 수 있는가? 인간의 그런 이기주의적 본성은 자연법에 의해 길들여졌어야 하는가?

7.7. 전망

자연법과 그 역사에 관한 논의는 윤리학의 인간론적 근거를 제시함에서 시작해야 한다. 왜냐하면 자연법에는 인간의 본성(자연)에 대한 물음이 제시되기 때문이다. 그렇지만 인간의 자연(본성)은 단정적으로 정의될 수 없고 가치중립적으로 기술될 수 없기 때문에 본질주의적이고 존재론적인 자연법을 윤리학의 근거로 제시하는 것은 불가능하다. 그렇다고 해서 윤리학에서 그런 사실적 논증을 사용하거나 사태의 본질에 의존해서는 안된다는 것은 아니다. 또한 본질주의적 자연법 이해를 비판하면서 자연법의 현상을 무시해서도 안된다. 현상으로서의 자연법이 있다는 사실은 바울도 루터도 바르트도 부정하지 않았다. 본래부터 올바른 자연법에 대한 물음은 중지될 수 없다. 그런 물음은 인간의 실존적 관심사이기 때문이다. 그렇다면 자연법의 기능은 무엇보다 기존의 사회질서를 억제하는 데 있다. 그렇기 때문에 자연법에 대한 물음은 중요하다. 질서를 제한하고 비판적으로 정당화해 주는 자연법의 내용에는 인간의 행위를 위한 물음과 과제가 포함된다.

이와 함께 자연법사상과 법실증주의 사이의 대립은 완화된다. 자연법은 가톨릭의 원리라 할 수 있고 법실증주의는 개신교의 원리라 할 수 있다. 이런 견해가 전적으로 잘못된 것은 아니다. 루터는 하나님의 행위를 주의론적 관점에서 이해했으며, 이런 이해에 근거하여 윤리적 결정의 역사적 우연성을 강조하게 되었다. 루터에게 자연법의 현상은 정의가 구체화된 모습이다. 자연법은 세속의 통치에서 그의 자리를 가진다. 칼뱅은 로마서 13장 주석에서 국가만이 법을 제정할 수 있고 타락한 본성(자연)의 파괴적 힘을 저지할 수 있음을 강조한다.[42]

이와 달리 멜랑히톤은 윤리학의 토대는 창조질서에 미리 주어져 있다고 생각한다. "자연법은 인간의 신적 본성에 본유적으로 내재하는 법 개념이라는 사실."[43] 루터교의 철학적 전통은 자연법에서 윤리의 토대를 발견했다. 멜랑히톤에게 있어서 실정법은 단지

---

42) 참조. Comm. epist. Pauli ad Romanos CR 99, 1892, 250
43) 참조. Legem naturae esse notitiam legis divinae naturae hominis insitae, Loci theologici, CR 21, 712

인간관계의 환경을 고려하여 자연법을 확정한 것이다. 따라서 자연법에 모순되는 실정법은 법적 권위를 가지지 못한다.(Philosophie moralis epitome CR16,583) 자연법에 관한 이런 견해는 저항권에 단초를 제공하기도 했다. 멜랑히톤의 전통은 결과적으로 루터교에서 푸펜도르프(Samuel Pfendorf)와 토마지우스(Christian Thomasius)와 같은 법학자들이 자연법의 수호자가 되는 계기가 되었다. 이와 반대로 자연법을 철저히 거부하는 바르트는 칼뱅의 전통에 근거한다. 그렇지만 볼프(Ernst Wolf)는 『자연법 또는 그리스도의 법』(Naturrecht oder Christusrecht, 1960)에서 단순히 자연법이나 실정법, 자연법이나 그리스도의 법 중에 하나를 택하는 것은 외견상으로는 가능하지만 실제로는 그렇지 않다고 주장한다. 자연법은 올바른 법, 정의에 대한 물음을 제기한다. 그러나 자연법은 하나님의 법, 즉 그리스도의 법을 고려할 때 최후의 결정적인 법정일 수 없다. 이렇게 해서 비종교적 영역에서 법과 질서를 추구하는 길이 열리게 된다. 이런 과정에서 자연법은 부정의를 드러내어 지적하는 규제적 이념으로서 유용하다. 이런 일반적인 의미에서 베버는 『경제와 사회』(Wirtschaft und Gesellschaft, 1922, S. 596)에서 자연법을 "어떤 실정법에도 예속되지 않고 실정법에 비해 현저하게 가치 있는 규범들의 총괄개념"이라고 말한다. 자연법은 윤리에서 절대적 상대주의를 저지하며, "규범적 이성의 본성적 비임의성"을 나타낸다.(Willhelm Korff, Franz Böckle) 이같이 실용적 관점에서 자연법을 "이성윤리"의 기준으로 이해하면 오늘의 개신교 윤리와 가톨릭의 도덕신학은 상호 소통이 가능하다. 루터도 "자연법이나 인간의 이성"에 이용할 수 없는 윤리적 행위의 전제들이 있음을 인정하기 때문이다.(WA 20,8,21) 이런 자연법은 "모든 법이 흘러나오는 원천"이다.(WA Tr. VI, Nr. 5955)

자연법의 주제는 구체적으로 보편타당한 인권에 대한 물음, 동일성의 원리, 정의를 위한 고찰들에 있어서 분배의 물음이 된다. 이때에는 자연법의 근본원리들을 적용할 수 있는지에 관한 검토가 이루어질 수 있다. 아퀴나스의 전통에서 자연법의 객관적 규범, 즉 보편적인 "법"에 관한 주제는 개인이 이런 기준들을 어떻게 습득하여 자기에게 적용되는 기준으로 받아들이느냐 하는 문제를 다룬다. 이런 습득은 양심에서 이루어진다.

8. 양심

8.1. 양심에 관한 다양한 논쟁들

자연법과 법에 대한 물음은 윤리적 요구의 내용에 관한 물음이었다. 양심(良心)은 본질적으로 윤리적 요구의 주체에 대해 묻는다. 법과 양심, 규범과 책임은 서로 교차적으로 요구하며 상호 의존적이다. 물론 양심이 모든 신학적 윤리학에 근본적으로 중요한 것은 아니다. 신학적 윤리학 이외에도 철학자들과 심리학자들, 교육학자들과 시인들도 아주 다양한 방식으로 양심에 관해 말한다. "양심"은 특별히 신학적인 개념은 아니다. 오히려 양심이란 개념이 도대체 학문으로서의 윤리학에서 사용될 수 있는지 자문해 보아야 한다. 왜냐하면 윤리학은 양심이란 개념을 다양한 의미로 이해하기 때문이다. 예를 들어 칼 바르트는 양심이란 개념을 사용하지 않는데, 이것은 그가 인간론적으로 접근하는 신학을 거부하기 때문이 아니라 그 단어의 의미가 명확하지 않기 때문이다. 이와 반대로 에벨링(E. Ebelling)은 양심에 관해 논의하는 것은 신학적으로 중요하다고 주장한다. 칼 홀(Karl Holl)에 의하면 "루터의 종교는 가장 특별한 의미의 양심의 종교이다."[44] 그밖에도 양심은 일상언어에서, 특히 "순수한" 양심이란 개념에서 중요한 역할을 한다.

그 개념은 윤리학을 위해 절대적이다. 우리는 인간을 책임적 존재로 생각할 때에만, 즉 인간에게 윤리적 결정의 자유를 요구하고 승인할 때에만 양심에 관해 말할 수 있다. 그렇다면 양심은 책임적 인격성과 자유를 모두 포괄하는 개념이다. 인간의 이런 자유와 책임의 능력을 부정하고 인간을 심리적으로나 사회적으로 완전히 결정되어 조작 가능한 존재로 생각하는 사람은 양심이란 단어에서 단지 조작과 윤리적 예속의 교활한 너울을 볼 수 있을 뿐이다. 그래서 니체는 양심을 르상티망(복수심, Ressentiment)의 인위적 산물인 일종의 "질병"이라고 비방했으며(Werke ed. Schlechta, II, 829), 양심의 진상을 폭로하고자 했다. 니체에 의하면 양심의 가책은 "어리석음"(I, 897)이며, "영적 조화를 깨뜨리는 수단"(III,905)이며 "행위자가 성숙하지 못한 징표"(III,910)이다.

이와 반대로 칸트와 같은 기독교적 전통은 양심의 현상을 인간 내면에서 울리는 하나님의 목소리라고 해석했다.

모든 윤리학에서 전제된 인간이해의 중심에는 양심의 현상이 있다. 그러므로 이런 현상은 인간 자체가 그렇듯이 다의적이고 다층적이다. 양심의 가능성은 일반적으로 인간이 자기 자신으로부터 거리를 취하고 자신의 생각과 행위를 성찰한다는 사실을 전제한다. 프리드리히 헤벨은 이런 사실을 격언의 형식으로 다음과 같이 요약한다. "양심을 조금도 가지지 않음은 가장 높은 것이면서 동시에 가

---

44) K. Holl, *Luther*, 1948, S. 35.

장 낮은 것의 특징이다. 왜냐하면 양심은 오직 하나님 안에서만 꺼지지만, 동물 안에서도 침묵하기 때문이다."[45] 인간은 양심에서 자기의 윤리적 과제와 윤리적 책임가능성을 의식한다.

그러므로 양심은 통상적으로 "있어야 하는 것과 의무적으로 해야 하는 것이 무엇인지 또는 그 반대는 무엇인지에 대한 의식"이다. 본회퍼에 의하면 "양심은 자신의 의지와 자신의 이성 저편 깊은 곳으로부터 자기 자신과 하나가 되라고 흘러나오는 인간 실존의 부름"[46]이다. 그렇지만 양심의 체험은 전적으로 당위성 경험에 의해서만, 즉 규범과 의무라는 개념을 통해서만 기술될 수 있는 것은 아니다. 양심의 경험에는 자기의식과 죄책의 관계도 포함된다. 셰익스피어는『리처드 3세』에서 죄책과 자아의식의 관점에서 이런 현상을 기술한다.

"오, 비겁한 양심, 너는 나를 얼마나 겁박하는가!
그런데 내가 두려워하는 것은 무엇인가? 나 자신? 나 이외에 여기 아무도 없다.
리처드는 리처드를 사랑한다. 나는 나다.
여기 살인자가 있는가? 아니다. 그래 내가 여기 있다.
그러니 도망쳐라. 나 자신으로부터 어떻게? 당연하지.
나는 복수하고 싶다. 어떻게? 나를 위해 나 자신에게?
나는 나 자신을 사랑한다. 무엇을 위해? 선을 위해,

---

45) 참조. Epigramme und Verwandtes 2, Gnomen, Das Höchste und Tiefste)
46) Dietrich Bonhoeffer, *Ethik*, 1984, S. 257.

내가 나 자신에게 그렇게 사랑했을까?

아니! 오히려 나는 나 자신을 미워한다 … .

그렇지만 나의 양심은 수천 개의 혀를 가지고 있다, …

… 죄인, 죄인이라고 부르면서."

리처드는 살육자들의 무리 속으로, 집단적 우리 속으로 도피함으로써 이런 양심의 소리를 묵살하면서 소리친다. "양심은 비겁한 자를 위한 단어이다. 제한을 목적으로 강한 자를 위해 처음으로 고안된 단어이다. 우리에게 방어수단은 양심이고 칼은 법이다."(Richard III., 5.3)

군중 속으로 도피하는 것은 양심을 무감각하게 만든다. 셰익스피어의 『리처드 3세』는 실존적 고민에 시달린, 자책하면서 증언하는 양심을 기술하고자 한다. 양심을 죄로 상기시킨다. 뿐만 아니라 입법기능은 통상적으로 양심의 두 번째 기능이라 일컬어진다. 증언과 입법은 양심의 두 가지 윤리적 기능이다. 양심이 결코 단순한 도덕적 현상이 아니라 초도덕적 영역에서도 사실에 관해서는 앞으로 언급될 것이다. 따라서 틸리히는 "초도덕적 양심"이란 개념을 사용했다.

8.2. 양심의 개념

"양심"이란 단어를 독일어에서 처음으로 사용한 사람은 루터였다. 그 단어는 헬라어 '쉰에이데시스'(συνείδεσις)와 라틴어 '콘스키엔시아'(conscientia)의 번역어이다. '쉰에이데시스'는 "함께 앎", "자기 자신의 증인임"이란 뜻이다. '쉰에이데시스'라는 단어가 이론적 의미로 사용될 때는 "의식"(Bewußtsein)이라 번역되고, 실천적 의미로 사용될 때는 "양심"(Gewissen)이라고 번역된다. 독일에서 루터 이전에는 "양심"이 흔히 일반적 의식이라는 의미로 사용되었으며, 그 외에도 "함께 앎"이란 의미로 사용되기도 했는데, 여기서 "함께 앎"은 하나님과 함께 앎이 아니라 자기 자신을 확인하고 판단하는 자기의식이란 의미에서 행위와 함께 앎을 의미한다. 루터가 처음으로 양심이란 단어를 전문적인 용어로 사용했다.

그럼에도 불구하고 루터의 신앙을 "양심의 종교"(Karl Holl)라고 부르는 것은 부분적으로만 옳다. 왜냐하면 그에게 있어 믿음은 양심을 통해서가 아니라 그리스도와 의롭다고 인정하는 말씀을 통해 규정되기 때문이다.

'쉰에이데시스'란 개념은 원래 후기 헬레니즘 철학에서 사용한 개념인데, 아마도 스토아 철학보다는 오히려 에피쿠로스 철학에서 사용되었을 것이다. 후기 그리스어에서는 흔히 '쉰에이데시스'는 단순히 의식을 의미한다. 양심현상은 당연히 양심이란 개념이 있기 훨씬 이전부터 발견할 수 있다. 이집트어 본문들에는 이미 인간의 마음에는 고발하고 비판하는 법정이 있다는 기록이 있다. 양심에 대한 단어를 알지 못하는 구약성서에도 마음의 내적 갈등현상에 관한 기록이 있다. 사무엘상 24장 5절과 사무엘하 14장 10절에 의하면 다윗은 가슴을 친다. 다윗은 아무런 이유 없이 피를 흘리게 한 것으로 인해 마음이 걸리고 흔들렸다.(삼상 25:31) 그렇지만 구약성서에서 마음의 자기고발은 단지 마음이 하나님에 의해 그렇게 촉발되었기 때문이다. 결국 판단하는 심판관은 자신의 양심이 아니라 언약의 하나님이다. 그런 대표적인 예는 시편 139편이다. "여호와여 주께서 나를 살펴보셨으므로 나를 아시나이다." 구약성서에 의하면 양심은 단지 하나님의 말씀을 들을 때에만 일어난다.

"따라서 구약성서에서 자아의 자기 자신에 대한 성찰은 하나님의 말
씀을 순종하는 마음으로 듣는 것이다. 이렇게 함으로써 내면에서 갈
등하는 자아도 말씀하시는 하나님과 대면하는 통일적 인격체가 된
다. 함께 앎(Ge-wissen)은 함께 소속됨(Angehören)이란 의미에서
의 함께 들음(Ge-hören)이 된다. 하나님의 음성과 자신의 음성은 서
로 일치하지만, 이런 일치는 자주적 이성이란 의미에서의 일치가 아
니라 하나님의 뜻과 자신의 고유한 자아의 일치란 의미에서의 일치이
다."(ThWB VII, 906,42-907,6, G. Maurer)

70인역본은 히브리어의 마음(leb)을 상황에 따라 양심과 동일
한 의미로 번역한다. 그리스-로마 시대에는 양심을 심리적 과정들
의 신화적 의인화에서 나타나는 현상이라고 생각했다. 그리스 신화
에 나오는 에리니에스는 악의 화신이며, 유메니데스는 선한 양심
의 화신이다. 키케로는 양심을 푸리에(복수의 여신)와 동일시한다. 소
크라테스의 다이모니온(Apologie 31 C/D)은 경고하는 양심의 소리라
할 수 있다. 그러나 고대 후기에 이르러서야 비로소 양심은 인간 내
면의 신의 목소리 또는 고발하는 기능을 하는 신의 "해석자"라는 견
해가 명시적으로 나타났다. 스토아 철학의 혼합주의적 이론에 의하
면 양심은 인간이 도덕적이고 지성적인 활동을 할 수 있게 지켜주
는 파수꾼(ἐπίτροπος)이다. 양심은 "인간 내면의 신"이다. 따라서 양
심은 대단히 종교적으로 이해된다. 세네카에 의하면 "양심은 우리
안에 머무는 거룩한 정신이며, 우리 안에 있는 모든 선한 것과 악한
것을 관찰하는 자이다."(Seneca ep. 41,1)

신학윤리학

그렇지만 헬레니즘 시대의 이런 양심 개념도 아직 완전히 체계화되지는 못했다. 일반인들 사이에서는 양심은 과거의 행위들에 대한 평가나 비난에서 비롯된다는 생각이 지배적이었다. 필로는 구약성서의 사상을 헬레니즘 철학과 결합함으로써 양심에 관해 신학적으로 천착된 이론을 처음으로 제시했다. 그에 의하면 양심은 내면의 법정이다. 양심은 자기인식과 죄의 고백을 촉구한다. 양심의 과제는 '죄를 깨닫게 하는 것'이다. 양심은 '엘렝코스'(ἔλεγχος)로서 하나님의 해석자가 되어 도덕적으로 경고하는 역할을 한다.(참조. Decal. 87)

8.3. 신약성서에서의 양심

위에서 언급된 일반적인 양심 개념은 신약성서에서도 발견된다.[47] 그렇지만 신약성서의 양심 개념을 이해하기 위해 로마서 2장 15절만 참조할 수는 없다. 바울이 여기서 사용하는 단어는 양심을 자기 자신을 아는 직접적인 자기의식, 즉 인간 내면의 하나님의 목소리라고 해석하는 가톨릭의 자연법사상과 양심존재론에 단서를 제공한다. 그러나 로마서 2장 15절에서 양심은 "(그리스 철학에서와는 달리) 하나님의 심판의 관점에서 그의 법을 확증적으로 현재화하는 종말론적 기능을 한다."[48] 바울에 의하면 양심은 자립적인 윤리적 법

---

47) * 참조. 70인역본은 '쉰에이데시스'란 개념을 3차례만 사용한다.(Sap. 17:11; Prd. 10:20; Sir. 42:18) 신약성서에는 그 단어가 바울서신에서 18차례, 히브리서에서 5차례, 베드로전서에서 3차례, 사도행전에서 바울의 입을 통해 2차례(행 23:1; 24:6) 발견된다.
48) G. Bornkamm, *Das Ende des Gesetzes*, 1952, S. 25, Anm. 52)

정이 아니라 하나님에 대한 순명이 실천되는 장소이다.[49]

'쉰에이데시스'란 단어는 믿음의 순종이 가지는 개인적이고 인격적인 책임을 기술한다. 믿음에서 확보된 양심의 자유는 하나님 앞에서의 책임과 이웃에게 빚진 사랑을 동반한다. 그리스도인에게 있어서 양심의 판단은 그의 믿음과 일치한다. 이것은 바울이 한편에서 자유로운 양심과 약한 양심을 구분하면서,(고전 8:7ff.; 10:23ff.) 다른 한편에서 동일한 의미로 강한 믿음과 약한 믿음을 구분한다는 사실에서(롬 14:1ff.) 알 수 있다. 로마서 14장에서 바울은 양심대신 믿음(πίστις)을 말한다. 따라서 루터는 이미 1515/1516년의 로마서 주석에서 그리고 이후의 성서번역에서도 "의견을 비판함"(diakrisis dialogismon, 롬 14:1)을 양심과 동일한 의미로 번역했으며, "자기를 정죄하지 않음"을 "마음에 거리낌이 없음"(롬 14:22)과 동일한 의미로 번역했다. 바울에게 있어서 양심은 하나님의 부름을 받아 하나님 앞에 선 사람의 자기비판이다. 따라서 선한 양심은 믿음과 동일하며 더 정확하게 말해 성령과 동일하다.(참조. 롬 9:1; 히 9:14; 10:22; 벧전 1:21) 양심의 가책은 불신앙에 따르는 결과이다. 결정적으로 중요한 것은 양심의 현상, 즉 선한 양심과 양심의 가책은 그리스도를 믿는 믿음의 약속과 심판에 따르는 현상으로 칭의에 의해 규정된다는 사실이다. 이때 바울은 양심에 관한 통상적인 견해, 즉 '엘렝코스'(ἔλεγχος, 증거, 죄를 깨닫게 하는 것)에 관한 유대교와 헬레니즘 철학의 견해를 수용하는데, 이것은 하나님이 인간을 전체로서, 즉 그의

---

49) * 성경에서 양심에 관한 주제를 가장 상세하게 다루는 곳은 우상의 제물을 먹는 것에 관해 다루는 고린도전서 8장 7–12절과 고린도전서 10장 23–30절이다. 이 구절들에서 '쉰에이데시스'(양심)은 "인식하고 행동하는 자기의식"(ThWB, VII, 913:8)이다. 그리스도인은 이런 자기의식을 순명과 자유에서 확인한다.

신학윤리학

본래성과 인격에서 요구하신다는 사실을 부각시키기 위해서이다.

바울 이후의 신학에서는 선한 양심이란 용어가 목회서신들에서 일반화된 표현양식이 된다.(딤전 1:5,19; 특히 "깨끗한" 양심, 딤전 3:9; 딤후 1:3; 참조. 딤전 4:2; 딛 1:15) 이런 표현양식이 어디서 기원되었는지는 명확하지 않지만, 헬레니즘 시대의 일상적인 언어에서 유래했다는 사실은 분명하다. 이 표현은 양심을 "기독교적 생활양식"의 특징으로서 드러내고자 한다.(Martin Dibelius) 기독교인은 모범적이고 "품위 있는" 사람이다. 당시에 바울이 생각하는 처세방식을 강조하는 이 표현이(참조. 고전 7장) 이제는 그리스도인들이 "모든 경건과 단정함으로 고요하고 평안한 생활을 하고자 하는" 소망을 통해 대체된다. 목회서신들에서는 종말론이 더 이상 나타나지 않는다. 그러나 "선한 양심"을 단지 기독교적 생활양식의 특징이라고만 해석하고 평가한다면 지나치게 소박한 생각이다. 선한 양심은 기독교적 생활양식과 마찬가지로 최소한 바울의 칭의 사상을 의식적으로 반영하고 있다. 목회서신들은 재림이 지체되는 변화된 신학적 상황에서 바울이 주장하는 불경건한 사람들의 칭의를 소시민적 형태로 견지하고자 한다.

신약성서에서 양심은 교육학적 기능을 가지지 않는다. 따라서 "나쁜" 양심은 논의대상이 아니다. 양심의 현상은 죄인의 칭의와 관련하여 포괄적으로 제시된다. 칭의는 인간의 심층에 있는 양심도 요구하기 때문이다.

8.4. 중세신학에서의 양심

철학적 전문용어로 사용되지 않던 양심이란 개념이 중세에 비로소 양심존재론으로 발전되었다. 교부신학은 "양심의 가시 또는 벌레"(오리게네스)라는 상징적 개념을 사용했다. 아우구스티누스는 양심현상을 심리학적으로 설명했다. 초기 프란체스코 수도회의 알렉산더 폰 할레스(Alexander von Hales, 1175-1240)는 양심을 "언제나 선을 지향하는 본성의 빛"(lumen naturae semper inclinans ad bonum)이라고 존재론적으로 해석했다.

이런 양심의 윤리학은 무엇보다 고해성사를 통해 촉발되었다. 고해는 양심의 경우를 다룬다. 중세의 양심존재론은 세네카의 다음과 같은 명제를 차용한 것이라 할 수 있다. "우리 안에는 모든 선한 것과 악한 것을 관찰하고 경비하는 거룩한 정신(성령)이 거주한다."(Ep. 41:1) 이런 철학적 해석이 로마서 2:14f.와 결합되어 양심은 타락 이후에도 소멸되지 않고 남아 지속적이고 의도적으로 선을 지향하는 본래적인 영의 능력으로 정의된다. 이런 본래적이고 선한 잔여물을 '쉰테레시스'라 한다.[50]

그렇지만 비록 그 개념이, 기원이 불분명하기는 하지만 그 단어가 말하고자 하는 의미는 분명하다. 스콜라신학에 의하면 '쉰테레시스'는 본성적이고 타락 이후에도 본질은 훼손되지 않고 남아있는 양심의 핵, 즉 모든 양심활동의 인식과 추구의 선천적 토대이다. 신

---

50) * '쉰테레시스'라는 단어의 의미와 어원적 기원은 분명하지 않다. 그 단어는 히에로니무스의 에스겔서 주석(MPL 25:22)에서 '쉰에이데시스'(συνείδεσις)를 잘못 표기한데서 유래했다고 생각할 수 있다. 또 다른 견해에 의하면 '쉰테레시스'는 '쉰테레인'(συνθηρεῖν), 즉 세네카의 '자기보존'(conservatio sui)과 관계가 있다.

비주의자들에게 있어서 이에 상응하는 개념은 '영혼의 불꽃'(scintilla animae), 즉 영혼의 신적 근거이다. 이런 영혼의 불꽃은 신적 의지를 알려주는 주체이다. 토마스 뮌처에 의하면 이런 불꽃은 "내적 빛"이며, 퀘이커교도 존 폭스에 의하면 "내면의 목소리"이다.

토마스 아퀴나스는 '쉰테레시스'와 '양심'을 구분한다. "양심의 불꽃"(내면의 핵)이라고도 불리는 쉰테레시스는 윤리적 인식의 근본능력, 양심의 싹, 양심의 기질이다. 다음으로 양심은 윤리규정을 구체적인 개별사안에 적용하는 능력, 즉 실제로 행해진 인격적 양심활동이다. '쉰테레시스'는 윤리적 근거인식으로서 무오하고 무시간적으로 불변적이다. 그것은 '악을 거부하고 선을 지향하도록'(remurmurare malo et inclinare ad bonum) 해준다. 이와 반대로 양심은 이성의 판단에 힘입어 '쉰테레시스'를 실천적으로 적용한다. 양심은 오류를 범할 수 있다. 그럼에도 불구하고 양심의 부름에는 무조건 응답해야 한다.

가톨릭의 도덕신학은 오류를 범할 수 있는 양심에 관한 아퀴나스의 이론으로 인해 심각한 저항에 직면했다. 가톨릭의 도덕신학은 대체로 아퀴나스의 주장을 고수하는데, 이때 양심을 아퀴나스처럼 이성에 귀속시키느냐 아니면 보나벤투라처럼 의지에 귀속시키느냐 하는 문제는 부수적이다. 가톨릭 교리에 의하면 양심은 인간으로 하여금 윤리적인 것을 인식하고 실천할 수 있게 해주며 하나님의 뜻을 인정할 수 있게 해주는 내면의 자연적 성향이다. 귀결적 양심(conscientia consequens)은 인간 내면의 심판자로서 하나님을 대리하며, 선행적 양심(conscientia antesedens)은 입법자로서 하나님을 대리한다. 따라서 양심은 인간 내면에 있는 "하나님의 목소리"라 할 수 있다. "양심은 구체적인 결정을 위해 객관적으로 주어진 윤리적 규범을 수용하여 내면화하는 작업을 한다."(LThK, Bd. 4, 863) 따라서 가톨릭의 도덕론에는 주축이 되는 두 개의 기둥이 있다. 객관적으로 주어진 윤리적 규범들, 즉 자연법적으로 알 수 있는 가치들이 그 하나이며, 주관적 성향, 즉 선을 인식할 수 있는 능력인 양심이 또 다른 하나이다. 양심은 인간 내면의 자율적이고 윤리적인 존재의 핵이다.

8.5. 양심에 관한 종교개혁의 견해(루터)

루터는 양심에 관한 가톨릭의 견해를 반박했다. 양심이란 단어를 처음으로 독일어로 번역하여 사용한 사람이 바로 루터라는 사실에서 볼 때 이것은 놀라운 일이다. 루터는 게르손(Jean Gerson; 1363-1429)으로부터 '쉰테레시스'에 관한 스콜라신학의 이론을 접하게 되었다. 그는 칭의를 통해 단지 인간 내면에 있는 불변적인 존재의 핵이 변한다는 것을 반박했다. 칭의사건에서 옛사람과 새사람 사이의 연속성은 은혜를 통해 형성된 양심을 통해서 이루어지지 않으며 초자연적인 쉰테레시스를 통해서 이루어지지도 않는다. 이런 연속성은 하나님의 창조적 행위와 그에 대한 믿음을 통해서만 확보된다. 따라서 루터의 "양심의 종교"의 본질은 말씀에 대한 확신에 있다. 이것은 보름스 종교재판의 2차 심문(1521년)에 대한 루터의 유명한 답변에서도 확인된다.

> "존경하는 폐하와 영주님들께서 저의 솔직한 답변을 요구하시기 때문에 저는 조금도 가감 없이 말씀드리겠습니다. 만일 제가 성서의 증언들과 명백한 이성적 근거들을 통해 설득되지 않는다면 – 왜냐

하면 교황이나 교회회의도 자주 오류를 범하고 자기모순에 빠진 적이 있기 때문에 저는 교황도 교회회의도 믿지 못하기 때문입니다 – 저는 제가 인용한 성서의 구절들을 통해 저의 양심에 조금도 거리낌이 없으며 하나님의 말씀에 사로잡혀 있습니다.(capta conscientia in vervo Dei) 따라서 저는 조금도 취소할 수 없으며 취소하고 싶지도 않습니다. "양심에 거스르는 일을 하는 것은 확실하지 않고 거룩하지도 않기 때문입니다."[51]

위의 인용문은 양심에 관한 루터의 견해를 아주 잘 보여준다. 양심은 영혼형이상학의 소여성인 의식현상이 아니라 그의 관계들로부터 실존적으로 이해될 수 있다. 양심은 율법, 죽음, 사탄과 관계하든가 아니면 복음과 상관관계에 있다. "율법은 양심을 어리석게 만들고, 그리스도는 양심을 즐겁고 복되게 만든다."(WA 10, III, 207) 복음은 양심을 자유롭게 함으로써 사람을 자유롭게 해준다.

양심은 언제나 양심을 지배하는 힘들에 의해 규정된다. 양심은 고발하는 힘인 율법, 죽음, 사탄에 의해 규정되든가 아니면 구원의 힘인 그리스도와 복음에 의해 규정된다. 그리스도 없는 양심은 "어리석고 거절당하고 두려워하며 겁이 많고 죄지은 양심"이다. 그리스도 안에 있는 양심은 "위로받고 평화로우며 조용하고 용기를 가지며 확실한 양심"이다. 오직 승리한 그리스도만이 자유로운 양심을 보장해 준다. 믿음은 양심을 자유롭게 해준다. "자유로운 양심, 그것은 가장 자유롭게 되는 것이다."[52]

---

51) 참조. cum contra conscientia agere neque tutum neque integrum sit"(WA 7,838,1ff.)
52) 참조. conscientia liberata est, id quod abundantissime est liberari; WA 8,575,27f.

루터에 의하면 양심은 자율에 의해 자유롭게 되지 않는다. 양심은 복음을 통해 비로소 자유로워진다. 그러므로 보증된 양심은 인간이 복음의 창조적 말씀을 통해 하나님과 믿음의 관계를 맺는 것이다. 루터는 양심을 도덕적이 아니라 신학적으로 이해한다. 그에게 있어 양심과 '하나님 앞에서'는 동일한 것이다.

따라서 "양심에서 하나님을 향해 안으로"(WA 10, I, 1,90,8), "하나님 앞에서 양심에 따라"(WA 10, I, 2, 137,8)와 같은 표현들은 특별하다. 양심은 하나님을 경험하는 장소이다. 심지어 양심에서는 이미 최후의 심판이 선취되어 일어나기도 한다. 이와 함께 양심은 율법에 의한 심판과 복음에 의한 구원의 기로에 있다. 칭의를 중심으로 하는 양심에 관한 이런 이해는 필연적으로 도덕적 범주들을 깨뜨려 넘어선다. 양심은 계시를 자립적으로 수용하는 기관이 아니라 아무도 대리할 수 없이 하나님 앞에 선 인간의 주체성이다. 따라서 인간은 오직 위협하는 힘인 율법과의 관계에서가 아니면 하나님과의 관계에서 양심을 가질 수 있을 뿐이다. 그러나 이것은 동시에 도덕적 이상주의의 '자기주도적' 양심에 대한 부정이기도 하다. 물론 이런 부정은 당연히 행위를 통한 칭의를 거부하는 것이다. 고가르텐에 의하면 "루터의 신학에서 핵심적 위치를 점하고 있는 양심은 믿음이 하나님과의 관계를 인간이 주도하려는 윤리적 시도에 대한 싸움에서 승리하는 장소이다. 양심에서 중요한 것은 인간 자신이다. 그러나 여기서 말하는 인간 자신은 윤리적 자기이해에서 스스로를 주도하고 자율적으로 세계와 관계하는 인간이 아니라 세계를 다스리

---

53) Fr. Gogarten, *Die Verkündigung Jesu Christi*, 1948, S. 295.

신학윤리학

는 능력에 맡겨진 인간이다."[53]

양심에 대한 루터의 이런 이해는 특히 수도원 제도와 수도사 서약에 대한 논쟁과정에서 발전되었다. 수도원 제도는 서약에서 양심의 속박에 근거하며 양심 조회를 강요한다. 이와 반대로 루터는, 기독교적 자유는 "양심의 자유"(libertas conscientiae)임을 주장했다. 양심은 하나님을 경험하는 장소이면서 동시에 자유를 경험하는 장소이다.

만일 양심이 "신학적으로" 자유로워진다면 그런 자유는 "도덕적으로"도 가능하다. "그리스도의 왕국에서 최초의 정화는 양심의 정화이며, 두 번째 정화는 시민사회에서 일어나는 일들의 정화이다."(WA TR 2Nr. 2127) 루터는 양심과 관련된 문제에 있어서 두 개의 '코람관계들'(coram-Realtionen)를 구분한다. '코람 데오'(coram Deo, 하나님 앞에서)는 선한 양심, 즉 칭의의 믿음이며, '코람 호미니부스'(coram-hominibus, 사람들 앞에서)는 시민의식이다. 두 경우 모두 양심의 내용은 양심 자체에서 나오지 않는다. 양심의 내용은 한편에서 구원의 복음이며, 다른 한편에서 공동체적 삶의 질서, 즉 율법의 시민적 사용이다.

그러나 인간의 양심은 칭의의 전제조건이 아니다. 인간이 하나님에 의해 의롭다고 인정받아 인간으로서 존재하는 것은 그가 양심에서 책임적이고 자율적이기 때문이 아니라 하나님이 양심을 율법으로부터, 믿음으로 해방시키심으로 말미암아 인간성을 회복했기 때문이다.

루터와 마찬가지로 신앙고백서도 세 가지 주된 관점에서 양심에 관해 언급한다. (1) 소송과 관련하여 또는 그리스도와의 관계에서 율법 (또는 사탄)과 하나님 말씀의 상호관계에서 소송당한 양심 또는 위로받는 양심에 관해 언급된다. (2) 복음에 사로잡힌 양심에 의거하면 외부의 권위들(교황령, 수도사의 서원)을 방어하는 데 도움이 된다. (3) 양심은 그리스도인이 일상의 삶에서 어떻게 처신해야 하느냐 하는 점에 관해 양심이 "복음에 따라" 지시하는 것에 관심을 가질 때 요구된다.

양심에 관한 종교개혁 신학의 이런 이해는 윤리적 이상주의의 양심 개념과 다르다. 종교개혁 신학의 견해는 양심을 하나님 말씀과 결합한다. 물론 두 가지 조건들이 전제되어야 한다는 점도 간과해서는 안된다. 이런 전제들은 16세기보다 지금 훨씬 더 논란의 여지가 있다.

(a) 첫 번째 전제는 하나님 말씀으로서 성서의 절대적 확실성과 권위이다. 그렇기 때문에 루터는 그리스도인의 양심을 절대적이고 무조건적으로 직접 성서와 결합시킨다. 그에게 성서는 그 자체로 분명하고 명확하기 때문이다. 루터는 믿음을 양심의 종교라고 생각하지는 않았지만 성서에 기록된 말씀의 진리를 신뢰하는 것이라고 보았다. 만일 이렇게 의심의 여지없이 명석하고 판명하게 전제된 성서의 말씀이 역사비평적 주석을 통해 의문시된다면 양심에 근거한 신학적 논의도 어렵게 된다.

(b) 루터에 의하면 양심이 없는 사람, 즉 율법에 의해서도 복음에 의해서도 부담을 느끼지 않는 무감각한 사람은 있을 수 없다. 그에게 있어 양심의 상실은 인간존재의 상실일 것이다. 그렇지만 현대인에게 양심의 침묵과 중지는 부정할 수 없는 경험이 되었다.

따라서 고발당한 양심과 위로받는 양심의 관점에서 인간존재를 해석하는 것은 대단히 낯설게 되었다.

8.6. 관념론적 양심 이해

이상주의적(관념론적) 인간관에는 양심에 관한 스콜라 신학적 요소들이 새롭게 등장한다. 양심은 내면의 심판자의 목소리로서 인간에게 인륜적 자율이 있음을 보여주는 징표이다. 칸트에 의하면 양심은 "근원적인 지성적이고 도덕적인 성향"[54]이다. 마음의 관찰자는 "자신의 행위에 대해 하나님 앞에서 이행할 책임의 주관적 원리"로서 간주되어야 한다. 당연히 그런 자율적 양심은 순수하게 형식적이어서 구체적으로 규정된 내용이 없다. "양심은 대자적(對自的) 의무의식이다."[55] 양심은 "자기 자신을 심판하는 도덕적 판단력"[56]이다. 내용적인 면에서 보면 양심은 정언명령(定言命令)에 속한다. 양심은 인륜적 자율의 표현이다.

마찬가지로 괴테도 『이피게니』(Iphigenie)에서 말한다. "하나님은 우리의 마음속에서 아주 조용하게 말한다." 피히테는 칸트의 도덕적 양심이해를 신비주의적으로 해석한다. 양심은 "영원한 세계로부터의 신탁"이다. 또는 피히테가 "인간의 규정"에서 요약하듯이 "모든 사람에게 그의 고유한 의무를 부과하는 양심의 소리는 그곳에서 우리가 영원자로부터 나와 개별적이고 특별한 존재자로서 관련된 바로 그 빛이다. … 양심은 우리의 참된 근원적 요소이며, 우리의 모든 삶의 근거이자 자료이다."[57]

---

54) I. Kant, *Metaphysik der Sitten*, Tugentlehre 13절.
55) I. Kant, *Religion innerhalb der Grenzen der bloßen Vernunft*, 4. Stück, 2. Teil 4절, Werke IV(ed. Weischedel), S. 859.
56) ibid. IV, 860.
57) Werke, Auswahl in 6 Bänden, ed. Medicus, 1910, III, 395f.)

칸트나 피히테와 달리 헤겔은 주관적 양심을 윤리의 절대적 토대라고 생각할 때 발생하는 문제점을 알고 있었다. 따라서 그는 주관적이고 오류 가능성이 있는 "형식적" 양심과 진정한 선의 법을 통해 내용이 규정된 "실질적" 양심을 구분하였다. 헤겔은 진정한 선을 무엇보다도 국가의 윤리적 요구에서 발견했다.[58]

8.7. 양심이해의 붕괴

양심을 윤리적 주체의 선험적 능력으로 보는 도덕적 이상주의의 견해는 19세기에 이르러 자연주의적 양심이론과 사회학적 양심이론의 비판에 부딪히게 된다. 이런 비판들은 나쁜 양심을 본능적 충동과 연관시켰으며, 양심은 의지전체의 내면화가 아니면 교육의 결과물이라고 생각했다.

스펜서(Herbart Spencer, 1820-1903)는 사회심리학적 관점에서 양심은 질서를 유지하는 사회의 힘이 내면화된 현상이라고 설명했는데, 이런 생각은 부정적으로 적용되어 니체의 『도덕계보학』(Zur Genealogie der Moral)에서도 나타난다. 니체에 의하면 양심은 생생한 본능들을 통해 길들여진 인간의 질병이다. 마찬가지로 프로이트도 양심을 심리분석의 관점에서 설명한다. 양심은 초자아의 대리자이다. 양심은 리비도, 에로스 또는 극단적 충동의 욕구들과 초자아의 요구들 사이의 불안한 긴장으로부터 발생하는 죄책감이다. 양심은 초자아의 대변자이다. 양심은 도덕적 금기사항들의 준수를 감시한

---

58) F. Hegel, *Grundlinien der Philosophie des Rechts*, 137절.

신학윤리학

다. 양심은 성적 충동, 공격충동, 파멸적 갈망과 같은 금지된 본능들이 축출되도록 노력한다. 따라서 양심은 오직 그런 퇴출이 성공할 때에만 작동한다. 이렇게 주장함으로써 프로이트는 양심에 관한 칸트의 견해를 거부한다.

> "양심을 밤하늘의 별과 관련하여 설명하는 칸트의 유명한 표현에 의하면 경건한 사람은 당연히 이 둘을 모두 창조의 걸작들로 숭배하려는 유혹에 빠질 수 있을 것이다. 별들은 대단한 걸작임이 분명하다. 그러나 양심에 관해서는 하나님이 별들의 창조와는 달리 소홀한 작업을 했다. 왜냐하면 대다수의 사람들은 거의 또는 말할 가치가 있을 만큼 그렇게 많이 그런 의견에 동조하지 않기 때문이다. … 소위 하나님에 의해 우리에게 부여되어 내면 깊은 곳에 심겨진 도덕성이 시대에 따라 달라져 왔음을 보는 것은 대단히 특이할 만한 경험이다. 왜냐하면 일정한 기간이 지난 후에는 도덕적 소동 전체가 지나가고, 초자아의 비판은 침묵하며, 자아는 자기의 자리를 되찾아 다음의 도덕적 소동이 다시 일어날 때까지 인간의 모든 권리를 누리기 때문이다."[59]

프로이트의 이런 견해에 의하면 양심은 인간이 그의 본능적 충동들과 초자아의 요구들 사이의 긴장을 의식하는 유한하고 후천적으로 획득된, 형성력이 있는 기질이다. 인간 내면에서는 사회적 또는 심리내적인 갈등이 분명히 드러난다. 이런 심리분석적 설명은 양심의 권위를 추락시킨다. 왜냐하면 양심은 단지 내적 분열, 즉 죄책감의 표출에 불과하기 때문에 실제로는 윤리적으로 무기력하기

---

59) S. Freud, *Gesammelte Werke*, Bd. 15, 3.Aufl. 1961, S. 67.

때문이다. 프로이트에 의하면 이런 죄책감은 "문화발전을 위해 지불하는 비용"이다.

8.8. 양심 개념의 필연성

양심의 현상에 관한 다양한 해석들은 양심이란 단어의 사용을 포기하려는 마음이 들게 한다. 쇼펜하우어는 다음과 같은 풍자적인 생각을 했다. "많은 사람은 그가 아주 대단하다고 생각하는 그의 양심의 정체가 무엇인지 알면 놀랄 것이다. 양심의 1/5은 두려움이며, 1/5은 과장된 종교심이며[60], 1/5은 편견이며, 1/5은 허영심이며, 1/5은 습관이다.

양심현상 자체는 다의적이다. 양심을 통해 말하는 주체는 누구인가? 하나님, 사회, 자신이 부족하다는 느낌, 더 나은 자아인가? 양심이 말하는 내용은 무엇인가? 이런 물음에 대해 단적으로 대답하는 것은 불가능하다. 양심 자체는 도덕의 충분한 근거가 될 수 없다. 양심은 윤리적이고 인간론적 관계체계 내에서 비로소 작동한다. 중세의 스콜라신학과 근대의 관념론은 양심을 절대적인 윤리적 법정으로 평가한다. 이와 반대로 루터는 양심을 합리적 관점에서 이해한다. 마찬가지로 실존의 언어성에 관한 하이데거의 실존론적 분석에 의하면 양심은 비본래성에 빠져있는 자신을 본래성으로 부르는 현존재 자신의 부름이다. 그러므로 양심을 가지는 것은 인간으로 존재함을 의미한다. 게하르트 에벨링도 마찬가지로 인간은 양

---

60) * 사도행전 17장 22절에서 바울은 아테네 사람들의 "종교심"(δεισιδαίμων)에 관해 말하는데, 그들의 종교심은 신들에 대한 과도한 두려움의 표출이다.

심을 가지는 것이 아니라 양심으로 존재한다고 말한다.

그러나 양심경험에 관한 신학적 해석은 도덕의 한계를 깨뜨린다. 양심은 죄책이 경험되고 정체성이 형성되는 장소이다. 그러므로 양심의 첫 번째 과제는 도덕규범들을 제시해 주는 것이 아니다. 양심은 단순히 자신에 대한 윤리적 판단이 이루어지는 장소가 아니다. 오히려 양심은 도덕을 초월한다. 루터에 의하면 양심은 윤리적 자아실현에서가 아니라 유혹에서 경험된다. 하이데거의 분석도 마찬가지로 양심과 죄책의 관계에서 출발한다. 그에 의하면 양심은 실존 자체가 유죄임을 드러내 보여준다.

이런 인식에 관해 루터의 물음은 칸트처럼 내가 어떻게 순수한 양심을 확보하느냐 하는 것이 아니라, 어떻게 위로받은 양심을 맞아들이느냐 하는 것이다. "초도덕적 양심"을 강조한 틸리히에 의하면 "선한 도덕적 양심을 가질 수 있다고 생각하는 것은 자기기만일 뿐이다. 행동하지 않는 것은 불가능하고 모든 행동은 죄책을 내포하고 있기 때문이다." "선한, 초도덕적 양심은 결정이 이루어지고 행위가 일어나는 곳에서는 언제나 불가피하게 발생하는 나쁜 도덕적 양심을 인정하는데 있다."

양심의 초도덕성에 관한 이런 주장은 분명 위험하다. 이런 주장은 니체의 경우가 그렇듯이 윤리적 구속력을 인정하지 않는 냉소주의를 야기할 수 있다. 루터는 단지 양심은 도덕적 규범을 초월하여 하나님에 의해 의롭다고 인정된 것이기 때문에 양심의 초도덕성을 지지할 수 있었다. 무신론자가 의롭다고 인정된다는 믿음은 자학적인 양심의 가책도 끝나게 한다. 단지 비양심성과 지나친 양심만이 모든 윤리적 행위를 방해하고 위축시키는 것은 아니다. 루터는 양심보다 복음(Evangelium)이 우선 한다고 생각함으로써 양심을 자책감으로부터 해방시켜 자유롭게 행동할 수 있게 한다.

해방되지 못한 양심은 분열 가운데서 자책과 자기정당화 사이에 머문다. 의롭다고 인정해 준다는 약속만이 진정한 자유를 보장한다. 본회퍼에 의하면 인간 스스로는 양심의 통일성에 이를 수 없다. 스스로의 노력으로 자신의 양심을 안정시키고 무죄를 주장할 수 있는 사람은 아무도 없다. 자신의 양심을 최후의 결정적인 윤리적 법정으로 선언하는 양심의 자율과 말로만 외치는 '하나님 앞에서 관계'는 궁극적으로 양심을 보장해 줄 수 없다. 따라서 인간은 "이웃의 죄를 대신 담당하는 것"[61]도 할 수 없을 것이다.

그렇지만 믿음으로 자유롭게 된 양심도 모든 속박들로부터, 즉 "율법"으로부터 자유로운 것은 아니다. 사심없는 봉사에서 자아의 헌신이 윤리적 주체를 말살시키도록 해서는 안된다.(비교 : 본회퍼의 저항운동 참여) 중요한 것은 '죄를 대신 걸머짐'(Schuldübernahme)의 한계와 '책임가능성'의 한계를 인식하고 존중하는 것이다.

예외적 상황의 경우와 같이 무수히 많은 윤리적 결정가능성들은 그런 한계들을 결의론적으로 확정할 수 없게 만든다. 그런 한계는 현실의 상황을 고려하여 발견되어야 한다. 헤겔이 형식적 양심과 참된 양심을 구분한 것은 이런 점을 강하게 환기시킨다. 형식적 양심, 즉 주관적 양심에 따른 개인의 결정은 언제나 오류에 빠질 가능성이 있다. 객관적 내용을 고려하면 양심은 단순히 주관적으로 참되고 솔직하고 성실할 뿐만 아니라 객관적으로도 진실할 수 있다. 양심은 "신성한 장소(성전)이다. 이 장소를 훼손하는 것은 신성모독

---

61) D. Bonhoeffer, *Ethik*, 10. Aufl. S. 260.

(죄악)이다."[62] 그러나 양심의 주관적 자율을 오해하여 마치 양심에 의존하는 것이 개인의 마음대로 할 수 있는 여지를 열어놓는 것처럼 생각해서는 안된다. 양심에 의존한다고 해서 근거에 대한 논의가 필요하지 않은 것은 아니다. 양심의 결정은 다른 사람들도 납득할 수 있어야 한다. 따라서 양심의 판단이 이성의 합리적 논증에 반하여 이용되어서는 안된다. 이렇게 말할 수는 없다. "나의 양심은 선하고 옳은 것을 나에게 말한다. 도덕과 근거는 내 관심사가 아니다." 이런 식으로 말한다면 양심은 개인의 기분과 괴벽에 불과할 것이다. 나 자신의 행위에 관해 나는 양심의 판단과 '도덕적' 판단을 말할 수 있다. 나는 다른 사람들의 행위를 단지 도덕적으로만 판단할 수 있다. 물론 양심은 감정에 치우치는 경향이 있다. 양심은 인격의 심층에 있는 자기와 관계한다. 양심은 기분이나 감각의 판단력이라 할 수 있다. 그러나 자기와의 이런 관계는 이성적 해명을 배제하지 않는다.

---

62) F. Hegel, *Rechtsphilosophie*, 137 Anm.

8.9. 양심에 근거한 병역기피

양심은 "비법률적인 것"이다. 그럼에도 불구하고 헌법은 양심에 근거한 병역거부 가능성을 인정한다. 그렇기 때문에 양심검사가 시행된다. 병역거부와 관련하여 단지 양심 이해만이 일정한 역할을 하는 것은 아니다. 마찬가지로 중요한 것은 이해, 병역거부의 동기 그리고 병역대체 근무에 관한 물음들 및 동등한 대우와 병역의무의 공평성에 관한 관점들이다.

병역거부권의 토대는 기본법에 있는 헌법규정이다.(Art 4. III)

헌법 규정은 전체 헌법과 연관되어 있다. 서문은 세계평화에 기여하고자 하는 독일 국민의 의지를 표현한다. 더 나아가 26조는 다른 나라를 침략하는 전쟁을 금지한다. 독일헌법 4조 1항은 신앙과 양심의 자유 그리고 종교적 신앙고백과 세계관 고백의 신성불가침한 자유를 보증한다. 4조 3항에 의하면 "어느 누구에게도 그의 양심에 반하여 병역이 강요되어서는 안된다." 보다 세부적인 것은 연방법에 규정되어 있다.

병영거부권은 과거에도 논의된 적이 있었다. 특정 종교집단들에 대한 병역 예외규정들은 오래전부터 있었다. 1757년 영국에서의 퀘이커교도들에 대한 예외조항, 메노파 사람들에 대한 프로이센의 자비특전, 1830년의 내각질서 등이 그런 예외들이다. 마찬가지로 미국에서도 1917년 이후 예외법규들이 적용되고 있다. 물론 미국은 1948년 6월 24일 법이 제정된 이후 지금까지 오직 병역을 반대하는 교리만 병역거부의 근거로 인정한다. 바이마르 공화국 헌법에는 (133조 4절) 단지 병역에 관한 규정들만 들어있을 뿐이다. 이와 달리 기본법보다 이전에 생긴 몇몇 주의 연방헌법들에는 양심과 무관한 병역거부 규정들이 있다.

"신탁"(神託)에 필적하는 권위를 가지는 독일헌법 4조 III의 규정을 어떻게 해석할 것인가? 이 헌법규정에 관해서는 지금까지 보편적으로 인정되는 어떤 해석도 없다. 이 규정은 "예외법규"인가? 병역은 법으로 규정된 의무인가? 중요한 것은 개인의 기본권인 자유권과 국가의 권위 중 어느 것이 더 중요한가 하는 문제이다. 국가는 병역을 거부하는 자에게 법적 의무로부터의 예외를 인정해 줌으로써 병역거부자의 양심에 따른 결정을 존중해야 하는가? 국가가 그런 예외를 허용하지 않음에도 불구하고 말이다.

이 법을 해석하기 위해서는 국회위원회에서 독일헌법 4조 III이 탄생하게 된 역사적 배경을 참조해야 한다. 독일사회민주당(SPD)은 병역거부권을 독일헌법에 명기할 것을 제안했다. "모든 사람은 양심을 이유로 병역을 거부할 권리가 있다." 국회의원 호이스(Heuss)는 다음과 같은 두 가지 논점에 근거하여 그 조항을 무조건 삭제할 것을 요구하면서 독일사회민주당의 제안에 반대했다. 첫째, 기본법을 민주적 공동체의 헌법으로 제정할 때는 보편적 병역의무가 병역거부법의 제정을 통해 손상되어서는 안된다. 보편적 선거권과 마찬가지로 보편적 병역의무도 민주주의에 속한다. 그렇지만 이런 주장은 역사적으로 타당하지 않다. 영국과 미국은 그들의 민주적 질서를 손상시키지 않고도 오랫동안 보편적 병역의무를 포기할 수 있었다. 또 다른 논증에서 호이스는 양심적 병역거부법을 기본법에서 명시적으로 규정하는 대신 특정 집단들, 예를 들어 메노파 사람들, 퀘이커교도들, 전통적인 평화주의자들에 대해서는 보편적 병역의무로부터 예외를 인정하는 간단한 법을 의결해야 할 것을 요구했다. "그러나 만일 우리가 지금 여기서 갑자기 양심을 기본법에 삽입

한다면 우리는 전쟁과 같은 위급한 사태가 발생할 때 많은 사람들이 헌법에 따라 양심을 속이도록 조장하게 될 것이다."

헌법의 적용은 1956년 7월 21일에 제정된 병역법에서 인정절차를 도입함으로써 처음으로 규정되었다. 결정적인 물음은 여전히 논란의 여지가 있었다. 양심의 결정을 올바르게 확인할 수 있는 방법이 있는가? "양심은 사법적인가? 양심의 결정인지 아닌지 판별하는 기준은 무엇인가?" 정치적 이유로 거부하는 것이 허용되느냐 하는 물음은 1960년 12월 21일의 연방헌법재판소 판결에서(BVerfGE 12,45ff) 결정될 수 있었다. 그런 정치적 주장은 양심적 결정인가 아닌가? 헌법재판소는 솔로몬 식의 결정을 내렸다. 정치적 주장 자체는 결코 양심의 결정은 아니다.

그러나 양심적 결정을 하게 된 동기는 역사적 상황으로부터 유추할 수 있다. 그렇게 상황에 따라 취한 태도는 양심에 다른 결정이다. 연방헌법재판소는 "상황과 관련된" 주장과 "상황에 의해 어쩔 수 없는" 주장을 아주 자세하게 구분한다. GG Art. 4 III에 의하면 전자의 주장은 보호되지만, 후자의 주장은 인정되지 않는다. 이때 그것이 양심의 결정이라는 사실에 대한 입증책임을 누가 지느냐 하는 문제, 즉 신청자가 책임을 지느냐 아니면 검증위원회가 책임을 지느냐 하는 문제는 확정적이지 않다. 신청자가 양심의 결정에 대해 입증책임을 진다면 병역거부는 현실적으로 불가능하며, 국가가 입증책임을 진다면 현실적으로 병역은 불가능하다.

연방행정법원은 1958년 10원 3일의 재판에서 헌법재판소와 반대되는 판결을 내렸다. GG Art. 4 III의 의미에서 본다면 "선과 악으로 이루어지는 모든 진지한 윤리적 결정, 즉 개인이 그가 처한 특수한 상황에서 자발적이고 절대적으로 의무감을 느끼기 때문에 진지한 양심적 갈등이 없다면 그렇게 행동하지 않을 수 없는 모든 결정은" 양심적인 결정이라는 것이다. 내적 속박, 즉 의무감은 양심의 특징에 속한다. 따라서 양심은 결국 비합리적인 "양심의 갈등"이다. 그렇다면 이런 해석에 의해 인정되는 것은 합리적이고 정치적인 주장이 아니라 오직 윤리적 확신과 종교적 소신뿐이다. 양심에 관한 이런 사법적 정의에 의하면 고전적이고 윤리적인 또는 종교적인 병역거부는 인정되지만 정치적 이유에 의한 병역거부는 인정되지 않는다. 따라서 중요한 것은 양심의 결정과 양심의 갈등을 신뢰할 수 있게 하는 것이다.

이와 반대로 독일 개신교연합(EKD)의 1970년 강령집 "그리스도인의 평화활동"은 5부 "군종목회"에서 병역거부에 있어서 이성과 양심이 분리되어서는 안된다는 사실을 강조한다. "양심적인" 결정에 대한 배려 때문에 객관적 정보를 소홀히 해서는 안된다. "개신교 교리에 의하면 중요한 정치적 결정은 언제나 양심의 결정이기도 하며, 역으로 정치적인 양자택일의 상황에서 양심적 결정이 이루어지는 경우에는 목적과 수단이 고려되어야 한다." 강령집은 특별한 검증절차를 폐지하는 것이 가장 깔끔한 해결책이라고 생각한다. 왜냐하면 "그런 검증절차에서 이루어지는 상담에서는 … 당사자를 위한 정치적인 논증이 어느 정도까지 양심의 물음인지 거의 해명되지 않기 때문이다. 양심의 본질에서 볼 때 양심의 결정이 주장하는 것은 당사자가 아니면 사실상 알 수 없기 때문이다." 더 나아가 책임 있는 결정은 자신의 양심이 의심을 받지 않는데 도움이 될 뿐만 아니라 같은 처지에 있는 다른 사람들도 함께 생각해야 한다.

그런데 문제는 "본능적" 양심이론은 양심이 교양과 교훈을 통해 교육될 수 있어야 한다는 사실을 더 이상 분명하게 설명하지 못한다는 점이다. 양심의 판단이 실천이성에 의해 검증되지 않는다면 윤리학 전체는 불합리하게 되어 단순한 감정적 개입이 될 위험이 있다.

그러나 이성의 판단은 상황과 처지에 관한 판단과 분리될 수 없다. 양심의 속박은 양심이 불변적 원리들과 객관적 규범들에 근거할 때에만 존재하는 것은 아니다. 양심은 검증될 수 없지만, 판단이 양심적으로 이루어졌는지 아닌지는 사후에 확인될 수 있다. 양심적으로 판단하는 것과 절대적 책임감을 가지고 판단하는 것은 가능하다. 물론 그럼에도 불구하고 "주관적 긴급성"과 "객관적 타당성" 사이에는 여전히 일정한 정도의 긴장이 있다. 그러나 때때로 양심에 의존할 때 발생하는 다른 모순들은 확실하거나 필연적인 것은 아니다. 양심에 의존하는 것이 이성과 감정 사이의 대립의 원인은 아니며, 합리적인 것과 비합리적인 것의 원인도 아니다. 왜냐하면 양심에 의존할 때 중요한 것은 정보화된 양심의 판단이기 때문이다.

그밖에도 양심은 모든 사람의 본질적 속성이다. 특별하게 "기독교적인" 양심이 있는 것은 아니고 단지 "인간의" 양심이 있을 뿐이다. 그러나 기독교 신앙의 지평에서 특별히 기독교적인 양심의 판단과 결정은 있을 수 있다.

결론적으로 잘못된 기형적 양심과 양심의 오류는 있을 수 있다. "방황하는" 양심에 관한 인식은 이전부터 있었다. 심리학은 타자에 의해 규정된 권위적인 양심과 자율적인 양심을 구분했다. 양심을 개인의 정체성과 동일시하고 양심을 가지고 있음이 인간의 우월성이라고 본다면, 양심의 교육에 대한 물음은 불가피한 것일 수 있다. 인격적이고 성숙한 양심은 단지 윤리적 요구에 대한 성찰과 하나님 앞에 선 단독자의 책임감을 통해서만 형성된다.

신학윤리학

9. 제자도

9.1. 문제제기

그리스도의 제자도(Nachfolge Christi)에 관하여 논의하는 것은 자연법이나 양심과 달리 특별한 기독교윤리의 근거제시를 위해 중요하다. 이때 두 가지 물음이 제기된다. 제자들에 관한 생각은 어느 정도까지 윤리적으로 이해될 수 있는가? "제자도"라는 표상은 기독교의 고유한 특징인가?

라이너 슈트룽크는 그리스도의 제자도에 대해 다양한 형태들을 제시한다.[63] 고향을 떠나는 아브라함, 예수의 제자들, 고대 교회의 금욕주의자들과 순교자들, 십자군에서의 제자사상, 성 베르나르, 순교적 신앙, 프란치스코 수도회의 청빈의 이념, 디트리히 본회퍼는 제자도의 대표적인 모습들이다. 슈트룽크는 제자도의 동기가 지나치게 남용되

---

63) Reiner Strunk, *Erinnerungen an eine evangelische Provokation*, 1981.

2장. 윤리학의 신학적 전제들

239

는 것을 보고 예수의 제자가 되라는 요구가 일반화된 것은 실질적인 그리스도의 제자도가 사실상 끝났음을 의미한다는 결론에 도달한다. "설교에서 사용하는 언어와 신학에서 '그리스도의 제자도'라는 개념처럼 즐겨 사용되면서도 동시에 본질에서 멀어진 개념은 거의 없다."

'제자도'는 본질적으로 역사와 상황에 의해 규정된다. 슈트룽크에 의하면 제자도는 "기독교적 상징행위"라 할 수 있다. 그런 상징행위는 보편적으로 규정되지 않으며 제도화되지 않는다. 그런 행위는 상황에 따라 일회적이고 개인적인 태도이며, 일반적인 원칙들에 따라 행해지지 않는다. 제자도가 규칙들로 확정된다면 '제자도'는 법이 되고 따라서 그에 대해 다른 의견을 제시하는 것은 불가능하게 된다. 제자도의 근본이념은 오히려 새롭고 구체적인 윤리적 통찰들을 위해 열려있어야 한다. 제자도의 의미를 이해하기 위해서는 성서의 내용과 역사를 참조할 필요가 있다.

9.2. 성서적 근거들

'제자도'는 대다수의 종교들에서, 특히 유신론적 종교들에서 신앙적 언어와 실천의 핵심개념이다. 내용적으로 유사한 개념으로는 모방이란 단어가 있지만, '제자도'는 모방과 구분되어야 한다. 제자도의 중심은 사람인데 반해, 모방은 모범적인 예와 "이념"에 초점이 맞춰져 있다.

구약성서에서 '제자도'에 관한 담론이 형성된 배경은 이중적일 수 있다. '제자도'는 우상을 숭배하는 제의과정에서 기원되었거나 아니면 유랑생활에서(유목생활, 출애굽) 왕이나 족장을 따르듯이 하나님을 따름에서 기원되었을 것이다.

구약성서는 우상을 금지하기 때문에 '신의 뒤를 따라가는 것', 예를 들어 바알을 따르는 것은 우상숭배이다.(참조. 왕상 18:18; 렘 7:6; 8:2) "따라가는 것"은 곧바로 믿음의 결단행위가 될 수 있다.(왕하 18:21) '제자도'에서 중요한 것은 윤리적 태도와 윤리적 행위가 아니라 믿음이다.

'제자도'에 관한 신약성서의 기록은 이런 배경에서 이해될 수 있다. 자신을 따르라는 예수의 부름은 구약성서의 십계명 제1계명에 있는 하나님의 거룩한 요구에 해당한다. 이때 중요한 것은 - 전적으로 형식적인 유비에도 불구하고 - 랍비의 경우처럼 선생과 학생의 관계가 아니라 엄습해 오는 하나님의 주권에 직면한 믿음의 행위이다. 특히 신약성서에서는 '제자도'라는 명사가 아니라 "따라가다"(nachfolgen, ἀκοκουηέω)라는 동사가 사용된다. 이때 중요한 것은 그리스 철학적 개념인 모방(Mimesis, μίμησις)이 아니다. "따라가다"는 역사적 예수를 실제로 뒤따라가는 것을 의미한다. 그런데 부활 이후의 교회는 이런 의미의 '제자도'를 새로운 환경에서 재해석해야 하는 과제에 직면했다. 이미 고대 교회에서는 '제자도'에 관해 다음과 같은 중요한 해석들이 형성되었다.

'제자도'는 예수 그리스도의 고난과 죽음을 실천하는 것, 즉 순교이다.(막 8:23) 이미 바울은 그리스도의 고난을 '본받음'에 관해 말한다.(고전 4:16; 11:1; 살전 1:6; 빌 3:7)

'제자도'는 청빈한 삶의 이념이다.(마 19:27; 눅 9:58) 청빈의 이념은 특히 아씨시의 프란치스코회와 같은 수도원의 개혁운동에서 실천되었다. 정결파 신자들은 마태복음 10장 16-20절에 근거하여 자신들을 대교회의 억압에 '희생된 사람들'(vere imitatores Christi, 참으로 그리스도를 본받는 사람들)이라 불렀다. 결론적으로 "도발로서", 변혁을 위한 급진적인 호소로서의 제자도이다.[64]

9.3. 종교개혁과 근대의 견해

종교개혁은 토마스 아 켐피스의 신비주의("Imitatio Christi 그리스도를 본받음")에서 출발하여 제자도를 "몸의 죽음"(mortificatio carnis)이라고 해석했다. 따라서 종교개혁은 당연히 공로에 의한 구원을 거부한다. "모방은 아들들을 낳지 못하지만, 아들은 본받는 사람들을 낳는다."[65] 따라서 루터의 십자가 신학은 모방이란 의미의 제자도를 배제했다. 그리스도인은 오직 "복된 교류"에서만 구원에 이른다. 물론 이와 함께 제자도에 관한 율법적 오해는 비교적 많이 차단되고 적극적인 지향("몸의 죽음")은 비교적 적게 차단되었다. 따라서 루터주의에서 제자도에 관한 주제는 지엽적인 문제가 되었다. 그리스도는 모범이 아니라 구원의 선물이다.

이와 반대로 열광주의자들의 윤리는 제자도를 중요하게 생각했다. 토마스 뮌처는 제자도를 정치적이고 묵시적으로 이해했다. 메노파 사람들에게서 제자도는 공동체윤리를 위한 지침이 된다. 경건

---

64) Arnold von Brescia, Thomas Müntzer, politische Theologie.
65) 참조. Non imitatio fecit filios, sed filiatio fecit imitatores, WA 2, 518

주의에서는 제자도가 신비적인 세상 도피적 성격을 가진다. 쉐플러
(J. Scheffler)는 말했다. "우리 주님 그리스도께서 나에게 말씀하신
다. … 너희를 부정하고 세계를 떠나라고."(EKG 256)

칸트에 의하면 예수는 윤리적 선(善)의 교사이며 참된 인간존재
의 모범이다. 물론 윤리적 "이념"은 결코 현실의 인간에게서 완전히
실현될 수 없다. 따라서 제자도는 전적으로 신념의 문제이다. 칸트
에 의하면 예수는 "인격화된 선의 이념"이며, "도덕적 완전성의 이
념"이다. 왜냐하면 그는 "윤리적 신념의 원형"이기 때문이다.[66] 칸트
에게 있어서 제자도가 지향하는 것은 사람이 아니라 이념이다.

> "복음서의 성자도 인격적 의미보다는 오히려 우리가 지향해야 할 윤
> 리적 완전성의 이념으로 생각되어야 한다. 그도 자신에 관해 말한다.
> 어째서 너희는 (너희가 보는) 나를 선하다고 하느냐? (너희가 보지 못하
> 는) 하나님 이외에는 아무도 선(선의 이념으로서의 선)하지 않다."[67]

따라서 칸트에게서 인격으로서의 예수는 완전히 사라진다.

> "그러므로 도덕적으로 하나님의 마음에 적합한 사람의 이념을 우리의
> 모범으로 삼기 위해서는 어떤 경험도 필요하지 않다. 그런 이념은 이
> 미 이성에 내재해 있다."(VI, 715) "이런 이념은 자체 내에서의 실천적
> 관계에서 그의 현실성을 가진다. 왜냐하면 이런 이념은 도덕법을 제

---

66) I. Kant, *Religion innerhalb der Grenzen der bloßen Vernunft*, 2. Stück, Werke ed.
   Weischedel, Bd. IV, S. 713.
67) I. Kant, *Grundlegung zur Metaphysik der Sitten*, Werke ed. Weischedel, Bd. IV, S. 36.

정하는 우리의 이성에 내재하기 때문이다."(VI, 714)

칸트에 의하면 제자도 사상은 이성의 통찰 이외의 다른 것이 아니다. 제자도 사상은 단지 이성의 이런 통찰을 구현한 것이다. 이와 반대로 "이 세상을 위한 하나님의 나라"를 주장한 종교사회주의, 블룸하르트, 라가츠, 쿠터는 제자도를 사회윤리적인 행동으로 현실화했다. 『나를 따르라』(Nachfolge)에 수록된 본회퍼의 산상수훈 해석은 나치 치하에서의 교회투쟁을 고려해야만 충분히 파악될 수 있다. 본회퍼(Bonhoeffer)에게 중요한 것은 믿음의 순명이다. 이때 중심적인 역할을 하는 것은 "값싼" 은혜에 대한 비판과 값비싼 은혜의 강조이다. 제자도는 예수 그리스도에게게만 구속되는 것, 즉 모든 조작된 목표설정, 모든 이념, 모든 합법성을 완전히 타파하는 것 이외의 다른 것이 아니다.

본회퍼에 의하면 예수 그리스도 안에서 인정받은 의로움에 대한 믿음은 구체적인 역사적 상황과 사회적 상황에서 "의로운 행위"에 대한 물음과 불가분적 관계에 있다. "아들은 본받는 사람들을 낳는다"는 루터의 명제는 본회퍼에게 있어 세상에서 그리스도인의 과제에 대한 물음이 된다. 그렇지만 제자도의 절대성에 대한 강조에도 불구하고 제자도가 객관적인 윤리학을 위해 실제로 어떤 의미를 가지느냐 하는 물음은 여전히 미해결의 문제로 남는다. 제자도는 단순히 신념에 관한 문제인가 아니면 구체적인 태도를 촉구하는가? 제자도는 개인에 대한 요구인가(개인적 제자도) 아니면 전체 공동체(교회공동체와 사회윤리적 주체)의 의무인가? 산상설교는 윤리적—정치적 모델이어야 하는가? 그리스도의 제자도는 어떤 구체적인 윤리적 정치적 방향을 지시하는가?

신학윤리학

9.4. 조직신학적 관점들

그리스도의 제자도에 대한 물음은 우선 하나의 기독론적 관점을 포함한다. 중요한 것은 역사적 예수의 제자인가 아니면 부활하신 예수의 제자인가? 결정적으로 중요한 것은 그리스도를 어떻게 이해하고 있느냐 하는 것이다. 역사적 예수가 가령 해방자, 청빈한 자의 대변인, 고행자로서 그리스도인의 삶의 표상이라면, "그리스도처럼" 산다는 것은 "예수가 살듯이"를 의미한다. 그런 관점의 기독론은 교회사에서 언제나 반복적으로 파괴적이라고 간주되었으며, 교회에서 지배적인 교의학적 예수상과 신앙이해에 대해 비판적이라고 간주되었다. 그런 기독론의 관점에서 보면 그리스도는 교회비판의 전형이다. 유일무이한 구원자가 행복한 삶의 본보기, 저항운동가, 청빈한 사람들과의 연대에서 실패한 사람이 될 수 있다.

고대 교회는 그리스도의 제자도를 다르게 생각했다. 오리게네스와 알렉산드리아의 클레멘스는 제자도를 하나님과의 합일, 즉 성령의 사람이 되어 완전성에 이르게 하는 지침이라고 생각했다. 오리게네스에 의하면 그리스도의 제자도는 "독생자"를 볼 수 있게 해준다. 이와 함께 신비주의는 그리스도의 제자가 되는 특별한 장소가 된다. 동방교회에서의 수도사 신비주의는 제자도를 실천하고자 한다.

그리스도의 "모범"이 동기가 되어 제자도 사상이 도덕주의에 빠지게 되면 제자도는 왜곡된다. 펠라기우스는 도덕주의의 대표적인 인물이다. 그에 의하면 그리스도는 완전한 선생이다. 아우구스티누스는 이런 문제점을 처음으로 인식하고 펠라기우스를 멀리했다.

제자도는 삶의 실천과 관계가 있음은 분명하다. 그러나 삶의 실천은 단지 윤리적 행위에서만 이루어지는가? 제자도의 윤리화는 두 가지 물음을 제기한다. (a) 기독론의 구원론적 의미가 윤리적 표준이 되는가? (b) 그리스도의 제자도를 목표로 하는 기독교 윤리는 인문적인 이성적 윤리와 어떤 관계에 있는가? 이것은 칸트가 제기한 물음이었다. 제자도 윤리는 단지 완전함을 목표로 하는 윤리인가?

종교개혁은 열광주의와 같은 중세의 그리스도 제자도 실현을 비판했다. 그런데 루터주의의 위험은 행위를 통한 의로움에 대한 비판과 그리스도를 닮음을 율법적으로 이해하는 것에 대한 과도한 비판으로 인해 제자도 동기의 비판적 기능이 중지되었다는 것이다.

"값싼 은혜"에 대한 본회퍼의 비판과 "제자도" 요구는 루터교가 제자도 요구에 직면하여 전혀 방향을 제시하지 못하는 상황을 배경으로 이해될 수 있다. "루터교의 입장에 의하면 우리는 예수의 제자도를 율법적인 사람들, 개혁파 교회 사람들 또는 열광주의자들에게 맡겨야 할 것이다. 전적으로 은혜를 위해 말이다."

본회퍼보다 이전에 이미 키에르케고르도 멸시를 당한 그리스도와의 "동시성"을 제자도의 길로서 분명히 제시했다. 그렇지만 이때 중요한 것은 그리스도의 제자가 그리스도의 "복사본"이 되는 것은 아니라는 점이다.

게다가 여전히 문제는 남는다. 우리는 하나님의 행위를 모방할 수 있는가? 하나님과 동일하게 살 수 있는가? 아리스토텔레스와 칸트에 의하면[68] 배우는 것은 모방하는 것이다. 그렇지만 칸트는 도덕적인 시각에서만 행해지는 모방은 문제가 있다고 생각했다. 칸트에 의하면 윤리적인 것을 모방하는 사람은 개성 없이 단순히 흉내내는

---

68) I. Kant, *Kritik der Urteilskraft*, 1793, Werke V, S. 407.

사람에 불과하다.[69] 인간은 자유의사에 따라 성찰을 통해 의식적으로 윤리적 태도를 취할 때 비로소 윤리적으로 행동한다. 성찰하지 않고 자동적으로 단순히 흉내내는 사람은 책임을 지는 것이 당연함을 느끼지 못한다. 칸트에 의하면 "도덕적인 사람은 전혀 모방하지 않는다. 모범적인 사례들은 단지 권장하는 역할을 할 뿐이다. 그런 사례들은 법이 명령하는 것의 타당성을 확인해 주며, 사회적 규범이 추상적으로 표현하는 것을 구체적으로 보여주기는 하지만, 이성에 내재하는 그들의 원본을 무시하고 사례들에만 초점을 맞추는 것을 정당화하지는 않는다."(Akad. Ausg. 4, 409)

따라서 그리스도의 제자도를 촉구하는 것과 관련하여 두 가지 문제점이 지적될 수 있다. 먼저 구원과 관련된 문제이다. 구원은 그리스도를 본받는 인간 자신의 행위를 통해서가 아니라 오직 믿음과 은총을 통해 주어진다. 다음으로는 자율적 도덕과 관련한 문제점이다. 윤리는 논증을 통해 입증되어야 한다. 윤리는 단순히 하나의 사례를 복사하듯이 그대로 따라할 수 없다.

실제로 우리는 그리스도의 삶을 복사하듯이 그대로 모방할 수 없다. 따라서 제자도 윤리는 본보기 윤리가 아니며 율법의 윤리일 수 없다. 그렇지만 제자도 윤리는 생생한 삶의 모범을 제시해 줄 수 있을 것이다. 그렇지만 이때 그런 모범은 개별적인 윤리적 행위와 관련해서가 아니라 인생 전체와 관련하여 제시된다. 당연히 그런 모델들은 다양하고 다원적이다. 볼프(Ernst Wolf)의 "창조적 제자도"란 표현은 이런 다양성과 다원성을 잘 반영하고 있다. 이 표어는 루터의 다음과 같은 주장에서 유래한다. "따라서 나는 나 자신의 결정

---

69) I. Kant, *Anthropologie in pragmatischer Absicht*, Werke 8(ed. E. Cassirer), S. 185.

에 따라 나를 그리스도에게 드릴 것이다. … "[70] 이런 표어가 의도
하는 것은 그리스도의 제자도를 - 특정한 루터교의 전통과 대립되
는 - 종교개혁 사회윤리의 근본개념으로서 완전히 정착시키는 것
이다. 그리스도의 제자도는 "제자도 신념" 이상의 것이다.(리츨, 헤르
만) 제자도는 오히려 세계관과 관련한 "창조적 과제"이다. "세상에
서 기독교적 실존형태를 규정하는 것은 일반적인 제자도 신념에서
행해지는 행위가 제자도를 실천하는 행위이다."[71]

볼프의 견해에 의하면 자유에 관한 루터의 논문에는 "제자도
윤리가 본질적으로 사회윤리라는 사실이 분명하게 제시되어 있
다."(238) 제자도는 "세상의 청빈한 사람들과의 연대의 행위로서 또
는 이 논문에서 잘 제시되었듯이 이웃에게 필요하고 유익한 것을
배려해 주는 행위로서"(238) 성취된다. 따라서 제자도는 세상의 소
명을 지시해 준다.

그렇다면 제자도는 사실상 "기독교적 상징행위"로 이해될 수 있
다. 그리고 이때 제자도 사상은 경직된 율법적 방식으로 규범들을
제시하는 것이 아니라 개개인이 독자적인 윤리적 판단을 하도록 촉
구한다.

---

70) Dabo itaque me quendam Christum proximo meo … , De libertate Christiana, 1520
71) E. Wolf, peregrinatio II, S. 241

10. 사랑의 계명

10.1. 개념과 문제들

사랑의 계명(Das Liebesgebot)은 기독교윤리의 총괄개념이다. 예수는 율법에서 최고의 계명이 무엇이냐 하는 질문에 두 유형의 사랑의 계명으로 대답한다. "너는 마음을 다하고 뜻을 다하고 힘을 다하여 네 하나님 여호와를 사랑하라."(신 6:5) 이것은 최고의 가장 큰 계명이다. 그러나 예수에게는 또 다른 계명도 동일한 계명이다. "네 이웃 사랑하기를 네 자신과 같이 하라."(레 19:18) 율법 전체와 선지자들은 이 두 개의 계명에 그들의 존재의미가 있다.(마 22:36-38)

하나님사랑과 이웃사랑은 이미 구약성서에서도 근본적이다. 그렇지만 사랑의 계명이 도대체 규범적 토대와 원리로서 기독교윤리에게만 고유한 특징인지는 의문이다. 왜냐하면 사랑은 근원적인 어떤 것이기 때문이다. 사랑이란 단어는 정의될 수 없다. 사랑의 "변증법"의 과제는 "자기보존과 자기희생" 사이의 힘든 균형을 유지하는 것에 있다. 뿐만 아니라 사랑의 요구는 보편적인 인간적 요구가 아닌가? 사랑에 관해 특별히 기독교적인 견해가 있는가?

게다가 사랑은 분명 합리적 계산 이상이다. 사랑은 자발적이고 직접적이다. 사랑은 "느낌"이며 감정이다. 사랑은 "동기유발"이라고 할 수도 있다. 이때 동기유발은 인격 전체의 근본동력을 의미한다.

사랑은 동기유발로서 개별적 규범을 포괄하는 '메타 규범'이다. 성품(습성)이란 의미의 전통적인 덕(德)개념은 하나의 현상을 가리키는데, "동기유발"은 이런 현상에 대응하는 심리학적 용어이다. 동기유발에서 중요한 것은 합리적 인식 차원의 성찰이 아니라 정서적 영역에 관여하여 감화시키는 것이다. 그렇지만 인격적 결합의 이런 심층을 합리적이고 이성적으로 분석하고 성찰하는 것은 가능하다.

호르크하이머가 주장하듯이 사회-기능적 관점에서 볼 때 사랑은 분명 미움과 마찬가지로 중요할 수 있다. 미움도 커다란 영향을 끼친다. 그러나 미움이 사랑과 동일하게 인간적인가? 사랑은 인간이 취해야 할 태도로서 무엇보다 헌신, 즉 타자를 위한 현존재(Für-andere-Dasein)이다. 따라서 사랑은 자기중심적이 아니라 타자를 지향한다. 사랑의 반대 개념은 이기주의이다.

한편 사랑은 자발성을 특징으로 한다. 느낌, 의지, 고려함과 행위는 직접적으로 요구된다. 이런 점에서 보면 사랑은 계산된 행위와 반대 개념이다. 더 나아가 사랑은 자존감을 전제한다. 사랑은 경험된 사랑을 삶에서 실천하는 것이다. 따라서 이웃사랑은 이전에 인정받고 사랑받은 경험이 없이는 불가능하다. 따라서 사랑은 결코 개인적 느낌이 아니라 상호적 사건이다. 자기사랑도 이런 사건에서 정당성을 가진다. 그렇기 때문에 사랑은 그의 기원과 실천에 있어 모두 사회적 현상이다. 사랑은 공동체를 일으켜 세운다. 이런 의미에서 "사랑"은 인간 자체의 근본동력이다.

신학윤리학

사랑이란 개념은 역사적으로 대단히 넓은 의미로 사용되었다. 성적인 요구, 에로틱한 감정, 공통의 정신적 관심이 사랑이란 개념으로 표현된다. 우정, 배려, 자선행위는 "사랑"이라 할 수 있다. 사랑은 통일성을 이룩한다. 통일성을 확보하는 관계들은 추구하는 힘을 통해 형성되기 때문에 사랑은 욕구, 요구함, 추구함과 동류의 개념이다. 사랑이란 단어는 단순히 그의 언어사용에만 국한되지 않는다. 그 단어는 전통적으로 형이상학과 우주론, 인간론, 신학, 심리학, 윤리학과 정치학에서 사용되었다. 사랑이란 개념에 근거하여 세계관의 역사가 제시될 수 있다.

그렇지만 앞으로 사랑에 관한 주제는 단지 윤리학적 관점에서만 다루어질 것이다. 따라서 하나님 사랑에 관한 주제는 논의 대상에서 제외된다. 비록 "하나님은 사랑이시다"(요일 4:18)는 고백이 인간의 사랑인 "헌신"을 가능하게 하는 근거이기는 하지만 말이다.

10.2. 성서적 근거

신약성서는 사랑의 실천과 경험을 전제한다. 이것은 선한 사마리아인의 비유에서 잘 알 수 있다. 예수의 말씀에 의하면 모든 사람은 사랑이 기대하는 것과 요구하는 것이 무엇인지 알 수 있다. 서기관은 하나님의 뜻이 무엇인지 묻는다. 예수는 하나님사랑과 이웃사랑이라는 이중적 계명으로 이 물음에 대답한다. 이 물음에 대해 서기관은 재차 묻는다. "누가 내 이웃입니까?" 예수는 이 물음의 주어와 술어를 도치하여 "나는 누구의 이웃이냐"고 묻는다. 예수는 이웃사랑 계명의 명증성으로부터 출발한다. 동일한 의미에서 그는 묻는다. "너희가 너희를 사랑하는 자들을 사랑하면 무슨 상이 있겠는가? 세리도 이같이 하지 않느냐?"

신약성서는 하나님사랑과 이웃사랑에 관해 말하며(참조. 마 22:35-40; 막 12:38-41; 눅 10:25-28), 형제사랑에 관해 말한다.(요일 3:23; 4:7-21) 공동체에서는 "서로 사랑함"이 "형제사랑"(φιλαδελφία)이 된다.(참조. 롬 12:9f; 살전 4:9; 벧전 1:22) 사랑의 계명은 원수사랑에서 한 차원 더 상승한다.(마 5:44; 롬 12:14-20; 눅 23:34; 행 7:59)

이웃사랑과 형제사랑은 자연스럽고, 인간적이며 이성적으로 알 수 있다. 이때 사랑은 인간 공동체와 의사소통의 전제이다. 원수를 사랑하라는 명령에서는 사랑의 계명의 보편적인 타당성 요구가 잘 드러난다. 이때 사랑의 계명은 실제로 사람들 사이에서 일어나는 현실에 이의를 제기한다. 왜냐하면 그렇게 함으로써 사랑은 인생에 "더 많은 가치"를 가져다주기 때문이다.

10.3. 철학적 해석과 신학적 해석

윤리학의 역사에서 보면 사랑은 합리적 윤리학에 어울리지 않는다는 주장이 반복적으로 제기되었다. 말하자면 법의 절대성이 감정에 의존하게 되어서는 안된다는 것이다.

예를 들어 칸트는 경향성으로서의 사랑에 의존하는 것을 비판했다.[72] 칸트에 의하면 경향성으로서의 사랑은 "병리학적인" 심적 상

---

72) I. Kant. *Grundlegung zur Metaphysik der Sitten*, 1. abs. Werke Iv, S. 25f; *Kritik der praktischen Vernunft*, 1. Teil. 1 B 3 H, (IV, S. 205f.)

신학윤리학

태이다. "실천적" 사랑은 사랑하라고 명령하는 법에 대한 존중으로부터 나오는 행위이다. 그에게 있어 법에 대한 존중과 법의 요구에 상응하는 윤리적 근본개념은 의무이다. 의무에서는 동정과 같은 심적 경향성이 중요하지 않다. 의무는 심적 경향성과는 맞지 않아도 의무이기 때문에 행한다. 칸트의 윤리는 도대체 사랑을 위한 여지가 전혀 없는 의무 엄숙주의이다. 그런 윤리는 근본 유형에 있어서 복음에 근거한 사랑의 윤리가 아니라 율법의 윤리이다. 그렇지만 기독교적 사랑 이해는 칸트처럼 단순한 감정이나 기분에 따르는 감상주의라고 생각되어서는 안된다.

서양에서 사랑에 관한 이해의 역사는 플라톤의 에로스와 신약성서의 아가페 사이의 대립의 역사이다. 니그렌(Anders Nygren)에 의하면 신학의 역사는 "에로스와 아가페"의 대립의 역사이며, 아우구스티누스와 스콜라 신학에 기초한 가톨릭의 자선은 에로스와 아가페의 종합이다. 그리스 문화에는 사랑을 표현하는 세 가지 개념들이 있다.

(a) 에란(ἐρᾶν), 에로스(ἔρως)는 자신을 위해 다른 것을 추구하는 열정적인 사랑을 가리킨다.

에로스는 악마적이고 감각적인 쾌락이다. "성애"는 우상숭배 의식에서도 어떤 역할을 한다. 에로스의 "도취"는 인간을 열광시킨다. 에로스는 제의적 황홀경에서도 경험된다.(오르페우스와 유리디케) 서양에서는 플라톤이 『파이드로스』에서 제시한 에로스 개념이 주도적이되었다. 도취로서의 에로스는 인간을 몰아의 상태에 빠지게 한다.

『향연』에 의하면(Symposion 210f.) 육체적 아름다움에서 점화된 에로스는 자체로 선한 신적 존재자(αὐτὸ τὸ θεῖον καλόν), 즉 영원한 존재자이자 참된 선을 향한 길잡이이다. 에로스는 감각적인 것을 초월한다. 예를 들어 플로티노스의 신플라톤주의에서 사랑은 완전히 초감각적이고 승화되어 있다. 신비주의자는 에로스에서 일자(一者), 즉 신과의 합일을 열정적으로 추구한다. 그런 추구는 이성과 감각세계를 초월하고자 하는 영혼의 충동이다. 참된 에로스의 본질은 위를 향해 이끌어 주는 길이다. 모든 사랑의 의미는 자기의 삶을 초월하는 것이다. 사랑의 원형은 감각의 도취이며, 승화된 사랑은 정신적 황홀경이다.

(b) 필레인(φιλεῖν), 필리아는 친구들 사이에서 또는 모든 사람들 사이에서 서로를 배려하는 사랑이다.

소포클레스의 안티고네는 말한다. 나는 미워하지 않고 서로 사랑하도록 창조되었다. 아리스토텔레스에게서도 – 플라톤의 에로스와 달리 – 친구들 사이의 사랑이 고유한 주제이다. '아가판'(ἀγαπᾶν)은 고대 그리스 문화에서 사랑과는 무관한 중립적인 단어이다. 그 단어는 다음과 같은 의미로 사용되었다. 수용하다, 인사하다, 선호하다, 소중히 여기다, 어떤 사람을 좋아하다, 다른 사람보다 높이 평가하다. '아가페토스'(ἀγαπητός)는 '그가 내 마음에 들다', '기꺼이', '반가운'을 의미한다. 그 단어가 역사적으로 중요한 이유는 70인역본이 히브리어 '아헤브'(aheb)를 '아가판'(agapan)으로 번역했기 때문이다.

(c) '아가판'(ἀγαπᾶν), '아가페'(ἀγάκη)는 이미 신약성서에서 그리스적 전통이 아니라 구약성서와 유대교의 전통에 따른 의미로 사용되었다. 헬레니즘 시대의 유대인 필로는 에로스란 단어를 플라톤적 의미로 사용하였으며 따라서 정신적 의미의 에로스와 세속적 의미의 에로스를 구분해야 한다고 생각했다. 그러나 에로스와 아가페는 본질적으로 다르다. 에로스는 낮은 것으로부터 높은 것으로, 불

완전한 것으로부터 완전을 향해, 형상이 없는 것으로부터 형상을 가진 것으로 상승하는 경향이 있다. 기독교에서는 사랑의 운동 방향이 반대로 일어난다. 아가페는 올라가지 않고 "낮은 곳으로" 내려간다.(고전 13장; 갈 5:13: 오직 사랑으로 서로 종노릇하라.)

아우구스티누스는 신플라톤주의와 기독교의 사랑의 계명을 '카리타스'란 개념에서 종합하고자 했다. 사랑은 주는 것이다. 그러나 인간은 위로부터의 부어진 초자연적인 은혜에 근거하여 사랑의 실천을 통해 하나님에게로 상승할 수 있다. 아우구스티누스의 이런 사랑 개념은 중세의 "자선을 통해 형성된 믿음"이란 표현형식의 토대가 되었다.(참조. "사랑으로써 역사하는 믿음": 갈 5:6) 이런 믿음은 칭찬받을 만한 믿음이다.

사랑으로 역사하는 믿음은 칭찬받을 만하다는 가톨릭의 이런 견해에 대해 종교개혁은 "오직 믿음만으로" 의롭게 된다고 주장함으로써 이의를 제기했다. 그렇다고 종교개혁 신학이 사랑의 실천을 부정한다는 의미는 아니다. 종교개혁 신학은 사랑이 인간의 자기 의와 자기완성의 길이라는 주장을 인정하지 않는다. 루터가 강조하는 것은 하나님의 사랑의 사건이 사랑에 우선한다는 것이다. "인간의 사랑은 자기가 사랑할 만한 것으로부터 발생한다."[73] 그러나 하나님은 잃어버린 자, 즉 죄인을 사랑하신다. "하나님의 사랑은 자기가 사랑할 만한 것을 발견하지 않고 창조하신다."(Amor dei non invenit, sed creat suum diligibile.)

---

73) 참조. Amor hominis fit a suo diligibili. "Heidelberger Disputation", 1518, Bo A 5,391,30-392,12

10.4. 오늘의 물음들

(a) 아르투어 리히(Arthur Rich)는 빌립보서 1장 9절을 참조하여 사랑의 계명의 윤리적 의미를 자세하게 논의했다. 바울은 "너희 사랑이 지식과 모든 경험에서 점점 더 성숙하게 되어 최선의 것이 무엇인지 분별할 수 있기를" 기도한다. 리히에 의하면 "사랑은 '시금석'(試金石)이 아니라 '검사하는 단계'이다."

시금석은 경제적으로 공정한 것이며, 정치적으로 정당한 것이며, 의학적으로 납득할 수 있는 것이다. 사랑의 계명에 근거한다고 해서 윤리적으로 논증하고 규범들을 참작할 필요가 없어지는 것은 아니다. "사랑하라. 그리고 그대가 하고 싶은 것을 하라."[74] 아우구스티누스의 이 명제가 제시하는 과제는 선한 것을 성찰하고, 이론적으로 사유하며, 행동으로 실천하는 것이다.

그러므로 규범윤리가 제기하는 물음들은 사랑의 계명으로 환원되지 않는다. 사랑은 구체적인 윤리적 결정을 위한 전제이기는 하지만 규범이 되는 기준은 아니다. 그렇지만 사랑의 계명은 시대를 초월하여 언제나 근원적이고 기초적인데 반해, 규범은 역사적으로 변할 수 있으며 심지어 다원적일 수 있다. 이런 의미에서 사랑은 영원하다.(고전 13:13)

(b) 신약성서의 아가페 개념을 이해하기 위한 대표적인 예는 오늘의 관점에서 보면 원수를 사랑하라는 계명이다. 사랑은 본래 상호적이다. 사랑은 응답을 기대한다. 그러나 마태복음 5장 43-48절은 예수의 제자들에게 원수를 사랑하라고 요구한다. 문제는 사랑의

---

74) 참조. dilige, et quod vis fac!; ep. Joannis 78, MPL. 35,2033

계명이 어느 정도까지 사적인 영역에 한정되느냐 하는 것이다. 분명한 것은 원수 사랑의 계명은 황금률(마 7:12)과 달리 비대칭적 태도를 요구한다는 사실이다. 그렇지만 두왕국설에 기초한 종교개혁의 해석은 사랑의 대상이 될 수 있는 개인들 사이의 원수와 싸워서 척결되어야 하는 정치적 원수를 철저하게 구분했다. 그렇지만 이런 일방적인 견해와 반대로 오늘날에는 사랑의 윤리가 어느 정도까지 정치적 행위에도 타당하냐 하는 물음이 제기되고 있다.

따라서 이런 물음은 평화정책의 관점에서 제기된다. 칼 프리트리히 폰 바이체커(Carl Friedrich von Weizsäker)는 "지성적 원수사랑"이란 표현을 사용했다.[75] 이 표현은 정치적으로 적대적 위치에 있는 사람의 이익과 시각을 자신의 입장에서 인식하고 고려하는 태도를 의미한다. 핵의 위협으로 인해 파멸과 자멸의 가능성이 고조된 상황에 직면하여 분쟁이 발생할 경우 적의 이익을 함께 생각하는 것은 합리적이다.

물론 이같이 분쟁 상대방의 이익을 함께 고려한다고 해서 사랑과 법 보존 사이의 충돌이 제거되는 것은 아니다. 적과 적대감의 문제는 계명을 통해 해결되지 않는다.

윤리는 "친구와 적의 저편에" 있을 수 없다. 원수사랑의 계명은 우정을 보편적 원리로 확대하지는 않는다. 오히려 산상설교는 공동생활의 실상을 과장법의 형태로 제시한다. 이렇게 함으로써 산상설교는 적대감의 정당성에 이의(異議)를 제기하며, 인간에 대한 하나님의 친절과 사랑을 상기시킴으로써 철저하게 인간의 책임감을 촉구한다. 사랑의 계명에 일반적으로 적용되는 것은 원수사랑의 계명

---

75) C. F. von Weizsäker, *Der Bedrohte Friede*, 1981, S. 533ff.

에도 그대로 적용된다. 사랑의 계명에 의존함으로써 구체적인 윤리적 숙고와 논증이 불필요하게 되는 것은 아니다.

3장
윤리적 근본개념들

윤리학의 근본개념들에 관한 개관은 그의 근본개념들의 사용과 기원을 제시하고 설명하고자 한다. 이때 이런 개념들은 우선 현실 경험을 기술하고, 다음에는 윤리적 책임의 목표를 설정해야 한다. 각각의 개념들은 특정한 윤리적 성향을 대표하는 개념이 될 수 있다. 덕이란 개념은 그리스 전통의 고전적 개념이다. 의무와 자율개념은 칸트 윤리학의 핵심이다.

앞으로 논의될 모든 근본개념들은 원래부터 신학적 개념은 아니다. 그렇지만 그 개념들을 신학적 지평에서 차용하여 사용할 수는 있다. 이런 개념들에는 기독교윤리와 비기독교윤리의 근본적인 공통점들이 발견될 수 있다. 기독교윤리와 비기독교윤리 사이의 그런 근본적인 공통성은 윤리 이론들에서도(예를 들어 의무론)과 목적론을 확인될 수 있다.

윤리적 논증은 다원주의적 방법론에 기초한다. 윤리적 문제제기는 단 하나의 원리에서 출발해서는 안된다. 삶의 양상이 다양하기 때문에 관찰방식과 논증과정도 다양할 수밖에 없다. 헨리 뉴먼(Henry Newman) 이후 등장한 소위 "수렴논증"은 개개의 논증들이 서로를 보완하는 논증방식이다. 따라서 윤리적 성찰의 마지막 단계에서는 윤리적 판단형성의 서로 다른 관점들이 종합되어 타당한 논증에 도달하게 되며, 결과적으로 이런 수렴에 근거하여 공감할 수 있고 합리적으로 검증할 수 있는 행위가 결정될 것이다.

일반적인 윤리적 개념들의 신학적 수용정도는 법 이해에 의해 결정된다. "법"은 다양한 현실경험을 내포한다. 그렇지만 다음의 논의에서는 단지 그런 차용의 사실들만 제시하고, 개별적 문제제기들을 엄격하게 체계적으로 해석하지는 않을 것이다.

1. 덕

1.1. 아리스토텔레스

덕(德)은 아리스토텔레스 윤리학의 근본개념이다. 아리스토텔레스는 관찰에서 시작하는 방법론을 취한다. 그의 윤리학의 발단은 귀납적이다. 그는 귀납법을 통해 사태를 해명하고자 한다. 정의(定義)는 개념을 확실하게 설명함으로써 그 개념이 가리키는 사실이 전체 체계에서 차지하는 위치를 규정해야 한다.

소크라테스에 의하면 선을 아는 사람은 필연적으로 선을 행할 것이다. 선에 대한 통찰은 필연적으로 선한 행위를 야기한다는 것이다. 아리스토텔레스는 바로 소크라테스의 이런 주장을 비판한다. 말하자면 행위에는 두 가지 서로 다른 요인들이 작용하는데, 그 중 하나는 도달되어야 할 목표를 인식하는 것이며, 다른 하나는 행위를 일으키는 힘이다. 인식은 아직 아무것도 움직이게 하지 못한다. 그러나 움직이게 하는 힘도 인식에 의해 통제되지 않는다면 방향을 잃게 된다. 이럴 경우에는 인식이 개입하여 방향을 수정해 준다. 아리스토텔레스에 의하면 움직이는 힘이 이성에 의해 통제되지 않고 일으키는 행위는 무절제(ἀκρασία)이며, 이와 반대로 움직이는 힘의 작용이 인식에 의해 통제될 때 행해지는 행위는 절제(ἐγκράτεια)이다. 따라서 움직이는 힘이 인식을 통해 통제될 때 올바른 행위가 일어난다.

행위는 인식하는 주체의 '합리적 능력'(Logikon, λογικόν)과 '이성이 없이'(Alogon, ἄλογον) 움직이게 하는 힘의 협력에 의해 일어나는데, 이때는 "어린이가 아버지를 따르듯이" 움직이는 힘이 이성의 지시를 따른다. 인간은 태어나면서부터 이렇게 올바른 행위를 취할 수 있는 능력을 가지고 있지는 않다. 그런 행위를 위해서는 교육이 필요하다. 인식에서 중요한 것은 세 가지 본질적인 목표, 즉 고상한 것(καλόν), 선한 것(ἀγαθόν), 유용한 것(συμφέρον)이 무엇인지 통찰하는 것이다. 그렇지만 '이성이 없는 것'(ἄλογον)은 인식과 교훈을 통해서가 아니라 훈련(연습 ἄσκησις)을 통해 교육된다. 이런 훈련을 통해서는 지식이 습득되는 것이 아니라 성품(품행, ἦθος)이 형성된다. 이와 함께 아리스토텔레스는 자신의 고유한 덕 이론을 수립하였다. "윤리학은 성품(Ethos)의 형식들과 생성방식들을 묻는 학문분야이다."(O. Gigon, TRE Bd. III, 744f.)

덕은 하나의 습관(습성)이다. 아리스토텔레스의 윤리학은 그의 심리학에 기초한다. 그는 플라톤이 『국가론』에서 제시한 4가지 핵심 덕들을 수용한다.

지혜(Weisheit, σοφία), 용기(Tapferkeit, ἀνδρεία), 절제(Besonnenheit, σωφροσύνεη) 플라톤에게 있어서 이 덕들은 세 종류의 마음의 능력에 상응한다. 지혜는 인식하는 마음에 속하고, 용기는 감성에 속하며, 절제는 의지에 속한다. 정의는 모든 덕들이 조화를 이루도록 통일하여 묶는 끈이다.

모든 행위의 목표는 행복(Eudämonia, εὐδαιμονία)이다. 그런데 아리스토텔레스의 '행복'은 주관적 행복감으로 오해되어서는 안된다. 오히려 '행복'은 '자기 안에 목적을 가지는' 인간이 목표로 하는 가능성을 실현한다는 의미에서 '성공한 삶'이다.

이때 아리스토텔레스는 가능성을 실현할 때 우연과 행운이 많이 작용함을 알았다. 운명과 책임은 서로 짝을 이루어 긴밀하게 관계되어 있다.

"아리스토텔레스는 인간의 삶에 행운이 작용한다는 것을 진지하게 받아들인 최초의 철학자이다."(TRE 3, 745,89f.) "올바른 행위"는 움직이게 하는 '비이성적인 힘'(ἄλογον)과 통제하는 '이성'(λόγος)의 협력으로 이루어진다.

아리스토텔레스에게 있어서 다양하게 분절하는 덕의 도식을 일일이 논의할 수는 없다. 아리스토텔레스에 의하면 윤리학은 보편적인 지침을 제시할 수는 있지만 구체적인 행위를 결정한 개인에게 그가 여기서 지금 구체적으로 무엇을 행해야 할지 말할 수는 없다. 따라서 올바른 행위에 관한 아리스토텔레스의 주장은 다음과 같이 정리될 수 있다. 올바른 행위, 즉 덕은 "너무 많거나" "너무 적지" 않은 양극단 사이의 중간으로서 이해되어야 한다.(*저자는 아리스토텔레스의 중용론(中庸論)을 말하고 있다.) 예를 들면 건강하기 위해서는 지나치게 많이 먹거나 지나치게 적게 먹어서는 안되며, 지나치게 많지도 않고 지나치게 모자라지도 않게 운동해야 한다. 따라서 "사실의 중간"은 "우리와의 관계에서 중간"이다. "양 극단 사이의 중간"은 정확한 가운데가 아니라 개인에 따라 달라진다. 이때 추구되는 목표는 다양한 상황을 고려함으로써 최고의 명확성과 정확성에 도달하는 것이다.

이때 개인은 "완전한 사람이 그의 입장이라면 어떻게 행동했을 것인가 하는 것처럼" 행동해야 할 것이다. 일반적인 규칙들이 구체적인 행동을 규정하지 않는 곳에서는 모범이 되는 인물을 본받을 수밖에 없다.

이런 제한에도 불구하고 아리스토텔레스는 개별적인 덕들을 가능한 한 설명했다. 용기는 만용과 비겁의 중간이며, 자기절제는 무절제와 무감각 사이의 중간이다.

아리스토텔레스는 돈과 명예에 관해서도 마찬가지로 규정했다. 결정적으로 중요한 것은 적절한 비율이지 스토아 철학이 추구하는 부동심(不動心, 無感情, 정념이 없는 마음의 상태, ἀπάθεια)처럼 감정을 억제하는 것이 아니다. 완전한 무감각도 지나친 슬픔이나 기쁨이나 욕구도 윤리적으로 옳지 못하다. 아리스토텔레스와 페리파토스의 윤리학이 후에 로마의 세계인에게 특히 호응을 받은 것은 이와 같은 '격정'(정념, μετροπάθεια) 때문이었다.

아리스토텔레스는 특히 정의와 동료애의 두 가지 덕을 중요하게 생각했다.

정의(δικαιοσύνη)는 사회제도들을 구성하며, 개인의 행동을 사회적 공동생활과 관련하여 규정한다. 정의는 "다른 사람들을 위해 선한 것"을 원한다. 정의는 결코 이기적인 이익보존과 무관하다. 모든 사람들을 위한 정치적 법은 덕의 실천을 목표로 한다. 따라서 법을 지키는 것이 정의라 할 수 있다. 법이 존재하지 않는 곳에는 당연히 정의가 없다.

당연히 정치적 법규들(νόμοι)은 다양하다. 그러나 보편적인 정의는 본래적으로 있는가? 아리스토텔레스는 이 물음에 대답하지 않는다. 스토아 철학의 자연법이 처음으로 이 물음에 대한 대답을 시도한다. 그러나 분배적 정의(iustitia distributiva)와 시정적 정의(iustitia correctiva, iustitia commutativa)를 구분함으로써 이미 아리스토텔레스 자신이 본질적이고 다음 시대를 규정하는 구분을 도입했다.

더 나아가 정의에 있어서는 다른 덕들에서는 볼 수 없는 하나의 문제가 등장한다. 덕론에 의하면 의도를 가지고 행하는 사람만이 부당하게 행할 수 있다. 그러나 부당한 의도가 없이 행하는 부당한 행위가 있지 않은가? 따라서 아리스토텔레스는 공정(ἐπιείκεια, aequitas)의 도움으로 정의를 수정한다. 공정은 어떤 행위가 행해질 수밖에 없는 특수한 사정을 고려한다.

여기서 덕 전체의 문제가 드러난다. 덕의 문제에 있어서는 내적인 신념만이 중요한가? 또는 외적 행위는 윤리적 판단을 위해 무엇을 의미하는가? 아리스토텔레스에 의하면 우리는 어떤 사람의 외적 행위로부터 그의 내적인 신념을 추론할 수 있다. 왜냐하면 사람은 자발적으로 부당함을 당하고 싶어 할 수도 없고 스스로에게 부당함을 가할 수도 없기 때문이라는 것이다. 부당함은 언제나 타자에 대한 폭력행위로 발생한다.

아리스토텔레스는 사랑에 관해서는 거의 설명하지 않지만 동료애(φιλία)에 관해서는 아주 상세하게 설명한다. 동료애는 공감에 기초한다. 동료애는 공감이 타자에게 덕을 끼칠 때에만 지속적이고 공고하다. 동료애는 아리스토텔레스의 윤리학에서 소통의 길을 보여준다. 그렇지만 특이하게도 아리스토텔레스에게는 우정과 국가의 명령 사이에서 의무와 관련하여 발생하는 충돌들에 관한 언급이 발견되지 않는다. 아리스토텔레스에 의하면 윤리는 덕론이다. 사변적 관점에서 덕을 인간이 참된 존재로서의 이데아에 참여하는 방식으로 이해한 플라톤과 달리 아리스토텔레스는 덕을 실용적 관점에서 정의한다.

1.2. 기독교윤리에서의 덕 개념

기독교윤리는 아리스토텔레스의 실용적 덕 이해와 플라톤의 형이상학적 덕 해석을 모두 수용하여 기독교적 덕 개념을 제시할 수 있었다. 따라서 중세에는 자연적이고 인간적인 네 가지 중요한 덕들(지혜, 용기, 절제, 정의)과 믿음, 소망과 사랑(고린도전서 13:13에 따라서)이라는 초자연적이고 거룩한 또는 신학적인 세 가지 덕들이 결합되어 고전적인 일곱 가지 덕들이 제시되었다. 토마스 아퀴나스는 자연적 덕들과 기독교 신앙을 종합하여 가톨릭의 도덕신학에 방향을 제시해 주었다. 초자연적 덕들은 성례전적 은혜를 통해 발생한다. 그렇지만 종교개혁 신학은 구원받은 사람들의 윤리가 있다는 사실을 비판한다. 따라서 칭의론과 종교개혁의 죄론은 자연적 덕 추구와 믿음의 조화가 깨어지지 않는 한 도덕론에 이의를 제기하지 않는다.

1.3. 근대의 관점들

근대에는 도덕론이 단지 신학적 근거들에서만 논의되지는 않는다. 칸트는 덕 개념보다 의무 개념이 더 우선한다고 생각했다. 왜냐하면 그는 행복한 삶을 추구하는 덕의 목표에서 행복주의를 발견했기 때문이다. 니체는 더 근본적으로 덕을 거부한다. 그에게 덕은 "어리석음의 존경할 만한 형태"이다.[1] 덕은 결코 그 자체로 가치 있는 것이 아니라 강자의 권력유지 수단이다. 니체는 덕 대신 "유용성, 르네상스 유형의 덕, 용기(virtus), 사심 없는 덕"(II, 166)을 주장했다. 아리스토텔레스와는 반대로 니체에 의하면 "덕은 언제나 두 개의 악덕 사이에 거하지 않는다. 두 개의 악덕 사이에는 단지 무기력함이 있을 뿐이다."(II, 194) 후기 니체에게서는 권력에의 의지(Wille zur Macht)가 덕의 자리를 대체한다. 유럽의 허무주의의 고지자(告知者)로서 니체는 모든 가치의 전도를 요구한다. 하지만 새로운 가치들의 항목은 남아있지만 그 내용은 불확실하다.

> "행복과 덕은 결코 독립변수와 종속변수의 관계에 있지 않다. 불행
> 하게 만드는 것과 해를 끼치는 것도 마찬가지이다. 어떤 것은 최고로
> 해롭거나 위험함에도 불구하고 참일 수 있다."(Jenseits von Gut und
> Böse, 1886, Nr. 39)

니체의 저서는 가치붕괴를 진단한 유럽의 허무주의에 직면하여 가치를 전도시키려는 권고이다. 그렇지만 니체는 규범윤리 형태의 대안을 제시하지는 않는다. 니체의 비판이 계기가 되어 덕개념을 부정적으로 생각하는 일반적인 추세가 형성되었다. 덕은 시대에 뒤떨어진 낡은 단어가 되었으며, 사람들은 덕에 대해 부정적인 생각을 가지게 되었다. 이런 현상은 소위 근면함, 훈련, 정확함, 복종 등과 같은 부수적 덕들의 비판을 통해 더욱 뚜렷해졌

---

1) 참조. Werke, ed. Schlechta, Bd. III, 835

신학윤리학

다. 예외적인 경우들이 있긴 하지만[2] '덕'이란 단어는 과거에 속한다. 그러나 사실상 도덕론은 자기교육, 자기책임, 자율적 인격형성에 관심을 가지고 있었다. 도덕론은 품성을 근본자세의 표현이라고 본다. 오늘날에 덕 개념은 자연을 이용하는 데 절제의 문제로서 새롭게 부각되어졌다.

알래스데어 매킨타이어(Alasdair MacIntyre)는 덕의 의미에 관해 근본적으로 새로운 성찰을 하였다.[3]

---

2) Otto Friedrich Wollnow, *Wesen und Wandel der Tugenden,* 1958.

3) Alasdair MacIntyre, *Der Verlust der Tugend. Zur moralischen Krise der Gegenwart* (deutsch 1987, englisch: *After Virtue. A Study in Moral Theory,* 1981, 1984. 2. Aufl.)

2. 법과 규범

법(Gesetz)에 관한 주제들은 이미 윤리학의 신학적 근거를 제시할 때 자세하게 다루어졌다. 그때는 신학적인 근본적 구분의 필연성이 강조되었다.

윤리적 관점에서의 "법"은 다음에서 법의 일차적 사용, 즉 법의 정치적 사용을 자세하게 논의한다. 이때 중요한 것은 인간의 공동체 삶을 규제하는 법의 기능이다.

2.1. 개념과 문제제기

윤리적 판단과 행위의 방향설정을 위해 근본적인 개념은 "법"이다. 법(νόμος)은 무엇이 행해져야 할 것인가를 규정하는 질서규범이다. 이런 규범이 외부로부터 주어지면 타율적 규제가 이루어진다. 그밖에도 존재의 법과 당위의 법이 구분될 수 있다.

존재의 법은 인과율과 같은 자연법이다. 당위의 법은 공동생활을 위한 규범들이다. 또한 당위의 법의 경우에는 강제로 관철되어야 하는 법적 명령들과 윤리적 명령들이 구분되어야 한다. 윤리학에서 다루는 주제는 자연법이나 국법이 아니라 도덕법이다.

도덕법에 관한 많은 견해들에는 확고한 규범 형태의 윤리적 요구가 발견된다. 엄밀한 의미에서 "법 윤리"라 할 수 있는 것은 오직 이런 형태의 윤리적 요구뿐이다. 법의 명령에 따라 취하는 태도는 복종의 "덕"이다. 인간에게 외부로부터 요구들을 부과하는 그런 법 윤리는 율법주의라 할 수 있다. 물론 자유로운 자기 규정에서도 도덕법을 인정하는 일이 일어날 수 있다.

2.2. 기독교적 관점에서의 "법"

기독교에서 도덕법(praecptum morale, lex moralis) 개념은 처음부터 신학적으로 규정되었다. 율법에서 규정된 도덕적 행위의 의무는 법의 타당성 근거인 하나님 뜻의 권위에서 유래한다.

이레네우스는 처음으로 "도덕법"(praecptum morale)이란 표현을 사용했으며(Adv. hacr. IV, 15,1), 아우구스티누스는 "영원한 법"(lex aeterna)이란 개념을 사용했다.(contra Faustum XXII, 27-MPL 42, 418) 법의 권위는 입법자에게서 나온다. 법의 기능은 제재하는 것이다. 왜냐하면 순명이나 불순명에는 영원한 보상이나 영원한 형벌이 따르기 때문이다. 이런 의미에서 기독교윤리는 교부시대부터 계몽기에 이르기까지 보상윤리에 근거하였다.

크리스티안 볼프에게도 여전히 모든 윤리는 자연법의 구속력에 초점이 맞춰져 있었다. "도덕철학은 인간이 어떤 방식으로 자유의지에 따라 자연법과 일치하게 행동할 수 있는지를 가르치는 실천적 학문이다."[121] "법"은 자연에서 인간에게 주어된 지침이다. 도덕법은 인간에게 부과된 의무이다.

2.3. 근대의 법 해석들

칸트는 그의 비판철학에서 법은 외부에서 인간에게 부과된 권위 있는 요구라는 주장을 철저히 비판했다. 따라서 도덕법이 타당한 이유는 그것이 외부로부터 인간에게 타율적으로 부과되었기 때문이 아니다. 도덕법은 단지 도덕적 주체가 스스로 자기를 속박하기 때문에 타당성을 가진다. 이같이 칸트가 이해한 법은 객관적 내용과 무관하게 내적인 구속력에 의존한다. 『실천이성비판』에 의하면 정언명령은 가능한 보편적인 입법의 "단순한 형식"이다. 도덕적으로 선한 행위의 본질은 도덕적인 선의지(善意志)이다. "의지의 자율은 모든 도덕법들의 유일한 원리이다." 칸트에 의하면 도덕법이 유효한 이유는 그것이 자기입법에 의해 제정되었기 때문이다. 따라서 도덕법은 내용이 없다. 이렇게 해서 많은 논란의 대상이 된 칸트의 형식주의 윤리가 형성되었다. 칸트에 의하면 윤리학은 오직 도덕주체의 주체성에 의존한다. "그러므로 법에 대한 존중은 인륜성에 이르는 원동력이 아니다. 그 원동력은 주관적으로 원동력이라고 간주된 인륜성 자체이다."(KprV. Werke IV, S. 196) 따라서 칸트의 실천철학에서 법 개념은 이전과 달라진다. 이것은 윤리가 법 윤리로부터 신념의 윤리, 즉 의지의 규정과 양심의 윤리로 이행되었음을 의미한

---

4) Christian Wolff, *Philosophia moralis*, 1753, S. 518.

다. 자율, 즉 이성의 "자기입법"은 타자에 의한 입법인 타율과 대립된다. 칸트는 이성적 논증을 허용하지 않고 오직 하나님의 뜻에만 의존하는 경직된 교회종교를 타율의 대표적인 예로 지적하였다. 이와 달리 도덕적인 이성종교는 자율을 요구하며, 따라서 이성의 척도에서 평가될 수 있어야 한다.

헤겔과 슐라이어마허는 칸트를 비판했다. 헤겔은 칸트의 도덕법은 구체적인 현실성이 결여된 추상적이고 형식적인 보편성이라고 비판했다.[5] 실질적인 도덕에 도달하기 위해서는 단지 주관적 "신념" 이외에도 객관적 도덕에 대한 존중, 즉 가정, 시민사회와 국가와 같은 인륜적 집단들에 대한 애정이 필연적으로 요구된다는 것이다.

슐라이어마허는 도덕적 의무들에 대한 서술적 이해를 요구하며, 따라서 자연법과 도덕법을 철저하게 대립시킨 칸트에게 이의를 제기한다. 그렇지만 칸트에 대한 비판에도 불구하고 칸트의 사상이 철학적이고 윤리학적인 법 이해에서 중요한 전환점이 되었음을 부정할 수는 없다. 왜냐하면 칸트 이후 전통적인 법 윤리가 흔들리게 되었기 때문이다. 전통적인 법 윤리에 대해 규범윤리, 결의론, 율법주의와 타율이란 비판이 제기되었다.

2.4. 규범 개념

윤리적 내용과 관련된 "법"의 윤리는 행위규범들에 관한 성찰에 의해 지지되어야 한다. 그러나 윤리학에서 "규범"이란 무엇인가?

---

5) 참조. F. Hegel, *Phänomenologie des Geistes*, hg. Hoffmeister, S. 305.

규범은 규칙, 척도, 규정을 의미할 수 있다. "규범"이란 개념은 다음과 같이 세 가지 의미로 분류될 수 있다.

1) 평균적 가치, 즉 "사람들은 이렇게 한다"와 같은 통상적인 규범. 여기서 규범은 사실적으로 주어진 상태를 기술한다.

2) 추상적인 개념으로서의 규범. 도대체 무엇이 규칙적인 것인가? 규범은 이상적인 개념이며, "이념형"이라 할 수 있다.

3) 도덕적이고 법적인 의미에서의 규범. 이때 "규범"은 규정된 어떤 것을 행해야 하는 일반적인 명령을 의미한다. 규범은 목표지향적인 행위를 규정하는 진술이다.

그러나 행위의 목표를 설정하는 것은 결코 그 자체가 경직된 "법칙성"을 의미하지 않는다. 규범은 척도를 제시해 줌으로써 방향설정에 도움을 줄 수도 있다. 뿐만 아니라 규범이 없다면 어떤 의사소통도 불가능하다. 언어규칙들과 행동규칙들, 논리적 규범들이 주어질 때 비로소 논리적인 담론과 논증이 가능하다. 독일 공업규격들(DIN)이 좋은 예이다. 법적인 원칙과 윤리적 원칙은 "실천적" 규범이라 할 수 있다. 윤리적 판단과 행위를 평가할 모종의 준칙들이 없다면 규범윤리는 전혀 불가능하다.

규범들의 타당성 근거를 제시할 때는 몇 가지 특별한 문제점들이 발생한다. 하나님 뜻의 권위에 호소함으로써 구체적인 개별적 규범들의 절대적 근거를 제시하는 것은 철학적으로도 인식론적으로도 문제점이 있다. 규범들은 오직 일관성과 실천가능성을 중심으로 평가될 수 있다. 말하자면 규범은 무엇보다 전통과 전승, 즉 경험에 근거한다. 규범은 순수이성에 의해 구성된 것이 아니다.

신학윤리학

윤리적 규범은 종종 "선을 행하라", "이웃사람의 존엄을 존중하라"와 같은 추상적 원리들이다. 그렇지만 규범이 구체적이고 실천적으로 효력을 인정받기 위해서는 경험을 통해 매개되어야 한다. 따라서 구체적인 규범들은 "융합된 규범들"이다. 구체적인 규범들은 도덕적 요구들과 현실적 여건들이 융합되어 형성된다. 이때 도덕적 판단은 동시에 사실에 대한 판단에 근거한다. 그러나 이미 구체적인 현실과의 불가피한 관계 때문에 규범에 초점을 맞춘 판단은 필연적으로 상황과 관련된 판단이다.

오늘날에는 19세기와 20세기에 처음으로 윤리학의 중심 개념이 된 규범이란 개념이 전통적인 법 개념을 대체한다. 규범 개념으로의 대체는 칸트 윤리의 해결되지 않은 문제점에 대한 반작용이다. 정언명령은 형식적이고 칸트의 근본 규범 자체는 내용이 없었기 때문에 어떻게 구체적인 판단기준과 규범에 도달할 수 있느냐 하는 물음은 여전히 미해결 상태이다. 19세기에는 다양한 방식으로, 우선 객관화하면서, 서술적이고 경험적으로 규범들과 가치들을 확인하고자 했다. 그 의도는 실질적이고 내용이 채워진 윤리학, 즉 "실질적인 가치윤리학"(Max Scheler)을 수립하는 것이었다.

윤리학에서 가치와 규범에 대한 근본적인 반론은 특히 주목하여 다룰 필요가 있다. 규범에 주목하면 필연적으로 – 신학적 윤리학, 좀더 정확하게 말해 가톨릭 신학적 윤리학을 위해 중요한 – 결의론의 문제점에 이르게 되지 않는가?

3. 결의론

3.1. 개념과 문제제기

결의론(決疑論, Kasuistik)은 특히 도덕론과 법학에서 "개별적인 경우들에 관해 논의하는 것"이다.[6] 더 나아가 그 단어가 머리카락을 세듯이 사소한 것을 지나치게 세세하게 따지는 것과 동의어로 이해된다면 부정적인 의미로 사용된다. 그러나 결의론은 무엇보다 철저하게 사실적인 논증을 통해 개별적 사안에 규칙을 적용하는 것, 즉 의무들 사이에 충돌이 발생할 경우 어느 것이 우선하는지 평가하는 것이다.

윤리학 교과서에 수록된 전통적인 예는 두 명의 조난자들이 취할 올바른 태도에 관한 논의이다. 그들에게는 구조를 위해 이용할 수 있는 단 하나의 널빤지만 있고, 그 널빤지에는 단 한 사람만 탈

---

6) * 결의론(決疑論 Kasuistik, casuistry)은 보편적 원리를 개별사례에 적용시키는 방법론이다. 신학에서는 윤리학의 일부 또는 도덕원리들을 개별사례에 적용시키는 방법을 뜻한다. 결의론 에 해당하는 영어단어 casuistry는 사례(case)를 뜻하는 라틴어 casus에서 파생된 용어로서 신학 뿐아니라 법학, 심리학,의학등 다양한 학문분야에서 쓰인다. (한국 가톨릭 대사전 1,p.316)

수 있다. 이것은 키케로에 의해 처음으로 논의된 소위 구조선 딜레마이다.

결의론은 부분적으로 유대교에서와 가톨릭의 도덕신학에서 중요한 역할을 한다. 결의론은 순수한 상황윤리에 의해 거부되며, 더 나아가 개신교 윤리학도 결의론을 반대한다.

그 개념을 설명하기 위해서는 법과 윤리성의 구분에 주목하는 것이 중요하다. 결의론의 문제는 윤리를 사법적 관점에서 이해하는 문제이기도 하다. 왜냐하면 법학은 규범학문으로서 결의론이 없이는 존립할 수 없기 때문이다. 법규범을 구체적인 사안들에 적용하는 것은 결의론적으로만 가능하다.[7]

3.2. 법에서의 결의론

어떤 법질서도 결의론을 완전히 포기할 수는 없다. 왜냐하면 사법적 판단의 출발점은 "개별 사안"(casus)이기 때문이다. 개별 사안이 일반화되어 법규범이 형성된다.(참조. Numeri 27,1-11)

로마법은 개별 사안들의 수집을 통해 점진적으로 형성되었다. 그렇지만 법규범은 시간이 흐르면서 추상적이 되어 현실과 동떨어지게 될 위험이 있다. 예를 들어 현실과 동떨어진 독일 혼인법은 70년대에 완전히 개정되었어야 했다. 그러므로 법규범이 실생활과 어떻게 연관되어 있느냐 하는 점이 밝혀져야 한다. 그렇지 않으면 기존의 구체적인 질서를 무시하고 규범이 자의적으로 해석되고 적용

---

7) 참조. Joseph Klein, "Ursprung und Grenzen der Kasuistik", in: *Skandalon*, 1958, S. case

되는 일이 발생한다. 만일 규범이 추상적으로 파악되면 규범은 형식적이고 내용이 없게 된다. 그래서 로마의 법률가들은 언제나 규범이 추상화되는 것을 경계했다.

그러므로 로마법은 정의가 추상화되는 것을 피하기 위해 결의론적 방법론을 고수했다. 로마의 법률가들은 법 조항들에 의해 법을 추상적으로 표현하는 것보다 구체적 사안들을 참고하여 법을 발견하는 것이 훨씬 덜 위험하다고 보았다.

지금까지도 영국식 판례법은 여전히 사례 중심적이고 결의론적이다. 이런 유형의 결의론은 실생활과 동떨어진 형식주의와 규범주의를 저지할 것이다. 즉, 결의론은 구체적인 상황들을 생생하게 반영해야 한다. "결의론적 사고는 사실과 연관된 구체적인 사고방식인데, 이렇게 사고할 때 이전의 판례에서 인식되고 공식적으로 인정된 규범이 현재의 사안에 요구되는 창조적인 법을 발견하는 데 도움이 된다."(Klein, S. 371)

그렇지만 법 결의론이 규범주의에 빠지게 된다면 이런 방식의 결의론적 사고는 문제시 된다. 그렇게 되면 사례들을 수집하는 대신 논리적 추리의 도움으로 모든 사안에 대해 법적으로 유일하게 "옳은 것"을 추론하게 된다는 것이다. 결의론은 법실증주의에서 이같이 잘못된 방식으로 적용되었다. 규범이 결의론적으로 적용되면 언제나 구체적인 인간의 실존이 배제된다. 그렇게 되면 경우의 결의론과 규범의 결의론 사이에 추상적인 합법성이 등장한다. 여기서 결의론에 대한 신학적 비판이 개입하게 된다. 결의론은 "합법적"이며, 합법성에 빠지게 한다는 것이다.

3.3. 신약성서에서의 결의론

이제 신약성서에서 결의론에 대해 어떻게 생각하는지 살펴보자. 랍비들은 결의론을 사용하여 토라를 해석했다. 이런 율법해석은 후에 탈무드에서 문서화되었다. 하나님의 계명을 정확하게 지켜야 한다는 지나한 열정은 언제나 점점 더 극단적으로 세심해지는 경향을 가진다.[8]

예수는 랍비적 결의론에 대해 어떻게 생각하는가? 예수의 견해는 마가복음 2장 27절에 잘 나타난다. "안식일이 사람을 위하여 있는 것이요, 사람이 안식일을 위하여 있는 것이 아니다." 그러므로 율법 자체가 목적은 아니다. 훨씬 더 중요한 것은 율법이 무엇을 위해 주어졌느냐 하는 율법의 목적이다.

율법의 규정을 결의론적으로 실천하려 하면 율법의 정신에 어긋나게 된다. 율법 전체의 계명들을 결의론적으로 실천한 대가로 죄로부터 자유로워질 수는 없다.(참조. 막 7:11) 오히려 결의론은 자칭 "경건한" 사람이 스스로 의롭다고 생각하는 구실을 제공할 위험성이 있다. 그렇게 되면 율법의 완성인 사랑이 성취되지 못하게 된다.(롬 13:10)

예수는 그런 윤리적 결의론과 종교적 결의론과 맞서 싸웠다. 그런 결의론은 위선과 율법주의에 빠지게 하며, 사랑을 무시하고 손상시킨다고 생각했기 때문이다. 예수에게 중요한 것은 절대적 요구를 종교적 계명들과 윤리적 명령들에서 일일이 제시하는 것이 아니

---

8) 참조. 신약성서에는 다음과 같은 랍비적 결의론의 예들이 있다. 안식일에 밀 이삭을 자름(막 2:23), 안식일을 거룩하게 지킴(막 3:1-5), 레위의 정결예식(막 7:1-23), 고르반(막 7:11)

라 사랑의 절대성이다.

결의론은 바울에게서도 발견된다. 바울은 고린도 교회에게 구체적으로 충고할 때 결의론적으로, 즉 사안들에 따라 세분하여 논증한다.(고전 7장, 8장, 10:24ff.)

그후 결의론의 윤리적 논증형식은 특히 가톨릭의 도덕론에서 수용되어 사용되었다.

3.4. 가톨릭 윤리학에서의 결의론

결의론은 신약성서 이후의 시대에 기독교 윤리에서 어떻게 형성되었는가? 결의론의 윤리적 논증형식은 특히 가톨릭 교회의 도덕론에서 수용되어 사용되었다.

헬레니즘의 로고스 개념이 수용되면서 거의 동시에 스토아 철학의 법 개념이 수용되어 유대교의 율법 이해와 결합되었다. 그리스도인은 도덕법을 따름으로써 그의 그리스도인다움을 증명한다. 그는 새로운 "순명"을 실천한다. 이런 새로운 순명의 실천을 위해 제도적인 참회가 형성된다. 참회가 관습화되면서 필연적으로 참회규정들이 체계화된다. 어떤 범죄에 대해 어떤 참회가 벌로서 부과되어야 하는가? 훈계가 교회의 참회제도를 통해 성스러운 판결이 된다. 후에는 『헤르마스의 목자』(Die Hirte des Hermas)가 법적 효력을 가지게 되었다. 헤르마스는 교회에서 파문당하는 무거운 죄와 다양한 참회의 가능성들이 있는 가벼운 죄를 구분했다.(Mand. IV, 3,1-7)

서양에서는 결의론이 '스코틀랜드의 참회서들'(poenitentialbücher der Iroschotten)을 통해 보급되었다. 개개의 죄들에 대해 고해 실천을 위해 정해진 벌들이 있듯이 모든 양심의 사안에 대해 명백한 규범을 가지는 하나의 의무론이 개발되었다.

중세의 전체 고해사례에서 그리고 트리엔트공의회 이후의 가톨릭 교회에서 결의론이 완성되었다. 결의론이 고해에 관한 논의에도 적용되었다. 고해는 "입의 고백"(confessio oris), "진심으로 뉘우침"(contritio cordis), 행위의 배상"(satisfactio operis)의 세 부분으로 이루어진다.(Tridentinum, sessio XIV) 이 세 부분들은 소위 고해성사의 "내용들"이다. "형식"은 사죄선언문이다. 트리엔트공의회에 의하면 사죄의 전제는 용서받을 수 없는 모든 죄를 고백하는 것이다. 가벼운 죄들은 고백하지 않을 수 있다. 죄를 범하게 된 상황도 고백되어야 한다. 그럴 때에만 죄의 무게(gravitas criminum)와 배상 정도가 정해질 수 있기 때문이다. 사죄는 판결 행위이다.

고해행위가 법제화되어 용서받을 수 없는 죄와 가벼운 죄를 구분하게 됨으로써 결의론은 규범주의에 빠지게 된다. 왜냐하면 죄를 범한 사람의 인격이 아니라 행위만이 결의론적으로 파악될 수 있기 때문이다. 따라서 지침서들은 생각할 수 있는 모든 경우에 윤리적으로 이론의 여지가 없는 태도를 결의론적으로 규정한다.

이런 결의론의 윤리적이고 신학적인 문제는 교회법과 도덕의 결합에 있다. 제2차 바티칸공의회 이전의 교회법적 결의론에는 종종 구원의 탈개인화 현상이 발견된다. 성직자의 조언을 무시하거나 명령을 따르지 않으면 구원에 이르지 못한다. 윤리적 준칙들은 교회법에 미리 명시되어 있으며, 올바른 태도에 연역적으로 적용되어야 한다. 이때 선한 것이 무엇이냐 하는 것은 이미 전제되어 있다. 윤리는 율법주의가 된다.

결의론에 대한 근본적인 투쟁은 19세기에 이미 자일러, 히르셔,

린젠만과 같은 가톨릭 윤리학자들에 의해 시작되었다. 결의론은 오늘날에도 변함없이 교회법에서, 신적인 법의 지혜에서, 특히 혼인법에서(예를 들어 혼인의 효력과 무효에 관한 결정에서) 그리고 성례전 법에서 (헌금의 타당성, 참회의 실천, 사면에서) 하나의 역할을 한다. 결의론은 예배의식에서도 하나의 역할을 한다. 그리고 이전에는 교의학에서 "확실한 견해"(sententia certa), "개연적인"(probabilis), "승인되지 않은"(improbata)과 같이 신학적인 확실성 등급들과 검열들을 규정하는 목록이 있었다. 결의론의 이런 적용은 법제화의 간접증거이다.

그렇지만 제2차 바티칸공의회 이후에는 가톨릭 도덕신학의 근본적인 개혁이 두드러지게 나타난다. 고해를 위한 신학적 지침서는 도덕적 판단이 객관적으로 주어진 행위규범에 이르는 (규범들로부터의) 연역을 포기한다. 이 지침은 확정된 규범들을 개별적 사안들에 적용하는 것이 아니라 행위목표들을 향한 신학적 방향설정을 강조한다. 성취가 아니라 목표가 중요하다.

3.5. 개신교 신학의 견해

개신교 윤리는 모든 규범에서 결의론을 단호하게 거부한다. 개신교의 근본명제는 자유에서의 책임이다. 그러나 그렇다고 해서 개신교 윤리가 규범들과 지침들을 완전히 포기할 수 있는가? 칸트도 결의론을 해체된 이론이라고 생각하여 거부했다. 그러나 그는 결의론을 "준칙이 개별 사안들에 어떻게 적용되느냐"[9] 하는 논의로서는

---

9) I.Kant, *Metaphysik der Sitten*, Werke IV, S. 543.

허용했다. 그러므로 설득력 있는 개신교 윤리가 실제로 결코 규정할 줄 모르는 순전한 상황윤리일 수 있느냐 하는 물음이 제기될 수 있다. 트리엔트공의회의 고해실천과 트리엔트교회회의 이후의 결의론에 대한 개신교의 비판에도 불구하고 윤리학에서 "개신교적" 결의론의 가능성에 대한 물음이 제기된다.

악셀 데네케(Axel Deneke)는 개신교적 결의론의 가능성을 제안하였다.[10] 그는 윤리학의 단초를 원론적으로 고찰하고, 그런 고찰들을 둘러대는 거짓말이나 병상에서의 진실성과 같은 사안분석과 결합하였다. 논란이 많은 "둘러대는 거짓말"의 예에서는 무엇보다 사법적 결의론에 의거한 해결이 제안된다. 아우구스티누스 이후 둘러대는 거짓말은 "커다란 문제"(magna quaestio)로 간주된다. 1880년부터 1970년 사이에만 115개의 문서들이 주제로 작성되었다.

악셀 데네케에 의하면 슬쩍 둘러대는 거짓말(遁辭, 둔사, 임시변통의 거짓말, Notlüge)을 판단하기 위해서는 언어적 차이에 주목하는 것이 필요하다. 객관적 진리와 주관적 진실은 서로 다른 차원의 개념들이다. 거짓말과 진정성은 4가지 측면에서 구분되어야 한다.

(a) 사실에 관한 논리적인 "거짓말", 즉 오류, 거짓 정보.

(b) 존재에 관한 존재론적 "거짓말", 즉 가상, 이데올로기적 기만.

(c) 외적인 거짓, 즉 객관적으로 입증할 수 있는 말과 생각의 불일치, 그리고

(d) 내적 거짓, 즉 단지 자신이 주관적으로만 성찰할 수 있는 위선.

---

10) Axel Deneke, *Wahrhaftigkeit. Eine evangelische Kasuistik. Auf Suche nach einer konkreten Ethik zwischen Existenzphilosophie und katholischer Moraltheologie,* Göttingen 1972.

    이런 구분은 의미론적(결의론적) 차이의 도움으로 슬쩍 둘러대는 거짓말이란 개념의 의미를 정확하게 이해할 수 있게 해준다. "슬쩍 둘러대는 거짓말은 내적 진정성의 의미에서 필연적인 외적 불성실이다." 불성실은 신뢰를 깨뜨린다. 따라서 다음과 같은 윤리적 물음이 제기된다. "슬쩍 둘러대는 거짓말은 신뢰를 깨뜨리고, 사람들 사이의 연대성을 깨뜨리며, 그와 함께 사랑의 가능성을 파괴하는가?

    이런 예에서 볼 때 개신교 윤리도 판단의 기준들과 "지침들"을 포기할 수 없음이 드러난다. 이와 함께 규범과 가치에 관한 주제를 후에 논의해야 할 필요성이 드러난다. 결의론은 재산검토와 의무충돌의 물음과 관련되며, 판단기준들에 관한 의식과 관련된다.

신학윤리학

4. 의무

4.1. 개념

"의무"란 개념은 윤리적 요구에서 마땅히 해야 하는 것을 강조한다. "윤리"란 의미로 사용된 단어(τό καθῆκον, 마땅한 것, 합당한 것)는 스토아 철학의 윤리학에서 처음으로 발견된다.

의무란 개념은 키케로를 거쳐 기독교윤리에 유입되었다. 의무란 개념이 책무란 의미에서 윤리학의 중심 개념이 된 것은 계몽주의 윤리학에서였다. 칸트와 피히테에게서 의무는 윤리 전체의 본질을 가리킨다. 칸트에 의하면 의무는 무조건적 당위성이 가지는 구속력을 요구한다.

칸트와 피히테는 의무란 개념을 단수로 사용하는데 반해, 오늘날에는 오히려 구속력 있는 당면한 과제들이란 의미에서 "의무들"이란 복수를 사용한다. 그런 과제들은 직업의무들과 같은 한 개인의 기능, 즉 그의 역할에서 발생한다.

4.2. 칸트에게서 "의무"

칸트에 의하면 의무는 "무조건적으로 실행해야 하는 필연성"이다. 의무는 "이 법에 대한 순수한 존중에서 나오는 행위"로서의 도덕성으로부터 발생한다. 이에 반해 "합법성"은 내적 의무감이 없는 상태에서 단순히 법을 따르는 것이다.

그렇다면 의무의 근거는 무엇인가? 칸트에 의하면 의무는 어떤 경우이든 무조건적인 자기 통제, 이성적 자유의 인지, 자율이다. 칸트는 의무를 거의 열광적으로 찬양한다.

> "의무, 그대 숭고하고 위대한 이름이여! 그대는 호감을 살만한 어떤 것도 그대 안에 가지고 있지 않으면서 복종을 요구한다. 그렇지만 그대는 의지를 움직이기 위해 심성의 자연적 성향을 자극하고 놀라게 한 어떤 것으로도 위협하지 않으며, 단지 스스로 심성에서 입구를 발견하는 하나의 법을 세운다. 그렇지만 그대는 스스로 의도하지 않고도 존경을(비록 언제나 복종은 아니지만) 받는다. 그 법 앞에서 모든 성향들은 침묵한다. 비록 그 성향들이 속마음으로는 그 법을 거부한다 할지라도 말이다. 그대의 품위에 어울리는 근원은 무엇인가? 심적 성향들과의 모든 친족관계를 당당하게 뿌리치는 그대의 고상한 혈통의 뿌리는 어디인가? 인간만이 스스로 자신에게 부여할 수 있는 그런 가치의 필수적인 조건은 어떤 뿌리에서 자라나올 수 있는가?"[11]

(a) "보편적 법이 되기를 바랄 수 있는 준칙에 따라서 행동하시오."

---

11) Immanuel Kant, *Kritik der praktischen Vernunft, Analytik,* ed. Weischedel, IV, S. 209.

신학윤리학

(보편화 능력)

(b) "당신의 행위의 준칙이 당신의 의지를 통해 보편적 자연법이 되도록 그렇게 행동하시오." (합리성)

(c) "당신의 인격에는 물론 모든 다른 인격들에도 있는 인간성을 결코 수단이 아니라 언제나 동시에 목적으로서 필요로 하듯이 그렇게 행동하시오." (인간을 도구로 생각하지 않음)

이런 형식의 명령은 정언적(定言的)이다. 그 명령은 상황에 따라 개별적인 목적 달성에 의존하지 않고 근본적으로 타당하기 때문이다. 이와 같이 가언명령들은 역사성의 규칙들이나 현명한 조언들이다. 예를 들어 "만일 당신이 건강하게 살고 싶다면 담배를 피우거나 술을 마시지 말아야 한다"는 조언이 그렇다. 가언명령은 "만일 ~이라면, ~이다.(Wenn … dann)"라는 가언명령의 형식을 취한다.

이와 함께 의무는 내적 신념의 과제가 된다. 어떤 행위가 "도덕적 가치"를 가지는 것은 그 행위가 사랑이나 동정과 같은 심성의 경향성 때문이 아니라 의무감에서 행해질 때 뿐이다.[12]

---

12) Immanuel Kant, *Kritik der praktischen Vernunft*, Analytik, ed. Weischedel, IV, S. 24.

4.3. 칸트에 대한 비판

실러는 칸트의 의무엄숙주의에 대해 다음과 같이 비판한다.

"나는 기꺼이 친구들을 위해 헌신하지만,
유감스럽게도 나는 심성의 경향성이 그렇기 때문에 그렇게 한다.
그렇지만 나는 종종 화가 난다.
내가 도덕적이지 못해서 말이다.
내가 당신에게 조언할 수 있는 단 한 가지는,
그런 심성을 무시하려고 노력해야 하며,
그 다음에는 의무가 당신에게 명령하는 것을,
혐오감을 가지고 행하고자 해야 한다는 것이다."

칸트에 대한 비판은 다음과 같이 요약할 수 있다.

(a) 칸트의 개인주의에 대한 반론은 그의 윤리가 단지 개별적 주체만 중요하게 생각한다는 점이다.

(b) 또 다른 반론은 엄숙주의를 비판하며, 오직 선의지만 강조하고 행위의 결과는 평가하지 않는 신념윤리의 내면화를 비판한다.(M. Weber)

(c) 그리고 마지막으로 현실적 가치를 강조하는 가치윤리는 칸트 윤리의 형식주의를 비판한다.(Max Scheler)

(d) 더 나아가 칸트에게는 가치들 사이의 충돌이 존재하지 않는다는 사실도 비판적으로 주목할 필요가 있는 부분이다. 왜냐하면 의무는 언제나 하나의 절대적인 것을 요구하기 때문이다.

스토아 철학의 전통과 그에 따르는 고대교회의 전통은 칸트와 반대로 다양한 의무들에 관해 말한다. 멜랑히톤은 인간의 의무들을 하나님에 대한 의무, 이웃에 대한 의무, 자기 자신에 대한 의무로 구분한다. 이런 윤리이론은 현실적 윤리도 포함한다. 이 이론은 경험을 반영한다. 왜냐하면 의무들은 사회적 합의의 결과이며, 따라서 사회적 규범체계를 지향하기 때문이다. 직업의무, 계약의무, 의사의 의무, 친구의 의무, 재판관의 의무들이 있다. 의무와 관련된 중요한 물음들에는 다음과 같은 것들이 있다. 나는 누구에게 잘못을 범했는가? 나는 누구에게 의무가 있는가? 로스(W. D. Ross, 1877-1940)는 이런 의미에서 "명백한 의무들"(prima facie duties), 즉 가장 분명한 윤리적 요구들에 관해 말한다.[13]

이같이 의무를 경험과 관련하여 해석하는 의무론은 의무를 무조건적인 당위성 요구라고 보는 칸트의 이론과 다르다. 말하자면 그렇게 이해된 의무들은 다양한 삶의 정황들에서 이행된다. 이때 기준이 되는 것은 단수로 사용된 의무의 경우에서처럼 선과 악의 절대적 차이가 아니라 올바름과 그릇됨의 차이이며, 개별적 사안에서의 사태정합성 여부이다. 그런 의무들은 조건적 의무들이다.

그런 의무들은 특정한 전제들에서 유효하다. 예를 들어 만일 당신이 의사라면 당신에게는 히포크라테스의 선서를 이행해야 하며, 재판관이라면 객관적이고 공정하게 판결해야 할 의무가 있다. 개별적 의무들 사이에서 고민할 경우에는 재산상의 효용성과 가치를 고려해야 한다. 둘 중에 덜 나쁜 것을 선택해야 할 경우도 있고, 의무들 사이에 충돌이 있을 수도 있다. 다양한 의무들에 관한 이런 견해는 규범과 가치에 대한 물음의 결과이며, 제도화된 요구들에 대한 물음의 결과이다.

---

13) W. D. Ross, *The Right and the Good*, Oxford 1973.

5. 자율성

5.1. 개념

윤리적 요구로서의 자율(Autonomie)은 다양한 관점에서 해석될 수 있다.

(a) 자율은 자기규정이며 이성적 자유이다. 자율과 반대 개념은 법 윤리의 타율(Heteronomie)이다. 그러므로 자기입법으로서의 자율은 계몽의 요청이다. 윤리적 주체는 종교적, 교권적, 법률적 후견이나 감독으로부터 자유롭다. 칸트는 이런 의미에서 계몽(Aufkrärung)에 대한 물음에 다음과 같이 대답한다.

> "계몽은 인간이 자기 탓인 그의 미성숙으로부터 벗어나는 것이다. 미
> 성숙이란 다른 사람의 지도 없이 자신의 지성(이성)을 사용할 수 없는
> 무능력 상태를 말한다."

(b) 자율은 윤리학의 방법적 자립, 사실합법성, 실천이성의 "자기합법성"을 의미할 수 있다. 윤리학은 "자율"에 의해 비로소 고유한

자립적 학문이 된다. 자율은 윤리적 논의가 정치적, 신학적 그리고 이데올로기적으로 미리 주어진 원칙으로부터 독립적이게 해준다.

(c) 더 나아가 자율 개념은 세속화, 즉 "성인된 세계"(mündige Welt, 디트리히 본회퍼)를 인정하는 것과 관련이 있을 수 있다.

대단히 다양한 자율 개념은 자기규정(자유), 자기입법 그리고 자기합법성을 포괄하는 개념이다.

5.2. 철학적 해석

그리스인들에게 자율은 무엇보다 정치적 개념이었다. 이 개념에서 중요한 것은 그리스 도시국가들이 정치적 독립성이었다. 외적인 정치적 자유는 자율이며, 그 반대 개념은 전제정치이다.

아우구스부르크의 종교평화 조약에 의하면 자율은 법 개념으로서 지역 영주의 영토주권이다. 자율은 국가권력의 입법권한을 가리키는 법 개념이었다.

자율은 칸트를 통해 비로소 윤리학의 근본개념이 된다. "모든 철학은 자율이다."(Opus Postumum, Akad. Ausg. 21, 106)

칸트의 실천철학에서 자율은 윤리학의 최고 원리이다. 왜냐하면 의지의 자율, 즉 윤리적 선의지의 자기규정은 모든 윤리의 출발점을 형성하기 때문이다. 인간은 이성적 존재로서 스스로를 규정해야 하고 또 그렇게 할 수 있다. "의지의 자유와 의지의 자기입법은 자율의 두 유형으로 서로 교환 가능한 개념이다."[14] 이때 칸트는 타율

---

14) I. Kant. *Grundlegung zur Metaphysik der Sitten*, Akad. Ausg. 4, 450

로서의 종교적 타자규정을 단호하게 거부한다. 칸트 이후로 도덕의 근거와 관련하여 자율적이고 이성적인 논증과 종교적이고 타율적인 논증 사이의 대립적 입장이 견지된다.

칸트를 비판하는 사람들은 이미 일찍부터 이런 대립을 보았다. 바더(F. von Baader)는 칸트의 주장에 대해 다음과 같이 반박했다. "칸트 이후 그런 절대적 자율에 근거하여 구축된 우리의 모든 새로운 도덕이론들은 이미 원칙적으로 … 혁명적이며, 반종교적이고 반도덕적이다.

칸트 이후 자율과 신율(Autonomie und Theonomie)의 관계를 둘러싼 논쟁이 이루어지고 있다. 가톨릭 신학에서는 "하나님 없는 세계상"(Weltbild ohne Gott)인 자율주의를 퇴치하려는 노력이 있었다. 하나님 없이는 어떤 윤리도 있을 수 없다는 것이다. 인문주의는 당연히 종교적 신앙에 대해 대립적 입장을 취했다. 에리히 프롬(Erich Fromm)은 외부의 권위를 통해 규범과 계명이 제정되는 "권위적" 윤리와 인문주의 윤리를 구분하며, "권위적 양심"과 "자율적 양심"을 구분한다.[15]

5.3. 가톨릭 신학에서 자율적 도덕

도덕의 자율에 관한 문제는 특히 비교적 최근의 가톨릭 도덕신

---

15) Erich Fromm, *Psychoanalyse und Ethik*, 1954, S. 21f.

신학윤리학

학에서 활발하게 논의되었다. 이때 다양한 관점들이 제시되었다. 알폰스 아우어(Alfons Auer)의 『자율적 도덕과 기독교 신앙』(Autonome Moral und christlicher Glaube, 1971)이 논의의 단초를 제공했다. 이때 다음과 같은 쟁점들이 드러났다.

(a) 그리스도인의 자율적인 양심의 결정은 순명을 요구하는 교도권과 어떤 관계에 있는가? 도덕적 물음들에서, 특히 임신규정을 위한 교황 바오로 6세의 회칙 「인간의 성」을 통해 야기된 성윤리의 문제에서 교도권이 가지는 권한에 대해 의구심이 제기되었다. 윤리적 근본원리들의 명증성과 "관습에서" 구속력 있게 지시할 수 있는 교도권의 권위는 어떤 관계에 있는가?

(b) 그리스도인의 윤리는 내용에 있어서 다른 윤리인가? 세상과의 관계에서 특별히 기독교적인 신앙윤리가 있는가? 아우어에 의하면 "그리스도인은 모든 다른 사람들과 마찬가지로 사람이다. 그리스도인만을 위한 윤리교본은 없다. 인간적인 것은 이방인과 그리스도인에게 모두 인간적이다. 그러나 기독교 신앙은 신앙인에게 새로운 의미지평에 설 것을 요구한다."(S. 25) 아우어에 의하면 인간의 이성은 세계질서의 합법칙성을 발견하여 파악할 수 있다. 따라서 인간은 윤리적으로 책임적인 존재가 되기 전에 먼저 믿어야 하는 것은 아니라는 것이다. 아우어의 이런 견해는 모든 사람은 "법"을 알 수 있다는 종교개혁의 주장과 일치한다. 기독교 신앙은 더 많은 새로운 윤리적 내용을 요구하지 않는다. 기독교 신앙은 단지 새로운 동기를 부여하고, 고무하는 힘을 가지며, 하나님에 대한 믿음의 새로운 의미지평을 제시한다. 아우어는 이런 기독교적 자율에 대해 "기독교적인 자율적 도덕"이란 표현을 사용한다.

이에 대해 엄격한 신앙윤리는 "기독교적인 자율적 도덕"과 함께 기독교 윤리는 세속주의에 빠지게 된다고 비판한다. 자율적 도덕은 "하나님 없는 도덕", 즉 "마치 신이 존재하지 않는 것처럼"(etsi deus non daretur)의 윤리라는 것이다. 자율적 도덕에 대한 가톨릭 내부의 논쟁에서 중요한 것은 다음과 같은 근본적인 물음이다. "신앙 없는 윤리, 그리스도의 계시가 없는 윤리는 전혀 불가능한가?" 다시 말해 "기독교 윤리의 내용적 특징은 무엇인가? 기독교 신앙이 윤리에 기여하는 것은 무엇인가?"

"자율적 도덕"이 요구하듯이 자율은 세속적 생활영역의 독립성, 즉 제2차 바티칸공의회가 인정했듯이 세상의 "자율"을 존중하게 한다. 자율은 세속적 삶이 교권주의에서 벗어나게 해주고, 세속적 존재의 독립성을 인정하게 해준다. 이로 인해 결과적으로 세속의 직업윤리로의 전환이 일어난다. 더 나아가 신학적 윤리학이 사회과학과 인문학과 협력할 수 있는 가능성이 열려진다. 윤리학은 자체가 인문학이기도 하다. 마지막으로 윤리적 논의의 방법론적 독립성이 보장된다.

아우어는 토마스 아퀴나스와 자연법사상에 근거하여 자율적 도덕을 구상하였다. 아퀴나스에 의하면 윤리는 "자연적 경향성들"에 근거한다. 따라서 자연법은 이성의 법이다. 이때 아우어가 중요하게 생각한 것은 "합리성", 즉 "윤리적 주장들의 진리능력"이다.

그렇지만 자율 원리는 윤리학의 형이상학적 논증에 대한 칸트의 비판과 계몽주의의 주된 관심사이다. 따라서 "자율적 도덕"은 무엇보다 가톨릭 신학이 계몽주의와 칸트와 긍정적으로 논쟁한 결과이다. 처음으로 칸트는 하나님의 뜻의 권위와 특정한 계명에 의존하지 않고 윤리를 철저하게 합리적으로 논증하고자 했다. 윤리적 자유와 이성의 자율의 이런 열정에 반대하여 19세기 로마의 교도권은 칸트를 단죄했다. 오늘날 신앙윤리를 신봉하는 사람들과 형이상 학적 윤리를 옹호하는 사람들은 자율적 도덕을 타락사건에 비유한 다.[16] 이런 타락사건의 이름들은 칸트, 쇼펜하우어, 포이어바흐, 니 체이다. 만일 윤리학이 포이어바흐가 주장하듯이 의학과 같은 경험 과학이어야 한다면 이것은 형이상학의 초월관계가 결여되어 있기 때문에 결국 행복주의, 쾌락주의와 허무주의에 빠지게 되며, 간단 히 말해 윤리적 카오스에 도달하게 된다는 것이다.

사실 그런 계보학을 가지고는 아무것도 입증할 수 없다. 그런 계 보학은 전혀 다르게 구성될 수도 있을 것이다. 가톨릭의 도덕신학 에서 자율적 도덕의 위치는 다음과 같은 사실들에서 분명하게 드러 난다.

(a) 이성의 비판이 교도권의 권위를 대체한다.

(b) 자율적 윤리학에서는 주체가 중심적 위치를 차지한다. 자유가 없다면, 인격적 결합이 없다면 어떤 책임적인 윤리도 있을 수 없다.

(c) 윤리학은 그의 보편적 요구를 위해 합리적이고 학문적이며 세속적으로 이해된다. 윤리학은 종교와 형이상학에 예속되지 않으 며, 정치와 이데올로기에도 예속되지 않는다. 이런 관점에서 볼 때 중요한 것은 윤리적 통찰들과 요구들의 소통가능성이다.

그렇지만 "세속윤리"(Weltethos)와 "구원의 윤리"(Heilsethos)를 구 분하는 아우어의 견해는 반박의 여지가 있다. 구원의 윤리는 도대 체 어떻게 파악할 수 있는가? 기독교적인 것은 사람다움과 완전히 동일한가? 인간의 본성에 대한 이성적 분석은 윤리학의 근거를 논 증하기에 충분한가? 여기서 자연법이 윤리의 충분한 근거일 수 있

---

16) 참조. B. Stöckle, K. Hilpert, H. U. von Balthasar, J. Ratzinger.

느냐 하는 고전적인 물음이 다시 제기된다. 따라서 도덕의 자율에 대한 물음은 윤리적 요구들의 근거를 논증하는 고전적 주제들에서 그 근거를 발견한다.

자율은 한편에서는 윤리적 주체의 자유로운 결정을 존중해야 하는 과제를 제시하며, 다른 한편에서는 윤리적 요구들을 합리적으로 논증하고 통찰하도록 요구한다. 다른 윤리적 주체들과의 소통가능성을 위해 명증성이 요구되기 때문이다.

6. 공리주의

6.1. 개념

공리주의(Utilitarismus)는 윤리적 요구들의 근거를 순전히 경험적으로 논증하는 방식을 추구한다. 공리주의는 도덕적 요구들의 타당성을 순전히 이성적이고 현실적으로 제시하고자 한다. 공리주의란 단어는 어원적으로 '유용한'이란 뜻의 'utilis'에서 유래한다. 윤리적 척도는 유용성 원리이다. 공리주의는 가장 통속적인 형태의 목적론이다.

어떤 행동을 할 때 어떤 결과가 나오는가? 그 행동이 야기하는 것은 무엇인가? 공리주의는 근대에서 처음으로 체계화되었다. 윤리는 형이상학적인 질서를 실현하는 것이 아니라 유용성을 합리적으로 평가하고 행복과 쾌락을 신중히 검토해야 한다. 따라서 윤리는 예측가능하고 합리적이어야 한다. 공리주의는 자유로운 시민계급의 도덕이론이 되었다. 공리주의는 경험적이고 실용적인 윤리이론이다. 공리주의는 다음과 같은 두 가지 유형으로 분류될 수 있다.

(a) 행위의 공리주의(특히 행위 목적론)는 묻는다. 하나의 행위는

누구에게 유용한가?

(b) 규범 공리주의는 모든 사람들이 동일한 방식으로 행동할 때 나올 결과들을 신중하게 고려한다. 이렇게 고려할 때 중요한 것은 행동규범들을 실제로 일반화할 수 있느냐 하는 문제이다. 예를 들어 한 사람이 밤에 잔디밭을 밟고 건너갈 때는 잔디를 거의 손상하지 않고 시간을 절약할 수 있지만, 많은 사람들이 동시에 그렇게 한다면 잔디밭이 망가진다. 또는 한 개인이 약속을 지키지 않을 때는 그것이 그에게 유용할 수도 있지만, 아무도 약속을 더 이상 지키지 않는다면 사람들 사이의 신뢰가 완전히 무너질 것이다.

공리주의의 대표적인 인물 벤담(Jeremy Bentham; 1748-1832)은 "최대 다수의 최대의 행복"이 실현되어야 한다고 주장한다. 행위의 평가기준이 되는 유용성은 모든 사람들의 행복이다. 행위의 평가기준이 되는 유용성은 만인의 행복이다. 평가는 개개인의 유용성과 행복에 따라 이루어져야 한다.[17] 밀(John Stuart Mill; 1806-1873)은 벤담의 논증을 수정하여 유용성은 정신적 만족이라고 주장한다. 밀은 만족스런 돼지보다는 불만족스런 인간이 더 낫다고 생각한다.[18]

오늘날에는 "유용한 것"을 확정적으로 정의하기 어렵기 때문에 아들러-칼손(Adler-Karlsson)과 같이 부정적 공리주의를 주장하는 사람들이 있다.[19] 그런 이론에 의하면 윤리의 과제는 고통을 줄이는 것이다. 공리주의적 도덕원리는 다음과 같은 4가지 부분 원리들을 포함한다.

---

17) J. Bentham, *Einführung in die Prizipien von Moral und Gesetzgebung*, London 1789.
18) J. S. Mill, *Utilitarismus*, 1861.
19) Adler-Karlsson, *Der Kampf gegen die absolute Armut*, 1978.

신학윤리학

(a) 결과 원리. 행위들은 행위 자체가 아니라 결과에 따라 평가되어야 한다.

(b) 유용한 것은 임의의 가치들과 목표들이 아니라 자체로 선한 것이다.(유용성 원리) 따라서 공리주의가 가치허무주의라는 하르트만(N. Hartmann)의 비판은 더 이상 공리주의에 대한 비판으로서 적합하지 않다.

(c) 쾌락주의 원리는 고통을 줄이고 기쁨을 늘리는 원리이다.

(d) 사회원리. 특정한 개인이나 집단의 행복이 아니라 모든 당사자들의 복지가 가장 중요하다. 개인의 이기적인 이익이 아니라 보편적 복지가 중요하다.

6.2. 공리주의의 문제점들

공리주의의 주장은 논란의 여지가 없지 않다. 단순히 유용성만 평가하는 것은 윤리를 부정하는 것일 것이다.

그렇지만 공리주의의 장점은 합리적 평가와 경험적 분석을 병행한다는 점이다. 중요한 것은 행위의 결과에 대한 인식과 그 행위가 공동체의 복리를 위해 가지는 의미이다. 따라서 이런 주장은 "결과주의", "목적론적"이라 일컬어진다. 유용한 것이 실제로 무엇이냐 하는 것은 미리 규정되어 있지 않다. 이런 관점에서 볼 때 공리주의는 다음과 같이 구분될 수 있다.

(a) 이기적 공리주의와 관련자들 모두를 위한 결과를 고려하는 이타적 공리주의.

(b) 쾌락이 선이라는 쾌락주의적 공리주의와 유용한 것은 윤리

적 선이라고 생각하는 비쾌락주의적 공리주의(이상적 공리주의).

이타적이고 비쾌락주의적 공리주의만이 윤리적으로 지지할 수 있기 때문에, 그렇게 이해된 공리주의는 플라톤과 아리스토텔레스 이후 논구된 고전적 가치윤리와 유사하다. 그럴 경우 윤리적 행위의 척도는 선행이다. 이때 개인의 신념은 행위의 윤리적 정당성과 다를 수 있다.

오늘날 논란이 되는 물음은 행위의 결과와 무관하게 자체로 악한(in se malum) 행위가 있느냐 하는 것이다. 자체로 악한 행위가 있다는 관점에서 가톨릭의 고전적 도덕신학은 생식과 무관한 성교를 금지했으며, 칸트와 피히테는 진리의무의 절대성을 강조했다. 공리주의의 한계는 다음과 같은 물음에서 설명될 수 있다.

(a) 인간은 오직 이성적으로 규정된 계산하는 존재인가? 윤리적 결정들의 합리성은 어떻게 판단할 수 있는가? 인간은 단지 행복권만 가지는가? 인간은 자기 자신에 대한 의무도 가지지 않는가?

(b) 공리주의는 분배의 문제들을 해결할 수 없다. 윤리적 행위의 유일한 척도는 인간의 행복인가?

그러므로 남아있는 문제들은 정의의 문제이다. 따라서 정의의 원리에 입각하여 정해진 분배기준을 통한 보완이 필요하다.

6.3. 행복주의

공리주의는 고대의 전통, 즉 행복주의에 근거한다. 행복주의라는 개념은 칸트에게서 유래한다. 칸트에 의하면 행복주의는 행위가 의무에 의해서가 아니라 행복을 목표로 규정한다. 따라서 행복주의자는 비윤리적인 이기주의자이다. 영국의 공리주의에 대해 독일의 반론은 칸트의 영향에 의한 것이다. 슐라이어마허에 의하면 "행복주의는 저급한 인격과 관련이 있다. 저급한 인격에서는 모든 것이 우연이기 때문에 그런 인격은 철학의 품위보다 하위에 있다."(Brouillon zur Ethik, 1805/6) 이와 반대로 고대의 윤리학에 의하면 행위의 목표는 아리스토텔레스가 말하는 '잘 사는 것'(εῦ ζῆν)이다. 행복은 행복한 삶(εῦ ζῆν)과 올바른 행위(εῦ πράττειν)와 동일하다.(Ethica Nicomachia 1095 a 19) 토마스 아퀴나스의 윤리학도 여전히 이런 전통에 서 있다. 행복주의에 관해서는 다음과 같은 점들이 고려될 수 있다.

(a) 행위의 동기(운동근거)로서의 행복주의(예를 들어 이기적 자기이익)와 행위의 목표로서의 행복주의를·구분해야 한다.

(b) 좋다는 것은 무엇을 말하는가? 좋음에 관해서는 다양한 해석 가능성들이 있다. 좋은 것은 자신의 행복이라는 해석. 에피쿠로스, 존 로크와 벤담과 같은 사람들이 주장하는 쾌락주의. 다음에는 좋은 것은 선, 즉 덕의 실현이라는 해석이 있다. 소크라테스, 플라톤, 아리스토텔레스가 그렇게 해석한다. 더 나아가 개인적 행복주의가 중요하냐 아니면 사회적 행복주의가 중요하냐 하는 점도 고려해야 할 점이다.

행복주의와 공리주의에 관한 논의는 윤리학은 의무론적 논증과 목적론적 논증의 대립을 극복해야 하지 않느냐 하는 물음과 두 입장의 의미 있는 종합이 가능하냐 하는 물음에서 끝난다. 정의의 문제를 함께 논의해야 한다면 어려움은 더욱 커진다.

7. 정의

7.1. 개념

정의(正義)는 여기서 전적으로 윤리적 개념으로서, 그리고 공동체 삶의 근본가치로서 논의된다. 여기서는 "의인은 믿음으로 말미암아 살리라"(롬 1:17)는 바울의 견해와 루터의 "하나님의 정의"에 관해서는 논의되지 않는다. 윤리적 정의는 '각자에게 그의 것을'(suum cuique, Jedem das Seine, zu kommen zu lassen) 또는 '동일한 것은 원칙적으로 동일하게 취급하라'(Gleiches grundsätzlich gleich zu behandeln)는 요청을 의미한다.

정의는 불균형적인 관계를 고려하기 때문에 관계개념이다. 정의의 물음은 언제나 무엇에 관한 정의냐 하는 것이다. 그렇다면 해명되어야 할 것은 정의의 척도나 규범이 무엇이냐 하는 점이다. 내용적 기준은 무엇인가? 누가 이런 기준을 설정하는가? 플라톤에 의하면 정의는 올바른 상태이다. (Res publ. IV, 433 a) "정의는 그의 것을 행하는 것이며, 온갖 것을 하도록 강요하지 않는 것이다." 아리스토텔레스는 플라톤의 개념을 보다 구체적으로 보완하였다. 정의는 인간의 사회적 관계와 관련이 있다. 정의는 "모든 사람이 그의 것을 행하고 그의 것을 가지는 것"라는 근본 덕이다.

울피안(Ulpian)에 의하면 "정의는 각자에게 그의 것이 돌아가게 하려는 지속적이고 항구적인 의지이다."[20] 그러나 무엇이 "그의 것" 인가? 아리스토텔레스는 정의의 기본 형태를 두 유형으로 구분하였는데, 토마스 아퀴나스가 후에 이런 구분을 다음과 같이 정리하였다.

(a) 재화를 분배할 때의 정의(분배정의 : iustitia distributia) 모든 사람은 통행권과 선거권을 가진다. 이때 중요한 것은 동일한 시민권과 시민의무이다.

(b) 상품과 업적을 교환할 때의 정의(교환정의 : iustitia commutativa), 여기서 중요한 것은 공정한 가격, 즉 시장정의이다.

그렇지만 도대체 물질적 정의가 가능한가? 또는 균일성만이 정의의 척도인가? 정의는 어떤 경우이든 당사자들이 서로 납득할 수 있는 상호관계를 전제한다.

7.2. 신학사적 시각들

하나님의 정의(iustitia dei)와 인간의 정의(iustitia hominis) 사이의 귀속관계에 관한 중세의 문제제기는 정의에 관한 서로 다른 두 가지 견해, 즉 정의를 인간의 올바른 성품이란 의미의 덕성으로 이해한 아리스토텔레스의 견해와 정의를 의롭다고 인정하시는 자비로운

---

20) 참조. Ulpian, Fragment 10 : "iustitia est constans et perpetua voluntas ius suum cuique tribuendi.

하나님의 정의(δικαιοσύνη θεοῦ)라고 이해하는 구약성서와 바울의 견해 사이의 차이에서 발단되었다.

하나님의 정의, 즉 의롭다고 인정하시는 하나님의 행위에 관한 신학적으로 결정적인 물음은 다음과 같다. 정의는 하나님의 속성인 가 아니면 하나님의 행위의 특성인 신실성인가? 이 물음은 하나님의 정의와 자비 사이의 이율배반과 관련된 물음이라 할 수 있다. 이것은 스콜라 신학과 종교개혁의 칭의론과 은총론의 주제였다.

토마스는 정의를 윤리적 덕으로 이해하는 아리스토텔레스의 견해를 수용하였다. 정의는 인간에게 후천적으로 습득된 태도라는 것이다. 정의는 타자와의 관계를 통해[21] – "타자를 향한 존재"(est ad alterum) – 그리고 균등의 원리를 통해 – "평등의 의무"(debitum secundum aequalitatum) – 구체적으로 규정된다.

정의는 세 가지 유형들로 구분된다. 교환 정의(iustitia commutativa), 분배 정의(iustitia distributiva) 그리고 법률적 정의(iustitia legalis). 법률적 정의는 공공선의 정의이다.(STh II/iI, 58ff.) 시민적 정의와 영원한 정의를 정확하게 구분하는 것은 신학적으로 중요하다. 정의는 윤리적으로 보면 공정성이고, 구원론적으로 보면 구원이다. 루터와 칼뱅은 영적 정의(iustitia spiritualis)와 시민적 정의(iustitia civilis)를 훨씬 더 철저하게 구분한다. 말하자면 하나님의 정의에 관한 신학적 언급과 인간의 태도, 덕, 가치로서의 정의는 다를 수 있다.

---

21) John Rawls, *A Theory of Justice*, 1972.

7.3. 현대의 윤리적 논의에 있어서 문제점들

지금까지도 우리는 정의를 구체적으로 규정할 때 아리스토텔레스를 거의 벗어나지 못하고 있다. 단지 아리스토텔레스의 개념들에 대한 해석이 있을 뿐이다. 사회학자들은 정의가 평등을 통해 어느 정도까지 규정될 수 있는지 묻는다. 그렇지만 평등의 본질은 무엇인가? 결과의 균등이 목표인가? 아니면 기회의 균등이 목표인가? 아니면 기회의 등가성이 목표인가? 아니면 형식적으로 머무는 평등한 권리가 목표인가? 아니면 물질적 균등, 즉 사회적 균등이 목표인가? 정의는 단지 "사회적 이념", 목표개념, 규제적 이념인가?

켈젠은 이런 난처한 문제들로 인해 "정의는 비합리적인 이념"이라고 주장한다.[22] 켈젠에 의하면 정의에 관한 합리적인 것처럼 보이는 정의들은 기존의 질서를 정당화하는 데 기여할 "완전히 공허한 표현들"에 불과하다. 켈젠의 이런 주장 배후에는 상대주의적 가치론이 있다. 그는 법실증주의의 대표적 인물이다.

오늘날에는 정의를 평가할 때 새로운 물음들이 제기된다. 그런 물음들은 재화의 불공정한 분배를 주제로 다룬다. 완전한 정의는 실현될 수 있는가? 지상에서 완전한 정의는 약속이 아닌가? 명백하게 불공정한 구조를 제거하는 것은 윤리적으로 실현가능한 목표인가?

롤즈는 "정의론"에 관한 새로운 이론을 제시했다. 롤즈는 이전의 플라톤, 아리스토텔레스, 칸트와 마찬가지로 정의와 도덕을 결합시키고자 한다. 그는 정의의 원리들을 도덕으로부터 도출하고자 한다. 이때 도덕은 실제로 존재하는 불평등들을 그대로 인정해서는

---

22) H. Kelsen, *Was ist Gerechttigkeit?*, 1953, S. 40.

안된다. 따라서 도덕은 사회계약이 결정되는 "원초적 입장"에서 개인들의 능력에 근거하여 재규정될 수 있다. 왜냐하면 개인들은 사회에서의 경험적 지위와 관련된 모든 것 이전에 "무지의 베일" 뒤에 서있기 때문이다. 이런 무지의 상태에서 다음과 같은 사실들이 확정될 것이다. (a) 모든 사람들에게 동일한 권리와 의무, (b) 불평등은 오직 모든 사람들의 행복, 특히 소외된 사람들의 행복을 위해서만 허용된다.

그러므로 롤즈의 중요한 과제는 (1) 도덕법을 정의하는 것이며, (2) "제도와 개인을 위한 정의(차등의 원칙)의 원리들"을 정의하는 것이다. 물론 칸트와 마찬가지로 롤즈도 정의와 도덕을 엄격하고 명백하게 결합시킬 수 없다. 그는 단지 이상적이고 "비경험적인" 이론체계를 제시할 수 있을 뿐이다. "원초적 입장"이란 가설적 상태를 전제하기 때문에 이상적 도덕과 현실적 정의 사이에 괴리가 생길 수밖에 없다. 그렇지만 롤즈에게 중요한 것은 정의를 공리주의적 관점에서 파악하지 않는 것이다. 정의는 공정성이다. 롤즈는 정의의 본질에 관해 다음과 같이 말한다.

"제1원칙 : 각 사람은 동등한 근본적 자유의 가장 광범위한 총체적 체계를 요구할 권리를 가질 수 있다."[23]

제2원칙 : 사회적 불평등과 경제적 불평등은 다음과 같은 전제에

---

23) * 첫 번째 원칙에 관한 롤즈의 표현은 다음과 같다. "Each person is to have an equal right to the most extensive total system of equal basic liberties compatible with a similar system of liberty for all"(각 사람은 평등한 기본적 자유들을 보장하는 가장 광범위한 총체적 체제를 — 이런 체제는 모두를 위한 유사한 자유체제와 모순되지 않아야 하는데 — 요구할 수 있는 평등한 권리를 가질 수 있다.)

　　　　　　　　　　　　　　　　　　신학윤리학

서 가능해야 한다. (a) 그런 불평등들은 정당한 예금원칙을 제한함으로써 혜택을 가장 적게 받는 사람들에게 가장 큰 이득을 줄 수 있어야 한다. (b) 그런 불평등들은 공정한 기회균등에 따라 모든 사람들에게 열려있는 직무들과 직위들과 결합되어야 한다."(J. Rawls S. 336)

더 나아가 우선성에 관한 두 개의 규칙들이 뒤따른다. (1) 자유의 우선성, (2) 수행능력과 생활수준보다 정의의 우선, 효율성과 복지에 대한 정의의 우선성이다.

정의를 규정하기 위해 롤즈가 제시하는 규칙들은 "처세술"로서 실용적으로 중요하다. 비록 그 규칙들이 정의와 도덕의 이론적 결합을 위해 충분하지 못하기는 하지만 말이다. 따라서 정의는 도대체 합리적으로 정의될 수 있느냐 하는 물음이 제기된다. 정의를 위한 것이라는 모든 주장은 단지 기존의 권력관계를 이데올로기적으로 정당화하기 위한 "공허한 상투적 표현"이 아닌가? 따라서 다음과 같은 이데올로기 비판적 과제가 제시된다.

정의는 플라톤과 롤즈가 시도하듯이 도대체 경험적 관계들과 분리되어 이론적으로 규정될 수 있는가? 롤즈는 정의를 '절차정의'로 이해하고자 한다. 정의는 공정성이다. 이같이 정의를 공정성으로 해석한다는 점에서 롤즈의 입장은 영미권의 지배적 규범윤리인 공리주의와 대립된다.

이런 대립에서 롤즈는 합리적인 우수성 선택에 근거하여, 즉 조작적 검증방식에 근거하여 자신의 견해가 옳음을 주장한다. 물론 이런 조작적 검증은 이상적인 조건들에서만 실행될 수 있다. 왜냐하면 경험적 사태들에 의해 검증 당시의 조건들이 달라지기 때문이다. 그러므로 합리적 결정이 이루어지기 위해서는 "무지의 베일"(Schleier des Nichtwissens)이 전제되어야 한다. 이런 결정의 목표는 합리적 합법화된 정의의 원칙들과 숙고된 윤리적 신념들 사이에서 반성적 평형(反省的平衡)을 이룰 수 있다. 이때 롤즈의 전제, 즉 "원초적 입장"을 가정한 계약이론에 대해 비판이 제기될 수 있다.

정의를 이성적으로 정의하고자 한 롤즈의 견해에는 정의의 이념으로 인해 봉착하게 되는 어려운 문제가 있다. 정의는 인간이 본성적으로 갈망하는 것이지만 동시에 애매하고 다의적인 현상이기도 하다. 정의에 관한 학문적 규정은 언제나 형식적으로 머물 수밖에 없다. 사회적이고 정치적인 논쟁에서 정의는 언제나 대략적으로만 성취될 수 있으며, 많은 경우 단지 (부정적으로) 명백하게 불공정한 것만이 인지되고 제거될 수 있을 뿐이다.

8. 인간의 존엄성과 인도주의

8.1. 개념과 문제점들

인간의 존엄에 대한 존중은 현대적 헌법의 근본규범인 동시에 근본적으로 중요한 윤리적 요구이기도 하다. '인간의 존엄성'은 최근에 등장한 개념이다. 이 개념에 상응하는 고전적 개념은 인도주의이다. 독일연방공화국 기본법 첫 장에 다음과 같은 문장이 등장한다. "인간의 존엄은 불가침의 것이다. 인간의 존엄성을 존중하고 보호하는 것은 모든 국가권력의 의무이다."(Art. 1, 1 GG) 다음에는 다음과 같은 구절이 따른다. "독일 국민은 손상할 수 없고 양도할 수 없는 인권을 모든 인간 공동체의 토대이자 세상의 평화와 정의의 토대로서 신봉해야 한다."(Art. 1, 2GG)

인간의 존엄성은 스토아 철학, 하나님의 형상에 관한 성서적 견해, 칸트 그리고 사회주의와 같은 다양한 원천에서 기원된 개념이다. 그 개념이 헌법 본문들에서 수용됨으로써, 그리고 유엔의 '보편적 인권선언'(Präambel und Art. 1)에서도 수용됨으로써 인간의 존엄성의 정치적' 의미와 현실화에 대한 물음이 제기된다. 그 개념이 처음으로 실정법적으로 성문화된 것은 물론 1937년의 아일랜드의 헌법에서였다.

그 개념의 다층성은 다음과 같은 물음을 요구한다. 인간의 존엄성은 사법적인 개념인가? 초법적 개념인가? 윤리적 개념인가? 중요한 것은 의심의 여지없이 인도주의를 기술해야 하는 기독교 이후의 세속적 개념이다. 인간이 존엄한 이유는 그가 인간이기 때문이다. 인간의 존엄성이란 단어는 기독교적으로만 이해되어서는 안된다. 당연히 그 단어는 칸트의 윤리에만 고유한 성향도 아니다. 인간의 존엄성은 논리적으로 추론할 수 없고 마음대로 처리할 수도 없는 소여성이다. 모든 인간의 존엄성을 인정하는 것은 보편적인 윤리학의 근본전제이며, 더 나아가 국가에 앞서는 초실증적인 법이다. 따라서 인간의 존엄은 자연법적 기본원리라 할 수도 있다. 개인 존엄성은 인간은 본성적으로 이성적이고 자유로운 존재라는 확신에 근거한다. 다음에는 인간의 존엄으로부터 인권이 파생된다. 따라서 인간의 존엄은 결코 국가가 베풀어 주는 특권이 아니라 본래부터 인간에게 고유한 권리이다. 인간의 존엄성이 어느 정도나 명시적으로 신학적 논증과 정당성을 필요가 있는지는 논란의 여지가 있다. 인간의 존엄이란 개념은 언제나 개별적인 인권과 기본법의 도움으로 정치적으로 구체화된다.

정치 분야에서 인간의 존엄은 인간을 존엄한 인격체로서 국가절대주의와 이데올로기적 전체주의로부터 보호하고자 한 근대의 자유의 역사에서 주목되기 시작되었다.

독일에서는 나치의 불법국가를 경험한 후에 인간의 존엄이 연방기본법에 반영되었다. '헤렌킴제어 기본법 초안'(Herrenchiemseer Entwurf zum Grundgesetz) 1조에는 다음과 같이 명시되어 있다. "인간은 국가를 위해 존재하지 않는다. 국가는 인간을 위해 존재한다."
그러나 사람들은 헌법이 국가를 비판하면서 시작되기를 바라지 않
았기 때문에 인간의 존엄을 지향하는 방향설정은 긍정적으로 표현
되었다. 물론 인간의 존엄을 보호하기 위해서는 그에 상응하는 국
가 차원의 조직원칙들이 필수적으로 요구된다. 그런 조직원칙들은
사회복지 국가, 삼권분립 그리고 기본권 보호 등이다. 인간의 존엄
은 무엇보다도 인격권의 토대이다.

8.2. 인간의 존엄과 기독교 윤리

인간의 존엄에 대해 어떤 자세를 취하느냐에 따라 윤리학에서
기독교적인 것과 인간적인 것의 관계가 다르게 규정된다. 인간의
존엄이 전적으로 하나님에 의해 부여된 것이라면, 교회는 대체할
수 없고 대리할 수 없는 인간 존엄의 유일한 대변자이다. 그렇다면
종교에 대한 존중, 즉 하나님을 경외하지 않는 인간의 존엄은 있을
수 없다. 그렇다면 이런 확신은 종교의 자유를 판단할 때에 영향을
준다. 만일 비신자들과 무신론자들이 인간의 존엄성에 대한 요구를
반박한다면 말이다. 왜냐하면 존엄성의 근거는 오직 초월적이고 종
교적으로만 논증될 수 있기 때문이다. 그렇다면 결국 단순한 이성
만으로는 인간의 존엄을 통찰할 수 없다.
그러나 실제로는 인도주의 정신의 가치는 기독교 신앙과 그 신
앙에 의한 인정에 의존한다고 생각할 수 없다. 오히려 인간의 존엄
에 대한 존중은 다원적이고 세속적인 사회에서 근본이 되는 기준이
다. "하나님 없는 인도주의 정신"의 가능성에 대한 물음은 윤리학

의 영역에 맡겨질 수 없다. 윤리학에서 중요한 것은 인간관계를 이성적으로 조정하는 것이다. 이런 조정은 신앙에 의존하여 이루어질 수 없다. 종교적 물음에서 중요한 것은 죄책, 고통, 운명, 신정론 물음과 같이 윤리적으로 해결할 수 없는 우연성 경험들일 것이다.

그러나 예를 들어 까뮈와 같은 "무신론적 인본주의"의 물음에 대해서도 무신론적 인도주의는 비도덕성이라고 선고함으로써 대답할 수 없다. 인도주의적 인간관계의 과제는 믿음에 의존하지 않는다. 인도주의는 행복을 발견하는 수단이기는 하지만 인도주의를 과도하게 요구하면 행복의 수단인 인도주의가 종교와 이데올로기가 된다. 겔렌(A. Gehlen)의 인도주의에 의하면 윤리는 세계내적 구원행사이다.

8.3. 인도주의 정신

인도주의는 모든 이데올로기적, 인종적, 종교적, 정치적 차이와 대립을 넘어 그리고 그런 차이에도 불구하고 인간에게 공통적인 인간의 본질과 인간의 "본성"을 지향하는 정신이다. 라틴어 "humanus"(사람다운)에서 파생된 "humanitas"(인간성)란 단어는 인간의 존재를 가치중립적으로 기술하는 개념이 아니다. 그 단어는 인간의 존재를 "사람을 사람으로 만드는 정신적 규범들과 정치적 행동방식들 전체"로서 규정한다.

이런 개념규정에 상응하는 다양한 단어들이 조합되어 "인간성"(natura humana), "도덕적 상태"(conditio moralis), "인간의 본성"(natura hominis), "길들여짐"(mansuetudo), "존엄성"(dignitas), "문화"(cultura), "고결함"(honeta) 등과 같은 동종의 개념들이 형성되었

다. 중세의 전통에서는 "신성"(divinitas)이란 개념이 "인간성"과 대립되는 개념으로서 추가된다. 지금은 "인간성"이란 개념이 주로 하나님과 다른 "연약한", "인간의 유한성"과 같은 의미를 가진다.

"사람다움"(humanum)으로서의 인간에 대한 견해가 근대에는 아주 다양한 형태로 나타난다. 그것은 고전적, 비판적, 실존주의적, 무신론적 인도주의를 말하고, 심지어 기독교 인도주의를 말하기도 한다. 인본주의와 기독교란 주제가 광범위한 신학사적 시각과 기초신학적 시각에서 다루어진다.

인도주의에 관해 정의하는 것은 결코 신학자들만의 배타적 특권은 아니다. 그러나 인간품위에 맞는 국가들과 공동체들이 인간의 존엄에 맞는 것이다. 이때 도달되는 목표는 인간적인 것이 무엇이냐 하는 것에 대한 합의보다는 오히려 비인간적인 것이 무엇인가에 대한 합의이다. 왜냐하면 인간적인 것이 무엇을 의미하는지는 미리 정의되지 않으며, 단지 그때마다 당사자의 이성과 참여를 통해 확인될 수 있을 뿐이기 때문이다. 인간적인 것, 즉 인도주의 정신 자체는 결코 기독교만의 특징은 아닐 것이다. 그러나 교회와 신학은 인간적인 품위의 손상에 대해 특별한 관심을 가져야 할 것이다. 이런 경우에 신앙과 기독교 공동체는 사회의 "양심"과 같은 그런 어떤 것을 제시한다.

기본법에서 인간의 존엄은 "근본규범"이다. 호이스(Theodor Heuß)는 이런 근본규범을 "논증의 필요가 없는 명제"라고 했다. 인도주의 정신과 인간의 존엄은 입증되지는 않지만 승인될 수 있다.

인간의 존엄은 헌법에 의해 처음으로 마련되고 보장되는 것이 아니다. 오히려 헌법은 인간의 존엄을 발견하여 보호해야 한다. 모든 윤리학이 근본적으로 지향하는 인간의 존엄과 인도주의 정신을 자각하게 되면 이번에는 윤리의 단초에 대한 물음이 제기된다. 윤리학은 오직 종교적 타당성 인정과 종교적 권위에 근거해서만 성립할 수 있는가? 아니면 윤리학이기 때문에 인간의 경험과 이성에 근거하여 논의될 수 있는가?

9. 경험, 이성 그리고 결정

　　모든 윤리학이 피할 수 없는 물음은 무엇이 윤리학 근거이며, 무엇이 윤리학의 정당성을 인정해 주느냐 하는 것이다. 디트마 미트 (Dietmar Mieth)는 자율적 도덕에 관한 가톨릭 내부의 논쟁을 배경으로 윤리학의 근거는 이성이냐 아니면 신앙이냐 하는 물음을 제기한다.

9.1. 윤리의 근원

　　윤리의 근원에 대한 물음에 답하려면 윤리에서 근원과 규범을 설정하는 법정을 구분해야 한다. 기존의 견해에 의하면 그리스도인에게 윤리적 인식의 근원은 성서이며, 가톨릭 교리에 의하면 교회의 전통과 이성이다. 가톨릭에서 규범을 정하는 관청은 교도권(신앙교리성)이다. 그렇지만 가톨릭의 자율적 도덕은 이런 관계에 대해 이의를 제기한다. 근원은 윤리적 경험이며, 규범을 정하는 법정은 이성이다. 교회는 단지 믿음의 환경을 조성할 뿐이다. "윤리적 인식의 근원은 경험이며, 윤리적인 것을 규정하는 심급은 이성이다."[24]

통상적인 개신교의 견해에 의하면 윤리적 인식의 근원은 오직 성서뿐이다. 그러나 지금은 성서가 신학적 윤리학의 근원이라고 주장할 수 없을 것이다. 성서는 법전이 아니기 때문이다. 역사 비평적 주석과 해석학적 고찰에 의하면 성서의 진술들은 우선 당시의 역사적 맥락에서 이해되어야 한다. 따라서 상황과 무관한 성서의 개별적인 단어들은 윤리를 위해 규범적 기능을 요구할 수 없다. 물론 성서는 실존을 조명해주고, 삶을 해석하고, 의미를 밝혀주고, 삶을 이해하는 데 도움을 준다. 성서는 계몽하고 밝혀주고 설명하는 의미를 가진다. 이런 실존해명은 삶의 지침을 제시하는 규범들로 전환될 수 있다. 그렇지만 윤리의 근원은 단순한 이성만도 아니다. 윤리적 통찰은 무엇보다 경험에서 나온다. 이성도 경험을 지배하거나 대체할 수 없다. 그러나 이성은 경험을 선별하고 비판적으로 검토해야 하며 또 그렇게 할 수 있다.

9.2. 윤리적 결정의 문제

구체적인 윤리적 결정은 어떤 경우이든 결코 비합리적인 추측이 아니다. 결정(κρίσις, decisio)은 오히려 해명을 전제한다. 아리스토텔레스에 의하면 옳음과 그름에 관한 결정에서 우선하는 것을 선택하는 것은 윤리적으로 "선한 것을 결정하는 것"(κρίσις τοῦ δικαίον)이다.(Eth. Nic. 1134 a 31; Pol. 1253 a 39) 윤리적으로 선한 것을 결정하는

---

24) Dietmar Mieth, "Quellen und normierende Instanzen in der christlichen Ethik", in: J. Blank, G. Hasenhüttl(Hg.), *Erfahrung, Glauben und Moral*, 1982, S. 37.

신학윤리학

일은 오직 경험에 근거하여 이성적 숙고를 거친 후에 가능하다. 그런 결정은 결코 무비판적인 결정론적 결단이 아니다. 윤리적 결정이 단순히 불확실한 것으로 뛰어드는 것이라면 ─ 예를 들어 경우에 따라 키에르케고르의 실존변증법이 그렇게 보이듯이 ─ 윤리는 사실적인 실존성취, 즉 결정하는 주체성이 되고 만다. 그렇지만 결정하는 주체성은 경험을 관찰하고 이성적으로 숙고할 여지를 허용하지 않는다. 키에르케고르의 영향을 받은 실존주의 철학과 변증법적 신학이 그렇듯이 말이다.

키에르케고르에 의하면 "결정은 오직 주체성에만 있다. 객관적이 되고자 하는 것은 비진리이다. 결정적으로 중요한 것은 무한성의 열정이지 그 내용이 아니다. 왜냐하면 무한성의 내용은 바로 무한성 자체이기 때문이다."(Unwiss. Nachschrift SV 7, 170)

20세기 변증법적 신학은 경험을 도외시하고 결정하는 행위만을 강조했기 때문에 실질적 윤리학을 거의 구상할 수 없었다. 비타협적인 결정을 요구함으로써 정치적 결정론과 실존주의적 선택을 주장할 수는 있지만, 논증하고 성찰하는 윤리학은 불가능하다.

그렇지만 윤리학, 더구나 정치윤리는 결정의 형식을 통해서만 정당성이 인정될 수는 없다. 예를 들어 법은 입법자의 행위를 통해 제정되며, 표결을 통해 결정이 이루어진다. 윤리학은 결정의 내용이 실제로 어떻게 타당하다고 입증될 수 있는지, 왜 어떤 결정들이 옳고 유용하며 합법적이라고 간주되느냐 하는 물음을 배제할 수 없다. 순전히 형식적으로 관찰된 결정과정이 결정에 영향을 주기는 하지만, 그런 과정에서는 다른 기준들과 규범들과 가치들이 고려되지 않기 때문에 단지 비합리적인 우연한 결정들이 일어나게 된다.

9.3. 윤리에서 경험의 중요성

오늘날에는 인간의 행동을 결정하는 동인(動因)이 신앙이나 계시가 아니라 생활세계의 경험이라는 견해가 다시 대두되고 있다. 그런 경험이 신학에서는 신앙체험으로서 그리고 윤리학에서는 윤리적 경험으로서 다시 주목되고 있다. 경험은 일종의 삶의 지혜에 근거한다. 경험은 "실질적"이다.

아리스토텔레스에 의하면 경험은 숙달되어 있고, 익숙해져 있음이다. 경험을 의미하는 독일어 'Erfahrung'의 동사형인 'erfahren'은 방랑자, 순례자의 모습을 나타낸다. 아리스토텔레스에 의하면 "인간의 경험은 기억에서 출발한다. 즉, 동일한 사실에 관한 많은 기억들은 경험할 수 있는 능력(δύναμις)을 갖게 해준다."(Metaphysik 980 b 25ff.) 토마스 아퀴나스에 의하면 "경험은 많은 기억들로부터 만들어진다."(Experimentia fit ex multis memoriis; STh q 54 a 5,2) 아리스토텔레스 이후 경험은 "기억된 실천"이다. 아리스토텔레스로부터 근대에 이르기까지 경험은 개별적 경험들로부터 일반적 통찰을 이끌어내는 능력이었다.

근대에는 베이컨이 처음으로 경험을 도구적 의미로 이해한다. 경험은 단지 통찰을 획득하는 과정과 방법이다. 아리스토텔레스에게 경험은 통찰의 과정이 아니라 통찰 자체였다. 경험을 가리키는 라틴어 단어 'experimentum'이 'experiri'(탐구하다, 탐지하다)에서 유래했다는 사실에서 알 수 있듯이, 경험적 지식(Empirie)은 실험을 통해 검증할 수 있거나 또는 그렇게 획득된 경험이다. 그러나 우리는 윤리를 실험을 통해 경험적으로 논증할 수 있는가? 이렇게 논증하면 자연주의적 오류에 빠지게 되지 않는가?[25]

경험 개념은 칸트의 언어사용을 전혀 고려하지 않는다 할지라도 그 자체가 최고로 모호한 개념이다. 경험은 경험적 검증으로부터 "내적" 경험에 이르기까지 다양하다. 데카르트는 "직관"으로서의 내적 경험에 관해 말하며, 파스칼은 "섬세함의 정신"(esprit de finesse)을 합리적인 "기하학의 정신"(esprit de geometrie)과 구분한다. 경험은 학문적으로 전혀 명확하게 해명되지 않은 개념이다. 오늘날 경험 개념은 이중적 의미로 사용된다.

(a) 경험 개념은 사변적 형이상학을 비판하면서 관찰과 실험을 통한 검증가능성의 원리를 강조한다.

(b) 경험 개념은 타자에 의한 규정에 대해 비판적이다. 자신의 주체적 경험, 즉 자기경험의 직접성이 중요하다. 믿음도 오직 "경험 안에서, 경험과 함께 그리고 경험을 통해" 일어나는 사건이다. 경험의 목표는 조화와 일치이다. 믿음은 그런 경험과 모순될 수 있다. 그러나 믿음은 또한 경험을 확증해 주기도 하고, 심지어는 경험을 성장시키기도 한다.

딜타이에 의하면 모든 학문은 경험과학이다. 왜냐하면 모든 학문은 실험을 통해 검증할 수 있는 사실학이거나 아니면 "정신계의 총체적 경험"이란 의미의 정신과학이기 때문이다. 그러나 사실학(事實學)과 정신과학(精神科學)은 그들의 유형에 있어서 "비교불가능"하기 때문에 서로 동일시될 수 없다.

---

25) * '자연주의적 오류'(naturalistic fallacy)는 무어(G. E. Moore)가 1903년 『윤리학 원론』(Pricipia ethica)에서 사용한 개념으로 '선'과 같이 가치를 평가하는 윤리적 개념을 자연의 속성에 근거해 정의하려는 시도를 말한다. 이런 오류의 대표적인 예는 '자연적인 것'과 '좋은 것'을 동일시하는 것이다. '자연적인 것'은 존재 개념이며 '좋은 것'은 당위성 개념이기 때문이다. 따라서 존재로부터 당위성이 추론될 수 없다는 흄(D. Hume)의 메타윤리적 법칙도 자연주의적 오류를 지적한 것이라 할 수 있다.

가다머는 이런 사태를 고려하여 경험은 철학에서 "가장 해명하기 어려운 개념들"에 속한다고 단언했다.[26] 경험개념의 이런 불명료성은 윤리학에서 그 개념의 사용을 어렵게 만든다.

경험은 경험적으로 확인할 수 있다는 의미에서 이해될 수 있다. 그렇다면 윤리학은 경험과학일 것이다. 윤리학은 설문조사, 인문학들에서 확인된 결과들과 같이 경험적으로 입증할 수 있는 것, 자료, 사실들에 근거하기 때문이다.

그렇지만 윤리학에서 경험 개념은 이같이 실증주의적으로 제한된 의미에서 사용되지 않는다. 윤리학에서 경험은 오히려 삶의 경험으로서 중요하다. 삶에 관한 다양한 해석 가능성들이 있듯이 경험 개념은 다층적이고 포괄적이다. 논리적 사고를 통해 파악될 수 있는 것만이 경험되는 것은 아니다. 감각적으로 주어진 대상성들을 자연과학적으로 경험하는 것, 역사적 실제성 파악(딜타이), 대화적 경험(M. 부버), 한계 경험(K. 야스퍼스), 초월성 경험과 신앙 체험은 저마다 고유한 통찰에 도달한다.

경험은 주체를 변화시키며 따라서 학습이라 할 수 있다. 사람들은 경험을 통해 배우기 때문이다. 경험은 언어와 전통에서 견고해진다. 경험은 사회의 침전물이다. 우리는 이미 언어를 통해 경험가능성들에 참여한다. 문화와 교육은 언어를 통해 전수된다. 우리는 경험을 통해 윤리적으로 책임 있게 생각하고 행동하는 것을 배운다.

경험을 비판적으로 검토할 수 있는 능력이 형성된 후에 비로소, 즉 표준거리, 선택가능성, 규범검증을 통해 비로소 경험을 비판적이고 자립적으로 처리할 수 있게 된다. 일반화된 관습에 무비판적

---

26) 참조. H. G. Gadamer, *Wahrheit und Methode*, 1965, S. 324.

으로 적응하는 것이 아니라 비판적 안목을 가지고 경험을 대할 때 비로소 양심의 경험이라 할 수 있는 책임감을 가질 수 있게 된다.

윤리학의 목표는 그런 경험을 가질 수 있게 도와주는 것이다. 양심의 경험에서 대리할 수 없는 주체적 자아와 절대적 의무가 경험된다. 인간의 근본자세로서의 풍습(삶의 형식)은 무엇보다 경험을 통해 전수된다. 윤리는 풍습을 성찰적으로 고찰함으로써 규범적 명제들로 체계화한 것이다. 풍습의 내용은 우선 근본태도들, 근본가치들, 덕들이지, 개별적인 규범적 지시들이 아니다. 양심의 경험들은 "실제로 체험된 확신들"에 속한다. 그러나 예를 들어 정의의 이념을 추구하는 풍습은 아직 분배의 정의나 시장경제의 조건들의 기준에 대한 물음에 대답하지 않는다.

9.4. 윤리학에서 이성의 의미

이성과 합리성은 윤리적 판단을 위해 어떤 의미를 가지는가? 이성, 비판적 법정으로서의 합리성, 논증원리는 단지 단순한 형식적 이성, 기술적 지성, 도구적 합리성이란 의미에서만 이해될 수 없다. 이성, 비판적 이성, 이성의 관심, 이성원리는 오히려 삶의 방식, 즉 사회적 실천을 구상한다.

칸트는 처음으로 이성을 자유로운 논증이란 의미로 사용했다. 이런 의미의 "이성"은 단지 하나의 상태와 동일시될 수 없다. 이성은 문제를 해결하는 방식을 의미한다. 칸트는 『순수이성비판』에서 이성이 그의 순수한 사용에서 아무것도 실행하지 않으며 심지어 "그의 탈선을 억제하기 위해" 또 하나의 규율을 필요로 한다는 것은 이성에게 굴욕적이라고 설명했다. 순수이성의 가장 크고 유일한 유용성은 "물론 단지 부정적이다. 순수이성은 기관으로서 확장하는 역할이 아니라 규율로서 한계를 규정하는 역할을 하기 때문이다. 그리고 진리를 발견하는 대신 단지 오류를 방지하는 조용한 역할을 한다."(KrV B 823) 이성 사용의 전제는 자유로운 논증공동체이다. 이성은 단지 그의 사용에서만 비판될 수 있기 때문이다. 이성 사용의 공개성은 필수적이다. 그래서 칸트는 다음과 같이 요구한다.

> "이성은 그의 모든 활동에서 비판을 감수해야 한다. 이성은 자기 자신을 손상시키지 않고는 그리고 그에게 불리한 혐의를 받지 않고는 결코 비판의 자유를 방해할 수 없다. 유용성을 고려할 때 이렇게 어떤 외적 조건에도 영향을 받지 않는 철저한 시험과 검열을 피해도 좋을 만큼 그렇게 중요하고 신성한 것은 없다. 심지어 강압적인 모습을 전혀 가지지 않고 오히려 자기의 의혹과 심지어 거부권을 주저 없이 표현할 수 있어야 하는 자유 시민들의 동의가 없이는 아무것도 발언하지 않는 이성의 존재도 이런 자유에 의존한다."(KrV B 766/767)

이런 자유로운 이성 사용은 의사소통 공동체의 선험성이라 할 수도 있다. 이성은 논증의 원리이며, 논리적 의사소통의 원리이다.

따라서 이성의 본질은 직접적으로(추상적으로) 규정될 수 없다. 우리는 논증에서 단지 특정한 어떤 것, 즉 특정한 의견, 특정한 규범에 관해 합의할 수 있다. 의견의 내용, 가치 또는 규범은 이성으로부터 추론될 수 없다. 따라서 이성은 논증의 원리이며 동시에 오류가능성 요구이지만 실체는 아니다. 이성은 사실로서, 사태로서, 사건으로서, 대상으로서, 특정한 의견이나 규범으로서 정의될 수 없다. 이성

신학윤리학

은 그의 사용에서 그의 모습을 보인다 할 수 있다. 이성은 상호인정
과 합의의 가능성이다. 이성은 본질적으로 실천이성이다.[27] 이성은
전승에 근거하여 윤리적으로 납득할 수 있는 것이 무엇인지 검토한
다. 윤리적으로 지지할 수 있는 것이 무엇이냐 하는 점은 두 가지 관
점에서 고려될 수 있다. (1) 사실적으로, 기술적으로 실현할 수 있는
것이 무엇인가? (2) 무엇이 인간적으로 "가능하며", 인간적으로 기대
할 수 있는 것이 무엇이며, 무엇이 인간다운 것인가?

---

27) 참조. Ulich Annacker, "Vernunft", in: *Handbuch philosophischer Grundbegriffe*, 1974,
VI. S. 1621.

10. 의무론적 논증과 목적론적 논증

　　지금까지의 고찰들은 윤리학에 적합한 "이성적" 논증방식에 대한 물음을 통해 보완될 수 있다. 무엇보다 중요한 것은 덕, 도덕법, 의무, 자율, 정의, 인간의 존엄성, 인도주의 정신, 경험과 이성 등과 같은 근본적 개념들을 설명하는 것이다. 이런 설명을 통해 윤리는 합리적인 가설이 아니라 정통에 의해 살고 전통을 먹고 살아간다는 사실이 드러날 것이다. 이미 윤리학에서 사용하는 언어가 전통, 즉 흔적이 새겨진 경험이다. 그런 고찰들이 이루어진 후에 비로소 두 유형의 논증방식들, 즉 의무론적 논증과 목적론적 논증에 관해 논의될 것이다.(참조. 1장 1.4.3. 신념윤리와 책임윤리)

10.1. 개념들

　　목적론적 논증(目的論的論證)은 하나의 행위를 목적에서, 즉 그 행위가 야기한 결과에서 평가한다. 물론 목적(τέλος)은 결코 명확한 개념은 아니다. 목적은 목표, 결과 그리고 성과를 의미한다. 최초로 학문적으로 체계화된 아리스토텔레스의 윤리학은 목적론적으로 구상되었다. 그 윤리학의 목표는 최고선을 추구하는 것에 있다.

의무론적 논증(義務論的論證)은 개념적으로 볼 때 '의무', '필수적인 것', '요구된 것'을 의미하는 그리스어 'τὸ δέον'에서 유래한다. 의무론적 논증은 원리들을 중요시한다. 그 논증의 핵심 물음은 '마땅히 해야 할 것이 무엇이냐' 하는 것이다. 나는 실현가능성에 대한 경험적이고 실용적인 고려에 의존하지 않고 무엇을 원해야 하는가? 의무론적 논증의 대표적인 예는 정언명령이 요구하는 의무를 강조하는 칸트의 윤리학이다. 의무론은 계명, 금지, 도덕 원리에 근거한다. 칸트 이외에도 윤리학에서 의무론을 주장하는 사람은 영국의 윤리학자이자 철학자인 로스(David Ross, 1977-1971)이다. 그는 가장 명백한 의무들, 즉 직접적으로 이해가 되는 요구들을 제시했다. 예를 들어 로스가 제시하는 의무들에는 '약속은 지켜야 한다.', '다른 사람을 해쳐서는 안된다'와 같은 실제적인 의무들이 있다. 진리와 관련된 의무들, 감사와 관련된 의무들, 정의와 관련된 의무들이 있다. 이런 의무들은 자명하다. 그런 의무들은 수학의 공리와 마찬가지로 단적으로 자명하다. 그렇지만 로스는 칸트와 달리 엄격주의자가 아니다. 그는 그런 의무들이 모든 상황에서 시행될 수 있다고 생각하지 않는다. 칸트와 달리 로스는 의무들 사이의 충돌가능성도 인정한다. 착한 거짓말이 대표적인 예이다.

10.2. 신학에 귀속성

무엇보다 신학적 윤리학은 전통적으로 의무론적 윤리학으로 간주되었다. 신학적 윤리학은 다음과 같은 물음들에서 출발하기 때문이다. 무조건적으로 타당한 하나님의 뜻은 무엇인가? 하나님의 계명은 무엇인가? 자연이 요구하는 것은 무엇인가?

그렇지만 윤리학의 형이상학적 논증, 즉 구체적인 개개의 요구들을 하나님의 의지, 하나님의 계명, 자연의 질서로부터 추론하는 것이 문제시된다면 목적론적 논증이 의무론적 논증보다 우선적 지위를 가지게 된다. 그렇다면 윤리의 근거는 더 이상 영원한 존재질서의 구조, 즉 불변적 자연법으로부터 논증될 수 없다. 윤리적 행위는 그의 고유한 윤리적 목적에서 타당성이 입증되어야 한다.[28]

목적론적 논증에서 윤리적 행위의 구속력은 특정한 가치들이 성취되고 실현됨으로써 논증된다. 의무론적 논증에서와는 달리 "본질적으로 악한 행위"(malitia absoluta intriseca)는 없다. 이웃을 해치지 않았음에도 불구하고 윤리적으로 금지된 본질적으로 악한 행위의 전형적인 예는 출산의 의도가 없이 행해지는 성교이다. 의무론은 인간의 행위들 중에는 자연법에 어긋나기 때문에 악한 행위들이 있다고 주장한다.

목적론적 논증은 대체로 공리주의적 논증과 동일시된다.

10.3. 평가

신학과 의무론 사이에서 대안을 선택하는 것과 관련한 논의에

---

28) 참조. 가톨릭 신학에서 의무론적 논증으로부터 목적론적 논증으로의 전환에 계기가 된 대표적인 예들을 위해서는 참조. Franz Böckles, *Fundamentalmoral*, 1977, 305-319; B. Schüller, *Die Begründung sittlicher Urteile*, 1980, S. 282-319.

신학윤리학

근거하여 이런 대안이 불가피한 것인가 하는 물음이 제기된다. 불가피한 대안을 주장함으로써 잘못된 반정립에 도달하게 되지 않는가? 이미 헤겔이 지적했듯이 "행위를 할 때 결과를 무시하는 원칙과 결과로부터 행위를 판단하여 그런 행위를 선과 악을 판단하는 기준으로 삼는 원칙은 모두 추상적인 지성(오성)의 작용이다."[29]

실제로 윤리적 판단은 의무론이나 목적론의 양자택일적 방식보다 더 복잡하게 이루어진다. 그밖에도 어쩔 수 없는 운명적 요소 때문에 실현할 수 있는 것의 한계를 판단하지 못하는 경우도 있다. 헤겔의 교수자격논문의 논제들의 하나는 다음과 같다. "Pricipium scientiae moralis est reverentia fato habenda." 도덕학들의 출발, 원칙은 우리가 운명에 부여해야만 하는 외경(畏敬)이다."[30]

따라서 윤리학적 논증은 가장 우선적으로 행위의 결과를 목적론적으로 검토하는데 착수할 것이다. 그러나 목적론적(공리주의적) 논증은 한계가 있다. 예를 들어 아무리 선한 목적이라도 최고의 윤리적 규범인 인간의 존엄성을 해하는 것을 정당화할 수는 없다. 고문금지는 최고의 원리로서 무조건적으로, 즉 "의무론적으로" 타당하다. 또는 나쁜 행위가 많은 사람들에게 좋다고 해서 허용될 수는 없다.(요 11:50: "온 민족이 망하는 것보다 한 사람이 죽는 것이 더 낫다.") 다른 사람들에게 경각심을 불러일으키기 위해 한 사람을 희생시키는 것은 어떤 명분으로도 정당화되지 않는다. 의무가 실행됐을 때의 결과도 고려하는 온건한 의무론과 모든 행위를 전적으로 결과에 의해서만 규정하지 않는 목적론은 양립할 수 없을 정도로 완전히 대립되는 주장이 아니다.

29) Hegel. *Pilosophie der Rechts*, ed. Glockner, 7, 178
30) Hegel. Erste Druckschriften, ed. Lasson(Meiner), Bd. 1, 1928, S. 405.

가톨릭의 도덕신학에서도 목적론적 논증과 의무론적 논증을 둘러싼 원칙논쟁이 있었다.[31] 이런 논쟁의 발단이 된 것은 제2차 바티칸공의회 이후 가톨릭 도덕신학의 입장변화였다. 가톨릭의 도덕신학은 지금까지 견지해 왔던 사법적 성향의 결의론을 포기하고 앵글로색슨계 윤리학의 합리적 논증방식을 채택했다. 이로 인해 도덕신학은 공리주의와 마찬가지로 규범들과 도덕 전체를 단순한 유용성 평가로 전락시키지 않느냐 하는 비판적 물음이 제기되었다. 가톨릭 철학자 로베르토 슈페만은 그렇게 비판하면서 교회의 도덕론이 도덕의 명령을 강조하는 의무론으로 돌아갈 것을 요구한다. 보편목적론은 결국 단순히 유용성을 평가하는 수단이 된다는 것이다. 이와 반대로 프란츠 푸르거는 실천적 지혜가 모든 윤리적 활동들에서 '덕의 운전사'(auriga virtutum) 역할을 해야 한다는 고대 그리스 로마와 중세의 요구를 환기시킨다. 이로 인해 오늘날에는 행복지상주의적인 이기주의적, 쾌락주의적 사상에 빠지지 않고 실용적이고 공리주의적인 이론들을 수용할 수 있게 되었다. 당연히 합리적이고 순수한 유용성 계산뿐만 아니라 "목적론적" 책임윤리도 있을 수 있다.

한편 순수한 의무론은 비인간적인 엄숙주의에 빠질 염려가 있다. 피히테는 그런 엄숙주의의 대표적인 사람이다. 피히테는 자기 아내에게 그녀의 병세에 관해 진실을 알리지 않으려 하는 그의 친구 헨릭 스테펜스에게 다음과 같은 편지를 보냈다. "그대의 진리! 한 개인에게만 속하는 그런 진리는 없다네. 그대의 진리가 그대를 다스려야지, 그대가 진리를 다스려서는 안되네. 만일 부인이 진리

---

31) 참조. Franz Furger, *Was Ethik begründet. Deontologie oder Teleologie – Hintergrund und Tragweite einer moraltheologischen Auseinandersetzung*, 1984.

때문에 죽는다면, 그녀는 죽어야 할 것이네."

뿐만 아니라 어떤 의무론도 예외적 규정이 전혀 없이 성립할 수 없다. 한편 순수한 목적론은 무비판적인 공리주의에 빠지기 쉬우며, 따라서 실용주의적 기회주의가 될 수 있다.

그러나 모든 목적론이 단순한 "복지 성과"로 환원되는 것은 아니다. 윤리는 결코 단순히 도구적 유용성(bonum utile)을 저울질하는 것이 아니라 윤리적 선(bonum morale)을 목적론적으로 지향한다. 온건한 의무론과 단순히 공리주의적 결과만 추구하지 않는 목적론은 구체적인 경우에 있어서 대체로 일치한다.

윤리학은 윤리적으로 선하고 가치 있는 것을 추구한다. 그것이 윤리학의 목표이다. 윤리학은 이런 목표에 도달하기 위해 누구나 동의할 수 있는 명백한 윤리적 근거를 제시해 주어야 한다. 따라서 "의무론적 목적론"(Furger, S. 53)에 관해 말할 수 있다. 무조건적인 요구, 윤리적 선에 대한 의무, 윤리적인 것을 위한 근본적인 결단은 "의무론적"이며, 원칙을 구체적 상황에 적용하는 것은 "목적론적"이다. 윤리적 결단은 의무론적으로 이해될 수 있으며, 개별적으로 이루어지는 결단은 목적론적인 근거를 가질 수 있어야 한다.

10.4. 전망

윤리학의 근본개념들은 윤리학의 역사로부터 조망되어야 한다. 이때 윤리적 논리가 어떻게 발전되어 왔는지 드러난다. 윤리학은 권위적 법 윤리의 타율적 요구로부터 윤리적 결정에서 자율적으로 스스로를 규제하고 행위를 목적론적 검토하는 방향으로 진화했다.

과제에 초점을 맞추게 되면 목적론적 사고를 하게 되고, 이것은 심지어 아리스토텔레스에게로 되돌아가는 것을 의미한다고 할 수 있다. 앞으로의 논의에서는 사회적 측면들과 현대 윤리학의 내용들을 지금까지보다 훨씬 더 중요하게 다룰 것이다.

보충설명 : 윤리적 판단발견의 방법

하인츠-에두아르트 퇴트(Heinz-Eduard Tödt)는 1977년에 윤리적 판단을 찾아내기 위한 조작적 도식을 제시했다.[32] 그는 다음과 같은 여섯 단계의 절차를 거쳐 판단을 방법을 제안했다.

(1) 문제점 확인. 도대체 어디에 문제가 있는가? 그 문제는 얼마나 특별히 윤리적인 문제이며, 미학적이고 종교적인 문제는 아닌가?

(2) 상황분석. 현실적인 '연관관계'를 조사하는 것.

(3) 대안적 태도들. 어느 정도까지 대안적 행위들이 가능한가? 어느 정도까지 다른 결정가능성들이 있는가? 예를 들어, 병역이나 병역거부.

(4) 규범검토. 어떤 규범들과 기준들이 지금 문제가 되고 있는 경우에 적용될 수 있는가? 1부터 4까지의 단계를 고려하면 다음과 같은 결과가 뒤따른다.

(5) 그때마다의 판단결정. 나는 구체적으로 어떤 태도를 취하는가? 개개의 경우에 나는 어떤 결정을 하게 되는가?

(6) 이런 과정을 거친 후에는 그 결정이 올바른 것이었는지 성찰하면서 적절성을 검토해야 할 것이며 또 그렇게 할 수 있을 것이다.

---

32) H-E. Tödt, *Versuch zu einer Theorie ethischer Urteilsfindung*, ZEE 21, S. 81-93.

이런 방법적 과정은 심리학적인 절차가 아니라 실제적인 도식을 기술한다. 시간이 촉박할 경우에는 심리적 결정과정을 고려하지 않고 상황에 따라 신속하게 결정되어야 한다. 더 나아가 퇴트의 도식은 그의 의도와는 달리 포괄적인 윤리이론이 아니라 단지 판단을 발견하는 실용적 방법을 제시해 준다. 그 도식은 교수법 안내자로서는 의미가 있지만, 윤리적 전통의 재산윤리, 덕윤리, 의무윤리가 그 안에서 통합되어져야 하는 포괄적인 이론으로서 유의미한지는 회의적이다.

(1) 이론적 의미에서는 책임이란 중심개념과 책임윤리 사상이 더 적합하다.[33]

(2) 퇴트의 판단도식은 윤리적 결정을 방법적 단계들에서 비판적으로 성찰하기 때문에 실용적 관점에서 보면 유익하다. 그 도식은 경험을 통해 획득된 가치들을 제공해 주며, 방법적 규칙들을 제안한다. 이런 점에서 볼 때 그 도식은 더 나은 것의 합리적 선택(προαίρεσις)을 강조하는 아리스토텔레스의 전통에서 있다. 선택한 목표를 추구하는 윤리학은 아리스토텔레스에게서 기원되었으며, 오늘날에는 실천적 삼단논법의 방식으로 논의되고 있다.(참조. Höffe, S. 183) 그렇지만 여섯 단계에 걸친 판단은 특별히 윤리적인 것은 아니다. 여섯 단계의 판단은 윤리성과는 무관하다. "윤리적" 또는 "관례적"이란 형용사는 "정치적", "법적" 또는 "경제적"이란 형용사로

---

33) 참조.퇴드의 제안에 관한 논의를 위해서는 ZEE 22(1978)에 수록된 다음의 논문들을 참조하라. OtfriedHöffe, "Bemerkungen zu einer Theorie sittlicher Urteilsfindung(H. E. Tödt)", S. 181-199; Christian Link, "Überlegunen zum Problem der Norm in der theologischen Ethik", S. 188-199; Christofer Frey, "Humane Erfahrung und selbstkritische Vernunft" S. 200-213; *Schöpferische Nachfolge*, *Festschrift für Heinz Eduard Tödt*(Hg. von Christofer Frey/Wolfgang Huber), FEST, Text und Materialien, Reihe A, Nr. 5, 1978, S. 115-137.

직접 대치될 수 있기 때문이다.(참조. Höffe, S. 185) 따라서 윤리적 판단을 발견하는 절차를 통해 윤리적 이론을 수립하자는 퇴트의 요구는 과도한 요구이다. 윤리적 원리와 윤리적 기준의 본성은 방법적 수법을 통해 밝혀질 수 없다. 그렇지만 다음과 같은 긍정적인 측면들도 있다. (a) 검증 가능한 방식을 찾으려는 시도, (b) 그렇게 함으로써 실천적 지혜의 형태로 작용하는 이성을 윤리적 인식원리로서 정당화하는 것. 이와 함께 퇴트의 도식은 아리스토텔레스의 이론에 의거하여 학문적으로 명확한 윤리적 판단방식을 제시한다.

이런 교수법적 도식에서 논란이 되는 점은 규범에 대한 물음이다.(참조. 4장의 "가치와 규범") 퇴트가 제시하는 방법은 아리스토텔레스가 『니코마코스 윤리학』에서 제기한 물음에 의존한다. 이미 아리스토텔레스에게서도 품성의 능력과 인지적 능력의 조화가 발견된다. 덕(ἀρετή)과 이성(νοῦς)의 협력을 통해 우선적 선택(Vorzugswahl, προαίρεσις)에 의한 판단이 이루어진다.(Höffe, S. 183) 따라서 윤리적 판단은 최고의 원리들로부터의 연역적 추론에 의해 이루어지는 것이 아니다. 판단과정에서 행해지는 실천적 삼단논법은 윤리적 행위를 의지의 행위로서 파악한다. 실천적 삼단논법은 합리적 성찰과 의지, 의지적 추구와 정서적 추구, 감정의 결합에서 이루어진다.

퇴트의 판단을 발견하는 도식에서 볼 때 사랑은 규범이 아니라 메타규범이다. 리크의 표현에 의하면 사랑은 척도(κριτήριον)가 아니라 판단의 법정, 즉 방향을 지시하는 재판관(κριτής)이다. 물론 사랑이란 메타규범을 논의할 때는 단지 사회적 규범을 해석하는 데 있어 사랑이 가지는 의미를 고려해야 하는 것은 물론이고 사랑과 다른 메타규범들(예를 들어 이기주의, 보복)과의 결합가능성도 함께 논의되어야 한다.(참조. 2장 10절, 사랑의 계명)

신학윤리학

4장
규범과 가치

1. 가치

오늘날 윤리학에 고유한 실질적 대상을 표현하는 대표적인 개념들은 "규범과 가치"이다. 이 개념들이 일반화되어 널리 사용된 것은 비교적 최근의 일이다. 이 개념들에 대응하는 고전적 개념들은 법과 명령이다. 가치와 규범을 강조하는 계기가 된 것은 의무론적 논증으로부터 목적론적 논증으로의 전환이다.

1.1. 개념

가치에 관한 논의의 본질적인 취약점은 가치 개념의 모호성이다. 가치라는 단어는 그 자체가 애매한 개념이다. 그 단어는 "카멜레온"과 같다.(Rudolf Otto) 따라서 종종 규범과 가치가 동시에 사용되기도 한다. 가치라는 단어에는 모든 규범윤리의 근본적 문제인 윤리적 방향설정의 문제가 드러난다. 따라서 규범과 가치라는 개념 대신 척도, 지침, 기준, 윤리적 결정의 "준칙"(A. Rich), 규칙, 보편적 원칙이란 개념들이 사용하기도 한다. 그렇다면 규칙 개념 위에서 규범 개념이 논의된다. 규범은 가치판단의 기준이다. 인식비판적 규범, 논리적 규범, 사법적 규범, 미학적 규범 그리고 윤리적 규범이 있다. 규범적이라는 것은 가치를 평가하고 판단한다는 뜻이다. 만일 윤리학의 과제가 단순히 결정의 기본자세, 결정의 파토스에만 있다면 윤리학은 가치와 규범을 포기할 수 있다. 그렇다면 선(善)의 구체적 내용을 다루는 실질적 윤리학은 순수한 상황윤리가 된다.

마찬가지로 만일 윤리학의 계시신학적 성향만 강조된다면 신학에서 가치와 규범에 대한 물음은 논의에서 제외될 수 있다. 왜냐하면 인간 중심의 종교와 계시 없는 하나님 인식에 대한 물음이 기초신학에 의해 거부되듯이 – 여기서 자연종교가 싹트게 된다고 생각하기 때문에 – 가치에 대한 물음도 거부되기 때문이다. 그렇다면 개신교적 관점의 기독교 신앙은 가치에 대해 묻지 않고 예수 그리스도 안에서 계시된 하나님의 말씀에 대해 묻는다. 가치에 대한 물음은 "전적으로 가톨릭적인 것으로" 거부되고 비난될 수 있다. 자연법에 대한 개신교의 비판은 즉시 가치논쟁으로 이행된다.

개신교 윤리학에서 가치를 주제로 하여 논하는 사람은 커다란 심리적 부담감을 가지게 된다. 이런 심적 부담감을 가지게 되는 이유는 역사적으로 설명될 수 있다. 본래 가치는 경제적 개념이다. 60년대 말에도 여전히 어휘사전들에는 "근본가치"가 단적으로 "토지가치"와 동의어로 표현되었다. 사용가치, 교환가치, 실질가치라는 개념들이 사용된 것은 아담 스미스 이후부터이다. 마르크스의 정치경제 이론에도 가치는 단지 경제적 개념이다.(『자본론』에서 "잉여가치론")

발자크(Balzac, l'illustre Gaudisart)는 "가치" 개념의 등장에 관해 다음과 같이 논평한다. "누구나 알듯이 1830년의 무질서한 상황에서 이전의 많은 아이디어들이 세상에 알려지게 되었고, 교묘한 투기꾼들은 이런 아이디어들을 새로운 것으로 갱신하고자 했다. 특히 1930년 이후 아이디어들이 가치로 변하게 되었다. 아무것도 출판하지 않을 정도로 영리한 어느 작가가 말했듯이 오늘날 사람들은 손수건들보다 많은 아이디어들을 훔친다. 아마도 우리는 어느 날인가 그런 아이디어들을 위해 증권거래소를 가질 것이다. 그러나 이미 지금 그 아이디어들은 - 그 아이디어들이 좋건 나쁘건 간에 - 그들의 시세에 따라 가격이 매겨진다. 사람들은 아이디어들을 수집하고, 팔며, 교환한다. 이런 과정에서 아이디어들에는 이자가 발생한다. 판매할 아이디어가 없다면 투기는 단순한 가치들을 총애하고자 한다. 사람들은 그런 단순한 아이디어들에게 아이디어의 일관성을 부여하고, 새가 기장의 낱알을 먹고 살 듯이 그 가치들에 의해 살아간다. 웃지 마세요! 내용보다는 상표를 통해 더 쉽게 유혹되는 나라에서는 하나의 가치가 하나의 아이디어와 마찬가지로 중요하다. … 그 아이디어가 영업을 통해 거래됨으로써 지식인들은 그들이 생산한 상품들과 함께 자연스럽게 수공업 산업에 의해 사용되는 과정을 그대로 따라야 했다."

1.2. 가치윤리의 역사

19세기에 가치 개념이 철학적 윤리학 분야에서 수용된 것은 특별한 역사적 상황 덕택이었다. 자연과학과 기술의 성공이 현실이해에 영향을 주어 인식의 변화가 일어나게 되었다. 형이상학적 사유전통은 근본적으로 의문시되었다. 윤리학 이론은 더 이상 형이상학에 근거하지 않고 실용주의적으로 논증되었다. 사변적 형이상학을 비판할 때 자연법의 형이상학적 근거도 함께 비판되었다. 사변적 형이상학과 함께 자연법의 형이상학적 근거도 비판의 대상이 되었다. 폐쇄적인 중세의 기독교적 세계관이 그의 신학적 또는 종교적 질서체계와 함께 와해되면서 윤리학도 영향을 받게 되었다. 이와 동시에 존재와 당위, 학문과 윤리, 사실과 가치도 서로 분리되었다. 학문은 가치중립적이어야 한다. 특히 학문의 가치중립성을 요구하는 막스 베버의 강한 주장을 둘러싼 논쟁이 가치판단 논쟁에서 격렬하게 일어났다.

사실과 가치를 구분하게 됨으로써 윤리학은 나름의 고유한 가치론을 제시하지 않을 수 없게 되었다. 윤리학의 대상은 사실이 아니라 가치이다. 윤리학의 과제는 "평가"의 정당성을 발견하는 것이다. 물론 이런 가치론은 이미 전통적 도덕에 대한 니체의 비판과 새로운 도덕에 대한 요구, 즉 "모든 가치의 재평가"에 대한 요구의 지평에서 이루어진다.

루돌프 헤르만 로체(Rudolf Hermann Lotze, 1817-1881)는 가치 개념을 윤리학에 도입하였다. 물론 칸트도 인간의 존엄을 유일한 "가치"로 규정하기는 했지만 말이다. 로체는 비판적 경험주의자이다. 로체는 관념론과 셸링의 자연철학을 거부하고 정확한 관찰을 강조했다. 가치에 대한 물음은 도덕의식이 변화와 가치위기를 나타내는 징후이다. 이때는 가치평가에 대한 물음이 본질적이 된다. 신칸트주의자 빌헬름 빈델반트(Wilhelm Windelband, 1848-1915)와 하인리히 리케르트(Heinrich Rickert, 1863-1936)는 가치평가에 대한 그런 물음을 더욱 발전시켰다. 윤리학의 근거는 존재론이 아니라 삶에서 우선적인 것이 무엇인지 제시해 줄 수 있는 인간론이라는 것이다.

신학윤리학

가치론은 실제로 언제나 이미 이전의 가치평가들을 발견한다. 가치론은 그런 평가들의 기원과 발생을 설명할 수 있지만, 가치의 근거를 제시할 수는 없다. 따라서 가치론은 이론적 논증보다는 그 논증의 효용성을 중요하게 다룬다. 어떤 가치가 옳고 어떤 가치가 그른지 어떻게 확인할 수 있는가? 효용성이 중요하다면 가치론은 단순히 객관적으로 서술하는 것에 그쳐서는 안된다. 가치를 평가하고, 규정하며, 규범적으로 처리하는 것이 중요하다. 로체는 직관적 가치감각을 제시함으로써 타당성 물음에 대답한다. 이와 반대로 니체는 가치의 본질은 그것이 얼마나 이익에 기여하느냐 하는 데 있다고 본다. 그는 가치가 생존경쟁의 수단으로 이용된다고 폭로했다. 신칸트주의자들에 의하면 타당성 물음에서 중요한 것은 "실천이성"의 도움으로 정당성을 확보하는 것이다.

　　막스 셸러(Maz Scheler, 1874-1928)는 칸트 윤리학의 형식주의를 거부한다. 동시에 그는 가치의 기원을 심리학적이고 역사적으로 설명하는 "경험론적 상대주의"를 극복하고자 한다. 셸러가 지향하는 것은 형식적이 아닌 실질적 가치윤리이다. 가치경험들을 현상학적으로 기술함으로써 가치의 본질을 직관하게 된다. 이런 본질직관을 통해 "선험적 가치"와 가치질서를 파악하게 된다. 셸러에 의하면 다양한 가치들은 질적 등급을 가지는 가치체계를 구성한다. 이런 가치체계의 모범은 플라톤의 이데아론이다. 그렇지만 가치는 합리적이고 인식론적이 아니라 정서적으로 파악된다. 실질적 가치윤리는 본질직관에 의존한다. 셸러의 의도는 역사적 변화에 따라 좌우되지 않고 상대주의로부터 자유로운 객관적인 가치질서와 가치등급을 확립하는 것이다. 그렇게 함으로써 철학적 윤리학이 "절대적 윤리학"으로서 개혁된다는 것이다. 현상학의 과제는 선험적 가치의 명증성을 밝혀내는 것이다.

셸러의 가치윤리는 주목할 만하기는 하지만 상대주의를 극복하고 존재와 당위 사이의 괴리를 극복하려는 목표를 달성하지는 못했다. 셸러와 마찬가지로 하르트만도 가치는 "플라톤적 이데아들"의 양식에 따르는 "존재방식"을 가진다고 생각했다.

1.3. 가치윤리의 문제점들

가치윤리는 해결할 수 없는 난처한 문제에 직면하여 구상된 이론이다. 가치윤리는 우선 허무주의를 통해 제기된 회의적인 물음에 대한 반응이다. 가치윤리는 가치를 서열에 따라 구분하는 확고한 절대적 등급체계를 제시함으로써 이런 위기에 대처한다. 이런 윤리의 내용인 가치는 시대를 초월하여 확고해야 하며, 역사적 변화와 무관하게 타당해야 한다. 그러나 선험적 본질직관에 근거하여 가치를 인식하는 것이 가능한가? 가치를 학문적으로 논구하는 "가치론"(Axiologie)이 본능적 직관에 근거할 수 있는가? 구속력 있는 윤리적 방향설정이 역사를 떠나 가능한가? 이런 약점 때문에 가치윤리는 실존주의 철학 또는 결정론으로 대체될 수밖에 없었다. 여기서는 구체적 상황에서 결정이 이루어진다.

마르부르크의 헤르만과 오토와 같은 개신교 신학자들이 가치사상을 수용하려 시도했지만, 그런 시도는 변증법적 신학의 비판에 의해 좌절되었다. 믿음의 "결단"(불트만) 또는 하나님 말씀의 권위, 즉 계시의 요구에 따르는 "순명"(바르트)은 가치에 관해 성찰할 여지를 허용하지 않는다.

좀더 정확하게 말해 가치에 대해 묻는다는 것은 가치들 사이에 충돌이 있기 때문이다. 전통적인 종교적 규범들과 도덕규범들은 새로운 요구들과 상충되었다. 규범들 사이의 충돌로 인해 양심의 갈등이 발생하게 되었다. 19세기 후반 이것이 새로이 자각된 인간의 주체적 존재의 가치와 전통적인 질서체계와의 충돌로 나타났다. 20세기 말에는 시민적 태도, 부지런함, 질서, 의무이행 등과 같은 고전적인 가치들과 환경, 평화, 미래, 자기규정과 같은 새로운 가치들 사이에 충돌이 나타났다. 셸러는 선험적인 객관적 가치등급, 즉 가치서열을 제시함으로써 이런 가치충돌을 해결하고자 했다. 가치를 등급에 따라 구분하면 가치혼돈을 막을 수 있다고 생각했다.

그렇지만 플라톤적인 가치인식은 물론이고 가치를 서열에 따라 구분하자는 이런 주장은 납득하기 어렵다. 사회에 실제로 존재하는 다양한 가치들로 인해 발생하는 문제는 형이상학적 가치체계를 통해 해결될 수 없다. 어떻게 이상적이라고 생각된 가치들이 가상의 "하늘"로부터 이 세상에서 현실화되는가? 가치는 언제나 사회윤리적이고 윤리적–정치적 주제이다. 소위 70년대의 기본가치 논쟁은 이런 문제점을 주제로 다루었다. 윤리적으로 올바르거나 잘못된 것은 합의과정에서 확인된다. 물론 단순한 절차규정들이 가치문제를 대체할 수는 없다. 실질적 내용을 반영하는 기준들이 중요하다. 윤리학에서는 도덕적 행위규범들은 물론 목표지향적으로 행위를 규정하는 가치들이 주제로 다루어질 수 있다. 이때 "가치"는 추구되어야 할 윤리적 목표이다. 가치에 관한 그런 견해는 셸러의 가치론과 동일시될 수 없고 철저히 합리적으로 논증될 수 있다.

1.4. 규범의 근거에 대한 논쟁

가치의 근거에 대한 물음이 최근에는 규범의 근거에 대한 논쟁이 되었다.[1] 규범의 근거에 관한 이런 물음은 지금 한창 활발하게 논의되고 있다. 그 논의는 전망하기 어렵고 완결되지 않았다. 다양한 주장들과 논증들 중에서 다음과 같은 주장들이 대표적이다.

(a) 경험론적 논증은 사실들로부터 규범을 도출한다. 고전적인 형이상학적 자연법 이론은, 어떤 것이 자연적인 것인지 지시함으로써 당위성의 근거를 제시한다. 어떤 것이 금지되는 것은 그것이 자연적이지 않기 때문이다. 최근에는 "자연에 따라 살라"(vivere secundum naturam)는 명제가 사회생물학에서도 사용되고 있다. 이런 명제에 의하면 도덕은 유전적으로 미리 규정되어 있다는 것이다. 윤리는 진화의 산물이다. 인간은 스스로를 보존하도록 미리 기획된 생존기계이다. "선"이란 인간의 생존에 기여하는 것이다. 자연과학은 인간의 "자연(본성)"이 무엇인지 규정하기 때문에 학문적, 즉 생물학적 태도(Ethos)가 인간의 "윤리적 본질"을 규정한다. 규범은 인간의 자연(본성)을 통해 정해진다. 그렇지만 문제는 도대체 이런 방식으로 윤리적 규범과 가치에 도달될 수 있느냐 하는 점이다.

규범의 근거를 이런 방식으로 논증할 경우에는 존재로부터 당위성이 도출되는 자연주의적 오류추리에 빠질 위험이 있다.

(b) 칸트는 실천이성에서 규범의 단서를 발견하여 선험적으로 논증한다. 특히 헤르만 크링스는 이런 방식의 논증을 지지하는 대표적인 인물이다. 이런 논증은 근본적인 윤리적 가치는 자유의 성

---

1) 참조. Willi Oelmüller(Hg.), *Materialien zur Normendiskussion*, 1978ff., 3 Bde.

취에 있다는 명제에서 출발한다. 칸트의 전통에서 볼 때 자유는 "인간의 행위에서 절대적 윤리의 근거가 되는 결정적 동인"이다.[2] 규범과 의무의 원천은 의지의 무조건적인 자기규정이다.

그렇지만 자기통제가 없는 자유는 공허하다. 그러므로 진정한 자유를 위해서는 규범에 대한 존중이 요구된다. 자유는 자유의 구현과 질서를 위해 법과 도덕을 필요로 한다. 규범들이 있어야 한다는 필연성은 선험철학을 통해 근본적으로 논증될 수 있다. 그러나 어떤 규범들이 인정될 수 있느냐 하는 것은 입증될 수 없다. 역사와 경험에 의존하지 않고는 개별적 규범들의 타당성을 논증할 수 없다. 이런 문제는 근본가치에 관한 정치적 논의에서는 이미 인식되었지만, 규범논증에 관한 철학적 논의에서는 아직 충분히 고려되지 않았다.

(c) 칼 오토 아펠(Karl Otto Apel)과 하버마스(Jürgen Habermas)의 선험적 실용적 규범논증[3] (transzendentalpragmatische Normenbegründung). 규범논증은 모든 사람들에게 동일한 방식으로 적용될 수 있으면서 실질적 규범들을 제정하고 정당화해 줄 수 있는 최후의 법정이 더 이상 없다는 전제에서 출발한다. 구원자이자 창조자인 하나님의 뜻, 즉 무시간적으로 타당한 자연법의 원리들에 근거하는 논증은 더 이상 보편적 동의를 발견하지 못한다. 순전히 자의적 의지와 결정론적 선택에 만족하지 않고 윤리적이고 사회적-정치적인 자의적 결정을 피하고자 한다면 실천적인 논의를 거쳐 타당한 것을 이성적

---

2) Hermann Krings, "Staat und Freiheit", in: *Was sind Grundwerte?*, 1977, S. 97–113. Zitat S. 108.
3) * '선험적 실용적 규범논증'은 인간의 인식과 자유로운 행위를 가능하게 하면서 그에 선행하는 초월적 조건들을 탐구하는 논증이다.

이고 합리적으로 찾아내야 한다. 규범은 "자유로운" 논의 과정에서 논증되어야 한다.

규범을 이와 같은 방식으로 논증하기 위해서는 보편적 의사소통 공동체가 이성선험성(Vernunftapriori)으로서 전제되어야 한다. 근거에 입각한 규범논증은 의사소통과 담론을 위해 준비되어 있을 때에만 성공할 수 있다.

선험적 실용적 규범논증의 문제점은 가치들이 논증과정에 용해된다는 사실에 있다. 도대체 인간의 존엄성, 인권과 같은 내용들이 논증과정에서 도외시될 수 있는가? 호르크하이머는 만일 인권이 단지 주관화, 기능화 그리고 도구화의 관점에서만 파악된다면 인권은 그의 "정신적 뿌리"를 상실할 것이라는 점을 강조했다.[4] 지금까지 확보된 형식적 담론방식들과 담론규칙들을 가지고는 충분히 정당화되거나 논증될 수도 없고 그런 방식들에 근거해서 처리되어서도 안되는 정체성의 근거들과 윤리적 가치들이 있다. 따라서 선험적 실용적 규범논증에 대한 첫 번째 비판적 반론은 실제적인 가치들을 형식적인 논증규칙들에 근거해 도출한다는 점에 대해 제기되었다.

두 번째 반론은 담론이론에 대해 제기된다. 보편적인 동의에 도달할 때까지 시간에 구애되지 않고 자유로운 담론이 가능한가? 제한된 시간 때문에 결정되어야 하는 경우들이 있지 않은가?

규범논증과 관련한 현대의 철학적 논의를 개관한 결과 보편적으로 인정될 수 있는 어떤 논증도 불가능함이 드러났다. 로렌처, 슈베머, 캄바르텔이 주장하는 초주관적 협의에 의해서도 이런 보편적 논증은 불가능하다. 따라서 근거논증에 관한 물음을 포기하고 대

---

4) Max Horkheimer, *Zur Kritik der instrumentellen Vernunft*, 1967, S. 32f.

신 규범의 수용이나 인정에 관해 논의하는 것이 더 자연스러워 보인다. 그렇다면 가치에 관한 물음은 사회의 학습과정과 적응과정에 관한 물음일 것이다. 이와 함께 근거논증의 물음은 타당성 물음으로 바뀐다.

1.5. 가치들의 타당성

그러므로 타당성 물음을 규범의 기준으로 생각하는 것이 바람직해 보인다. 막스 베버 이후[5] 규범의 근거를 결정적으로 논증할 수 있는 어떤 합리적인 또는 경험적인 학문적 방법도 가능하지 않다는 견해가 지배적이 되었기 때문이다. 그러므로 만일 어떤 규범이 실시되고 인정된다면 그 규범은 논증된 것으로 간주된다. 의회의 다수결 결정이 대표적인 예이다. 만일 어떤 규범이 의회의 투표에서 의결되었다면 그 규범은 타당하다. 예를 들어 원자로 건설이나 특정한 외교정책의 결정이 그런 경우에 해당한다.

그렇지만 논증 물음이 타당성 물음으로 바뀌었지만 윤리적 문제가 아직 해결된 것은 아니다. 왜냐하면 정치적 효력발생이 규범의 윤리적 근거도 된다고 주장할 수 없기 때문이다. 근본적인 가치들과 법적 보호 대상들을 투표로 결정할 수 있느냐 하는 점은 여전히 문제이다.[6]

---

5) Max Weber, *Gesammelte Aufsätze zur Wissenschaftslehre*, 1973, S. 508.
6) 참조. Hermann Lübbe, "Sind Normen methodisch begründbar Rekonstruktion der Antwort Max Webers", in: *Transzendental-philosophische Normenbegründung*, 1978, S. 38-49.

뤼베는 단호하게 막스 베버의 입장을 지지하였다. 그는 규범의 근거에 관한 논증과 규범의 결정과 규범의 발효를 철저하게 구분해야 한다고 주장했다.[7] 뤼베는 막스 베버의 이론에 근거하여 정치적 규범과 사회적인 규범은 학문적으로 논증할 수 없다고 주장했다. 그런 규범들의 타당성은 의사형성에 의해 인정된다. 그 규범들의 타당성과 효력은 다수결 원칙을 통해 부여된다.

정치적 결정과 학문적으로 논증할 수 있는 도덕은 당연히 구분되어야 한다. 도덕적 통찰은 도덕적 통찰로서 정치적 결정들에 개입하지 않는다. 그러나 규범의 윤리적 명증성을 그 규범이 가지는 사실적인 정치적 효력과 인정에 국한시켜 판단하는 것은 문제이다. 사실 규범은 무엇보다도 협약과 관습, 역사와 경험에 근거한다. 따라서 규범은 그것의 부당함이 입증될 때까지는 타당하다. 전통은 우선적으로 합리적이라고 간주된다. 따라서 잠정적 도덕에 관한 데카르트의 구상에서처럼 우선은 지금까지 인정된 윤리적 규범들은 옳다는 전제에서 출발해야 한다. 옳다는 예단은 무엇보다 우선적으로 역사에서 지금까지 확보된 것에 적용된다.

그러나 전통과 권위에 따라 전승된 규칙들을 맹목적으로 수용해서는 안된다. 규범은 변할 수 있기 때문이다. 이전의 가치들과 새로운 가치들은 대립하고 충돌할 수 있다. 그런 충돌이 있을 때 중요한 것은 하나의 견해를 배타적으로 관철시키지 않고 합리적인 해결책, 즉 납득할 수 있고 사실에 부합하는 절충안을 찾아내는 것이다. 규범을 합리적으로 발견하고 근거를 입증하는 과제가 남아있다. 그런

---

7) Hermann Lübbe, "Sind Normen methodisch begründbar Rekonstruktion der Antwort Max Webers", in: *Transzendental-philosophische Normenbegründung*, 1978, S. 39.

신학윤리학

과제는 그만큼 더 긴급하다. 왜냐하면 규범들은 실생활과 관련되어 있으며, 따라서 실제적 윤리학에서는 사회적 현실과 무관하다고 간주될 수 있은 어떤 "순수한" 윤리적 규범들도 없기 때문이다. 윤리학에서는 규범들의 역사적 기원과 함께 그 규범들의 현재적 역사성도 동시에 강조된다.

가치는 변할 수 있고 해석을 필요로 하기 때문에 역사적으로 이해된 가치윤리는 동시에 신학적으로는 정적인 질서윤리와 대립된다. 불변의 소여성이 논증의 기초라고 생각하는 정적인 질서사상과 달리 가치를 역사적 경험의 축적으로 보는 규범윤리는, 가치란 사회적 여건에 의해 변할 수 있다고 생각하며 새로운 가치들을 통합한다.

1.6. 신학적 관점에서 본 가치윤리

신학윤리의 입장에서 볼 때 절대적인 최종근거를 포기하는 것은 특별한 문제이다. 왜냐하면 그렇게 되면 윤리적 규범들의 신학적 또는 기독론적 최종근거도 논의에서 제외되기 때문이다. 『기독교 윤리학 편람』(Handbuch der christlichen Ethik, 1978, 1979) 1권에 있는 현재의 윤리적 논의에 대한 이론적 접근은 이로 인해 새로이 파생되는 문제들을 명확하게 지적해 보여준다. 호네펠더(Ludger Honnefelder)는 새로운 시대의 윤리적 합리성을 강조한다. 권위를 근거로 하는 로마 가톨릭 교도권의 주장에 대해 이성이 규범의 근거라는 반론이 제시된다. 칸트 이후 윤리와 그의 규범들은 명확하고, 소통 가능해야 하며, 이성적이고 보편적이어야 한다는 요구가 제기되었다. 동시에 계몽주의는 그의 인간론적 전환과 함께 전통적인 형이상학으로부터 등을 돌렸다. 결과적으로 신학적 윤리학도 그의 경쟁력을 상실하게 되었다. 신학적 윤리학은 새로운 시대의 이성전통과 자유전통에 적응하지 못했다. 신앙세계와 생활세계는 서로 분리되었다. 순전히 신율적인(theonomen) 도덕실증주의가 기독교 윤리학에 대해 의혹을 제기하였다. 신학적 윤리학은 단순한 교회의 내부도덕을 공식적으로 체계화한 것으로 간주되었다. 가톨릭 정신과 인문주의 정신 사이에 도덕적 균열이 발생하였다. 이성에 근거한 논증은 이런 사태에 직면하여 근거들을 열거하고 통찰력을 제시해 줌으로써 그런 균열을 방지할 수 있다. 그럴 경우 근거를 제시하는 이성적 규범논증은 바람직한 것, 좋은 것, 올바른 것에 관해 동의할 수 있게 해주고 그렇게 함으로써 가치들을 구속력 있게 만들어 주는 긍정적 의미를 가진다.

그렇지만 가치들의 인정을 위한 기본전제는 세계와 삶이 의미를 가진다는 확신이다. 퍼어스는 삶의 근본방향에 관해 "유일한 도덕적 악은 궁극적 목표를 가지지 않는 것"[8]이라고 생각한다.

이와 관련하여 "윤리"와 "종교"에 대한 물음이 제기된다. "변증법적 신학"에서 인간적 종교를 "불신앙"이라고 규정하는 것은 윤리학에서 가치와 규범을 거부하는 것과 마찬가지이다. 가톨릭 신학은 그의 계시이해에 근거하여 언제나 가치 개념에 대해서도 열려있었다. 한편 니체에게 있어서 "모든 가치의 전도"에 대한 요구는 신 죽음의 선포를 통해 그렇게 요구하도록 규정되어 있었다. 따라서 가치를 주제로 하는 논의는 신에 대한 물음과 분리될 수 없다.

---

8) Charles S. Pierce, *Schriften II, Vom Pragmatismus zum Pragmatizismus*, 1970, S. 350.

이런 사실은 한스 요나스가 가치상대주의와 허무주의에 의해 야기된 가치부재의 빈 공간을 채우기 위해 객관적인 가치이해를 가지는 새로운 윤리의 필요성을 강조할 때, 그리고 그가 "성스러운 것"이란 개념을 통해 그런 불가침적 가치들의 근거를 제시할 때 특히 두드러지게 드러난다. 이런 신성한 것이 특정한 사물들과 가치들을 불가침적으로 신성하게 한다는 것이다.(Das Prinzip Verantwortung, 1979) 그렇지만 동시에 요나스는 이 성스러운 것이 보편적으로 인정될 수 있기 위해서는 그 타당성이 비종교적으로 논증되어야 한다고 강조한다. 요나스가 볼 때 가치에 관한 모든 종교적 논증은 주관주의에 빠져 배타적이 되기 쉽다.

그러나 그럼에도 불구하고 종교와 가치는 서로 밀접한 관계에 있지 않는가? 이때 종교와 가치의 밀접한 관계가 가치의 명증성을 신율적인 권위에 의존하여 논증하는 것이라고 생각되어서는 안된다. 기독교와 주요한 세계종교들은 하나님을 우주적 존재로 파악한다. 하나님은 존재의 비밀이며, "존재의 힘"이다. 보편적 하나님 이해는 20세기의 개신교 신학이 허무주의와 가치상대주의와 맺은 기묘한 연합에 대해 물음을 제기해야 한다. 그럴 경우 우리는 순명함으로써만 이해할 수 있는 계시에 근거하여 불가피성을 논증하기 위해 도덕비판이나 종교비판의 주장들을 수용한다.

하나님 이해의 보편성 요구와 가치와 규범은 보편적일 수 있어야 한다는 요구는 상호의존적이다.

2. 가치의 보편주의와 상대주의

　　규범과 가치의 보편적 타당성에 대한 반론은 가치들의 상대성에 관한 경험적 사실을 지적한다. 실제로 오늘날 우리는 많은 자연법적 표상들과 달리 가치들을 더 이상 보편적인 것으로 전제하지 않는다. 그러나 물론 보편화 가능성과 보편적 인정에 대한 요구는 필요할 수 있다. 물론 규범은 단지 이성적 논증에 의해서만 보편적으로 인정될 수 있다.

　　규범들의 보편화 가능성에 대한 반론은 특히 문화인류학자들에 의해 제기되었다.[9] 그들은 서로 배타적인 행동방식들과 가치들을 문화상대주의에 대한 예로 제시한다.

　　그에 대한 증거들은 민족에 따라 다르게 정착된 규범으로서의 일부일처제와 일부다처제이다. 약자 보호는 많은 민족들에서 실천되고 있으며, 다른 민족들에서는 완전히 거부된다. 이단과 마녀에 대한 화형은 그런 대표적인 예이다. 무조건적 생명 보호 요구는 스파르타에서의 유아 살해나 에스키모와 아프리카의 원시 종족들에서

---

9)　참조. Rudolf Ginter, *Relativismus in der Ethik*, 1978.

　　　　　　　　　　　　　　　　　　　　　신학윤리학

행해지는 부모 살해와 모순된다.

물론 그렇게 문화인류학적으로 비교할 때는 "순수한" 규범과 "혼합된" 규범을 구분해야 한다. 실생활에서 경험된 규범들은 "혼합된" 규범들이다. 그런 규범들은 규범적 요구들을 물론 실제로 주어진 여건들도 포함한다. 실생활에서 경험된 규범과 표준적 타당성을 요구하는 규범은 동일한 것이 아니다. 이것은 임신중절 때의 생명 보호에서 분명하게 드러난다. 이때 중요한 쟁점은 배아(胚芽)가 이미 인간이냐 아니면 초기 태아(胎兒)단계들은 출생 이후의 생명과 다르게 판단될 수 있느냐 하는 것이다. 따라서 불충분한 "동일한 규범적 타당성"으로부터 근본적인 "규범적 동일가치"가 추론될 수 없다. 그러나 근본적인 윤리적 상대주의는 이런 결론을 도출한다. 그런 상대주의는 관찰된 문화적 다양성으로부터 - 서술적 진술로부터 - 윤리적 규범과 가치의 근본적 상대성을 주장한다. 그러나 다양성을 참조하는 "관계주의"는 아직 근본적인 상대주의가 아니다.

다음과 같이 결정적으로 중요한 물음들이 제기된다. (a) 공평한 관찰자는 동일한 사실들을 알게 되었을 경우 윤리적으로 옳고 그른 것에 관해 동일한 결론에 도달해야 하지 않는가? 물론 이때 사실에 관한 동일한 판단과 개인의 관심이 결정에 개입되지 않는 공정성이 전제되어야 한다. 그러므로 이때 중요한 것은 혼합된 규범들을 분석하는 것이며 그렇게 함으로써 동일한 요소들을 동일하게 판단할 수 있는 능력이다.

(b) 이제 윤리적 규범의 일반화 가능성과 관련하여 다음과 같은 물음이 제기된다. 규범과 가치의 일반화 가능성은 모든 사람을 나와 동일한 존재로 인정한 결과이며 동시에 조건이기도 하지 않느냐? 만일 인간의 존엄성과 인간성이 인종, 성별, 국적과 사회적 지

위와 무관하게 존중되어야 한다면, 인간의 존엄성을 개진하는 규범들과 가치들의 일반화 가능성은 인정되지 않을 수 없다. 도덕적인 규범적 논증을 위한 전제는 "그 사람도 나와 같은 인간"이라는 확신이다. 그러나 그렇다면 문화상대주의자들의 주장에 대해 다음과 같은 물음이 제기된다. 다양한 윤리적 판단들, 평가들과 행동방식들은 실제로 다양한 가치들과 규범들에 의존하는가? 그것들은 오히려 사실들에 관한 서로 다른 해석들, 즉 다른 경험적 시각에 의존하는 것이 아닌가? 그렇다면 가치들 자체는 단적으로 "상대적"이 아니라 사회적, 문화적 상황에서 형성된 것이다.

이런 사실은 "평화"와 "환경"에 관한 오늘날의 가치논쟁에서 잘 나타난다. 이 논쟁에서는 대체로 가치들에 관해서 논란의 여지가 없다. 그러나 예를 들어 평화를 가장 확실하게 확보할 수 있는 방식이라든가 핵에너지 이용에 따르는 위험과 같은 사실들에 관해서는 견해가 다르다. "혼합된" 규범들의 평가가 상반될 경우에는 원인이 무엇인지 검토될 수 있다. 그 원인은 가치관 결여, 상반된 규범들 또는 상반된 사실평가 때문일 수 있다. 따라서 규범들과 가치들은 이들이 어느 정도나 일반화 가능성이 있으며 공유될 수 있느냐 하는 점에서 논증될 수 있다. 이런 논증에서는 "인간 이성의 객관적 본성"이 전제된다.

3. 근본가치에 관한 논쟁

3.1. 정당정치적 배경

근본가치에 관한 1975년 이후의 논쟁은 그의 사회적 상황과 정치적 상황에서 판단되어야 한다. "근본가치"는 무엇보다 정당들의 강령논의에서 핵심적 개념이다. SPD의 「고데스베르크 근본강령」(1959)은 다음과 같이 선언하였다.

"사회주의자들은 모든 인간이 정치적, 경제적 그리고 문화적 삶에서 자유로이 그의 개성을 펼칠 수 있고 사회에 기여하는 일원으로서 책임적으로 활동할 수 있는 사회를 추구한다.

자유와 정의는 상호 의존적이다. 왜냐하면 인간의 존엄의 본질은 자기책임에 대한 요구에 있음은 물론이고 이웃사람들이 그들의 인격을 계발할 수 있고 사회형성에 동등한 권리를 가지고 함께 참여할 수 있는 권리를 인정하는 데 있기 때문이다. 자유, 정의와 연대의식, 공동의 연대에 따르는 상호의무는 사회주의적 의도의 근본가치이다.

유럽에서 기독교 윤리, 인문주의와 고전철학에 근거한 민주주의적 사회주의는 어떤 최종적인 진리들도 선언하지 않을 것이다. 이것은 지성적 능력의 결핍 때문이 아니고 세계관과 종교적 진리에 대한 무관심 때문도 아니며 오직 어떤 정당이나 국가도 구체적 내용을 규정해서는 안되는 신앙적 결정들에 대한 존중 때문이다."

"자유, 정의와 연대의식"은 여기서 "사회주의적 의도의 근본가치들"이다. 근본가치 사상을 도입한 것은 사회주의의 새로운 목표설정 때문이다. 사회주의의 목표는 더 이상 단순히 생산수단을 공유하는 것이 아니다. 공유화는 목표가 아니라 수단이다. 목표는 자유, 정의와 연대성이 더 많이 보장되는 공동체, 즉 인간의 품위에 어울리는 공동체이다. 이런 사회를 위해서는 사회주의가 필연적으로 도달하게 되는 독단적이고 객관적인 역사이론을 포기해야 한다. 이것은 교조주의적 마르크스주의와 그의 역사이해 그리고 무엇보다 프롤레타리아 혁명론과의 결별을 의미한다. 이제부터는 윤리학이 역사철학을 대체한다.

그 다음에는 마르크스주의의 공동의 세계관과 결별하게 된다. 고데스베르크 강령에 의하면 유럽에서 민주주의적 사회주의의 세 원천은 기독교, 고대 인문주의 그리고 계몽주의이다. 특이하게도 마르크스주의와 학문적 사회주의는 언급되지 않는다. 공동의 정신은 인간다운, 인도주의적이고 비종교적이어야 한다. 이런 민주주의적 사회주의의 토대는 인간의 존엄성을 인정하고 개인과 사회의 상호의존적 관계를 인정하는 자유롭고 민주적이며 사회적인 법치국

신학윤리학

가이다. 따라서 보편화 가능성이 있는 윤리학은 공동체를 지향하는 세계관의 다원주의와 근본가치들에 대한 공동의 관심을 배제하지 않는다. 근본가치들에 대한 강조는 국민적 정신으로 돌아가는 것을 포함한다.

3.2. 1976년의 근본가치 논쟁 : 가치물음과 국가이해

1976년 이후의 근본가치 논쟁에는 다양한 원인들이 있다. 우선 정치의 탈이데올로기화 단계가 지나고 기술관료적 결정들이 민주적 의사형성을 대체하는 경향이 이후에 정신적 토대들, 즉 정치적 행위의 정신적 "가치들"을 되돌아보게 되었다. 한편 형법개정에 관해 가톨릭 주교단과 사회복지와 자유를 추구하는 연합정권 사이에 충돌이 발생하였다. 1976년의 총선에서 1976년 5월 7일에 "공동체의 근본가치들과 인간의 행복"이란 제목으로 "우리 사회의 방향설정에 대한 독일 주교들의 입장"이 발표되었다. 그 발표문에는 교육정책과 형법개정(입신중절 허용, 형법 218조 수정) 그리고 혼인법 개정에서 특히 두드러지게 나타나는 가치붕괴가 고발된다.

연방 수상 헬무트 슈미트는 그런 비판에 대해 근본가치에 관한 국가의 법과 사회적 관습은 완전히 다르다고 대답했다. 그에 의하면 근본가치들은 사회의 "내적 규제력"(Gorschnek, S. 16, 20), "윤리적 근본 자세들"(S. 19), "윤리적 근본 이해들"(S. 21)이다. 그렇지만 국가의 의무는 국민의 기본권들을 보호하는 것이다. 종교적 물음과 세계관과 관련된 물음에서 국가는 중립을 지켜야 한다. 세계관과 기본 자체는 사회에서 체험된다. 따라서 근본가치들의 붕괴에 관한 비판은 국가를 대상으로 한 것일 수 없다. 오히려 교회가 선포하는 설교의 효력에 대해 교회에 물음이 제기될 수 있다. 근본가치들을 보존하는데 교회가 얼마나 기여했는지 묻는 것은 교회의 과제이다.

이런 입장표명과 함께 물음의 성격이 바뀌었다. 지금 중요한 것은 국가, 사회 그리고 교회의 역할 및 법과 윤리적 관습의 관계이다. 슈미트의 비판에서 의심의 여지없이 옳은 것은 (a) 종교적으로 다원적인 사회에서 국가는 세계관과 관련하여 중립적인 자세를 취해야 한다는 것이며, (b) 국가의 법과 윤리적 관습은 구분되어야 한다는 점이다. 그러나 윤리적 관습과 법, 근본가치와 기본법은 국가와 사회의 관계가 그렇듯이 극단적으로 분리될 수 없다. 올바른 법과 올바른 개혁을 둘러싼 갈등은 언제나 윤리적 갈등이기도 하다.

근본가치들을 둘러싼 1976년 이후의 논쟁은 복잡하게 얽히게 되었다. 그것은 불분명한 개념사용 때문이었다. 그럴듯한 가치 개념이 혼란을 부추겼다. "근본가치"는 다만 정치적 기본정책을 표현하는 하나의 상투적인 개념이기 때문이다. 말하자면 "근본"은 "논증된"이나 "논증하는"을 의미하지 않고 단지 이런 가치들의 중요성을 강조할 뿐이다. 따라서 근본가치는 "주된 가치"이다. 정치적 수사학에서 "근본가치"라는 개념은 단지 문제를 지적하고 방향을 지시하는 표현일 뿐이다. 그 개념은 특정한 성향과 관련된 개념이다. 중요하고 소중하다고 생각하는 모든 것을 근본가치라고 오해하게 되는 이유는 "근본가치"라는 개념을 이렇게 불명료하게 사용하기 때문이다. 슈미트에 의하면 근본가치는 오직 윤리적 태도와 덕뿐이다. 다른 사람들은 생명과 같은 법적 보호대상을 근본가치라고 생각했다. 더 나아가 평화, 환경, 일과 같은 가치들과 심지어 초월적 존재자에 대한 감수성과 같은 종교적 가치들과 마찬가지로 결혼, 가정, 민주

신학윤리학

주의와 같은 근본적인 사회제도들도 근본가치라고 일컬어졌다.

법적 보호대상과 근본가치를 구분하지 않고, 개인의 인권과 근본태도를 구분하지 않았기 때문에 혼란이 야기되었다. 법은 고발할 수 있지만, 근본태도는 고발할 수 없다.

여기서 국가의 책임과 능력에 관한 논쟁은 법과 윤리적 관습의 구분처럼 그렇게 자세하게 설명될 수 없다. 가톨릭의 주교단은 국가의 입법기관이 부득이할 경우 법적 강제력을 통해 윤리적 표상들을 관철시켜야 하는 형리의 역할을 하도록 하고자 했지만, 헬무트 슈미트는 그런 요구들을 거부하고 입법기관이 사회적 표상들을 기록하는 공증인의 역할에 제한되기를 바랐다. 그렇다면 정당의 정책과 관련한 논의에서 논란이 되는 것은 무엇보다 개개의 윤리적 주제들이 각각 어떤 비중으로 다루어져야 하는 것이었다. 무엇이 더 우선하는가? 결혼과 가정에 관한 물음과 임신중절의 문제가 더 우선하는가? 아니면 공동결정, 노동권, 사유재산 정책, 기본법 개정과 같은 경제적 주제들이 더 우선하는가? 성과를 중요시하는 것은 어느 정도나 중요한가? 환경은 얼마나 중요한가?

3.3. 자유, 정의, 연대의식

정당의 정강과 관련한 논쟁에서 핵심적인 세 가지 근본가치들은 "자유, 정의, 연대의식"이다. 당연히 이때는 근본가치 개념의 약점이 다시 드러난다. 그 개념은 공허한 형식에 그치기 쉽다. 헤르만 크링스(Hermann Krings)는 원칙(근본가치), 정강 그리고 구체적인 정책적 실행을 구분한다.

원칙은 필연적으로 형식적일 수밖에 없다. 원칙은 구체적인 정책목표를 제시하거나 이런 목표에 도달하기 위한 수단과 방법을 규정하지 않는다. 원칙은 단지 일반적인 방향을 제시할 뿐이다. 원칙은 나침반과 같다. 따라서 원칙 또는 "근본가치"는 결코 실현될 수 없다. 기본 방향을 정책적 목표와 결합시키는 정강의 단계에서 비로소, 특히 구체적으로 실행할 수 있는 행동방식을 구상하는 정책적 정강의 단계에서 비로소 "가치"는 사실문제와 연결된다. "근본가치들"이 사회적 상황분석과 연결될 때 비로소 구체적인 규범들이 제시될 수 있다.[10]

그밖에도 논란이 되는 것은 어떤 "가치"가 더 우선하느냐 하는 것이다. 자유, 정의, 연대의식 중에서 어떤 가치가 가장 우선하는가? 이 근본가치들은 프랑스 혁명의 구호인 "자유, 정의, 박애"에서 차용한 것이다. 물론 형제애가 연대의식으로 대체되긴 했지만 말이다. 그러나 자세히 살펴보면 근본가치들은 문화적 관계를 통해 형성되었음을 알 수 있다. 따라서 근본가치들의 수는 원칙적으로 열려있다. 생명이나 노동이나 관용과 같은 근본적인 인간론적 가치들도 "근본가치들"이라 할 수 있다. 그 개념 자체는 삶을 대하는 기본적인 자세 이상을 가리키지 않는다. 국가는 삶을 대하는 이런 자세를 그의 법질서를 가지고 만난다. 국가는 근본가치들을 생산하지 않는다. 그러나 국가는 실제로 현존하는 근본가치들의 타당성을 보호하고 그 가치들을 인정하도록 요구될 수 있다. 국가는 가치에 무관심한 골렘(Golem)이 아니다. 국가는 문화국가, 법치국가, 사회적

---

10) 참조. "Grundwerte in einer gefährdeten Welt." Ausarbeitung der Grundwerte-Kommission beim SPD-Parteivorstand, 1977.

신학윤리학

국가, 복지국가로서 가치에서 자유로울 수 없고 평가에서 자유로울 수 없는 기본조건들을 사회적 차원에서 설정하고 보호한다.

물론 세 가지 근본가치들은 결코 명확하게 정의될 수 없다. 자유는 정치적 자유로부터 의지의 자유로서의 철학적 이해와 하나님 앞에서의 "종의 자유"(servum arbitrium)로 이해하는 종교적 해석에 이르기까지 최고로 다층적인 개념이다. "외적 자유"와 "내적 자유"를 구분할 수도 있다. 자유 개념의 다층성은 자칫 다른 사람을 설득하기 위해 애매한 의미로 잘못 사용되는 원인이 될 수도 있다.

정의는 이미 언급되었듯이 정의하기 어려운 개념이다. 특히 평가기준, 즉 규범으로서의 정의가 문제될 때는 어떤 기준으로 판단할 것인가의 문제가 남는다. 정의란 무엇인가? 실질적 평등인가 아니면 형식적 평등인가? 결과의 평등인가? 기회의 평등인가 아니면 단지 기회의 동등가치인가?

연대의식은 정서적 개념이다. 원래 그 단어는 계급연대를 요구했던 노동운동의 개념이다. 연대의식은 하나의 목표와 하나의 수단을 촉구한다. 목표는 도움, 즉 "행동하는 이웃사랑"이다. 수단으로서의 연대의식은 정서적인 유대감이다. 행위의 연대성은 신념의 연대성을 넘어선다. 행위의 연대성은 집단적 강제성으로 나타날 수도 있다. 윤리적 가치로서의 연대성은 정치적 투쟁수단이나 도구로서의 연대성과는 다르다. 윤리적 의미의 연대성은 이기주의를 거부하고 이타주의를 지향하는 윤리적 결단이다.

앞에서 간단하게 살펴보았듯이 세 가지 근본가치들 중 어느 것도 그 자체로 오해의 여지가 없이 명료한 개념은 없다. 세 가지 가치들이 서로 보완하고, 서로 의존적이며, 서로를 필요로 한다면 중요한 것은 근본가치들을 올바로 사용하는 것이다.

근본가치들은 인간적이고 세속적인 윤리적 태도의 구체적 도식이다. 가톨릭 교회는 이런 윤리적 태도를 자연법 전통에 근거하여 설명할 수 있다. 루터의 관점에서 볼 때 근본가치들은 법의 '제1용법'(primus usus), 즉 '법의 정치적 사용'(politicus usus legis)의 형태로 나타난 것이다.

더 나아가 기독교적으로 볼 때 봉사와 자유, 자비와 정의 그리고 원수를 사랑하는 무한한 사랑과 연대는 서로 상응하는 개념이다. 따라서 기독교 신앙과 근본가치 윤리 사이에는 일치와 차이가 공존한다. 기독교 교회와 신학이 정치적이고 세속적인 근본가치 논쟁에 개입할 수 있는지 그리고 관여할 수 있다면 어느 정도까지 개입할 수 있는지 묻기 전에 이런 논의의 원인과 계기에 대해 다시 한 번 물어야 할 것이다.

3.4. 현대의 가치위기

근본가치 논쟁은 현대사회의 위기가 방향설정의 위기냐 아니면 방향조정의 위기냐 하는 물음을 제기했다. 방향설정의 위기가 문제라면 사실상 윤리의식의 실종, 양심의 마비, 간단히 말해 "가치붕괴"에 관해 논의될 수 있을 것이다. 그렇지만 이런 현상은 새로운 것이 아니다. 이미 플라톤도 『국가론』에서 윤리적 타락을 한탄했다. "이는 사람 마음의 계획하는 바가 어려서부터 악함이라."(창 8:21)

이와 반대로 방향조정의 위기가 발생할 때는 윤리적 규범들은 이전과 마찬가지로 타당한 것으로 인정되기는 하지만, 그 규범들이 사회적 행위로 전환되지 못한다.

그렇다면 어떤 사회의 유아혐오는 그 원인이 가치변화에 있지 않고 사회적 구조변화에 있을 것이다. 단순한 윤리적 호소만으로는 방향조정의 위기에 대처할 수 없다. 사회적 구조개혁이 필요하다. 물론 방향조정의 위기에서도 근본적인 방향설정, 즉 가치관을 가지는 인생관이 포기될 수는 없을 것이다.

어쨌든 가치위기의 원인을 밝히는 것은 시대진단과 상황분석의 과제이다. 새로운 가치들의 출현, 예를 들어 변화된 환경의식은 오늘날 부인할 수 없는 현상이다. 마찬가지로 노동과 성과를 대하는 자세도 달라질 수 있다. 그러나 방향설정의 위기와 방향조정의 위기, 즉 윤리적 의식의 변화와 사회적 변화를 단순히 양자택일적 대안의 관점에서 생각하는 것은 잘못일 것이다. 방향설정의 위기가 순전히 교훈적인 가치전달을 통해 극복될 수 있는지에 관해서도 생각해 보아야 할 것이다. 여기서 우리는 인격적인 매개의 의미, 즉 모범적인 사람들의 가치를 제시해야 할 것이다. 이전 세대의 모범적인 삶은 특히 그리고 바로 교육에 있어서 가치에 관한 이론들보다 훨씬 더 설득력이 있다. 이와 함께 우리는 기독교 신앙에서 "가치들", 즉 제자도 또는 모범적인 사랑과 같은 단어들이 어떤 의미를 가지는지 생생하게 경험하게 된다.

그렇지만 체험된 신앙의 그런 실천은 규범적 기준들에 방향이 설정되어 있지 않고는 가능하지 않다. 그렇지만 가치목록을 열거하고 호소하는 것만으로는 충분하지 않다. 왜냐하면 가치위기는 동시에 감각의 위기이며 신뢰의 위기이기 때문이다. 따라서 가치를 총체적인 인생관과 세계관에서 파악하는 것이 중요하다. 예를 들어 니체는 가치를 총체적인 현실이해 속에서 이해한다. 그렇지만 총체적 현실이해, 인생관이나 세계관은 언제나 이데올로기화될 가능성이 있다. 이데올로기화될 수 있다는 비판은 가치윤리에 대해서도 언제나 제기된다. 이것은 가치라는 개념에는 가치 있는 관심들이 함께 거론되며, 특히 경제적 관심들도 함께 거론되기 때문이다. 그러나 미학적 관심들도 있다.

인식론에서 이데올로기 비판이 이루어지듯이 윤리학은 비판적 가치론을 제시할 필요가 있다. 가치가 절대화되어 궁극적 가치라고 선언된다면 또는 특정 계급, 특정 단체, 특정 정당이나 교회, 특정 종교가 가치해석과 가치제시에 있어서 독점적 권한을 가진다면, 가치는 언제나 이데올로기가 된다. 인간의 삶을 위한 유용성에 초점을 맞추면 구원을 주장하게 된다. 바로 율법과 복음을 철저하게 구분하는 개신교적 윤리학은 근본가치에 관한 주제를 비판적이면서 동시에 긍정적으로 다룰 수 있다.

3.5. 신학적 가치론

가치와 규범에 관해 신학적 관점에서 살펴보자. 가치와 규범은 인간 삶의 보편적 현상들이며 근본소여성들이다. 개신교 신학은 복음의 "값없는 진리"와 가치의 독재 사이에는 근본적인 차이가 있다고 주장한다.[11]

"가치의 독재"는 헌법학자 칼 슈미트(Carl Schmitt)가 처음으로

---

11) Eberhard Jüngel, "Wertlose Wahrheit Christliche Wahrheitserfahrung im Streit gegen 'Tyrannei der Werte'", in: Sepp Schelz(Hg.), *Die Tyrannei der Werte*, 1979, S. 47-75.

신학윤리학

사용한 개념이다.[12] 슈미트는 "진리가 아니라 권위가 법을 만든다"(auctoritas, non veritas facit legem)는 홉스의 원리를 지지하는 결정론자이다. 따라서 그는 초실증적인 가치질서나 자연법을 전혀 중요하게 생각하지 않는다. 그는 초실증적인 가치질서는 헌법의 타당성에 의문을 제기한다고 생각한다. 슈미트는 가치 개념은 사법적으로 사용될 수 없다고 생각한다. 이에 관해서는 깊이 생각해 볼 필요가 있다. 더 나아가 그는 가치 개념을 근본적으로 비판한다. 가치를 말하는 사람은 무가치도 말해야 한다는 것이다. 그에 의하면 모든 가치평가는 평가절하, 즉 부정을 내포한다. 다른 가치들을 가치감각에서 밀어내려는 경향이 있다. 모든 가치실현은 언제나 가치파괴적이기도 하다.

이를 위해 슈미트는 하르트만을 참조하였다.[13] 실제로 하르트만은 가치충돌과 가치경쟁에 근거하여 모든 "실질적인 가치윤리는 이율배반적 성격을 가질 수밖에 없다"고 주장한다. 그러나 그로부터 결정의 필연성을 추론하는 슈미트와 달리 하르트만은 가치들을 종합하여 최선의 것을 발견해야 하며, 다양한 가치들, 의무들, 요구들 사이에서 절충안을 찾아야 한다고 주장한다.

뿐만 아니라 하르트만이 볼 때 가치들의 독재는 소수의 가치들을 절대화하는 것을 당연하다고 생각한다. "모든 가치는 - 만일 그 가치가 일단 사람을 지배하는 힘을 획득하면 - 인간의 윤리적 품성을 지배하는 유일한 독재자로 자처하는 경향을 가진다. 그것도

---

12) S. Schelz, *Die Tyrannei der Werte*, 1979, S. 11-41.
13) Nocolai Hartmann, "Die Tyrannei der Werte und ihre Schranke in der Wertsynthese", in: *Ethik*, 1926, S. 523-526, 1949, S. 574-579.

실제로는 대립되지 않는 다른 가치들을 희생시키면서까지 말이다." "세상은 멸망할지라도 정의는 이루어져야 한다"(fiat iustitia, et pereat mundus)는 원리를 고수하는 정의의 열광주의가 있다. 열광적 성실, 열광적 조국사랑, 열광적 굴종이 있다. 이웃사랑도 지나치면 자기 포기가 될 수 있다. 하르트만에 의하면 오직 가치들의 종합을 통해 서만 가치들의 독재를 막을 수 있다.

에버하르트 윰엘(Eberhard Jüngel)은 가치 개념을 비판할 때 칼 슈미트의 주장을 지지한다. 그는 가치 개념을 철저하게 거부한다. 자유롭게 하는 복음은 "값없는 진리"라는 것이다. "기독교적 진리경험은 가치에 관한 논의와 가치 중심의 생각에 대해 철저하게 이의를 제기하는 것이다."(S. 60) 그런 진리경험에 대한 대안은 모든 규범적 성찰을 포기하고 "선한 것을 당연하게 행할 것"(S. 72)을 요구하는 순수한 상황윤리이다. 그러나 이렇게 자명하게 선한 것이 무엇인지는 규범적-비판적 숙고를 통해 파악될 수 없다. 또 다른 가능성은 상대적이고 역사적으로 획득된 통찰과 진리 대신 복음이 제시하는 절대적 진리가 규범윤리의 척도가 되는 것이다. 그렇다면 대안이란 복음적 이율배반이 아니면 복음적 율법주의를 의미한다. 이것은 율법에 대한 프로테스탄트의 불신과 관련이 있다.

3.6. 1979년의 개신교적-가톨릭적 근본가치 선언

1979년의 독일 복음교회 협의회와 독일 가톨릭 주교회의의 공동 선언 「근본가치들과 하나님의 계명」은 기독교윤리 전통에 근거하여

신학윤리학

가치들과 근본가치들을 주제로 다루고자 했다. 이 공동선언은 다음과 같은 세 부분으로 구성되어 있다. "A. 사회와 교회의 연관관계에서 근본가치들에 대한 물음. B. 하나님의 계명. C. 기독교 신앙의 제안과 윤리적 요구." 이 선언문은 새로운 근본가치들을 제시하지 않고 단지 십계명을 시대적 상황과 관련하여 현실적으로 해석한다.

하나님의 계명(단수)은 무엇보다 우선 하나님의 구원의 계명, 즉 하나님의 구원의 의지이다. 따라서 그 선언의 주된 대상은 국가와 입법기관이 아니라 기독교인들과 시민들이다.

"교회가 선포하는 말씀의 대상은 우선 기독교인들이다. 그 말씀은 기독교인들에게 하나님의 요구와 하나님의 관심을 전달해 준다. 그러나 그 말씀은 동시에 사회 전체를 향한 것이기도 하다. 왜냐하면 십계명의 요구와 약속은 모든 사람들에게 유효하기 때문이다."(S. 20)

근본가치 논쟁에 접근하기 위해 결정적으로 중요한 개념은 "윤리적인 것의 명증성"이다. 기독교인의 신앙적 실존은 분명 복음의 지평에서 훨씬 더 포괄적으로 이해될 수 있다. 이것은 십계명의 첫 세 계명들의 해석에서 분명해진다. 그러나 십계명의 명령들은 그 명령들이 이웃사람들과의 관계에 관해 언급하는 한 삶의 통찰들을 제시해 줄 수 있다. 이때 교회 교도권의 특별한 권한과 권위가 요구될 필요는 없다. 이런 관점에서 그 선언은 도덕의 자율을 중요하게 생각한다. 십계명에는 "인간의 존엄성을 중요하게 생각하는 사회의 기준들"이 함축되어 있다. 물론 십계명은 하나님의 명령이기 때문에 기독교 신앙의 총체적 지평에서 해석되어야 한다. 신앙은 의미상실의 위기와 신뢰의 위기에 대해 계명들을 엄격하게 하거나 아주 강화함으로써 대처하지 않는다. 신앙은 그런 위기에 대해 복음

을 제시하고, 구원을 약속하고, 인간의 신뢰를 가능하게 하는 하나
님의 신실함을 약속함으로써 대처한다. 이같이 신앙을 통해 하나님
을 신뢰함으로써 비로소 이웃을 사랑하고 의로운 일을 할 수 있게
된다. 의로운 것이 무엇인지 발견하기 위해서는 가치들과 규범들이
판단기준과 방향설정의 척도로서 요구된다.

4. 규범논쟁에서 타협과
더 나은 것을 고려함

규범들 사이의 갈등과 의무들 사이의 충돌이 가능하고 불가피하다면, 타협은 바로 윤리학에서 중요한 과제가 된다. 더 나은 것을 신중히 고려함이 필수적이 된다. 궁극적 진리의 권위를 강조하는 절대적 윤리는 타협과 더 나은 선을 고려하는 것은 윤리적인 것의 절대적 당위성 요구에 저촉되는 것이라고 생각한다. 그렇지만 타협은 정치적 행위와 사회적 행위를 위해 특별한 의미를 가진다.

4.1. 문제제기

독일개신교연합(EKD)의 사회백서 「자유를 지키고, 지원하며, 개혁함」(1981)은 "타협을 준비하도록" 요구하면서 다음과 같은 근거를 제시한다.

"지난 수년 동안 정치적 대립은 점점 더 심각해졌다. 정치적 관점들
사이의 골은 점점 더 깊어진다. 말하자면 정치적 개념들과 입장들이

종교적 색채를 띠게 된다. 타협은 비난의 대상이 된다. 타협을 통해 모든 경우에 실질적인 해결들이 미루어지거나 저지되는 것처럼 간주된다. 그렇지만 타협하고자 하는 마음가짐에는 서로를 위해 함께 살고자 하는 의지가 나타난다."

타협의 필요성은 그 각서에서 이중적으로, 즉 대화에 임할 마음자세와 현실의 복합적 성격과 함께 논증된다. 타협은 경청할 마음을 가지도록 해준다. 따라서 우리는 자신의 관점을 절대시해서는 안되며, 첨예한 정치적 대립을 피해야 한다. 그 각서는 다음과 같이 명확하게 선언한다.

"정치적 설교도 이 계명을 따라야 한다. 그렇게 합의와 정치적 타협을 위한 마음가짐이 준비될 수 있다. 차이들과 대립들은 상호비방 없이 인내를 가지고 조정되어야 한다."

따라서 타협은 대화능력과 상호협력을 통해 가능하다. 물론 이것은 현실에 대한 좀더 깊은 통찰을 전제한다. 현실은 이율배반적이다. "오류 가능성과 모든 현실적 해결책들의 상대성"에 유념해야 한다. 더 나아가 "자신이 실패하여 책임에 연루될 수 있음"도 생각해야 한다.

그러므로 타협은 이율배반적 현실 때문에 불가피하다. 이율배반적 현실로 인해 충돌이 발생한다. 타협은 합리적 근거에서 동의를 발견하여 이해관계를 조정함으로써 갈등을 해소할 수 있다. 따라서 타협은 합의와 조정과 화해이다. "타협"(compromissum)은 어원적으로 약속을 의미하는 라틴어 'compromittere'에서 유래한다. 짐멜에 의하면 타협은 "인간의 가장 위대한 발견들 중 하나"이다.[14] 타협은 자유민주주의의 토대이다. 왜냐하면 타협은 현실에 관한 지각과 관계가 있기 때문이다. 모든 현실은 상대적이고 복합적이기 때문에 갈등이 발생할 수 있다. 의무들 사이의 충돌이 있을 수 있고, 진리와 사랑 사이의 충돌이나(예를 들어 병상에서의 진리) 관용과 진리 사이의 충돌이 있을 수 있다. 다양한 가치들의 경합, 즉 "선"을 둘러싼 경합은 전적으로 가능하다.

니콜라우스 멘첼은 개념적으로 구분한다. '개인들 사이의'(inter personas) 타협은 다양한 사람들 사이에서 일어나는 사회적 타협이다. '개인 내부의'(intra personam) 타협은 한 개인의 내면에서 일어나는 다양한 관심들 사이의 조정 결과 발생하는 타협이다.[15] 트릴하스 (W. Trillhaas)에 의하면 "타협이 문제가 되는 것은 언제나 예외상황이 있을 때이다."(ZEE 4, 1960, S. 359)

독단적인 현실해석과 달리 윤리학은 원칙적으로 타협에 적대적이지 않다. 이분법적 세계관은 대체로 독단적으로 형성된다. 이와 반대로 윤리학은 언제나 의무들 사이의 충돌을 경험하며, 다양한 가치들과 다양한 윤리적 요구들의 경합에 직면한다. 이런 경합은 역할충돌로서 일어날 수 있듯이 규범충돌(예를 들어 진리와 사랑 사이의 갈등)로서도 일어날 수 있다. 루터가 두왕국설에서 그리스도인으로서 인간과 직업인으로서 인간을 구분한 것은 이런 역할충돌을 염두에 둔 것이다.

---

14) Georg Simmel, *Soziologie, Untersuchungen über die Formen der Vergesellschaftung*, 1958, S. 250.

15) Nikolaus Menzel, *Der Kompromiß im demokratischen Staat. Ein Beitrag zur politischen Ethik*, Holand 51, 1959, S. 248–264.

한편 칸트는 그런 충돌가능성을 반박한다. "의무들과 구속력들의 갈등은 일어날 수 없다." 왜냐하면 의무는 무조건적으로 타당하기 때문이다. 그렇지만 순전하고 절대적인 규범들이 없고 단지 "경험적" 규범들만 있다면 의무들 사이의 충돌은 피할 수 없다. 따라서 로스(W. D. Ross)는 "자명한 의무들"(prima facie duties)의 충돌이 가능하다고 생각한다. 로스가 주장하듯이 "실제적 의무", 즉 구체적인 의무는 보편적 규범체계로부터 도출할 수 없기 때문이다. 구체적 의무는 상황에 따라 현명하게 규정되어야 한다. 그런 현명함은 윤리적으로 올바른 것을 규정하기 위한 수단이다. 현명함은 더 나은 것을 발견하기 위해 숙고하도록 안내한다.

그런 가치우선 원칙들에는 다음과 같은 것들이 있을 수 있다. 윤리적으로 선한 것이 윤리와 무관하게 선한 것보다 우선한다. 어떤 사람이 더 가까우며, 어떤 사람이 더 먼가? 개인의 행복과 다수의 행복이 모두 고려되어야 한다. 이것은 규범공리주의의 근본적인 원칙이다.

더 나아가 긴급성도 고려되어야 한다. 즉시 실행되어야 할 것이 무엇이며, 미룰 수 있는 것은 무엇인가? 시간적 요인이 함께 고려되어야 한다.

마지막으로 생각할 것은 권리의무가 (자유의사에 따른) 사랑의 의무보다 우선한다는 것이다.

그렇지만 때로는 더 좋은 것이 아니라 단지 불쾌한 것이 고려할 대상일 수도 있다. 무엇이 덜 불쾌한 것이고, 무엇이 더 불쾌한 것인가?

그렇지만 타협이 윤리학을 위해 그렇게 중요하다면 타협을 믿을 수 없게 만드는 것은 무엇인가? 그것은 "부패한" 타협들이다. 윤리와 무관하게 (예를 들어 물질적인) 좋은 것을 윤리적 가치보다 더 선호

신학윤리학

하는 경우가 그것이다. 편안한 길을 선택하는 것도 그런 예이다.

한편 비타협성은 단호함의 표시이다. 따라서 엄격하게 원칙을 고수하는 것은 타협을 거부한다. 현실을 고려하지 않고 현실의 복합성을 무시하며, 다른 사람들의 관심을 고려하지 않고 하나의 규범을 절대시하는 사람들도 있다.

4.2. 타협에 관한 신학적 해석

(a) 헬무트 틸리케(Helmut Thielicke)는 "타협의 신학"(Theologie des Kompromisses)을 구상했다.[16] 틸리케에 의하면 타협이 중요한 이유는 많이 있다. 윤리학은 현실과 관련된 학문이다. 틸리케의 관심은 윤리적 의지(칸트의 "선의지")가 아니라 윤리적 실현이다. 그렇지만 현실적 실현이 중요하다면 실현할 수 있는 가능성이 인정되어야 한다. "당위성은 사용할 수 있는 수단의 자기결정권에서 그의 한계를 발견한다. 따라서 모든 현실적 윤리학은 타협의 윤리학이다."(Nr. 158, S. 59)

틸리케는 특수한 경우들과 갈등상황들에 근거하여 그의 이론을 전개한다. 정치지도자들에게 있어 정치적 가능성과 윤리적 고려 사이의 갈등이 좋은 예이다. 진리와 사랑 사이의 갈등은 고전적인 예이다. 중병에 걸린 어머니가 그녀의 죽은 아들에 대해 묻는다. 그녀에게 진실을 말하는 사람은 진실을 그대로 전하면 그녀가 죽는다는 사실을 고려해야 한다.(Nr. 339, S. 111) 피히테는 이에 대해 다음과 같

---

16) Helmut Thielicke, *Theologische Ethik II / I*, 1965, S. 56–201.

이 냉정하게 말했다. "그 여자가 진리 때문에 죽는다면 그녀를 죽게 하시오." 따라서 윤리적 엄숙주의는 사랑의 고려를 전혀 용납하지 않는다. 사랑 이외에도 윤리적 전통에서 뽑은 또 다른 본보기들은 하얀 거짓말, 납세윤리, 외교적인 책략이다.

틸리케에 의하면 타협은 타락한 세계의 징후이며, 원죄의 결과이다. 타락한 세상에서는 국가법 그리고 경제안에서의 관계들이 후에 섭리로 조정될 수 있다. 이때는 타협의 문제를 다루지 않고 지나칠 수 없다. 이 세상의 질서는 노아 시대의 질서이다. 즉, 타락한 세계에서 인간은 결코 죄를 짓지 않고 완전하게 존재할 수 없다. 틸리케가 기술하는 현상에 대해 우리는 대체로 동의할 수 있다.

그렇지만 틸리케는 더 나아가 타협 현상을 구속사적으로 해석한다. 하나님 자신이 세계와 "타협했기" 때문에 인간은 타협할 수 있고 또 타협해도 좋다. 하나님의 율법은 "타협"이다. "율법은 인간의 타락을 통해 조성된 사실에 근거해 … 제시된다."(Nr. 651, S. 192) 하나님은 타락한 세상의 구조에 "적응하신다." 하나님의 이런 적응은 물론 죄를 용납하는 것은 아니지만 인간이 타협하는 것을 허용한다. "여기서 우리는 타협이란 조건적이며 제한적인, 그 자체로는 정당화되지 않고 하나님의 인내에 의해 가능한, 따라서 '실제로는' 의심스럽지만 '희망에 있어서는' 가능한 타협임을 알 수 있다."(Nr. 668, S. 197)

마찬가지로 타협의 타당성은 복음에 근거하여 논증될 수 있다. 다시 말하면 복음의 중심은 "예수 그리스도 안에서 하나님이 자신을 낮추심"(Nr. 670, S. 197)이다. 하나님은 세상을 있는 그대로 인정하신다. 따라서 그리스도인들도 그들의 행위에 있어 세상의 조건들에 따라 다르게 행동할 수 있다. 타협도 하나님에 의해 정당화된다.

그렇지만 세상의 법은 최종적이 아니다. 세상의 법은 잠정적이며, 종말론을 통해 물음이 제기되며 제한된다. 이런 제한을 통해 세상을 혐오함과 세상에 속함 사이의 중도가 발견되어야 한다. 타협의 신학적 해석은 두 가지 측면에 따라 제한될 수 있다. 신학적 해석은 (a) 주어진 세계의 현실과 세계질서의 법을 무시하고 그리스도인들에게 윤리적 급진주의를 요구하는 급진주의를 거부해야 한다. (b) 그러나 신학적 해석은 최소한의 저항의 법을 의하면서 늑대들과도 함께해야 한다고 생각하는 타협정신을 피해야 한다.

> "급진주의는 선취(先取)된 종말론인데 반해, 타협정신은 세상이 존속되기를 부당하게 바라는 것이다. 협상정신은 세상의 종말과 세상의 한계를 모르며, 세상의 불확실성을 알지 못한다."(Nr. 685, S. 201)

협상에 관한 틸리케의 그런 신학적 해석은 그가 죄와 칭의에 관해 종교개혁의 견해를 따르기 때문이다. 협상에 관한 윤리적 평가는 단순히 합리적이고 실용주의적인 사상에 의존하지 않는다. 그런 평가는 종교개혁의 현실이해에 근거한 해석이다.

(b) 따라서 빌팅(Wilting)은 가톨릭의 도덕신학과 합리적 분석에 근거하여 틸리케의 견해를 비판한다.[17] 특히 그는 틸리케의 신학적 관점을 비판한다. 틸리케는 죄에 관해 종교개혁의 견해를 지지한다. 인간은 전적으로 죄인이기 때문에 올바르게 행동을 할 수 없다는 것이다. 그러나 그렇게 주장함으로써 "당위성은 능력을 전제한다"는

---

17) Hans-Josef Wilting, *Der Kompromiß als theologisches und als ethisches Problem. Ein Beitrag zur unterschiedlichen Beurteilung des Kompromisses durch H. Thielicke und W. Trillhaas*, 1975.

원칙이 무력화된다는 것이다. 따라서 인간은 전혀 윤리적으로 선한 행위를 할 수 없다는 것이다. "인간은 해야 하지만 할 수 없다."

틸리케는 인간이 죄로 인해 전적으로 부패했기 때문에 당위적인 것을 할 수 없다는 견해를 비판한다. 인간은 윤리적 선을 행할 능력이 전혀 없으며, 그렇기 때문에 인간에게는 협상이 대단히 중요하게 된다는 것이다. 이와 반대로 가톨릭의 견해에 의하면 인간은 윤리적으로 올바르게 행동할 수 있는 능력을 가지고 있다.

틸리케에 대한 빌팅(Wilting)의 평가에는 신앙고백과 관련한 차이가 있다. 틸리케에 의하면 인간과 세상은 죄 아래 있다. 규범과 목표와 관련된 갈등들은 부패한 현실, 즉 "세상에 있는 죄"의 결과이다. 따라서 갈등을 해소하기 위한 타협은 세상의 상태를 보여주는 상징이다. 이와 달리 빌팅은 가치우선 원칙들의 도움으로 소위 의무충돌을 합리적으로 검토함으로써 갈등을 해소할 수 있다고 확신한다. 규범충돌들의 해소는 인간이 필연적으로 죄인으로 규정되지 않고도 합리적으로 논증될 수 있고, 합법화될 수 있고, 정당화될 수 있다. 따라서 윤리학은 하나님의 "칭의"를 논거로 제시하지 않고도 우선적인 가치들을 합리적으로 숙고하고 이성적인 근거를 제시함으로써 가능하다.

(c) 볼프강 트릴하스(Wolfgang Trillhaas)는 틸리케와 다른 논증을 제시한다. "타협은 특정한 이익을 양측이 함께 포기함으로써 좀더 높은 공동의 선을 위해 이루어지는 자발적 합의이다."[18] 틸리케에 의하면 타협에는 현실의 구조가 반영된다. 타협은 "타락한 현실"이 지불해야 하는 직접세이다. 이와 반대로 트릴하스는 의사소통을 통

---

18) *Evang. Staatslexikon*, 1966, Sp. 1113-1116, Sp. 1114.

한 합의과정을 기술한다. 따라서 그는 타협의 문제를 다룰 때 "이것이냐 저것이냐의 결정"으로서의 의무충돌을 고려하지 않는다. 그에게 중요한 것은 (틸리케처럼) 타협이 "인간이 범하는 모든 과실의 출구없음"과 불가피성을 가리키느냐 하는 물음이 아니라 이해관계를 조정할 수 있는 윤리적으로 타당한 가능성들이 있느냐 하는 물음이다. 따라서 그는 타협을 "민주주의의 윤리"라는 제목으로 다룬다. 민주주의의 윤리적 태도는 다음과 같은 원칙을 따른다. "우리는 서로를 위해 함께 살기를 바라고 또 그렇게 살아야 한다." 여기서 타협은 합의, 화해, 조정을 의미한다.

로마의 민법에서 타협은 분쟁 당사자들이 재판관의 판결을 수용하기로 합의하는 것이었다. 로마의 어법에서 그 단어는 본래 소송법의 개념이었다. 마찬가지로 민법에서 타협은 이해관계를 조정하는 수단이며 따라서 타협의 도구이다. 국제법에서 강화조약체결은 한 나라의 강요된 조약에 대한 대안이다. 민주주의에서 다수결은 타협을 발견하는 하나의 방식이다. 심지어 헌법타협(Verfassungskompromiß)이란 표현도 있다.

정치적 타협은 평화를 위해 서로 다른 단체들의 이익들을 조정하는 데 도움이 된다. 이익이 일방적으로 관철되면 분쟁이 발생하게 되고, 최악의 경우에는 내전으로 발전되기도 한다. 때로는 조정을 위해 양측 모두의 포기가 요구되기도 한다.

이때 공동의 미래를 위해 조정이 의무가 된다. 함께 살기 위해 협정의 의지가 필요하다. 예수도 양보를 요구한다. "예수의 제자는 다른 사람들과 화해해야 한다. 우리는 함께 재판관에게 가는 중에 있기 때문이다.(마 5:25) 마태복음 24장 45절 이하에서 예수는 임박한 심판에 직면하여 깨어있어야 하고 영리해야 한다는 충고한다.

누가복음 16장 1절-9절은 불의한 재물을 가지고 친구를 사귀라고 조언한다.

타협원칙은 영리함의 원칙이다.(트릴하스) 이때 중요한 것은 의무론적 관점에서 이상적이고 절대적인 의무들을 지향하는 것이 아니라, 목적론적 관점에서 다른 사람들과 함께 사는 것이다. 따라서 타협은 인간의 사회적 실존의 결과이며, 인간들 사이의 의사소통의 도구이다. 따라서 타협이 이루어지는 고유한 장은 윤리학이 아니라 정치이다. 민주주의는 다양한 집단들의 이익들을 조정할 준비가 되어 있을 때만 제 기능을 한다.

그렇지만 여기서 모든 시민이 동등한 권리를 가지고 그들이 이익을 추구할 수 있는지, 소수자 보호는 어떻게 되는지의 물음이 제기될 수 있다. 말하자면 자유롭고 민주적인 의사형성이 제도적으로 보장되는 것이 중요하다. 물론 이를 위해서는 관용과 타협의지, 공정성과 대화의지라는 민주적 덕도 중요한 전제이다. 더 나아가 가치를 합의할 때 소수를 고려하는 것이 중요하며, 근본가치들과 인간의 존엄성을 인정하는 것도 중요하다. 다원적인 사회에서는 상충되는 이익들의 조정은 오직 타협을 통해서만 가능하다. 마찬가지로 국제법에서도 갈등의 평화적 해결은 오직 타협과 협정을 통해서만 성공할 수 있다.

물론 이때는 해석의 여지가 있는 표현들을 통해 갈등이 은닉되고 결정이 유예됨으로써 공식적인 타협이 연기될 위험이 있다. 그렇지만 그런 공식적인 타협도 경우에 따라서는 유의미하다. 많은 경우 문제들은 시간이 경과하면서 저절로 해결되기 때문이다. 정치에 관한 실용주의적 이해는 정치적 행위를 통해 절대적인 것의 실현을 포기하도록 요구한다.

신학윤리학

(d) 본회퍼는 기독교 윤리의 극단적인 두 유형인 급진주의와 타협정신을 모두 비판한다.[19] 본회퍼는 기독교인의 삶에서 궁극 이전의 것과 궁극적인 것을 구분한다. "급진적 해결은 단지 궁극적인 것만 인정하고, 궁극적인 것은 궁극 이전의 것과의 완전한 단절이라고 생각한다."(S. 135) 이런 해결책은 궁극 이전의 것, 즉 현세적인 것의 고유한 권리를 오해한다. "급진주의는 언제나 – 의식적이건 무의식적이건 – 기존의 것에 대한 증오에서 발생한다. 기독교적 급진주의는 – 세상 도피적이건 세상을 개선하기 위한 것이건 – 피조물에 대한 증오에서 유래한다."(S. 137) 타협은 "원칙적으로 궁극적인 말씀을 궁극 이전의 모든 것으로부터 분리한다."(S. 136) 타협은 언제나 궁극적인 것에 대한 증오에서 유래한다. "기독교적 타협은 언제나 죄인이 오직 은혜만으로 의롭게 된다는 주장에 대한 증오에서 유래한다."(S. 138)

궁극적인 것과 궁극 이전의 것에 대한 본회퍼의 구분은 유용하다. 그렇지만 개념적 명확성을 기하기 위해 타협의지와 타협추구를 구분하는 것이 더 좋을 것이다. 더 나아가 리히(A. Rich)는 급진주의와 극단주의를 구분한다.[20] 급진주의는 사물의 근원을 중요하게 생각한다. 급진주의(Radikalismus)는 어원적으로 라틴어 'radix'(뿌리)에서 유래했다. 다른 사람들을 위해 끝까지 헌신하는 급진적 사랑이 있을 수 있지만, 그것은 "극단적" 사랑은 아니다. 왜냐하면 극단주의(Extremismus)는 'extremum'(종말, 극단)에서 유래했기 때문이다. 극단주의는 사물을 일방적으로 극단에까지 몰아간다. 소통의 윤리는

---

19) D. Bonhoeffer, *Ethik*, 1984, S. 135ff.
20) A. Rich, *Radikalität und Rechtsstaatlichkeit*, 1978.

가치중립적이지도 않고 극단적이지도 않다. 소통윤리는 타협할 준비가 되어 있고, 동시에 급진적이고 결정적으로 선을 지원하기도 한다.

4.3. 타협의 윤리적 평가

윤리적 관점에서 볼 때 타협에는 한계가 있으며, 타협을 원칙으로 하는 성향은 문제점이 있다. 타협의 문제점들에는 다음과 같은 두 가지 가능성들이 있을 수 있다.

(a) 단호하고 원칙적인 비타협성은 일방적인 이익보전을 허용하거나 요구하고, 폭력을 동원해서라도 자신의 관점을 관철시킬 수 있도록 하거나 그렇게 하도록 요구한다.

(b) 원칙적인 타협추구, "부패한" 타협을 추구하는 경향, 편안함과 포기함에서 이루어지는 타협은 윤리적 가치와 선을 포기하도록 하는 원인이 된다.

타협에 대한 비판의 핵심은 지지할 수 없고 금지된 타협이 있다는 것이다. "금지된"이란 부과할 수 없는 어떤 것이 부과된다는 것이다. 그런 타협은 결국 양심에 의해 정당화될 수 없다. 가톨릭의 도덕론은 전통적으로 가치우선 규칙들에 근거하여 더 나은 것을 찾으려는 노력의 도움으로 정당한 타협과 금지된 타협을 구분한다. 더 나은 것이 발견되면 덜 좋은 것은 폐기되지만, 그 역은 허용되지 않는다. 타협은 가치질서에 있어서 합리적이고 윤리적으로 평가된다. "객관적인 가치등급을 중요하게 고려하지 않으면 타협행위는 윤리적으로 책임적인 행위와는 다른 자의적인 행위일 것이다."(Monzel, S. 259) 이때 타협이 허용될 수 있는지 판단할 수 있는 개관적인 척도들이 있어야 한다.

예를 들어 자신의 고유한 존엄성을 가지는 사물들과 가치들보다는 오히려 교환 가능한 물건들과 가치들을 포기할 수 있다. 더 큰 불행을 피하기 위해서는 작은 불행을 감수할 수 있다. 이것은 이미 "이중의 효과를 가지는 행위"(actio cum duplici effectu)에 관한 명제에 나타나는 스콜라 철학의 원칙이었다. 가장 대표적인 예는 산모의 목숨을 구할 수는 있지만 태아를 유산하게 하는 약 처방이다. 다음에는 많은 경우 저급한 것(육체적인 삶)이 고상한 것(교육)보다 더 중요하다. 토마스 아퀴나스에 의하면 "굶어서 죽어가는 사람에게는 교육보다는 음식을 주는 것이 더 시급하다. 아리스토텔레스도 청빈에 시달리는 사람은 돈을 버는 것이 철학하는 것보다 더 중요하다고 생각했다."(STh II, 2 q 30 a 3)

가톨릭 전통은 타협을 객관적인 선 질서와 가치 질서를 전제한 상태에서 더 나은 것을 찾으려는 노력의 일환으로 인정한다. 우선순위가 정해져 있다. 행동하는 사람은 그런 우선순위를 따라야 하며, 그것을 구체적인 개개의 사례들에 적용해야 한다. 그 질서를 올바로 적용하면 행위는 올바르고, 행위자는 완전하고 무죄이다.

이런 견해는 개연론(蓋然論)에서 가장 분명한 형태로 제시되었다. 개연론은 가톨릭의 윤리학에서 가장 논란의 여지가 있기는 하지만 역사적으로 가장 영향력이 있는 도덕체계였다. 개연론은 규율과 처세술 체계를 해체함으로써 원칙적인 법의 요구와 구체적인 태도 사이의 갈등을 해결할 수 있게 해준다. 그렇게 함으로써 생각할 수 있는 모든 경우에 대해 빈틈없는 결의론적인 지침이 주어질 수 있게 된다. 개연론은 도덕원칙들을 융통성 있게 적용하자고 주장하는 사람들과 철저하게 적용해야 한다고 주장하는 사람들 사이의 대립과정에서 형성되었다. 예수회 수도자들은 무엇보다 도미니코 수도회의 엄격한 도덕을 거부할 때 개연론을 지지했다. 개연론은 "그것을 따르는 것이 더 나쁘다는 의견이 그럴듯하다면, 그것을 따르지 않는 것이 더 그럴듯할 수 있다"[21]는 원칙에서 출발한다. 이와 반대로 안전 채택주의(Tutiorismus)는 가장 확실한(일반적으로 가장 엄격한) 원칙을 따라야 한다고 주장한다. 안전 채택주의의 지지하는 사람들은 예수회 수도자들이었다. 그렇지만 개연론과 안전 채택주의 사이에는 많은 중간 단계들과 색조 차이들이 있다. 두 견해들은 객관적인 가치질서가 주어져 있으며 인식 가능하다는 전제에서 출발한다.

가톨릭 윤리학과는 반대로 개신교 윤리학은 타협을 평가할 때 다음의 사실들을 생각해야 한다.

(a) 더 나은 것을 찾으려 숙고하는 것은 물론 중요하다. 그러나 모든 갈등이 가치질서를 숙고함으로써 언제나 궁극적으로 해결되는 것은 아니다. 결정은 오히려 의외의 상황에서 일어난다. 타협은 상황과 관련된 판단에서 이루어진다. 이때는 민주적인 절차와 마찬가지로 합리적인 숙고가 도움이 될 수 있다. 그러나 이것이 이론의 여지가 없는 윤리적이고 이성적인 결정을 완전히 보장하지는 않는다.

(b) 소위 객관적이라고 하는 가치질서에 의존하는 것은 문제가 있다. 이것은 이미 가치와 규범의 역사성과 유동성에 관한 인식의 결과이다.

(c) 그러나 현실의 모호성과 타협은 다르지 않느냐 하는 신학적 물음이 새로이 제기된다. 기독교 신앙은 행위의 자율을 보장하기

---

21) 참조. si est opinio probabilis licitum est eam sequi, licet probabilior opposita est

신학윤리학

는 하지만 객관적 질서의 척도를 마련해 주지는 않는다. 기독교 신앙은 포기할 수 있는 것과 포기할 수 없는 것 사이에서 합리적으로 숙고할 수 있도록 보장한다. 그러나 기독교 신앙은 윤리적 무오성을 보장하지 않고 갈등상황에서 "죄를 대신 걸머짐"을 가능하게 한다.(D. Bonhoeffer)

따라서 타협은 두 가지 관점에서 고찰될 수 있다. 우선은 타협이 윤리적으로 정당하냐 하는 점이 고찰되어야 하며, 다음에는 타협은 "죄인이면서 동시에 의로운 사람"(simul peccator et iustus)인 타락한 피조물 상태의 인간 존재를 가리킨다는 점이다.

하나님의 칭의에 대한 믿음은 결코 무제한적인 타협시도를 허용하지 않는다. 그러나 그런 믿음은 하나님의 능력은 인간의 잘못된 결정을 능가하며 믿는 사람은 하나님의 관용 덕에 타협할 수 있다는 희망을 가지고 타협에 임하는 것을 허용한다.

보충설명 : 경계도덕

"경계도덕"이란 개념은 개인이나 단체가 일반적인 윤리기준을 충족시키지 못하는 행동을 기술한다. 그렇지만 그로 인해 사회의 존속과 기능 전체가 위험에 처하게 되지 않는 한에서 말이다. "경계도덕" 현상은 특히 가치변화에 직면한 변혁과 위기의 시대에 나타난다. 그 개념은 쾨츠 브립스에 의해 창안된 조어이다.[22] 경계도덕은 일반적으로 의무적이라고 간주되는 가장 낮은 수준의 도덕이다. 브립스는 자본주의 경제체제에서의 관찰에서 출발했다. 자본주

---

22) Götz Briefs, Art. *Sozialform und Sozialgeist der Gegenwart, Handwörterbuch der Soziologie*, 1931, S. 162.

의에서는 도덕적 양심의 가책을 가장 적게 느끼는 사람이 경쟁에서 유리하다. 브립스는 세금포탈, 저질 상품 공급, 임금착취와 같이 가장 비도덕적인 사람이 가지는 경쟁 프리미엄에 관해 말한다. 브립스에 의하면 경계도덕은 공동체 도덕과 "낯선 도덕" 사이의 경계이다. 경계도덕은 자본주의 "상거래 도덕"에서 "최소 도덕"이다.

본 대학의 도덕신학자 베르너 쇨겐(Werner Schoellgen)은 1946년에 경계도덕을 다음과 같이 정의했다. 사회가 위험한 시기에는 윤리가 최소화되는 경향이 있다. 암시장, 매점매석, 사기, 석탄도둑이 출현한다. 물론 경계도덕의 법, 윤리적 수준과 기준의 저하에 관한 이런 주제가 어느 정도나 적합한지는 검토되어야 한다. 쇨겐은 "윤리-엔트로피"에 관해 말한다.

그러나 중요한 것은 윤리의 사회적 제약성을 인식하는 것이다.(브립스는 무엇보다 이런 관찰에서 출발한다.) 개인의 도덕은 사회적 조건들과 집단의 수준에 의존한다. 이에 대한 많은 증거들이 있다. "낯선 도덕"(Fremdmoral)이 대표적인 예이다. 말하자면 낯선 사람들에 대해서는 단체에 소속된 사람들에게 적용되는 원칙들과는 다른 원칙들이 적용된다. 식인풍습이 낯선 종족에 대해서는 존재하지만, 같은 종족 사람들에 대해서는 살인이 금지된다. 이미 아리스토텔레스도 야만인들, 즉 그리스인이 아닌 사람들은 노예사냥을 위한 사냥감이라고 생각했다.(Politik I/5, 1254 b) 노예를 확보하기 위해 야만인들과 전쟁을 하는 것은 "본성상" 정당한 전쟁이다.(Politik I/8, 1256 b) 중세시대에는 유대인 사회에 이자독점 제도가 있었다. 유대인들에게는 국내 도덕이 적용되지 않았기 때문이다.

마찬가지로 선한 사마리아인의 비유(눅 10:25ff.)는 낯선 도덕과 내부 도덕을 구분하기 위한 전거로 제시될 수 있다. 물론 예수는 바

신학윤리학

로 이런 구분을 비판했지만 말이다.

　모든 내부 단체들은 확정된 도덕과 삶의 질서를 가진다. 이것은 사랑의 계명의 보편성과 대립된다. 브립스와 쉴겐은 경계도덕에서 낯선 도덕에 동화된 모습을 본다. 사회적 압력으로 인해 윤리적 관습은 여전히 허락된 사람에게 초점을 맞춘다. 여기서 사회적 병리 현상이 분명히 드러난다.(쉴겐) 그렇지만 경계도덕은 공동체 도덕의 이념에 적합하게 된다.

　브립스는 경계윤리를 설명하면서 자본주의와 익명의 세력들에 맡겨진 시장경제를 비판한다. 이런 경제 형태에서는 공동체윤리 대신 "집단 개인주의에 근거한 개별적 사회윤리"가 등장했다는 것이다. 쉴겐은 성 규범들의 변화도 비판한다.

　개인의 태도가 집단의 이익과 집단의 윤리에 의존한다는 지적은 의심의 여지없이 정확하다. 이런 지적에서 경계도덕의 주제는 "자기합법성"이란 암호를 다룬다. 그러나 "경계도덕의 논리"가 있다고 주장하기는 어렵다. 이런 표현은 윤리적 수준저하가 필연적이라는 인상을 준다. 오히려 가치변화의 문화적, 사회적 원인들을 찾는 것이 더 바람직하다. 암거래시장 경제와 부패한 사회는 경계도덕의 온상이다. 순수한 집단도덕을 저지하고자 하는 사람은 낯선 도덕과 내부 도덕의 차별화가 식민주의와 인종차별을 정당화한다고 생각하여 이런 차별화를 거부한다. 그런 사람은 윤리학의 보편화 가능성의 원리를 주장해야 하며, 사태정합성, 사실성 그리고 윤리적 가치의 관계를 생각해야 한다.

　아마도 경계도덕은 한계효용이란 경제학 용어를 차용한 개념일 것이다. 물론 한계효용 개념도 객관화할 수 없다. 효용의 차이는 계량할 수 없기 때문이다. 그렇지만 경제학과 윤리학에 있어서 효용

성을 고려하는 것은 우선순위를 결정하는 데 도움이 된다.(참조. 3장
§ 6: 공리주의)[23]

---

23) 참조. W. Schoellgen, Grenzmoral, 1946; G. Briefs, "Grenzmoral in der
pluralistischen Gesellschaft", in: E. v. Beckerath u. a.(Hg.), *Wirtschaftsfragen der
Freien Welt*, 1957, S. 97−108.

신학윤리학

5장
신학윤리학의 원천

여기서는 신학윤리학의 중요한 전통들과 경험들이 소개된다. "원천"(Quelle)이란 제목은 상징적으로 이해될 수 있다. 원천은 무엇보다 근거, 출처, 근원을 가리킨다. 하나의 원천으로부터 물이 흘러나온다. 이런 의미에서 "믿음의 원천", "생명의 원천"에 관해 말할수 있다. "여호와를 경외하는 것은 생명의 샘이다"(잠 14:27)란 구절은 살아있는 원천에 관해 말한다.

그밖에도 "원천"은 보고서, 증명서, 보고(寶庫), 전통을 전수해주는 문서를 가리키기도 한다. 이런 의미에서 다음 장에서는 토대가 되는 본문들이 참조된다.

마지막으로 역사적 경험은 윤리적 통찰을 일깨워 준다. 따라서역사적 사건들을 되돌아보는 것은 윤리학의 방향설정을 위해 필수적이다. 역사는 경험에 근거한다. 경험은 언어를 통해 전달된다. 그렇게 해서 경험은 전통이 된다. 전통을 존중하는 것은 모든 신학윤리학에 본질이다. 따라서 다음에는 개신교 윤리학의 전승역사에서중심이 되는 견해들이 제시될 것이다.

통상적으로 개신교 윤리학은 성서에 그의 근거를 가진다고 해명된다. 따라서 개신교 윤리학은 오직 성서적 증언들의 권위에 근거함으로써 정당성이 인정된다. 그렇지만 이런 주장은 성서가 해석의여지가 없이 축자적으로 영감된 지침으로 이해되는 한에서만 타당성이 인정될 수 있다. 근본주의는 이런 방식으로 성서의 형식적 권위에 의존한다.

그렇지만 성서가 역사적-비평적으로 해석되고 증언을 해석하는 해석학적 과제가 인식된다면 기록된 문자는 더 이상 단순히 받아들여야 할 권위일 수 없다. 기록된 성서는 오히려 신앙으로의 부름으로서 적합할 것이다. 즉, 기록된 성서는 복음의 증언이다. 전승되어 기록된 성서의 증언은 신앙의 원천, 즉 "구원의 샘물"이다.

"모든 가르침의 지침이 되는 개괄적 개념, 규칙과 표준에 관하여"라는 일치신조는 성서의 권위에 대한 루터교의 유일한 신앙고백의 표현이다. 성서는 "유일한 재판관이며 유일한 규범과 지침"(index, norma et regula)이다. 모든 이론들의 선악과 옳고 그름은 유일한 시금석(lapis lydius)인 성서에 따라 측정되고 판단되어야 한다." 성서는 광장에 서있는 분수처럼 명확하다.(Suther WA 18, 606, 37ff; 607, 14) 성서는 "구원의 샘물"이다. 그러나 성서는 오류가 없는 규범은 아니다.

윤리와 관련하여 볼 때 성서는 해석이 필요하다. 성서의 기록은 체험된 신앙의 증언이며 모범으로서 존중될 수 있지만 결코 오류가 없는 기본원칙들과 규범들을 제시하지는 않는다. 신약성서는 그리스도인의 삶에 관한 최초의 증언이며, 따라서 '그리스도인이라는 존재'(Christsein)에 관한 서술이라고 생각될 수 있다. 그러나 그리스도인다움이 언제나 이런 삶의 방식에 고착되어 있지는 않다.

왜냐하면 성서의 근본적인 목적은 새로운 윤리를 선포하는 것이 아니라 구원의 약속이며, 성서의 윤리적 표현들에는 유대교와 이방인의 풍습들이 다양하게 수용되어 있기 때문이다. 따라서 성서는 신앙체험의 원천이다.

그렇지만 윤리학에서 성서주의적 방식으로 주장하는 것은 타율의 표현일 것이다. 명증성만이 윤리학을 정당화해 준다. 이런 의미에서 볼 때 성서의 교훈적 용법(usus didacticus)에 관해서는 말할 수 있지만 규범적 용법(usus normatitivus)에 관해서는 말할 수 없다.

신학윤리학

1. 기독교윤리의 역사

1.1. 기독교윤리의 성서적 전제들

신약성서에서 가장 중요한 윤리적 표현들은 사랑의 이중계명,
(막 12:30f; 눅 10:27) 산상설교의 반대명제,(마 5:21ff) 결혼에 관한 예수
의 말씀,(막 10:1-2) 예수의 율법비판(마 2:7)이다. 이에 덧붙여 바울의
훈계들이 나타난다. 이 경우에 후대에는 로마서 13장, 공권력에 관
한 교훈과 노예 문제를 다룬 것이 특히 효과를 미쳤다.

가정수칙들(골 3:18ff; 엡 5:22ff; 벧전 2:13ff.)은 윤리적 지침들을 제
시해 준다. 신약성서는 종합적인 윤리서가 아니다. 사랑의 계명(막
12:38f.; 눅 10:27), 예수의 율법 비판,(마 2:7) 덕과 악들에 관한목록들,
바울의 교훈과 바울 이후의 가정수칙들은 윤리적 주제들을 다루는
내용들이다. 그러나 고린도전서 전체도 그리스도인의 윤리적 태도
를 제시하는 모델로 해석될 수 있다.

볼프강 슈라게는 종말론과 윤리의 관계, 사랑의 계명의 양면
성, 바울의 기독론적 윤리, 요한계 문헌 전체에 나타나는 형제사랑

과 같은 윤리학의 신학적 근거를 강조한다.[1] 신약성서의 윤리는 "상황과 관련된 상황윤리"(TRE, X, 435,35)이다. 신약성서에는 확고하게 규범으로 확립된 윤리적 지침들은 없다. 개개의 지침들에는 윤리적 다원성의 여지가 있다. 그렇지만 신학적 근본방향은 분명하다.[2]

속사도 시대의 문서들에는 윤리적 지침들이 무엇보다 금욕주의적 규정들과 함께 제시되었다. 그런 지침들은 일반적으로 정의(正義)의 길과 부정의(不正義)의 길 사이에서의 선택, 순수성의 길과 불순의 길 사이에서의 선택, 생명의 길과 죽음의 길 사이에서의 선택과 같은 양자택일 도식으로 주어졌다.[3]

양자택일 도식은 유대교의 문학적 지혜전승과 민중적 지혜전승에서 유래했다. 그 도식은 대중적 윤리에서 이후에도 지속적으로 영향을 끼쳤다. 경건주의는 세상의 자녀들의 넓은 길과 경건한 사람들의 좁은 길에 관한 비유를 통해 윤리의식을 고취시켰다. 그림으로 형상화된 덕 목록과 악덕 목록을 대비시킴으로써 선과 악을 생생하게 이원론적으로 사고하는 데 익숙하게 한다. 여기에는 타협과 더 나은 선을 고려할 여지가 없다.

신약성서 윤리의 특별한 문제는 노예와 관련한 물음이다. 원시 기독교는 노예제도를 알고 있었지만 근본적인 문제의식을 가지고 있지 않았다.(참조. 고전 7:20-22; 빌레몬서) "각 사람은 부르심을 받

---

1) Wolfgang Schrage, *Ethik des Neuen Testament*, 1982, 1989; ders, "Art, Ethik IV. Neues Testament", TRE X, 435-462.

2) 참조. S. Schulz, *Neutestamentliche Ethik*, 1987; E. Lohse, *Theologische Ethik des Neuen Testaments*, 1988.

3) Didache I, 1-6; V, 1-2; Pastor Hermae mandata VIII, 1-4. 7-10.12; Barnabasbrief, 18-20

은 그 부르심 그대로 지내라"(고전 7:20)라는 사도 바울의 권고는 "대단히 모욕적인 언사"(Joachim Kahl)이다. 사실 바울은 노예해방을 위해 노력하지 않았다. 그런 점에서 그는 당시의 스토아 철학자들과 다르지 않았다. 바울은 노예해방을 지지한 사람도 아니고 여성해방 운동자도 아니다.(참조. 고전 11:3ff.)

고대에는 노예제도가 일상화되어 있었다. 노예는 인간이 아니라 물건이나 영혼이 있는 도구(ὄργανον ἔμψυχον)라고 생각되었다. 유베날(Iuvenal)은 그의 풍자시에서 묻는다. "그대는 미쳤는가? 노예가 도대체 인간이라고?" 베디우스 폴리오는 노예를 양어장에서 양식하는 그의 알락곰치를 위한 사료로 이용했다. 노예는 자신의 무덤을 가질 권리도 없었다. 노예의 몸은 그의 것이 아니었기 때문이다. 스토아 철학은 인도주의적 이념을 주장했다. "주인님, 노예도 당신과 마찬가지로 인간입니다."(Philemon Fragmente 109) 그러나 노예제도는 그대로 유지되었다. 세네카 자신도 다수의 노예들을 소유하고 있었다.[4]

구약성서는 히브리인 노예들과 이방인 노예들을 엄격하게 구분했다. 히브리인 노예들은 7년 후에 자유인이 되었다.(출 21:2) 에세네파 사람들은 노예제도를 거부했다.

바울은 공동체 질서(갈 3:27f.; 고전 12:13f.)와 사회질서(고전 7:20f.; 빌레몬서)를 구분했다. 그는 구원의 질서와 세상질서를 구분함으로써 사실상 스토아 철학과 신비종교와 동일한 입장을 취했다. 노예는 종교적으로는 동등한 인간으로 간주되었지만 사회적으론 그렇지

---

4) 참조. Siegfried Schulz, Gott ist kein Sklavenhalter. Die Geschichte der 1972.

않았다. 복음에 근거한 사회혁명은 바울에게서 발견되지 않는다. 실제로 바울의 입장은 그의 "기독교적 가부장제"와 함께 노예를 소유하지 않는 에세네파 사람들의 인식과 특정한 기간이 지난 후 노예를 해방시키는 구약성서보다 후진적이다.

이것은 그리스도의 재림과 관련하여 설명될 수도 있다. 그러나 바울 이후의 가정윤리도 노예제도를 받아들인다.(골 3:22ff; 엡 6:5ff; 딤전 6:1ff; 벧전 2:18-24) 아우구스티누스에 의하면 "그리스도는 노예를 자유인이 되게 한 것이 아니라 악한 노예를 선한 노예로 만들었다."(Enarr. in Ps. 124,7) 교회는 중세시대에 그리고 아메리카 식민지들에서 노예제도를 받아들였다. "초기 가톨릭의 사회형이상학"은 그의 질서사상과 함께 노예제를 정당화했다.

노예제도 폐지는 무엇보다 메노파 사람들, 퀘이커교도들, 감리교 신자들에 의해 18세기 말에 처음으로 정책적으로 요구되었다. 이와 관련하여 하나님 나라의 메시지(소식) 세계를 변화시키는 사랑을 일깨우게 되었다.

노예제도의 예에서 볼 때 다음과 같은 사실들이 분명해진다. (a) 복음에는 사회를 변화시키는 목표가 설정되어 있지 않다. (b) 노예제도를 근거로 판단해 볼 때 근대 사회윤리의 과제가 비인도적 제도들에 대한 비판이었는지는 분명하게 드러나지 않는다. 기독교는 많은 경우에 노예를 인격적 존재로 대우했지만 노예제도를 폐지하지는 않았다. 노예제도는 18세기에 그랬듯이 고대 말기에 주로 경제적 이유들로 인해 폐지되었다. 미국 정부가 1776년 이후 정치적인 이유로 노예반입을 금지하자 영국에서는 1780년에 감리교의 노예제도 반대운동이 일어났다. 영국에서 노예거래가 쇠퇴하게 된 것은 무엇보다도 경제적 불매운동의 결과였다.

당연히 근대의 인권적 척도에서 바울을 평가해서는 안된다. 그는 결코 노예를 인간이 아니라고 생각하지 않았다. 그렇지만 노예 문제와 관련하여 다음과 같이 묻지 않을 수 없다. (a) 신약성서에서 선포된 복음의 진수는 무엇인가? 복음은 사회비판의 안내자인가? (b) 사회개혁은 어떤 조건들에서 가능한가? 무엇이 제도를 변화시키는가?

1.2. 고대 교회와 중세의 윤리학

교부들은 주로 병역에 대한 그리스도인의 입장, 입어야 할 옷의 양식, 그리스도인이 주사위놀이를 해도 좋은지와 같이 그리스도인이 취해야 할 태도의 상세한 문제들을 논의했다.

예를 들어 테르툴리아누스(220년 사망)의 다음과 같은 글들이 대표적이다.

De spectaculis : 그리스도인들이 이교도의 연극공연 관람을 금지한다.

De corona : 화환장식과 군복무는 그리스도인의 존재와 양립할 수 없다. De patie 참여할 수 없다.

De exhortatione castitatis : 정결.

De pudicitia : 정조(정결, 夫婦의 信義)

물론 테르툴리아누스는 단지 특별한 방식으로 교부들에게 있어서 윤리적 논의 유형을 대표한다.

윤리학이란 개념이 기독교적 논의를 위해 처음으로 사용된 것은 361년경 바실리우스 폰 캐사레아(Basilius von Caesarea)의 저서 『윤리학의 근원』[5] (Ἀρκὴ τῶν ἠθικῶν)에서였다. 이 책은 "윤리학의 원리들"이란 장(章)에서 그리스도인의 생활태도를 위한 80가지 규칙들을 제시한다. 391년에 발표된 암브로시우스(Ambrosius von Mailand)의 체계적인 논문 「내각의 의무에 관하여」[6] (De officiis ministrorum)는 기독교 윤리의 역사를 위한 지침이 되었고 크게 영향력을 끼치게 되었다. 이 논문은 아마도 기독교윤리에 관한 최초의 체계적인 학술서일 것이다. 그 논문은 제목과 성향에서 로마의 덕 이념을 서술하는 키케로의 『의무론』(De officiis)을 모방한 것이다.

그밖에도 그 논문은 도덕을 교화하는 시사적 소책자이다. 가톨릭 교회의 도덕에 관한 아우구스티누스의 『가톨릭 교회의 관습과 마니교의 관습에 관하여』[7] (De moribus ecclesiae catholicae et moribus Manichaeorum)는 하나의 예외이다. 그의 이 책은 플라톤과 신약성서의 윤리적 입장을 신중하게 숙고하여 종합적으로 제시한다. 아우구스티누스에 의하면 플라톤이 가르치는 덕은 신약성서의 관점에서 보면 "하나님에 대한 완전한 사랑 이외의 것이 아니다."

개별적, 윤리적 문제들에 관한 논문들 이외에도 수도원 규칙(가장 오래된 규칙은 베네딕도 수도규칙), 교화적 저술들, 모든 범행에 대한 벌칙을 법적으로 규정한 아일랜드 수도자들(Iroschotten)의 고해 안내서, 교회법 규정들과 같은 문학유형들도 기독교윤리의 형성을 위해 대단히 중요하게 되었다. 윤리적 규정들은 교회회의에서 결정된 신조들에서 다수 발견된다. 교회회의는 좁은 의미에서 교회법적 문제

---

5) *MPG* 31, S. 691-888.
6) *MPL* 16, 25-188.
7) *MPG* 32, S. 1309-1378.

들뿐 아니라 무엇보다 참회질서에 관한 교회의 규율, 예를 들어 이 교도에 대한 기독교인의 태도, 부부도덕과 사회도덕, 기독교인의 병역, 상업행위, 고리대금업, 이자 소득과 관련된 규율들도 다루었다. 이 시기는 교회법과 윤리를 구분해서는 안되며 구분할 수도 없다. 교회법적 규정들은 참회기구를 통해 도덕규범들을 성문화하였다. 참회기구는 고해를 매개로 하여 교회의 도덕을 체득하도록 했다. 고해안내서들은 또한 고해과정을 결의론적으로 세세하게 규정함으로써 윤리적 조언자 역할을 했다. 중세에는 일반적으로 신조들을 편집한 책들과 참회서들이 대체로 신학적 연구서들보다 기독교 윤리에 더 많은 영향을 주었다. 12세기 중엽 볼로냐의 카말돌리 수도원의 수도자 그라시안(Gratian)이 편집한 법규정집인 '그라시안의 명령'(Decretum Gratiani)은 중세의 법규범과 도덕규범 총서이다.

그러나 윤리학이 사례수집과 사례해석에 근거해 형성된 것은 중세에만 있었던 일은 아니다. 종교개혁 이후의 루터교에서는 데데켄(Dedekenn, 1628년 사망)이 『조언과 결정의 보고』(Thesaurus consiliorum et decisiorum)를 발표했는데, 이 발표에는 개개의 교의학적 물음들과 윤리적 물음들에 대한 신학자들과 신학교들의 의견들과 결정들이 함께 수록되어 있었다. 윤리적 물음들에서 중요한 것은 무엇보다 이혼의 문제였지만 이자 소득, 사치, 전쟁법 등도 중요했다.

슈페너(Philipp Jakob Spener)는 편지와 권고를 통해 윤리적 조언자의 역할을 했다. 그렇지만 그의 지침들로부터 정확한 어떤 것도 추론할 수 없다. 왜냐하면 누구에게 조언했으며 조언의 계기가 무엇인지 언급되어 있지 않으며 많은 경우에는 심지어 은폐되어 있기 때문이다. 그러나 슈페너는 양심의 조언을 주장하는 대표적인 경건주의자로서 지나치게 교훈적인 사람이었다. 오늘날 그런 조언들과 비교할 만한 것은 공개적인 입장표명들인 개신교의 "사회백서들"(Denkschriften)이다. 이런 입장표명들은 구체적인 물음을 제기하고 상황을 언급하며, 따라서 "결의론적"이다.

중세에 신학적 윤리학의 표준이 되는 저서는 이미 언급된 토마스 아퀴나스의 『신학대전』(Summa theologica) 제2부의 2장이다. 아퀴나스는 여기서 189개의 문답을 통해 전쟁과 금욕적 완전성과 같은 문제들을 다루는 신학적 덕론을 제시했다.

1.3. 종교개혁과 근대

종교개혁 시기에는 대교리문답서와 소교리문답서에 들어있는 루터의 십계명 해석 이외에도 1520년에 행한 그의 설교 『선행에 관하여』(WA 6, S. 196-297)도 신학적 근거를 제시하였다. 1520년 교황 레오 10세에게 보낸 편지 '그리스도인의 자유에 관하여'(WA 7,12-38 = Clemon 2, S. 1-27)에는 루터의 사회윤리가 반영되어 있다. 그밖에도 윤리에 관한 그의 책들이 있다. 상업과 고리대금에 관한 책(1524), 세속 권력에 관한 책(1523), 군인들도 구원받을 수 있는지에 관한 책(1526), 결혼생활에 관한 책(1522).

칼뱅의 윤리학은 『기독교강요』 3권에서 십계명 해석의 형식으로 발견된다. 개신교 작가들은 그들의 윤리적 견해를 그들의 신학체계 내에서 함께 다루었다. 칼릭스트(Georg Calixt: 1586-1656)의 『신학적 윤리의 개요』(Epitome theologiae moralis, 1634)는 예외이다. 칼릭스트에 의하면 기독교윤리의 주체는 거듭난 사람(homo renatus)이다. 따라서 칼릭스트는 독자적 영역의 신학윤리학의 창시자이다. 계몽주의는 윤리학을 무엇보다 덕과 행복에 관한 지침으로서 교의학보다 더 강조하였다.

19세기에 슐라이어마허가 인간의 혼을 세 부분으로 구분한 플라톤을 따라 철학적 윤리학을 가치론(Güterlehre), 덕론(Tugendlehre), 의무론(Pflichtlehre)의 세 부분으로 구분했다.[8] 윤리학을 교의학에 포함시킬 수 있는 가능성, 칸트의 명령적인 윤리학과 다른 개신교 윤리학의 서술적이고 지시적인 성격을 강조함, 교회론과 윤리학의 결합, 신론과 하나님의 계명의 결합과 같은 본질적인 신학적 결정들은 슐라이어마허에게서 그 단초를 발견할 수 있다.

바르트는 슐라이어마허를 따라 윤리학을 교의학 내에서 다루었다. 『교회교의학』 II/2에서 7장 "하나님의 은혜", 8장에서 "하나님의 계명"이 다루어진다. 이것은 복음과 율법의 순서에 상응한다. 창조론(KD III, 4) 12장 "창조자 하나님의 계명"에서 바르트는 휴일, 신앙고백, 기도, 결혼, 민족, 생명보호, 노동, 명예를 윤리적 주제로 다룬다.

19세기 후반의 신학적 윤리학의 기준이 되는 저서를 쓴 리하르트 로테(Richard Rothe, 1799-1867)도 슐라이어마허의 도식(가치론, 덕론, 의무론)을 따른다.[9] 로테는 기독교 문화론을 사변적으로 구상했다. 그의 유명한 명제에 의하면 교회는 "기독교적인" 문화국가를 목표로 노력해야 하며, 세상을 복음화하는 것이 윤리적 완성의 목표이다. 지금까지의 기독교윤리에 관한 일반적인 개관 이후에 이제는

---

8) F. Schleiermacher, *Grundlinien einer Kritik der bisherigen Sittenlehre, 1803; Die Christliche Sitte nach den Grundsätzen der evangelischen Kirche im Zusammenhang dargestellt,* 1843.

9) Richard Rothe, *Theologische Ethik* 5 Bände, 2. Aufl. 1867-1871.

특별히 중요한 원천들을 각각 고찰해 보자. 이때 중요한 것은 특별히 영향력이 있는 그리고 지금까지 규범적이라고 간주된 본문들이다. 이때 십계명은 구약성서의 대표적인 윤리이며, 산상설교는 신약성서에서 전승된 대표적인 예수의 명령이다. 종교개혁에서 시작된 개신교 윤리는 루터의 견해에 근거하여 제시된다.

2. 십계명

2.1. 기독교 교리문답의 주제로서의 십계명

십계명은 구약성서 에토스(Ethos, 윤리성, 품성, 관습)의 유일한 형식이 아니다. 다음과 같은 성경구절들도 구약성서 에토스의 핵심이라 할 수 있다. "사람아 주께서 선한 것이 무엇임을 네게 보이셨나니 여호와께서 네게 구하시는 것은 오직 정의를 행하며 인자를 사랑하며 겸손하게 네 하나님과 함께 행하는 것이 아니냐?"(미가 6:5) "너희는 살려면 선을 구하고 악을 구하지 말지어다."(아모스 5:14) 더 나아가 레위기 19장 18절, 32절, 34절을 신명기 6장 5절과 연결하면 사랑의 이중계명, 즉 하나님사랑과 이웃사랑을 추론할 수 있다. 구약성서의 에토스는 십계명에서만 기원되었다고 할 수 없다.

십계명은 서구의 교리문답 전통에서 특별히 중요한 역할을 했다. 아우구스티누스 이후 십계명은 신앙지도에서 핵심적 위치를 차지한다. 특히 루터는 그의 교리문답에서 십계명을 가장 중요하게 다루었다. 십계명, 사도신경, 주기도문, 성례전 순의 교리문답 개요에는 하나의 신학적 구상이 드러난다. 그런 순서는 그리스도인이 무엇을 해야 하며 그런 행위의 근거가 무엇인지 알 수 있게 해준다. 개혁교회의 하이델베르크 교리문답에서 십계명이 사도신경 다음에 배치되어 있는 것은 루터와는 다른 신학적 구상을 보여준다. 여기서 윤리는 인간의 행위로서 교의학보다 하위의 자리를 차지한다. 중요한 것은 "율법과 복음"의 순서냐 아니면 "복음과 율법"의 순서냐 하는 것이다. 루터는 이미 "선행에 관한 설교"(1520)에서 선행을 십계명에 근거하여 설명했다.

십계명의 가치를 논증할 때 루터와 개혁주의는 서로 다른 길을 간다. 루터는 십계명의 가치를 "자연법적으로", 즉 인간론적으로 논증한다. 십계명은 모든 인간의 마음에 새겨져 있다는 것이다. 이런 자연적 결합을 제외하더라도 모세는 "유대인 작센법전"(WA 16, 378)이다. 구속사의 역사적 배경, 즉 이집트에서 노예상태로부터의 구출, 우상숭배 금지, 안식일은 교리문답에 반영되지 않았다. 첫 번째 계명을 출애굽기 20장 2절의 역사진술에 근거하여 논증하는 대신 루터는 아주 일반적으로 묻는다. "하나님을 가지는 것은 무엇을 의미하는가? 또는 무엇이 하나님인가?" 그러므로 루터교의 전통에서 십계명은 그의 보편적 타당성에 근거하여 무시간적이고 불변적인 원칙들의 총서로 간주된다.

한편 개혁주의 신학, 특히 칼뱅은 신학의 역사적 유래를 강조했다. 개혁주의 윤리학과 입법에는 역사적 배경이 반영되었다. 이것은 신정론이 탄생하는 계기가 되었다. 또한 구약성서에 있는 다른 역사적 상황에 속하는 유대인의 민족적 성향들이 보편화되고, 상징적으로 이해되고, 부분적으로는 영적으로 해석되었다. 그렇게 이집트에서의 노예상태는 죄 아래 놓인 노예상태를 상징한다.

신학윤리학

신학적 윤리학은 언제나 반복적으로 십계명 해석의 형식으로 개진(開陳)되었다. 프리체(Hans Georg Fritzsche)[10]와 로흐만(Jan Milic Lochman)[11]이 대표적인 예이다.

2.2. 구약성서에서의 십계명

고전적인 윤리적 십계명은 구약성서의 두 곳에서 전승되었다.(출 20:2-17; 신 5:6-21f.) 10이라는 숫자와 "십계명"은 기억술적 근거들의 결과이다.

"십계명"이란 개념은 출애굽기 34장 28절과 신명기 4장 13절과 10장 4절에서 발견된다. 두 종류의 십계명 사본들은 20여 곳에서 서로 다르다. 두 사본들의 실제적인 차이는 안식일 계명과 관련하여 발견된다. 출애굽기 20장 21절은 안식일의 근거를 창조신학적 관점에서 제시하는데 반해(참조. 창 2:2f), 신명기 5장 15절은 이집트에서의 종살이를 상기시키면서 안식일의 사회적 의미를 강조한다.

원본을 재구성하거나 십계명의 연대를 확정하는 것은 구약성서 연구의 지속적인 관심이기는 하지만 가망 없는 시도이다. 십계명에 초기 이스라엘의 요소들이 있음은 분명하다.(참조. 호 4:2; 레 7:9) 그러나 현재 형태에서 볼 때 십계명은 후대의 요소들이 혼합되어 형

---

10) Hans Georg Fritzsche, *Evangelische Ethik*, 1961, 1966.

11) J.M. Lochamn, Wegweisung der Freiheit. Abriβ der Ethik in Perspektive des Dekalogs, 1979. 이 책은 의식적으로 개혁주의 전통을 수용하였다. 또한 개신교적-가톨릭적 관점의 해설서『근본가치들과 하나님의 계명』(Grundwerte und Gottes Gebot, 1979)도 십계명에 근거한다.

성된 것이다. 십계명에 나타나는 "집"이란 개념에서 볼 때 십계명은 이미 문화된 나라에서 형성되었음을 알 수 있다.

특히 윤리학은 십계명의 또 다른 고유성을 지적해야 한다. 십계명에는 하나님의 법과 인간의 법, 제의적 계명과 윤리적 계명이 불가분적으로 결합되어 있다.

첫 번째 계명("나는 주 너의 하나님이다")은 십계명 전체의 토대이다. 제의적 계명들과 윤리적 규범들이 불가분적으로 결합되어 있다. 십계명을 하나님 숭배(Gottesverehrung)와 에토스(Ethos)의 두 개의 판으로 구분하여 배치한 것은 놀랍고 자의적이다.

두 번째 판의 내용은 배타적으로 이스라엘에게만 적용되는 의무도 아니고 특별히 종교적인 의무도 아니다. 부모를 공경하라는 계명은 "이스라엘 민족과 연관된" 것도 아니고 "야훼 하나님과 관련된" 것도 아니다. 그렇다고 간결한 형식과 내용의 완전성으로부터 어떤 신학적 내용도 추론할 수 없다.

알브레히트 알트(Albrecht Alt)에 의하면 간결한 계명들의 언어형식에서 볼 때 십계명은 야훼계약이 "자명한 형식으로 규정된 법"이다. 고대 동양의 생활들과 문서들에서 발견되는 일련의 다른 규범들과 비교해 보면 십계명의 금지조항들은 일상의 삶을 규정하는 계명들임을 알 수 있다. 그렇다면 십계명이 처음부터 민족적 종교적 제한성을 가진다는 주장은 허구임이 입증된다.

게르스텐베르거(E. Gerstenberger)는 십계명이 지파들의 풍습에서 기원되었다고 주장한다. 비록 십계명을 지파들의 풍습에 국한시킨다 할지라도 내용은 사실상 모든 인간에게 보편적으로 적용될 수 있는 것이라고 해석될 수 있다. 자명한 표현방식은 본래부터 인간에게 고유한 특성이다. 십계명이 형성된 삶의 자리(Sitz im Leben)

는 첫 번째 계명의 자기소개 형식에도 불구하고 결코 이스라엘에게 만 고유한 계약축제 의식은 아니다. 야훼의 배타적 요구는 십계명에 있는 특별히 이스라엘적인 요소이다. 나아가 삶의 질서가 종교적 형식으로 표현되어 있다. 이런 삶의 질서는 격언의 방식으로도 형상화될 수 있다.

2.3. 오늘 우리에게 십계명의 의미

십계명을 해석할 때는 그때마다 역사적 배경이 고려될 수 있다. 루터교의 십계명 해석 전통과는 달리 그 계명들은 무시간적인 원칙으로 이해되어서는 안되고 그들의 역사성이 함께 고려되어야 한다. 이때 윤리적 고찰을 위해서는 이스라엘적 신앙고백의 근본요구들은 약화된다. 모든 계명들은 계약의 조건들이 아니고 – 계약당사자들을 위한 '율법의 제3용법'이란 의미에서도 마찬가지로 – 개인적인 것이다. 물론 그 계명들은 신앙의 표현으로서 이스라엘의 삶의 질서를 위해 근본적으로 중요하다. 아우구스티누스는 우상숭배 금지를 제외했다. 왜냐하면 우상숭배 금지는 그리스도인들에게 더 이상 적합하지 않다고 생각했기 때문이다. 아우구스티누스에 의하면 제1-3계명은 하나님의 법(fas)이고, 제4-10계명은 인간의 법(ius)이다.

첫 번째 계명은 야훼의 배타적 권위와 인격을 인정할 것을 요구한다. 다른 신들을 섬기지 말라는 명령은 다른 신들의 존재에 대한 이론적 부정을 의미하지 않는다. 그것은 다신론 세계에서 유일신 숭배를 확립한다. 우상금지는 유목민적 유산이다. 이슬람 이전의 아랍인들도 우상금지를 알고 있었다. 그렇지만 십계명은 신들을 허무한 존재들로 선언하는 제2 이사야처럼 합리적으로 우상을 비판하지 않는다. 우상금지는 구약성서적 세계관의 특징이다. 현실이 "신을 매개해 주는 수단"(gottdurchläßig)으로 이해되어서는 안된다. 그렇지만 그 계명이 신인동형동성설(神人同形同性說)을 원칙적으로 금지하는 근거가 되지는 않는다. 오히려 그 계명은 우상의 도움으로 야훼를 지배하는 것을 금지한다. 우상에 대한 이런 비판은 오늘날 이데올로기 비판과 부정신학에까지 확대 적용될 수 있다. 우상금지가 현실에 관한 신학적 해석을 위해 가지는 의미는 좀더 상세하게 논의될 수 있을 것이다.

두 번째 계명은 하나님의 이름이 남용되지 못하도록 막는다. 하나님의 이름은 능력을 가진다. 이름의 마력은 그 이름을 가진 자를 사로잡아 저주하고, 매료시키며, 맹세하도록 한다.

세 번째 계명, 즉 안식일 계명에 관해서는 서로 다른 근거가 제시된다. 출애굽기 20장 11절은 그 계명의 근거를 원론적이고 우주론적으로 제시하는데 반해, 신명기 5장 15절은 구속사적 근거를 제시한다. 원래 안식일은 모든 일이 금지되는 금기의 날이었다. 고대 이스라엘 시대에는 안식일이 이스라엘의 제사의식(희생제사) 실행과 무관하였다. 포로기에는 할례 이외에도 안식일 준수가 유대교적 신앙고백의 징표가 되었다.

초대교회는 일요일을 한 주의 첫 번째 날, 즉 부활을 기억하는 날로 정하였으며,(참조. 행 20:7; 12사도의 교훈 14:1) 율법적인 안식일 준수를 폐지하였다. 루터는 일요일에 예배를 드리고 설교를 들음으로써 그 날을 거룩하게 지키는 것을 긍정적으로 강조했다. 이와 달리 초기 개혁파 교회의 안식일 윤리는 휴식명령과 그 명령의 강제성을 강조했다. 여기로부터 일요일의 윤리가 발전될 수 있을 것이다. 그렇지만 청교도 전통과 반대로 하나님이 시간의 주인이라는 사실과 하나님이 일상적 일의 중단을 통해 인간의 시간을 정리하신다는 사실이 분명하게 되어야 할 것이다. 휴일을 통한 일의 중단은 인간에게 시간을 마련해 주며 하나님의 신실성과 은혜의 증거이다. 휴일의 명령에 대한 신학적 해석은 물론 인간의 휴식과 회복에 대한 필요성도 주목할 것이지만 무엇보다 휴일을 하나님 예배를 위한 여건으로 해석해야 한다.

네 번째 계명("네 부모를 공경하라", *한글성경에서 제5계명이다)과 함께 이스라엘 사회질서의 근본 규범들로 이행하게 된다. 이 계명의 대상은 모든 다른 계명들과 마찬가지로 어린이들이 아니라 성인들이다. 이 계명은 대가족 제도와 관련이 있다. 아버지의 권위(patria potestas)에 의거한 루터의 해석은 그 계명을 의심스러운 방식으로 심화시킨다. 이때 특별한 역할을 하는 것은 '경의를 표하다'(kabed)란 단어이다. 루터주의 해석의 전통은 그 동사를 야훼의 공경(kabod)과 관련시킨다. 그렇다면 부모는 하나님 공경의 대리자로서 이해된다. 그렇지만 원문에서 "공경하다"는 단어는 부모의 권위를 인정하는 것과 가부장적 질서에 대해 내적으로 동의하는 것을 의미하지 않는다. 그 계명은 오히려 노동력과 능력이 약화된 노인들을 부양하도록 한다. 부모를 저주하지 못하도록 금지한 것은(참조. 출 21:17; 레 20:9; 잠 20:20; 30:11; 비교. 렘 20:14f) 혈족에서 배제하는 것을 금지한다. 늙은 부모에게서 생존의 기반이 되는 양식을 박탈해서는 안된다. 네 번째 계명은 부모의 생존권을 보호하며, 공동체에서 그들의 위치를 보장해 준다. 아버지와 어머니를 동등하게 대우하는 것은 동시에 여성 차별을 금지하는 것이기도 하다.

루터는 교리문답에서 네 번째 계명을 해석할 때 그 계명의 보호

기능을 네 종류의 아버지들에게까지 확장한다. 그 계명은 육신의 부모들 이외에도 스승들에게도 적용된다. "부모공경으로부터 다른 모든 것이 흘러나오고 확장된다. 아버지가 홀로 아이를 교육할 수 없을 때는 학교 선생님에게 교육을 맡기기 때문이다."(WA 30 I, 152)

더 나아가 네 번째 계명은 세속의 공권력, 국가의 아버지로서의 국가 원수, 그리고 정신적 아버지인 성직자와 관계가 있다. 이를 통해 루터는 가부장적 지배체제와 사회체제를 심화시켰다. 아버지들은 공경하는 내적 자세로 만나야 한다. 네 번째 계명은 개인적이고 전관료적이며 선합리적인 통치구조를 재가한다.

네 번째 계명은 오늘날 이런 해석을 지양하고 다시 "늙은" 부모의 생존권을 보호하는 근원적 의미로 환원될 수 있다. 현대의 산업사회에서는 노인을 인정하는 내적 태도보다는 그들의 사회적 안전과 사회적 인정이 더 중요하다. 그 계명은 더불어 사는 데 기여하는 기능을 한다.

다섯 번째 계명("살인하지 말라")은 모든 사람을 위한 생명보호를 주제로 한다. 이 계명은 죄 없는 피를 흘리는 것을 금한다.(잠 6:17) 동사 '라자흐'(razach)는 모든 종류의 살인을 금하지는 않는다. 이스라엘에서는 다섯 번째 계명에도 불구하고 사형과 전쟁에서의 살인이 있었다. 성전에서는 생살여탈권이 일상적이었다. '라자흐'는 개인적인 대적을 죽이는 것을 가리킨다. 무엇보다 다섯 번째 계명이 금지하는 것은 피의 복수이다. 당연히 이 단어는 독일어에서 살인하는 것(morden)과 죽이는 것(töten) 사이의 언어적 차이를 통해 설명될 수 없다. 살인하는 것(morden)은 의도적이고 악의적으로 죽이는 것이다. 다섯째 계명은 모든 불법적이고 반공동체적인 살인을 금지한다. 이 계명의 단언적인 표현양식으로 볼 때 이 계명을 근거있는 예외들과 모호한 경우들을 고려하지 않는다.

오늘날에는 이 계명을 해석할 때 단지 전쟁에서의 살상이나 사형뿐만 아니라 간접적이고 구조적인 폭력을 통해서, 즉 생명을 파괴하는 구조들에 근거한 착취를 통해 다른 사람들의 삶을 파괴시킬 수 있는 가능성도 생각되어야 한다.

여섯 번째 계명("간음하지 말라")의 주제는 일부일처제와 일부다처제가 아니고 성생활도 아니다. 이 계명은 단지 이스라엘 사람들의 정당한 혼인을 외부의 침입으로부터 보호한다. 십계명의 고대적 특성으로부터 남자는 오직 다른 가정을 깨뜨릴 수 있고 여자는 자신의 가정을 깨뜨릴 수 있다는 사실이 추론될 수 있다. 출애굽기 22장 15절f.에 의하면 약혼하지 않은 여자를 유혹하는 것은 소유권(재산권) 침해이다. 부인과 약혼녀는 정절을 지킬 의무가 있다. 남자는 단지 다른 남자의 가정을 깨뜨릴 수 있지만 자신의 가정을 깨뜨릴 수는 없다.(참조. 창 39:10f.) 이것은 잠언 5장의 "이방 여인"에 대한 경고와 비교될 수 있다. 이방 여인은 이방인 여자가 아니라 결혼한 이스라엘 여자이다.

여섯 번째 계명은 가정을 사회적 제도로서 보호한다. 이 계명은 성적 욕구 자체를 부정하는 것이 아니며, 따라서 마태복음 5장 28절처럼 신념을 요구하지 않는다. 이 계명은 혼인관계를 깨뜨리는 행위를 금지한다. 낭만주의 시기의 슐라이어마허와 같이 모든 남자에게는 오직 한 여자만이 허용된다고 생각하는 것은 이 계명과 관계가 멀다. 슐라이어마허는 자신의 개인적 사상에 근거하여 잘못된 혼인관계는 전혀 혼인이 아니라고 생각한다. 이 계명의 원본은 단지 제도로서의 혼인관계를 보호하기 때문에 그 계명에는 부도덕한 성행위, 정결하지 않음, 즉 성적인 일탈행위에 관한 어떤 언급도 발견되지 않는다. 성생활에 관해 평가할 수 있는 어떤 보편적 규범도 이 계명에서 추론될 수 없다.

일곱 번째 계명("도둑질하지 말라")은 주석적 관점에서 볼 때 논란의 여지가 있다. 우선 이 계명은 다른 계명들이 사실 자체가 아니라 이스라엘 백성들과 관련되어 있다는 점에서 볼 때 순서에 있어서 잘못된 위치에 배치되어 있다. 다른 한편 이 계명은 주제가 아홉 번째와 열 번째 계명과 교차하기 때문이다. 따라서 알트는 이 계명은 원래 도둑질 일반이 아니라 단지 유괴(誘拐, Menschenraub)을 금지했을 것이라고 추측한다. [12] 그의 주장에 의하면 이 계명은 이스라엘 자유민들의 노예화를 막는다. 여자들과 아이들, 노예들과 같이 종속적이고 자유롭지 못한 사람들과 관련한 조치들은 열 번째 계명에서 주어진다. 알트는 그의 추론에 대한 전거로 출애굽기 21장 16절과 신명기 24장 7절을 제시한다. 그에 의하면 일곱 번째 계명은 무엇보다 오직 이스라엘 백성들에게 신체적 자유의 기본권을 보장했을 것이다. 결과적으로 우리는 다섯 번째 계명에서 시작된 다음과 같은 합리적인 경향을 알 수 있다. 즉 생명, 혼인관계, 자유, 이스라엘 사람의 명예와 소유는 야훼에 의해 보호된다.

현재의 표현양식에서 볼 때 일곱 번째 계명은 단지 유괴뿐만 아니라 모든 소유권 침해를 금지한다. 그러나 이와 함께 이 계명의 해석은 소유권 이해의 변화에 의존한다.

유목시대에는 이스라엘에서 가축 소유가 고유한 재산 가치였다. 따라서 가축을 훔쳤을 경우에는 더 높은 피해 보상금이 지불되어야

---

12) Albrecht Alt, "Das Gebot des Diebstahls im Dekalog", in: *Kleine Schriften I*, S. 333–340.

했을 것이다. 가나안에 정착한 이후에는 토지소유가 재산 가치였다.(참조 레 25:23b) 포로기 이전 시기에는 단지 이스라엘 자유인만이 토지를 소유할 수 있었다. 그렇지만 토지를 소유한 사람은 사회적으로 자선을 행할 의무를 가진다. 재산은 야훼에게서 빌린 땅이다. 따라서 일곱 번째 계명은 로마법적인 소유개념에 근거하지 않는다. 도둑질을 금지한 것은 단지 물질적 존재근거를 보장해주기 위한 것이다.

일곱 번째 계명의 해석은 대단히 어렵다. 왜냐하면 그 계명을 구체적으로 적용할 때 소유유형들의 변화와 재산의 기능변화를 고려해야 하기 때문이다. 사유재산과 공공재, 특정 개인과 관련된 소비재와 소모품은 구분되어야 한다. 그밖에도 유형의 재산과 보험, 주식, 연금과 같은 무형의 재산은 구분되어야 한다. 산업사회와 사회복지 국가에서는 재산의 기능이 두드러지게 변했다. 도둑질을 개인윤리의 관점에서 해석하는 것은 너무 근시안적이다. 재산의 사회윤리적 차원도 함께 고려되어야 한다. 재산은 그 자체가 도둑질인가?(Proudhon) 루터는 가장 큰 도둑들은 경제법규를 통해 조장된다고 보았다. 따라서 "위로부터의" 도둑질과 "아래로부터의" 도둑질을 구분해 말할 수 있다.

그렇다면 세계시장의 구조가 도둑질의 원인이냐는 물음이 제기될 수 있다. 특이하게도 재산에 관한 계명은 대구(對句)들에서 언급되지 않는다. 오늘날 이 계명은 다음과 같이 새로운 방식으로 표현될 수 있다. "이웃을 희생시키면서 당신 자신의 이익을 위해서만 살지 말라." 이것은 다음과 같이 긍정적으로 정리될 수 있다. "당신의 이웃을 위해 가능한 모든 발전기회를 개방해야 한다."(D. von Oppen) 따라서 그 계명은 변화된 재산이해와 새로운 재산관계에 근거하여 해석될 수 있다. 그 계명은 다른 사람을 해치는 것과 다른 사람을 희생시켜 사는 것을 근본적으로 허용하지 않는다고 말이다.

여덟 번째 계명("네 이웃을 해하려고 거짓증거 하지 말라")의 근원적 의미는 정직한 삶에 있다. 이 계명은 이스라엘 백성이 법정에서 "거짓 증인"으로 서는 것을 금지한다. '거짓 증인'이란 개념은 재판이 이루어지는 상황에서 사용되는 법정 용어이다.(참조. 민 35:30f; 시 27:21; 잠 6:19; 12:17; 14:5; 29:5,9; 25:18) 거짓 증언은 법정에서의 거짓된 편파적 진술이다. 이 계명은 이스라엘 자유민의 권리와 명예를 보호한다. 이 계명의 의도는 거짓말의 근본적인 추방이 아니다. 권리능력은 모든 이스라엘 백성의 기본권이었다.(참조. 룻 4장, 렘 26장) 이스라엘의 법공동체는 이 계명이 시행되는 곳이다. 거짓 증언자는 법률 위반자이다.

십계명은 거짓말 자체를 금지하지는 않는다.(Ludwig Köhler) 십계명 이외의 곳에서 구약성서는 진실의 왜곡을 대단히 가볍게 생각한다.(참조. 왕상22:20ff.; 렘 38:24-27) 이와 달리 거짓말을 근본적으로 금지하는 이집트의 『사자의 서』(Totenbuch)는 세련된 윤리적 판단이다. 십계명은 전적으로 이웃을 위한 이익이나 손실에 초점이 맞추어져 있으며 진실성 원칙을 어디서나 예외 없이 고집하지 않는다. 칸트: "소위 인간 사랑으로부터 거짓말 할 권리에 관하여." 기준이 되는 것은 이웃을 보호하는 것이다.

그렇지만 해석은 아무런 근거도 없이 계명의 범위를 확장하지 않았다. 중요한 것은 단어에 대한 올바른 해석, 즉 이웃의 선한 호소와 명예를 보호하는 것이다. 루터는 여덟 번째 계명에 이중적 의도가 내재되어 있음을 본다. 우선 그 계명은 법정에서 증인과 법관의 공정성을 요구한다. 다음에 그 계명은 비방을 금지한다. 그 계명은 공격적이고 이웃을 해치려는 기만행위를 금지한다. 루터는 이 계명을 하나님의 이름을 악용하지 말라는 계명과 관련하여 이해한다. 사적 영역을 침해할 가능성들이 있는 오늘날에는 인간의 신뢰 영역을 공적으로 보호하는 것이 중요하며, "공개적인" 거짓말과 선전을 통해 야기되는 피해가 중요하다. 인간의 명예와 선한 호소도 사회적 재산이다.

아홉 번째와 열 번째 계명(탐내지 말라)은 이웃을 보호하는 것과 관계가 있는 것처럼 보인다. 그렇다면 금지된 것은 특정한 신념이다. 특히 70인 역본은 "챠마드"를 "ἐπιθυμεῖν"(욕심을 내다)로 번역하였는데, 이때 욕심낸다는 것은 욕구하는 의지에 의해 마음이 격동되는 신념의 범죄를 의미한다. 그렇지만 원문에서 '챠마드'란 단어는 "획득하는 것", "흙탕물에서 낚시질하는 것"(아간의 도둑질)과 관계가 있다. 그 단어는 욕심이 나는 물건을 획득하는 것을 의미한다(참조. 출 34:24; 시 68:27). 원래 이 계명은 이웃에게 짐을 지우기 위해 음모를 꾸미는 것을 금지한다.

십계명은 본래 이스라엘 자유민들의 권리, 즉 생명, 결혼, 신체적 자유, 명예, 소유를 보호한다. 십계명은 양심을 테스트하기 위한 지침, 즉 신자가 고해하기 전에 자신의 양심을 테스트하기 위해 제기하는 물음들이 아니라 외적 태도를 규정한다. 십계명은 무엇보다 이스라엘 민족의 행위규범이다. 생활공동체는 야훼의 보호를 받지만 동시에 야훼의 요구를 따라야 한다. 그 기준은 자기 자신의 신념이 아니라 이웃의 권리이다. 그렇다면 이 계명은 이웃사랑의 요구와 밀접하게 연결될 수 있다. 물론 이때 이웃들 사이에는 매 순간마다 등급의 차이가 있느냐는 물음이 제기될 수 있다. 십계 명은 행동을 금지하고 신념을 요구하지 않는다. 70인역본은 이미 아홉 번째 계명과 열 번째 계명을 내면화한다. 신명기 5장 21절도 "chamad"(챠마드) 대신 의지의 동요를 가리키는 "hitawah"(히타와)란 개념을 사용한다. 이런 내면화 과정은 산상설교의 반정립 명제들과 (마 5:21ff.) 탐심(ἐπιθυμία)에 관한 바울의 이해(롬 7:7; 갈 5:21ff.)에서 계속된다.

루터의 해석은 십계명을 신념연구의 수단으로 만든다. 이때 루터와 이스라엘 사이에는 수도자의 고해실천과 죄를 '탐심과 자기사랑'(concupiscentia et amor sui)으로 규정하는 아우구스티누스의 죄 해석이 서있다. 루터에 의하면 십계명은 이웃을 해치는 행위들을 금지할 뿐만 아니라 특정한 마음의 동요들과 의지의 움직임들도 금지한다.

이런 해석의 역사는 간과되고 부정되어서는 안된다. 그러나 오늘날에는 역사적 통찰들의 도움으로 십계명이 규범윤리를 위해 가지는 의미를 물어야 한다.

2.4. 전망

십계명은 모든 윤리적 물음들에 대해 대답하지는 않는다. 십계명은 기독교윤리의 "근본 법칙"이 아니다. 그러나 십계명은 기독교 신앙과 삶의 심령주의적 해석을 경계하는 필연적인 교정수단이다. 십계명은 무엇보다 이웃의 근본적인 삶의 권리를 확보해 줌으로써 이스라엘 공동체의 사회적 완전성이 깨지지 않도록 지켜주었다. 원래

신학윤리학

십계명은 윤리적 자기완성을 위한 안내서가 아니었으며, 자기인식과 자기심판을 위한 지침도 아니었다. 이스라엘 백성의 공동체 능력과 제의(祭儀) 능력이 보존될 수 있다. 따라서 중요한 것은 이스라엘 사람이 이스라엘의 삶에 참여할 수 있는 것이다. 이런 기초적인 삶의 관계 때문에 십계명은 후대에 그렇게 특별한 영향력을 행사할 수 있었다. 그렇지만 구체적인 적용과 해석은 상황에 따라 언제나 새롭게 수행되어야 한다. 일부다처제, 노예제도, 그리고 이웃사랑의 계명을 이스라엘 민족에게만 한정한 것은 십계명에서 역사적-문화적으로 전제되었다. 그리고 이런 것들은 윤리학을 통해 그런 전제를 넘어 보편적으로 해석될 필요가 있었다. 우상금지는 많은 교회들에서 폐지되었으며, 인식일 계명은 기독교에서 근본적으로 변하였다. 더 나아가 십계명은 대다수의 명령들에서 부정적으로 표현하며 그럼으로써 단지 명시적인 불법만 배제된다. 그렇지만 하나의 금지는 보편타당한 것을 진술할 수 있다. 이와 함께 긍정적으로 구체적인 결정이 자연스럽게 이루어질 수 있다. 윤리적 준칙들의 근본적인 부분은 단지 경계를 정하면서 금지 형식으로 표현될 수 있다. 십계명은 이런 일반적인 표현을 통해 "이웃의 권리"의 마그나 카르타(대헌장)가 된다.(Erik Wolf) 이웃의 권리, 즉 이웃의 생명권은 언제나 긍정적으로 새롭게 규정되어야 한다. 그러나 인간의 생명권과 이웃의 권리는 임의적이고 자의적으로 규정되어서는 안된다.

행동 연구자 볼프강 비클러의 『십계명의 생물학』(Die Biologie der zehn Gebote, 1971)은 도덕의 자연적 토대에 주목한다. 인간은 자연의 일부로서 실제로 생물학적 토대에 발을 딛고 서있다. 윤리적 규범들은 이런 자연적 토대를 주목해야 한다. 짐승과 인간의 도덕적으로 유사한 행동에 관한 비클러의 주장이 얼마나 타당한지 검증되고 자세하게 논의될 수 있다. 그는 십계명들에서 다음과 같은 유사한 점들을 발견한다. 살인금지(5계명)는 동일종 내에서의 공격을 금지한다. 거짓말 금지(8계명)는 상호이해를 지지하고 상대방을 고의로 속이지 못하도록 금지한다. 도둑질 금지(7계명)는 개인의 삶의 영역을 확보해 주고 "활동영역"을 보호한다. 간음금지(6계명)는 성적 동반자 관계를 보호하고 동반자 관계에 기여하는 성생활을 제시한다. 부모공경 계명(4계명)은 획득된 특성들의 유전을 통해 전통이 전달될 수 있도록 보장해준다.

하지만 십계명을 인간의 생물학적 본성으로부터 도출할 수 없음은 분명하다. 십계명의 윤리적 요구들은 모든 인간에게 보편적으로 적용된다는 루터의 주장도 다시 생각되어야 한다. 그렇게 함으로써 십계명은 절대적이고 추상적인 규범이 되지 않는다. 십계명은 인류의 경험을 전달해 준다. 그렇다면 이런 경험은 당연히 새로운 관계들과 요구들과 관련하여 해석될 수 있다. 십계명에 대한 신약성서의 반론이라 할 수 있는 산상설교도 역시 시대를 초월해 초시간적으로 이해될 수 없다.

신학윤리학

3. 산상설교의 윤리적 해석

산상설교는 지난 수십 년 동안 새롭게 주목되어 왔다. 정치적 관련행위에 대한 산상설교의 구속력은 평화를 논의할 때 논쟁의 대상이 되었다. 산상설교의 대상은 단지 개별적인 그리스도인들인가? 산상설교는 공동체 윤리인가? 아니면 산상설교는 정치적 선언인가? 정치와 신앙은 분리되어야 하는가? 아니면 "예수의 정부성명"(Kurt Scharf)은 세상을 정치적으로 체계화하고자 하는가? 산상설교는 단지 "윤리적 등산가"를 위한 지침인가?

3.1. 문제점

오늘날 기독교에서 쟁점이 되는 물음, 즉 성서의 증언이 청자의 삶에 요구하는 것이 무엇이냐 하는 물음은 산상설교의 정치적 구속력에 관한 논의에 집중된다. 산상설교가 청자의 믿음을 목표로 한다면 산상설교는 "신념의 교훈"인가? 아니면 윤리적이고 정치적인 이론으로서 규범적인 타당성을 요구하는가? 여기서는 산상설교의 윤리적 적용가능성에 관해 주로 논의할 것이다. 산상설교의 "연설들 중의 연설"(H. Weder)은 그 내용이 가리키듯이 윤리 너머의 것을 지시한다. 어쨌든 산상설교는 "선동하는 세력"이다.[13]

산상설교는 두 가지 근거에서 선동적이다. 산상설교는 한편에서는 내용에서 볼 때 선동적이며, 다른 한편에서는 발생역사에서 볼 때 선동적이다. 산상설교에는 일련의 층들이 서로 대조를 이루고 있다. 예수, 마태 이전의 공동체, 마태 자신이 그 층들을 이루고 있다. 산상설교는 변화무쌍한 역사를 경험한 후 마태복음에 편입되었던 "보석"과 같다. "보석의 경우가 종종 그렇듯이 이 보석의 기원도 신비한 어둠에 묻혀있다. 그 보석은 많은 사람들의 손을 거쳐 가공되고 다듬어졌음이 분명하다. 그 보석은 조명에 따라 이번에는 이런 색으로 다음번에는 저런 색으로 희미하게 드러난다."[14]

산상설교가 처음 작성된 곳은 1세기 중엽 유대인 기독교에서였다. 산상설교는 아직 유대교 내부에서 발생했다. 이것은 다음과 같은 간접증거들에 의해 지지된다.

> 마태복음 5:17-20절: 율법은 완전히 성취될 수 있다. 마태복음 5장 19절: 하늘나라에서 가장 작은 자(ἐλάχιστος): "바울"은 라틴어로 작은 자란 뜻. 마 7:21-23: 주여, 주여 하는 자를 거부함: 이것은 헬레니즘 공동체의 '주님 기독론'(Kyrios-Christologie)과의 차별화일 수 있다. 베드로에 기초하여 세워진 교회.(참조. 마 16:18; 마 7:24: 반석 위에 세운 집) 산상설교에는 기독론이 명시적으로 나타나지 않는다.

---

13) 참조. Hans Dieter Betz, "Die Makarismen der Bergpredigt", ZThK 75, 1978, S. 3-19.
14) Hans Dieter Betz, S. 4.

신학윤리학

유대교의 지혜문학과 야고보서와 디다케와 산상설교의 유사성은 간과될 수 없다.

산상설교는 결코 율법과 복음을 대립적으로 이해하는 바울과 루터에 의존해서는 충분히 파악될 수 없다.[15] 간디(Gandhi)와 마르크스주의자 밀란 마코비치(Milan Machovec)에 의하면 산상설교는 기독교의 본질이다. 기독교에서는 산성설교만이 진리라는 것이다. 그런데 그렇다면 그리스도인들은 산상설교가 가르치는 것을 행하지 않는다는 반론이 제기된다.

정신사와 신학사는 처음부터 산상설교를 어떻게 이해해야 하느냐 하는 물음에 관심을 가졌다. 이미 아우구스티누스도 "산상에서 주님의 설교"(sermo domini in monte)에 관해 말했다.(TRE V, 603,48 - 5:1f.와 7:28f.와의 관계) 그런데 16세기 이후 "산상설교"는 일상적으로 통용되는 개념이 되었다.

3.2. 내용과 구성

산상설교는 마태복음에 있는 다른 설교들과 마찬가지로(마 10장, 13장, 18장, 23장, 24장 이하) 마태가 이미 그의 전승에서 발견했던 자료를 기초로 편집한 것이다. 지배적인 이론(예를 들어 브레게의 이론)에 의하면 마태가 참고한 자료는 주로 Q자료(예수어록)이며, 일부는 유대인 기독교의 특별전승(마태 이전 공동체)이다.(예를 들어 마 5:17-20: 율법의 완성자

---

15) 참조. Carl Friedrich von Weizsäcker, *Der Garten des Menschlichen*, 1977, S. 450ff., 488ff.

로서의 예수) 마태복음 5~7장을 누가복음 6장(평지설교)과 비교해 보면 알 수 있듯이 Q자료에도 이미 예수의 말씀들이 프로그램에 따라 편집되어 있다. 그러므로 마태는 이미 Q자료에 편집되어 있던 자료를 가지고 산상설교를 작성했다. 마태는 그 자료를 "서기관들과 바리새인들의 의보다 더 나은 의를 주제로 편집하였으며,(마태복음 전체에서 반바리새적 경향이 관찰될 수 있다. 참조. 마 23장의 차별화) 그 자료를 "교리문답 양식의 제자설교"로 발전시켰다.(RGG I, 1047) 마태는 기독교적 정의를 인간성의 완성으로 이해한다.(마 5:48; 19:21: τέλειος - 참조. 중세 시대에 수도자의 완전성의 상태(status perfectionis; 수도원 윤리) 마태에게서 '의'(δικαιοσύνη)는 - 바울에게서 하나님의 구원의 행위와 달리 - 인간으로서의 성실성이다. 더 나아가 마태에게서 제자공동체의 윤리적 태도와 최후의 심판은 밀접한 관계에 있다.

"이와 함께 산상설교는 '하나님에 의해 규정된 장차 도래할 하나님 나라에 들어갈 수 있는 조건들의 선언'이 된다."[16] 예수는 이 조건들을 삶의 지침들이면서 동시에 제자들을 기다리는 최후 심판의 규범으로 선포한다.[17]

여덟 가지 복들은(마 5:3-12) 세심한 형태로 구성되어 있다. 이 복들은 "기독교적 덕 목록"(Martin Dibelius) 유형에 따른 명령들이다. 이때 특히 논란이 되는 것은 어떤 복들이 예수 자신에 의해 제시된 것이며, 무엇이 Q자료이며, 무엇이 마태의 편집이냐 하는 점이다. 5-7번째 복들은 마태복음의 독자적인 자료이다. 단지 청빈한 사람

---

16) H. Windisch, Der Sinn der Berpredigt, 1937.
17) 산상설교의 구조를 위해서는 디다케의 교리문답 도식을 참조하라. Did. 1-6: 율법의 격언들; Did. 8: 금식과 기도; Did. 11-13: 거짓 선지자들에 대한 경고; Did. 16: 종말론적 결론.

신학윤리학

들(경제적으로 청빈한 사람들)과 우는 사람들과 배고픈 사람들을 위한 복(μακαρισμός)은 예수 자신에 의해 직접 언급된 것이다.(5:3-6)

소금과 빛 그리고 산 위의 도시에 관한 성서의 말씀들은 제자들을 위한 교훈이며 율법해석으로 이어지는 연결고리이다.(마 5:13-16) 마태복음 5장 17-48절에는 예수의 율법해석이 제시된다. 그 율법해석은 모세 율법의 불변적 유효성을 의도적으로 강조하는 마태복음 5장 17-19절을 통해 전체적인 윤곽이 정해진다. 율법해석의 틀이 이렇게 정해진 것은 헬레니즘 유대교의 탈율법적 방향을 거부하는 – 또한 바울을 거부하는 – 유대인 그리스도인들의 반론이 반영된 결과이다. 5장 18절 이하는 토라 전체가 영감되었음을 가르치는데, 이것은 율법에 대한 예수 자신의 입장과 일치하기 어려운 생각이다.(마가복음은 7장의 "고르반"; 마가복음 2장의 안식일 계명) 그런데 마태복음 7장 12절은 예수가 제시한 이전의 모든 계명들을 사랑의 계명이라 할 수 있는 황금률에서 종합한다.

본격적인 율법해석은 6개의 반정립 명제들로 구성되어 있다.(마 5:21-48) 이 명제들은 모두 "옛 사람에게 … 라고 말한 것을 너희가 들었으나 나는 너희에게 이르노니"라는 문장으로 시작한다. 그 명제들의 내용은 살인, 간음, 이혼, 맹세, 복수, 원수사랑에 관한 것이다. 누가복음에서 전승된 세 가지 반정립 명제들(원수사랑, 복수, 이혼)과 비교해 보면 마태가 그 명제들을 수정했음을 알 수 있다. 따라서 그 명제들의 현재 형태는 순수하게 예수 자신의 표현이 아님이 분명하다.

마태복음 6장 1-18절은 제자들의 경건훈련을 위한 지침들이다. 6장 1절은 편집과정에서 새로 추가된 것이다. 이 지침들은 구제(마 6:2-4), 기도(마 6:5f.; 9-15절: 주기도문), 금식(마 6:16-18)의 순으로 제시된다. 주기도문은 산상설교의 핵심이다. 그 다음에는 세상의 재물에 대해 취할 자세가 따른다.(마6:19-34: 하늘의 보물과 땅의 보물) 그 다음에는 비판에 관한 교훈들(마 7:1-5), 거룩한 것을 남용하는 것(마 7:6)과 기도올림(마 7:7-11)에 관한 난해한 말씀이 뒤따른다. 첫 번째 결론은 윤리의 내용과 관련된 황금률(마 7:12)이다. 두 번째 결론은 다음과 같은 네 가지 종말론적 교훈들이다. 좁은 문에 관한 교훈,(마 7:13f.) 나무와 열매에 관한 교훈,(마 7:15-20, 거짓 선지자들에 대한 경고) 말로만 주여, 주여 하는 것에 대한 경고,(마 7:21-23) 집 건축에 관한 이중 비유,(마 7:24-27) 이같이 마태는 거짓 선지자들, 아마도 자신은 "율법과 선지자"를 따르는 것으로부터 자유롭다고 생각하는 기독교 심령주의자들과 싸운다.(마 5:17ff.) 이때 그는 윤리를 기준으로 선지자들의 태도를 평가한다.

마태복음의 틀에서 볼 때 산상설교는 예수를 "말씀의 메시아"로 묘사하며, 그 다음에 마태복음 8:1-9:35절은 "행위의 메시아"(Julius Schniewind)로 묘사한다. 마태복음 4장 23절과 마태복음 9장 35절은 예수의 말씀들과 치유행위를 통일성의 관점에서 제시한다. 산상설교는 메시아적 성격을 가진다. 모세-유형론도 그런 사실을 가리킨다. 산은 물론 시내산에 상응하는 것인데, 이때 마태에 의하면 그리스도는 모세를 대체하는 인물이 아니라(참조. 마 5:17-20) 긍정적으로 모세에 상응하는 인물이다. 그런데 바울과 요한에게서는 그리스도가 모세를 대체한다.(롬 5:14; 고후 3장; 갈 3:19ff.; 요 1:17) 그렇지만 팔복에서 요구하는 것들은, 즉 하나님의 뜻을 드러내 행하는 일들은 그것들이 하나님 나라의 도래와 얼마나 밀접하게 연관되어 있는지 알 수 있게 해준다. 하나님의 뜻은 그 축복들에서 무엇보다 구원을 제시하는 것으로 나타난다. 그러나 하나님의 이런 뜻은 사람들에게 진실한 마음을 요구한다. 이것은 십계명을 철저하게 해석하는 반정립 명제들에서 잘 나타난다. 살인, 간음, 거짓 맹세만이 아니라 이미 욕설, 분노, 흘기는 눈, 합법적인 이혼, 맹세, 율법에서 제한적으로 허용된 복수도 하나님의 뜻에 어긋난다. 임박한 하나님 나라는 근본적으로 새로운 행위를 요구한다.

3.3. 산상설교 해석의 역사

3.3.1. 완전주의적 이해

완전주의적 해석은 산상설교를 정치적이고 사회적인 관점에서 이해한다. 산상설교는 – 특히 반정립 명제들은 – 글자 그대로 지켜야 한다는 것이다. 그렇다면 산상설교는 그리스도인들을 위한 규범과 법이다. 그 설교들의 타당성은 예수의 형식적 권위에 의존한다. 이런 해석을 지지하는 사람들은 아씨시의 프란치스코, 소위 종교개혁 시대의 열광주의자들(예를 들어 세바스티안 프랑크, 한스 데크 - 1525년 사망), 메노파 사람들이다. 그들은 산상설교에 근거하여 사유재산, 서약하기, 국가와 군복무, 국가의 법집행(사형)을 배척한다. 「아우구스부르크 신앙고백」(Confessio Augustana)은 이런 방식의 산상설교 해석을 거부하였다. 열광주의자들의 입장에 대한 종교개혁의 거부는 다음과 같은 두 가지 관점에서 검증되어야 한다.

(a) "정당한 전쟁들"(gerechte Kriege), 사형은 오늘날에도 여전히 정당화될 수 있는가?"

(b) "이런 질서에서 자선을 행하는 것"(in talibus ordinationibus caritatem exercere), "질서를 보존하는 것"(ordinationes servare)은 오늘

날에도 여전히 그렇게 절대적인가? 그리스도인은 시민의 의무를 이행하는 것만으로 충분한가? 사랑은 질서를 바꾸고 구조개혁을 유발하라고 촉구할 수 없는가?

열광주의자들의 산상설교 해석은 이것을 더 좋고 거룩한 세계의 질서원리라고 생각한다. 특히 니콜라예비치 톨스토이(Nikolaiewitsch Tolstoi, 1828-1910)가 그렇게 생각한다. 톨스토이는 신앙을 윤리적 관점에서 이해한다. 그는 러시아정교회로부터 이단으로 파문당했다. 톨스토이는 제도로서의 국가와 교회를 전적으로 거부했다. 제도화된 국가와 교회는 세상의 악을 제거하지 못하고 단지 억제할 뿐이기 때문이다. 따라서 그리스도인은 교회와 국가의 질서를 거부해야 한다. 그리스도인은 마태복음 5장 39절에 기초해 행동해야 한다. "너희는 악한 자를 대적하지 말라." 국가, 법, 소유와 문화는 악을 억제하기 위한 사회적 시도이며 제도이다. 그러나 그런 제도를 통해 악은 비로소 공식적으로 인정되고 강화된다.

톨스토이에게서 산상설교는 "일종의 수동성의 기술", 즉 "도덕적 경제학의 형이상학"(G. Bornkamm)으로 이끄는 안내자가 된다. 소유, 결혼, 국가를 포기하는 사람은 잘못된 세상을 종식시킨다는 것이다. 산상설교는 수동성의 계명을 통해 악으로부터 해방시킴으로써 악한 세상을 근절시키고 극복한다. 톨스토이는 산상설교에서 결혼문제와 폭력사용을 해결하고자 한다. 산상설교는 수동성으로 안내하고, 세상의 몰락과 세상의 부정으로 안내하며, 세상 질서로부터 후퇴할 것을 촉구한다.

이와 반대로 마르크스는 산상설교를 행동을 촉구하는 혁명적 선언서라고 이해한다. 그는 산상설교를 자본주의적-기독교적 사회에 대한 고발이라고 생각한다.

신학윤리학

"여러분의 실천적 삶의 모든 순간은 여러분의 거짓된 이론을 책망하지 않습니까? 여러분은 착취당할 때 재판을 요구하는 것이 부당하다고 생각하십니까? 그러나 그 사도에 의하면 그것이 부당하다고 합니다. 여러분은 누가 여러분의 왼 뺨을 때리면 오른 뺨을 내밀겠습니까? 여러분은 폭행에 대해 재판을 걸지 않겠습니까? 그러나 복음은 그렇게 하지 말라고 합니다. 여러분의 소송의 대부분과 민법의 대부분은 소유에 관해 다루지 않습니까? 그러나 여러분의 보물은 이 세상의 것이 아니라고 말합니다."(Karl Marx, Ges. Ausg. I, S. 246)

마르크스의 영향을 받은 카우츠키(Karl Kautsky)는 예수를 소유, 사회 그리고 정권에 저항하는 혁명가로 높이 평가했으며, 권리를 박탈당한 사람들과 억압받는 사람들의 대변자라고 주장했다. 카우츠키보다 먼저 프랑스 혁명의 자코뱅 당원들은 "훌륭한 과격 공화파"(le bon sansculotte)로서의 예수를 필요로 했다.

라가츠는 산상설교를 새로운, 폭력 없는, 국가 없는 협동조합적 -민주주의적 사회질서의 구상으로서 제시했다.[18] 이런 사회의 전형적인 특징은 프란치스코 수도회의 청빈의 이념이다. 산상설교는 "하나님 나라"의 기본법이다. 하나님 나라는 예수 그리스도가 재림하는 마지막 날에 임하지 않는다. 하나님 나라는 군국주의, 국가의 강요, 자본주의, 인종차별에 대해 싸움으로써 지상에서 실현되어야 한다. 산상설교는 이런 싸움을 지시한다.

---

18) Leonard Ragaz, *Die Bergpredigt Jesu. Revolution der Moral. Revolution der Religion. Magna Charta des Reichs Gottes*, 1945(Furche. Stundenbuch 102, 1971)

그렇지만 이런 방식의 산상설교 이해는 유토피아와 열광주의에 머문다. 사실 마르크스는 산상설교를 단지 반(半)만 이해하였다. 산상설교는 단지 새로운 질서만 요구하지 않고 새로운 마음, 새로운 신념, 새로운 "열정"을 요구한다. 그밖에도 산상설교는 이런 해석에서 세계개혁의 이론적 강령이 된다. 그러나 산상설교가 행해지고 실현될 것이라는 완전주의적 해석의 확신은 옳다.

3.3.2. 중세 가톨릭의 해석

중세시대 산상설교 해석의 대표적인 명제는 산상설교는 단지 완전한 사람들에 의해서만 성취될 수 있다는 것이다. 마태복음 19장 21절(완전해지기를 원한다면 가진 모든 것을 팔라는 부자 청년에 대한 예수의 조언)과 마태복음 5장 48절(제자들은 하늘의 아버지처럼 완전해야 한다)은 명령(praeceptum)과 복음의 권고(consilia evangelica)를 구분하는 근거이다. 명령은 자연법이나 십계명과 같이 모든 사람에게 의무적인 것이다. 복음의 권고는 "완전성의 상태"에서 따를 수 있다.

수도자의 세 가지 서약인 청빈, 순명(순종, Gehorsam), 순결은 권고이다. 토마스 아퀴나스에 의하면 이 서약들은 그리스도인의 "존재"(esse)에 속하는 것이 아니라 "훌륭한 존재"(bene esse)에 속한다.(STh I, 2 q. 108) 따라서 산상설교는 자연법적으로 해석된 십계명보다 더 높은 단계의 도덕을 주장한다. 산상설교는 인간에게 있는 세 가지 가장 강한 욕구들인 소유, 권력, 성욕의 억제를 목표로 한다.[19] 보나벤투라는 이것을 다음과 같이 생생하게 묘사한다.

---

19) C. F. v. Weizsäcker, *Der Garten des Menschlichen*, S. 499.

"그가 이것을 사도들에게 가르치고자 했을 때, 그는 산에 올라가 불완전한 대중에게 말한 것이 아니라 그가 완전성의 단계에까지 끌어올리려 했던 제자들에게 말했다."[20]

오늘날에는 가톨릭 주석가들도 더 이상 산상설교를 완전성의 윤리로 해석하지 않으며, 명령과 조언을 구분하지도 않는다. 종교개혁 신학은 산상설교에 대한 열광주의적 해석은 물론 스콜라 신학적 해석도 비판했다. 예를 들어 아우크스부르크 신앙고백(CA 16)에 의하면 복음적 완전성은 세계질서 밖에서가 아니라 이 질서 안에서 추구되어야 한다. 따라서 그리스도인에게 세계도피는 요구되지 않는다. 산상설교는 완전한 사람들만을 위한 특별한 법(lex specialis)이 아니다. 산상설교는 모든 그리스도인을 향한 것이다.

이런 해석을 새로운 관점에서 재해석한 사람은 보른호이저(Karl Bornhäuser)이다. 산상설교는 일반인을 대상으로 하지 않는다. 산상설교는 제자들을 향한 교훈이다. 시대사적으로 볼 때 산상설교는 랍비주의를 기점으로 하여 설명되어야 하며, 따라서 무제한적으로 타당하지 않다. 그러므로 산상설교는 역사적으로 제한적이며 제한된 영역에 적용된다.

3.3.3. 종교개혁의 해석

루터의 『세상권력에 관하여』(Von weltlichen Obrigkeit, 1523)는 종교개혁의 해석을 근본적으로 제시한다. 주석적으로 볼 때 종교개혁의 해석은 세상의 권력이 하나님으로부터 왔다는 로마서 13장과 "악한

---

20) Goppelt, *Die Bergpredigt und die Wirklichkeit dieser Welt*, Calwer Hefte 96, 1968, S. 16.

자를 대적하지 말라"는 마태복음 5장 39절 사이의 긴장관계에서 출발한다. 혼인, 국가, 소유를 "하나님의 질서들"(ordinatioes dei)로 인정하는 것과 산상설교의 요구들, 즉 반정립 명제들은 어떻게 통합될 수 있는가? 루터는 두왕국설을 통해 그런 긴장을 해결한다. 세상에서 관직에 있는 그리스도인은 악에 저항해야 한다. 그러나 그리스도인으로서 그는 그의 인격을 위해 악을 견뎌야 한다. 따라서 산상설교는 세상의 질서를 위한 지침이 아니다. 이를 위해 루터는 다음과 같이 자세하게 설명한다.

> "그러므로 당신이 외적으로나 내적으로나 하나님의 나라와 세상을 동시에 만족시킨다면, 악과 불의를 견디지만 동시에 악과 불의를 처벌한다면, 악에 저항하지 않지만 동시에 저항한다면, 둘은 잘 조화를 이룬다. 왜냐하면 하나님의 나라와 함께 당신은 당신과 당신의 것을 중요하게 생각하고, 세상과 함께 당신은 이웃과 이웃의 것을 중요하게 생각하기 때문이다. 당신의 것에서 당신은 복음을 따르고 올바른 그리스도인으로서 당신을 위해 불의를 견딘다. 다른 사람의 것에서 당신은 사랑을 따르고 당신의 이웃을 위해 어떤 불의도 견디지 않는다. 복음은 이런 일을 금지하지 않으며 오히려 다른 곳에서는 권장한다."(Cl. 2,370,16-25)

두왕국설은 산상설교를 "외적으로"와 "내적으로", 사람들 앞에서와 세상 앞에서, 율법과 복음, 믿음과 선행, 인격과 행위를 근본적으로 구분함으로써 설명한다. 산상설교는 세계혁신을 위한 기획이 아니라 양심조회를 위한 지침, 즉 고발하는 법(lex accusans)이다.

정통루터주의는 이런 견해를 강조한다. 산상설교는 인간에게 자

신학윤리학

신의 전적 타락을 일깨워주는 거울이다. 따라서 산상설교는 바울의 율법이해에 근거하여 해석된다. 산상설교는 회개와 용서를 일으킨다는 것이다. 20세기의 주석가 키텔(Gerhard Kittel)에 의하면 산상설교는 단지 영적 정의(iustitia spiritualis)를 다룰 뿐이고 시민적 정의(iustitia civilis)를 규정하지는 않는다. 바울과 루터의 해석에 의하면 그리스도는 산상설교를 구원자로서 선포한 것이지 입법자로서 그렇게 한 것이 아니다.

그렇지만 산상설교의 실천가능성에 대한 물음에서 전통적인 개신교 주석가들과 가톨릭 주석가들의 견해는 달라진다. 크리소스토무스(Chrysostomus)와 같은 가톨릭 주석가들은 산상설교를 실천가능하다고 생각하는데 반해, 바울의 견해에 근거하는 개신교 주석가들은 실천할 수 없다고 생각한다. 바울과 루터의 산상설교 해석은 "그 설교의 요구로 인해 우리가 느끼는 심적 상태를 그 설교의 해석과 혼동한다."(RGG I, 1041.) 뿐만 아니라 산상설교는 이런 방식으로 역사적이 아니라 교의학적으로 해석된다. 그런 해석이 근본으로 불가하지는 않다. 그러나 그런 해석은 본문의 말씀 자체에 주목하지 않고 전이해를 가지고 해석하게 되는 위험성을 가진다.

3.3.4. 문화프로테스탄티즘에서 신념윤리적 산상설교 해석

문화프로테스탄티즘은 루터의 두왕국설을 시대적 상황에 적합하게 수용하고자 했다. 산상설교에서 요구하는 것은 신념이지 행위가 아니라는 것이다. 여기에는 선의지 이외에 선하다고 할 수 있는 것은 아무것도 없다고 주장하는 칸트의 영향이 크게 작용했다. 프리드리히 나우만(Friedrich Naumann, 1860-1919)이 대표적인 인물이다.

나우만은 1898년의 팔레스타인 여행에서 자신이 지금까지 예수를 사회적 진보의 선구자로 이해하고 주장했던 것이 잘못임을 알게 되었다. 팔레스타인의 처참한 도로상태가 충격적이었다. 만일 예수가 "인간이 처한 모든 종류의 곤궁함에 돕는 세상의 지도자"였어야 한다면, 그도 그런 처참한 도로사정을 보았을 것이다. 그러나 예수는 사회적 발전에는 전혀 관심을 가지고 있지 않았음이 분명하다.[21] 나우만은 일종의 "열악한 도로의 신학"(도로건설의 신학)을 주창했다. "예수는 그런 길을 다녔지만 길을 개선하기 위해 아무것도 하지 않았다. … 나라 전체의 상태는 도로에 좌우된다. 사회적 관점에서 생각하는 것을 배운 사람은 이런 길을 기독교적 행위의 대상으로 간주함이 분명하다. 예수는 이런 길들을 향해 인내하라고 말했는가? 아니면 그는 개선을 말했는가?"(Naumann I, S. 547)

팔레스타인을 여행한 후 나우만의 생각은 완전히 바뀌었다. 젊은 사제 나우만은 1894년에 쓴 소책자에서 "서민으로서의 예수"(Jesus als Volksmann)라는 표현을 사용했으며, 사회개혁을 위한 산상설교의 권위를 요구했다. 그런데 이제 1903년의 "종교에 관한 서신들"에서는 민족국가적 권력정치를 지지한다. 그는 "국가에 관한 근본적인 물음들을 산상설교에서 결정적으로 발견하려는" 시도를 포기해야 한다고 주장했다.(Werke I, S. 626) "우리는 레바논의 백향목이 아니라 로마의 카피톨 언덕에 있는 돌들을 가지고 국가를 건설한다."(Werke I, 625) 나우만은 여기서 산상설교와 톨스토이냐 아니면 비스마르크냐, 정치냐 아니면 윤리냐 하는 거친 양자택일의 대안을 제시한다.

나우만에 의하면 "삶을 위해서는 장소와 시대에 따라 강력한 주

---

21) 참조. Fr. Naumann, *Werke I*, 1964, S. XXVI.

신학윤리학

먹과 예수의 부드러운 손이 모두 필요하다."(Werke I, S. 619) 나우만
은 사적 영역에서 정치적 행위와 윤리적 신념을 그렇게 구분하기
위해 영적인 일과 세속의 일을 분명하게 구분할 것을 요구하는 루
터의 이론에 근거한다. 그러나 나우만에게 루터보다 더 강한 영향
을 끼친 사람은 "책임윤리"와 "신념윤리"를 구분하고 정치에서는
"민족적 권력국가"의 이념을 지향하는 막스 베버였다. 물론 마태복
음 7장 24절은 단순한 신념이 아닌 행위가 산상설교의 올바른 실천
을 위한 척도라고 명시적으로 언급한다.

　나우만과 마찬가지로 헤르만(Wlihelm Herrmann)도 산상설교는 우
리에게 예수가 가졌던 것과 동일한 신념을 일깨우고자 하지만 윤리
적 결정은 오늘의 기준에서 결정될 수 있음을 강조한다. 뿐만 아니
라 문화프로테스탄티즘은 산상설교를 단지 개인윤리의 관점에서 이
해한다.

3.3.5. 종말론적 해석

　요한네스 바이스(Hohannes Weiß)와 알베르트 슈바이처(Albert
Schweitzer)는 예수의 복음을 임박한 하나님 나라의 도래와 관련하여
설명한다. 산상설교는 종말론적으로 이해되어야 한다는 것이다. 산
상설교에는 "과도기 윤리"(Interimsethik)가 들어있다. 산상설교는 세
상의 종말이 오기까지 유효한 비상사태의 법이다. 그 기간 동안 산
상설교는 윤리적 영웅주의를 고취시킨다. 그런 영웅주의는 종말론
적 긴장 가운데서 실천될 수 있다. 종말론적 기대가 사라지면 산상
설교도 그의 힘을 상실한다.

　이런 해석은 종말론적 역사관에 의존한다. 그렇지만 산상설교는
슈바이처가 주장하듯이 "우주적 종말의 타는 냄새"에 의해 성취되

지 않는다. 산상설교는 종말론적 온도를 가지지 않는다. 산상설교는 임박한 하나님의 뜻을 알려준다. 하나님의 뜻의 가치와 인식은 산상설교에서 현재적으로 이해된다. 하나님은 인간이 현재 온전하기를 요구하신다.

중세의 해석이 산상설교는 "오직" 완전한 사람들을 위해서만 유효하다고 그 의미를 제한했고, 종교개혁의 해석이 산상설교의 목적은 "오직" 죄를 깨닫게 해주는 것이라고 제한한다면, 또는 자유주의적 해석이 강조하듯이 산상설교는 "오직" 개인의 신념에 관계한다면, 이제 철저한 종말론적 해석에 의하면 산상설교는 "오직" 임박한 세상의 종말과 관련해서만 타당하다. 당연히 그런 모든 "오직" 명제들은 제한들인 것이다.

3.3.6. 실존적 해석

종말론을 실존적으로 해석함으로써 철저한 종말론을 실존의 역사성이란 의미로 대체한 불트만에 의하면 산상설교는 인간이 "하나님을 위한 결단의 시간인 그의 지금에서" 그에게 방향을 지시해주는 것이라고 생각한다.[22]

예수의 윤리는 세상을 개조하는 윤리가 아니라 개인이 지금 (νῦν) 이웃과 만나고 하나님 앞에서 책임적 존재가 되도록 촉구하는 결단의 부름이라는 것이다. 이런 해석은 산상설교를 형식적 관점에서 이해한다. 이런 해석은 산상설교의 구체적인 언표들을 추상하고 그 언표들을 믿음의 순명에 대한 호소, 즉 급진적인 순명의 윤리로 이해한다. 그렇다면 중요한 것은 개별적인 내용들이 아니라 순명의

---

22) R. Bultmann, *Theologie des NT*, 1961, S. 21. 참조. Martin Dibelius, Jesus, 1960, S. 95f.

신학윤리학

"사실"(Daß)이다. 산상설교가 전하고자 하는 것은 그리스도인이 무엇을 해야 하느냐 하는 것이 아니라 그가 결단해야 한다는 "사실"이다. 그런 결단의 윤리는 신념윤리에 가깝다.

3.3.7. 기독론적 해석

기독론적 해석은 실존적 해석과 달리 산상설교의 내용은 그대로 실천되어야 하지만 그 성취는 예수 그리스도에게만 가능하다고 주장한다.[23]

기독론적 해석은 루터와 칼뱅의 산상설교 이해와 일맥상통한다. 예수는 "새로운 정의를 가지고 통치하는 메시아 왕국의 전달자"로 제시된다.(Thurneysen, S. 14) 산상설교는 그리스도에 의해 성취된 법, 즉 인간에게 온전할 것을 요구하는 은혜를 선포한다. 산상설교를 도덕적이거나 신비적으로 해석하는 사람은 산상설교를 이해하지 못한다. 바르트에 의하면 산상설교는 "장소의 표시와 기초공사"(II, 2, S. 778)이다.

산상설교는 그리스도에 의해 계시된 하나님의 약속이다. 산상설교는 그리스도인의 삶에서 일어나는 개별적인 일들에 대한 결의론적 지침이 아니라 하나님과 인간의 근본적인 관계를 구체적으로 선포함으로써 그리스도인의 삶의 "테두리"를 정해준다.(II, 2, S. 789f.)

바르트와 마찬가지로 본회퍼도 산상설교는 예수의 부름과 약속으로부터 이해되어야 함을 강조한다. 그렇지만 본회퍼는 예수는 그

---

23) 참조. Eduard Thurneysen, Die Bergpredigt, 1936; Dietrich Bonhoeffer, *Nachfolge*, 1937, 1950; Karl Barth, *KD II / 2*, S. 766ff.; Werner Schumauch, "Reich Gottes und menschliche Existenz nach Bergpredigt", in: W. Schmauch,/W. Wolf, *Königisherrschaft Christi, ThExh NF 64*, 1958 S. 5–19.

의 공동체가 가시적으로 자기를 따르도록 촉구한다는 사실을 강조한다.

> "익명성으로 숨는 것은 소명을 거부하는 것이다. 비가시적 공동체가 되고자 하는 예수의 공동체는 더 이상 예수를 따르는 공동체가 아니다."(S. 66)

그렇지만 동시에 본회퍼는 마태복음 5장 17-20절을 해석할 때 (율법의 완성에 관한 해석에서) 다음과 같이 덧붙인다.

> "율법은 예수가 죄인으로서 십자가에 못 박히는 사건 이외의 어떤 다른 방식으로도 완성될 수 없다. 예수 자신은 십자가에 못 박힌 자로서 율법의 온전한 성취이다. 이것은 예수 그리스도만이 율법을 성취했음을 의미한다. 왜냐하면 오직 그만이 하나님의 완전한 공동체 안에 서 있기 때문이다."(S. 71)

그리스도를 따르는 자의 순명은 그리스도와의 연대를 약속한다. 본회퍼는 이에 대한 근거로 갈라디아서 2장 20절을 제시한다.(S. 102) "이제는 내가 사는 것이 아니요 오직 내 안에 그리스도께서 사시는 것이라." 이 구절로부터 본회퍼는 다음과 같이 추론한다. "예수의 은혜는 행위자를 요구한다. 행위는 올바른 순명이 되며, 올바른 신앙이 되며, 부르는 이의 은혜에 대한 올바른 신앙고백이 된다."(S. 129)

기독론적 해석은 이런 점에서 루터의 산상설교 이해와 유사하다. 단지 차이가 있다면 종교개혁의 해석은 인간의 무능력이라는 부정적인 측면을 더 강조하는데 반해, 기독론적 해석은 그리스도에

의해 성취된 요구와 믿는 사람이 참여하게 될 약속이라는 긍정적인
측면을 더 강조한다는 점이다.

3.3.8. 해석의 역사에 대한 검토들

기독론적 해석에 의하면 만일 산상설교를 단지 개별적 지침들
의 수집에 불과하다고 생각하고 설교자의 인격을 고려하지 않는다
면 산상설교를 신학적으로 이해할 수 없다는 것이다. 산상설교의
요구는 예수의 권위에 의존한다. 특히 팔복의 경우가 그렇다. 그렇
지만 기독론적 해석의 위험은 모든 것에 기독론적 원리를 적용한다
는 점이다. 예를 들어 본회퍼에 의하면 기독론적 원리는 "십자가는
율법의 완성"(마 5:17)이다. 그렇다면 개별적인 말씀(로기온)들은 "새
로운" 인간의 축복이라는 신학적 사상 아래 포섭된다. 그렇다면 축
복은 다음과 같은 단 하나이다. 우리는 그리스도에 의해 주어진 새
로운 정의를 믿음으로써 새로운 사람이 된다. 하나의 원리를 적용
하면 개개의 요구들이 가지는 급진성이 완화된다. 더구나 기독론은
윤리적 요구와 숙고를 배제한다.

신상설교는 그리스도에 대한 선포가 아니라 "순화되고 급진적
인 지혜의 가르침"이다.(Windisch) 산상설교는 "예언자적-종말론적
구원의 선포이며 심판의 선포"와 결합된다. 그러나 이런 선포는 바
울의 구원론과 결합되거나 혼동되어서는 안된다. 산상설교는 역사
적 예수의 가르침을 구원과 재앙의 예언으로서 그리고 순명의 윤리
로서 제시한다. 산상설교의 예수는 산상설교에서 규정된 것들이 성
취될 수 있다고 생각한다. 그는 비정치적인, 에비온주의적인 행위
에 의한 칭의(Werkgerechtigkeit)를 선포한다. 마태복음 5장 20절과 7
장 21절은 제자들이 천국에 들어가기 위한 조건들을 제시한다. "내

가 너희에게 이르노니 너희 의가 서기관과 바리새인보다 더 낫지 못하면 결코 천국에 들어가지 못하리라"(5:20) "나더러 주여 주여 하는 자마다 다 천국에 들어갈 것이 아니요 다만 하늘에 계신 내 아버지의 뜻대로 행하는 자라야 들어가리라."(7:21)

산상설교와 유사한 것은 율법과 칭의에 관한 바울의 교훈이 아니라 유대교적 지혜의 가르침이다. 지혜의 교훈은 인간의 이성과 의지에 호소한다.(예를 들어 집회서(Jesus Sirach) 6:32; 15:15-17; 51:2-7.)

3.4. 산상설교 주석

서로 충돌하는 다양한 해석들에 직면하여 산상설교에 관한 주석적 일치에 도달할 수 있는 방법은 무엇인가? 이런 난제는 치밀한 고찰들을 통해서만 해결될 수 있다.

(a) 산상설교는 마태복음과 마태복음의 기독론, 교회론, 율법론을 고려하여 총체적으로 이해되어야 한다. 산상설교의 신학적 입장은 바울의 칭의론과 은총론이 아니라 지혜의 교훈이다. 빈디쉬(Windisch)에 의하면 산상설교에는 심지어 순화된, 인도주의적인, 급진적인, 단순화된 유대교적 요소도 들어있는데, 이런 요소가 예수에 대한 고백에서 완성된다. 그렇지만 마태복음은 예수를 단순한 지혜의 교사가 아니라 대속물(λύτρον)로 언급하고 있음을 간과해서는 안된다.(마 20:28) 또한 산상설교는 하나님 나라와 임박한 구원의 시간에 관한 예수의 선포와 분리해서 생각될 수 없다. 그러나 산상

신학윤리학

설교는 그 자체가 하나님 나라의 선포가 아니라 그리스도인의 윤리적 태도를 위해 하나님 나라를 적용하는 "초대교회의 교리문답"이다.(Jeremias) 산상설교는 야고보서와 비견될 수 있는 초대교회의 가르침의 일부이다. 그런 가르침으로서 산상설교는 유대인 기독교인들과의 관계를 고려한 상황윤리적 가르침이다. 뿐만 아니라 산상설교는 주제도 불완전하다. 따라서 산상설교는 삶의 모든 경우에 지침을 제공하는 안내서가 아니다. 산상설교는 여러 예들에서 그리스도인의 새로운 삶이 예수를 따름으로써 어떻게 구현되는지 보여주고자 한다.

산상설교가 실천되어야 한다는 완전주의적 해석은 옳다. 그렇지만 만일 범례적 의미가 오해되고 산상설교로부터 하나의 무시간적으로 타당한 규범과 불변적인 법이 도출된다면 이런 완전주의적 해석은 문제점이 있다. 산상설교는 열두 사도의 가르침에서도 알려진 청빈한 사람들과 방랑자들의 기독교에 대표적인 특징이다. 기독교는 "가르침"(바울의 경우처럼)이라기보다는 오히려 "길"로서 이해된다. 이렇게 이해될 때 산상설교는 포기와 금욕을 지향하는 경향이 있다. 청빈한 사람들과 방랑하는 급진주의자들의 공동체를 위한 이런 지침은 시리아와 도시들 외부에서 실천될 수 있었다.

본래 시리아 기독교의 특징이었던 많은 것들이 후에 수도원 운동에 유입되었다. 수도원 제도를 통해 삶의 형식으로서의 기독교가 유지될 수 있었다. "수도원이 없었다면 고대와 기독교의 전체 전통이 민족 대이동의 소용돌이 가운데서 소멸되었을 것이다."[201] 산상설교는 특정한 공동체와 그 질서의 윤리적 관습을 내포하고 있다. 누가복음의 평지설교와 비교해 보면(눅 6:20ff.) 다른 공동체, 즉 헬레니즘 공동체와의 관계를 통해 여러 변화들이 있었음을 알 수 있다.

산상설교는 특정한 공동체를 위한 생활지침이다.

이 공동체에서의 제자도 실천에 대한 지침이 그리스도 이후의 사회에서 대교회인 국교회에 어느 정도나 제도화되어 전수되었는지 자세하게 논의될 수 있다. 이때 삶의 관계들과 상황적 조건들은 어떤 역할을 했는가? 기독교는 사회에서 비판적인, 금욕주의적인 엘리트이며 선봉이어야 하는가?

(b) 슈바이처와 스트레커(G. Strecker)에 의하면 산상설교는 다음과 같은 여러 층위들로 구성되어 있다. (1) 예수 자신의 설교. 우리는 아버지에게로 부르는 부름에서, 즉 아바 아버지와의 직접적인 관계에서 그를 만난다. (2) 유대교와 밀접한 관계에 있는 공동체(마 5:18f.) (3) 단순히 자기의 동료에만 관심을 가지는 것이 아니라 인간 상호간의 관계를 지향하는 태도. 원수를 사랑하고 심판하지 말라는 말씀에서 열혈주의와 혁명적 행위에 대한 차별화가 발견된다. (4) 마태 이전에 그리고 마태 자신을 통해 법을 무시하는 태도에 대한 차별화와 공동체를 위협하고 은혜를 값싸게 만드는 거짓 선지자들에 대한 차별화가 이루어진다.

다면체로 연마된 보석처럼 산상설교라는 "보석"에 대한 해석이 다양한 이유는 산상설교 자체의 다층적 형태 때문이다. 다층적인 본문은 다양하게 해석할 수 있는 여지를 제공해 준다. 칼 프리트리히 바이체커는 산상설교에서 세 개의 층위들을 구분한다.[202] "첫 번째 층은 윤리의 보편타당성, 즉 정언명령이다. 두 번째 층은 윤리의 본질은 외적 행위에 있지 않고 신념에 있다는 사실이다. 세 번째 층

---

24) Schweizer, *Die Bergpredigt*, 1982, S. 97.
25) 참조. Karl Friedrich Weizsäcker, *Der Garten des Menschlichen*, 1977.

신학윤리학

은 계명들의 명령과 달리 팔복의 직설법이다."(S. 450) 바이체커는 5
장 3절(심령이 청빈한 사람들, πτωχοì τῷ πνεύματι)을 이렇게 해석한다.
"탁발 수도승들은 복이 있다. 하늘나라는 그들을 위해 있기 때문이
다."(S. 490/493) 탁발승들은 불교에도 있다.

바이체커는 윤리를 마태복음 7장 12절의 황금률에서 발견한다.
"남에게 대접을 받고자 하는 대로 너희도 남을 대접하라." 이것은
보편적 윤리, 즉 "종교와 관계없이도 타당한 윤리"이며, 칸트가 말
한 이성의 윤리이다.

황금률은 이미 공자와 고대의 저자들에게서도 발견된다.[26] 그러
므로 황금률은 경험적으로 입증할 수 있는 인간의 윤리적 원리이며
처세술이다. 황금률은 "도덕적 합의"(consensus moralis)에 근거한다.
황금률에는 다른 사람의 입장을 수용하라는 요구가 함축되어 있다.
황금률의 매력은 단순성과 명료성에 있다. 황금률은 사람들 사이의
상호존중을 요구한다.[27]

1) 황금률은 "공감의 규범"("다른 사람의 입장에 서라")이며, "자율의
규범"(책임적 존재가 되라)이며, "상호성의 규범"(당신이 나에게처럼, 나도
당신에게 - 윤리적 의무)이며, 복수를 금지한다.

2) 바이체커는 산상설교가 근본적으로 지향하는 것은 "신념"이
라는 사실을 반정립 명제들에서 발견한다. 반정립 명제들은 미움,
적대적인 시선, 탐욕과 같은 감정적 성향을 배척한다. 그러나 산상

---

26) 참조. "당신의 빵을 배고픈 사람들과 나누며, 당신의 의복을 헐벗은 사람들과 나누십
시오. 당신에게 여분의 것이 있으면 다른 사람들에게 좋은 것을 주고 얼굴을 찌푸리지
마십시오."(토비아스 4:16)

27) 참조. Hans Reiner, "Die Goldene Regel", in: *Grundlage derSittlichkeit*, 1974; ders,
Die Goldene Regel und das Naturrecht, Studia Leibnitiana Bd. IX, 2, 1977, S.
231-254.

설교의 복들도 감정적 성향에 호소한다. "애통하는 자는 복이 있나니 그들이 위로를 받을 것임이요."(5:4) 여기서 주목되는 것은 '슬픔을 극복하기 위한 노력'(Trauerarbeit)의 복이다. 마찬가지로 5장 7절(긍휼히 여김)도 이와 관련하여 언급될 수 있다. 중요한 것은 감정적 성향을 통제하는 것이다. "감정적 성향들은 부작위의 행위들이다."(498) 예수가 중요하게 생각하는 것은 "이성적" 감정이다. 근대와 종교개혁의 산상설교 비판은 이와 같은 "사태의 핵심, 즉 감정의 훈련과 그런 훈련을 통해 보다 높은 단계의 자아에 도달하는 것"(499)을 간과했다. 이것은 바로 수도원 운동, 불교, 힌두교의 통찰이었다. 이런 통찰은 보다 높은 단계의 진리를 위해서는 자신의 감정과 싸워 이겨야 한다는 것이다. 오늘날에는 이런 통찰이 명상과 동양의 신비주의에 시선을 돌림으로써 일어난다. 윤리적 태도와 신념의 부름이 요구된다.

3) 팔복은 하나의 직설법(지시)을 함축한다. 인간은 자기의 업적과 노력에 의지해서는 평화와 자유에 도달하지 못한다. 팔복은 "내가 저지른 잘못의 결과로부터 자유롭게 될 것을 약속하고 … 다른 사람들이 나에게 가한 마음의 상처들의 결과로부터도 벗어나게 될 것을 약속한다"(452)

> "복의 직설법(지시)이 주는 위안을 가지지 않는 도덕은 인간이 실천할 수 없는 것까지 요구해야 한다. 그런 도덕은 자기 기만적이다. 다른 사람들과 자기 자신을 사랑할 수 있는 선물을 받은 사람만이 도덕적인 것을 요구할 수 있다. 그런 요구는 그것이 실천되는 곳에서 사람을 살게 만들고 죽이지 않는다. 전적으로 도덕적인 사람은 자기를 사랑할 수 없다. 그런 사람은 자기에게 매어있기 때문에 (자기를 속박하

신학윤리학

는) 자기를 미워한다. 따라서 그는 다른 사람에게 실천할 수 없는 것을 요구해야 한다. 그는 이제 자기도 사랑할 수 없기 때문이다. 나는 이것이 산상설교에 함축된 의미라고 생각한다. 나의 힌두교 친구들이나 불교 친구들도 그렇게 생각한다. 그들에 의하면 예수는 깨달은 사람이었다. 그는 성육신한 하나님이었다. 만일 그가 그것을 알지 못했다면 어떻게 그렇게 말할 수 있었겠느냐는 것이다. 나는 여기기서 이 친구들을 기독교로 개종시킬 어떤 필요도 느낄 수 없다. 그것이 무슨 소용이란 말인가."(453)

3.5. 현재의 윤리적 논쟁

산상설교에 의존하는 것이 오늘날 윤리적 논쟁과 정치적 토론에서(예를 들어 평화에 관한 물음에서) 어떤 의미를 가질 수 있는가? 산상설교는 언제나 그의 급진적 요구들 때문에 교회의 세속화에 저항하는 근거가 되었다. 예를 들어 아씨시의 프란치스코, 왈도파 교도들, 16세기의 열광주의자들이 그랬듯이 말이다.

그렇지만 그렇게 산상설교에 의존하는 것에는 두 가지 위험성이 있다. (a) 시대적 상황과 관련된 산상설교의 지침들을 절대적이고 무시간적인 요구들이라고 생각할 수 있다. 그렇게 되면 산상설교는 세계질서의 법이 된다. (b) 산상설교의 급진적 요구를 약화시키고 상대화시킬 수 있다.

현재의 평화논의에서 프란츠 알트는 당면한 정치적 결정들을 위해 산상설교의 필요성을 주장했다.[28] 이같이 산상설교에 근거하여 정치적 입장을 정당화하는 것은 강한 반발에 부딪혔으며 논쟁을 야기했다.[29]

알트와 달리 스트레커와 루츠는 산상설교의 신학적 의도를 강조한다.[30] 루츠는 해석의 역사를 대단히 친절하고 상세하게 제시한다. 산상설교는 분명 실천을 목표로 한다. 그러나 어떤 종류의 실천인가? 산상설교에서 무엇보다 중요한 것은 "산 위의 동네", "세상의 빛", "세상의 소금"이어야 하는 예수 공동체의 삶의 질서이다. 예수의 윤리는 세상에 대해 근본적으로 회의적이다. 그의 윤리는 "세상과 다른 하나님 나라의 도래로부터 형성된 대조의 윤리"이다.(Luz, S. 419)

사실 세계는 산상설교를 가지고 통치되지 않는다. 이혼금지 (5:32f.)는 국법이 될 수 없다. 맹세금지(5:33-37)는 국가의 법 집행을 전반적으로 포기할 권리를 부여해 주지 않는다. 5장 37절(참조. 약 5:12)은 단적인 예와 아니오, 즉 절대적인 진실성의 계명을 요구한다. 이것은 악의 세력이 지배하는 세계에서 현실성이 있는가? 문제는 마지막 두 개의 반정립 명제들의 폭력 포기에서 처음으로 드러나지 않는다. 그러나 산상설교가 그리스도인의 삶에 중요하지 않은 것은 아니다.

페터 놀은 법률가로서 예수의 태도와 선포에 대해 확신한다.[208] 예수는 모든 율법적 사고를 부정한다. 법은 추상적 이론이 아니라 인간을 위해 존재해야 한다. 법은 경직되어서는 안되고 상황과 관

---

28) Franz Alt, *Frieden ist möglich, Die Politik der Bergpredikt,* 1983.

29) 참조. Manfred Hättisch, *Weltfrieden und Friedfertigkeit? Eine Antwort an Franz Alt,* 1983.

30) 참조. Georg Strecker, *Die Bergpredikt, Ein Exgetischer Kommentar,* 1984, 1985; Ulich Luz, *Das Evangelium nach Mattäus(Mt. 1-7), EKK I,* 1, 1985.

련되어야 한다. 일반조항(예수의 "사랑의 계명")은 모든 다른 규범들보다 상위의 규정이며, 따라서 다른 규범들은 일반조항에 의해 수정될 수 있다.

산상설교는 다른 사람들에 대한 모든 차별을 금지한다. 산상설교는 약자를 하나님의 "최고 심급의 자유의지"에 맡긴다. 특히 비율법적으로 이해된 산상설교는 자신의 책임을 촉구한다. 그렇다면 산상설교는 "신념의 훈계"이다. 그렇지만 그런 훈계는 성과 없는 훈계가 아니라 결과를 중요하게 생각하는 훈계이다. 그렇지만 산상설교는 규범적인 정치이론은 아니다. 기독교적 비폭력의 경우에는 물론 맹세금지와 이혼금지의 경우에도 윤리적 성찰은 다음과 같은 사실들을 신중하게 구분해야 한다.

(1) 신념으로서의 사랑과 행위로서의 사랑. 이 경우 다음과 같은 것이 고려될 수 있다. 사랑을 실현하기 위해 어떤 구체적인 행위가 옳은가?

(2) 무엇이 행위의 결과들인가?

(3) 그때 그때의 상황에서 폭력, 간음, 맹세는 어떻게 정의될 수 있는가?

어떤 역사적−비평적 주석도 이런 당면한 윤리적성찰을 대체할 수 없다. 모든 주석은 단지 수정할 수 있을 뿐 고유한 판단의 토대일 수는 없다. 주석은 비평적 기능을 하지만 구성적 기능은 하지 않는다. 마태복음 7장 12절은 지혜에 입각한 이성윤리, 즉 모든 사람이 보편적으로 인정하는 상식의 법을 인정한다. 그러나 이 구절은 이런 이성윤리를 하나님의 절대적 의지의 지평에서 − 그리고 무제

---

31) 참조. Peter Noll, *Jesus und das Gesetz*, SgV 253, 1968.

한적인 자비의 지평에서(5:12ff) - 제시한다.

그렇지만 이 경우에 산상설교의 제자도 윤리와 무엇이 이웃에게 봉사하는 것이냐고 묻는 이성윤리(자연법) 사이에는 어떤 모순도 존재하지 않는다. 산상설교는 인간의 일상적이 사고방식을 깨뜨리는 예수의 말씀이다. 예수는 자신을 당시의 어떤 종교집단들이나 정치집단들과도 동일시하지 않았다. 뿐만 아니라 그는 윤리적이거나 정치적인 어떤 것도 기획하지 않았다. 신앙생활을 위한 만병통치적인 해결책은 없다. 산상설교도 그런 해결책을 제시하지는 않는다. 이것은 상충되는 해석들이 가능하다는 점에서 분명히 입증된다. 산상설교는 근본주의적으로 절대적 규범으로 간주되어서는 안되고 결의론적으로 해석되어서도 안된다.

그러나 원수를 사랑하라는 계명에서 분명하게 드러나는 함축성과 급진성은 역사적 해설과 상대화를 통해서 간단하게 완화될 수 없다. 생각의 방향을 전환하라는 예수의 요구는 사랑의 계명의 보편적 타당성과 우선성을 선언한다. 사랑은 "반정립 명제들"의 전제가 되었던 양자택일적 대안들을 넘어선다.

그런 대안들에는 다음과 같은 것들이 있다. 신념과 행위, 개인윤리에서는 구속력이 있지만 사회윤리에서는 부적절한 것, 개인의 사적 영역에서는 유효하지만 공적인 삶에서는 유효하지 않은 것, 참회를 촉구하지만 행동지침은 아닌 것, 일반 시민이 아니라 엘리트만을 위한 지침이다.

물론 산상설교는 "정치적, 사법적으로 추론할 수 있고 국가와 국민의 통치수단이 될 수 있는 어떤 행동개념도" 제시해 주지 않는다.(Strecker, S. 190) 그러나 산상설교는 삶을 하나님의 선물로 인식하게 해주고 사랑을 악을 극복하는 힘으로 인식할 수 있게 해주는 하나의 길잡이다. 이런 의미에서 볼 때 산상설교는 물론 윤리와 정치를 위한 규범은 아니다. 그러나 산상설교는 근거를 참조하도록 지시하고 사랑의 과잉을 그렇게 "급진적으로" 주장함으로써 윤리와 정치에 대해 끊임없이 물음을 제기한다. 산상설교는 "인간의 모든 역사와 정치의 종말을 의미하는 하나님 나라에 들어갈 수 있는 조건들을" 열거한다.[32] 산상설교에는 모든 인간이 공동으로 책임져야 할 합리적인 평화정책의 기본강령이 들어있지는 않다. 그럼에도 불구하고 산상설교에서 이 세계의 질서에 물음을 제기하는 반정립 명제들은 언제나 필연적인 문의, 자극, 세계의 사실적 기초와 질서에 대한 저항을 제시한다. 폭력포기는 "하나님 나라의 대표적인 징표"가 된다(Luz, S. 304). 더 나아가 산상설교에서 중요한 것은 그리스도인다움의 실천이며, 동시에 인간의 모든 행위를 인간에게 선행하는 하나님의 인간을 향한 관심에 근거지우는 것이다.(참조. 마 5:3-12) 황금률을 사랑의 계명으로부터 이해하는 산상설교는 의도적이지는 않지만 믿음의 실천을 합리적으로 소통할 수 있는 태도로 전환하기 위한 단초를 제공한다.

3.6. 루터에게 있어서 윤리의 단초

루터의 윤리는 칭의에 대한 이해와 칭의에서 확보된 그리스도인의 자유에 대한 이해에 기초한다. 종교개혁의 자유이해는 루터의 윤리를 이해할 수 있는 열쇠를 제공한다. 세상에서 그리스도인

---

32) M. Hengel, *Das Ende aller Politik, EK 14*, 1981, S. 688

의 행위는 기독교적 자유의 표현이다. 그리스도인의 행위는 하나님의 값없는 은혜에 대한 감사에서 비롯된다. 칭의와 윤리학의 신학적 관계를 어떻게 보느냐에 따라 선행에 대한 평가가 달라진다. 루터는『그리스도인의 자유에 관하여』(1520)에서 하나님 앞에서 자유를 보장해 주는 믿음과 이웃을 위해 봉사하는 그리스도인의 사랑을 구분한다. "그리스도인은 만물의 자유로운 주인이며 믿음에서 어느 누구에게도 예속되지 않는다." "그리스도인은 만물의 봉사하는 종이며 사랑에서 모든 사람에게 예속된다."

믿음 안에서의 무제한적 자유와 사랑 안에서의 무제한적 봉사라는 역설은 인간론적 근본 개념에 근거한다. 내적인 것과 외적인 것의 인간론적 근본구분은 그리고 그리스도의 은총(donum, sacramentum)에 관한 설교로서의 복음과 명령하는 계명의 기독론적 구분은 믿음과 사랑의 구분에 상응한다. 인간은 하나님 앞에서 오직 약속을 통해서만 인간이다. 말씀만이 양심과 영혼을 자유롭게 해준다. 어떤 외적인 공적도 그런 자유를 보장해 줄 수 없다. 내적인 자유는 선한 행위들에서 나타난다. 선행의 기준은 자신의 행복과 경건을 확보해 주는 것이 아니라 이웃에게 유익이 되는 것이다.

루터는 자유에 관한 논문에서 자유와 자기책임의 윤리학 내에서 공리주의적 사고, 당연히 이타주의적 공리주의를 위한 여지를 남긴다. 그리스도인은 사랑에서 이웃이 된다. 기독교적 자유는 자율적 주체의 절대적 자유가 아니라 "서로 소통하는" 자유이다. 그런 자유는 구체적인 현실적 상황과 관련된 자유이다. 그런 자유는 세상과의 교류에서 인간의 이성을 정당한 것으로 인정한다.

루터의 윤리는 믿음과 행위, 인격과 행위, 믿음과 사랑, 내적인 것과 외적인 것, 세상 나라와 그리스도의 나라와 같은 근본적인 구분들에 기초한다. 중세의 경건과는 달리 선행은 인간이 구원을 야기할 수 있는 근거가 되는 업적이 아니다. 칼뱅과는 달리 행위는 예정의 징표(syllogismus practicus, 실천적 삼단논법)[33]도 아니다. 이와 함께 구원과 행위의 불가분의 관계는 의문시된다. 하나님 앞에서 인간은 자유인이 아니다. 인간은 하나님과의 관계에서 예속된 자유의지(servum arbitrium)를 가진다. 하나님 앞에서 인간은 언제나 죄인이기 때문이다. 이와 달리 세상에서의 삶을 설계할 때 인간은 선과 악, 올바른 행위와 잘못된 행위를 구분하고 결단할 수 있는 자유의지(liberum arbitrium)를 가진다. 인간은 세상에서 하나님의 동역자(cooperator dei)일 수 있다. 십계명의 두 번째 판에는 공동생활을 설계하기 위한 기준들을 제시되어 있다.

루터의 새로운 신학적 성향으로부터 하나의 특정한 삶의 유형이 형성된다. 세상에 대한 태도는 "세속적 경건"일 수 있다. 믿음은 세상과의 자유로운 교류를 가능하게 한다. 당시의 윤리적 물음들에 대한 루터의 세부적인 지침들은 시대적 상황을 고려한 것이었다. 루터는 윤리학자가 아니라 오히려 목회적 차원의 조언자였다. 따라서 그가 구체적으로 추천한 것들도 상황 의존적이다. 정치적 문제들과 사회적 문제들에 대해 그가 취하는 부분적으로 대단히 문제점이 있는 입장들(예를 들어 농민전쟁, 관용, 유대인에 대한 입장)에 관해서는 물론 개인윤리적 조언들, 특히 부부관계와 성문제에 대한 조언들에 관해서도 상황 의존적인 그의 태도가 고려되어야 한다. 소위 두왕

---

33) * 실천적 삼단논법은 요일 2:3; 2:5; 3:14; 5:2과 같은 성경의 말씀들에 근거하여 삶의 실천으로부터 예정을 추론하는 종교개혁 신학의 논법이다. 이 논법은 다음과 같다. 대전제 : 그의 삶이 성화와 선행의 열매를 맺는다는 성령의 증거를 가지는 사랑은 믿는 사람이다. 소전제 : 나는 내가 성화와 선행의 열매를 맺는다는 것을 성령의 증거에 의해 확신한다. 결론 : 그러므로 나는 믿는 사람이다.

국설도 어떤 완결된 사회적 원리를 제시하지 않았다. 그럼에도 불구하고 종교개혁의 윤리적 태도가 가지는 세속성은 시민들의 삶에 깊은 영향을 주었다. 정치와 경제는 성직자의 감독으로부터 벗어나게 되었다.

결정적인 것은 당사자의 양심의 결정이다. 세상에서 그리스도인이 봉사할 장소는 직업이다. 중세에는 소명(vocatio)이 성직자와 수도자를 세상에서 불러내는 특전이었지만, 이제는 세상에서의 일상이 그리스도인의 삶의 장소이다. 더 나아가 세속의 직업에 대한 루터의 견해는 모든 신자들이 사제라는 그의 입장을 명백히 알 수 있게 해주는 예이다. 특히 자유에 관한 논문은 사제직에 관한 중세의 입장을 거부하고 하나님과의 직접적 관계를 가르친다.

직업윤리는 직업에 관한 생각의 결과이다. 그렇지만 이런 직업윤리는 아직 일이 인간다움의 절대적 조건이 될 정도로 세속화되지는 않는다. 결혼을 "세상의" 일로 평가하는 것도 세속적 경건의 표현이다. 그리스도인은 그가 서있는 자리에서, 즉 결혼과 가정, 정치적 활동 그리고 공동체에서 하나님을 섬겨야 한다. 그렇지만 이런 자리들보다 더 우선하는 것은 "기독교적 사랑의 보편적 공동체"(Orden)이다.

경건주의, 보수주의 그리고 이중도덕[34]은 루터의 윤리와 루터주의를 비판하였다. 특히 트뢸치와 바르트는 루터주의를 비판했다. 루터주의는 영적인 통치와 세속적 통치를 구분하면서 동시에 정치와 경제의 "독자적 합법성"(Eigengesetzlichkeit)을 배척하였기 때문이다. 이런 비판은 루터의 가부장적 사회해석(참조. 부모공경 계명에 관한 그의 해석)과 그의 정부이해가 보수적이고 체제 보존적 경향을 가진다는 점에서 볼 때 정당하다.

그밖에도 군주적인 교회의 통치는 독립적인 교회의 비판적이고 "예언적인" 경고를 계속적으로 침묵시켰다. 정치권력의 과제가 전적으로 악을 방지하는 데 있다고 보고 국가를 죄의 치료제라고 생각했던 죄비관주의(Sündenpessimismus)는 노예적 정신상태, 즉 국가에 무조건적으로 복종하는 사고와 가부장적 사회구조를 강화시켰다. 더구나 신앙과 정치의 분리는 근대의 권력국가와 폭력국가를 정당화할 수 있게 해주었다. "세속적 경건"을 포기한 결과 단지 개인적 양심만 알고 보편적이고 공적인 도덕을 더 이상 알지 못하는 윤리적 태도의 내면화가 이루어졌다.

종교개혁의 윤리학은 이성과 인도주의 정신과 율법의 제1용법(primus usus legis)을 지향했기 때문에 윤리적 태도는 사실적이고 냉정할 수밖에 없었다. 그리고 이런 지향성은 세계의 역사성을 인정하고 그와 함께 윤리와 문화의 변화도 수용하는 것을 가능하게 했다. 그렇다면 신학윤리학은 선한 양심에 따라 실용적이고 개방적일 수 있다. 자기정당화의 포기와 법에 대한 자유는 윤리학에서 창조적 자발성과 창조성을 가능케 한다.

종교개혁 특히 루터가 윤리학에 끼친 영향을 개별적 내용들과 규범들에서 제시하는 것은 본질적으로 중요한 것은 아니다. 종교개혁은 직업과 일에 관한 이해에서, 결혼을 세속적 일로 새롭게 평가한 점에서 (그리고 성직자의 신분을 새롭게 평가한 점에 있어서), 독신과 수도원 제도를 거부하고 세속 정부의 과제를 새롭게 규정한 점에 있

---

34) * 이중도덕(Doppelmoral)은 행위 당사자가 공동체 내부에서 공적인 상태에 있느냐 아니면 공동체 외부에서 사적인 위치에 있느냐에 따라 동일한 태도를 윤리적으로 서로 다르게 평가하는 규범체계이다.

어서 중세시대와 확연히 달랐다. 그러나 윤리학이 종교적 신앙으로부터 처음으로 해방된 것은 자율적 사고를 강조하는 계몽운동에 의해서였다.

　종교개혁 신앙이 윤리학에 특별히 기여한 것은 새로운 세계관이다. 루터의 칭의론에 근거한 『새로운 윤리』(Karl Holl)의 본질은 새로운 규범들이 아니라 루터에 의해 가능하게 된 그리스도인의 행위의 자유와 자립성이다. 종교개혁의 칭의 신앙은 사랑의 행위를 가능하게 해주었으며, 그런 점에서 윤리학을 위한 해방자이다. 종교개혁은 그의 신학적 인간론에 있어서 윤리학에 새로운 근거를 제공해주었다.

6장
사회윤리의 근본물음들

사회윤리는 사회구조를 다룬다. 사회윤리의 대상은 사회질서들과 조직, 더불어 삶의 구조들, 제도들이다. 따라서 사회윤리의 주제들은 생명과 건강의 보호와 관련된 제도적 견해들, 결혼, 가정 그리고 성적인 동반자 관계에서 성적 관계들에 관한 규범, 자연과 환경의 보호, 정치적 환경, 경제와 문화이다.

그렇지만 개별적인 주제영역들이 다루어질 수 있기 이전에 먼저 사회윤리적 해석과 관련하여 몇 가지 근본적인 물음들이 제기될 수 있다.

만일 윤리학이 윤리적 주체에 관한 성찰에 국한되거나 단지 이웃과의 관계만 생각한다면 이런 물음들은 아직 제기되지 않는다. 사회적 관계들을 제도적으로 객관화하고 구조화함으로써 비로소 이런 물음들이 실제로 제기된다. 여기서 중요한 것은 객관적 선이다. 더 나아가 이런 물음들은 모든 사람에게 공통되는 관점과 사회적 관점에 관련된 물음들이다. 이것은 결코 순전히 그리고 배타적으로 "기독교적인" 주제들이 아니다. 이런 물음들에서 중요한 것은 오히려 인간적인 근본적인 욕구들을 충족시키는 것이다. 그렇지만 이런 욕구들은 결코 다른 요소들과 무관하게 관찰될 수 없기 때문에 결혼, 소유 또는 국가와 같은 세속의 제도들에 있어서도 종교와의 근본적인 관계와 종교적 해석의 필요성이 존재한다.

이런 해석의 난점은 20세기 전반에 사회윤리적 물음이 질서신학의 형식에서 어떤 방식으로 다루어졌는지 그리고 왜 이런 주제설정이 충분하지 못하다고 입증되었는지 살펴보면 분명해진다.

1. "질서신학"의 아포리아들

"질서신학"은 결혼과 가정, 소유와 국가를 하나님의 질서라고 주장했다. 이때 논란이 되었던 것은 이런 질서들이 훼손되지 않은 이상적인 창조질서로 이해되어야 하느냐 아니면 죄에 의해 규정된 유지질서로 이해되어야 하느냐 하는 점이다. 오늘날에는 대체로 질서(Ordnung)라는 개념 대신 제도(Institution)라는 단어를 사용한다.

1.1. 루터와 루터주의에서 질서사상

(1) 질서는 명확하게 정의하기 어려운 개념이다. 그 개념은 한 편에서는 서술적 개념이다. 그 개념은 유의미한 관계, 즉 존재소여성 구조를 기술한다. 질서는 다른 한편에서 소크라테스 이전의 철학자들 이래로 하나의 규범적 개념이다. 즉, 그 개념은 특정 질서의 타당성 요구를 함축한다. 우주는 특정한 질서에 따라 특정한 형태로 "운행될 것이다." 중세 스콜라 신학은 질서 개념을 이런 방식으로 이해한다. 질서는 모든 존재자를 궁극적 목적인 하나님을 향하

여 정돈하는 것을 의미한다. 이런 질서가 사회에 반영되었으며, 그 결과 삶의 계급구조가 요구되었으며, 인간을 존재질서와 사회질서에 통합할 필요가 제기되었다. 그렇지만 "질서신학"은 19세기에 처음으로 등장하였다. 질서신학은 낭만주의의 유기체 사상의 영향을 받아 발생했다. 이제 민족의 질서는 창조질서라고 선언된다.

역사적으로 볼 때 기독교신앙과 세속적 존재사이의 관계는 아구크스부르크 신앙고백(Confessio Augustana ,CA) 16조 "경찰과 세계통치"(여기서 경찰은 정치와 국가질서를 의미한다)에서 전형적으로 요약되어 있다. "세상의 모든 공권력과 정돈된 통치체제와 법은 하나님에 의해 창조되어 제정된 선한 질서이며, 그리스도인은 공직에서 죄를 범하지 않고자 하며, 제국의 법과 그밖의 다른 법에 따라 판단하고 권리를 주장하고자 하며, 악을 행하는 자들을 칼로 벌주고, 정당한 전쟁을 수행하며, 소송을 제기하고, 상행위를 하고, 사유재산을 소유하고, 성실하게 살고자 한다."

여기서는 이 조항을 세부적으로 설명할 필요가 없다. 우리는 오늘날에도 여전히 이 신앙고백 16조에 의거하여 국가에 사형의 권한을 승인해 주어야 하는지, 또는 원자력 시대에도 의로운 전쟁(iustum bellum)이 정당화될 수 있는지 물어야 한다. 또한 세속화된 사회에서 종교적 서약의 문제도 제기된다. 권리 포기의 가능성(고전 6장)에 관해서도 논의될 수 있다.

여기서 중요한 것은 다음과 같은 기본적인 진술이다. "시민의 일에 관하여(De rebus civilibus)", "합법적인 시민적 임명들은 하나님의 선한 일들이다."(quod legitimae ordinationes civiles sunt bona dei) 합법적인 세속 질서는 하나님의 작업(opus dei), 즉 하나님의 창조행위이다. 따라서 그리스도인은 이런 질서를 따라야 한다. 이 진술에는 두 가지 제한조치들이 내포되어 있다.

(a) "그리스도인의 시민적 직무를 금지하는"(qui interdicunt haec civilia officia christianis) 재세례파 신도들과 열광주의자들의 주장과 반대로 세속 질서들은 하나님의 명령(ordinatio divina, mandatum dei)이라는 사실이 강조된다. 재세례파 신도들은 산상설교에 근거하여 그리스도인들에게 결혼, 소유, 재판관 직무수행, 군복무, 법정소송, 정치참여를 금지했다. 이와 반대로 종교개혁자들은 기독교 신앙은 세상으로부터의 도피가 아님을 철저하게 강조한다. 그렇지만 그들이 열광주의자들에 대하여 모든 경우에 옳다는 것은 아니다. 가령 그들이 사형제도들 정당화한다면 말이다. 기독교 신앙은 세상 속에서 책임적 행위를 할 자유를 보장한다. 기독교 신앙은 세상으로부터 물러날 것을 요구하지 않는다. 산상설교는 무시간적으로 타당한 우주적 법이 아니다.(예를 들어 톨스토이가 생각하는 것처럼)

(b) 그밖에도 그 조항은 또 다른 목적을 추구한다. 복음적 권고들(consilia evangelica)과 자연법적 명령들(praecepta)을 구분하는 수도원 윤리와 반대로 기독교적 윤리의 통일성이 강조된다. 기독교적 완전(perfecto evangelica)은 세상도피에 있지 않다. 진정한 기독교적 완전은 오히려 "하나님에 대한 진실한 경외와 하나님으로부터의 진실한 믿음"(CA 16)이라는 것이다. 복음은 외적이고 시간적이 아니라 내적으로 영원한 본질과 정의를 가르친다. 따라서 외적인 시민적 정의(iustitia externa, civilis)와 내적인 영적 정의(iustitia interna, spiritualis)가 구분되고, 시민적 정의와 신앙적 정의가 구분된다. 따라서 다음과 같이 선언된다. "그것은(복음은) 세속의 통치권력, 국가질서와 결

혼생활을 폐기하지 않는다. 복음은 이 모든 것이 하나님의 질서들로 인정되고 이 질서들에서 기독교의 사랑이 입증되기를 요구한다.… "[1] 이 선언에 의하면 그리스도인이 세속의 권력에 복종하는 것은 의무이다. 그렇지만 권력에 대한 복종은 "사람보다 하나님께 순명하는 것이 마땅하니라"(행 5:29)라는 베드로의 결론(clausula petri)에서 그 한계를 가진다. 여기서도 2단계 윤리를 방지하려는 의도가 분명히 보인다. 따라서 세속의 직업윤리가 요구된다. 근무할 곳은 일상의 삶에서 찾을 수 있다.

동시에 CA 16에는 루터교의 윤리에 독특한 특별한 문제들이 들어있다.

(a) CA 16은 "이 질서들에서 기독교의 사랑을 실천하는 것"[2]을 강령으로 정하여 요구한다. 이런 요구는 분류와 종속을 전제한다. 구조의 변화와 개혁은 무시된다. 이와 함께 루터교의 보수적 특징이 확정된다. 모든 개혁은 철저히 거부된다. 이렇게 되면 정적인 사회질서가 예상되며, 역동적인 사회적 변혁은 기대할 수 없게 된다.

(b) 이런 질서사상은 계급적이고 신분적인 사회구조와 관계가 있다.

이런 질서사상은 사회를 성직자 계층(ministerium ecclesiasticum), 행정관료 계층(magistratus politicus) 그리고 생산자 계층(oeconomia)으로 구분하는 루터의 신분론(Dreiständelehre)에 기초한다고 볼 수 있

---

1) 참조. interim non dissipat politiam aut oeconomiam, sed maxime postulat conservare tamquam ordinationes dei et in talibus ordinationibus exercere caritatem
2) 참조. in talibus ordinationibus exercere cariratem

다. 성직자 계층, 생산자 계층, 군인 계층은 신분제에 따른 사회를 전제한다. 아구크스부르크 신앙고백(CA) 16은 「일치신조」 12조("다른 패거리와 이단들에 관하여")에서, 특히 12조 8항("경찰에 있는 참을 수 없는 조항")과 12조 13항("가정경제에서")에서 수용되었다.

(2) 루터는 신분을 세 등급으로 구분하는 중세 후기의 신분론을 수용하였다. 그 신분론은 두왕국설에 의존하지 않는 사회질서의 원리이다. 루터에 의하면 하나님은 세상에 세 부류의 신분을 제정했다고 한다. 루터는 교황청을 의도적으로 논박하면서 그 신분들 대신 다음과 같은 다른 개념들을 사용했다. 성직자 계급(Hierachien; Von den Konciliis und Kirchen, 1539, WA 50, 652), 혼인, 공권력, (아직 "국가"가 아님) 교회. 경제적 신분(status oeconomicus)은 경제단위와 생산단위로서의 가정을 포함한다. 농업과 수공업 사회에서는 하인과 장인들은 가정살림에 속하며, 가장이 그들을 관할한다.

세 개의 계층들은 인간 창조와 함께 하나님에 의해 제정된 제도들이다. (WA 40 II, 222f.) 이 계층들은 기독교에서 사회생활의 세 가지 근본 질서들을 제시한다. "그 제도들은 지속되어야 한다. 그렇지 않으면 세상은 존속할 수 없다. 이것은 하나님의 뜻이다."(WA 31 I, 400, 1) 하나님은 그런 제도들 안에서 그리고 그 제도들을 통해 은밀하게 활동한다. 그 제도들은 하나님의 가면(larvae dei)이다. (WA Br 9, 610, 47) 따라서 그리스도인은 이런 제도들을 보존할 의무가 있다.

그 밖에도 루터의 신분 사상은 「대교리문답」(1529)의 4계명 해석에서 알 수 있듯이 가부장제도의 권위주의적 구조와 밀접한 관계가 있다. 십계명의 네 번째 계명에 의거하여 다음과 같은 네 가지 유형의 아버지들이 제시된다. 육신의 아버지, 영적인 아버지(설교자), 정

신학윤리학

치적 아버지(공권력, "군주"), 직업에서의 고용주와 장인(가장) "그러나 성직, 혼인상태, 세속의 공권력은 하나님이 제정해 주신 거룩한 질서이며 올바른 제도이다." [3]

더 나아가 이런 제도들에서 일하는 사람은 예배를 실생활에서 실행하는 사람이며, "거룩한 일"을 실천하는 사람이다.

따라서 그 세 질서나 명령은 하나님의 말씀과 계명 안에서 파악된다. 그러나 하나님의 말씀 안에서 파악된 것은 거룩한 것임에 틀림없다. 하나님의 말씀은 거룩하고 하나님 안에 있는 모든 것을 거룩하게 해주기 때문이다."(Cl,3,510,30ff.)

그렇지만 세 제도들보다 더 상위의 제도는 기독교적 사랑의 보편적 명령이다. 질서와 신분에 관한 루터의 주장은 중세의 교권주의를 거부하고 세속적인 일에 대해 개방적이란 점에서 긍정적으로 평가될 수 있다. 그러나 문제는 그의 주장이 가부장적 권위구조를 당연한 것으로 전제하고 계급사회를 승인해 준다는 점이다. 신분론을 통해 직업사상은 전통적인 루터주의 사회윤리의 근본원리가 된다. 루터의 세계관에 의하면 세 가지 신분들은 모든 인간에게 적용되는 "자연법"이다. 하나님의 창조의지는 기독교인들과 이교도들 모두에게 타당하다. 따라서 이교도들도 하나님에 의해 제정된 제도로서의 혼인과 공권력을 안다. 단지 그들은 그 제도들이 하나님에 의해 제정되었다는 사실과 하나님이 그 제도들을 통해 세상에서 은폐된 방식으로 "마귀를 대적하여" 싸우신다는 사실을 알지 못할 뿐

---

3) 참조. Luthers Bekenntnis: Vom Abendmahl Christi, 1528, WA 26, 504 = Clemes 3,510,17f.

이다.(WA 50, 652,14) 신분론은 루터의 사회윤리에서 계통분류의 원리이다.

루터교 정통주의에서는 – 예를 들어 요한 게르하르트(Johann Gerhard)의 경우에 – 신분론이 사회윤리로부터 교회헌법으로 이전되어 그 기능이 바뀌게 되었다. 세 가지 신분은 교회에서 종합적인 역할을 해야 한다. 예를 들어 성직 임명의 경우에 그렇다. 후원자의 권리를 행사하는 당국은 목사를 임명하고, 신학자들은 적합성을 심사하고, 평신도는 침묵을 통해서만 동의한다.

그렇지만 신분론은 사회학적이든 신학적이든 모두 다음과 같은 점들을 전제한다. (a) 신분상의 서열은 확고하게 정해져 있다. 어떤 경우에도 신분상의 이동은 없다. "특권층 이동"과 "사회적 전환"은 불가능하다. (b) 신분은 태어나면서부터 정해져 있으며, 어느 누구도 그의 출생 신분을 벗어날 수 없다. 예외는 성직에 임명되는 것이다. 직업을 바꾸는 것은 일반적으로 허용되지 않는다.

초기 루터교의 (사회윤리로서의) 신분윤리는 우선 산업사회의 구조적 변화를 통해서, 그리고 다음에는 계몽주의의 평등이념을 통해 흔들렸다. 계몽주의는 사회를 더 이상 신분제에 기초한 체계가 아니라 자유민들의 계약으로 이해한다.

(3) 19세기와 20세기의 루터교에서는 질서 개념이 새롭게 수용되어 공식적으로 제시되었다. 최초로 루터교 윤리학 책을 출판했던 하르레스(G. C. A. Harleß: 1806-1893)는 처음으로 질서신학을 구상했

다.[4] 그에 의하면 가정, 국가 그리고 교회는 "지상에서 하나님에 의해 명령된 공동체의 근본형태들", 즉 창조질서들이다.

개혁교회 신학자 에밀 브루너는 최초로 윤리학을 변증법적 신학의 관점에서 제시했다.[5] 그에 의하면 윤리는 다음과 같은 두 가지 본질적인 근거들을 가진다. (a) 하나님의 명령, 즉 성경에서 계시된 사랑의 계명. (b) 창조질서들로서의 결혼과 가정, 일과 경제, 국가와 경우에 따라서는 문화공동체(학문, 예술). 브루너는 경제적 신분을 결혼과 가정 그리고 경제로 구분한다. 질서들의 수효와 그들의 경계는 분명하지 않다.

브루너는 세상의 질서들이 인간에게 미리 주어져 있음을 강조한다. 따라서 인간은 그 질서의 본질을 현실에서 찾아 발견해야지 성경에서 추론해서는 안된다.

루터교에서는 알트하우스와 마찬가지의 주장을 한다.[6] 질서는 타락 이전의 창조질서이며, 타락을 통해 손상되지 않는 하나님의 창조물이다. 노동과 국가는 이미 낙원에서 시작되었다. 이와 반대로 퀴네트에 의하면 질서는 타락 이후에 형성된 질서, 즉 하나님이 혼돈의 세력들을 방어하기 위한 수단으로 제정하신 긴급한 질서이다. 그런 질서는 "죄의 구원수단"(remedium peccati)이다. 틸리케는 『신학적 윤리학』에서 절충안을 제시한다. 혼인은 낙원에서 제정된 창조질서이다. 국가, 재산 그리고 경제는 타락한 세상에 하나님의 적응방식, 즉 긴급질서들이며 보존질서들이다.

---

4) G. C. A. Harleß, *Christliche Ethik*, 1842, 1893.

5) Emil Brunner, *Das Gebot und die Ordnungen*, 1932.

6) Paul Althaus, *Theologie der Ordnungen*, 1935.

1.2. 질서신학의 문제점들

질서에 대한 신학적 논증과 사회학적 평가는 논란의 여지가 있다. 신학적 논증에 의하면 창조 이후에 "세계"에는 하나님에 의해 불변적인 특정한 근본구조들이 형성되었다. 베르너 엘러트(Werner Elert)에 의하면 "존재구조"는 동시에 "당위 구조"이다. 따라서 국가, 경제 그리고 결혼은 그 자체로 타당한 구조들이다.

19세기는 민족의 질서와 민족의 법을 특히 강조했다. 그런데 이런 민족신학은 후에 교회투쟁에서 질서사상의 명예를 실추시켰다. 엘러트와 알트하우스와 같은 루터교 신학자들의 안스바하 권고는 다음과 같이 선언했다.

"법, 즉 하나님의 불변의 의지는 하나님의 계시를 통해 밝혀지는 우리 현실적 삶에서 우리를 만난다. 하나님의 이런 불변의 의지에 따라 모든 사람은 하나님이 부르신 그 자리에서 가정, 민족, 종족, 즉 혈연관계와 같은 자연적 질서를 지켜야 한다. … 하나님의 의지는 더 나아가 우리의 오늘과 여기에서 우리를 만남으로써 우리를 가정, 민족, 종족의 특정한 역사적 순간과 결합시키기도 한다."

이런 권고가 1934년에는 다음과 같은 선언으로 구체화되었다.

"이런 인식에서 (즉, 우리는 그리스도인으로서 하나님을 인식하기 때문에) 우리는 하나님께 감사하면서 모든 질서를 존중하며, 모든 공권력을 하나님이 세상을 보존하는 도구로서 존중한다." "이런 인식에서 우리 그리스도인들은 이 위기의 시기에 우리 민족에게 경건하고 신실한 통치자를 보내주셔서 국가사회주의적 국가질서에서 유능하고 명망 있는 '선한 정부'를 마련해 주고자 하시는 하나님께 감사한다."

질서신학은 나치를 하나님의 질서라고 정당화시키는 데 이념적으로 기여했다. 인종, 민족은 창조질서이다. 이것은 독일 종족의 순수혈통 보존을 위한 뉘른베르크 법령들, 즉 아리아 조항들과 반유대주의를 무비판적으로 인정하는 것을 의미한다. 오늘에까지 여파가 남아있는 질서신학과 기독론적 성향의 대립은 루터교의 이런 새로운 질서사상에 대해 바르멘 신학선언과 바르트의 기독론적 윤리가 제기한 반론의 결과이다. 이것은 특히 최근의 교회사로부터 이해될 수 있는 상황이다.

그렇다면 무엇이 현세의 질서를 하나님의 질서로서 계시해 주는가? 알트하우스에 의하면 창조질서들은 하나님의 "원계시"[7]에 대한 인식에 근거한다. 그러나 타락한 피조물이 하나님의 뜻을 계시할 수 있는가? 불신앙의 세계에서 죄로 물들지 않은 피조물의 "섬"이 있는가?

루터교 신학은 오늘날 더 이상 "창조질서"에 관해 말하지 않고 대신 하나님이 세상을 보존하는 수단인 "보존질서", "긴급질서"에 관해 말한다. 퀴네트(Walter Künneth)에 의하면 '보존질서'는 본래 타락과 완성 사이, 예수 그리스도 안에서 시작된 세계구원과 그의 재림 사이의 시간을 연결하는 "잠정질서"이며 "과도기 질서"이다. 또한 세계질서를 하나님의 "보존질서"로 인식하는 것은 "고지판단"(告知判斷)이라는 것이다. 따라서 질서구조를 단순히 "존재적 소여성"으

---

7) * '원계시'(Uroffenbarung: revelatio unuversalis: revelatio generalis)는 예수 그리스도를 통한 직접적인 계시와 달리 자연과 양심을 통한 하나님의 간접적인 자기 계시이다.

로 이해해서는 안된다. 그러나 질서구조는 그럼에도 불구하고 다른 차원에서의 정착을 지시하고 다른 차원의 형이상학적 근거를 드러나게 해주는 "윤리적 존재구조"를 요구한다.

이와 함께 창조가 완전하다는 가정은 포기되었다. 그렇지만 질서를 형이상학적 관점에서 이해하려는 시도는 여전히 남아있다. 영원하고 불변적인 사회질서들이 있다는 것이다. 틸리히는 그런 주장들을 "근원신화"(Ursprungsmythos)라고 비판한다.

그밖에도 다음과 같은 물음들이 제기된다. 도대체 불변적 질서들은 어떤 질서들인가? 왜 혼인, 가정, 국가는 하나님의 질서이고 노예제도는 아닌가? 사유재산은 하나님의 질서에 속하는가? 질서신학 자체는 어떤 질서들과 구조들이 하나님의 질서들이며 어떤 것은 아닌지에 대해 아무런 기준을 가지고 있지 않다. 남아프리카의 백인교회는 인종차별이 "창조질서"라고 가르친다.

더 나아가 "자연적" 질서들과 인간에 의해 고안된 인위적인 사회조직들은 근본적으로 대립적인지도 명확하지 않다. 무엇보다 기술문명 시대의 조직들은 역사적이며 따라서 변할 수 있다.

질서는 그 자체가 불변적인가? 우리는 가부장제도가 남녀평등의 동반자적 혼인관계로 변천되었으며, 관료주의 국가와 군주제가 민주주의 제도로 변천되었음을 안다. 모든 역사적 구조들은 변할 수 있으며, 불변적이고 영원한 질서가 아니다.

마지막으로 질서신학은 제3세계에서 민족주의적이고 인종주의적 이데올로기를 정당화하는 데 이용되었다.[8]

---

8) 참조. Wilhelm Stapel, *Die Lehre vom Volksnimos*; Friedrich Gogarten, Ist Volksgesetz Gottesgesetz?, 1933.

1.3. 대안적 주장들

질서신학의 문제점들과 역사적 부담으로 인해 당연히 그에 대한 대안을 찾고자 하는 시도들이 있었다.

(a) 바르트는 "공동체 내에서의 자유"(KD III, 4, S. 345-349)라는 제목으로 "가까운 사람들과 먼 사람들"에 관해 다루었다. 바르트는 공통되는 생물학적 유전과 공통의 언어와 문화를 통해 결속된 사람들과 그밖의 사람들을 구분한다. 서로 다른 출신의 사람들 사이에는 심성의 차이가 있음이 분명하다. 그러나 그런 심성의 차이는 상대적이다. 그런 차이로 인해 피부색이 다르고 언어나 문화적 전통이 다른 사람들에 대한 차별이 정당화될 수는 없다.

바르트에 의하면 그리스도인을 특정한 민족, 종족, 문화권에만 국한시키는 것은 이단적 발상이다. 이런 이단은 모든 사람들의 아버지인 하나님을 하나의 민족신, 즉 독일인들과 백인들의 하나님으로 대체하기 때문이다. 바르트는 또한 민족이 하나님의 "창조질서"라는 주장은 아주 최근의 신학적 발상임을 상기시킨다. 리츨이나 리츨학파의 윤리학자들(빌헬름 헤르만, 테오도르 헤링)과 마찬가지로 1914년 이전의 신학적 참고서적들에도 아직 이런 견해는 나타나지 않는다. 또한 많은 나라들의 경우에는(예를 들어 미국, 소비에트 연방, 스위스) 그 나라들이 도대체 하나의 고유한 민족을 대표한다고 볼 수 없을 것이다. 편협한 애국주의적 민족이념은 19세기 초 낭만주의에 의해 형성되었다. 해방전쟁에서 "민족"은 정치적 이념이 되었다. 헤르더는 처음으로 "민족정신"이란 개념을 사용했다. 그렇지만 그 개념은 아직 인간성 중심의 견해였다. 헤르더에게 있어 민족은 단지 인도주의 정신을 향해 가는 과도기적 단계이다. 피히테에 의하면 민족은 신적 존재의 특별한 발전 단계이다.(8. Rede an die deutsche Nation) "신적인 것이 민족에서 나타났다. … 신적인 것도 민족에서 발현한다." 아른트(Ernst Moritz Arndt: 1769-1860)는 자신의 민족을 자랑스럽게 생각하고 타민족을 미워하라고 가르친다. "기독교도 이런 가르침을 비난하지 않는다. 오히려 어떤 사람과 어떤 민족이 자랑스럽고 확고하게 그 자신에 근거하면 할수록 그만큼 그들은 더 단순하고, 더 경건하고, 더 기독교적일 것이다."

그렇지만 민족을 종교적으로 찬양하는 것은 독일적 특성이 아니다. 범슬라브주의가 있다. 도스토예프스키는 『악마들』(Dämonen)에서 다음과 같이 말한다. "하나님은 민족의 처음부터 마지막까지 그 민족 전체의 종합적 인격이다. … 오직 하나의 진리만 존재하기 때문에 오직 단 하나의 민족만이 단 하나의 진정한 하나님을 가질 수 있다. … 그러나 하나님을 가진 유일한 민족은 우리 러시아 민족이다."

프랑스인 레온 블로이(Leon Bloy)는 그의 소설 『피땀』(Blutschweiß)에서 말한다. "프랑스는 가장 행복한 민족이다. 모든 다른 민족들은 – 어떤 민족이든 – 그들에게 프랑스 강아지의 빵을 먹는 것이 허용된다면 행복하다고 느껴야 하는 것과 비교하면 말이다. 만일 이것이 행복이라면 세계의 나머지 민족들은 행복의 대가로 굴종과 소멸을 지불해야 한다 할지라도 충분히 행복하다. 그러나 만일 이것이 고역이라면 괴로워하는 이는 하나님이다. 온 세상을 위해 피땀과 죽음의 공포를 견디는 끔찍한 하나님이다."[9]

---

9) Zit. nach Art. Volk, H. H. Schrey, ESL, 1956, 1090.

신학윤리학

그런 민족주의적 신학은 오만과 주제넘음이며 죄악이다. 그런 신학은 인간의 존엄성을 훼손하는 죄악이다. 질서신학은 민족이데 올로기와 연합함으로써 신뢰를 완전히 잃게 되었다. 그렇지만 민족 이데올로기는 역사이데올로기이다. 알트하우스는 교회의 "역사적 은총", 즉 "독일적 시간"을 서약했다. 질서신학은 알트하우스의 경우처럼 낭만주의적 역사해석과 결합되었으며, "질서"라는 개념은 완전히 신용을 잃게 되었다.

바르트는 질서신학의 이런 심각한 문제점을 분명히 인식했음에도 불구하고 광범위하게 영향을 미치는 – 마찬가지로 널리 비판적으로 논의 될 수 있는 – 결론에 도달했다. 그의 윤리는 일방적으로 개인의 인격에만 초점을 맞추어 제도적 요소들을 무시한다. 바르트는 독립적인 창조론을 거부한다. 창조는 기독론을 통해서만 논의될 수 있다는 것이다. 따라서 말씀 안에서의 하나님의 명령 이외의 독립적인 어떤 창조질서도 없다.(KD III, 4, S. 20-24)

> "하나님과 인간이 하나님의 말씀에서 계시되어 있듯이 만난다면 이런 만남이 일어나는 특정한 영역들과 관계들이 드러나게 된다. … 우리는 이런 영역들과 관계들을 질서라 부를 수도 있을 것이다. 그러나 이런 질서들을 법, 규정, 명령이라고 오해해서는 안 될 것이다. 그 질서들은 하나님의 명령과 인간의 복종이 일어나는 영역이지만 하나님의 명령과 인간의 행위가 따르는 법칙이 아니다."(KD III, 4, S.31)

따라서 바르트에 의하면 질서는 "수평적" 현상이다. 질서는 "하나님의 명령과 인간 행위의 지속성, 연속성과 일관성"이란 의미에서 "수평적 현상"이다.(III, 4, 19) 이와 달리 하나님의 명령은 수직적인 것이다. 그렇지만 바르트는 "상수"(常數)란 명사는 사용하지 않는다. 그는 단지 불확정적으로 "수평적인 것의 지속"이란 표현을 사용한다. 더 나아가 상수는 명령이다. 바르트에 의하면 하나님의 계명 이외의 어떤 질서들도 윤리적 요구를 할 수 없다. 질서들은 단지 하나님 명령의 말씀이 이루어지는 공간을 기술할 뿐이다. 그렇다면 창조질서는 "하나님이 명령과 인간의 행위가 이루어지는 영역이다. 그리고 바로 이 영역에서 예수 그리스도 안에서 인간에게 은혜를 베푸는 하나님은 동시에 창조자로서 명령하고, 거기서 예수 그리스도 안에서 하나님의 은혜를 받는 인간은 피조물로서 하나님 앞에 서며 하나님의 계명을 통해 거룩하게 되고 자유롭게 된다."(III, 4, S. 49) 창조질서를 하나님 명령의 영역으로 인식하는 것은 오직 예수 그리스도 안에서만 (인식론적으로) 가능하다. 그러나 (존재적으로 볼 때) 이런 영역은 이런 인식 외부에도 존재한다.

바르트는 그의 윤리학에서 지속적인 것들, 즉 "수평적인 것들"의 4가지 요소들을 제시한다.(KD III, 4)

(1) "하나님 앞에서의 자유"(하나님 앞에서 책임지는 삶)
(2) "공동체 내에서의 자유"(동료인간성, 특별한 경우: 결혼)
(3) "삶을 위한 자유" - 육체와 영혼이 조화를 이룬 총체적 인격의 생존권.
(4) "제한된 자유" - 죽음으로 끝나는 유한한 생명.

주목할 점은 이런 지속적인 것들은 인간존재의 근본적 문제들이기는 하지만 결코 초개인적인 질서는 아니란 점이다. 바르트는 불트만과 마찬가지로 철저하게 인간 중심적으로 생각한다. 따라서 그

신학윤리학

들은 제도와 관련된 현상들에는 관심을 두지 않았다. 게다가 신앙의 유비(analogia fidei)에 의존하여 사회 구조를 발견하는 것도 어려운 문제이다.

질서와 제도에 관한 바르트 신학의 결핍은 그가 지속적인 것들, 즉 수평적인 것들의 현상을 부정할 수는 없지만 이런 현상을 신학이나 윤리적 개념을 통해 설명할 수 없다는 점에서도 드러난다. 그런 개념적 약점은 바르트 신학의 난점을 나타내는 지표이다. 이것은 제도에 대한 무지라 할 수 있다. 다음과 같은 물음이 제기될 수 있다. 인간존재에 속하면서 복음 밖에서도 인간을 위한 그의 의미가 인식될 수 있는 사회구조들이 있는가?

(b) 본회퍼는 질서신학의 계시론에 대한 바르트의 비판을 지지한다. 그렇지만 그는 경우에 따라 "유지질서"란 개념을 사용하기도 했다. 후에 그는 질서란 개념 대신 "위임"(Mandat)이란 개념을 제안한다.(Ethik, 1949, S. 70-74; 222-226) '위임'이란 개념은 다음과 같은 기독론적 근거를 가진다.

> "'위임'이란 개념은 그리스도를 통한 계시에 근거하고 성서를 통해 입증된 구체적인 하나님의 위탁이며, 특별한 하나님의 계명을 수행하기 위한 전권위임과 권한부여이며, 지상의 법정에 하나님의 권위를 부여한 것이다."(S. 222f.)

위임의 이런 기독론적 근거를 위해 본회퍼는 골로새서 1장 16절을 전거로 제시한다. 세상 주관자 기독론[218]에 의하면 세상의 모든 피조물은 그리스도를 통해 그리스도를 위해 창조되었으며 그리스도 안에서만 그의 존재를 가진다. 위임이란 개념에는 그리스도와 세상의 관계가 분명하게 제시되어 있다는 것이다. 세상에서 그리스도인의 책임은 "하나님의 위임을 그리스도 안에 있는 그의 근원과 본질과 목표에 근거하여 구체적으로 이행하는 데 있다.(S. 71)

따라서 위임이란 단어는 권한을 강조하는 "질서"와 (오늘날에는 이해할 수 없는) "신분"이란 개념들 대신 사용되어야 한다. "직무"란 단어는 세속화되어 제도적이고 관료적으로 이해된다.

따라서 본회퍼는 "위임"이란 새로운 개념을 사용했다. 위임은 위임자와의 관계를 강조한다. 구체적으로 말해 세상의 주관자인 그리스도가 위임자이다. 본회퍼는 노동, 결혼, 정부 그리고 교회라는 네 유형의 위임들을 언급한다.(S. 70) 이때 본회퍼는 사실적으로 주어져 있는 위임들과 역사에서 그 위임들의 구체적 실현을 구분한다.(70) 따라서 위임들을 실현할 때는 역사성이 고려되어야 한다.

다음으로 본회퍼는 위임들은 오직 그들의 상호작용에서만 하나님의 위임이라는 사실을 강조한다.(S. 222) 네 유형의 위임들은 상호관련되어 있다. 그렇지만 위임들에 대한 본회퍼의 주장들은 격언과 같이 함축적이고 단편적이다.[11]

그렇지만 여기서도 다음과 같은 중대한 반론들이 제기된다.

(1) 위임들을 그리스도의 왕국(regnum Christi)에 귀속시키는 것은

---

10) 참조. '세상 주관자'(κοσμοκράτωρ)란 개념은 에베소서 6장 12절에 나오는 개념이다. 에베소서에서는 어둠의 세력을 가리키지만 여기서는 그리스도가 세상의 주관자란 의미로 사용된다.

11) 참조. B. J. Weißbach Christologie und Ethik bei Dietrich Bongoeffer, ThExh NF 131, 1966; Jürgen Moltmann, Herrschaft Christi und soziale Wirklichkeit nach D. Bonhoeffer, ThExh NF 71, 1959. 그렇지만 『희망의 신학』 이후 몰트만은 다른 견해를 주장한다.

신학윤리학

문제점이 있다. 골로새서의 세상 주관자 기독론은 영지주의 세계관 (Gnosis)을 배경으로 해서만 이해될 수 있으며, 당연히 사변적이다. 따라서 주석적 토대가 검토되어야 한다.

신약성서에 의하면 교회는 분명 기독론적으로 이해될 수 있다. 교회는 그리스도의 몸이다. 그러나 노동, 결혼, 정부와 같은 위임들은 기독론적으로 이해될 수 없고 정당화될 수도 없다.

(2) 현상적 반론이 제기된다. 왜 이 세 가지 세속적 위임들은 교회의 영적 위임들과 함께 거론되지 않는가? 이런 선택의 사실적 근거는 무엇인가?

도대체 왜 교회는 위임으로 간주될 수 있는가? 교회는 조직이나 제도로서의 위임인가?

(3) 위임과 같은 고유한 신학적 개념을 특별히 사용할 필요가 있는가? 왜 일반적인 사회학적 개념을 함께 사용하지 않는가? 기독교 윤리는 자기만의 고유한 신학적 또는 기독교적 언어를 필요로 하는가? 이것은 해석학적이고 언어적 문제이다. 왜 일상적인 개념을 사용해서는 안되는가?

그밖에도 본회퍼의 신학적 과정에서 보면 위임이란 단어는 그가 박사학위 논문 「성도의 교제」(sanctorum communio)에서 교회를 초개인적 인격공동체로 표현하기 위해 사용했었던 "집단인격"(Kollektivperson)이란 개념을 대체한다. "집단인격"은 본회퍼의 스승 제베르크(Reihold Seeberg)가 처음 사용한 개념으로 헤겔의 "객관정신", 즉 초개인적 형성물에 해당한다고 할 수 있다. 본회퍼는 제도적 측면이 사회윤리를 위해 가지는 의미를 올바르게 인식했다. 그렇지만 문제는 (a) 위임이란 개념 자체와 (b) 그 개념의 기독론적 논증이다.

1.4. 질서신학에 대한 평가

질서 개념에 초점을 맞춘 사회윤리에 대한 개관과 이 개념을 피하거나 대체하려는 시도는 해결할 수 없는 난점에 부딪히게 된다. 질서는 분명 신학적으로도 중요하다. 그러나 질서는 구원의 소식인 복음, 즉 케리그마와 직접 연결될 수 없다. 주석적 관점에서 질서사상에 접근하려는 새로운 자각은 구약성서의 지혜를 연구하는 계기가 되었다.[12] 구원사(출애굽, 구원)에 관한 증언인 구원론 이외에도 이스라엘은 이미 우주적 세계질서를 안다. 지혜의 질서는 "역사에서 지속적인 것"(G. v. Rad, S. 368)이다. 일회적이고 우연적인 것들 사이에는 동일하게 머무는 것들, 반복되는 것들, 즉 인간 존재의 근본구조들과 근본적 소여들도 있다.

질서신학은 나름의 고유한 양식과 방식으로 그 점을 주목한다. 문제는 보수주의의 위험이다. 질서를 이데올로기화하는 "재단의 형이상학"(Stiftungsmetaphysik)이 생긴다.(W. D. Marsch) 그러나 다른 한편으로 개신교 윤리학은 "순수한" 상황윤리일 수 없다. 중요한 것은 기본적으로 주어져 있는 인간존재의 근본적 관계들을 고려하는 것이다. 이런 관계들은 구원의 계시 이전에 그리고 구원의 계시와 무관하게도 존재한다. 국가로서의 상태나 법질서는 사실적으로 존재한다. 이때 결혼과 가정 또는 개별적인 경제질서가 계시를 통해 확립되지 않는 것과 마찬가지로 구체적인 국가형태는 계시를 통해 확정되지 않는다.

그렇지만 그런 질서들은 결정들의 비임의성(非任意性)을 전제한

---

12) 참조. Gerhard von Rad, *Weisheit in Israel*, 1970.

신학윤리학

다는 사실은 윤리적으로 밝혀질 수 있다. 더불어 삶의 근본적 조건들이 주어져 있다는 말이다. 초개인적으로 미리 주어져 있는 규칙들(구조들, 제도들) 자체는 임의적이지 않지만, 역사적 환경에 따라 다양한 형태로 바뀔 수는 있다. 더 나아가 그런 규칙들은 기독교인들과 비기독교인들에게 모두 동일하게 미리 주어져 있다. 그리고 그것들은 지켜져야 한다. 재산질서를 참조하면 좋을 것이다. 재산은 법적 안정성을 위해 제도적으로 보장되어야 한다. 또는 시장경제의 질서원칙들과 같은 경제질서가 참조될 수도 있다. 법질서는 사람들 사이의 법적 관계들을 조정해 준다.

질서들의 형태는 변한다. 그러나 모든 질서를 포기하면 법적 불안정성의 상태, 즉 무정부상태에 빠지게 된다. 요한 23세는 「어머니요 스승」(mater et magistra)에서 이런 점을 잘 지적했다. "평화는 질서의 안정성이다."(Pax est tranquillitas ordnis) 진정한 질서는 관련된 사람들과 당사자들 편에서의 동의를 필요로 한다.

2. 사회제도에 관한 이론들

최근에는 질서 대신 사회제도에 관해 논의되고 있다. 사회제도
는 문화인류학에서 처음 사용된 개념이다. 사회제도에 관한 논의
는 인간의 "근본적 필요들"에 대한 물음에서 출발한다. 특히 겔렌
(Arnold Gehlen, 1904-1976)은 제도 개념을 명확하게 정의했다.

제도는 인간의 두 번째 본성인 문화의 구체적 형태이다. 제도는
장시간에 걸쳐 정착된 관행으로서 지속적인 욕구충족을 보장해 준
다. 제도는 전통에 의해 형성된다. 법치국가나 일부일처제와 같은
제도들은 결코 단순한 합리적 구성물이 아니라 경험과 역사에 의해
형성된 구조들이다.

그렇지만 제도 개념은 상당히 다양하게 이해된다. 언어사용의
다양성 때문에 제도들에 관한 이론들도 다양하다. 적어도 다음과
같은 세 유형의 제도들이 있다. (1) 사회적 제도 (2) 사법제도 (3) 법
신학적 제도

2.1. 다양한 이론들

2.1.1. 사회학적 이론들

사회학에서는 뒤르켕(Emilehlen Durkheim, 1858-1917)이 제도 개념을 처음으로 주제로 다루었다. 그에 의하면 사회학의 과제는 사회 제도들과 사회 현상들(faits sociaux)을 분석하는 것이다. 오늘날에는 영향사적으로 볼 때 겔렌과 셸스키(Helmut Schelsky)를 통해 제도에 관한 이론이 체계적으로 제시되었다는 점이 중요하다.[13]

그들의 이론체계에 의하면 제도는 사회적으로 형성된 조직이다. 헤겔에 의하면 그런 제도는 "객관적 정신"이다. 그에 의하면 객관적 정신은 법, 관습, 가정, 국가이다. 그렇지만 겔렌과 셸스키는 헤겔과 달리 "정신"이 아니라 인간의 생물학적 구조에서 출발한다. 따라서 그들은 인간이 취하는 태도의 유형들, 즉 제도들의 패러다임을 분석한다. 그러므로 제도는 인간론적 행동이론의 관점에서 이해된다.

인간은 세계 개방적 존재자이다. 그러나 인간의 세계 개방성은 "본능적 삶의 제한과 불안정성, 본능의 유연성과 유동성"(Gehlen, S. 70)이라는 부정적 측면도 가진다. 세계 개방성의 대가는 본능 불안정성이다. 이런 본능 불안정성에 직면하여 결혼이나 재산과 같은 제도들은 그런 불안정성을 완화할 수 있는 초개인

---

13) 참조. A. G, "Mensch und Institutionen", in: *Anthropologische Forschung rde.* 138, 1961, S. 69-77; ders, *Urmensch und Spätkultur*, 1956. H. Schelsky, "Über die Stabilität von Institutionen, besonders Verfassungen", in: *Auf der Suche nach Wirklichkeit*, 1974, S. 38ff.; ders. *Ist die Dauerreflexion institutionalisierbar? Zum Thema einer modernen Religionssoziologie (1957)*, 1979, S. 268ff. 참조. H. E. Tödt, "Art. Institution", TRE 16, 1987, S. 206-220.

적으로 형성된 대표적인 예들이다. 제도들은 "난간"처럼 안전망을 제공한다. "그런 문화적 행동기준이나 제도는 지나치게 많은 결정들에서 개인의 부담을 덜어주는 역할을 하며, 홍수처럼 넘치는 인상들과 유혹들 가운데서 세계개방적인 사람의 길잡이 역할을 한다."(S. 71)

만일 제도들이 삶에 중요한 과제들이나 계기들을 처리할 때 부담을 덜어주는 역할을 한다면, 제도들은 바로 확정된 행동기준으로서 안정화 기능을 한다. 이런 부담경감 역할을 통해 제도들은 잉여에너지가 문화적 활동들과 정신적 활동들에 전환되어 사용될 수 있게 해준다. 역사적 대재앙, 혁명, 국가의 멸망 등으로 인해 제도가 와해되거나 흔들리는 것은 관련된 당사자들에게 근본적인 불안을 야기한다.

정신적 기준들과 도덕적 규범들이 방향을 상실하면 규범위기에 이르게 된다. 한편 불안정은 정서를 자극하여 불안이나 신경증으로 나타난다. 왜냐하면 제도의 붕괴를 통해 주관적 행동, 즉 개개의 결정들이 아무런 제약 없이 자의적으로 이루어지기 때문이다. 제도는 더 이상 개인의 결정을 제한할 수 없고, 더 이상 방향을 지시하지 못한다.

제도는 이념들의 활성화와 설득력을 위해서도 중요한 역할을 한다. 겔렌에 의하면 이념체계는 제도에서 구현될 때에만 시간에 제한되지 않고 지속할 수 있다. 그러므로 법정, 행정당국, 국회의 법제정, 산업체들의 법률부서와 같은 법제도들의 안정적인 조직이 없다면 어떤 지속적인 법의 보호도 불가능하다. 법제도가 없는 단순한 법 감정은 "신뢰할 수 없는, 단순히 감정적이고 표현빈곤의 법정"이다.(S. 76)

신학윤리학

교회가 없었다면 종교운동으로서의 기독교는 이미 오래전에 사라졌을 것이다. 공산당이 없었다면 마르크스주의는 프루동주의(Proudhonismus)처럼 오래전에 지나간 이념일 것이다. 예술품 시장이 없다면 예술작품들은 대중에게 알려지지 못할 것이다. 제도는 우선 이념들의 안정화를 보장해 준다. 그렇지만 "이념의 자기운동"이라는 헤겔의 명제는 비현실적이다. 겔렌의 이론에 의하면 제도의 고유한 성과는 부담경감과 안정화이다. 겔렌은 경험적 인간론의 관점에서 논증한다. 제도적 성향은 인간의 근본사실이다. 그러나 인간은 제도를 통한 부담경감의 대가를 치러야 한다. 그 대가는 바로 예를 들어 정의의 이념과 법제도들의 구체적인 법 실천 사이의 불일치와 같은 소외현상이다. 교회의 침체성은 또 하나의 예이다. 또는 제도적 마르크스주의에서의 변증법적 사고능력 결여나 예술품 시장의 미학적 무관심도 그런 예이다.

여기서 제도와 이념 사이의 긴장상태가 명백해진다. 그밖에도 제도는 단지 이념의 구현일 뿐만 아니라 권력관계와 이해관계의 법제화이기도 하다.

이와 함께 제도들은 사회학적으로 볼 때 서로 상반되는 두 가지 기능을 동시에 한다는 점도 주목해야 한다. 한편에서 사회제도들은 인간의 충동구조에 상응하여 세 가지 기능들을 충족한다.

1) 제도는 생명에 중요한, 생물학적으로 결정된 근본욕구들을 만족시켜 준다.
2) 제도는 인간 자신에 의해 창안되어 자체로 유지되는 제도로서 인위적이고 파생된 욕구들을 지속적으로 만족시킨다.

3) 제도는 자신의 실제적 내용을 객관화함으로써 파생된 욕구들은 물론 더 나아가 생명과 관련된 욕구들에 다시 영향을 미친다.

한편 안정화는 욕구들이 일상적으로 충족됨으로써 요구들이 최소화하는 것을 의미하기도 한다.

"제도화는… 일상화와 통속화로서 행동방식들을 안정화시키며, 역으로 이런 일상적이고 통속적 상태에 도달한 행동은 비로소 새로운 안정적 제도들의 토대를 형성한다."(289)

"자명한" 행동들만이 제도적으로 조정되고 충족될 수 있다. 제도가 요구하는 것들의 방향이 정상적 행동, 즉 평균적 인간에 설정될 때에만 격정의 통제가 가능하게 된다.

막스 베버는 이미 교회교육에서 "크리스마스의 일상화"를 주장했다. 결혼은 일상적인 일이다. 관객의 평균적 취향이 연극과 연주회의 공연계획에 영향을 준다. 창조적 행위와 창조적 업적은 제도화할 수 없다. 그런 것들은 제도의 틀을 깨뜨리며, 따라서 종종 "혁명적인 것"으로 경험된다.

제도에서 욕구충족의 필연적인 일상화와 통속화로 인해 제도가 고정된 틀로 형성되어지는데, 이런 제도적 틀의 완고함과 경직성은 창조적 사유와 창조적 행위를 방해한다. 동시에 제도에서는 소외경험이 일어난다. 대체로 문화인류학적 논증이 그렇다.

제도에 관한 겔렌과 셸스키의 주장에 대해 다음과 같은 비판들

신학윤리학

이 제기되었다. (a) 제도에 관한 이론은 복고적인 문화비평이 될 수 있다. (b) 귄터 로르모저(Günter Rohrmoser)는 겔렌이 인간의 주체성을 부정한다고 비판한다.[14] 그에 의하면 제도가 개인을 "소비한다." 결국 인간은 제도에 의해 독점된다. 제도는 소외의 기계장치로서 정당화된다. 말하자면 겔렌이 주장하듯이 제도는 개인의 주체적 존재에 허락되어야 할 자유보다 우위에 있다. 제도는 독자적인 상부구조가 된다.

사회학에서는 탈코트 파슨스(Talcott Parsons)의 "구조기능론"이나 랄프 다렌도르프(Ralf Dahrendorf)를 통해 보급된 역할이론도 제도이론으로 지칭된다. 말하자면 역할이론은 역할의 특징을 제도적 위치, 즉 하나의 "지위"로 규정한다. 지위에게는 행동규범들이 요구하는 특정한 역할이 기대된다. 예를 들어 공무원과 공무원에 대한 사회적 기대가 그렇다. 그밖에도 역할에 기대되는 것을 충족하지 못할 경우에는 "제재"가 가해진다. 이와 함께 사회적 관계들은 역할관계들이라 할 수 있다. 또한 역할이론은 사회적 가치관과 규범표상이 어떻게 "사회화 과정"에서 형성되는지 설명하고자 한다. 그러나 사회화 과정을 알아야 할 필요성이 인간의 세계 개방성에 기인하는 것은 아니다. 역할이론은 단지 개인과 사회 사이의 "상호관계"(Vermittlung)를 기술할 뿐이다.

따라서 제도는 "사회의 보편적 특징"이다. 제도는 "삶에 중요한 의미"를 가진다. 지금까지 미해결의 물음들은 다음과 같다. (a) 제도들의 정당성(재산과 국가권력을 정당화해주는 것은 무엇인가?) (b) 역사적 변화가능성. 제도들은 "예속의 집"이 되어야 하며, 인간을 완전

---

14) Günter Rohrmoser, *Stillstand der Dialektik*, *Marxismusstudien 5*, 1964, S. 49–58.

히 독점하는 "전체주의적" 제도가 되어야 하는가? 예를 들어 감옥, 병원의 집중치료실, 정당연합처럼 말이다. 교회도 그렇다. "그리스 도인은 언제나 봉사한다."

2.1.2. 사법적 제도 개념

제도라는 단어는 사회학적으로 사용되기 이전에 먼저 사법적 의미로 사용되었다. "로마법의 제도들"이란 제목 아래 심리절차, 소송 양식과 같은 법질서의 기본 형태들이 다루어진다. 법률가로서 교육을 받은 칼뱅은 그의 주저의 제목을 『기독교 강요』(Institutio religionis christianae)라 했다. 여기서 "강요"는 강의, 제도를 의미한다.

프랑스에서는 제도라는 개념이 새로운 국가론과 헌법학에 도입되었다. 형이상학적 질서이론의 주장과 달리 국가는 신적인 질서나 자연법 질서가 아니라 사회를 통합하는 구심점으로 이해된다. 독일에서는 20세기에 프랑스의 제도이론과 유사한 역동적인 국가론이 제기되었다. 헤르만 헬러(Hermann Heller)에 의하면 국가는 "체계화된 행위의 통일체이자 작용의 통일체"이다. 루돌프 스멘트(Rudolf Smend)는 국가를 "시민들과 사회단체들 측에서 통합을 통해 발생하는 "지속적인 개혁과정"이라고 해석했다. 제도적인 법사상은 무시간적이고 형이상학적인 질서이론보다 더 효과적으로 헌법이론이 정치적 변화와 사회적 변화에 적응하도록 해준다.

그러나 이런 통합이론이 동시에 비판적인 정치이론과 함께 수행되지 않는다면 그 이론도 결국 기존의 관계들과 타협하게 된다. 그렇게 되면 "정의로운" 법이 아니라 단지 현실적으로 "타당한" 법을 중요하다고 생각하게 된다.

사회학적 제도이론과 사법적 제도이론은 다음과 같은 점에서 다르다. 사회학적 이론은 행동방식들과 사회적 제도들이 사회적 존재인 인간을 위해 가지는 의미를 묻는다. 사법적 이론은 법적 규범들의 타당성을 물으며, 그 규범들의 타당성 근거가 헌법과 국가에 있다고 생각한다. 지금까지는 두 물음들을 중재할 만한 설득력 있는 어떤 이론도 제시되지 않았다.

세 번째 물음, 즉 법의 신학에 대한 물음에 접하게 되면 사태는 훨씬 더 복잡해진다.

2.1.3. 법신학적 제도 개념

신학적 언어사용에서 우리는 바벨탑 사건에 버금가는 개념의 혼란을 경험하게 된다. 예를 들어 로이바(J. J. Leuba)에 의하면 제도와 반대되는 개념은 "사건"이었다.[15]

로이바는 가톨릭의 제도 사상과 사건을 중요시하는 개신교의 제도 사상을 대립시킨다.

여기서는 단지 1949년 이후 괴팅겐의 법 담론에서 논의된 - 그리고 마지막에는 하이델베르크의 개신교 연구단체의 연구소들에서 논의된 - 제도 개념에 관해서만 다룰 것이다. 이런 담론의 계기가 된 것들은 특히 다음과 같다.

(a) 교회투쟁에서 프로테스탄티즘이 경험한 법에 대한 무지. 교회투쟁에서 중요한 쟁점은 교회법에서 "법"에 대한 물음이었다. 우리는 "법신학"에 관해 말하면서 다음과 같은 물음을 논구한다. 법의

---

15) 참조. J. J. Leuba, *Institution und Ereignis*, 1957.

신학적 근거는 무엇인가? 법은 단지 사실적으로 설정된, 실증적 권력인가?

(b) 질서 개념만으로는 불충분함을 알게 된 것도 법 담론의 또 다른 계기가 되었다.

가족법에 대한 연구들도 함께 진행되었다. 이 연구들을 통해 질서신학의 결함과 불충분함, 즉 가족구조의 사회적 변화에 대한 인식부족이 구체적으로 드러났다.

동시에 전반적인 자연법 논의가 이루어지고 있다. 그렇지만 많은 문제제기들은 예를 들어 법의 기독론적 근거와 삼위일체론적 근거 중에 하나를 선택하는 동어반복적인 거짓물음이었다. 왜냐하면 주된 물음은 예수 그리스도만이 법의 제정자이냐 아니면 삼위일체 하나님이 법의 제정자이냐 하는 물음이 아니기 때문이다. 보다 근본적인 물음은 법이 도대체 신적인 제도냐 아니면 법은 단지 인간적 제도, 즉 목적과 결부된 실용적인, 따라서 유용성이 중요한 제도냐 하는 물음이다.

1956년에 제도란 하나님에 의해 제정된 "제도"라는 입장이었다. 제도의 속성에 대한 인식근거는 – 현상으로서의 제도의 인식근거가 아니라 – 성서(신약과 구약)의 계시이다. 그렇지만 제도는 존재론적으로는 물론 신학적으로도 이해될 수 있다. 제도는 존재론적으로는 현실성이며, 신학적으로는 말씀을 통해 제정된 제도이다. "말씀사건의 신학이 신학적 존재론과 동일하다면 말이다." 그러므로 1956년의 이런 제도 이해는 하나님의 실존적 말씀의 존재론을 전제했다. 따라서 제도는 결코 "현상의 구조를 분석하면" 저절로 인식될 수 있는 것이 아니라, 오직 믿음을 통해 하나님의 제정하는 말씀으로부터만 인식될 수 있다. 그렇지만 제도는 하나의 이론적 원리로

신학윤리학

부터 추상적으로 도출될 수 없다. 제도는 그의 역사성에 있어서 현실의 공간 "안에서"만 인식될 수 있다. 지금까지의 논의는 다음과 같이 요약될 수 있겠다.

(a) 제도는 대체적인 윤곽이 미리 주어져 있는 전형적인 관계형식이 그의 형성력을 통해 구체적으로 표현된 것이다.

(b) 제도로 구체화되기 위해서는 수용하는 행위가 필요하다. 이런 행위는 결단성을 가지며, 그런 행위로서 하나의 포기하는 행위이다. 수용과 포기의 행위를 통해 제도가 비로소 형성되는 것은 아니다.

(c) 제도의 대체적인 개요는 임의로 결정되지 않는다. 제도는 기술될 수 있고 개별적인 형태로 형성될 수 있기는 하지만 최종적으로 규정될 수는 없다.

(d) 제도는 실존의 최고 근거를 가지는 인간 현존의 근본관계들과 관계한다.

(e) 제도의 실제성은 단지 하나의 상태가 아니라 과정이다. 제도의 제도성은 상태와 과정의 통일성을 포함한다. 이들 두 계기들을 분리하여 생각하면 본질이 왜곡된다.

(f) "하나님의 제도에서 인간은 책임적 존재이다."[16]

제도에 관한 이런 이해들이 구체적으로 적용된 예들은 재산[17], 제도로서의 기본권[18], 결혼[19]이다.

---

16) Hans Dombois(Hg.), *Recht und Institutionen*, 1956, S. 72.
17) Rolf peter Callisess, *Eigentum als Institution*, 1962.
18) P. Häberle, *Die Wesensgehaltsgarantie des Art.* 19 II GG, 1962.
19) Dombois/Schumann, *Familienrechtsreform*, 1955.

이런 구체화 시도들도 신학적 제도개념의 정당성에 관한 논리적 근거가 되지는 못한다. 법신학은 하나님의 제도(actio dei)와 인간의 수용(reactio hominis)의 구조적 통일성이 이루어지면 그로부터 "지위"가 형성된다고 주장한다. 이 주장은 하나님의 작용(actio dei), 인간의 반응(reactio hominis), 지위(status)의 삼중형식으로 정리될 수 있다. 이런 형식의 목적은 제도의 역사적 형성력과 임의성을 인간적 보편적 특징들로서 일목요연하게 드러내기 위한 것이다. 이런 제도이해들은 다음과 같은 해결되지 않은 문제점들을 가진다.

(a) 구속사적 계시에만 근거한 제도인식은 제도의 실제적 현상과 어떤 관계에 있는가? 이것은 인식의 문제이다.

(b) 하나님의 제도로서의 제도와 인간의 실현, 즉 "수용"의 관계가 여전히 분명하지 않다. 제도의 "독자성"에 관해 말할 수 있는가? 아니면 "하나님의 합법성"이 중요한가? 시장경제, 신학적 근거와 인간론적 근거의 관계가 명확하지 않다.

(c) "최고 단계의 실존성을 가지는 인간존재의 근본관계들"을 다른 제도들과 분리해서 생각할 수는 없다. 결혼, 국가와 같은 "근본적으로 중요한 제도들"이 있고, 대기업, 노동조합과 같이 덜 중요한, 파생된 제도들이 있는가? 제도들의 수효는 고정되어 있는가? 제도들 사이에 서열이 있는가?

2.2. 사회윤리적 관점에서의 제도

제도에 관한 사회윤리적 이론은 법신학적이 아니라 오직 인간론적으로만 논증할 수 있다. 왜냐하면 하나님은 도대체 결혼과 국가를 어디서 언제 설립하셨는가? 천국에서? 시내산에서? 그리스도의 십자가와 부활에서? 인간 존재의 제도적 본성에서 시작되었다고 보아야 할 것이다. 인간은 이성적이면서 사회적 존재로서 의사소통을 필요로 한다. 제도들은 의사소통의 수단이면서 동시에 인간을 위해 인간과 함께 "창조되었다." 제도는 결코 그 자체가 목적은 아니다. 그렇지만 제도를 하나님과 관련하여 해석하는 것은 유의미하다. 비록 제도가 하나님을 통해 설립되었음을 교리적으로 엄밀하게 입증될 수 없다 할지라도 말이다. 인간론적 소여성들은 신학적으로, 즉 하나님과 인간과 세계의 관계에 관한 성서의 기록에 근거하여 설명될 수 있다.

그렇지만 제도에 병존하는 상반된 두 기능들도 주목되어야 한다. 모든 사람은 의사소통을 강요당하면서 동시에 의사소통에서 자유를 원한다. 부담경감과 소외 사이의 긴장은 간과되어서는 안된다. 소외는 자유의 손실을 경험한다. 소외는 창조, 세계의 보존과 죄의 신학적 변증법에 상응한다.

따라서 겔렌의 주장과는 반대로 인간은 제도에 대해 양면적 관심을 가진다고 말할 수 있다. (a) 인간은 한편에서 자기보존, 필요의 충족에 관심을 가지고, 가족과 국가를 통해 생존을 대비한다. 이런 관심은 부담경감에 대한 관심이다. (b) 그러나 인간은 자유, 자기규정과 자기실현에 관심을 가지기도 한다. 두 가지 관심들은 당연히 동일한 권리를 요구한다.

"지배"라는 주제와 그의 상대적 개념인 "자유"는 겔렌이 그랬던 것처럼 제도를 논의할 때 배제되어서는 안된다. 따라서 인간이 그의 정체성과 그의 주체적 존재를 보존할 수 있는 인도주의적인 제도와 비인간적인 소외의 기계적 제도를 구분해야 한다.

이런 인간론적 관계에 기초하여 본질적 제도들과 파생적 제도들을 구분하는 것도 가능하다. 근본적 제도들은 구조적으로 필수적이다. 이런 제도들은 생태학적으로 볼 때 새끼를 돌보는 기능을 하는 가정, 일, 재산, 생계와 관련된 경제, 사회적 무질서를 막아주는 국가이다. 그렇지만 근본적 제도들도 시대에 따라 변할 수 있다. 이런 사실은 제도들이 가지는 형태의 역사적 다양성과 현상학적 다양성을 주목하면 알 수 있다. 따라서 현상을 보존하는 "질서의 윤리"와 "변화의 윤리"를 엄격하게 분리할 수 없다. 오히려 사회윤리는 제도들과 인간론적 근본사태들과의 관계에 근거하여 인간론적 근본사태들을 사회적 보편들로 파악한다. 이렇게 파악하는 것은 역사성, 즉 규범과 제도의 전통을 주목하는 것과 대립되지 않는다. 이들은 모두 구체화된 경험이다. 구체적 제도들은 역사에서 형성된 인위적 구성물들이다. 인간의 구조적 제도성과 제도의 역사적 가변성은 결코 대립적 개념이 아니다. 당연히 관계망 자체는 구조적으로 미리 주어져 있는 조건이다.

이와 함께 (바르트와는 반대로) 변형된 형태이기는 하지만 "질서의 신학"의 의도가 수용되었다.

볼프–디터 마르슈(Wolf-Dieter Marsch)는 독일개신교연합회(EKD)에서 1956년에 있었던 제도에 관한 담론이 결국 아무런 구체적인 결과도 없이 끝났다고 지적했다. 국가론 또는 결혼이나 재산에 관한 이해는 단 하나의 포괄적인 제도이론으로부터 도출할 수 없다. 제도의 모범적 형태는 무엇보다 결혼이었다. 에른스트 볼프(Ernst Wolf)도 그렇게 생각했다. 그는 제도가 하나님의 제도에서 유래되었음을 일목요연하게 보여주었다. 하나님이 인간에게 결혼을 허용하

　　　　　　　　　신학윤리학

시고, 그 결과 결혼의 법적 지위가 형성되었다는 것이다. 그럼에도 불구하고 인간의 삶을 제도적 관계들에서 고려해야 하는 과제는 여전히 남아있다. 의사소통이나 법질서의 제도로서의 언어가 대표적인 예라 할 수 있을 것이다. 제도는 임의로 사용할 수 없으며 마음대로 조작할 수 없다. 제도는 삶을 "정돈하는"기능이다. 이것은 이미 구약성서의 지혜가 인간 삶의 상수들을 기술할 때 알고 있었다.

최근에는 "질서"의 중요성에 대한 인식이 다시 부각되고 있다. 생태적 위기가 뚜렷하다. 인간은 자연의 질서를 마음대로 사용할 수 없다. 인간은 이런 질서, 즉 자연의 순환을 따르고, 보존하고, 존중할 줄 알아야 한다. 이와 함께 환경세계의 질서에 관하여 창조사상이 새롭게 주목되고 있다. 역사와 자연에는 우연성, 구속사의 유일회성, 예수 사건의 역사적이고 조직적인 측면, "단 한 번이자 영원히"로부터 추론될 수 없는 질서들과 근본관계들이 있다. 환경세계에서 살면서 이웃사람들과 관계를 맺으면서 사는 인간 삶의 근본구조들이 고려되어야 한다.

제도의 윤리는 결혼, 가정, 국가, 경제, 일, 문화, 자연과 같은 주제들에서 보다 자세히 논의될 수 있다. 이때는 시대에 따라 달라질 수 있는 제도의 의미연관은 물론 인간의 근본소여성들의 역사적 제도화가 비판적으로 성찰될 수 있다. 어쨌든 인간의 사회적 공동 삶의 구조적 조건들, 즉 "제도들"은 사회윤리의 주제이다.

3. 자기합법성의
사회윤리적 근본 문제들

제도는 실제적 요구들의 현실화이다. 제도와의 관계는 객관적 합법성에 유념할 것을 요구한다. 극단적인 경우 이런 요구는 심지어 "강요"가 되기도 하다. 이와 함께 제도와 구조가 가지는 고유한 의미에 근거하여 "자기합법성"이 사회윤리의 논쟁적 주제가 된다. 어떻게 윤리적 요구들이 사실적 요구들과 조화될 수 있는가? 자기합법성의 요구가 절대화되면 윤리는 전혀 불가능하다. 만일 사실에 대한 강제가 지배하고 모든 결정이 이에 따라 정해져 있다면, 윤리적 평가는 배제되어 있다.

자기합법성이란 개념은 1916년 무렵 사회과학에서 유래되었다. 아마도 그 개념을 처음 사용한 사람은 막스 베버일 것이다. 사회과학은 경제적 법과 사회적 법을 연구하는 학문이다. 사회과학은 "이상적 형태들"을 제시하는데, 그것들의 구조들로부터 합법칙성들을 인식할 수 있게 된다는 것이다. 그렇지만 여기서는 그 개념이 형성된 역사를 추적하지 않고 – 그것이 흥미롭고 도움이 되기는 하지만 – 문제점들을 논구하는 것으로 만족할 것이다.

3.1. 문제점들

자기합법성의 관점을 일방적으로 지지하는 입장에 의하면 경제, 정치, 예술과 같은 개별적 삶의 영역들은 철저하게 "자기에게 고유한" 법칙들 아래서 그들에게 내재하는 사실논리를 따른다. 따라서 이런 영역들은 자율을 가진다.

(a) 이것은 경제, 문화, 정치와 같은 삶의 영역들이 교회의 감독과 기독교 전통으로부터 분리됨을 의미할 수 있다. 계몽시대에 학문의 방법론적 무신론이 그런 예이다. 르네상스에서는 예술이 교회의 목표설정으로부터 해방된다. 마키아벨리는 『군주론』(Il Principe)에서 정치의 자기합법성과 관련하여 정치적 행위의 기준은 국가이성이라고 주장했다.

원래 이런 주장은 사회와 국가가 교회의 감독으로부터 해방되고 성서의 명령으로부터 해방됨을 의미한다. 따라서 그렇게 본다면 자기합법성은 세속화, 즉 세속적 자율을 요구한다. 기독교적 정치와 기독교적 자연과학(코페르니쿠스의 세계관)은 거부된다. 그렇지만 세속성을 인정하는 자기합법성에 관한 이런 명제와 함께 이성의 능력과 한계에 대한 물음이 검사대상이 된다. 예를 들어 호르크하이머(Max Horkheimer)는 단지 사실논리에만 의존하는 도구적 이성의 한계를 비판적으로 논구했다.[20]

(b) 유기적 자립성으로서의 자기합법성은 세속적 자율성을 요구하는 자기합법성과 구분되어야 한다. 개별적 삶의 영역들은 자신

---

20) 참조. Max Horkheimer, *Zur Kritik der instrumentellen Vernunft*, 1967; Jürgen Habermas, *Theorie und Praxis*, 1971; ders. *Erkenntnis und Interesse*, 1973.

만의 고유한 형태와 전개에 대한 권리를 요구한다. 예를 들어 예술은 결코 선전을 위한 목적으로(L'art pour l'art) 이용되어서는 안된다. 학문은 진리탐구와 현실관찰을 목표로 해야 하며, 정치, 기술, 군사와 같은 다른 이해관계들을 위해서 일해서는 안된다. 경제는 시장, 경제적 채산성과 같은 경제적 규범들에 초점을 맞춰야 한다.

유기적 자립성을 존중해 달라는 그런 요구, 즉 타율적 규정으로부터의 자유에 대한 요구는 당연한 것이다. 타율적으로 규정된 예술과 학문은 왜곡된다. 경제적 규칙들을 완전히 무시하는 경제질서는 침체되고 비생산적이 된다. 모든 삶의 영역들을 획일화하고 중앙에서 통제하고 규제하고자 하는 것은 전체주의 사회에서나 가능하다. 삶의 영역들의 자기합법성을 전적으로 무시하는 것은 전체주의 국가에서나 가능할 수 있다.

그렇지만 삶의 영역들의 이런 자기합법성은 단지 상대적이다. 상대적이란 공동선이라는 포괄적 관계망과 관련되어 있음을 의미한다. 물론 국가와 경제와 같은 개별적 삶의 영역들 사이에 경계를 정할 때는 문제점들이 발생한다. 어떤 삶의 영역을 다른 영역들보다 과도하게 중요시하는 위험성은 가령 '경제가 전부'와 같은 원칙을 가지고 위협한다. 다른 삶의 영역들을 도외시하고 하나의 영역만 절대시하는 것은 예를 들어 개방성의 원칙에 따라, 통제를 통해, 힘의 균형을 통해, 권력분산을 통해 방지되어야 한다. 당연히 모든 삶의 영역들의 상대적 자립성의 권리, 즉 그의 정당한 자율은 존중되어야 한다. 이것은 윤리의 경우에도 해당된다. 윤리도 종교나 이데올로기의 도구가 되어서는 안된다.

(c) 자기합법성은 불가피한 강요라고 생각될 수도 있다. 이와 함께 우리는 이제 고유한 윤리적 문제에 도달한다. 이런 문제는 다른

삶의 영역들을 위해 윤리학의 모든 경쟁력에 이의를 제기할 때 드러난다. 문제는 자기합법적으로 이해된 현대사회를 윤리일반으로부터 해방시키는 것이다. 결국 정치, 경제, 학문, 기술은 도덕과 전혀 무관하다. 여기서는 오히려 "기술공학적 강제"가 지배한다.[21]

기술공학이 윤리를 대체하며, 테크노크라시가 데모크라시와 정치를 밀어낸다. 기술공학적 또는 경제학적 주장은 객관적으로, 자동적으로, 자기합법적으로 관철된다. 연구, 기술공학, 경제, 행정과 같은 자율적이 된 체계들을 정치적으로 통제하는 것은 더 이상 가능하지 않다는 것이다.[22]

그렇지만 누가 우선권을 정하느냐 하는 이의제기는 여전히 남는다. 이용 가능한 기술공학의 내재적 강제에 관한 명제에는 소박한 관심들과 선과학적 결정들이 숨겨져 있다. 말하자면 기술공학적 계획의 시초에는 언제나 인간적인 – 그리고 그와 함께 윤리학에 의해 논의될 – 결정들 또는 잘못된 결정들, 예를 들어 원자력, 교육정책에 대한 결정들이 이루어진다. 이런 경우에는 단순한 자기합법성에 의존하는 것이 이데올로기가 된다. 그렇게 형성된 이데올로기는 대안을 찾으려는 노력을 차단할 것이다. 그렇다면 사람들은 그들이 원하지 않는 사태에 관해 그것은 어쩔 수 없는 일이라고 주장한다.

---

21) 참조. Arnold Gehlen, *Studien zur Anthropologie und Soziologie*, 1962, 1972; *Moral und Hypermoral. Eine pluralistische Ethik*, 1970, 95ff.; Hemut Schelsky, "Der Mensch in der technischen Zivilisation", in: *Auf der Suche nach der Wirklichkeit*, 1965, S. 444ff, 452f.

22) 참조. jürgen Habermas, *Technik und Wissenschaft als Ideologie*, Suhrkamp 287, S. 115f.

이런 의미에서 1970년의 독일개신교연합회(EKD)의 사회백서 「사회적 물음에 대한 교회의 대답이 가지는 과제들과 한계들」 25번에 의하면 "합법성의 논거는 종종 정치와 경제에서 실무자들에 의해 변명거리로 이용된다. 사람들이 요구된 것과 가능한 것을 실제로는 원하지 않기 때문에 그것을 실행하지 않는다면 말이다."

그렇다면 근본적으로 중요한 문제는 윤리학 일반의 경쟁력이다. 그러나 이런 경쟁력은 신학적으로 전제될 수 없고 논증을 통해 확보될 수 있다.

3.2. 자기합법성에 대한 새로운 입장들

나우만(Friedrich Naumann)은 자기합법성이란 개념을 아직 사용하지는 않았지만 "정치의 자기합법성"을 주장하는 대표적인 인물이다.[23]

"복음 이외에도 권력과 법의 요구들은 중요하다. 그런 요구들이 없다면 인간 사회는 존재할 수 없기 때문이다."(S. 66) "군국주의의 해골을 가지지 않는 국가는 없다."(XXIV. Brief) "우리는 레바논의 백향목이 아니라 로마의 카피톨 언덕의 석재로 우리의 국가를 세운다. … 그러므로 우리는 국가건설과 경제건설 분야에 속하는 일들이 중요한 문제일 때는 예수님에게 묻지 않는다."(XXV. Brief)

---

23) F. Naumann, *Briefe über Religion*, 1903.

나우만에 의하면 정치에서는 권력의 투쟁법이 지배하며, 경제에서는 경쟁원리의 경제법이 지배한다. 이런 경쟁에서는 사회진화론이 주장하듯이 강자만이 살아남는다.

막스 베버는 권력의 윤리적 중립성을 주장한다. 삶은 생존을 둘러싼 경쟁이다. 더 강한 자는 살아남는다. 결과적으로 기독교는 신념과 내면적 자기성찰로 후퇴한다. "세상"은 세상 자신의 법을 따른다.

이 명제에는 두 가지 견해가 내포되어 있다. 첫째, 기독교 신앙은 경제, 사회에 직접 적용할 수 있는 어떤 규정들도 지시하지 않는다. 이점에서 신학자 나우만과 사회학자 베버는 일치한다. 둘째, 세상의 질서는 윤리적 규범에 의해 규정되지 않는다는 점에서 볼 때 "자기합법적"이다. '자기합법적'이란 윤리적으로 가치중립적이며, 따라서 원칙적으로 "도덕과 무관한"이라는 의미이다.

이것은 대단히 포괄적이고 의심스러운 진술이다. 이런 진술은 자연법과 도덕법, 자연과 윤리를 구분하는 칸트의 영향이다.

칸트에 의하면 자연 개념을 통한 입법은 단지 이론적 입법이다. 즉, 실천이성의 규정이다. 자연에서는 강요, 결정, 인과율이 지배한다. 따라서 인간은 감각세계에서는 자유롭지 못하고 자연법에 종속된다. 인간은 오직 감각적이지 않은 도덕 영역에서만 자유롭다. 윤리적 행위의 이런 자유는 실천이성의 요청이다. "너는 할 수 있다, 왜냐하면 너는 해야만 하기 때문이다"(Du kannst, denn du sollst.) 자연법은 감각세계(칸트 : 현상계)에서 일어나는 것을 규정한다. 도덕법은 이성은 일어나야 하는 것을 규정한다. 도덕법은 명령한다.

이와 함께 다음의 물음이 제기된다. 사회, 경제, 정치 등은 자연법적 인과율의 영역에 속하는가? 아니면 도덕법의 명령에 따르는가? 여기서의 "법"은 어떤 종류의 법인가? 칸트는 사회를 자연법의 영역에 귀속시키고자 하지 않았음이 분명하다. 그에 의하면 사회적 행위도 도덕법의 기준에 따라 판단되어야 한다. 그러나 자연법, 기술공학적 필연성, 객관적 소여성이 윤리적 행위를 제한하지 않느냐는 물음이 제기된다. 이것은 칸트의 평화저서에 대한 고전적인 반론이다. 자연법적 행위 이외의 모든 행위는 유토피아가 아닌가?

3.3. 문제제기의 정신사적 배경

"자기합법성"은 근대에 형성된 개념이며, 계몽운동을 통해 문제시되었다. 자기합법성은 무엇보다 사회과학적 개념이다. 사회론은 자연과학과 마찬가지로 학문적일 것을 요구한다.

루터에 의하면 복음은 세상의 통치와 경제적 실천을 가르치지 않는다. 그것은 이성이 할 일이다. 그러나 세계형성의 규범은 자연법과 이성의 법이다. 따라서 이교도들도 선하고 이성적이며 따라서 모범적인 국가질서를 가진다. 이성은 법을 그의 처음 사용에서 인식할 수 있다. 자연법의 총괄개념(모범)은 십계명이다. 그렇지만 루터는 자기합법성을 제한적으로 인정한다.

루터는 이성이 인식할 수 있는 "계명들"(praecepta)과 그리스도의 계시에 근거하여 인식될 수 있는 "약속들"(promissa)을 구분한다. 복음은 자연법을 폐기하지 않고 "하나님의 명령과 창조물로서 확립한다."(WA 50, 633) 그러나 법 자체와 인식될 수 있는 법은 동일하지 않다. 죄인에게서는 이성의 밝은 빛인 양심이 어두워져 있기 때문이다. 따라서 모세는 자연법을 상기시키는 십계명을 전달해 주었다. 그리스도도 자연법을 상기시킨다.(마 7:12 - 황금률) 마침내 루터에 의해 "율법"은 복음과의 관련성에서 이해된다. 비록 루터가 율법의 자립적 이성영역을 자연법과 마찬가지로 존중하긴 하지만 말이다. 그렇지만 루터에게서 "법"은 자연과학적인 법이 아니라 윤리적 법과 당위성 요구를 의미한다. 루터에게 있어서 "자연적인 것"은 계몽된 자연의 인과율이 아니라 창조에 초점이 맞추어져 있다. 따라서 십계명은 정치와 경제에서도 유효하다. 루터의 자기합법성 이해는 아직 근대적이지 않다.

루터는 동시대의 마키아벨리와 달리 정치적인 것의 순수한 자기합법성을 지지하지 않았다. 국가이성도 영주가 단지 성과를 위해 속이고, 위선적으로 행동하고, 죽이고, 강탈하는 것을 허용하지 않는다. 모든 윤리적 규범들에 매이지 않는 냉정한 정치와 경제의 자기합법성에 관한 현대의 견해는 종교개혁이 아니라 르네상스에서 기원되었다. 종교개혁의 업적은 세계의 자기합법성을 강조함으로써 국가와 사회에서 교회가 직접적 또는 간접적 권력을 일방적으로 요구하지 못하게 되었다는 것이었다.

가톨릭은 제2차 바티칸공의회에서 처음으로 사회와 학문의 자율을 인정함으로써 이런 세계관을 수용하였다. 공의회의 선언에 의하면 모든 개별적 사실들은 그들의 "확고한 독자성, 그들의 고유한 진리, 그들의 고유한 품질 및 그들의 자기합법성과 그들의 고유한 질서를 가진다. 인간은 개개의 학문들과 기술공학들에 고유한 방법들을 인정하면서 이런 사실들을 존중해야 한다."

당연히 이런 존중은 "실제로 학문적인 방식으로 그리고 윤리적 규범들에 따라" 이루어져야 한다는 것이다. 그렇게 되면 "갈릴레이" 사건에서처럼 신앙과 학문 사이에 어떤 갈등도 있을 수 없을 것이다. 종교재판은 1633년에 갈릴레이에게 코페르니쿠스적 세계관의 포기를 맹세하라고 강요했다.

루터의 상대적 자기합법성은 교권절대주의를 거부하지만 그럼에도 세계형성을 위해 윤리적 규범들이 필수불가결하다고 본다. 루터의 이런 견해를 참조하여 자기합법성에 관한 근대의 문제점을 살펴보자. 정치적으로 볼 때 르네상스 이후에는 국가이성이 정치적 행위의 유일한 기준이 되었다. 18세기에는 경제의 자기합법성에 의해 자본주의적 경제원칙이 형성되었다. 이 원칙에 의하면 경제의 궁극적 관심은 이익 극대화이다. 200년 전까지만 해도 돈으로 모든 것을 살 수 없었다. 예를 들어 귀족의 작위는 살 수 없었다. 루터에 의하면 복음은 모든 인간에게 보편적인 현상으로서의 법과 대립적인 개념이었다. 근대에는 법의 대립개념은 우연성이다. 이런 법 이해의 척도는 자연과학적, 물리학적 인과율이다.

자연과학적 사고가 주도한 19세기는 사회적, 경제적 그리고 정치적 법을 찾아 발견하는 시대가 되었다. 콩트는 그의 3단계 법칙[24](Dreistadiengesetz)을 다음과 같이 요약했다. 사회적 발전은 일정한 법칙에 따라 필연적으로 온다. 마르크스는 『정치경제학 비판을 위하여』(Zur Kritik der politischen Ökonomie, 1859)의 서문에서 생산조건들

---

24) * 콩트의 3단계 법칙은 인간의 사상과 지식은 정상적인 단계에 이르기까지 신학적 단계, 형이상학적 단계 그리고 실증적 단계의 3단계에 걸쳐 발전한다는 법칙이다. 신학적 단계는 유아기, 형이상학적 단계는 사춘기, 실증적 단계는 성년의 정신 단계에 해당된다.

과 생산관계들의 자기합법적 과정에서 출발했다. 사회주의도 자가
합법적으로 도래한다. 프롤레타리아 계급의 몰락과 자본가의 자본
축적은 불변적 법이다. 역사의 법에 대한 믿음이 19세기를 규정했
다. 실증주의적이고 기술관료주의적 논증은 콩트와 마르크스에게
공통적이다.

3.4. 사회과학의 중심 이념으로서의 "자기합법성" 평가

사회적 발전과정의 자기합법성에 관한 이런 이해는 인식비판적
관점에서 어떻게 판단될 수 있는가? 법 개념은 엄밀한 학문들(자연
과학들)에서 그리고 인간에 관한 학문들(역사학과 사회과학)에서 그때
마다 상이한 타당성과 의미를 가진다. 사회적 법과 경제적 법은 결
코 "자연적" 법이 아니라 단지 관찰된 현상들 사이의 불변적 관계들
에 관한 확정적 진술이다. 베버에 의하면 "일반적으로 이해하는 사
회학[25]의 많은 명제들과 동일시되는 법들은 특정한 사태들에 접했
을 때 일어날 것으로 예상되는 사회적 행위의 전형적인 기회들이
다." 여기서 법은 무조건적으로 타당한 것이 아니라 특정한 전제들
아래서만 유효하다. 따라서 베버는 법 대신 "이상형"이란 개념을 사
용한다. 이상형은 경험적 조건들을 배제한 사회적 관계와 경제적
관계의 합리적 구조이다. 이상형에 입각하여 관찰하면 특정한 사회
적, 경제적 조치의 결과들을 진단할 수 있다. 그런 진단은 필수적이

---

25) * '이해하는 사회학'(Verstehende Soziologie)은 20세기 초 막스 베버에 의해 제시된
사회학의 학문방법론이다. 이 이론에 의하면 사회학의 목표는 인간의 행위를 설명하
면서 이해하는 것, 즉 행위가 일어나는 의미연관을 이해하는 것이다.

다. 특정한 조치가 어떤 영향을 끼치고 어떤 결과를 가져올 것인가?

그렇지만 관찰자와 분석자의 주관적 관점이 문제제기와 결과에 함께 고려되어야 한다. 법의 완전한 객관성은 (그리고 그와 함께 그런 객관성에 동반되는 절대적 강제성은) 자연과학에서도 본질이 아니다.

이런 제한성을 고려한다면 경제적, 사회적 법의 발견과 인식을 위한 노력은 당연하고 필연적이다. 사회적 법을 찾으려는 노력에는 "사회적인 것의 합리성"에 대한 물음과 이런 합리성의 인식가능성에 대한 물음이 포함된다. 예를 들어 경제예측, 사회보장제도를 바꿀 때의 후속비용을 계산하는 것과 같은 경제적인 것의 정량화 가능성과 측량가능성의 문제가 그것이다.

그러나 그렇게 계산할 수 있고 예상할 수 있는 사회적 경제적 법은 상대적이라는 사실을 잊어서는 안된다. 여기서 상대적이라는 것은 기존의 구조들과 관련되어 있음을 의미한다. 따라서 구조들이 변하면 "법들"도 변한다. 사회과학적으로 획득된 "법들" 중 극소수의 법들만이 지속적이고 무시간적인 소여성들을 반영한다. 대다수의 법들은 주변 환경과 전환적 시기와 연관되어 있다. 주변 환경이나 전환적 시기와 무관한 소수의 법들은 사람다운 조건(conditio humana), 즉 인간의 본성의 표현이다. 사회적 법과 경제적 법은 외부의 영향을 받는다. 그렇다면 영향을 받을 수 있는 것은 윤리적으로도 평가될 수 있다.

법 개념을 사회과학에 적용하는 것은 사실과 요구를 혼동할 위험성을 내포한다. 때로 그런 적용은 이기적 관심을 위장하는 데 이용된다.

3.5. 사회윤리적 구체화와 경제윤리적 구체화

여기서는 정치에서의 자기합법성의 문제, 즉 권력과 도덕의 관계가 주된 관심사가 아니다. 이런 문제에 관해서는 틸리케의『신학적 윤리학』[26]을 참고하면 좋을 것이다. 카렌베르크는『서방의 형태와 비판』[27]에서 경제에서의 자기합법성을 다루었다.

카렌베르크에 의하면 경제적 사건과 사회적 사건이 전혀 예측할 수 없고 근본적으로 비합리적이라고 생각하는 것은 적합하지 않다.(S. 109) 명료하고 합리적으로 예견할 수 있는 함수적 관계들이 있음은 분명하다. 특정한 경제적 결정들이 국민경제에 미치는 결과들(평가절상, 인플레이션, 불경기 등)을 정확하게 예상할 수 있는 경우들이 흔히 있다.(S. 111)

카렌베르크에 의하면 더 나아가 수요와 공급에 관한 법 또는 입지규정의 법, 상대적 운송저항의 법,(시장 크기는 거리와 무관하다) 원자재 확보를 위한 이익감소 법이 있다. 아돌프 바그너(Adolph Wagner)는 공적인 것들, 특히 국가의 활동을 점차로 확장하는" 법에 관해 말했다. 포화도 법칙, 광고의 군중심리학적 효과와 같은 사회심리학적 법들이 있다. 이런 모든 요인들은 의심의 여지없이 사회윤리적으로 중요하다. 그러나 그런 요인들이 무시간적으로 절대적이지는 않다.

예를 들어 역사에서 사라진 법들은 토지수익 감소와 그에 따르

---

26) Helmut Thielicke, *Theologische Ethik II / 2*, Nr. 423-886, S. 88-172.

27) Friedrich Karrenberg, *Gestalt und Kritik des Westens*, 1959, S. 103ff.

는 식량여지 감소에 관한 맬서스(Malthus)의 법칙, 또는 언제나 최소한의 생존을 기준으로 임금을 정하는 라살레(Lassale)의 가혹한 임금법이다. 독과점 형성(자본축적과 자본집중)에 관한 마르크스의 명제는 제한적이긴 하지만 여전히 타당할 수 있다. 비록 그것을 "불가피한" 법으로 볼 수 없기는 하지만 말이다.

카렌베르크는 그런 현상들을 다음과 같이 분류한다.

(a) 순수한 자연법(외적 자연의 법칙) : 위치, 기후, 지형, 변두리, 토질, 지하자원으로 인한 혜택이나 불이익. 사회정책의 과제는 그런 불이익을 조정하는 것이다.

(b) 역사적 법 : 예를 들어 역사적, 문화적으로 형성된 호모 에코노미쿠스. 근대의 자본주의적 인간의 경제적 성향. 오늘날 현대의 경제를 주도하는 경제적 합리성원리, 즉 절약원칙은 역사적 제한성을 가진다.

경제의 목적은 루터에게서도 단지 식량조달, 즉 외적 필요를 충족시키는 것이었다. 결혼과 가정 또는 일, 돈, 재산, 이익참여(공동결정)에 관한 견해들은 역사성을 가진다.

이와 관련하여 바로 연상되는 것은 윤리적 기준을 최소한도의 것에 맞추어 규제하는 법, 즉 경제적 경쟁에서 법을 교묘하게 악용하는 "한계도덕"(Grenzmoral)의 법이다. 한계도덕의 법 아래서는 가장 부정직한 상인이 가장 성공적인 사람이다. 모든 경제는 역사적, 사회적, 문화적 기본 조건들을 존중해야 한다는 사실은 명백하다. 개발도상국들에는 이런 사실을 입증하는 많은 증거들, 예를 들어 종교적 금기사항, 생활습관, 계급질서, 가족구조들과 같은 많은 증거들이 있다.

신학윤리학

(c) 인간의 본성에 근거한 합법성들. 우리는 기술적으로, 조직적으로, 윤리적으로, 신체적으로 사람들에게 과도한 것을 요구할 수 있다.

과도한 과세는 세금을 내고자 하는 의욕을 꺾는다. 또는 암시장이 생기는 것은 기능을 제대로 하지 못하는 경제체제 때문이다. 경영자들의 자유와 자기책임의 정도를 규정하지 않는다면 생산체제와 경영체제는 작동하지 않는다. 아마도 인간의 개인적 이익추구는 경제적 태도의 상수에 속한다 할 수 있을 것이다.

카렌베르크는 이런 관찰들로부터 두 가지를 추론한다.

(a) 자기합법성 주장은 종종 악용될 수 있음이 분명하다. "자기합법성 이론은 빈번하게 자기보존과 자기합리화의 본능적인 동기들을 은폐하는데 이용된다." 사회적 행위는 맹목적인 자연적 본성에 따르지 않고 인간의 의지와 능력에 따른다.

(b) 따라서 사회형성과 경제체계에 대한 사회윤리적 책임을 인식하는 것이 중요하다. 이때는 자연적 조건들과 역사적 경험, 인간의 조작 가능성과 적응능력의 한계가 고려되어야 한다. 모든 행위가 자명하게 결정되지는 않는다. 형상화의 놀이공간이 있다. 모든 체제에는 사람들이 접근할 수 있는 열린 자리가 있다. 모든 체제는 바뀔 수 있다. 그런 형상화의 전제는 전문지식과 정치적 의지이다.

그밖에도 오늘의 결정에 따른 미래의 결과를 예측하는 것이 필요하다. 미래를 예측하는 것은 윤리적 과제이다.[28]

---

28) 참조. Georg Picht, *Prognose, Utopie, Plannung*, 1967.

그러나 어떤 학문분야도 혼자 힘으로는 이런 과제를 해결할 수 없다. 더구나 2차적 영향과 원치 않는 부작용도 생각해야 한다.

상황과 관련된 자기합법성의 상대성을 명백하게 보여주는 대표적인 예는 사회주의 국가들에서 계획경제(중앙행정 경제)로의 전환이다. 계획경제는 생산시설의 국유화와 경제방향의 국가통제를 통해 일어난다. 이런 계획경제는 변증법적 발전과정의 필연적 결과가 아니라 정치적 결정에 의존한다. 러시아 지역의 산업화는 그런 계획경제의 도움으로 성공했을 것이다.

이것은 "자유로운" 시장경제에 관해서도 마찬가지로 유효하다. 가격은 시장에서 "자연적으로", 즉 "순수하게 경제적으로" 형성되기 때문에 가격형성에 정책적으로 개입하면 안된다는 생각은 경험적으로 볼 때 타당하지 않다. 가격이 완전히 "자율적으로" 형성된다는 것은 편견이다. "기계적 가격형성"에 대한 주장은 "예정조화"에 대한 믿음에 근거한다. 그렇지만 시장결정들은 결코 가치중립적으로 이루어지지 않는다. 가격은 관계체계에서 결정된다. 이런 체계에서는 예를 들어 농업생산물을 위한 보조금, 관세, 사치세를 통해 우선권이 설정된다. 가격이 사실논리에 기초하여 필연적으로 형성되는 체제는 존재하지 않는다. 가격이 결정되는 구조는 원칙적으로 열려 있다.

그렇지만 근본적인 결정들은 임의적으로 폐지되거나 개정되지 않는다. 따라서 원칙결정에 대한 높은 책임의식이 요구된다. 원칙은 사실논리적으로 결정된다. 근본결정 자체는 어떤 외적 요인에 의해서도 영향을 받지 않는다. 경제적으로 중요한 모든 사태는 인간적 결의에 기인한다. 우리가 결정한 것의 결과는 불가피한 것이

신학윤리학

다. 비록 그 결정이 잘못된 결정이라 할지라도 말이다. "처음 결정은 우리의 자유의지에 달려있으며, 두 번째 결정할 때 우리는 노예이다."(괴테)

사회적 행위의 목적설정에 관해 사회적 동의에 도달하고자 하는 이성적이고 인도적인 윤리는 이런 점들을 숙고해야 한다. 이성적 논의에 대한 유일한 대안은 단지 비합리적이고 비인도적인 폭력의 언어를 제시한다. 결국 자기합법성의 복합성에 대한 그런 모든 윤리적 성찰은 결코 신학적 윤리학의 고유한 특권이 아니다. 그러나 그렇다면 도대체 신학이 기여할 수 있는 것은 무엇인가?

3.6. 신학적 사회윤리학과 자기합법성

지금까지의 논의들을 요약하면 다음과 같다.

(a) 상대적인 "기술적" 자기합법성은 신학에 의해서도 인정될 수 있다. 경제는 정상적으로 작동해야 한다. 윤리적 목표설정이 사회적, 경제적, 정치적 실현가능성에 근거하여 점검될 수 있다는 것은 신학도 부정할 수 없다. 이성은 이런 점검을 위해 요구되는 전문지식을 확보해 주어야 한다. 그렇지만 이때 최고의 유일한 기준은 기술적 실현가능성이 아니다. 오히려 핵심적인 물음은 어떤 목적을 위해 어떤 수단이 요구되느냐 하는 것이다.

(b) 경제의 사회적 과제에 관련해 볼 때 경제는 모든 사람의 행복, 즉 각자가 "잘 살 수 있도록" 해주는 공동의 복지를 추구해야 한다. 경제나 사회정책에는 특별히 기독교적인 목표가 아니라 단지 인간적이고 이성적인 목표들과 구상들이 있다.

개별적으로 개신교 신학은 상이한 방식으로 자기합법성 문제를 다루었다. 전반적으로 바르트 신학은 원칙적으로 모든 자기합법성을 인정하지 않는다.

벤트란트(H. D. Wendland)는 기독교는 하나님의 법을 선포해야 하고 따라서 국가, 경제, 정치의 자기합법성을 거부해야 한다고 강조한다. 왜냐하면 이런 유의 자기합법성은 "신앙을 사유화하고 세상을 자율적 이성의 지배에 맡김으로써 서구의 허무주의와 동방의 집단적-전체주의적인 볼셰비즘이나 나치의 등장에 길을 만들어 주었기 때문이다."[29]

그렇지만 그런 견해에서는 기독교 신앙이 어떻게 세속적 현실에 영향을 주어야 하는지가 분명하게 드러나지 않는다.

트릴하스(Wolfgang Trillhaas)의 견해는 다르다. 그에 의하면 이런 암호(난제)는 "기독교 사회윤리의 가장 중요하지만 여전히 완전히 해결되지 않은 문제들 중 하나"이다.[30] 왜냐하면 이때 중요한 것은 객관적 타당성과 신학적 판단의 관계이기 때문이다. 이때 중요한 것은 성서주의적 논증도 현실예견도 논리적 근거에 따라 사태정합성을 찾고자 하는 노력을 대체할 수 없다는 것이다. "'하나님의 말씀'으로부터 사회윤리로 나가는 직접적인 길은 없다. '하나님의 말씀'이 종종 단지 해석하는 신학자의 말이라는 점은 논외로 하더라도 말이다."(Trillhaas, S. 77) 오히려 신앙의 진리를 - 그 진리가 '세상'을 위한 진리이기도 한 한에서 - 이성의 언어로 표현하는 것이 중요

---

29) H. D. Wendland, *Die Kirche in der modernen Gesellschaft*, 1958, S. 160.

30) W. Trillhaas, "Der Beitrag des Luthertums zur heutigen Sozialethik", in: *Glaube und Gesellschaft*, 1966, S. 75.

신학윤리학

하다.

여기서 다시 윤리학의 성향이 문제시된다. 그렇지만 이때는 사태정합성이 윤리의 유일한 기준일 수 있느냐 하는 물음이 제기될 수 있다. 이런 물음에서는 다음과 같은 점들이 고려되어야 한다.

(1) 상대적 자기합법성과 절대적 자기합법성은 철저히 구분되어야 한다. 상대적 자기합법성은 그때마다 필연적으로 요구되는 사실들을 고려하는 것을 의미한다. 절대적 자기합법성은 상대적 자기합법성의 이런 원리를 이데올로기화한다. 그렇다면 자기합법성은 단적으로 "불가피한 사실"(Sachzwang)을 의미한다. 확고하고 변할 수 없는 합법성들, 사회의 경과, 역사의 과정은 불변적이고 영향을 받을 수 없는 것으로 간주된다. 이에 대해 'EKD 사회백서'(EKD-Schrift) "사회적 문제들에 대한 교회의 의사표명의 과제들과 한계들"(1970, Nr. 25)은 다음과 같이 정확하게 지적한다. "어쩔 수 없는 상황이 있다는 이런 반론은 모든 윤리의 근간을 흔든다. 만일 역사가 확고하고 불가피한 합법성에 따라 진행된다면 윤리적 논의들은 무의미할 것이기 때문이다. 살아계신 하나님을 선포하는 교회는 결코 절대적 합법성을 지지할 수 없다." 오히려 우리의 과제는 사회적, 경제적 발전의 원인, 조건과 영향 가능성을 찾아야 한다. 불가피한 사실, 즉 절대적 자기합법성 주장은 근대적 산물로서 원시적 숙명론의 한 변형이다.

(2) 그렇지만 이때 사회윤리는 트뢸치(Ernst Troeltsch)와 뷘슈(Georg Wünsch)가 비판하듯이 결코 "이중도덕"을 요구하지 않는다. 이중도덕이란 비판은 루터주의가 두 왕국을 구분함으로써 세상을 자기합법성에 맡기고 신앙을 순전히 내적인 영역, 즉 개인도덕에 국한시켰다는 비판이다. 바르트는 트뢸치의 이런 비판을 수용했다.

이 세상에서는, 즉 경제, 정치에서는 다른 윤리가 통용되는 것이 아니며, 비도덕이 도덕이 되는 것이 아니라 윤리적 요구들이 다른 방식으로 통용될 뿐이다. 즉, 윤리적 요구들이 다른 방식으로 실현된다는 말이다.

기독교 신앙은 절대화되고 이데올로기적으로 이해된 자기합법성을 비판한다. 그러나 기독교 신앙은 정당한 사실요구들을 인식하며, 책임을 사실에 대한 책임으로 파악하며, 제도들과 구조들의 세상성과 비종교성을 인정한다. 율법과 복음에 대한 종교개혁의 구분, 세상의 왕국과 그리스도의 왕국을 구분하는 두왕국설은 사회에서 상대적이고 정당한 자기합법성과 자율을 신학적으로 이해할 수 있는 토대를 제시한다. 그렇지만 근대에 이르러 법이해가 바뀌고 사회적 합법성이 불가피한 사실이 된 결과 비판적 사회윤리의 과제가 훨씬 더 긴급하게 되었다.

4. 책임윤리로서의 사회윤리

4.1. 문제제기

질서와 제도는 이미 주어진 것의 영역, 창조의 영역, 자연적인 것의 영역에 분류될 수 있다. 그렇지만 사회윤리를 몰트만처럼 "변화학문"(Veränderungwissenschaft)으로 이해한다면 목표는 미리 주어진 것과 그 형태가 아닌 새로운 사회에 방향을 맞추어 설정된다. 진보된 "새로운 사회"가 목표설정의 유일한 기준이다. 물론 진보 자체는 운동을 위한 운동이다. 그렇다면 창조와 함께 인간과 세계에 이미 주어진 것을 존중하고 보존하는 자리에 세상을 변화시켜야 할 절대적 의무가 들어선다. 무엇보다 "혁명의 신학"은 사회에 관한 이런 견해를 그의 신학적 강령에 따라 수용한다. 그런 변화의 모범은 윤리적으로 실현될 목표로서의 하나님 나라와 유토피아이다.

이런 논증이 윤리학을 위해 가지는 신학적 의미에 관해서는 후에 다시 논의될 것이다. 무엇보다 에른스트 블로흐의 『희망의 원리』의 영향으로 기독교의 종말론이 현세에서의 이상사회로 변형되었다. 그렇지만 사도신경의 신앙고백, 즉 죽은 자들의 부활과 영

생에 대한 믿음이 어느 정도나 윤리적 명령으로 전환될 수 있는지
는 여전히 논란거리이다. 사회윤리의 종말론적 구상은 모든 견고한
구조들을 약화시킨다. "사회는 언제나 변해야 한다"(societas semper
reformanda)는 명제는 제도를 변화의 과정으로 용해시킨다.

이와 반대로 책임윤리로서의 사회윤리는 물론 사회의 변화와 함
께 이런 변화의 역동성도 고려하고자 하지만, 변화의 필연성을 종
말론적 근거에서 논증하지는 않는다. 책임윤리도 미래의 윤리학이
다. 요나스는 『책임의 원리』를 의식적으로 블로흐의 『희망의 원리』
에 대한 반론으로 기획했다. 책임은 그의 기원이 기독교 신앙에서
유래한 것으로 생각될 수 있는 보편적 개념이다. 그리고 책임은 구
체적인 과제들을 통해 구성되며, 제도적 조건들을 고려하여 미래의
과제들을 성취하는 것을 의미한다.

4.2. 책임윤리의 해석들

1) 발터 슐츠(Walter Schulz)는 "책임"이 윤리학의 핵심 개념이라
고 보았다. 슐츠에 의하면 시대정신을 반영하는 윤리학의 과제는
"더 이상 개인의 내적 도덕을 중심으로 결정되지 않는다. 비록 윤리
학이 선과 악의 본질적 대립을 철저히 고수해야 하기는 하지만 말
이다. 윤리학은 미래의 관점에서 구체적인 사실문제들을 다루어야
한다."[31]

책임은 두 가지 측면에서 차별성을 가진다. 책임은 한편에서 단

---

31) Walter Schulz, *Philosophie in der veränderten Welt*, 1972, S. 10.

순한 기술적 합리성과 다르며, 다른 한편에서 윤리의 본질이 단순히 개인의 성찰행위에 있다고 생각하여 윤리를 윤리적 주체에 한정시키는 것과 다르다. 윤리적 물음이 새로운 방향에서 제시된 것은 한편에서 이웃을 인간의 근본소여성으로 인식했기 때문이며, 다른 한편에서는 오늘날 학문적-기술적 문명에 의해 제시된 미래의 과제들 때문이다.

전통적으로 윤리학의 주제는 자기에 대한 윤리적 해석이었다. 윤리는 자기 자신에 대한 관계의 한 형식이었다. 따라서 칸트와 피히테는 윤리를 자유롭게 행동할 수 있는 가능성에 대한 성찰이란 의미로 이해했다. 주체성 철학은 "윤리적 자기투입"을 논의한다. 인간은 자신의 윤리적 결정을 통해 자기 자신을 구성한다. 윤리적 태도는 자아의 사실행위(Tathandlung)이다.(피히테)

마르틴 부버는 '나와 너의 관계'가 가지는 대화적 구조를 강조한다. 대화적 윤리는 '너'의 맞은편에서 책임지는 자세로 대답하는 관계로서 실현된다. 이것은 이웃사랑의 윤리이다. 이와 달리 막스 베버는 오늘의 세계를 책임윤리에 대한 도전으로 파악한다. 막스 베버에게 있어서 책임윤리에 대립되는 개념은 신념윤리이다.

그렇지만 발터 슐츠는 책임윤리와 신념윤리를 구분하는 베버를 비판한다. "그러나 베버의 생각은 도식적이다. 그는 언제나 극단적으로 과장하며, 아주 명백하게 사태를 왜곡한다."(S. 717) 베버의 구분은 현실에는 존재하지 않는 이상형에 의존한다. 슐츠에 의하면 베버가 순수한 내면성의 무세계성을 비판하고 따라서 순수한 신념윤리를 거부한다면 그는 옳다.

그러나 베버는 인간은 그럼에도 불구하고 언제나 신념윤리와 책임윤리와 함께 살고 있으며 살아야 한다는 사실을 간과하고 있다.

현실에 관여하는 사람은 누구나 적어도 선과 악을 구분해야 하며, 양심에 따라 판단해야 하고, '신념'을 가져야 한다.

이런 생각에 근거하여 EKD의 사회백서 「평화를 보존하고, 촉구하고 개선하는 것」은 윤리와 정치의 관계에 관한 논쟁을 간결하게 다음과 같이 요구했다. 평화를 확립하는 정치적 과제에 있어서 언제나 고려해야 할 일은 "모든 윤리는 책임과 관련되어 있다는 사실이다. 중요한 것은 우리가 신념이나 책임으로부터 행동해야 하느냐 아니냐 하는 사실의 문제가 아니라 어떤 신념으로부터 어떤 책임의식을 가지고 행동하느냐 하는 것이다."(65)

발터 슐츠의 주장에서 다음과 같은 점들을 추론할 수 있다. 책임이란 개념은 (a) 윤리적 책임의 주체에 대해 물음을 제기한다. 책임은 권한과 관계가 있다. (b) 책임은 더 나아가 대답하는 것이고, 관계하는 것이다. 책임을 지는 사람은 어떤 사람에 대해 책임을 진다. 그는 그가 해명해야 하는 주무관청 앞에서 책임을 진다. (c) 책임은 사실요구들을 통해 구성된다. 책임은 어떤 것에 대한 책임이다. 따라서 책임 개념에서는 (1) 책임의 주체, (2) 상관관계로서의 책임, (3) 과제와 사태에 대한 책임이 고려된다.

2) "책임윤리"의 개념을 처음 사용한 사람은 막스 베버(Max Weber 1864-1920)이다. 「직업(소명)으로서의 정치」(Politik als Beruf, 1919)라는 강연에서 그는 책임윤리와 신념윤리의 대립을 논쟁적 형식으로 제시하였다. "정치 영역에는 객관성 결여와 무책임성이란 두 종류의 대죄(大罪)가 있다. 정치윤리는 정치가의 '사실'이지 그의 개인적 허영이 아니다" 그렇지만 그는 덧붙인다. "정치가가 그것을 위해

신학윤리학

힘을 추구하고 사용하는 그 사실이 어떠해야 하느냐 하는 점은 신앙에 속하는 일이다." 정치가는 그의 "일"을 위해 필요하다면 폭력도 사용한다.

그러나 정치의 그런 폭력적인 관철이 윤리, 특히 산상설교의 윤리와 조화될 수 있는가? 베버의 대답은 분명하다.

> "복음의 절대적 윤리인 산상설교는 이 명령들을 인용하는 사람들이 믿는 것보다 더 진지한 사실이다. 산상설교는 진지하게 받아들여야 한다. 과학에서 인과율이 불변의 진리이듯이 산상설교도 그렇다. 산상설교는 타고 내리기 위해 상황에 따라 임의로 멈추게 할 수 있는 마차가 전혀 아니다. 진부한 것들과 다른 어떤 것이 나타나야 한다면, 그것이 바로 산상설교의 의미이다."[32]

"무세계적 사랑의 윤리"(173)에서만 폭력으로 악에 대항하는 것을 포기할 수 있다. 이와 반대로 정치가는 만일 그가 책임적으로 행동하고자 한다면 비상시에는 폭력을 이용해서라도 악을 저지해야 한다. 정치가에게는 비타협적인 진리의무도 제한적으로만 적용된다. 베버는 독일이 베르사유 평화협정에 직면하여 1차 세계대전의 원인에 대한 책임을 인정한 것에 대해 강하게 비판한다. 왜냐하면 이로 인해 (독일 입장에서 볼 때) 평화협정의 성공이 약화될 수 있었을 것이기 때문이다. 정치가에게 있어서 중요한 물음은 그의 발언이 성공에 기여하느냐 하는 것이다. 책임윤리에 따르는 사람은 "그의 행동은 (예상 가능한) 결과들에 대해 책임을 져야

---

32) Max Weber, *Soziologie, Weltgeschichtliche Analyse, Politik 1964*, S. 173.

한다."(S. 175) 신념윤리에 따라 행동하는 사람들의 경우는 이와 반대이다.

> "신념윤리가는 순수한 신념의 불꽃, 즉 사회질서의 부정의에 대한 저항의 불꽃이 꺼지지 않는 것에 대해서만 책임감을 느낀다. 그 불꽃을 언제나 새롭게 타오르게 하는 것은 그의 행동의 목적이다. 이런 목적은 성공가능성의 관점에서 보면 전혀 비합리적이며 단지 본보기로서의 가치만 가질 수 있고 또 가져야 한다."(S. 175)

이와 반대로 책임윤리를 주장하는 사람은 행위의 결과가 나쁘지 않은 것을 중요하게 생각한다. 이때 그는 "인간의 평균적 결함들"(S. 175)을 고려한다.

베버는 양극단은 본질적으로 조정할 수 없다고 생각한다. 책임윤리를 지지하는 사람은 어떤 수단으로 목적을 달성할 수 있는지 고심한다. 비록 그 수단이 위험하다 할지라도 말이다. 신념윤리를 지지하는 사람에게 있어서 목표와 수단에 대한 물음은 전혀 중요하지 않다. "신념윤리를 지지하는 사람은 세상의 윤리적 비합리성을 견디지 못한다. 그는 윤리적 규범이 보편적으로 타당하다고 보는 윤리적 '합리주의자'이다."(S. 177)

책임윤리와 신념윤리의 차이는 현실을 대하는 태도의 차이에 기인한다. 베버는 당시 그의 청중들에게 냉정한 객관성과 사실성을 강조하고 싶었을 것이다.

> "정치는 정열을 가지면서 동시에 사태를 정확하게 파악하여 강하고 점진적으로 목표를 추구해 나가는 것이다."(S. 185) 뜨거운 가슴으로

신학윤리학

참여하고자 하는 사람은 정치에 적합하지 않다. 정치가는 "모든 희망
들이 좌절되어도 꺾이지 않는 불굴의 의지로 무장해야 한다."(185)

따라서 책임윤리는 목적론적 논증이다. 신념윤리는 절대적인 의
무론적 논증과 일치한다. 더 나아가 막스 베버의 구분은 전체적으
로 학문과 윤리의 관계에 대한 물음을 전제한다.[33] 윤리적 책임을
학문적으로 논증할 수 있는가? 아니면 윤리적 책임은 전적으로 개
인의 결단에 의존하는가? 학문적 합리성("가치중립성")은 가치와 어떻
게 결합될 수 있는가? 베버는 이 물음에 대해 확실하게 대답하지 않
는다. 그의 입장 자체는 신학적 문제제기들과 거의 무관하다.

3) 본회퍼의 윤리학 유고집에는 "책임적 삶의 구조"에 대한 견
해들이 단편적으로 발견된다. 본회퍼가 이런 견해들을 가진 것은
그가 히틀러 암살계획에 가담했을 때였다. 그에게 중요한 것은 세
상에 대한 책임, 그것도 "성숙한" 세상에 대한 책임이다. 본회퍼
에게 있어서 중심 개념은 "대리행위"(Stellvertretung)와 "현실정합
성"(Wirklichkeitsgemäßheit)이다. 부모, 스승과 정치인은 다른 사람들
을 대신하여 행동한다. 본회퍼에 의하면 이런 대리행위는 그리스도
의 대속의 죽음에까지 소급된다.
　그렇지만 그런 배타적인 기독론적 해석은 문제가 있다. 왜냐하
면 본회퍼에게 있어서 신학적으로 볼 때 오직 그리스도를 따르는
행위만이 현실정합적 행위이기 때문이다. 이런 입장을 취하면 책임
이 도대체 어느 정도나 사실요구들에서 측정될 수 있는지 설명하기

---

33) 참조. W. Schluchter, *Wertfreiheit und Verantwortungsethik*, 1971.

가 어렵게 된다.

막스 베버와 달리 본회퍼는 책임을 갈등상황, 즉 저항이란 예외
적 상황에서 이해했다. "비상한 필연성은 책임의 자유에 호소한다."
우리는 자유로운 감행에서, 심지어 공인된 타당성을 깨뜨릴 때 책
임을 져야 한다. 따라서 본회퍼에게 있어 책임은 죄에 대한 책임을
떠맡을 준비가 되어있는 것을 의미한다. 본회퍼의 윤리에서 책임
은 결코 개인적 삶의 문제가 아니라 공동체적 삶과 의사소통 행위
의 과제이다. 베버와 달리 본회퍼는 책임을 신학적으로 이해한다.
이런 점에서 책임에 관한 이해에서 본회퍼는 게오르그 피히트(Georg
Picht)와 일치한다.

4) 게오르크 피히트는 책임에 관해 다음과 같이 정리한다. [34]

"이성은 미래를 예측함으로써 단지 이성에 본질적인 진리를 인식한
다. 인간의 사고에서 미래에 대한 예측은 이런 생각에 제시된 역사
적 과제를 통해 가능하게 되고 강요된다. 따라서 더 이상 형이상학
적이 아니라 시간의 본질로부터 파악된 진리의 영역에서는 이성의
내적 가능성은 오직 그의 미래의 역사에 대한 책임에 근거할 수 있
다."(Vorwort S. 8)

피히트의 주요 관심은 책임의 구성 문제이다. 책임의 근원은 로
마법의 어법에서 발견된다. 책임을 지는 것과 관련된 라틴어 '대답
하다', '내가 대답하다', '대답'은 법정에서 정당성을 변호하는 것을

---

34) Georg Picht, *Wahrheit, Vernunft, Verantwortung*, 1969.

신학윤리학

가리키는 용어이다.

고소에 대해 책임의 형식으로 대답된다. 그렇지만 법정에서는 단지 행위에 대해서만 책임을 묻는다. 생각에 대해서도 책임이 있다는 사상은 기독교의 최후의 심판표상에서 비롯되었다. 바울은 종말론적 책임에 관해 말한다. "우리가 다 반드시 그리스도의 심판대 앞에 나타나게 되어 각각 선악 간에 그 몸으로 행한 것을 따라 받으려 함이라."(고후 5:10) 하나님의 심판대 앞에서의 (몸으로 행한 것에 대한) 이런 종말론적 책임으로부터 책임의식이 근대철학에서는 개인의 주체성의 중심인 양심에 반영되어 나타난다. 최후의 심판에 대한 예상은 도덕적 책임에 관한 표상의 근원이다.

철학전통은 세속화의 길에서 하나님 앞에서의 책임을 자기 자신 앞에서 책임, 즉 자기책임사상으로 새롭게 해석했다. 데카르트 이후 사유하는 주체는 자기의 고유한 양심 앞에서 책임을 진다. 이와 함께 자기존재, 자율적 이성, 자유는 책임 가능성의 조건이 된다. 이와 함께 책임은 개인윤리의 범주와 원리(토대)가 된다. 그렇게 볼 때 결정은 도덕적 사건이다. 결정은 무시간적인 내적 운동이 된다. 책임의 중심은 도덕적 주체이다.

이와 반대로 피히트는 책임이 시간과 역사의 과제들로부터 발생한다고 생각한다. 따라서 그는 책임의 무게를 법정에서의 책임으로부터 현재의 생각, 행위와 결정에 따르는 현재와 미래의 결과에 대한 책임으로 옮겨놓는다. 미리 배려함(Vorsorge)으로서의 책임의 구조에 대한 물음은 책임의 주체에 대한 물음으로 이어진다. 학문과 기술문명의 시대에 개인은 세계평화에 대한 책임, 인류의 생존에 대한 책임, 미래 세대의 에너지 조달과 자원조달에 대한 책임, 우주적 지시관계들에서 생태학적 생존능력 확보에 대한 책임으로부터 자유로울 수 없다. 미래의 역사에 대한 오늘의 책임은 사용가능한 잠재적 힘의 증대와 자연 전체에 대한 인간의 힘의 확장과 함께 성장했다.

피히트는 "20세기에 학문의 구조와 책임"에 문제점이 있음을 지적한다. 그에 의하면 대표적인 문제는 원자력이 원자폭탄 제도에 이용되는 것과 세계의 식량을 안정되게 확보하는 과제이다. 이때 책임을 기술하는 것은 대단히 어렵다. 책임의식을 가지는 능력이 책임의 과제의 보편성에 전혀 미치지 못하기 때문이다. 오늘날에는 세계를 변화시킬 수 있는 인간의 능력으로부터 발생하는 미래의 역사에 대해 책임을 질 공동의 주권국가들의 주체가 없다. 따라서 책임은 주체가 없이 익명적이 된다. 증가하는 인구를 위해 식량을 조달하고 환경과 평화를 보존하는 책임을 맡을 미래역사의 주체가 없다. 이런 책임은 민족국가들과 주권적 정부들의 권한과 배상책임으로도 감당할 수 없다.

따라서 책임은 사실상 훨씬 더 범세계적이라 할 수 있을 것이다. 과학과 정치와 사회가 발전하면서 개인윤리적 의미의 책임 개념은 사실상 불합리하다고 입증되었다. 이론 자체는 오늘날 학문에서 "가장 급진적인 형태의 실천"이다. 왜냐하면 "개인들의 태도, 도덕의식 그리고 책임능력은 집단적 과정을 통해, 경제적 발전을 통해 그리고 정치활동을 통해 거의 설명하기 어려울 정도로 영향을 받기 때문이다."(S. 345)

따라서 개인이 결정하고 책임질 여지가 좁아졌다. 그러나 지금까지는 파악할 수 있고 책임을 물을 수 있는 어떤 집단적 책임의 주체가 없다. 예를 들어 학문과 학자는 집단적 행위주체가 아니다. 학문도 결국은 이성을 지배할 수 없다. 그러나 마찬가지로 "어떤 개인도 우리의 전체 미래가 그것의 규명에 달려있을 수 있는 관계를 그의 가장 기본적인 소여성들에서조차 전망할 수 없다."(S. 349) 이와 반대로 기계장치에게 책임을 물을 수는 없다. 피히트에 의하면 "우리가 부정할 수 없는 과제들이 있다. 이런 과제들에는 인간적 책임의 가능성들이 시사되어 있다. 그러나 이미 언급되었듯이 지금까지는 이런 가능한 책임을 떠맡을 어떤 주체도 없다."(S. 349) 따라서 피히트는 제도화된 책임의 새로운 형태들이 창안되어야 한다고 제안했다.(S. 369f.)

후에 80년대 초에는 피히트는 훨씬 더 회의적이고 절망적인 입장을 취한다. 교회와 신학이 종말론적 책임을 세상에 대한 책임으로 재해석했다는 것이다. 그렇지만 이때 "세상"은 교회 외부에 있는 책임영역이 아니라 기독교 신앙 자신이 거룩한 우주질서를 세속화한 결과이다. 피히트는 교회와 신학에게 강하게 촉구한다. "교회와 신학은 그들의 가르침과 행위의 결과에 대해 책임을 질 준비가 되어 있을 때에만 세상에 대한 책임에 관해 말할 수 있을 것이다." 피히트에 의하면 책임은 시간의 지평에서 부과된다. "형이상학의 무시간적 진리가 시간의 부정을 통해 구성되는데 반해, 책임은 구체적인 시대인식을 통해 발생한다. 따라서 책임을 부정하고 소홀히 하는 것은 시대가 우리에게 부과하고 요구하는 것을 무시하는 것이다. 대지의 통치는 인간이 그의 책임영역을 무분별하게 착취하는 것을 허용하지 않는다."

마찬가지로 한스 요나스의 『책임의 원리』도 바로 이런 물음제기에서 시작한다.

5) 본회퍼와 달리 한스 요나스(Hans Jonas 1903-1993)의 『책임의 원

리(Das Prinzip Verantwortung)』는 책임을 순수하게 인간적인 과제, 즉 비기독교적 윤리의 주제로서 기술하고자 한다. 요나스는 철학자로서 기술문명의 조건들과 생태학적 위기를 "책임"이란 주도적 동기 아래서 다루는 윤리를 구상한다. 요나스도 기술력의 신장에 따르는 인간 행위의 확대와 그 결과들에서 출발한다. 그 결과들은 자연의 취약성과 오늘의 행동이 야기할 미래의 결과에 대한 예측불가능성이다. 따라서 요나스는 칸트의 정언명령을 보완한다. 나는 나의 행위의 준칙이 보편적 입법의 토대일 수 있기를 바라기만 해서는 안 된다는 것이다. 그는 이렇게 요구한다. "인간의 손상되지 않은 온전한 미래를 당신의 의지의 공동대상으로서 당신의 현재 행위에 포함시키십시오."(S. 36)

오늘날 윤리는 필연적으로 미래윤리이다. 이때 요나스는 유토피아와 철저히 거리를 둔다. 그의 『책임의 원리』는 에른스트 블로흐와 마르크스주의에서의 『희망 원리』와 대립개념이다. 중요한 것은 유토피아적 개혁과 개혁이 아니라 주어진 것에 대한 책임이다. 따라서 더 좋고 완전한 세계 구상이 아니라 "두려움의 발견술"(S. 63)이 책임 원리가 추구하는 방향이다. 결론은 "구원을 예언하는 것보다 재앙을 예언해 주는 것에 더 귀를 기울이는 것"이다. 다시 말해 책임윤리에서 중요한 것은 종말론적 약속의 성취가 아니라 돌이킬 수 없는 손해를 막아주는 것이다.

요나스에게 있어서 미래에 대한 의무는 인류가 존속해야 한다는 사실을 통해 타당성이 논증될 수 있다. 그렇지만 미래에도 인간이 존재해야 한다는 이런 비형이상학적인 명령을 성공적으로 수행하기 위해서는 자연을 환경으로서 보존하는 것이나 자원보존과 같은 기본조건들이 마련되어야 한다. 요나스에게 있어서 책임은 인간의 힘으로부터 발생하며, 비상호적 관계를 의미한다.

본회퍼에게서처럼 부모와 정치인은 책임의 본보기이다.(S. 184ff) 그들은 다른 사람들을 "대신해" 행동한다. 더 나아가 그들은 미래의 지평에서 행동한다. 그들의 과제는 성인이 될 때까지 교육하는 것이며, 미리 배려하는 것이며, 앞날을 예견하는 것이다.

요나스에게 있어 책임에 대한 호소는 엘리트적이고 비민주적인 경향을 내포한다. 비상시에는 금욕과 "검소함"이 국가에 의해 강요되어야 한다.

더 나아가 요나스는 윤리를 초월적 존재에 의존하지 않고 논증하고자 한다. 그러나 종교가 없는, 하나님에 대한 믿음이 없는 책임이 있을 수 있느냐 하는 물음은 단적으로 대답할 수 없는 문제이다. "거룩한 것"을 인정해야 한다는 요나스의 요구는 근거가 부족하다. 더 나아가 유토피아를 근본적으로 부정하게 되면 모든 전망이 불가능하고 그로 인해 변화에 대한 모든 동력이 정지되는 위험이 따른다. 이와 반대로 책임은 시대의 과제들과 어려운 상황들과 연대하여 행동할 것을 요구한다. 기독교 신앙은 삶의 의지를 고취시킴으로써 책임감을 일깨운다.

6) "책임적 사회"(세계교회협의회 제1차 총회, 암스테르담, 1948)의 범세계적 이상이 추구하는 것은 이웃에 대한 책임에 참여함으로써 인권과 같이 인도적이고 보편화할 수 있는 요구들 및 책임을 가능하게 하는 제도와 사회질서이다. "책임적 사회"의 기본정책은 사회의 제도적 질서를 사회윤리의 과제로서 인식한다.

"책임적 사회란 자유가 정의와 공공질서에 대한 책임을 아는 사람들

의 자유인 그런 사회이며, 정치권력이나 경제적 힘을 가지고 있는 사
람들이 그들의 권력행사에 대해 하나님과 사람들에게 책임을 지는 그
런 사회이다."

따라서 책임적 사회는 (1) 보편적 요청이며 (2) 개인과 사회, 자
유와 정의가 서로 연관된 다면적 개념이며 (3) 힘의 통제를 중요시
하는 비판적 개념이며 (4) 경직된 원리가 아니라 역동적 표상이다.

그렇다면 어떤 사회가 진정으로 책임적인 사회질서를 이미 실
현했다고 자신할 수 있는가? 그러나 "책임적"이란 "지배하지 않
고"(herrschftslos)를 의미하지 않는다. 이 개념은 지배력의 제한, 즉
권력의 공정하고 민주적인 합법성, 체계 그리고 통제를 요구한다.
"책임적 사회"는 기독교적 공동체의 이념을 주창하지 않으며, 모든
사회에 대해 비판적 기준을 내포한다. 그런 사회는 인도주의적 사
회와 동일한 사회이다. 이런 사회는 새로운 기술적 요구와 사회적
요구에 따라 역사적으로 유연하게 변하는 사회이다.

1979년 보스턴에서 열린 교회일치협의회 "믿음, 학문 그리고 미
래"는 "책임적 사회"를 확대하여 공정하고, 참여를 보장하고 생태계
를 보존하는 사회를 목표로 설정했다.

4.3. 전망

책임은 오늘의 개신교 사회윤리의 핵심개념이다. 그 개념은 미
래와 연관된 개념이기 때문이다. 책임윤리는 미래윤리이다. 한편
그 개념에는 책임의 주체에 대한 물음, 즉 권한, 경쟁력, 권력에 대

신학윤리학

한 물음이 내포되어 있다. 더 나아가 책임은 다른 사람들과의 의사소통 관계는 물론 실제적인 과제를 중요시하는 개념이다. 그리고 이 개념에서 인간에게 보편적인 인도주의적 요구와 하나님 앞에서 인간의 책임에 관한 기독교적 확신이 교차한다. 사회의 역동성과 마찬가지로 다양한 윤리적 관점들이 고려될 수 있다. 책임윤리는 단순히 개인적 의무에 대한 견해를 제도적 조건들과 조정하는 의사소통적이고 대화적인 윤리가 아니다.

볼프강 후버는 막스 베버와 함께 "윤리적 세계상의 발전논리"를 구상했다.[35] 중세 가톨릭 교회는 법윤리에서 규범들을 포괄적으로 확정해 주었다. 개신교는 신앙적이고 윤리적인 주체로 방향을 전환했다. 그래서 자기강요가 외적 강요를 대신하게 되었다. 자율적 주체성, 즉 신념윤리가 법의 규범을 대체했다.

칸트는 그런 신념윤리의 대표적 인물이다. 신념윤리의 핵심 주제는 개인의 생활태도이다. 그렇지만 신념윤리는 기술적-과학적 문명세계에서 뚜렷한 한계에 부딪힌다. 따라서 사회윤리는 개인의 내적인 양심의 결정만 중요시할 뿐만 아니라 동시에 외적 생활세계에서의 행위결과와 행위조건도 신중하게 생각해야 한다. 그렇다면 사회윤리는 사회제도와 질서를 다루는 사회론이 된다.

---

35) Wolfgang Huber, "Sozialethik als Verantwortungsethik", in: *Festgabe für Stephan H. Pfürtnerm, Ethos des Alltags*, 1983, S. 55-75.

5. 가톨릭의 사회론

　여기서는 가톨릭 사회론의 역사와 세부적 내용 전체를 다룰 수 없고 단지 그 이론의 요점만 논의될 수 있다. 개신교의 사회윤리가 그 방법과 관점의 다원성 때문에 통일적이지 못한데 반해, 가톨릭의 사회론은 폐쇄적인 체계를 제시하는 것처럼 보인다. 물론 오늘날에는 가톨릭의 사회론 내부에서 많은 다양한 주장들이 있다. "정치신학"과 "해방신학"은 가톨릭의 사회론에 대해 근본적으로 이의를 제기한다. 마찬가지로 신실증주의 사회과학자들과 비평가들도 가톨릭의 사회론을 학문으로 인정하지 않는다. 가톨릭의 사회론은 규범적이고 평가하는 사회론이기 때문이라는 것이다. 학문은 단지 객관적인 것을 서술할 수 있을 뿐 규정하거나 평가해서는 안된다는 것이다.

　넬-브로이닝(Oswald Nell-Breuning)은 모든 사회론은 인간상의 물음이라고 주장했다. 발라프(H. J. Wallraff)에 의하면 사회론은 "강요되지 않은 명제들의 결합체계"이다. 이 장에서는 다음과 같은 내용들이 제시될 것이다.

　1) 가톨릭 사회론의 원칙들. 가톨릭의 사회론은 자연법에 근거

하며, 따라서 보편적이고 합리적으로 통찰할 것을 요구한다. 사회론의 전제는 사회형이상학이다.

2) 교황의 회칙. 자연법과 자연법적 윤리규범의 확실한 해석은 교회의 교도권이다. 따라서 가톨릭 사회론의 원전은 교황의 사회회칙들이다.[36)]

5.1. 사회철학의 토대

가톨릭 사회론의 견해에 의하면 "사회의 건축법들"은 보편적, 자연적, 사회적 법, 즉 인간의 더불어 삶의 구조를 규정하는 법이다. 가톨릭의 사회론은 사회신학이 아니라 사회철학이다. 가톨릭의 사회론은 자연과 은총을 구분한 토마스 아퀴나스에게까지 소급하며, 인간은 "개인적이며 동시에 사회적인 존재자"(ens individuale et sociale)라는 아리스토텔레스의 형이상학적 근본명제와 관계한다. 인간의 존엄성은 근본가치들의 토대이다. 공동체에서의 유대관계도 형이상학적 토대를 가지며, 인간의 본성에 근거한다. 그런 유대관계는 존재론적 성격을 가지는 무시간적 구조이다. 이런 무시간적 구조는 존재의 원리이며 동시에 당위성의 원리이기도 하다. 따라서 "행위가 존재를 따른다"(agere siquitur esse)는 명제는 옳다. 가톨릭의 사회론은 자연의 창조자인 하나님이 특정한 원리와 규범, 즉 질서를 제정하셨고 주장한다. 모든 인간은 이성의 자연적 빛에 의해 사회적인 더불어 삶의

---

36) 참조. *Texte zur katholische Soziallehre*, 1975, hg. Vom Bundesverband der Katholischen Arbeitnehmer-Bewegung(KAB), mit einer Einführung von Oswald von Nell-Breuning; Oswald Nell-Breuning, *Baugesetze der Gesellschaft*, 1968.

이런 규범들과 원리들을 통찰할 수 있다. 사회적 구조의 이런 원리들을 체계화한 것이 자연법이며 아리스토텔레스의 정의의 이념이다. 자연법은 자연과 인간 공동체에 내재된 질서, 즉 존재질서를 이해하기 적합한 방식으로 규명한다. 정의의 이념은 인간관계를 조정하는 규제적 원리의 역할을 한다. 인간은 "이성적 피조물"이다. 자연법(lex naturalis)은 영원한 법이 인간에게 조명되어 내재하는 것이다. 따라서 자연법은 이성의 법으로서 단순히 사유의 산물이 아니며, 인위적 구성물이 아니라 객관적인 본질관계들의 표현이다.

교황들의 회칙에 의하면 아퀴나스의 이런 자연법 이론은 사회론의 근본이며 원리이다. 계시는 단지 이성질서와 자연질서를 확인할 뿐이다. 따라서 자연법은 사회형이상학적 토대이다.

비오 12세(Pius XII)는 강조한다. "자연법은 교회의 사회론의 근거가 되는 기초이다." 요한 13세에 의하면 "인간관계는 자연질서에 따라 이루어져야 한다. 이렇게 이루어진 인간관계는 사물들의 자연으로부터 입증되고 인간과 더불어 삶의 구체적인 관계들로부터 입증되며 시대의 특성으로부터 입증되는 일반적인 원칙들에 상응한다. 따라서 원칙들은 모든 사람이 수용할 수 있다.

따라서 자연법은 기독교인과 비기독교인 모두를 위한 공동의 토대를 제시해 준다. 자연법은 세계관에 있어서 중립적이며 따라서 다원적 세계관을 가지는 공동체에도 적합한 가치기반이다. 교회는 입법기관이 제정한 국법이 자연법에 기초해야 할 의무가 있다고 요구한다.

여기서는 자연법에 대한 지지와 반대에 관한 근본적 논의를 되풀이할 필요가 없다. 물론 자연법의 존재론적, 존재형이상학적 토대를 어떻게 생각하느냐에 따라 사회적 행위와 정치적 행위의 근거와 표준이 달라진다. 자연법이 존재론적으로 이해되는데 반해, 정의는 형식원리이다.

사회론에서 당위성 요구는 다음과 같은 세 가지 원칙들로 정리될 수 있다.

1) 인격원칙. 인격원칙은 "인간은 모든 사회적 방향의 담지자, 창조자이며 목표"(Mater et magistra, Nr. 219)라는 사실에서 출발한다. 가톨릭 교회의 사회론은 공동의 복지를 추구하며, 따라서 사회 전체의 올바른 질서를 지향한다. 그러나 사회론의 근거와 중심, 출발점과 한계는 인간의 존엄성이다. 따라서 사회론은 사회적 존재로서의 인간에게서 시작하며, 거기에서 사회적 원칙들을 도출한다.

개인은 단독자이면서 동시에 함께 존재하며, 자립적이면서 동시에 공동체에서 존재한다. 인간의 개체성과 사회성은 긴장관계에서 통일성을 형성한다. 인간은 그의 개체성에 의해 자유를 누리며, 사회적 행위의 주체가 된다. 그러나 인간은 자족하는 개인이나 고독한 모나드가 아니다. 인간은 본질적으로, 본성적으로, 존재론적으로 공동체를 이루는 사회적 존재이다. 인간은 공동체에서만 독자적이고 책임적인 개인으로서 자기를 실현할 수 있다. 따라서 바로 인간의 본성으로부터, 즉 보완성과 연대성의 원리의 도움으로 사회론을 설명하는 것이 가능하다.

2) 연대성 원칙. 어떤 인간도 단독으로 존재할 수 없다. 인간은 본질적으로 사회적 존재이다. 공동체는 결혼, 가정, 국가, 자유로운

조직들과 같은 결속관계들에서 구체화된다. 개인과 공동체의 상호관계는 존재론적 전제이다. 연대성 원칙은 무엇보다 인간과 공동체의 상호귀속성을 제시한다. 연대성 원칙은 인간의 신체성에 이미 주어져 있는 존재원리이다. 인간은 두 사람의 공동의 행위, 즉 성적 공동체 덕택에 생명을 가지게 된다. 그러나 인간의 정신도 상호작용을 추구한다. 연대성 원리는 인간의 본성에 내재하는 논리적이고 존재론적인 존재원리이다. 그러나 이런 존재원리는 동시에 당위성 원리이기도 하다. 연대성 원리는 존재원리로서 인간 상호간의 공동연계와 공동책임을 포함한다. 연대성 원리는 당위성 원리로서 공동의 선과 공동의 복지를 위한 인간의 책임을 요구한다. 그렇지만 공동의 복지는 결코 개개인의 복지가 그것을 위해 언제나 희생될 수 있는 그런 절대적인 최고의 가치는 아니다. 연대성 원칙은 언제나 개인원리에 관련되어 있다. 연대성 원리는 극단적인 두 주장들, 즉 개인의 가치만 인정하는 개인주의와 개인의 권리를 경시하는 집단주의 사이의 중용의 도이다. 더 나아가 공동연계로부터 공동책임이 주어진다. 복지국가, 개인의 사회적 의무는 연대성의 결과이다. 더 나아가 연대성 원리는 반자본주의적으로 적용되고 해석될 수도 있다.

연대성 원칙은 공동선 원칙과 전체성 원리를 내포한다. 인간은 보다 큰 전체, 즉 가정, 공동체, 국가, 민족, 인류의 한 지체이다. 사회는 계통에 따라 분류된 전체이며 조직체이다. 개인과 사회의 연대를 주장하는 사람들은 계급증오와 계급질투를 비판한다. 사회는 마르크스주의 계급투쟁 이론과 자유주의적 경쟁모델과는 반대로 갈등을 통해서가 아니라 유기적 협력을 통해 발전한다. 이와 함께 차이와 비동일성도 자연스럽게 설명될 수 있고 정당화될 수 있다. 이것은 마치 개개의 신체기관들이 신체를 위해 다양한 가치와 의미를 가지는 것과 마찬가지이다.

공동선은 모든 참여자들의 유기적 협력을 통해 실현된다. 따라서 가톨릭의 사회론은 평가위원들의 평가가 서로 엇갈릴 때 공동결정을 강력하게 추천한다. 그렇지만 가톨릭 사회론의 한계는 갈등이 사회변혁을 위해 가지는 의미를 과소평가하는 데 있다. 연대주의는 사회적 대립들을 해결하는 대신 조정하도록 유도할 수 있다. 왜냐하면 유기체주의 표상들은 현재 상태를 용인하는 데 도움이 될 수 있기 때문이다.

3) 지원주의 원칙. 연대성 원칙의 이면은, 그러나 그 원칙의 구체적 적용도 지원주의 원칙이다. 지원주의 원칙은 논쟁신학의 고유한 쟁점이 되었다. 그런 원칙은 비오 11세에 의해 '40주년'(quadragesimo anno, 1931)에서 공식화되었다. 거기서 그 원칙은 사회철학 최고의 원칙으로 규정된다.

> "개인이 자신의 주도하에 자신의 능력으로 행할 수 있는 것이 그에게서 박탈되어 사회의 활동에 배정되어서는 안되듯이, 소규모의 하위 공동체들이 수행하여 좋은 성과를 낼 수 있는 것을 더 광범위한 상위의 공동체를 위해 요구하는 것은 정의에 위배된다. 그것은 극히 해로우며 전체 사회질서를 어지럽힌다. 모든 사회활동은 그의 본질과 개념에 있어서 서로를 지원한다. 모든 사회활동은 사회라는 몸통의 지체들을 지원해야 하고, 결코 파괴하거나 흡수해서는 안된다."

지원원칙은 관할원칙이란 의미로 이해될 수 있다. 지원원칙은 책임과 관할의 주체를 명시해야 한다. 이 경우 가톨릭 교회 내부에서 서로 상충되는 해석들이 있다. 넬 브로닝은 '지원'이란 단어를 "기꺼이 도우면서 곁에 서있음"(hilfreicher Beistand)이라고 번역한다.(Baugesetze, S. 90) 이것은 임시변통, 대체함, 대리해 줌이 아니라 자립할 수 있도록 안내해 주는 것을 의미한다. 그러나 번역은 논쟁의 여지가 있는 문제이다. 라틴어 "gravissimum illud principium"은 "최고의 사회철학적 원칙"(Gustav Grundlach S. J.)으로 번역되어야 하는가? 아니면 "가장 중대한 하나의 원칙"(A. F. Utz, O. P.)으로 번역되어야 하는가? 어떻게 번역하느냐에 따라 가톨릭 사회론 내에서 지원원칙의 서열이 결정된다. 서열이 어떻게 결정되느냐에 따라 실천적 사회정책은 크게 달라진다.

지원원칙은 또한 사회형이상학적 원칙으로 간주된다. 지원원칙은 자기책임을 윤리적으로 강조하고 논증하는 존재원리이다. 가톨릭 학자들은 지원원칙의 가치를 인간 이외의 자연에서도 입증하고자 한다. 우주는 작은 단위들의 유의미한 상호작용에 의존한다. 그렇지만 다른 사회학자들은 이런 자연영역으로부터의 추론을 인정하지 않는다. 지원원칙은 "행동하는 모든 것은 행해질 수 있는 것을 통해 성취된다"(omne agens agendo perficitur)는 스콜라신학의 공리에 근거한다. 활동하는 모든 것은 그의 행위를 통해 존재의 의미를 성취한다. 모든 자기실현은 스스로의 활동을 통해 성취된다. 이것은 특히 인간의 경우에 그렇다. 인간은 육체적, 정신적, 윤리적 능력과 성향을 필요로 한다. 이런 사회형이상학적 사태는 모든 인간과 모든 소규모의 인간 공동체는 자립적으로 행동할 수 있어야 한다는 사회윤리적 요구로 이어진다. 좀더 규모가 큰 사회인 국가는 개인과 소규모 공동체의 능력이 미치지 못하는 경우에만 단지 "지원하는 방식으로' 개입할 수 있을 뿐이다. 개인의 자발성과 자립능력은 보호되고 권장되어야 한다. 공동체는 개인의 생존을 배려해 줌으로써 인격발전의 ˝근거기회˝를 확보해 주어야 하지만 그에게서 모든 자발성을 박탈해서는 안된다. 중요한 것은 ˝작은 생활영역의 권리˝를 보호해 주는 것이다.

마찬가지로 링컨은 요구했다. "정부는 주민을 위해 사람들이 필요로 하지만 그들 스스로가 행할 수 없는 것 또는 자기 스스로는 똑같이 잘 할 수 없는 것을 조달해 주어야 한다. 정부는 사람들이 스스로의 힘으로 똑같이 잘 할 수 있는 것에 개입해서는 안된다." 마르크스도 사회주의는 인간에게 자유의식을 일깨워 주어야 한다고 촉구했다.

지원원칙이 사회철학적 근본원칙의 전형이 되는 것은 문제이다. 넬 브로이닝도 이런 난점을 간파했다. 넬 브로이닝에 의하면 지원원칙은 누가 권한이 있고 누가 결정해야 하는지 명확히 함으로써 구별기준이 되는 특징을 제공해 준다. 지원원칙의 장점은 그것이 보편타당하다는 것이다. 그러나 "지원원칙의 적용은 단순하지 않기 때문에 그 원칙을 적용할 때는 대단히 사려깊고 신중해야 한다."(Baugesetze, S. 82)

여기서는 논란의 여지가 있는 지원원칙의 구체적인 적용에 관해서는 다루지 않겠다. 친권과 학교정책에서, 사회정책에서(자녀 양육보조금), 사회보장에서, 공동결정에 있어서 지원원칙은 독일에서 현실적인 정책토론을 위해 커다란 역할을 한다. 그밖에도 집단이기주의로 인해 지원원칙이 남용될 위험은 간과되어서는 안된다.

4) 또 다른 본질적인 근본개념은 공동선(bonum commune)이다.

공동선의 이념에 의하면 "공익이 사익에 우선한다." "국민에게 유익한 것이 정의이다."

공동선은 가톨릭 사회론의 오래된 핵심개념이다. 정신사적으로 볼 때 그 단어는 그리스의 폴리스에서 유래한다. 아리스토텔레스는 그 단어를 국가철학에 도입했다. 아리스토텔레스에 의하면 국가의 가장 중요한 목표는 세력확장이 아니라 시민들이 그들의 정치적 실존을 발견할 수 있는 정신적이고 윤리적인 질서를 확립하는 것이다. 이때 공익은 개별적 이익들의 합보다 더 크다. 스콜라 신학은 아리스토텔레스의 철학으로부터 공동선과 공익 사상을 이어받았다. 그리고 거기로부터 이 개념은 가톨릭의 사회론에 도입되었다. 토마스 아퀴나스에 의하면 공동선은 다른 가치들과 비교하여 "더 신성하다." 인생의 다른 가치들은 공동선에 의존하기 때문이다.(Eth. 1,2,30; STh II/2q 31,3) 따라서 공공의 선과 공동선은 다른 가치들에 우선하는 가치이다. 마찬가지로 교황 레오 13세에 의하면 "공동선은 사회에서 하나님 다음으로 최초이자 최후의 법이다."37) 따라서 공동선은 사회에서 개인이 취할 태도의 기준이다. 개인의 행위는 공익에 도움이 되어야 하거나 아니면 최소한 공익을 해쳐서는 안된다. 사회형이상학으로서의 가톨릭 사회론에서 공동선은 개인의 올바른 발전을 위해서는 물론 공동체에 의해 실현되어야 할 가치를 위한 전제이기도 하다. 이를 통해 볼 때 가톨릭 사회론은 장 자크 루소와 제러미 벤담의 계몽된 사회철학과 유사하다.

계몽된 조화사상과 마찬가지로 가톨릭 사회론도 공동선은 당연히 실현될 수 있다고 확신한다. 공동선은 형이상학적인 윤리적 세

---

37) 참조. Au milieu, Breve an den Französischen Klerus, 16. 2. 1892

신학윤리학

계관에 근거한다. 그러나 가톨릭 사회론은 공동선을 단지 윤리적 과제만이 아니라 존재론적 대전제라고 생각한다는 점에서 계몽주의와 다르다.[38] "공동선은 사회적 연대를 전제로 한 가장 가능성이 크고 인간본성에 속하는 최대 다수의 사회구성원들의 행복을 실현하는 것이다."(Messner, S. 39)

가톨릭 사회론은 인간을 단지 행복을 경험하는 존재로 규정할 뿐아니라 하나님을 예배하는 존재로 규정한다는 점에서도 계몽주의 사회이해와 다르다. 그렇다면 공익원리는 사실상 자연법의 근본원리인 정의와 동일하다. 공익원리는 하나의 이념이며, 실재이며, 과제이며, 즉 존재론적 본질이며, 실천적 현실이며, 사회윤리의 목표이다.

그렇다면 구체적으로 공동선은 어떤 가치들을 가지는가? 그 가치들을 어떻게 알 수 있는가? 가톨릭 사회론은 여기서 경험적 사실 규명과 규범적 요구 사이에서 입장을 정리하지 못한다. 공동선 사상 자체는 구체적 "내용이 없이" 추상적이다. 중요한 것은 무엇이 공동선을 위한 것인지를 누가 결정하느냐 하는 점이다. 어쨌든 공동선은 규제적 이념이다. 공동선은 올바른 인도주의적 사회의 실현을 요구한다.

5.2. 교황의 사회회칙들

가톨릭 사회론의 핵심적 문서는 교황의 사회적 회칙이다. 문제는 이런 회칙의 내용이 사회철학이냐 아니면 사회신학이냐 하는 것

---

38) 참조. J. Messner, *Das Gemeinwohl, Idee, Wirklichkeit, Aufgaben*, 1967.

이며, 어느 정도나 교도권으로서의 구속력이 있느냐 하는 점이다.

교황의 회칙은 회칙문서(litterae encyclicae)이다. 교황의 교도권을 표현하는 것은 교황이 주교단 전체나 개별적으로 주교들에게 보내는 이런 회칙들이다. 이런 회칙들은 그 내용에 이미 정의된 신앙의 진리들이 포함되어 있는 한에서만 무오하다. 그 회칙들에는 경제적 오류들과 잘못된 정치적 판단들이 - 예를 들어 자본주의와 사회주의에 관한 판단들 - 발견된다. 레오 13세 이후로 회칙들은 가톨릭 교회의 사회론, 도덕론과 정치적 이론을 구속력 있게 진술하고 확정하게 되었다.

1) 레오 13세(1878-1903)는 현대사회로의 문을 열었다. 그는 비스마르크를 인정함으로써 비스마르크와의 문화투쟁을 끝냈으며, 영국 가톨릭 교회를 게토에서 이끌어내었다. 정신적으로 그는 자유주의(프랑스에 있는 반교권주의자들로서의 자유당원들) 및 사회주의와 대결했다. 자유주의의 위험은 "우리의 사도 직분"(Quod apostolici muneris, 1878)이라는 회칙에서 처음으로 지적되었다. 첫 번째 중요한 사회적 회칙은 「새로운 사태」(Rerum novarum)이다. 이 회칙은 이미 오래전부터 있었던 가톨릭의 사회운동을 교회의 이름으로 재가하고 정당화하였다.

「새로운 사태」(RN) 레오 13세는 이미 1878년 "우리의 사도 직분"에서 "사회주의의 치명적인 전염병"을 경고했다. 「새로운 사태」는 서두에서 사유재산의 사회화를 주장하는 사회주의의 사회이론이 중대한 오류임을 지적한다. 인간은 사유재산에 대한 권리를 본래부터 가진다. 그 회칙은 국가의 사회복지 사업(사회국가)을 요구하는 것에 대해서도 비판한다.

"국가의 보편적인 사회복지 사업을 요구할 어떤 근거도 없다. 인간은 국가보다 오래되었으며, 그 때문에 인간은 국가가 있기 전에 자신의 존재를 보호할 권리를 갖고 있었다."(Nr. 6)

국가보다 이전에 개인과 가정이 우선함이 강조된다. 그 때문에 스스로 돕는 것이 필요하지 국가의 도움이 필요하지 않다.(Nr 9)

가정 공동체는 "모든 다른 공동체보다 이전이며, 따라서 가정은 국가에 의존하지 않고 그에게 고유한 권리와 의무를 가진다."

당연히 고용관계는 가정생활을 가능하게 해야 한다. 따라서 노동시간 제한과 인권을 존중하는 노동이 요구되며, 휴일 노동과 어린이 노동은 금지되어야 한다. 더 나아가 가족의 생계를 유지할 만큼의 임금이 보장되어야 한다. 그렇지만 임금문제는「새로운 사태」(RN34)에서 명확하게 규정되지 않고 단지 포괄적으로만 표현되어 있을 뿐이다.

「새로운 사태」(RN)는 사회주의 방식의 해결을 거부한 후 기독교적 관점의 사회형성을 가르친다. 기독교적 사회는 오직 교회, 국가, 고용자와 노동자의 협력에서만 실현될 수 있다는 것이다. 그렇지만 인간의 자연적 불평등은 옹호되며(RN 14), 따라서 계급투쟁은 인정될 수 없다는 것이다.

국가는 노동하는 삶이 정상적으로 형성되기 위한 법적 전제들을 마련해야 한다.(Nr 29, 법적 보호) 고용자와 노동자는 유기적으로 서로 협력해야 한다. 국가의 법은 자연법과 일치해야 한다.

"국가의 법과 법령은 그것들이 올바른 이성과 일치하고 따라서 하나님의 영원한 법에 상응하는 한에서만 복종을 요구할 수 있다."

따라서 노동자의 단결권은 자연법이다. 당연히 종교는 노동자협회의 기초를 마련해 주어야 한다.(Nr. 43, 37) "종교와 교회의 도움없이는 결코 혼란으로부터 출구를 발견할 수 없다." 이로 인해 종교에 기초한 노동조합에 대한 요구가 발생하게 되었고, 1900년 이후에는 독일에서 노동조합 투쟁이 시작되었다.

「새로운 사태」(RN)는 반혁명적이라고 생각되었다. RN은 사회주의를 분명하게 비판하지만, 자본주의에 대해서는 예를 들어 인간의존엄성을 촉구할 때, 비인간적인 노동관계와 비합리적인 임금을 비판할 때, 노동자의 단결의 자유를 옹호할 때 단지 암시적이고 간접적으로만 비판한다.그렇지만 RN은 가톨릭 사회사업의 마그나 카르타이다.(QA 39, MM 26) 왜냐하면 가톨릭의 최고 권위가 가톨릭의 노동운동을 공식적으로 인정하고 승인하기 때문이다.

2) 비오 11세(Pius XI, 1022-1939) 교황으로서 그의 직무의 주된동기는 이미 첫 번째 회칙 「하나님의 불가해한 계획들의 시간」(Ubi arcano, 1922), 부제 : "그리스도의 왕국에서의 그리스도의 평화"(Pax Christi in regno Christi)에 잘 요약되어 있다. 이 회칙은 가톨릭 평신도사회운동의 근거가 되었다. 가톨릭 평신도 운동은 일상의 삶에서성직계급의 연장된 팔이어야 한다.

"평신도 운동은 세속 질서가 아니라 초자연적 질서에 속한다. 그 운동은 종교적 운동이기 때문에 정치적이지 않다. 그럼에도 불

신학윤리학

구하고 가톨릭 평신도 운동은 사회운동이다."

이와 함께 민주주의적 정교분리주의, 즉 세속주의를 거부하는 정치적 가톨릭(중앙당)이 합법화되었다.

「40주년」(Quadragesimo anno, QA, 1931). 교황의 이 회칙은 「새로운 사태」(RN)가 발표된 1891년으로부터 「40주년」이 되는 해에 반포되었다.

이 회칙에는 가톨릭의 사회원칙들이 제시되어 있다. 이 회칙은 사회주의를 강하게 비판한다. "선한 가톨릭 신자가 동시에 현실적 사회주의자일 수는 없다."(RN, 120) 당시의 SPD에 대해서도 비판한다. "사회주의적 사회관과 기독교적 사회관 사이의 대립은 조정할 수 없다."(RN 118) 사회주의는 사회를 단지 목적 단체로 본다는 것이다. 사회주의는 반드시 무신론적이지는 않지만 사회를 세속화시킨다. 더 나아가 이 회칙에 의하면 가톨릭은 종교적이면서 동시에 사회적일 수 없다. 공산주의에 대한 비판은 더욱 신랄하다. "공산주의의 본질은 악이다. 어느 분야에서도 공산주의와의 연합활동이 허용되어서는 안된다. 비록 기독교적 문화를 보존하기 위해서라 할지라도 말이다."(Divini redemptoris, 1937) 「새로운 사태」는 노동문제를 지엽적인 문제라고 생각한다.

「40주년」(QA)이 중요하게 다루는 것은 지원원칙이나 직능상의 질서와 같은 사회의 총체적 질서이다. 이 회칙가 반포된 역사적 배경은 1931년의 세계경제공황, 대량실직, 만연한 생존불안이었다.[39]

---

39) 참조. Oswald von Nell-Breuning, *Wie sozial ist die Kirche?*; Gustav Grundlach, *Sozialmetaphysik*.

「40주년」(QA)의 내용은 다음과 같다.

I.「새로운 사태」(Rerum Novarum)의 유익한 영향(16-40)

II. 사회와 경제적 상황에 직면한 교회의 경쟁력(41-43), 사회이론의 개별적 주제들(44-52), 자본과 노동(53-63), 공정한 임금(69-75), 새로운 사회질서(76-98)

III. 레오 13세 이후의 변화들. 자본주의 경제체제에서의 변화와 사회주의 내에서의 변화들.

「40주년」(QA)은 노동조합을 인정한다. 노동조합이 자연법을 존중하고 가톨릭 조합원들에게 완전한 양심의 자유를 허용하는 한에서 말이다.

교도권의 권한은 기술적 조정을 위해 중요한 것이 아니다. 교도권의 권한은 도덕법에 관한 모든 것에 대해서만 구속력이 있다.(QA 41) 그러나 경제의 독자성이 경제가 도덕법과 무관하다는 명제를 정당화해서는 안된다.(QA 42)

"모든 종류의 경제적 목표들, 사회적 목표들과 개인적 목표들은 목표들의 전체 질서에 편입될 수 있다. 이와 함께 이 목표들은 우리가 만물의 마지막 목표, 즉 최고의 무한한 선이신 하나님에게까지 상승하는 계단들이 된다."(Nr. 43)

사유재산은 자연법에 의해 보호된다. 그러나 지금은 재산권과 재산사용은 의식적으로 구분된다. 재산몰수는 허용되지 않는다. 그러나 만일 공동선을 위해 필요하다면 재산사용은 제한될 수 있다.

중요한 것은 "프롤레타리아의 탈프롤레타리아", "프롤레타리아

계급의 구원"(59)이라는 표어이다. 질서정치의 목표는 계급갈등을 완화하는 것이다. 따라서 계급투쟁은 거부되고, 대신 재산형성(Nr. 61)과 생계유지에 합당한 임금(Nr. 71)이 권장된다. 임금조정을 위한 세 가지 기준들이 있다. 노동자와 노동자 가족의 생활비,(Nr. 71) 고용주의 생활능력,(Nr. 72) 공동의 행복.(Nr. 74)

가장 논란이 되는 부분은 "상호 일치하는 질서의"(ordinum mutua conspiratio, Nr. 81) 지원원칙,(Nr. 79) 즉 "직능상의 질서"이다.

넬 브로이닝은 이 원칙을 "능률 공동체"(Leistungsgemeinschaft)라고 번역한다. 그런 공동체는 자본주의적 경쟁과 계급갈등과 상반되는 제3의 길이어야 한다. 비오 11세는 민주주의에 대해 대단히 회의적이었다. 그래서 그는 당시에 신분제 국가(Ständestaat)를 제안했을 것이다. 모든 경제적 상처와 사회적 상처는(1931년의 세계경제공황) 오직 윤리적 개혁,(Nr. 98, 127 ff, 132) 즉 "기독교 정신에서 경제의 쇄신"(Nr. 136)에 의해서만 치유될 수 있다는 것이다.

「40주년」은 사회적 문제와 경제적 문제를 상당히 다른 관점에서 바라본다. 「40주년」에는 가톨릭 사회이론이 사회주의와 대립되는 배타적 견해로 기획되어 있다. 「40주년」은 "참된" 사회는 "기독교적 자연법"에 근거해야 한다고 규정하며, 민주주의적 다원론을 거부한다.

3) 비오 12세(1939~1958), 유게니오 파첼리(Eugenio Pacelli)는 회칙을 쓰지는 않았지만 사회적, 정치적, 도덕적 문제들에 대해 많은 관심을 가지고 있었다. 1939~1941년에만 189차례의 축사가 있었다. 이 축사들에는 특히 공산주의에 대한 비판이 두드러지게 나타난다. 1949~1950년에는 단지 공산당 당원들만이 아니라 KPD와 단순히

협력하는 사람들도 파문하겠다고 경고하는 명령이 교황청 최고 관청에 의해 두 차례에 걸쳐 발표되었다.

4) 요한 23세(1958-1963)는 교회회의 교황이다. 그는 다음과 같은 두 개의 회칙을 반포했다. 「어머니요 스승」(Mater et magistra, MM, 1961), 「지상의 평화」(Pacem in terris,1963, 평화회칙) 이 회칙들에서 특히 강조되는 것은 기후변화이다. 「MM」은 사회주의와 공산주의에 대한 단죄를 단지 역사적 사실로서 발표하기만 할 뿐 직접 명시적으로 새로 단죄하지는 않는다.(Nr. 34)

그밖에도 가톨릭 사회이론의 원칙들과 세부적 규정들이 광범위하게 반복된다. "가톨릭 교회가 전수해 주고 선포한 사회이론은 의심의 여지없이 언제나 유효하다."(MM 218) 새로 강조된 점들은 농업(123-156)과 저개발국 원조이다. 요한 23세는 농부의 아들이었다. 그는 농업정책에 관해 경제적으로 볼 때 비현실적인 많은 조언들을 했다. 그러나 의외로 요한 23세는 토지개혁 문제에 관해서는 언급하지 않았다. 후에 바오로 6세는 「민중들의 진보」(Poplorum progressio, PP)에서 토지개혁에 관해 언급한다.

「어머니요 스승」의 내용은 다음과 같다.

I. 「새로운 사태」(RN) 이후 가톨릭 사회이론에 관한 회고(10-50)

II. 전통적인 사회윤리 주제들(51-122) 임금, 소유권, 공동경영참여 등.

III. 새로운 주제들.

  1. 농업(123-156) (참조. EKD의 농업 건의서, 추수감사절 1965)

  2. 저개발국 원조. 공공목지 사상의 범세계적 확장.(157-211)

신학윤리학

IV. 사목적 권고(216-264): "진리, 정의와 사랑에서 사회적 삶을 새롭게규정함."

「새로운 사태」(RN)와 「40주년」(QA)과 비교할 때 「어머니요 스승」(MM)은 내용에서는 새로운 것이 없지만 문체는 다르다. 비오 교황처럼 권위적인 언어가 사용되지 않는다. 요한 23세는 오히려 사목적 언어를 사용한다. 「MM」은 법적 지시라기보다는 사회적 강론이다. 「어머니요 스승」(MM)의 장점은 개방성과 소통자세(사회주의와 UNO와의 소통)이다. 반대로 약점은 부정확하고 불분명한 상투적인 표현들이다. 사회주의자들과 마찬가지로 자본가들도 원칙적인 권고들을 근거로 제시할 수 있다. 비록 그런 원칙적 권고들 자체는 전혀 다른 것을 실천하고자 하고 실천하지만 말이다. 넬 브로이닝에 의하면 「어머니요 스승」(MM)이 공개적으로 인정될 때 가톨릭 사회이론은 실제로 쇠퇴하기 시작했다.

5) 바오로 6세(1963-1978). 「민중들의 진보」(Populorum Progressio, PP 1967)은 자본주의 경제체제가 저개발 국가들에 끼치는 부정적인 영향을 강조한다. 「민중들의 진보」은 가톨릭 내부에서의 논쟁을 촉발시켰다.

독일에서는 그런 논쟁이 "가톨릭 사회이론은 반자본주의적인가?"라는 표어 아래서 이루어졌다. 「뉴욕 타임스」는 그 회칙을 "거의 마르크스주의적"이라고 표현했다. 「프라우다」는 「뉴욕 타임스」의 내용들을 발췌하여 이에 공감하는 논평을 하였다. 기업가들은 교황이 마르크스적 자본주의 비판을 그대로 수용했다고 비판했다. 세 가지 점들이 특히 반발을 야기했다.

1. 사유재산의 사회적 제한을 지나치게 강조한 점과 공동선을 저해하는 관계들이 있을 경우, 특히 대규모 농장경영과 관련하여 재산몰수를 허용한 점.

"무엇보다 현저한 불공정은 단지 재산의 소유에서만이 아니라 재산의 사용에서 더 두드러지게 발생한다. 많은 나라들에서는 소수의 특권층이 모든 문명의 혜택을 누리고 다른 사람들은 청빈하다." 결과적으로 공동선을 위한 재산몰수가 허용된다. "그러므로 사유재산은 어느 누구에게도 무조건적이고 무제한적인 권리가 아니다."(ius suspremun nullique condicioni subiectum Nr. 23) 이런 명제는 사유재산의 절대성과 신성함을 부정하며, 특히 사용하지 않는 대규모 농장의 몰수를 허용한다.(Nr 24)

2. 맨체스터 자본주의의 자유방임주의 원칙에 대한 신랄한 비판.(Nr. 26)

「민중들의 진보」(PP)은 자유주의적 자본주의의 견해, 즉 "이익이 경제발전의 고유한 목적이며, 경쟁이 경제의 최고법이며, 생산수단에 대한 소유권은 사회에 대한 상응하는 의무를 가지지 않는 무제한적 권리라고 생각하는"(Nr. 26) 견해를 비판한다. 이런 기준들과 반대로 "경제는 절대적으로 인간에게 기여해야 한다는 사실"(Nr. 26)을 기억해야 한다는 것이다.

3. 최악의 경우에는 폭력적인 혁명도 정당화될 수 있다는 진술.(Ziff. 30/31)

불공정한 상황들이 하늘을 향해 소리친다면 그것은 혁명의 문제이다.(Nr. 30) "그럼에도 불구하고 인간의 기본권을 심각하게 침해하고 국가의 공동선을 크게 손상시키는 명백한 독재정치가 장기간 지속되는 경우를 제외하면 모든 혁명은 새로운 불법을 생산하며, 같은 비중의 새로운 혁명들을 초래하며, 새로운 파괴를 야기한다. 현재의 악을 훨씬 더 큰 악으로 제압할 수 없다."(Nr. 31) 따라서 이 회칙은 비폭력적 개혁을 옹호한다.

가톨릭의 해석자들에 의하면 「민중들의 진보」는 단지 라틴아메리카의 개발도상국들에 대해서만 유효하고 선진 산업사회에는 적용되지 않는다.

그밖에도 가톨릭 내부의 다양한 주장들이 있다. 「새로운 사태」은 프랑스의 사회주의적 가톨릭에 의해 영감을 받았다. 「40주년」(QA)은 「새로운 사태」(RN)와 반대로 독일의 영향을 받았다. RN은 카알 포겔장(Karl Freiherr von Vogelsang)의 비인 가톨릭 사회학파에 대해 냉담한 입장을 취했다. 이와 반대로 안톤 오렐(Anton Orel)은 오스트리아의 신분제 국가를 위해 「40주년」(QA)가 필요하다고 주장했다. 「민중들의 진보」(PP)은 프랑스의 개혁파 가톨릭을 따르는 경향이 있다. 그래서 독일에서 비판이 특히 강했는가?

「민중들의 진보」는 세계무역과 세계시장의 자유방임주의 원칙에 이의를 제기하며, 그런 원칙이 개발도상국들에게 구조적으로 불리함을 지적한다. "발전은 단순히 경제성장과 동일시될 수 없다."(Nr. 14) 더 나아가 사회주의 혁명을 통해 세계평화가 위협당하고 있음도 인지되고 있다. 따라서 발전은 평화의 새로운 이름이다.(Nr. 76) 경제적 성공보다 더 중요한 것은 참된 인도주의이다.(예를 들어 Nr. 18:

가치들의 위계질서; Nr. 20: 인간의 생명을 위하여; Nr. 34: "증산을 위한 모든 계획은 그것이 인간에게 기여하는 한에서만 정당성을 가진다.")

내용 : I. 인간의 포괄적 진보(6-42)

II. 연대를 통한 인류의 발전(43-87) : 기아대책(45ff.). 거래관계는 힘이 아니라 법과 정의에 따라 제도화되어야 한다.(56ff.) 세계 자율에 대한 요구(78)

산아제한에 대해서는 단지 국가가 산아제한을 강제해서는 안된다고 선언된다. "결혼과 출산에 대한 절대적 권리가 없으면 인간의 존엄도 없다."(Nr. 37) 이와 함께 인구팽창에 대해서는 분명한 입장을 취하고 있지 않다.

그렇지만 동서갈등이 남북갈등에 미치는 영향은 배제되어 있다. 개발도상국들에서 경제를 저해하는 요인들인 관세정책, 관세장벽, 원조에 관해서는 언급되지 않으며, 세계시장에서의 구조적 변화가 선진 공업국들의 내수경제에 미치는 영향에 관해서도 언급되지 않는다.

요약하면 「민중들의 진보」(PP)은 문제점들을 예리하게 지적하기는 하지만 명확한 또는 근본적인 어떤 해결책도 제시하지 않는다. 가톨릭 사회이론의 전통은 이 회칙에서 끝나는가?

5.2.6. 그밖에도 1965년의 제2차 바티칸공의회, 특히 '오늘의 세계에서 교회에 관한 목회지침, 기쁨과 희망(gaudium et spes)'에 관해서도 언급할 필요가 있다.

1971년 : 80주년(Octogesima Adveniens), 교황 바오로 6세가 추기경 로이에게 보낸 편지(RN 80주년)

마찬가지로 1971년에는 전 세계적 불의의 문제를 언급하는 로마 중앙주교단의 문서 "세상에서의 정의"(De iustitia in mundo)가 의결되었다. "사회적, 경제적 그리고 정치적 영역에서 정의를 실현하기 위해 완전한 해결책을 제시하는 것"은 "교회의 사명"에 속하지 않는다. 그러나 "개인의 품위와 인간의 기본권을 지지하고 이를 위해 투쟁하는 것"(Nr. 38)은 교회의 사명이다. 이와 함께 평신도의 교권제도로부터의 자유가 강조되었다.

전체적으로 볼 때 오늘날 가톨릭의 사회이론은 더 이상 완전하고 폐쇄적인 제도가 아니다. "교회의 사회이론은 사회적 삶에 비판적 물음을 제기하게 하는, 그리고 사회적 삶을 곤궁하게 하고 불의에 처하게 하는 역사적 상황에서 발단되었다.[40] (O. v. Nell-Breunig in KAB, S. 11)

개신교 사회윤리는 교황의 회칙들에서 당연시된 교도권의 공식적 권위를 인정할 수 없다. 물론 가톨릭 사회이론의 많은 제안들과 이론들은 설득력이 있고, 따라서 사실적 요구들에 대한 공유할 수 있는 통찰이다.

---

40) 참조. Dswald von Nell-Breuning, "Die katholische Soziallehre – Aufstieg, Niedergang und bleibendes Verdienst: ein Rückblick auf ihre Leistung und ihr Versagen in acht Jahrzenten", in: ders., Wie sozial ist die Kirche?, 1972, S. 71-96. 넬 브로이닝의 이 책은 대단히 자기비판적 회고록이다. 그는 견실한 경제적 지식에 기초한 QA를 최고의 가톨릭 사회이론으로 평가한다. 비록 QA가 사회주의와 직능적 계급질서를 야기한다는 불행한 오해가 있기는 하지만 말이다.(S. 80) MM(mater et magistra)과 함께 쇠퇴가 시작된다. 여기에는 많은 세부적이고 기술적이며 현실정치적인 조언들이 있기 때문이라는 것이다.(S. 85) PP는 실망스럽다. 왜냐하면 이것은 "개발도상국들의 좁은 관점에서 기록되었기 때문이다." 대체로 넬 브로이닝은 경제적 현실주의를 요구한다.

7) 요한 바오로 2세. 1979년 3월 15일에 회칙된 교황의 첫 번째 회칙 「인간의 구원자」(redemptor honinis, RH)와 함께 사회신학으로의 강한 방향전환이 이루어진다. 이 회칙은 철학적(자연법적) 전제들을 가지는 "사회론"(Soziallehre)이 아니라 신학적–교회론적 측면을 강조한다. 이 회칙을 통해 철학적–자연법적 논쟁과 사회학적–경험론적 논쟁은 퇴색된다. 「인간의 구원자」(RH)의 주제들은 그리스도, 인간, 교회이다.

그 결과 무신론이 거부된다. 처음으로 "소외"란 개념이 교황을 통해 수용되었다.(RH 15) 이 개념은 "윤리적 삶과 윤리학에서 이에 상응하는 발전"이 이루어지는 계기가 되었다. 이 개념의 중요한 의미는 현상세계와 관련한 인간의 주도적 과제, 즉 "기술보다 우선하는 윤리, 물질보다 우선하는 인간, 물질보다 상위의 정신"(RH 16)이다. 인간은 대상이 되어서는 안되고, 물질의 종이 되어서는 안된다.(16) 교회의 사명은 인간에 관한 진리를 위해 헌신하는 것이다. RH는 사회적 프로그램이 아니라 "삶의 신학"을 지지한다.

다음에는 1981년 9월 14일(RN 90주년)에 「노동하는 인간」(Laborem Exercens, LE)이 반포되었다. 노동하는 인간(LE)에서 두드러진 점은 "노동의 신학"이다. 여기서는 자본보다 노동이 우선함이 강조된다. 이런 강조의 배경이 된 것은 폴란드의 노동조합 운동이었다.

「노동하는 인간」(LE)의 내용은 다섯 장으로 구성된다.

I. "서론"
II. "노동과 인간" – 여기서는 인간론적 근본물음이 상세하게 다루어진다.

III. 현대사에서 노동과 자본의 갈등.

IV. 노동자의 권리들

V. 노동의 영성을 위한 중요한 요소들.

이 회칙은 대단히 포괄적인 노동개념에 기초한다. 노동은 단순히 경제적 요소가 아니며, 단순한 산업노동이 아니다. 인간의 모든 활동, "인간의 모든 행위"는 노동이다. 노동은 인간의 고유한 존재방식이며, 노동은 인격의 기호를 지니고 있다. 따라서 노동은 사회적 물음의 열쇠이다.(LE 3) 이로부터 노동(실업)에 근거한 권리와 노동으로부터의 권리(노동계의 인도주의 정신, 노동의 "인간화")에 대한 입장이 취해진다. 특히 강조되는 것은 노동에 대한 신학적 관점이다.(2장) 인간은 노동의 주체이기 때문에 노동은 단순히 객관적인 경제요인으로 간주되지 않는다. 물질주의적이고 경제적인 풍조는 올바른 가치질서를 위협한다.(7)

노동은 "힘든 선"(bonum arduum)이다.(Thomas v. Aquin, STh I/II q 40 a 1) 이것은 특히 노동사회의 형태를 중요시하는 장들에서 다루어진다. 노동하는 인간(LE)의 노동이해는 여기서 논의될 수 없다. 그러나 모든 사회적 경제적 주제들과 문제들이 노동문제에서 기인하느냐 하는 점은 물음의 대상이 될 수 있다.

LE와 함께 특히 해방신학을 둘러싼 논쟁과 함께 가톨릭 사회론이 어느 정도나 근본적으로 변했는지는 지금까지도 여전히 분명하지 않다.

이것은 저개발국 원조를 위해 1987년 12월 30일에 반포된 "교회의 사회적 관심"(sollicitudo rei socialis)이 회칙에 관해서도 그렇다고 말할 수 있다. 이 회칙은 "인간과 사회의 참된 발전이 이루어져 인간이 모든 영역에서 존중되고 후원되는 것"을 목표로 하는 참여를 촉구한다. 훈계적인 권고는 범세계적 정의에 대한 요구들을 상기시키지만, 사회이론을 이론적으로 더 이상 제시하지는 않는다.

7장
윤리학의 한계들

윤리학은 대단히 많은 삶의 중요한 현상들과 형식들에 관계하지만, 인간의 삶 전체를 다루지는 않는다. 윤리학은 삶 전체를 다루는 학문이 아니다. 윤리학은 인간의 행위와 태도를 숙고해야 한다. 행위는 당연히 인간성의 중요한 하나의 요소이다. 그러나 인간성은 행위를 통해서만 규정되고 정의되지 않는다. 행위 이외에도 고난과 고난을 견디는 것도 인간 존재의 본질적 요소이다. 인간은 단순히 세계를 형성하기만 하는 것이 아니라 운명을 견디기도 한다. 인간은 단지 도구적 인간(homo faber)으로서 능동적 존재일 뿐만 아니라 견디는 인간(homo patiens)으로서 수동적 존재이기도 하다. 더 나아가 인간은 정체성이 중요한 존재이기도 하다. 정체성은 단지 행위를 통해 주관적으로 형성될 뿐만 아니라 다른 사람들과의 만남을 통해서 경험된다. 정체성과 견딤은 행위와 함께 모든 인간론의 본질적 물음이다.[1]

종교적 물음, 즉 삶 속에서 삶을 위해 하나님에 대해 묻고 신뢰

---

1) 참조. Wofhart Pannenberg, Anthropologie in theologischer Perspektive, 1983.

에 대해 묻는 것도 인간 행위의 척도와 목표에 대한 윤리적 물음에서만 그의 자리를 가지는 것은 아니다. 그런 물음은 무엇보다 행위를 통해 극복될 수 없는 우연성에 대한 통찰에서 발생한다. 인간은 자신을 스스로 만들어 내지 않는다. 그는 삶 속에, 현존에 던져진 존재자이다. 그는 언제나 반복적으로 자기 자신을 비밀로서 체험한다. 따라서 이론적으로 해결될 수 없는 그런 우연성을 실천적 행위를 통해 극복할 필요성이 발생한다. 윤리학도 이런 한계들을 주목해야 한다. 인간의 유한성과 죽음, 해명할 수 없고 이해할 수 없는 고통, 설명할 수 없는 악, 역사에서의 과실과 과실연루는 한계경험에 속한다.

그리스인들은 인간의 비극적 운명과 비극에 관해 말했다. 오늘날 우리는 비극을 종종 삶과 세계의 본질적 특성을 염세주의와 허무주의의 관점에서 이해하고 생각하는 인생관이라고 생각한다. 쇼펜하우어에 의하면 비극적인 것에서 삶의 무가치함이 드러난다. 그렇지만 영웅의 등장과 몰락을 기술하는 고대의 비극문학은 비극을 다르게 해석한다. 고대의 비극문학은 영웅의 삶을 오만(hybris)과 불운(Ate)을 통해 설명한다. 비극적으로 좌절한 영웅은 비극적으로 신들의 신성한 질서를 깨뜨리는 죄를 저지른다. 이런 일은 신들의 시기심이 동기가 되어 일어난다. 아테는 눈을 멀게 하고 정신을 혼란시킨다. 그렇지만 죄책에 따른 인간의 비극적 좌절을 기술하는 비극적 세계관은 기독교적 죄 이해와는 다르다. 비극은 아테이다. 인간은 아테을 통해 피할 수 없는 갈등에 휘말리게 된다.

기독교 신앙은 창조자이자 구원자인 하나님에 대한 믿음 때문에, 그리고 죄 이해에 근거하여 고대의 비극사상을 거부했다. 운명의 세력들($\sigma\tau\omicron\iota\chi\epsilon\tilde{\iota}\alpha$ $\tau\omicron\tilde{\upsilon}$ $\kappa\acute{o}\sigma\mu\omicron\upsilon$, 세상의 원리들)은 그리스도 안에서 무력화되었다.(롬 8:28) 운명을 불가해한 힘으로 파악하는 형이상학적 인생관은 하나님에 대한 믿음과 하나님의 변하지 않는 신실성과 조화될 수 없다. 따라서 운명론과 결정론은 기독교에 의해 거부되었다. 운명의 여신(moira), 불운(ate), 필연(anake), 운명(fatum)은 기독교 신학에서 볼 때 부정적인 개념들이다. 칼뱅은 운명이란 단어의 사용을 노골적으로 반대했다.(Inst. I, 16,8) 기독교적 인생관에 의하면 삶을 지배하는 유일한 힘은 하나님이다.

운명의 문제는 철학적 관점에서는 거의 다루어지지 않았다.[2] "운명"은 우리가 자신의 활동을 통해 생산하지 않은 조건들의 총화라 할 수 있다. 인간에게는 "내적" 자연(성별, 체질, 종족 등)의 조건들과 "외적" 자연(계층, 민족, 정치적 생활권 등)의 조건들이 운명적으로 주어져 있으며, 운명은 세상의 변화를 제한한다.

이와 반대로 관념론은 - 대표적으로 피히테는 - 세계를 주체로부터 설명했다. 따라서 관념론은 운명을 중요하게 생각하지 않아야 했다. 주체의 무제한적인 자유, 즉 주체의 주체성이 비로소 세계를 형성한다.

마찬가지로 우주적 사건들의 통일성을 확신하는 범신론적 세계관도 운명의 불가해성에 대해 저항한다.

---

2) 참조. Joachim Konrad, *Schicksal und Gott. Untersuchungen zur Philosophie und Theologie der Schicksalserfahrung*, 1947; Georg Simmel, *Brücke und Tüt*, 1957, S. 8–16: *Das Problem des Schicksals*.

마찬가지로 숨어계신 하나님(deus absconditus)을 알고자 하지 않는 계시신학은 운명에 대한 생각을 거부한다.

운명은 하나의 "사건"을 통해 삶을 형성한다. 우연 자체는 아직 운명이 아니다. 그렇지만 우연은 체험세계와 인식세계와 종합됨으로써 운명이 될 수 있다. 우연이 아니라 운명을 자신의 현존에 수용할 때 하나의 사건은 "운명"이 된다.

짐멜(Georg Simmel)이 올바로 지적했듯이 인간은 운명을 제거할 수 없다. 인간은 단지 운명과 함께 살 수 있게 됨으로써 운명 아래 설 수 있을 뿐이다. 마르크바르트(Odo Marquard)는 "운명의 종말? 마음대로 처리할 수 없는 것의 불가피성에 관한 몇 가지 의견들"에 대해 물음을 제기한다. 실현가능성의 시대, 기술시대, 정치적 책략과 유비무환의 시대에 운명의 기능은 끝난 것처럼 보인다. 인간이 그의 운명을 스스로 만든다면 운명의 기능은 끝난 것이 아닌가? 무신론의 시대에(Dorothee Sölle), "하나님의 죽음" 이후에 고통과 운명에 대한 부단한 투쟁은 그리스도인의 일이 아니며 윤리적 의무가 아닌가? 인간의 자유의 힘이 하나님의 무기력함을 대체하고 인간의 자율이 하나님의 쇠약함을 대신한다면 "전지전능 신학"(Omnipotenztheologie, Marquard)은 불가피하지 않은가? 그렇다면 윤리학은 행위지침으로서 기독교의 근본조건이 될 것이다. 그렇지만 이와 반대로 마르크바르트는 이미 주어진 운명을 마음대로 처리할 수 없음을 강조한다. 이미 주어진 삶의 조건들, 즉 삶의 다양성은 마음대로 처리할 수 없는 것들이다. 더 나아가 행위의 결과들도 마음대로 할 수 없다. 우리는 바로 기술과학의 문명에서 인간의 예견력의 한계에 부딪힌다. 새로운 시대는 인간이 기술을 통해 운명을 지배할 수 없다는 사실을 간과할 수 없다. 따라서 윤리학과 신학은 운명을 다시 발견해야 한다. 운명은 우리 인간이 마음대로 처리할 수 없는 것으로 이미 주어져 있으며 우리는 그것을 존중해야 한다. 운명은 우리의 능력에 한계를 설정해주지만, 그럼에도 불구하고 우리의 존재를 형성한다.

2. 삶의 종말

　인간의 생명은 유한하다. 모든 인간의 삶은 "죽음을 향한 존재"(M. Heidegger)이다. 인간은 그의 실존의 유한성을 이해하는 존재자이다. 동물은 단순히 죽는데 반해, 인간은 그의 죽음을 안다. 인간은 그의 죽음을 의식적으로 미리 경험한다. 자신의 죽음을 아는 것은 인간에게 본질적이다.

　그렇지만 인간은 이런 인식을 떨쳐버리려고 노력한다. 짐멜에 의하면 죽음의식을 떨쳐버리려는 노력은 대단한 생명의 간계이다. "우리가 살아가는 형태의 삶은 죽음이 피할 수 없는 사실임을 알기는 하지만 그 시점을 정확하게 알지 못하기 때문에 가능하다." 이미 에피쿠로스도 자신의 죽음을 경험할 수 없음에 관해 기술했다. "죽음이라는 끔찍한 악은 우리와 무관하다. 왜냐하면 우리가 살아있는 동안에는 죽음이 존재하지 않고, 죽음이 있을 때에는 우리가 존재하지 않기 때문이다." 인생의 유한성에 대한 인식은 인간의 행위도 제한한다. "죽음은 짐승과 인간에게 모두 찾아온다. 짐승과 마찬가지로 인간도 죽는다. 인간과 짐승은 모두 동일한 목숨을 가진다. 그

리고 인간은 짐승보다 더 많은 목숨을 가지지 않는다."(Koh. 3:19)

물론 자살의 가능성이 있다. 그러나 자살이 어느 정도나 의식된 행위인지는 자살연구, 즉 자살방지 노력에서 부분적으로 논란의 여지가 있다. 만일 자살과 자살방지가 특별하게 윤리적인 주제로서 다루어지지 않는다면 죽음 자체는 윤리학의 고유하고 본질적인 주제가 아니다. 죽음 이후의 삶, 죽음 너머의 희망, 죽은 자의 부활이나 영혼불멸의 물음은 인간의 활동을 통해 대답할 수 없는 물음이다. 루터에 의하면 죽음에 직면하여서는 단지 "절대적인 하나님에 대한 가장 순수한 희망"(spes purissima in prissimum deum)에 관해서만 말할 수 있다.(WA, 5, 166,16-19) 죽음은 교의학, 종말론 그리고 기독교적 희망에서 다루어져야 할 주제이다.

그럼에도 불구하고 죽음은 바로 윤리적 행위의 한계로서 윤리학에서 필수적으로 다루어져야 할 주제이기도 하다. 다음의 세 가지 관점에서 볼 때 그렇다.

(1) 우선 불가피한 죽음과 죽어야 함 그리고 '때 이른' 죽음, 피할 수 있는 죽음, 극복해야 할 죽음을 구분하는 것이 중요하다. 죽음, "끝"의 불가피성을 아는 사람은 죽음을 '때 이른' 사건이 되게 하지 않는 모든 것을 하지 않을 수 없다. 피할 수 있는 죽음을 피하고자 하는 의료행위는 여기서 정당성을 확보한다. 자살방지 노력은 사형에 대한 윤리적 비판과 마찬가지로 인간은 자살해서는 안되고 다른 사람들을 죽여서도 안된다는 사실에 대한 인식과 하나님만이 죽음의 주인이라는 사실에 대한 인식에 근거한다. 특히 청빈, 기아, 세상의 궁핍과 불행에 대처하는 노력은 죽음을 저지하는 모든 것을 해야 한다는 의무감에 의해 고취된다. 죽음은 인간의 적이다. 그러나 죽음은 궁극적으로 승리하지 못하는 적이다.(고전 15:55-57) 죽음에 대한 싸움

은 인간으로서 존엄한 삶을 위한 싸움의 또 다른 측면이다.

(2) 철학은 언제나 "죽음을 기억하라(commenmoratio mortis)"고 권고했다.(respice finem: 종말을 바라보라) 이와 함께 윤리학의 의미지평이 열린다. 윤리적 지침들은 죽음을 바라보며 죽음 저편을 지시한다. 신약성서에 의하면 인간의 행위는 마지막 심판을 예상하면서 취해져야 한다. "우리가 다 반드시 그리스도의 심판대 앞에 나타나게 되어 각각 선악 간에 그 몸으로 행한 것을 따라 받으려 함이라."(고후 5:10) 따라서 선과 악의 구분은 종말론적 지평에서 이루어진다. 인간의 행위는 최후의 심판에서 평가된다.(롬 2:6f.; 고전 3:13-15; 약 2:17ff.; 계 14:13; 20:12; 마 16:27) 히브리서 9장 27절은 이것을 간단하고 정확하게 표현한다. "한 번 죽는 것은 사람에게 정해진 것이요 그 후에는 심판이 있으리니."

여기서는 심판과 구원, 즉 "영원한" 저주 또는 온전한 회복이 어떻게 서로 조화될 수 있는지에 대한 신학적 근본물음은 다시 설명될 수 없다. 실제로 신앙과 윤리학에는 해결할 수 없는 문제가 남아있다. 저주가 마지막 단어가 된다면 하나님은 무자비한 심판주가 되며 복수의 신이 된다.

은총의 선택에 관한 이론이 구원으로의 선택과 저주로의 선택이 미리 예정되어 있다는 이중예정(praedestinatio gemina)을 의미한다면 이런 하나님 이미지는 더욱 강화된다. 왜냐하면 악한 사람이 영원히 저주를 받는다면 악의 세력이 결정적으로 승리하기 때문이다. 반대로 만인구원론을 인정하면 현세에서의 행위는 중요하지 않게 된다. "지옥"이 없고 모든 사람들이 당연히 "천국"에 간다면, 현세에서의 선과 악 사이의 결단의 진지함도 약화될 것이다.

이런 딜레마는 오직 심판과 구원에 관한 기독교의 메시지가 일반론이 아니라 믿는 사람 자신이 자기를 위한 신앙적 약속으로 받아들일 때에만 이해될 수 있다. 최후의 심판에서 예상되는 보상과 형벌이 더 이상 구체적인 행위의 실제적 이유는 아니다. 형벌에 대한 두려움과 보상에 대한 기대는 윤리적으로 납득할 수 있는 행위의 동기는 아니다. 칸트는 이런 사실을 분명하게 보여주었다. 그러나 죽음이 야기하는 모든 현세적 실존의 비완결성은 인간의 삶을 긴박하게 해준다.

(3) 죽음을 대하는 마음가짐에 따라 삶을 대하는 마음가짐과 삶에서의 태도가 달라진다. 기독교 신앙은 죽음 이후에도 그의 신실함을 보증하고 견지하는 하나님의 약속을 신뢰한다. 이런 신앙에서 죽음을 대하는 기독교적 태도는 스토아 철학과 에피쿠로스의 이념인 아파테이아나 아타락시아와 다르다.

스토아 철학자는 존엄하게 죽을 수 있다고 생각한다. 왜냐하면 죽음은 운명이기 때문이라는 것이다. 기독교인에게 죽음은 "죄의 삯"(롬 6:23)이다. 죽음은 단순히 불가사의한 운명이 아니라 죄에 대한 심판이다. 루터는 시편 90편을 해석할 때 확신했다. "죽음의 공포가 하나님의 진노 아래서 일어나지 않는다면, 죽음은 일종의 잠일 것이다."(WA 40 III, 549) 개신교 신학에서 일반화된 죄인의 죽음과 자연적 죽음의 구분이(예를 들어 에밀 브루너, 파울 알트하우스, 헬무트 틸리케) 자연적 죽음과 신약성서에 기록된 심판으로서의 죽음 사이의 긴장을 해소할 수 있는지는 확실치 않다.

어쨌든 죽음이 죄인으로서의 인간존재에 대한 인식과 분리될 수 없다는 통찰은 기독교 신앙 고유의 죽음이해에 속한다. 당연히 죽음과 마지막 심판을 가지고 위협하는 것은 대단히 유감스러운 일이다. 슐라이어마허가 강조하듯이 보상과 형벌은 결코 행위의 동기가 아니다. 분노하고 벌주고 보복하는 하나님 상에 대해서는 비판적으로 물음이 제기될 수 있다. 행위의 초월적 작용근거들은 계몽시대 이후에는 윤리학을 지탱하는 토대가 아니다. 그러나 마찬가지로 인간의 노력, 특히 의학적 연구를 통해 죽음을 초월할 수 있을 것이라는 희망도 회의적이다. 이런 희망이 도대체 희망의 유토피아인지 아니면 인구폭발에 직면하여 공포의 대상은 아닌지는 논외로 하더라도 그런 희망은 비현실적인 희망이다. 블로흐는 세계변혁에 의한 죽음의 극복을 기대한다.[3] 자유로운 인도주의적 사회에서는 혁명적인 "붉은" 영웅인 개인이 보존되고, 집단의식 속에 편입된다. 블로흐에 의하면 이런 희망은 죽음에 대한 두려움을 몰아낼 수 있다. 비록 죽음이 여전히 "유토피아에 대한 가장 강한 저항세력"으로 남아 있다 할지라도 말이다.

　인간의 행위와 사회적 활동들을 통해 죽음에 대한 두려움을 몰아내려 노력할 수 있음은 분명하다. 그러나 어떤 진보적 사회적 행위도 죽음 자체의 한계를 제거할 수는 없다. 이 한계로 인해 윤리학은 인간이 할 수 있는 행위에 국한될 수밖에 없다. 시편 기자는 이미 이런 사실을 알고 있고 하나님께 호소한다. "우리에게 우리 날 계수함을 가르치사 지혜로운 마음을 얻게 하소서."(시 90:12) 죽음에 관한 이런 견해는 윤리학에서 구체적으로 나타난다. 예를 들어 수명연장과 안락사 그리고 긍정적인 우생학의 유전공학적 유토피아에 관해서 말이다.

---

3) Ernst Bloch, *Das Prinzip Hoffnung*, 1959, S. 1297−1391.

　　　　　　　　　신학윤리학

3. 삶의 의미

　의미에 대한 물음은 본래 신학적 물음은 아니지만 인간에게 근본적인 물음이다. 따라서 의미에 대한 물음은 신학적으로 중요한 물음이기도 하다. 삶의 의미에 대한 물음은 윤리적 물음도 아니다. 의미는 목적과 동일한 것이 아니기 때문이다. 목적은 실천적으로 실현되어야 할 어떤 것이다. 의미는 공리주의가 행위기준으로 제시하는 유용성도 아니다. 의미에 대한 물음은 순전히 합리적인 영역을 넘어선다. "삶의 의미에 대한 물음은 모든 철학적 주제들 중에서도 가장 익숙한 물음이다."(Leszek Kolakowski) 의미는 왜 무엇을 위해, 즉 원인과 목표에 대해 묻는다. 의미물음은 실증적으로 주어진 것과 기존의 것을 초월하는 물음이다. 삶의 의미, 즉 생애 이력의 의미는 인간에게 외부에서 주어질 수 없다. 우리는 삶은 의미를 가진다고 말할 수 있으며, 삶은 이런 의미를 모든 외적 환경과 조건들 아래서 유지한다고 말할 수 있다. 그러나 아무도 의미가 무엇인지 다른 사람에게 단적으로 설명할 수는 없다.

　의미물음은 주관적 측면과 객관적 측면을 가진다. 주관적 측면에서 인간은 자기 자신의 삶의 의미에 대해 실존적으로 묻는다. 실존적 물음이란 나는 무엇을 목표로 살며, 나는 무엇을 위해 사느냐 하는 물음이다. 『시지프스의 신화』에서 까뮈가 제시하듯이 유일한 철학적 주제는 자살, 즉 나는 도대체 왜 사느냐 하는 물음이다. 인간은 자신의 유한성에 직면하여, 즉 죽음, 자신의 죄책, 자신의 실패에 직면할 때 의미를 묻기 시작한다. 이런 물음은 실존적 물음이다. 이런 물음은 객관적으로 거리를 두고 순수하게 학문적으로 대답될 수 없는 물음이다. 신학적으로 볼 때 이것은 나와 개인적으로 관련된 구원과 칭의, 신뢰와 희망, 수용과 용서에 대한 물음이다. 이런 점에서 볼 때 의미물음은 언제나 구원론적 방향설정이다.

객관적 측면에서는 역사의 의미와 목표에 대해 물을 수 있다. 이것은 역사철학이 묻는 물음이다. 인간의 역사는 어디를 향하는가? 인간성의 진보는 가능한가? 자유의 영역에서 역사의 완성은 가능한가? 마르크스주의는 역사에 의미를 부여함으로써 역사적 힘을 획득했다. 마르크스주의의 영향력의 창조적 원천은 역사해석이었다. 다른 방식으로 물을 수도 있다. 역사는 하나님의 계시인가? 아니면 부조리 총괄개념, 즉 아우슈비츠와 히로시마의 이름에서 상징적으로 파악할 수 있는 악의 역사인가?

의미해석의 그런 문제들은 윤리학이 대답할 수 없는 물음이다. 그러나 그런 문제들은 윤리적 물음을 제한한다.

아도르노는 의미물음을 영원한 신학적 물음이라고 보았다. "의미를 가지는 삶은 의미에 대해 묻지 않는다."(Negative Dialektik, 1966, S. 367) 비트겐슈타인도 같은 의미로 말한다. "하나님을 믿는 것은 세상의 일들이 아직 끝나지 않았음을 보는 것이다. 하나님을 믿는 것은 삶이 의미를 가진다는 사실을 보는 것이다."(Schriften 1, 1960, S. 167)

따라서 틸리히와 아인슈타인은 의미물음을 종교와 관련시켰다. 틸리히에 의하면 종교적이란 열정적으로 삶의 의미를 묻는 것이다. 아인슈타인은 삶의 의미에 대한 물음에 대해 답을 발견한 사람은 종교적인 사람이라고 말했다. 그렇지만 신학적 설명을 통해 수정될 부분이 있다. 인간은 스스로 자기에게 의미를 줄 수 없다. 의미는 인간에게 외부로부터 주어진다. 신학적으로 말해 의미는 약속으로 주어진다. 복음을 선포하는 것은 의미를 약속해 주는 것일 수 있다.

본회퍼는 복음을 이런 방식으로 해석했다. "우리는 이 사람 저 사람이 살기 때문에 사는 것은 우리를 위해서도 의미가 있다고 생각한다. 그러나 사실은 그렇지 않다. 만일 땅이 인간 예수를 지탱할 만한 가치가 있다고 인정되었다면, 만일 인간이 예수처럼 살았다면, 그리고 오직 그렇게 살 때에만 사는 것은 우리 인간을 위해서 하나의 의미를 가진다. … 비성서적 의미 개념은 단지 성경이 '약속'이라고 부르는 것의 다른 표현이다."[4]

성서적 개념들을 비종교적으로 설명하는 본회퍼에 의하면 복음은 의미부여이다. 따라서 의미물음은 주관적 측면과 객관적 측면에서 모두 하나님에 대한 물음과 연관된다. 그러나 의미물음이 곧 하나님에 대한 물음과 동일하지는 않다. 하나님이 의미부여를 보증해 주는 법정인지도 불확실하다. 이와 함께 하나님과 그의 행위의 은폐성이 오해되고 저평가될 것이다. 그러나 의미물음은 인간존재의 근본물음들에 속한다. 의미물음은 윤리적 행위를 통해 대답되고 해결될 수 없다.

---

4) D. Binhoeffer, *Widerstand und Ergebung*, 1970, S. 426.

4. 고통과 신정론

의미에 관한 물음은 고난과 불가해한 운명을 만날 때 더욱 강화된다. 뷔흐너(Georg Büchner)는 "고통의 바위"를 종교비판의 동기가되는 가시라고 표현한다.(Dantons Tod III, 1) 그렇지만 오늘날에는 기독교적 고난예찬, 즉 일종의 자기학대에 대해 이의가 제기되고 저항이 일어난다. 칼뱅에 의하면 "우리가 현재 당하는 모든 불행은 우리가 지은 죄의 열매이다."[5] 고통에 대한 칼뱅의 이런 해명은 대단히 납득하기 어렵다. 고통을 신학적으로 미화하는 "가학적 신학"(D. Sölle)은 고통을 다음과 같은 논증방식으로 설명한다. (1) 하나님은 전능하신 주님이다. 하나님은 그의 전능하신 능력으로 세상을 조정하고 고통을 가하신다. (2) 하나님은 이유 없이 행동하시지 않는다. 그는 정의로우시다. (3) 모든 고통은 오직 죄에 대한 형벌이다. 하

---

5) J.Kalvin, *Predigten über das Buch Hiob*, 1950, S. 45.
6) 참조. D. 죌레(Sölle)와 U. 울리히 헤딩어(Ulich Hedinger)는 이런 논증방식을 비판한다. D. Sölle, *Leiden(Themen der Theologie)*, 1973; Ulrich Hedinger, *Wider die Versöhnung Gottes mit dem Elend. Eine Kritik des christlichen Theismus und A-theismus*, 1972.

신학윤리학

나님은 "이유 없이", 부당하게 고통을 가하지 않으시기 때문이다.[6]

고통극복에 대한 블로흐의 메시아적 희망과 그 희망에 내재하는 사회비판은 고통에 대한 그런 저항을 지지하고 고취시킨다. 고통에 대한 모든 해명과 모든 신정론은 이런 저항에 대한 억압수단으로 간주된다. 왜냐하면 고통해석과 신정론은 공감능력을 상실하게 할 수 있기 때문이다. 그러나 고통은 이의제기가 그렇듯이 학습을 야기하고, 투쟁을 요구하며, 저항을 야기한다.

기독교적 고통을 예찬하고 불가해적 고통과 아픔에 의미를 부여하는 것에 대해 거부감을 가지는 것은 아주 당연하다. 고통을 미화하는 친구들의 설명을 거부한 욥의 저항이 당연하듯이 말이다. 그러나 논박할 수 없는 것을 논박하고 인간의 노력과 의지에 의해 고통을 제거해야 한다고 생각한다면 이것은 목표를 벗어난 것이다. 신정론은 신학적(교의학적) 주제 이전에 오히려 철학적이고 인간론적인 주제이다.

신정론이란 단어는 라이프니츠가 1697년에 로마서 3장 5절의 단어들을 - 다소 어설프게 - 조합하여 만들었다. 신정론은 '하나님의 정당성을 변호함'을 의미할 것이다. 라이프니츠는 이 세계가 "모든 세계들 가운데 최선의 세계"임을 입증하고자 했다. 게다가 그는 욥과 에피쿠로스 이후에 제기된 물음, 즉 신체적 불행과 도덕적 악이 하나님의 전지전능함과 자비와 조화될 수 있느냐 하는 물음에 대답해야 했을 것이다.

근대에는 계몽운동의 결과 예정론 논박("나는 선택되었는가?") 대신 "하나님이 어떻게 악을 허용하실 수 있으며, 어떻게 그렇게 행하실 수 있는가?"라는 물음이 제기되었다. 근대의 신정론은 이런 물음이 계기가 되어 형성되었다. 하나님의 존재와 선은 현실에 존재하는 불행에 직면하여 정당화되어야 한다. 이것은 현실의 경험들을 통해 어쩔 수 없이 제기되는 물음이다. 라이프니츠는 이런 물음에 대해 순전히 이론적으로 대답하고자 했을 것이다.

칸트는 라이프니츠의 논증이 불충분하고 낙관론에도 문제가 있음을 발견했다.[7] 하나님의 정당함을 변호하려는 모든 노력은 실패할 수밖에 없다. 그런 노력은 경건치 못한 자가 의롭다고 인정될 수 있다는 기독교적 신뢰와도 조화될 수 없다.

그럼에도 불구하고 신정론 물음은 실존적 물음으로 여전히 존재한다. 까뮈는 『페스트』에서 죄 없는 어린이의 고통에 직면하여 하나님의 사랑에 물음을 제기했다. 까뮈가 볼 때 세상의 비참한 상황은 하나님의 존재를 인정할 수 없게 하며, 무신론을 수긍하게 만든다. 틸만 모저(Tilmann Moser)는 이삭의 희생과 예수의 십자가 죽음에서 기독교 신앙의 인격화된 "생명혐오"를 발견한다. "만일 그대가 순수한 인간사랑 때문에 그대의 아들이 죽임을 당하도록 허락해야 한다면, 그리고 그대가 소위 화해를 위해 우리에게 그 아들을 마시고 먹도록 내어준다면 잘못은 우리에게 있는 것이 아니라 그대에게 있다. 지금까지 어떤 설교자도 이런 사실에 의혹을 제기하지 않았다."[8]

신정론에 대한 물음은 근대에 더욱 첨예하게 제기되는데, 이것은 단지 사람들이 가혹한 하나님 상에 대해 가지는 반감 때문만이 아니라 세상의 선을 인간적 실천의 목표로 생각하기 때문이다. 선은 인간이 실현해야 할 과제이고, 악의 원인은 윤리적 실천의 실패에 있다고 생각되었다. 그렇다면 활동의 반대, 즉 고통의 경험은 단

---

7) I. Kant, *Über das Mißlingen aller philosophischern Versuche in der Theodizee*, 1791.

8) Tilmann Moser, *Gottesvergiftung*, 1976, 1977, S. 22.

신학윤리학

지 부당한 제한으로 인식될 수 있다.

그렇지만 종교사적으로 볼 때 신정론 물음이 처음으로 제기되는 것은 하나님이 윤리적 질서와 관계가 있다고 생각될 때, 따라서 윤리와 신앙 사이에 관계성들이 존재하고 그런 관계성들이 보이게 될 때이다. 하나님 사상은 윤리와 분리될 수도 있다. 그렇다면 하나님은 당연히 도덕과 무관하다. 만일 도덕이 단지 인간을 위해서만 유효하다면 선과 악의 구분은 하나님과 아무 관계가 없다. 더 나아가 마니교와 영지주의에서처럼 선한 신과 악한 신을 구분한다면 신정론 문제는 존재하지 않는다. 마찬가지로 이 세상이 완전히 타락하였고, 따라서 하나님은 세상과 무관하다고 간주된다면 신정론 문제는 발생하지 않는다.

따라서 하나님의 "정의"에 대한 물음은 창조사상과 결합된다. 세상이 하나님에 의해 창조되었을 때에만 불균형의 신비(mysterium iniquitatis)에 대한 물음과 "악이 어디서 기원되었느냐?"(unde malum?) 하는 물음이 불가피하게 된다.

그렇지만 신정론 물음이 훨씬 더 실존적이고 더 긴급하게 경험될 때는 하나님이 인간의 이성의 광장 앞에서 자신의 정의로움을 입증해야 될 때가 아니라 죄인이 하나님의 광장 앞에서 자신의 정의로움을 입증해야 할 때이다. 따라서 신정론 물음의 의미는 라이프니츠처럼 "도덕적 질서"를 발견하는 데 있지 않고 "예정조화"(harmonia praestabilata)의 이념에 있다. "물질적 악"(malum physicum)과 "도덕적 악"(malum morale)도 이런 예정조화의 이념에서 설명될 수 있다. 따라서 목적론적 탐구방법은 하나님 앞에서(coram deo) 대단히 부적절하다. 기독교 신학이 그의 사상사에서 휘말리게 된 하나님과 악의 관계에 대한 형이상학적 성찰이 실패한 후에도 실존적 반론은 여전히 남아있다. 현실적 경험과 관련하여 발생하는 의심은 합리적으로 해소될 수 없다. 이해할 수 없는 운명은 인간 역사 전체에서 파악되어져야 한다는 헤겔의 주장도 운명 당사자 자신을 위해서는 결코 위로와 설명이 되지 않는다. 신정론 물음은 학문적으로 객관화할 수 없으며, 신학적으로도 객관적으로 해결될 수도 없다. 신정론 물음은 삶의 문제이다. 이런 유의 삶의 물음은 이론적으로나 사변적으로 설명될 수 없고 단지 개인의 신앙에서만 제기될 수 있는 종교적 물음이다. 이런 물음은 어떤 해답도 발견할 수 없다. 오직 구원에 대한 희망이 있을 뿐이다. 예정의 이율배반도 신정론 물음도 이론적으로 결정될 수 없다. 이런 이율배반에서는 "하나님을 적대시하는 하나님"이 경험된다. 하나님의 전능하심과 인간의 죄 사이의 긴장은 물론 보편적 은총의 하나님과 이중예정 사이의 긴장도 이해할 수 없는 이율배반이다. 이런 이율배반은 삶의 경험에 의해 확인된다. 이름 없는 고통과 수백만의 살인의 상징인 "아우슈비츠"를 언급하는 것으로 충분하다.

고통과 신정론 물음은 인간 존재의 한계와 인간이 설명할 수 있는 것과 말할 수 있는 것의 한계를 보여준다. 신비한 일들은 하나님 자신이 "실질적 신비"임을 보여준다. 이렇게 합리적으로 이해할 수 없는 것은 세상의 불가사의에 직면하여 은혜를 찬양할 수밖에 없음을 고백하도록 한다. (롬 3:38-39; 11:33-36) 이와 함께 당연히 고통과 신정론과 관련하여 윤리학에서 말할 수 있는 것의 한계는 훨씬 분명하다.

　　　　　　　　　　　　　　　신학윤리학

5. 죄와 용서

윤리학의 한계는 죄의 현상에서 더욱 두드러진다. 하이네는 당시의 시대상을 다음과 같은 시로 표현했다.

"새로운 세대의 출현
허식과 죄가 전혀 없는
자유로운 생각을 하고,
자유로운 욕망을 가지는
나는 그 세대에게 모든 것을
알려줄 것이다."[9]

죄책감과 죄의식이 사라지게 되면 그후에는 죄와 죄책의 실체도 실종될 것이다. 니체는 죄를 "인간의 전형적인 자기학대(Selbstschändung)"라고 표현했다.

---

9) D. Sternberger, *Heinrich Heine und die Abschaffung der Sünde, Frankfurt* 1976, Suhrkamp 308, S. 288.

벤(Gottfried Benn)은 1949년에 그의 딸에게 쓴 편지에서 다음과 같이 말했다. "나는 죄와 죄책과 저 세상에 관해 한 번도 생각해 본 적이 없다. 이런 물음들은 나에게 전혀 존재하지 않았다. 나는 이런 물음들과 관련하여 절대로 아무것도 생각할 수 없다."[10]

일반적인 의식에서 죄에 관한 그런 분명한 논쟁과 죄책에 관한 논의 가능성이 제기되는데 반하여 교회에서는 죄책에 대한 분명한 고백과 속죄를 촉구하는 목소리들이 있다. 예를 들어 1945년 10월 18/19일 슈투트가르트에서 있었던 독일 개신교의 죄책고백은 교회의 죄책을 고백했으며 세계교회협의회(WCC)의 대표자들 앞에서 다음과 같이 선언했다.

"우리는 우리가 우리 민족과 함께 고통의 공동체에 있을 뿐만 아니라 죄책의 연대에도 있음을 알기 때문에 그만큼 더 이런 방문에 대해 감사합니다. 고통스럽지만 우리는 말합니다. 우리로 인해 많은 민족들과 많은 나라들이 말할 수 없는 고통을 당했습니다. 우리가 우리 공동체들에게 종종 증언했던 것을 이제 교회의 이름으로 말합니다. 물론 우리는 오랜 세월에 걸쳐 예수 그리스도의 이름으로 나치의 폭력통치에 대항하여 싸웠습니다. 그러나 우리는 더 용감하게 고백하지 못했고, 보다 성실하게 기도하지 못했고, 좀더 기꺼이 믿지 못했고, 좀더 열정적으로 사랑하지 못했음을 자책합니다. … "

---

10) L. Perlitt, "Verborgener und offenbarer Gott", in: R. Grimm, W. D. Marsch, *Kunst im Schatten Gottes*, 1962, S. 142f.

　　　　　　　　　　　　　　　　　　　　　　　신학윤리학

슈투트가르트 죄책고백이 독일 국민에게 알려진 후 격렬한 논쟁이 벌어졌다.[11] 의심의 여지없이 슈투트가르트 죄책고백에는 명확하고 분명하지 못한 점들이 많이 있다.

(1) 죄책고백의 주체가 누구인지, 즉 여기서 고백하는 "우리"가 누구인지 분명하게 제시되지 않았다. WCC에서 파견된 대표자들에게 말하는 주체는 EKD 위원회인가? 아니면 개신교 신자들인가? 아니면 독일 국민 전체인가? 도대체 누구의 이름으로 선언되었는지 전혀 알 수 없다.

(2) 고백하는 주체가 누구냐 하는 물음과 관련된 대단히 중요한 물음은 죄책고백의 성격에 관한 물음이다. 죄책고백은 그리스도인이 동료 그리스도인에게 용서를 구하는 종교적 고백인가? 아니면 정치적으로 죄책을 인정하는 고백인가? 아르무센(Hans Armussen)은 당시에 슈투트가르트 죄책고백의 종교적 성격을 강조했다. 니묄러(Martin Nimöller)는 죄책고백에서 정치적 무게를 가지는 예언자적 증언을 보았다. 정치적 죄책과 종교적 고백의 관계에 대한 물음은 미해결인 상태로 남았다. 이 물음의 의도는 베르사유평화협정에서 이미 핵심적 역할을 했던 전쟁의 책임에 관한 물음이다.

(3) 이런 물음은 독일 민족의 연대책임이 있느냐 하는 물음 또는 죄책은 언제나 단지 개인적 책임일 수만은 없지 않느냐 하는 물음으로 이어진다. 교황 비오 12세는 1946년에 공동책임을 단호히

---

11) 참조. Martin Greschat, *Die Schuld der Kirche, Studienbücher zur kirchlichen Zeitgeschichte*, Bd. 4, 1982; Martin Greschat(Hg.), *Im Zeichen der Schuld. 40 Jahre Stuttgarter Schuldbekenntnis*, 1985; Mrtin Honecker, *Geschichtliche Schuld und kirchliches Nekenntnis. Die sogennante Suttutgarter Schulderklärung*, TZ 42, 1986, S. 132-158; Gerhard Besir, *Gerhard Sauter, Wie Christen ihre Schuld bekennen. Die Stuttgarter Schulderklärung 1945*, 1985.

거부했다.

야스퍼스는 형법상의 죄책, 정치적 죄책, 도덕적 죄책, 그리고 형이상학적 죄책을 구분했다.[12] 형법상 죄책의 경우에는 구체적인 책임성 때문에 죄책, 즉 개인의 죄책관여가 입증될 수 있다. 정치적 죄책, 즉 정치적 실패의 경우에는 정치적 유착관계와 공동책임이 있다. 여기서의 죄책은 "공동책임"이라 할 수 있다. 도덕적 죄책을 판단할 수 있는 것은 양심뿐이다. 도덕적 죄책을 인식하고 인정하는 것은 사람들 사이의 만남의 문제이지만, 정치적 입장의 문제는 아니다. 기껏해야 "집단적 수치심"에 관해서는 말할 수 있다. 더구나 형이상학적 죄책은 정치적으로 판단할 수 없다. 형이상학적 죄책은 하나님 앞에서만 인식되고 고백될 수 있다. 따라서 "집단적 죄책(Kollectivschuld)"에 관해 말하는 것은 어렵다.

(4) 문제는 "죄책"이란 단어에 있다. 죄책이란 단어는 라틴어에서 세 가지 의미로 사용된다. (a) 라틴어 'culpa'는 도덕적 실패, 오류, 비행을 의미하고, (b) 'obligatio'는 의무, 책임을 의미하며, (c) 'debitum'은 채무를 의미한다.

라틴어의 의미들에서 알 수 있듯이 죄책이란 단어는 시간성을 가진다. 죄책은 과거(culpa), 현재(obligatio), 그리고 미래(debitum), 즉 장차 보상되어짐으로써 해결될 수 있는 것과 관계가 있다. 도덕적 실패를 인정하느냐의 여부에 따라 또는 장차 보상의무를 이행하느냐의 여부에 따라 엄청난 의미의 차이가 발생한다.

(5) 마지막으로 슈투트가르트 죄책고백은 히틀러의 제3제국(1933-45)에 관한 역사적 평가에 기초한다. 나치 불법정부와 공포정

---

12) Karl Jaspers, *Die Schuldfrage. Ein Beitrag zur deutschen Frage*, 1947.

치의 정치적 실패와 역사적 실패의 원인들은 무엇이었나? 이것은 독일역사의 불가피한 과정이었는가? 독일 민족성의 문제이었는가? 국가사회주의의 망상이 사람들을 현혹시킨 이해할 수 없는 "악마적" 사건이었는가? 아니면 교회의 선포의 실패였는가? 아니면 20세기에 확산하는 전체주의적 지배와 권력의 현상이었나?

슈투트가르트 죄책고백을 해석하는 사람은 누구나 역사적, 정치적, 윤리적 그리고 신학적 문제들이 복잡하게 얽혀 있음을 발견하게 된다. 이때 법률적, 국제법적, 도덕적 그리고 신학적 평가는 전혀 다를 수 있다. 어떤 경우이든 죄책의 윤리적 현상은 결코 간과될 수 없다. 이때 중요한 것은 한편에서는 개인적 책임, 즉 죄책의 당사자가 누구냐 하는 문제이며, 다른 한편에서는 역사적 유산으로서의 죄책, 즉 모든 역사적 행위자들에게 이미 주어져 있는 의무(obligatio)와 채무(debitum)이다. "죄책이 없는" 사람은 역사의 현장에서 살지 않는 사람뿐이다. 이때 인간의 실패와 인간의 죄책의 원인을 찾는 사람은 종종 – 언제나는 아니지만 – 합리적으로 설명할 수 있는 것의 한계에 부딪힌다. 한편 죄책을 고백할 때는 이중의 유혹에 노출되기 쉽다.

첫째는 실패의 근거들을 찾아 발생론적으로 설명함으로써 죄책을 회피하고자 하는 유혹이다. 죄책의 해명이 면책(Ent-Schuldigung)이 된다. 죄책의 물음이 용서의 근거들을 통해 제거된다.

둘째는 "다른 사람들의 죄책"을 함께 거론함으로써 자신의 죄를 덮으려는 유혹이다. 이때 "다른 사람들의 죄책"은 자신의 죄책으로부터 관심의 방향을 돌리게 하는 역할을 할 수 있으며, 죄책을 범하고도 개전(改悛)의 정이 없고 무감각한 사람을 대신한다는 인상을 줄 수 있다. 이것은 "바리새인의 태도"(눅 18:9-14)이다. 이것은 죄책을 다른 사람들에게 전가시킴으로써 어떤 경우이든 자기 자신의 선한 양심을 확보하는 것이다.

우리는 죄책의 실체를 통찰함으로써 다시 한번 분명하게 윤리학의 한계에 직면하게 된다. 역사적 인과성 탐구도 인간의 자유에 관한 심리학적 분석도 인간의 오류가능성을 결정적으로 해명할 수 없기 때문이다. 그렇다면 죄책은 윤리학의 고유한 주제가 아니며 정치적 도덕의 주제도 아니다. 왜냐하면 윤리학의 주된 관심은 선(善)이기 때문이다. 선이 행해져야 하는 한에서 말이다. 악은 행위의 목표가 아니면, 따라서 결코 윤리학의 고유한 주제가 아니다. 윤리적 요구는 죄책과 의존하지 않으며 대체로 죄책과 무관하다. 이와 달리 인간은 존재론적으로 언제나 이미 죄책과 관련되어 있다.[13] 리쾨르에 의하면 악의 가능성은 인간의 본질에 속한다.[14] 그렇지만 그런 견해는 구체적인 죄책(예를 들어 히틀러의 제3제국)을 형이상학적으로 해명하려는 위험성을 가진다. 인간은 언제나 오류를 범할 수 있다. 인간의 오류가능성은 이성적 통찰과 감정의 갈등에 기인한다. 인간은 감정이 깨어지기 쉽기 때문에 죄를 짓게 될 수 있다.

그렇지만 죄책의 가능성에 관한 인간론적 해석은 악의 기원에 대한 구체적인 물음에 대답하지 못한다. 리쾨르는 단지 신화적 언어를 통해 상징적으로 죄책을 설명할 수 있을 뿐이다. 그러나 여기서 우리는 다시 한번 윤리학이 왜 합리적으로 사고하는 윤리학의 고유한 주제가 될 수 없는지 확인하게 된다. 죄책고백은 본래 종교

---

13) M. Heidegger, *Sein und Zeit*, 1927, § 58.

14) Paul Ricoeur, "Die Fehlbarkeit des Menschen", in: *Phänomenologie der Schuld*, Bd. I; "Symbolik des Bösen", in: *Phänomenologie der Schuld*, Bd. II, 1971.

적으로만, 즉 참회와 용서하는 말에서만 성취될 수 있다. 이런 행위는 믿음의 사건이다. 따라서 죄책고백과 속죄는 제도적으로 규정될 수 없다. 죄책고백이 요구되고 강요될 수 있기는 하다. 그러나 인간이 악한 사건들의 "현장"이며 악의 장본인이며, 희생자이면서 동시에 가해자라고 말할 수 있는 것은 오직 종교뿐이다. "원죄"는 악의 실재성과 자기모순에 관한 이런 통찰과 경험의 기독교적 상징이다. 하나님의 자비의 행위 이외의 어떤 인간의 행위도 죄책을 선구적으로 사면할 수 없다. 죄책은 속죄, 즉 용서와 필연적으로 연결된다.

하르트만은 철학자로서 윤리의 이름으로 주어지는 용서에 반대하여 이의를 제기한다. "구원에 대한 열망은 내적 파산의 표현이다. 종교는 구원의 작품을 바로 이런 도덕적 파산 위에 건설한다. 구원은 인간에게 사실상 금치산 선고를 내리며, 그에게 자유의 포기를 강요한다."[15] 이와 반대로 하르트만은 유명한 원칙을 제시한다. "당신이 원하는 만큼 빚을 지고, 그 빚을 자랑스럽게 생각하라. 단지 선이 일어나도록 관심을 가지라."(S. 820)

하르트만은 죄책에 관한 물음에서 윤리적 가능성의 한계를 예리하게 통찰했다. 죄책고백과 죄책수용은 윤리학의 범주를 넘어선다. 죄책과 관련된 문제는 인간 자신의 자발적 행위를 통해서가 아니라 오직 용서와 면죄를 통해서만 해결될 수 있다. 당연히 악도 인간으로부터 인간 이외의 어떤 다른 것을 만들 수 없다. 이와 함께 우리는 다시 우리가 임의로 처리할 수 없는 것에 부딪히게 되었다. 헤겔에 의하면 "윤리학의 원리는 우리가 운명에 빚지고 있음을 존중하

---

15) Nicolai Hartmann, Ethik, 1962, S. 354.

는 것이다."[16] 그러나 헤겔의 이런 명제는 도덕적 진리가 아니라 종교적이고 신학적인 통찰이다.

죄책에 대한 기억은 더 나은 행위("보상")를 요구하는 것일 수 있다. 하르트만의 의도는 죄를 범한 다음에는 죄의식을 가지고 더 나은 행위를 해야 하며, 가능하다면 보상을 통해 관계가 회복되어야 한다는 사실을 환기시키는 것이다. 그렇게 본다면 죄책의 문제를 다루는 것은 윤리학의 고유한 주제이다. 신학적 전통은 죄를 깨닫게 하는 율법(lex accusans)의 과제에 관해 말한다. 율법은 양심을 깨워 죄책을 의식시킨다. 그러나 율법은 죄책으로부터 자유롭게 해주지는 못한다. 양심의 무죄를 선언할 수 있는 최종적 권한은 복음의 말씀에 있다. 죄책을 사면해 주는 것은 은혜로부터 칭의를 약속하는 복음이다. 용서는 윤리학에서도 고찰되는 사태들과 관계가 있다. 그러나 용서는 결코 윤리적 과제가 아니라 윤리적 행위와 태도의 전제이자 한계이다.

엄밀한 의미의 용서는 윤리학이 할 수 없다. 하나님과의 관계회복, 내적 변화, 내적 회심이란 종교적 의미의 화해는 윤리학의 대상이 아니라 다른 관계, 즉 하나님과의 관계에서 이루어지는 사건이다. 정치와 윤리에서, 교회의 선언들에서도 "화해"라고 일컬어지는 것은 대체로 양해, 배상, 정의와 평화 만들기, 불공정과 불화 제거, 미움과 적대감 극복 이외의 다른 것이 아니다. 그러나 화해가 단지 단순한 기독교인의 세속적 행동과제가 된다면 종교와 신학은 윤리학이 된다. 따라서 죄책의 "용서"라는 단어는 윤리적인 것의 한계를

---

16) G. W. F. Hegel, *Erste Druckschriften*, ed. G. Lasson, PhB 62, 1928, S. 404f.
"Principium scientiae moralis est reverentia fato habenda."

상기시킨다. 왜냐하면 복음에서는 보상과 행위가 이루어지지 못했음이 분명한 경우에도 용서가 약속되기 때문이다. 물론 용서는 역사와 사건을 전제하고 그것을 없었던 일로 만들 수 없다. 그러나 용서는 인간이 할 수 있는 것과 임의로 처리할 수 있는 것의 저편에 있는 미래를 약속한다. 이와 동시에 용서는 윤리학의 척도와 가치를 타파하고, 행동 지침과 행위가 아니라 신앙을 실현하게 한다.

Bibliographie

Eine vollständige Bibliographie zur evangelischen Ethik ist nicht angestrebt. Für weitere bibliographische Angaben sei auf die einschlä- gigen Artikel verwiesen in der Theologischen Realenzyklopädie (TRE, Berlin 1974 ff.), der 7. Auflage des Evangelischen Soziallexikons (ESL, Stuttgart 1980) und der 3. Auflage des Evangelischen Staatslexikons (ESEL, Stuttgart 1987). Die entsprechenden katholischen Nachschlage-werke sind: Staatslexikon (StL 7. Auflage, 5 Bände, Freiburg/Br. 1985 ff.) und Katholisches Soziallexikon (KSL, 2. Auflage, Graz 1980).
Kurze Literaturhinweise enthalten auch: O. Höffe (Hg.), Lexikon der Ethik, München 1986, 3. Auflage, sowie: B. Stöckle (Hg.), Wörterbuch christlicher Ethik, Freiburg/Br. 1975.
Bibliographische Angaben enthält ferner fortlaufend die Zeitschrift für evangelische Ethik (ZEE, Gütersloh 1957 ff.). Heranzuziehen sind ferner die drei Bände des „Handbuch der christlichen Ethik" (Hg. A. Hertz u, a., 1979 ff.).

1. Kapitel: Ethik, Begriff und Fragestellung

I. Zum gesamten Kapitel

Albert, H., Kritische Vernunft und menschliche Praxis, Stuttgart 1978. Althaus, P., Grundriß der Ethik, Erlangen 1931 ^{2}1953.

Antes, P., Ethik in nichtchristlichen Kulturen, (Ethik. Lehr- u. Studienbücher, Bd. 3) Stuttgart 1984.

Barth, K., Die kirchliche Dogmatik, vor allem KD II,2; III,4 Zollikon/Zürich 1932 ff. ders., GA. II/1. Ethik I (Vorl. Münster 1928), hg. v. D. Braun, Zürich 1973. ders., Rechtfertigung u. Recht, Zollikon 1938.

ders., Christengemeinde u. Bürgergemeinde, Zollikon 1946.

ders., Rechtfertigung u. Recht. Christengemeinde u. Bürgergemeinde, Zollikon/ Zürich 1970 ^{3}1984.

Bäuerle, D. und H. Kramer, Ethisch denken und handeln. Grundlegung christ- licher Erziehung und Lebenspraxis, Düsseldorf 1980.

Bender, W., Ethische Urteilsbildung, (Ethik. Lehr- und Studienbücher, Bd. 1). Stuttgart 1986.

Bonhoeffer, D., Ethik, hg. v. E. Bethge, München 1949 ^{10}1984.

Brunner, E., Das Gebot u. die Ordnungen. Entwurf einer protestantisch-theologischen Ethik, Tübingen 1932 [4]1978.

Dilschneider, O., Die evangelische Tat. Grundlagen und Grundzüge der evangelischen Ethik, Gütersloh 1940.

Elert, W., Das christliche Ethos. Grundlinien der lutherischen Ethik, Tübingen 1949.

Ermecke, G., Die natürlichen Seinsgrundlagen der christlichen Ethik, Paderborn 1985.

Fleischer, H., Ethik ohne Imperativ. Zur Kritik des moralischen Bewußtseins, Frankfurt 1986.

Fletcher, J., Moral ohne Normen?, (orig. engl. Situation Ethics, the New Morality, 1966) Gütersloh 1967.

ders., Leben ohne Moral?, (orig. engl. Moral Responsibility), Gütersloh 1969. Frey, C., Die Ethik des Protestantismus von der Reformation bis zur Gegenwart, GTB 1424, Gütersloh 1989.

Fritzsche, H.-G., Lehrbuch der Dogmatik, IV. Ekklesiologie Ethik - Escha- tologie, Berlin (DDR) 1986.

Ginters, R., Werte und Normen. Einführung in die philosophische und theolo- gische Ethik, Göttingen und Zürich 1982.

Green, R. M., Religious Reason: The Rational and Moral Basis of Religious Belief, Oxford 1978.

Grewel, H., Brennende Fragen christlicher Ethik. Göttingen/Zürich 1988. Gustafson, J. M., Protestant and Roman Catholic Ethics, Chicago 1980. ders., Ethics from a Theocentric Perspective I, Chicago 1981.

Hertz, A., W. Korff, T. Rendtorff und H. Ringeling, (Hg.), Handbuch der christlichen Ethik. Band 3: Wege ethischer Praxis. Freiburg und Gütersloh 1982.

Hilpert, K., Ethik und Rationalität. Untersuchungen zum Autonomieproblem und zu seiner Bedeutung für die theologische Ethik. Düsseldorf 1980. Holmes, A. F., Wege zum ethischen Urteil. Grundlagen und Modelle. Vorwort v. Helmut Burkhardt, Wuppertal 1987.

Huber, W., Folgen christlicher Freiheit. Ethik und Theorie der Kirche im Horizont der Barmer Theologischen Erklärung, Neukirchen-Vluyn 21985.

Jonas, H., Das Prinzip Verantwortung. Versuch einer Ethik für die technologische Zivilisation, Frankfurt 1979.

Jüngel, E., Erwägungen zur Grundlegung evangelischer Ethik im Anschluß an die Theologie des Paulus, in: ders., Unterwegs zur Sache, S. 234-245, Mün-chen 1972.

Kerber, W., (Hg.), Sittliche Normen: Zum Problem ihrer allgemeinen und un-wandelbaren Geltung. Mit Beiträgen von W. Ernst, J. Fuchs, F. Furger, K. Hörmann u. a., Düsseldorf 1982.

Kluxen, W., Ethik des Ethos, Freiburg-München 1974.

Köhler, H., Ethik nach den Prinzipien evangelischer Theologie, München/Salz- burg 1975.

Korff, W., Theologische Ethik, Freiburg 1975.

Kreck, W., Grundfragen christlicher Ethik, München 1975 $1985.

Kussäther, H., Was ist gut und böse? Zur Grundlegung einer Ethik, Neukir- chen-Vluyn 1979.

Kutscherau, F. v., Grundlagen der Ethik, Berlin 1982.

Lochman, J. M., Wegweisung der Freiheit. Abriß der Ethik in der Perspektive des Dekalogs, Gütersloh 1979.

Løgstrup, K. E., Norm und Spontaneität, Tübingen 1989.

Lohse, E., Die Ethik der Bergpredigt und was sie uns heute zu sagen hat, Hannover 1984.

Luhmann, N. und S. Pfürtner, (Hg.), Theorietechnik und Moral, Frankfurt 1978.

Luthardt, D. D. Chr., Kompendium der theologischen Ethik, Leipzig 1921.

MacIntyre, A., Der Verlust der Tugend. Zur moralischen Krise der Gegenwart, Frankfurt 1987.

ders., Geschichte der Ethik im Überblick, Königsstein 1984.

Mayer, E. W., Ethik. Christliche Sittenlehre, Gießen 1922.

Mieth, D., Zeitgemäße Unzeitgemäßheiten. Grundzüge einer neuen Tugendlehre, Düsseldorf 1982.

Mieth, D. und F. Compagnoni, (Hg.), Ethik im Kontext des Glaubens, Freiburg 1978.

Moltmann, J., Herrschaft Christi u. soziale Wirklichkeit nach D. Bonhoeffer, (ThExNF 71), 1959.

Müller, A. D., Ethik, Berlin 1937.

Otto, R., Aufsätze zur Ethik, hg. v. J. S. Boozer, München 1981.

Oyen, H. v., Botschaft u. Gebot, Gütersloh 1962.

ders., Ev. Ethik, Gütersloh, I 1952, II 1957 ^{2}1966, III 1964 ^{2}1968. Pannenberg, W., Ethik u. Ekklesiologie, Göttingen 1977.

Patzig, G., Ethik ohne Metaphysik, ^{2}1984.

Purtill, L. R., Grundfragen der Ethik, Düsseldorf 1977. Quervain, A. de, Ethik, 4 Bde., Zürich 1945-46.

Reiner, H., Norm und Werturteil. Grundprobleme der Ethik, Stuttgart 1979. Rendtorff, T., Ethik. Grundelemente, Methodologie u. Konkretionen einer ethi- schen Theologie, 2 Bde., Stuttgart 1980/81.

Renz, H. und F. W. Graf, (Hg.), Troeltsch-Studien, bes. Bd. 3, Gütersloh 1982. Rotter, H., (Hg.), Heilsgeschichte und ethische Normen, Freiburg 1984. Schinzer, R., Ethik ohne Gesetz. Christlich urteilen und handeln, Göttingen 1985. Schlatter, A., Die christliche Ethik, Calw/Stuttgart 1914 ^{5}1986.

Schleiermacher, F. D. E., Christliche Sittenlehre, Einleitung, (1826/27), hg. v. H. Peiter, Stuttgart 1983.

ders., Die christliche Sitte; aus dem Nachlaß, hg. v. L. Jonas, Berlin 1843, ^{2}1884. Schmitt, C., E. Jüngel und S. Schelz, Die Tyrannei der Werte, Hamburg 1981. Søe, N. H., Christliche Ethik, München 1949 31965.

Sölle, D., Phantasie und Gehorsam, Überlegungen zu einer zukünftigen christli- chen Ethik, 1968 ^{10}1986.

Spaemann, R., Moralische Grundbegriffe, München 1987.

Schrage, W., Ethik des Neuen Testaments, Göttingen 1981 51989. Schrey, H. H., Einführung in die Ethik, Darmstadt ^{2}1972.

ders., Einführung in die Evangelische Soziallehre, Darmstadt 1973.

Schüller, B., Die Gründung sittlicher Urteile, Typen ethischer Argumentation in der katholischen Moraltheologie, 1973.

ders., Pluralismus in der Ethik, Münster 1988.

Schwartz, W., Analytische Ethik und christliche Theologie. Zur methodischen Klärung der Grundlagen christlicher Ethik, Göttingen 1983.

Schweitzer, W., Freiheit zum Leben. Grundfragen der Ethik, Stuttgart 1959. Thielicke, H., Theologische Ethik. Bd. I Prinzipienlehre, Tübingen 1958 $1981; II/1. Mensch und Welt, 1959 ⁵1986; II/2. Ethik des Politischen 1959 *1987; III Ethik der Gesellschaft, des Rechtes, der Sexualität und der Kunst, 1964 ²1968. Tillich, P., GW II, Christentum u. Soziale Gestaltung. Frühe Schriften zum Religiösen Sozialismus, hg. v. R. Albrecht, Stuttgart 1962.

Tödt, H.-E., Das Angebot des Lebens. Theologische Orientierung in den Umstellungskrisen der modernen Welt, Gütersloh 1978.

ders., Perspektiven theologischer Ethik, München 1988.

ders., Der Spielraum des Menschen. Theologische Orientierung in den Umstellungskrisen der modernen Welt, Gütersloh 1979.

ders., Versuch zu einer Theorie ethischer Urteilsfindung: ZEE 21 (1977) 81-93.

Trillhaas, W., Ethik, Berlin 31970.

Vierzig, S., Das Böse, Stuttgart 1984.

Weber, H. und D. Mieth, (Hg.), Anspruch der Wirklichkeit und christlicher Glaube. Probleme und Wege theologischer Ethik heute, Düsseldorf 1980. Wiebering, J.,,Handeln aus Glauben Grundriß der theologischen Ethik, Berlin 1981.

Wils, J.-P., Sittlichkeit und Subjektivität. Zur Ortsbestimmung der Ethik im Strukturalismus, in der Subjektivitätsphilosophie und bei Schleiermacher, Frei- burg (Schweiz) 1987.

Wolf, U., Das Problem moralischen Sollens, Berlin 1984.

Wünsch, G., Theologische Ethik, Berlin/Leipzig 1925.

Wyss, D., Strukturen der Moral, Göttingen 1968.

Zwei Kirchen eine Moral? Beiträge von O. Bayer u. a., Regensburg 1986.

II. Literatur

a) Zur neutestamentlichen Paränese

Browning, D., Religious Ethics and Pastoral Care, Philadelphia 1983. Handbuch der christlichen Ethik, A. Hertz u. a. (Hg.), (Kap. 2, Teil I, Problem der Schriftgemäßheit der Ethik, v. J. Becker), S. 243 ff., bes. S. 252 ff., Freiburg und Gütersloh 1982.

Bultmann, R., Das Problem der Ethik bei Paulus, in: Das Paulusbild in der neueren deutschen Forschung, S. 179-199, Darmstadt 1964.

Joest, W., Gesetz und Freiheit, Göttingen 1951 ⁴1968.

Kertelge, K., Ethik im NT, Reihe: Quaestiones disputatae, Frei- burg-Basel-Wien 1984.

Lohse, E., Theologische Ethik des Neuen Testaments, Stuttgart/Berlin 1988. Merk, O., Handeln aus Glauben (Marburger Theologische Studien 5), Marburg 1968 (Lit.).

Schnackenburg, R., Die sittliche Botschaft des NT, (Handbuch der Moraltheologie VI),

München ^{2}1962.

Schrage, W., Die konkreten Einzelgebote in der paulinischen Paränese, Gütersloh 1961.

ders., Die Ethik des NT, (NTD Ergänzungsreihe 4), S. 155 ff., 266 ff., Göttingen 1982.

Schulz, S., Neutestamentliche Ethik, Zürich 1987.

Strecker, G., Handlungsorientierter Glaube, S. 17-35, Stuttgart 1972.

Suhl, A., Der Philemonbrief als Beispiel paulinischer Paränese, Kairos 15, S. 167-279, 1973.

Wendland, H. D., Ethik des NT (Grundrisse zum NT, NTD Ergänzungsreihe 4), S. 49-88, Göttingen 1970.

b) Zum Verhältnis von Dogmatik und Ethik

Gill, R., A Textbook of christian Ethics, Edinburgh 1985.

Ebeling, G., Zum Verhältnis von Dogmatik und Ethik, in: ZEE 26 (1982), S. 10-18.

ders., Wort und Glauben II, S. 1-55, Tübingen 1969.

Handbuch der christlichen Ethik, A. Hertz u. a. (Hg.), Bd. I, Teil II, Kap. 2/III v. H. J. Birkner, S. 281-296, Freiburg und Gütersloh 1978.

Okayama, L., Zur Grundlegung christlicher Ethik, Theologische Konzepte der Gegenwart im Lichte des Analogie-Problems, Berlin-New York 1977. Pannenberg, W., Die Krise des Ethischen und die Theologie, in: ThLZ 87 (1962), S. 7-16.

ders., Ethik und Ekklesiologie, S. 41-54, Göttingen 1977.

Rendtorff, T., Der ethische Sinn der Dogmatik; zur Neuformulierung des Verhältnisses von Dogmatik und Ethik bei K. Barth, in: ders. (Hg.), Die Reali- sierung der Freiheit, Beiträge zur Kritik der Theologie K. Barths, S. 119-134, Gütersloh 1975.

Theiner, J., Die Entwicklung der Moraltheologie zur eigenständigen Disziplin, Regensburg 1970.

Tödt, H.-E., Zum Verhältnis von Dogmatik und theologischer Ethik, ZEE 26 (1982), S. 29-39.

Wiebering, J., Handeln aus Glauben, S. 23 ff., Berlin (DDR) 1981.

c) Zur Ethik als theologische Disziplin

Bäuerle, D. und H. Kramer, Ethisches Denken und Handeln, Düsseldorf 1980. Ginters, R., Werte u. Normen, Einführung in die philosophische und theologische Ethik, Göttingen und Zürich 1982.

Gleixner, H., Die Relevanz christlichen Glaubens für die Ethik, ThGI 76 (1986), S. 307-323.

Kreck, W., Ethik, S. 15-21, München 1975 $1985.

Rendtorff, T., Ethik Bd. 1, S. 19-25, Stuttgart 1980/81.

Weber, H. und D. Mieth, (Hg.), Anspruch der Wirklichkeit und christlicher Glaube. Probleme und Wege theologischer Ethik heute, Düsseldorf 1980.

신학윤리학

2. Kapitel: Theologische Voraussetzungen der Ethik

§ 1. Die christliche Freiheit

Adler, H. G., Die Freiheit des Menschen, Tübingen 1976.

Barth, K., Das Geschenk der Freiheit. Grundlegung evangelischer Ethik, ThSt 39, Zollikon 1953.

ders., Kirchliche Dogmatik IV/3, S. 533-779, Zollikon 1959.

Baur, J., Freiheit und Emanzipation. Ein philosophisch-theologischer Traktat, Stuttgart 1974.

Bayer, O., Zugesagte Freiheit. Zur Grundlegung theologischer Ethik, Gütersloh 1980.

ders., Umstrittene Freiheit. Theologisch-philosophische Kontroversen, Tübingen 1981.

Bossle, L., (Hg.), Freiheit und christliche Soziallehre, Köln 1977.

Brakelmann, G., Freiheit konkret. Über Wahrheit und Wirklichkeit eines Schlag- worts, Gütersloh 1979.

Bultmann, R., Die Bedeutung des Gedankens der Freiheit für die abendländische Kultur, in: ders., Glaube und Verstehen. Ges. Aufsätze Bd. 2, S. 274 ff., Tü- bingen 1952.

Ebeling, G., Frei aus Glauben, SgV 250, Tübingen 1968.

Ginters, R., Freiheit und Verantwortlichkeit, Düsseldorf 1977.

Gollwitzer, H., Forderungen der Freiheit, München 1962.

Greshake, R., Geschenkte Freiheit. Einführung in die Gnadenlehre, Frei- burg-Basel-Wien 1977.

Huber, W., Folgen christlicher Freiheit. Ethik und Theorie der Kirche im Horizont der Barmer theologischen Erklärung, Neukirchen-Vluyn 1983.

Joest, W., Gesetz und Freiheit, Göttingen *1968.

Jonas, H., Augustin und das paulinische Freiheitsproblem. Eine philosophische Studie zum pelagianischen Streit, Göttingen 1965.

Jüngel, E., Zur Freiheit eines Christenmenschen. München 21981.

Käsemann, E., Der Ruf der Freiheit, Tübingen 51972.

Kasper, W., Christliche Freiheit und neuzeitliche Autonomie, in: Menschenwür- dige Gesellschaft, Hg. Salzburger Hochschulwochen, S. 73 ff., Graz 1977. Lecler, J., Geschichte der Religionsfreiheit im Zeitalter der Reformation, 2 Bde., Stuttgart 1965.

Marsch, W. D., Die Folgen der Freiheit, Gütersloh 1974.

Niederwimmer, K., Der Begriff der Freiheit im NT, Berlin 1966.

Pannenberg, W., Gottesgedanke und menschliche Freiheit, Göttingen 1972. Pesch, O. H., Frei sein aus Gnade. Theologische Anthropologie, Freiburg 1983. Pröpper, Th., Erlösungsglaube und Freiheitsgeschichte, München 1985. Rohrmoser, G., Emanzipation und Freiheit, München 1970.

Schlumbohm, J., Freiheitsbegriff und Emanzipationsprozeß, Göttingen 1973. Schwartländer, J., (Hg.), Modernes Freiheitsethos und christlicher Glaube, Mün- chen-Mainz 1981.

Vorster, H., Das Freiheitsverständnis bei Thomas von Aquin und Martin Luther, Göttingen 1965.

Weippert, G., Sündenfall und Freiheit, Hamburg 1933.

§ 2. *Das christliche Verständnis von Sünde*

Barth, K., Gott und das Nichtige, in: KD III/3, S. 327-425, Zürich 1979. Baumann, U., Erbsünde? Ihr traditionelles Verständnis in der Krise heutiger Theologie, Freiburg i. Br. 1970.

Brunner, E., Dogmatik Bd. II, S. 100-145, Zürich 1972.

Dexinger, F. u. a., Ist Adam an allem schuld? Erbsünde oder Sündenverflochten- heit? Innsbruck 1971.

Dubarle, A.-M., Unter der Sünde verkauft, Düsseldorf 1963.

Ebeling, G., Dogmatik des christlichen Glaubens Bd. 1, S. 356-375, Tübingen 1979.

Echternach, H., Die lutherische Erbsündenlehre als ökumenische Verheißung, Amsterdam 1973.

Eichinger, W., Erbsündentheologie. Rekonstruktion neuerer Modelle und eine politisch orientierte Skizze, EHS. T 138, Frankfurt-Bern 1980.

Freund, G., Sünde im Erbe. Erfahrungsinhalt und Sinn der Erbsündenlehre, Stuttgart 1979.

Gestrich, C., Die Wiederkehr des Glanzes in der Welt. Die christliche Lehre von der Sünde und ihre Vergebung in gegenwärtiger Verantwortung, Tübingen 1989.

Groß, J., Entwicklungsgeschichte des Erbsündendogmas seit der Reformation. Geschichte des Erbsündendogmas Bd. 4, München, Basel 1972.

Häring, H., Das Problem des Bösen in der Theologie, (Grundzüge 62), Darmstadt 1985.

Knierim, R., Die Hauptbegriffe für Sünde im AT, Gütersloh 1965.

Kroetke, H., Sünde und Nichtiges bei Karl Barth, Tht 30, Berlin 1971.

Künneth, W., Die Lehre von der Sünde, Gütersloh 1927. Leroy, H., Zur Vergebung der Sünden, Stuttgart 1974. Otto, R., Sünde und Urschuld, München 1932.

Pannenberg, W., Aggression und theologische Lehre von der Sünde, in: ZEE 21 (1977), S. 161-173.

ders., Anthropologie in theologischer Perspektive, Göttingen 1983.

Pieper, J., Über den Begriff der Sünde, München 1977.

Regnier, J., Der moderne Mensch und die Sünde, Würzburg 1959.

Ricouer, P., Phänomenologie der Schuld, 2 Bde., Freiburg, München 1971. Scharbert, J., Prolegomena eines Alttestamentlers zur Erbsündenlehre, Freiburg 1968.

Schmitz-Moormann, K., Die Erbsünde. Überholte Vorstellung bleibender Glaube, Olten, Freiburg i. B. 1969.

Schwintek, M., Die Kirche der Sünder, Berlin 1969.

Sievernich, M., Schuld und Sünde in der Theologie der Gegenwart, FTS 29, Frankfurt 1982.

Weber, O., Grundlagen der Dogmatik Bd. I, S. 640-695, Neukirchen-Vluyn 1977.

Wegmann, H., Das Rätsel der Sünde, Bern 1937.

Weger, K.-H., Theologie der Erbsünde, Freiburg, Basel, Wien 1970.

§ 3. Gesetz und Evangelium

Althaus, P., Gebot und Gesetz, BFChTh 46,2, Gütersloh 1952.

ders., Grundriß der Dogmatik, S. 125-130, Gütersloh (1929).*1959.

Andersen, W., Ihr seid zur Freiheit berufen, Neukirchen 1964.

Barth, K., Evangelium und Gesetz, Th Ex NF 50, 1961, (Th Ex 32, München 1935).

Bayer, O., Gesetz und Evangelium, in: M. Brecht/R. Schwarz (Hg.), Bekenntnis und Einheit der Kirche. Studien zum Konkordienbuch, S. 155-173, Stuttgart 1980.

Berge, W., Gesetz und Evangelium in der neueren Theologie, AVTH RW 2, Berlin 1958.

Bommer, J., Gesetz und Freiheit im Katholizismus, München 1963.

Bring, R., Gesetz und Evangelium und der dritte Gebrauch des Gesetzes in der lutherischen Theologie, 1943 (SLAG 1).

Brunner, P., Gesetz und Evangelium. Versuch einer dogmatischen Paraphrase, in: Bemühungen um die einigende Wahrheit (Aufs.), S. 74-96, Göttingen 1977.

Büchsel, H., Gesetz und Evangelium, Hamburg 1922.

Ebeling, G., Erwägungen zur Lehre vom Gesetz, in: Wort und Glaube I, S. 255-293, Tübingen <1967.

Elert, W., Zwischen Gnade und Ungnade. Abwandlungen des Themas Gesetz und Evangelium, München 1948.

Haendler, K. und E. Kinder, Gesetz und Evangelium. Beiträge zur gegenwärtigen theologischen Diskussion, WdF 142, Darmstadt 1968.

Heintze, G., Luthers Predigt von Gesetz und Evangelium, 1958, (FGLP 10. R., Bd. II).

Iwand, H. J., Gesetz und Evangelium (1937), in: ders., Nachgelassene Werke IV, (Hg. W. Kreck), S. 11-230, München 1964.

ders., Evangelium und Gesetz, in: ders., Nachgelassene Werke IV, S. 441-451, München 1964.

Kinder, E., Gottes Gebote und Gottes Gnade im Wort vom Kreuz, München 1949.

Klappert, B., Erwägungen zum Thema: Gesetz und Evangelium bei Luther und K. Barth, in: Th Beitr 7 (1976), S. 140-157.

ders., Promissio und Bund. Gesetz und Evangelium bei Luther und Barth, 1976. (FS ÖTh 34).

Krötke, W., Das Problem,,Gesetz und Evangelium≫ bei Werner Elert und Paul Althaus, Zürich 1965.

Peters, A., Gesetz und Evangelium, 1981 (HST 2).

Soehngen, G., Gesetz und Evangelium. Ihre analoge Einheit. Theologisch. Philosophisch. Staatsbürgerlich, Freiburg, München 1957.

Walther, C. F. W., Die rechte Unterscheidung von Gesetz und Evangelium, St. Louis 1946.

§ 4. Rechtfertigung und Heiligung

Althaus, P., Die lutherische Rechtfertigungslehre und ihre heutigen Kritiker,

Berlin 1951.

Barth, K., Kirchliche Dogmatik IV/1, § 61: Des Menschen Rechtfertigung, Zollikon 1953. Kirchliche Dogmatik IV/2, S. 565 ff., § 66: Des Menschen Heiligung, Zollikon 1955.

ders., Rechtfertigung und Heiligung, in: ZZ 5 (1927), S. 281-309.

Bonhoeffer, D., Nachfolge, München ≪1976.

Dantine, W., Die Gerechtmachung der Gottlosen, München 1959.

Etzold, O., Rechtfertigung heute, Stuttgart 1985.

Härle, W. und E. Herms, Rechtfertigung. Das Wirklichkeitsverständnis des christlichen Glaubens. (Ein Arbeitsbuch), Göttingen 1980 (UTB 1016).

Hempel, Ch., Rechtfertigung als Wirklichkeit. Ein katholisches Gespräch: Karl Barth Hans Küng Rudolf Bultmann und seine Schule, EHS. T 55, Frankfurt, Berlin 1976.

Kertelge, K., Rechtfertigung bei Paulus. Studien zur Struktur und zum Bedeutungsgehalt des paulinischen Rechtfertigungsbegriffs, 21971 (NTA NS 3). Kinder, E., Die evangelische Lehre von der Rechtfertigung, QKK Bd. 1, Lüne- burg 1957.

Koeberle, A., Rechtfertigung und Heiligung, Leipzig *1938.

Lackmann, M., Zur reformatorischen Rechtfertigungslehre, Stuttgart 1953.

Lohff, W. und Ch. Walther, Rechtfertigung im neuzeitlichen Lebenszusammen- hang. Studien zur Neuinterpretation der Rechtfertigungslehre, Gütersloh 1974. Lütgert, W., Die Lehre von der Rechtfertigung durch den Glauben, Berlin 1903. Maron, G., Kirche und Rechtfertigung, Göttingen 1969.

Pesch, O. H., Theologie der Rechtfertigung bei Martin Luther und Thomas v. Aquin, Mainz 1967.

Pesch, O. H. und A. Peters, Einführung in die Lehre von Gnade und Rechtfer- tigung, Darmstadt 1981.

Pfnuer, V., Einig in der Rechtfertigungslehre? Die Rechtfertigungslehre der Confessio Augustana (1530) und die Stellungnahme der katholischen Kontro- verstheologie zwischen 1530 und 1535, Wiesbaden 1970. Pöhlmann, H. G., Rechtfertigung, Gütersloh 1971.

Rüttgardt, J. O., Heiliges Leben in der Welt. Grundzüge christlicher Sittlichkeit nach Ph. J. Spener, 1978 (APG 16).

Schmidt, K. D., Lutherische und katholische Rechtfertigungslehre, Lüneburg 1946.

Subilia, V., Die Rechtfertigung aus Glauben. Gestalt und Wirkung vom Neuen Testament bis heute. Göttingen 1981.

Wolf, E., Die Rechtfertigungslehre als Mitte und Grenze reformatorischer Theo- logie, Ev Th 9, S. 298-308, München 1949/50.

S. 11-21, München 1965.

§ 5. Askese und christliche Ethik

Peregrinatio, Bd. 2, Auer, A., Die philosophischen Grundlagen der Askese, Salzburg 1946.

Bodamer, J., Der Weg zur Askese als Überwindung der technischen Welt, Ham- burg 21957.

Bohren, R., Fasten und Feiern, Neukirchen 1973.

Furger, F., Freiwillige Askese als Alternative, in: C. K. Kaltenbrunner (Hg.), Überleben und Ethik, S. 77-90, München 1976.

Gründel, J., (Hg.), Triebsteuerung? Für und Wider die Askese, München 1972.

Hengstenberg, H. E., Christliche Askese, Heidelberg 31948.

Kaftan, J., Die Askese im Leben der evangelischen Christen, Potsdam 1904.

Lindworsky, J., Psychologie der Askese, Freiburg 1936.

Müller-Schwefe, H. R., Vom zuchtvollen Leben, Hamburg 1959.

Schjelderup, K., Die Askese. Eine religionspsychologische Untersuchung, Berlin, Leipzig 1928.

Wenke, K. E. und H. Zillessen, (Hg.), Neuer Lebensstil, verzichten oder verän- dern? Opladen 1978.

§ 6. Gute Werke

Althaus, P., Die christliche Wahrheit Bd. II, S. 457-470 (§ 66), Gütersloh 1948. Barth, K., Kirchliche Dogmatik IV/2, S. 660 ff., Zollikon 1955.

Joest, W., Gesetz und Freiheit, Göttingen ²1968.

Merk, O., Handeln aus Glauben. Die Motivierung der paulinischen Ethik, Mar- burg 1968.

Weber, O., Grundlagen der Dogmatik II, S. 356 ff., Neukirchen-Vluyn (1962) 51977.

§ 7. Das Naturrecht

Arndt, A., Rechtsdenken in unserer Zeit. Positivismus und Naturrecht, Tübingen 1955.

Becker, K. H., Was ist Naturrecht? Stuttgart, Berlin 1964.

Bloch, E., Naturrecht und menschliche Würde, Frankfurt/M. 1961.

Böckenförde, E. W. und F. Böckle, (Hg.), Naturrecht in der Kritik, Mainz 1973. Böckle, F., (Hg.), Das Naturrecht im Disput, Düsseldorf 1966.

Breuer, H., Sozialgeschichte des Naturrechts, Opladen 1983.

Brunner, E., Gerechtigkeit, eine Lehre von den Grundgesetzen der Gesellschafts- ordnung, Zürich 1943.

Fuchs, J., Lex Naturae. Zur Theologie des Naturrechts, Düsseldorf 1955.

Herr, Th., Zur Frage nach dem Naturrecht im deutschen Protestantismus der Gegenwart, München, Paderborn, Wien 1972.

ders., Naturrecht aus der kritischen Sicht des Neuen Testaments, München, Paderborn, Wien 1976.

Höffe, O., Naturrecht ohne naturalistischen Fehlschluß, Wien 1980.

Kelsen, H., Naturrechtslehre und Rechtspositivismus, Berlin 1928.

Laun, A., Die naturrechtliche Begründung in der neueren katholischen Moral- theologie, Wien 1973.

Maihofer, W., Naturrecht oder Rechtspositivismus? Darmstadt 21972.

Messner, J., Moderne Soziologie und scholastisches Naturrecht, Wien 1961. Müller, A. u. a. (Hg.), Natur und Naturrecht, (Köln 1972), Freiburg (Schweiz)

1972.

Peschke, K. H., Naturrecht in der Kontroverse. Kritik evang. Theologie an der kath.
 Lehre von Naturrecht und natürlicher Sittlichkeit, Salzburg 1967. Rommen, H., Die
 ewige Wiederkehr des Naturrechts, Leipzig 1936, München 21947.

Ryffel, H., Das Naturrecht. Ein Beitrag zu seiner Kritik und Rechtfertigung vom
 Standpunkt grundsätzlicher Philosophie, Bern 1944.

Schelauske, H. D., Naturrechtsdiskussion in Deutschland. Ein Überblick über zwei
 Jahrzehnte: 1945-1965, Köln 1968.

Stadtmüller, G., Das Naturrecht im Lichte der geschichtlichen Erfahrung, Reck-
 linghausen 1948.

Steubing, H., Naturrecht und natürliche Theologie im Protestantismus, Göttingen 1932.

Strauss, L., Naturrecht und Geschichte, Stuttgart 1956, Neue Ausg. Frankfurt/
 M. 1977.

Welzel, H., Naturrecht und materiale Gerechtigkeit, Göttingen *1962. Wolf, E., Das
 Problem der Naturrechtslehre, Karlsruhe <1964.

Strauss, L., Naturrecht und Geschichte, Stuttgart 1956, Neue Ausg. Frankfurt/
 M. 1977.

Welzel, H., Naturrecht und materiale Gerechtigkeit, Göttingen *1962. Wolf, E., Das
 Problem der Naturrechtslehre, Karlsruhe <1964.

§ 8. Das Gewissen

Bärenz, R., Das Gewissen, Würzburg 1978.

Blühdorn, J., (Hg.), Das Gewissen in der Diskussion, WdF 37, Darmstadt 1976. Blum, E.
 u. a., Das Gewissen, Zürich, Stuttgart 1958.

Böckle, F., Gesetz und Gewissen, Luzern, Stuttgart 1965.

Bremi, W., Was ist Gewissen? Zürich 1934.

ders., Die Gewissensfrage: Wissenschaftler antworten, Stuttgart 1972.

Ebeling, G., Theologische Erwägungen über das Gewissen, in: Wort und Glaube, S.
 429-446, Tübingen I 21962.

Eckstein, H. J., Der Begriff der Syneidesis bei Paulus, WUNT R 2. 10, Tübingen 1983.

Engelmayer, O. u. a., Gewissen und Gewissensbildung, Donauwörth 1970.

Fuchs, J., Das Gewissen, Düsseldorf 1979.

Furger, F., Gewissen und Klugheit, Luzern 1965.

Golser, K., Gewissen und objektive Sittenordnung, Wien 1975.

Gries!, G., Gewissen, Augsburg 1970.

Hild, H., H. Huth und K.-A. Odin, Das christliche Gewissen. Von der Verant- wortung
 der Christen, Göttingen 1982.

Holzhey, H., (Hg.), Gewissen? Basel 1975.

Jacob, G., Der Gewissensbegriff in der Theologie Luthers, Tübingen (1929) 1966.
 Klier, G., Gewissensfreiheit und Psychologie, Berlin 1978.

Mokrosch, R., Das religiöse Gewissen, Stuttgart 1979.

Nickel, E. und U. O. Sievering, (Hg.), Gewissensentscheidung und demokrati- sches
 Handeln, Frankfurt/M. 1984.

신학윤리학

Nowak, A. J., Gewissen und Gewissensbildung heute in tiefenpsychologischer und theologischer Sicht, Wien, Freiburg, Basel 1978.

Petrilowitsch, N., (Hg.), Das Gewissen als Problem, WdF 66, Darmstadt 1966. Podlech, A., Das Grundrecht der Gewissensfreiheit und die besonderen Gewalt- verhältnisse, Berlin 1969.

Scholler, H., Die Freiheit des Gewissens, Berlin 1958. Schomerus, H., Das befreite Gewissen, München 1967.

Stelzenberger, J., Syneidesis, conscientia, Gewissen. Studie zum Bedeutungswan- del eines moraltheologischen Begriffes, Paderborn 1963.

ders., Syneidesis im NT, Paderborn 1961.

Stocker, H. G., Das Gewissen, Bonn 1925.

Sustar, A., Gewissensfreiheit, Zürich 1967.

Ziegler, J. G., Vom Gesetz um Gewissen, Freiburg, Basel, Wien 1967.

§ 9. Nachfolge

Betz, H. D., Nachfolge und Nachahmung Jesu Christi im Neuen Testament, Tübingen 1967.

Bonhoeffer, D., Nachfolge, München (1937) ≪1976.

Bouwman, G., Folgen und Nachfolgen im Zeugnis der Bibel, Salzburg 1965. Drescher, H. G., Nachfolge und Begegnung, Gütersloh 1972.

Feifel, E., Der pädagogische Anspruch der Nachfolge Christi, Donauwörth 1968. Hemmerle, K., Theologie als Nachfolge, Freiburg, Basel, Wien 1975.

Hengel, M., Leiden in der Nachfolge Jesu, in: H. Schulze (Hg.), Der leidende Mensch, Neukirchen 1974.

ders., Nachfolge und Charisma, BZNW 34, Berlin 1968.

Schulz, A., Nachfolgen und Nachahmen. Studien über das Verhältnis der neute- stamentlichen Jüngerschaft zur unchristlichen Vorbildethik, StANT 6, Mün- chen 1962.

ders., Unter dem Anspruch Gottes. Das neutestamentliche Zeugnis von der Nachahmung, München 1967.

§ 10. Das Liebesgebot

Balthasar, H. U. v., Glaubhaft ist nur Liebe, München *1977.

Biser, E. u. a., Prinzip Liebe. Perspektiven einer Theologie, Freiburg i. Br. 1975. Bornkamm, G., Das Doppelgebot der Liebe, in: Gesammelte Aufsätze III, S. 37-45, München 1968.

Friedrich, J., Gott im Bruder? Stuttgart 1977.

Nissen, A., Gott und der Nächste im antiken Judentum. Untersuchungen zum Doppelgebot der Liebe, WUNT 15, Tübingen 1974.

Nygren, A., Eros und Agape I/II, Gütersloh 1930/37.

Pieper, J., Über die Liebe, München *1977.

Rahner, K., Das ,,Gebot≫ der Liebe unter den anderen Geboten, in: Schriften zur

Theologie V, S. 494-517, Einsiedeln, Zürich, Köln 1962.

ders., Über die Einheit von Nächsten- und Gottesliebe, in: Schriften zur Theologie VI, S. 277-298, Einsiedeln, Zürich, Köln 1965.

ders., Was heißt Jesus lieben? Freiburg ²1984.

Ratzinger, J., Über die christliche Brüderlichkeit, München 1960.

Schrage, W., Ethik des Neuen Testaments, GNT 4, S. 69-88, Göttingen 1982. Theißen, G., Gewaltverzicht und Feindesliebe, in: Studien zur Soziologie des Urchristentums, WUNT 19, S. 160-197, Tübingen 1979.

Warnack, V., Agape. Die Liebe als Grundmotiv der neutestamentlichen Theologic, Düsseldorf 1951.

Welte, B., Die Dialektik der Liebe. Gedanken zur Phänomenologie der Liebe und zur christlichen Nächstenliebe im technologischen Zeitalter, Frankfurt/M. 1973.

3. Kapitel: Ethische Grundbegriffe

§ 1. Tugend

Betz, O., (ed.), Tugenden für heute. Zwischen Möglichkeit und Wirklichkeit, München 1973.

Bollnow, O. F., Wesen und Wandel der Tugend, Frankfurt/M. 1958.

Chauchard, P., Untugend der Tugenden - Tugend der Untugenden, Düsseldorf 1967.

Hartmann, N., Ethik, Berlin/Leipzig (1926) *1962.

Klomps, H., Tugenden des modernen Menschen, Augsburg 1970.

Lohff, W., Die theologische Bedeutung der Tugendlehre O. F. Bollnows: ZEE 2 (1958), S. 334-346.

MacIntyre, A., Der Verlust der Tugend. Zur normativen Krise der Gegenwart, Frankfurt a. M./New York 1987.

Pieper, J., Das Viergespann. Klugheit

München (1964) 21977.

Gerechtigkeit Tapferkeit - Maß,

Rahner, K. und B. Welte, (ed.), Mut zur Tugend. Über die Fähigkeit, menschlicher zu leben, Freiburg i. Br. 1979.

Scheler, M., Zur Rehabilitierung der Tugend: ders., Vom Umsturz der Werte. Abhandlungen und Aufsätze, S. 13-31, Berlin 1955.

Schüller, B., Die Begründung sittlicher Urteile. Typen ethischer Argumentation in der katholischen Moraltheologie, S. 299-305, Düsseldorf (1973) 21980. Stöckle, B., Rechtfertigung der Tugend heute: StZ 192 (1974), S. 291-304.

§ 2. Gesetz und Norm

Althaus, P., Gebot und Gesetz. Zum Thema „Gesetz und Evangelium≫, Gütersloh

신학윤리학

1952.

Brunner, E., Das Gebot und die Ordnungen. Entwurf einer protestantisch-theologischen Ethik, Tübingen (1932) ⁴1939.

Fletcher, J., Moral ohne Normen?, Gütersloh 1967.

Ginters, R., Werte und Normen. Einführung in die philosophische und theolo- gische Ethik, Göttingen/Düsseldorf 1982.

Gründel, J. und H. van Oyen, Ethik ohne Normen? Zu den Weisungen des Evangeliums, Herder 1970.

Kelsen, H., Allgemeine Theorie der Normen, Wien/Mainz 1979.

Kinder, E. und K. Haendler, (ed.), Gesetz und Evangelium. Beiträge zur gegen-wärtigen theologischen Diskussion, Darmstadt 1968.

Korff, W., Norm und Sittlichkeit. Untersuchungen zur Logik der normativen Vernunft, Mainz 1973.

Løgstrup, K. E., Die ethische Forderung, Tübingen (1959) 21968.

Oelmüller, W., (ed.), Materialien zur Normendiskussion. Bd. 1-3, Paderborn/ München/ Wien 1978/79.

Pieper, A., Pragmatische und ethische Normenbegründung. Zum Defizit an ethischer Letztbegründung in zeitgenössischen Beiträgen zur Moralphilosophie, Freiburg i. Br./München 1979.

Riedel, M., Norm und Werturteil. Grundprobleme der Ethik, Stuttgart 1979. Thielicke, H., Theologische Ethik I. Prinzipienlehre, Tübingen (1958) 31965.

§ 3. Kasuistik

Denecke, A., Wahrhaftigkeit. Eine evangelische Kasuistik. Auf der Suche nach einer konkreten Ethik zwischen Existenzphilosophie und katholischer Moral- theologie, Göttingen 1972.

Pribilla, M., Klugheit und Kasuistik: StZ 133 (1938), S. 205-216.

Seelhammer, N., Situationsethik und christliches Gewissen: TThZ 62, S. 80-90, (1953).

Thielicke, H., Das Problem der Konkretheit in der evangelischen Ethik. Die Unmöglichkeit einer Kasuistik: H.-H. Schrey/H. Thielicke (ed.), Christliche Daseinsgestaltung, IX-XXVII, Bremen 1971.

Troost, A., Casuistiek en Situatie Ethiek, Diss. Utrecht, 1958.

§ 4. Pflicht

Bollnow, O. F., Einfache Sittlichkeit. Kleine philosophische Aufsätze, Göttingen 1947.

Horneffer, E., Angewandte Ethik. Eine Pflichtenlehre der Gegenwart, Bielefeld 1951.

Löwith, K., Das Individuum in der Rolle des Mitmenschen. Ein Beitrag zur anthropologischen Grundlegung der ethischen Probleme, München 1928. Moritz, M., Studien zum Pflichtbegriff in Kants kritischer Ethik, Den Haag 1951. Reiner, H., Pflicht und Neigung, Meisenheim/Glan 21973.

Scheler, M., Der Formalismus in der Ethik und die materiale Wertethik. Neuer Versuch der Grundlegung eines ethischen Personalismus, Bern *1954.

§ 5. Autonomie

Auer, A., Autonome Moral und christlicher Glaube, Düsseldorf 1971. Czuma, H., Autonomie. Eine hypothetische Konstruktion praktischer Vernunft, München 1974.

Hengstenberg, H.-E., Autonomismus und Transzendenzphilosophie, Heidelberg 1950.

Honecker, M., Konzept einer sozialethischen Theorie. Grundfragen evangelischer Sozialethik, Tübingen 1971.

ders., Sozialethik zwischen Tradition und Vernunft, Tübingen 1977.

Ihmels, L., Theonomie und Autonomie, Leipzig 1903.

Kuitert, H. M., Autonomie: een lastige laatkomer in de ethiek, Amsterdam 1989.

Rohrmoser, G., Emanzipation und Freiheit, München 1970.

Ronneberger, F. u. a., (ed.), Autonomes Handeln als personale und gesellschaftliche Aufgabe. Ergebnisse aus der Arbeit des Sonderforschungsbereiches 22 für Sozialisations- und Kommunikationsforschung an der Univ. Erlangen- Nürnberg, Opladen 1980.

Schlumbohn, J., Freiheitsbegriff und Emanzipationsprozeß. Zur Geschichte eines politischen Wortes, Göttingen 1973.

Thielicke, H., Theologische Ethik II/2. Ethik des Politischen, Tübingen (1959) 21966.

Welker, M., Der Vorgang Autonomie. Philosophische Beiträge zur Einsicht in theologische Rezeption und Kritik, Neukirchen-Vluyn 1975.

§ 6. Utilitarismus

Adler-Karlsson, G., Der Kampf gegen die absolute Armut, Fischer-Taschenbuch 4201, Hamburg 1978.

Gorovitz, S., (ed.), John Stuart Mill. Utilitarianism, Indianapolis 1971, (mit neueren Diskussionen).

Höffe, O., (ed.), Einführung in die utilitaristische Ethik. Klassische und zeitgenössische Texte, München 1975.

Hoerster, N., Utilitaristische Ethik und Verallgemeinerung, Alber (1971) 1977. Mill, J. St., Der Utilitarismus, (1861) Stuttgart 1985.

Quinton, A., Utilitarian Ethics, New York 1973.

Schüller, B., Neuere Beiträge zum Thema „Begründung sittlicher Urteile≫: J. Pfammatter/F. Furger (ed.), Theologische Berichte 4. Fragen christlicher Ethik, S. 109-181, Benzinger 1974.

§ 7. Gerechtigkeit

Barth, K., Rechtfertigung und Recht, Zollikon 1938.

Brunner, E., Gerechtigkeit. Eine Lehre von den Grundgesetzen der Gesellschaftsordnung, Zürich (1943) 31981.

Bühler, P., Kreuz und Eschatologie. Eine Auseinandersetzung mit der politischen Theologie im Anschluß an Luthers theologia crucis, Tübingen 1981.

Frey, C., Gerechtigkeit. Theologisch-ethische Überlegungen zu einer fundamen- talen Norm, WPKG 1977, S. 458-475.

Heckel, H., Recht und Gerechtigkeit, Stuttgart 1955.

Jüngel, E., Freiheitsrechte und Gerechtigkeit: ders., Unterwegs zur Sache, S. 246-256, München 1972.

ders., Gottes umstrittene Gerechtigkeit: ebd., S. 60-79.

Kelsen, H., Was ist Gerechtigkeit?, Wien (1953) 21975.

Kriele, M., Kriterien der Gerechtigkeit. Zum Problem des rechtsphilosophischen und politischen Relativismus, Berlin 1963.

Nef, H., Gleichheit und Gerechtigkeit, Zürich 1941.

Pieper, J., Über die Gerechtigkeit, München (1953) *1965.

Rawls, J., Eine Theorie der Gerechtigkeit, Frankfurt/M. 1975 (englisch 1971). Sauer, W., Die Gerechtigkeit. Wesen und Bedeutung im Leben der Menschen und Völker, Berlin 1959.

Thielicke, H., Theologische Ethik III. Ethik der Gesellschaft, des Rechtes, der Sexualität und der Kunst, Tübingen 1964.

Tillich, P., Liebe, Macht, Gerechtigkeit, Tübingen 1955.

Walz, H. H. und H.-H. Schrey, Gerechtigkeit in biblischer Sicht. Eine ökumeni- sche Studie zur Rechtstheologie, Zürich/Frankfurt a. M. 1955.

Weber, H. E. und Ernst Wolf, Gerechtigkeit und Freiheit, München 1949. Wolf, Erik, Rechtsgedanke und biblische Weisung. Tübingen 1948.

§ 8. Menschenwürde und Humanität

Asheim, I., (ed.), Humanität und Herrschaft Christi. Zur ethischen Orientierung heute. Aus der Arbeit der Theol. Kommission des Lutherischen Weltbundes 1964-1969, Göttingen 1969.

Barth, K., Die Menschlichkeit Gottes, Zollikon 1956.

ders., Humanismus, Zollikon 1950.

Bollnow, O. F., Die Forderung der Menschlichkeit. Rede bei der feierlichen Immatrikulation am 24. Nov. 1960, Tübingen 1961.

Brunner, E., Die Grenzen der Humanität. Habilitationsvorlesung an der Univer- sität Zürich, Tübingen 1922.

Honecker, M., Das Recht des Menschen. Einführung in die evangelische Sozial- ethik, Gütersloh 1978.

ders., Menschenrechte in der Deutung evangelischer Theologie:„aus politik und zeitgeschichte≫, Beilage zu „Das Parlament≫ B 36/1979, S. 7-25.

Huber, W. und H. E. Tödt, Menschenrechte. Perspektiven einer menschlichen Welt, Stuttgart/Berlin (1977) 21978.

Leibholz, G. u. a., (ed.), Menschenwürde und freiheitliche Rechtsordnung. FS W. Geiger, Tübingen 1974.

Lilje, H., Atheismus, Humanismus, Christentum. Der Kampf um das Menschen- bild unserer Zeit, Hamburg (1961) $1965.

Lochman, J. M. und J. Moltmann, (ed.), Gottes Recht und Menschenrechte.

Studien und Empfehlungen des Reformierten Weltbundes, Neukirchen-Vluyn (1976) 21977.

Rendtorff, T. und A. Rich, (ed.), Humane Gesellschaft. Beiträge zu ihrer sozialen Gestaltung, Hamburg/Zürich 1970.

Röhring, K. und H. Schulze, (ed.), Gesellschaft ohne Humanität? Zur Frage nach der Menschlichkeit in der Gesellschaft, Göttingen 1971.

Rohrmoser, G., Humanität in der Industriegesellschaft, Göttingen 1970.

§ 9. Erfahrung, Vernunft und Entscheidung

Albert, H., Traktat über kritische Vernunft, Tübingen (1969) 1980. Betz, O., (ed.), Zugänge zur religiösen Erfahrung, Düsseldorf 1980.

Egenter, R., Erfahrung ist Leben. Über die Rolle der Erfahrung für das sittliche und religiöse Leben des Christen, München 1974.

Höffe, O., Strategien der Humanität. Zur Ethik öffentlicher Entscheidungspro- zesse, Freiburg i. Br./München 1975.

Honecker, M., Liebe und Vernunft: ZThK 68 (1971), S. 227-259.

ders., Erfahrung und Entscheidung. Zur Begründung einer theologischen Ethik: ZThK 75 (1978), S. 485-502.

ders., Konzept einer sozialethischen Theorie, Grundfragen evangelischer Sozial- ethik, Tübingen 1971.

Horkheimer, M., Zur Kritik der instrumentellen Vernunft, Frankfurt a. M. (1967) 21974.

Jüngel, E., Gott als Geheimnis der Welt. Zur Begründung der Theologie des Gekreuzigten im Streit zwischen Theismus und Atheismus, Tübingen $1986. Korff, W., Norm und Sittlichkeit. Untersuchungen zur Logik der normativen Vernunft, Mainz 1973.

Laing, R. D., Phänomenologie der Erfahrung, Frankfurt a. M. 1977. Nygren, A., Die Gültigkeit der religiösen Erfahrung, Gütersloh 1922.

Picht, G., Prognose Utopie Planung. Die Situation des Menschen in der Zukunft der technischen Welt, Stuttgart (1968) 1971.

Schnädelbach, H., Rationalität. Philosophische Beiträge, Frankfurt a. M. 1984. Sölle, D., Die Hinreise. Zur religiösen Erfahrung. Texte und Überlegungen, Stuttgart 1975.

§ 10. Deontologische und teleologische Argumentation

Frankena, W. K., Analytische Ethik. Eine Einführung, München (1972) <1981. Furger, F., Was Ethik begründet? Deontologie oder Teleologie Hintergrund und Tragweite einer moraltheologischen Auseinandersetzung, Benzinger 1984. Hartmann, N., Teleologisches Denken, Berlin 1951.

Schüller, B., Die Begründung sittlicher Urteile. Typen ethischer Argumentation in der katholischen Moraltheologie, Düsseldorf 1973.

4. Kapitel: Normen und Werte

§ 1. Werte

Schmidt, C., E. Jüngel und S. Schelz, Die Tyrannei der Werte, Hamburg 1979.

§ 2. Universalismus und Relativismus der Werte

Ginters, R., Relativismus in der Ethik, Düsseldorf 1978.
Schmidt, C., E. Jüngel und S. Schelz, Die Tyrannei der Werte, Hamburg 1979.

§ 3. Zur Grundwertedebatte

Böckenförde, E.-W., Der Staat als sittlicher Staat, Pforzheim 1978. Gorschenk, G., (ed.), Grundwerte in Staat und Gesellschaft, München 1977. Grundwerte und Gottes Gebot. Gemeinsame Erklärung des Rates der Evangeli- schen Kirche in Deutschland und der Deutschen Bischofskonferenz, Gütersloh 1979.

Honecker, M., Protestantismus als kritisches Prinzip. Gesichtspunkte zur Diskus- sion um die Grundwerte: EK 11 (1978), S. 398-401.

Kimminich, O., (ed.), Was sind Grundwerte? Zum Problem ihrer Inhalte und ihrer Begründung, Düsseldorf 1977.

Meyer, Th., (ed.), Grundwerte und Gesellschaftsreform, Frankfurt a. M. 1981. Raabe, F., (ed.), Der Streit um die Grundwerte: KuG 37, 1977.

Schlei, M. und J. Wagner, (ed.), Freiheit
Gerechtigkeit Solidarität. Grund-
werte und praktische Politik, Bonn-Bad Godesberg 1976.

Spicker, M., Grundwerte und Menschenbild, Köln 1979.

Stimpfle, J., Die Grundwerte in der Sicht der katholischen Kirche, Stuttgart 1979.

§ 4. Kompromiß und Güterabwägung im Normenkonflikt

Bonhoeffer, D., Ethik, München (1949) 1984 passim.

Bühl, W. L., (ed.), Konflikt und Konfliktstrategie. Ansätze zu einer soziologischen Konflikttheorie, Mün-chen (1972) 21973.

Ebeling, G., Die Notwendigkeit der Lehre von den zwei Reichen: ders., Wort und Glaube, S. 407-428, Tübingen (1960) 1967.

Sohn, W., Der soziale Konflikt als ethisches Problem, Gütersloh 1971. Steubing, H., Der Kompromiß als ethisches Problem, Gütersloh 1955. Thielicke, H., Theologische Ethik II/1. Mensch und Welt, Tübingen (1959) 1965. Wiltig, H.-J., Der Kompromiß als theologisches und als ethisches Problem. Ein Beitrag zur unterschiedlichen Beurteilung des Kompromisses durch H. Thic- licke und W. Trillhaas, Düsseldorf 1975.

5. Kapitel: Quellen christlicher Ethik

§ 1. Zur Geschichte christlicher Ethik

Blackey, R., History of Moral Science, 2 Bde., London 21836.

Böckle, F., Fundamentalmoral, München 1977.

Bollnow, O. F., Wesen und Wandel der Tugenden, Frankfurt/M. 1958. Brandt, R. B., Ethical Theory, Englewood Cliffs, N. Y., 1959.

Dempf, A., Ethik des Mittelalters, München 1927.

Dihle, A., Die goldene Regel. Eine Einführung in die Geschichte der antiken frühchristlichen Vulgärethik, Göttingen 1962.

Dittrich, O., Die Systeme der Moral. Geschichte der Ethik vom Altertum bis zur Gegenwart, 4 Bde. (nicht abgeschlossen), Leipzig 1922-1932.

Elert, W., Morphologie des Luthertums II (Soziallehren und Sozialwirkungen des Luthertums), München <1965.

Feuerlein, E., Die Sittenlehre des Christentums in ihren geschichtlichen Haupt- formen, Tübingen 1855.

ders., Die philosophische Sittenlehre in ihren geschichtlichen Hauptformen, 2 Bde., Tübingen 1857/59.

Fichte, I. H., Die philosophischen Lehren von Recht, Staat und Sitte in Deutsch- land, Frankreich und England von der Mitte des 18. Jh. bis zur Gegenwart (System der Ethik, 1. Teil), Leipzig 1850.

Gass, W., Geschichte der christlichen Ethik, 3 Bde., Berlin 1881-1887. Gerlitz, P. u. a., Ethik, in: TRE, Bd. 10, 1980, S. 396 ff.

Gustafson, J. M., Protestant and Catholic Ethic, Chicago 1978.

Henning, L. v., Prinzipien der Ethik in historischer Entwicklung, Berlin 1824. Hirsch, E., Geschichte der neueren evangelischen Theologie im Zusammenhang mit der allgemeinen Bewegung des europäischen Denkens, 5 Bde., Gütersloh 1949, $1975.

Howald, E., A. Dempf und Th. Litt, Geschichte der Ethik vom Altertum bis zum Beginn des 20. Jh., München 1978.

Jodl, Fr., Geschichte der Ethik als philosophische Wissenschaft, 2 Bde., Stuttgart/ Berlin 1920/23.

Kluxen, W., Philosophische Ethik bei Thomas v. Aquin, Mainz 1964.

Höffe, O., (Hg.), Lexikon der Ethik, München 1986.

MacIntyre, A., A short History of Ethics, London <1968.

Marheineke, Ph. K., Allgemeine Geschichte der christlichen Moral in den der Reformation vorhergehenden Jahrhunderten, Sulzburg 1806.

Meiners, C., Allgemeine kritische Geschichte der älteren und neueren Ethik oder Lebenswissenschaft, 2 Bde., Göttingen 1800/01.

Miethke, J., Ockhams Weg zur Sozialphilosophie, Berlin 1969.

Neander, A., Vorlesungen über Geschichte der christlichen Ethik, hg. v. D. Erdmann (Theol. Vorl. 5), Berlin 1864.

Oyen, H. van, Ethik des AT (Geschichte der Ethik, Bd. 2), Gütersloh 1967. Riedel, M.,

신학윤리학

(Hg.), Rehabilitierung der praktischen Philosophie, 2 Bde., Freiburg 1974.

Ritter, J., Metaphysik und Politik, Frankfurt/M. 1969.

Sidgwick, H., Die Methoden der Ethik, 2 Bde., Leipzig 1909.

Stäudlin, C. F., Geschichte der Sittenlehre Jesu, 4 Bde., Göttingen 1799/1823. ders.,
Geschichte der philosophischen, hebräischen und christlichen Moral im Grundrisse,
Hannover 1806.

ders., Geschichte der christlichen Moral seit dem Wiederaufleben der Wissen-
schaften, Göttingen 1803.

ders., Geschichte der Moralphilosophie, Hannover 1822.

ders., Geschichte der Lehre vom Gewissen, Halle 1824.

ders., Geschichte der Vorstellungen und Lehren vom Eide, Göttingen 1824; vom
Selbstmorde, Göttingen 1824; von der Ehe, Göttingen 1826; von der Freund- schaft,
Hannover 1826.

Stockmeier, P., Geschichtliche Implikationen des christlichen Ethos, in: Die Grenzen
des menschlichen Ethos, hg. v. F. Rauh/C. Hörgl, Düsseldorf 1975, S. 11-28.

Trillhaas, W., Ethik, Berlin 1970.

Troeltsch, E., Die Soziallehren der christlichen Kirchen und Gruppen (Ges. Schriften 1),
Tübingen <1923.

Vorländer, F., Geschichte der philosophischen Moral, Rechts- u. Staatslehre der
Engländer u. Franzosen mit Einschluß Machiavellis u. einer kurzen Übersicht der
moralischen u. socialen Lehren der neueren Zeit überhaupt, Marburg 1885/ 1964.

Wagner, Fr., Geschichte des Sittlichkeitsbegriffs, 3 Bde., (MBTh 14, 19, 21) 1928/
36.

Wentscher, M., Geschichte der Ethik, Berlin 1931.

ders., Ethik, 2 Bde., Leipzig 1902/05.

Werner, K., Grundriß einer Geschichte der Moralphilosophie, Wien 1859.

Wette, W. M. L. de, Allgemeine Geschichte der christlichen Sittenlehre, 2 Bde., Berlin
1819/21.

Ziegler, Th., Geschichte der Ethik, 2 Bde., I Bonn 1882, II Straßburg 1886, 21892.

Zöckler, O., Die Tugendlehre des Christentums geschichtlich dargestellt in der
Entwicklung ihrer Lehrformen mit besonderer Rücksicht auf deren zahlensym-
bolische Einkleidung, Gütersloh 1904.

§ 2. Der Dekalog

Alt, A., Die Ursprünge des israelitischen Rechts (1934) in: Kl. Schr. I, München. 41968.

Barth, K., KD III/4, Zürich 31963.

Ben Chorin, Sch., Die Tafeln des Bundes, Tübingen 1979.

Crüsemann, F., Bewahrung der Freiheit, KT 78, München 1983.

Elert, W., Das christliche Ethos, Hamburg 21961.

Fritzsche, H.-G., Die Anfänge der christlichen Ethik im Dekalog, in: ThLZ 98 (1973), S.
161-170.

ders., Evangelische Ethik. Die Gebote Gottes als Grundprinzipien christlichen
Handelns, Berlin 21963.

Gerstenberger, E., Wesen und Herkunft des „apodiktischen Rechts≫, WMANT 20, Neukirchen 1965.

Hossfeld, F.-L., Der Dekalog, OBO 45, Göttingen 1982.

Locher, G. W., Das Problem der Autorität der Zehn Gebote, Bern 1968.

ders., Der Geltungsgrad der Zehn Gebote, in: ZEE 13 (1969).

Lochman, J. M., Wegweisung der Freiheit. Abriß der Ethik in der Perspektive des Dekalogs, Gütersloh 1979.

Oyen, H. v., Ethik des Alten Testaments, GdE 2, Gütersloh 1967.

Reicke, B., Die Zehn Worte in Geschichte und Gegenwart, Tübingen 1973.

Röthlisberger, H., Kirche am Sinai. Die Zehn Gebote in der christlichen Unterweisung, Zürich/Stuttgart 1965.

Schlüngel-Straumann, H., Der Dekalog Gottes Gebote? SBS 67, Stuttgart 1973.

Stamm, J. J., Der Dekalog im Lichte der neueren Forschung, Bern/Stuttgart 21962.

ders. und M, E. Andrew, The Ten Commandments in Recent Research, SBT II/ 2, London 1967.

§ 3. Die ethische Deutung der Bergpredigt

Ackermann, J., Tolstoi und das NT, Leipzig 1927.

Alt, F., Frieden ist möglich. Die Politik der Bergpredigt, München/Zürich [23]1986. ders., Liebe ist möglich. Die Bergpredigt im Atomzeitalter, München/Zürich 71987.

Aukrust, T., Bergpredigt II. Ethisch, in: TRE 5, 1980, S. 618 ff.

Barth, G., Bergpredigt I. Im NT, in: TRE 5, 1980, S. 603 ff.

Bayer, O., Sprachbewegung und Weltveränderung. Ein systematischer Versuch als Auslegung von Mt. 5, S. 43-48, in: Zugesagte Freiheit, Gütersloh 1980, S. 60-76.

Berner, U., Die Auslegung der Bergpredigt im 20. Jahrhundert, Diss. Theol. Göttingen 1978, 21983.

Böhme, W., Dem übel nicht widerstehen, in: Ziviler Ungehorsam? Überlegungen zur Ethik der Bergpredigt, Karlsruhe 1984.

Davies, W. D., Die Bergpredigt, dt. München 1970.

Eichholz, G., Auslegung der Bergpredigt, Neukirchen-Vluyn 1982.

Hättich, M., Weltfrieden durch Friedfertigkeit?, München 1983.

Heim, K., Die Bergpredigt Jesu. Für die heutige Zeit ausgelegt, Tübingen 1946.

Hoffmann, P. und V. Eid, Jesus von Nazareth und eine christliche Moral, Freiburg u. a., 21976.

Jeremias, J., Die Bergpredigt, Stuttgart 1959.

Käsemann, E., Bergpredigt, eine Privatsache? in: Aktion Sühnezeichen (Hg.), Christen im Streit um den Frieden, Freiburg 1982, S. 74-83.

Ljungman, H., Das Gesetz erfüllen, Lund 1954.

Lohfink, G., Gesetzeserfüllung und Nachfolge. Zur Radikalität des Ethischen im Matthäus-Evangelium, in: H. Weber (Hg.), Der ethische Kompromiß, Frei- burg/Wien 1984, S. 15-58.

Moltmann, J., (Hg.), Nachfolge und Bergpredigt, München 1982.

Niebuhr, R., Moral Man and Immoral Society, New York 1932. Nigg, W., Das ewige

Reich, Zürich 1954.

Pokorny, P., Der Kern der Bergpredigt, Hamburg 1969.

Scharffenorth, G., Die Bergpredigt in Luthers Beiträgen zur Wirtschaftsethik. Erwägungen zur Theorie ethischer Urteilsbildung, in: C. Frey/W. Huber (Hg.), Schöpferische Nachfolge, Heidelberg 1978, S. 177-204. Schweizer, E., Die Bergpredigt, Göttingen 1982.

ders., Das Evangelium nach Matthäus, Göttingen ≪1981. Soiron, Th., Die Bergpredigt Jesu, Freiburg 1941.

Strecker, G., Der Weg der Gerechtigkeit, FRLANT 82, Göttingen ²1966.

Thielicke, H., Theologische Ethik I, Tübingen 21958.

Törnvall, G., Geistliches und weltliches Regiment bei Luther, München 1947. Wendland, H. D., Ethik des NT, Göttingen 1970. Windisch, H., Der Sinn der Bergpredigt, Leipzig 1929, 1937.

§ 4. Der Ansatz der Ethik bei Martin Luther

Althaus, P., Die Ethik Martin Luthers, Gütersloh 1965.

ders., Luthers Lehre von den beiden Reichen im Feuer der Kritik, in: LJB 1957, Jg. 24, S. 40-68.

Barge, H., Luther und der Frühkapitalismus, Gütersloh 1951.

Bornkamm, H., Luthers Lehre von den zwei Reichen im Zusammenhang seiner Theologie, Gütersloh 1958.

Brunstäd, F., Gesammelte Aufsätze, hg. v. E. Gerstenmaier und C. G. Schweitzer, Berlin 1957.

Diem, H., Luthers Lehre von den zwei Reichen, Beiheft 5 zur Ev. Theol. 1938.

Duchrow, U., Christenheit und Weltverantwortung. Traditionsgeschichte und systematische Struktur der Zweireichelehre, Stuttgart 1970, 21983.

ders., (Hg.), Zwei Reiche und Regimente. Ideologie oder evangelische Orientie- rung? Gütersloh 1977.

ders, und W. Huber, (Hg.), Die Vorstellung von zwei Reichen und Regimenten bis Luther, Gütersloh 1970, 1978.

Ebeling, G., Luther. Einführung in sein Denken, Tübingen 31978.

ders., Leitsätze zur Zweireichelehre, ZThK 69 (1972), S. 331-349.

ders., Die Notwendigkeit der Lehre von den zwei Reichen, in: Wort und Glaube I. Tübingen 31967, S. 407-428.

Elert, W., Morphologie des Luthertums II. Soziallehren und Sozialwirkungen des Luthertums, München 1965.

Gänssler, H. J., Evangelium und weltliches Schwert. Hintergrund, Entstehungs- geschichte und Anlaß von Luthers Scheidung zweier Reiche oder Regimente, Wiesbaden 1983.

Gogarten, F., Luthers Theologie, Tübingen 1967.

Hakamies, A., Eigengesetzlichkeit≫ der natürlichen Ordnungen als Grundpro- blem der neueren Lutherdeutung, Witten 1971.

Hasselmann, N., (Hg.), Gottes Wirken in seiner Welt. Zur Diskussion um die Zwei-

Reiche-Lehre, 2 Bde., Hamburg 1980.

Heckel, J., Im Irrgarten der Zweireichelehre, München 1957 (ThExh. NF 55). Hillerdal, G., Gehorsam gegen Gott und Menschen. Luthers Lehre von der Obrigkeit und die moderne evangelische Staatslehre, Göttingen 1955. Honecker, M., Sozialethik zwischen Tradition und Vernunft, Tübingen 1977. ders., Thesen zur Aporie der Zweireichelehre, in: ZThK 78 (1981), S. 128-140. ders., Die Weltverantwortung des Glaubens, in: K. Lehmann (Hg.), Luthers Sendung für Katholiken und Protestanten, Zürich 1982, S. 71-93.

Iserloh, E., „Mit dem Evangelium läßt sich die Welt nicht regieren≫. Luthers Lehre von den beiden Regimenten im Widerstreit, in: Aus der Lutherforschung. 3 Vorträge, Opladen 1983, S. 49 ff.

ders. und G. Müller, Luther und die politische Welt, Stuttgart 1984.

Jacob, G., Weltwirklichkeit und Christengemeinde. Wider eine falsche Zweirei-chelehre, Stuttgart 1977.

Jüngel, E., Zur Freiheit eines Christenmenschen. Eine Erinnerung an Luthers Schrift, München 1978.

Kattenbusch, F., Luthers Lehre vom unfreien Willen und der Prädestination nach ihren Entstehungsgründen untersucht, Göttingen 1875.

Kinder, E., Das Evangelium und die Ordnungen des menschlichen Gemein-schaftslebens. Einführung in Luthers Schriften zur Sozialethik, in: M. Luther, Ausgewählte Werke 5, H. H. Borchert, G. Merz (Hg.) (= Münchner Luthe-rausgabe), 1962, S. 371-393.

ders., Luther und die politische Frage, Neuendettelsau 1952.

Köstlin, J. Th., Luthers Theologie in ihrer geschichtlichen Entwicklung und ihrem inneren Zusammenhange, Stuttgart 1863, vollst. neu bearb. 1901. Kunst, H., Evangelischer Glaube und politische Verantwortung. Martin Luther als politischer Berater seiner Landesherrn und seine Teilnahme an Fragen des öffentlichen Lebens, Stuttgart 1976.

Lau, F., Luthers Lehre von den beiden Reichen, Berlin 1952.

Luthardt, C. E., Die Ethik Luthers in ihren Grundzügen, Leipzig 1867.

Mehlhausen, J. und E. Wolf, Luther/Sozialethik im Luthertum, in: ESL, 1980, S. 846-854.

Mühlen, K. H. zur, Arbeit VI, in: TRE 3, 1978, S. 635-639.

Pannenberg, W., Luthers Lehre von den zwei Reichen, in: Ethik und Ekklesio- logie, Göttingen 1977, S. 97-114.

Rogge, J. und H. Zeddies, (Hg.), Kirchengemeinschaft und politische Ethik. Ergebnis eines theologischen Gespräches zum Verhältnis von Zwei-Reiche- Lehre und Lehre von der Königsherrschaft Christi, Berlin/Ost 1980.

Sauter, G., (Hg.), Zur Zwei-Reiche-Lehre Luthers, München 1973. (Mit einer Bibliographie).

Schrey, H. H., (Hg.), Reich Gottes und Welt. Die Lehre Luthers von den zwei Reichen, Darmstadt 1969.

Thielicke, H., Theologische Ethik. II,2 Ethik des Politischen, Tübingen <1974. III,3 Ethik der Gesellschaft, Tübingen 21968.

Tödt, H.-E., Gerechtigkeit, Recht, Naturrecht und Liebe bei M. Luther. Ein Kapitel aus der Ethik-Vorlesung des WS 1977 in Heidelberg, in: H. Albertz J. Thomsen (Hg.), Christen in der Demokratie, Wuppertal 1978, S. 15-24. Törnvall, G., Geistliches und weltliches Regiment bei Luther, München 1947. Wingren, G., Luthers Lehre vom Beruf, dt. München 1952.

ders., Beruf, in: TRE 5, 1980, S. 657-671.

Wolf, E., Die,,Lutherische Lehre≫ von den zwei Reichen in der gegenwärtigen Forschung, ZevKR 6 (1959), S. 255-273.

Wolf, G., (Hg.), Luther und die Obrigkeit, Darmstadt 1972.

6. Kapitel: Sozialethische Grundfragen

I. Allgemeines

Althaus, P., Religiöser Sozialismus. Grundfragen der christlichen Sozialethik, Gütersloh 1921.

Brunstäd, F., Ist eine Sozialethik der Kirche möglich?, Berlin 1933.

Cormann, G. und F. Rudolph, Katholische Soziallehre. Evangelische Sozialethik, München/Wien 1968.

Hakamies, A., Georg Wünschs evangelische Sozialethik, Marburg 1975.

Hillerdal, G., Kirche und Sozialethik, Gütersloh 1963.

Honecker, M., Konzept einer sozialethischen Theorie. Grundfragen evangelischer Sozialethik, Tübingen 1971.

ders., Sozialcthik zwischen Tradition und Vernunft, Tübingen 1977. Huber, W., Kirche und Öffentlichkeit, Stuttgart 1973.

Karrenberg, F., Gestalt und Kritik des Westens. Beiträge zur christlichen Sozial- ethik heute, Stuttgart 1959.

ders., Stand und Aufgaben christlicher Sozialethik, Stuttgart 1951.

Katterle, S., Sozialwissenschaft und Sozialethik. Logische und theoretische Pro- bleme praktischer Sozialwissenschaften, besonders christlicher Soziallehren, Göttingen 1972.

Landesarbeitsgemeinschaft f. politische u. soziale Bildung, Arbeit und Leben. NRW... (Hg.), Menschenwürdige Gesellschaft nach katholischer Soziallehre, evangelischer Sozialethik, demokratischem Sozialismus, Düsseldorf 1960. Nell-Breuning, O. von und H. Lutz, Katholische und evangelische Soziallehre. Ein Vergleich. Hg. v. H. Budde, Recklinghausen 1967.

Rauscher, A., (Hg.), Das Humanum und die christliche Sozialethik. Referate und Diskussion auf der gemeinsamen Studientagung evangelischer und katholischer Sozialethiker am 30. u. 31. Mai 1969.

Rich, A., Auftisse. Vorarbeiten zum sozialethischen Denken, Zürich 1970. ders., Christliche Existenz in der industriellen Welt. Eine Einführung in die sozialethischen Grundfragen der industriellen Arbeitswelt, Zürich/Stuttgart 21964.

ders., Wirtschaftsethik, Gütersloh 1984.

Schilling, O., Theologia. Christliche Gesellschaftslehre, Freiburg 1926. Schmitt, H., Demokratische Lebensform und religiöses Sendungsbewußtsein. Eine philosophische Analyse zur evangelischen Sozialethik, München (usw.) 1976.

Schrey, H. H., Einführung in die evangelische Soziallehre, Darmstadt 1973. Schulze, H., Theologische Sozialethik. Grundlegung, Methodik, Programmatik, Gütersloh 1979.

Schweitzer, W., Die menschliche Wirklichkeit in soziologischer und sozialethisch-theologischer Sicht, ZEE 3, 1959, S. 193-220.

Spiegel, Y., Hinwegzunehmen die Last der Beladenen, Einführung in die Sozial- ethik, München 1979.

Troeltsch, E., Die Soziallehren der christlichen Kirchen und Gruppen, Tübingen 1912 (Neudruck 21965).

Walther, Ch., Theologie und Gesellschaft. Ortsbestimmung der evangelischen Sozialethik, Zürich/Stuttgart 1967.

Weber, H., Theologie-Gesellschaft-Wirtschaft. Die Sozial- und Wirtschaftsethik in der evangelischen Theologie der Gegenwart, Göttingen 1970.

Weber, M., Die protestantische Ethik I. Eine Aufsatzsammlung. Hg. v. J. Winkkelmann, Hamburg 1973.

ders., Die protestantische Ethik II. Kritiken und Antikritiken. Hg. v. J. Wink- kelmann, Gütersloh ⁴1982.

Wendland, H.-D., Einführung in die Sozialethik, Berlin/New York 21971. ders., Grundzüge der evangelischen Sozialethik, Köln 1968.

ders., Die Kirche in der modernen Gesellschaft. Entscheidungsfragen für das kirchliche Handeln im Zeitalter der Massenwelt, Darmstadt 1973.

Wendland, J., Handbuch der Sozialethik. Die Kulturprobleme des Christentums, Tübingen 1916.

Wenke, K.-E., (Hg.), Probleme sittlichen Urteilens. Ansätze und Grundzüge evangelischer Sozialethik in der Gegenwart. Beiträge von M. Bartelt, K. Kaiser (u. a.), Bochum 1986.

Wildermuth, A. und A. Jäger, (Hg.), Gerechtigkeit. Themen der Sozialethik, Tübingen 1981.

Wolf, E., Sozialethik. Theologische Grundfragen. Hg. v. Th. Strohm, Göttingen 21982.

Wünsch, G., Evangelische Wirtschaftsethik, Tübingen 1927.

II. Zu den einzelnen Paragraphen

§ 1. Die Aporien einer Theologie der Ordnungen

Althaus, P., Theologie der Ordnungen, Gütersloh 21935. Barth, H., Die Idee der Ordnung, Erlenbach-Zürich 1958.

Barth, K., Ethik 1, Zürich 1973.

ders., KD III, 4, Zürich 31969.

Brunner, E., Das Gebot und die Ordnungen, Zürich *1978.

Elert, W., Morphologie des Luthertums Bd. 2, München 1965.

Foucault, M., Die Ordnung der Dinge. Eine Archäologie der Humanwissenschaf- ten, Frankfurt/M. 1971.

Gässler, F., Der Ordo-Gedanke unter besonderer Berücksichtigung Augustinus und Th. v. Aquin, Diss. phil., Freiburg 1950.

Harleß, G. C. A., Christliche Ethik, Stuttgart 1845'.

Hartmann, N., Ordo amoris. Zur augustinischen Wesensbestimmung der Sittlich- keit, in: Wissenschaft und Weisheit (1955), S. 1 ff., S. 108 ff.

Hengstenberg, H. E., Freiheit und Seins-Ordnung, Stuttgart 1961.

Höffner, J., A. Verdroß und F. Vito, Naturordnung in Gesellschaft, Staat, Wirt- schaft, Innsbruck 1961.

Honecker, M., Konzept einer sozialethischen Theorie, Tübingen 1971.

ders., Das Problem der Eigengesetzlichkeit, in: ZThK 73, (1976), S. 92-130. Klose, A. u. a., (Hg.), Ordnung im sozialen Wandel, Berlin 1976.

ders., Die Katholische Soziallehre, Graz 1979.

Krings, H., Ordo. Philosophisch-historische Grundlegung einer abendländischen Idee, Halle 1941. Hamburg 21982.

Kuhn, H., Freiheit und Ordnung, in: Ideologie-Hydra der Staatenwelt, Köln 1985, S. 482 ff.

ders., Der platonische Ursprung. Das Gute und die Ordnungen, in: Das Sein und das Gute, München 1962, S. 201 ff.

ders. und F. Wiedmann, (Hg.), Das Problem der Ordnung, Meisenheim 1962. Maihofer, W., Vom Sinn menschlicher Ordnung, Frankfurt/M. 1956.

Manz, L., Der ordo-Gedanke. Ein Beitrag zur Frage des mittelalterlichen Stän- degedankens (VSWG Beih. 33), Stuttgart 1937.

Martin, A. v., Ordnung und Freiheit, Frankfurt/M. 1956.

Muhs, K., Die Prinzipien der Freiheit und das System der natürlichen Ordnung, Berlin 1950.

Ritschl, A., Unterricht in der christlichen Religion, Bonn 1875.

Schmidt, K. D., Die Bekenntnisse und grundsätzlichen Äußerungen zur Kirchen- frage 2, Göttingen 1935 (Ansbacher Ratschlag S. 102 ff.).

Schleiermacher, F., Die christliche Sitte, Sämtliche Werke 1, 12, hg. v. L. Jonas aus handschriftl. Nachlaß u. nachgeschriebenen Vorlesungen, Berlin 21884. Schrey, H. H., Einführung in die evangelische Soziallehre, Darmstadt 1973. ders., (Hg.), Glaube und Handeln, Bremen 1956.

Schütte, H. W., Theologie der Ordnungen, in: W. Schmidt (Hg.), Gesellschaftliche Herausforderung des Christentums, München 1970, S. 59-68.

Schwer, W., Stand und Ständeordnung im Weltbild des Mittelalters, Paderborn 1934.

Troeltsch, E., Die Soziallehren der christlichen Kirchen und Gruppen (Ges. Schriften 1), Tübingen '1923.

Utz, A. T., Die Welt der Ordnung in christlicher Sicht, in: Ethische und soziale Existenz, Walberberg 1983, S. 61-66.

Weber, M., Wirtschaft und Gesellschaft, Tübingen $1970.

Wiesner, W., Die Lehre von der Schöpfungsordnung, Gütersloh 1934.

Wolf, E., Zur Dialektik von menschlicher und göttlicher Ordnung. Rechtstheo- logische Interpretation von Mk. 12, 13-17, in: Rechtstheologische Studien, Frankfurt/M. 1972, S. 212-226.

§ 2. Institutionentheorien

Apel, K. O., A. Gehlens,,Philosophie der Institutionen≫ und die Metainstitution von Sprache, in: Transformation der Philosophie 1, Frankfurt/M. 1973, S. 197 ff.

Berger, P. L. und Th. Luckmann, Die gesellschaftliche Konstruktion der Wirk- lichkeit. Eine Theorie der Wissenssoziologie, Frankfurt/M. 21970. Callies, R. P., Eigentum als Institution, München 1962.

Campenhausen, H. Frhr. v., Kirchliches Amt und geistliche Vollmacht in den ersten drei Jahrhunderten, Tübingen 21963 (BHTh 14).

Coser, L. A., Geedy Institutions. Patterns of Undivided Commitment, New York 1974.

Dombois, H., Das Recht der Gnade, Bd. 1, Witten 1961; Bd. 2, 1974; Bd. 3, Bielefeld 1983.

ders., Recht und Institution. Zweite Folge. Arbeitsbericht und Referate aus der Institutionenkommission der Ev. Studiengemeinschaft, Witten 1969.

Dreier, R., Rechtstheorie und Rechtstheologie. Zu den Bedingungen der Mög- lichkeit eines Dialogs zwischen Jurisprudenz und Theologie, in: E. L. Behrendt (Hg.), Rechtsstaat und Christentum 1, Münster 1982, S. 63-87.

Dubiel, H., Identität und Institution, Düsseldorf 1973.

Dullaart, L., Kirche und Ekklesiologie, München 1975.

Durkheim, E., Die Regeln der soziologischen Methode, Neuwied ≪1980.

Ellul, J., Die theologische Begründung des Rechts, München 1948 (BEvTh 10). Foerster, W., Thomas Hobbes und der Puritanismus. Grundfragen seiner Staats- lehre, Berlin 1969 (Beitr. z. polit. Wiss. 8).

Frankena, W., Analytische Ethik, München 1972.

Gehlen, A., Anthropologische Forschung, Reinbeck 1961.

ders., Der Mensch. Seine Natur und Stellung in der Welt, Bonn 1950.

ders., Studien zur Anthropologie und Soziologie, Neuwied 21971.

ders., Urmensch und Spätkultur, Bonn 1956. Frankfurt/M. 1977.

Gierke, O. v., Das Wesen menschlicher Verbände (1902), in: Pluralismus. Kon- zeption und Kontroversen, F. Nuscheler (Hg.), München 1976, S. 49-59. Goffman, E., Asyle, Frankfurt/M. 1972.

Groser, M., Sozialökonomische Theorien der Verbände, in: W. Dettling (Hg.), Macht der Verbände - Ohnmacht der Demokratie? München 1976, S. 81-104. Habermas, J., Technik und Wissenschaft als Ideologie, Frankfurt/M. 101979.

Hasenhüttl, G., Herrschaftsfreie Kirche. Sozio-theologische Grundlegung, Düs- seldorf 1974.

Haurriou, M., Die Theorie der Institution und der Gründung und zwei andere Aufsätze, in: R. Schnur (Hg.), Institution und Recht, Berlin 1965.

Heckel, M., Staat und Kirche nach den Lehren der evangelischen Juristen Deutsch-

lands in der ersten Hälfte des 17. Jahrhunderts, München 1968 (JusEcc 6). Höffe, O.,
  Ethik und Politik, Frankfurt/M. 1979.
Honecker, M., Das Problem der Eigengesetzlichkeit, in: ZThK 73 (1976), S. 92-130.
Huber, W., Folgen der christlichen Freiheit. Ethik und Theorie der Kirche im Horizont
  der Barmer theologischen Erklärung, Neukirchen-Vluyn 1983. Hubig, Chr., (Hg.),
  Ethik institutionellen Handelns, Frankfurt/M. 1982. Jonas, F., Die Institutionenlehre
  Arnold Gehlens, Tübingen 1966.
Kehl, M., Kirche als Institution, Frankfurt/M. 1976.
Klein, H. D., Vernunft und Wirklichkeit 2, Wien 1975.
Klostermann, F., Kirche Ereignis und Institution, Wien/Freiburg/Basel 1976. Krings, H.,
  System und Freiheit 1980.
Kühn, U., Kirche, Gütersloh 1980.
Lau, E., Interaktion und Institution, Berlin 1978.
Lepsius, R. M., Modernisierung als Institutionenbildung. Kriterien institutioneller
  Differenzierung, in: W. Zapf (Hg.), Probleme der Modernisierungspolitik,
  Meisenheim 1976, S. 17 ff.
Liebrucks, B., Sprache und Bewußtsein 1, Frankfurt/M. 1964.
Lipp, W., Institution und Veranstaltung. Zur Anthropologie der sozialen Dyna- mik,
  Berlin 1968.
ders., Institution. Reflexion und Freiheit. H. Schelskys Institutionenlehre, in: H. Baier
  (Hg.), H. Schelsky. Ein Soziologe in der Bundesrepublik, Stuttgart 1986, S. 78-95.
ders., Institutionen - Mimesis oder Drama? Gesichtspunkte zur Neufassung einer
  Theorie, in: ZSoz 5 (1976), S. 360 ff.
ders., Kultur, dramatologisch, in: ÖZS 9 (1984), S. 8-25.
Luckmann, Th., Rationalität der Institutionen im modernen Leben, in: Lebenswelt und
  Gesellschaft, Paderborn u. a., 1980, S. 190-206.
Luhmann, N. und St. H. Pfürtner, Theorietechnik und Moral, Frankfurt/M. 1975.
Malinowski, B., Die Dynamik des Kulturwandels, Wien/Stuttgart 1951.
ders., Eine wissenschaftliche Theorie der Kultur und andere Aufsätze, dt. Frank- furt/M.
  1975.
Marsch, W. D., Institution im Übergang, Göttingen 1970.
Maurer, W., Luthers Lehre von den drei Institutionen und ihr mittelalterlicher
  Hintergrund, München 1970.
Parsons, T., Beiträge zur soziologischen Theorie, hg. v. D. Rüschemeyer, Darm- stadt
  $1973.
ders., Gesellschaften. Evolutionäre und komparative Perspektiven, Frankfurt/M.
  1975.
ders., Einige Grundzüge einer allgemeinen Theorie des Handelns, in: H. Hartmann
  (Hg.), Moderne amerikanische Soziologie, Stuttgart 1967, S. 153 ff.
Patzig, G., Der Unterschied zwischen subjektiven und objektiven Interessen und seine
  Bedeutung für die Ethik, in: Theologia cum Praxi. Akten des 3. inter- nationalen
  Leibnizkongresses 1, Wiesbaden 1980, S. 171 ff. Rendtorff, T., Ethik, Stuttgart u. a.,
  Bd. 1, 1980.
ders., Zum sozialethischen Problem der Institution; besonders im Verhältnis von Staat

und Gesellschaft, in: Glaube und Gesellschaft, 1966, S. 42-58.

Schelsky, H., (Hg.), Zur Theorie der Institution, Düsseldorf 21973 (Interdiszipli- näre Studien 1).

ders., Über die Stabilität von Institutionen besonders Verfassungen (1952), wiederabgedruckt in: R. Schnur (Hg.), Institution und Recht, Darmstadt 1968, S. 265-293.

ders., Ist die Dauerreflexion institutionalisierbar? in: ZEE 1, (1957), S. 153-174.

Scheuner, U., Der Staat und die intermediären Kräfte, ZEE 1, (1957), S. 30 ff.

Schmitt, C., Über die drei Arten des rechtswissenschaftlichen Denkens, Hamburg 1934.

Schnur, R., (Hg.), Institution und Recht, Darmstadt 1968.

Schulze, H., Theologische Sozialethik, Gütersloh 1979.

Schwarz, R., Luthers Lehre von den drei Ständen und die drei Dimensionen der Ethik, in: LuJ 45 (1978), S. 15-34.

Selznick, P., Institutionen und ihre Verwundbarkeit in der Massengesellschaft, in: W. Lipp (Hg.), Konformismus - Nonkonformismus, Darmstadt 1975, S. 320 ff.

Spencer, H., The Study of Sociology. Einf. v. T. Parsons, Ann Arbor/Mich., 1961.

Tödt, H. E., Die Bedeutung von Luthers Reiche- und Regimentenlehre für die heutige Theologie und Ethik, in: N. Hasselmann (Hg.), Gottes Wirken in seiner Welt. Zur Diskussion um die Zweireichelehre, Hamburg, Bd. 2, 1980, S. 52-126.

ders., Institution, in: TRE 16, 1987, S. 206-220.

Türk, K., Soziologie der Organisation, Stuttgart 1978.

Tyrell, H., Gewalt, Zwang und die Institutionalisierung von Herrschaft. Versuch einer Neuinterpretation von Max Webers Herrschaftsbegriff, in: R. Pohlmann (Hg.), Person und Institution. H. Schelsky gewidmet, Würzburg 1980, S. 59 ff. Weber, M., Wirtschaft und Gesellschaft, Tübingen (1921), 51972. Wiese, L. v., Ethik der sozialen Gebilde, Frankfurt/M. 1961.

Willms, B., Funktion Rolle - Institution. Zur polit-theoretischen Kritik soziologischer Kategorien, Düsseldorf 1971.

Wolf, E., Sozialethik. Theologische Grundfragen, hg. v. Th. Strohm, Göttingen 1975.

Zentgraf, M., Die theologische Wahrnehmung von Institutionen. Eine Untersu- chung zum Problem einer theologischen Theorie der Institutionen unter Be- rücksichtigung sozio-philosophischer und rechtswissenschaftlicher Institutio- nentheorie, ev, theol. Diss. Bonn 1983.

§ 3. Die sozialethische Grundfrage der Eigengesetzlichkeit

Barth, K., Christengemeinde und Bürgergemeinde, Zürich 1946. ders., Eine Schweizer Stimme, Zürich <1945, 21948.

Brunner, E., Das Gebot und die Ordnungen, Zürich <1978.

ders., Gerechtigkeit. Eine Lehre von den Grundgesetzen der Gesellschaftsord- nung, Zürich 1943.

Brunstäd, F., Eigengesetzlichkeit des Wirtschaftslebens, Leipzig 1925. Deutelmoser, A.,

Luther, Staat und Glaube, Jena 1937.

Hakamies, A., „Eigengesetzlichkeit≫ der natürlichen Ordnungen als Grundpro- blem der neueren Lutherdeutung, Witten 1971.

ders., Der Begriff „Eigengesetzlichkeit≫ in der heutigen Theologie und seine historischen Wurzeln, in: STL 24 (1970), S. 117-129.

Honecker, M., Das Problem der Eigengesetzlichkeit, in: ZThK 73 (1976), S. 92-130.

Huber, W.„„Eigengesetzlichkeit≫ und Lehre von den zwei Reichen≫, in: N. Hasselmann (Hg.), Gottes Wirken in seiner Welt 2, Hamburg 1980, S. 27-51. Kaiser, K., Zum Problem der Eigengesetzlichkeit der Wirtschaft, in: Die Mitarbeit 19 (1970), S. 227-237.

Karrenberg, F., Das Problem der „Eigengesetzlichkeit≫, in: Gestalt und Kritik des Westens, Stuttgart 1959, S. 103-133.

ders., Versuchung und Verantwortung in der Wirtschaft, Stuttgart 1954. Künneth, W., Politik zwischen Dämon und Gott, Berlin 1954.

Landmesser, F. X., Die Eigengesetzlichkeit der Kultursachgebiete, München 1926.

Naumann, F., Briefe über die Religion, Berlin 1903.

Ritter, G., Die Dämonie der Macht, München ≪1948.

Søe, N. H., Christliche Ethik, München 1949, S. 166 ff., S. 330 ff.

Thielicke, H., Theologische Ethik I, Nr. 10-35. 136-181. 1783-1851, II, 2,2, S. 88 ff., Nr. 423-866. Tübingen ²1966.

Tödt, H. E., Die Bedeutung von Luthers Reiche- und Regimentenlehre für heutige Theologie und Ethik, in: N. Hasselmann (Hg.), Gottes Wirken in seiner Welt, Hamburg, Bd. 2, 1980, S. 52-126.

Weber, H., Theologie, Gesellschaft, Wirtschaft, Göttingen 1970.

Wendt, S., Gibt es eine Eigengesetzlichkeit des Wirtschaftslebens? Wilhelmshaven 1954.

Wünsch, G., Die Bergpredigt bei Luther. Eine Studie zum Verhältnis von Chri- stentum und Welt, Tübingen 1920.

ders., Evangelische Ethik des Politischen, Tübingen 1936. ders., Evangelische Wirtschaftsethik, Tübingen 1927.

§ 4. Sozialethik als Verantwortungsethik

Bonhoeffer, D., Ethik, München 1975.

Claessens, D., Rolle und Verantwortung, in: Angst, Furcht und gesellschaftlicher Druck und andere Aufsätze, S. 102-115, Dortmund 1966.

Dirks, W., Gesinnung und Verantwortung, in: A. Battke (Hg.), Atomrüstung - christlich zu verantworten? S. 25-30, Düsseldorf 1982.

Duchrow, U., Christenheit und Weltverantwortung. Traditionsgeschichte und systematische Struktur der Zweireichelehre, Stuttgart 1970.

Ebeling, G., Theologie und Verkündigung. Ein Gespräch mit R. Bultmann, bes. S. 104 f., Tübingen 1962.

ders., Hauptprobleme der protestantischen Theologie der Gegenwart, in: ZThK 58 (1961), S. 123-136.

Fetscher, I., Individuelle Freiheit und soziale Verantwortung. Ihre Probleme in marxistischer und christlicher Sicht, in: E. Kellner (Hg.), Schöpfertum und Freiheit in einer humanen Gesellschaft, S. 205-220, Wien u. a. 1969. Gemper, B. B., (Hg.), Religion und Verantwortung als Elemente gesellschaftlicher Ordnung, Siegen 1983.

Hertz, A., W. Korff, T. Rendtorff und H. Ringeling, (Hg.), Handbuch der christlichen Ethik, Bd. 3, Wege ethischer Praxis, S. 177 ff., Freiburg 1982. Honecker, M., Perspektiven christlicher Gesellschaftsdeutung, Gütersloh 1981. ders., Weltliches Handeln unter der Herrschaft Christi. Zur Interpretation von Barmen 2, ZThK 69 (1972), S. 72-99.

ders., Die Weltverantwortung des Glaubens, in: K. Lehmann (Hg.), Luthers Sendung für Katholiken und Protestanten, S. 71-93, Zürich 1982.

Hospers, J., Verantwortlichkeit für Handlungen und Verantwortlichkeit für den eigenen Charakter als den Ursprung der Handlungen, in: R. Ginters (Hg.), Freiheit und Verantwortlichkeit, S. 64-82, Düsseldorf 1977.

Huber, W. und H. E. Tödt, Menschenrechte, Stuttgart 1977.

Huber, W., Sozialethik als Verantwortungsethik, in: Ethos des Alltags. FS S. Pfürtner, Hg. A. Bondolfi/W. Heierle u. a., S. 55-76, Zürich, Einsiedeln, Köln 1983.

Ingarden, R., Über die Verantwortung, Stuttgart 1970.

Jonas, H., Das Prinzip Verantwortung, Frankfurt/M. 1979.

Karrenberg, F., Verantwortung und Möglichkeiten des einzelnen in der modernen Gesellschaft, in: Sozialwissenschaft und Gesellschaftsgestaltung, Festschrift für G. Weisse, S. 228-248, Berlin 1963.

Löwith, K., Das Individuum in der Rolle des Mitmenschen, München 1928. Otto, R., Das Gefühl der Verantwortlichkeit, in: J. S. Boozer (Hg.), Rudolf Otto. Aufsätze zur Ethik, S. 143-174, München 1981.

Pannenberg, W., Die Bestimmung des Menschen, Göttingen 1978.

Picht, G., Verantwortung des Geistes, Stuttgart 1969.

ders., Wahrheit, Vernunft, Verantwortung, Stuttgart 1969.

Przybylski, H., Grundzüge und Perspektiven evangelischer Ethik bei H. E. Tödt, in: K. E. Wenke (Hg.), Probleme sittlichen Urteilens, S. 127-151, Bochum 1986.

Rehrl, S., (Hg.), Christliche Verantwortung in der Welt der Gegenwart, Salzburg/ München 1982.

Schmidt-Relenberg, N., Über Verantwortung. Ein Beitrag zur Soziologie des Alltags-Klischees, KfS 22 (1970), S. 251-264.

Schulz, W., Philosophie in der veränderten Welt, Pfullingen [4]1980.

Scott, M. B. und S. M. Lyman, Verantwortungen, in: H. Steinert (Hg.), Symbo- lische Interaktion, S. 294-314, Stuttgart 1973.

Ströker, E. u. a., (Hg.), Ethik der Wissenschaften? München 1984.

ders., Ich und die anderen. Zur Frage der Mitverantwortung, Frankfurt/M. 1984. Trillhaas, W., Ethik, S. 133-182, Berlin [3]1970.

Weber, M., Gesammelte Aufsätze zur Wissenschaftslehre, Tübingen [2]1951. Weischedel, W., Das Wesen der Verantwortung, Frankfurt/M. [3]1972. Würthwein, E. und O. Merk, Verantwortung, Stuttgart u. a. 1982.

Dreier, W., Sozialethik, Düsseldorf 1983.

Furger, F., Christ und Gesellschaft, Freiburg 1978.

Höffner, J., Christliche Gesellschaftslehre, Kevelaer [8]1983.

ders., Gesellschaftspolitik aus christlicher Weltverantwortung, Münster/Regens- burg 1966.

Jostock, P., Der deutsche Katholizismus und die Überwindung des Kapitalismus. Eine ideengeschichtliche Skizze, Regensburg 1932.

Klose, A., Die katholische Soziallehre. Ihr Anspruch, ihre Aktualität, Graz (usw.) 1979.

Klüber, F., Katholische Gesellschaftslehre. Bd. 1, Osnabrück 1968.

ders., Katholische Soziallehre und demokratischer Sozialismus, Bonn [2]1979. Langner, A., (Hg.), Theologie und Sozialethik im Spannungsfeld der Gesellschaft, München 1974.

Monzel, N., Die katholische Kirche in der Sozialgeschichte. Von den Anfängen bis zur Gegenwart. Hg. v. T. Herweg u. K. H. Grenner, München/Wien 1980. ders., Solidarität und Selbstverantwortung. Beiträge zur christlichen Soziallehre, München 1959.

ders., Katholische Soziallehre. Aus dem Nachlaß hg. v. T. Herweg unter Mitarbeit v. K. H. Grenner, Köln 1965-1967.

Nell-Breuning, O. von, Baugesetze der Gesellschaft. Gegenseitige Verantwortung - Hilfreicher Beistand, Freiburg (usw.) 1969.

ders., Aktuelle Fragen der Gesellschaftspolitik, Köln 1970.

ders., Gerechtigkeit und Freiheit. Grundzüge katholischer Soziallehre, München [2]1985.

ders., Wie sozial ist die Kirche? Leistung und Versagen der katholischen Sozial- lehre, Düsseldorf 1972.

ders., Soziallehre der Kirche. Erläuterungen der lehramtlichen Dokumente, Wien [3]1983.

ders., Texte zur katholischen Soziallehre. Die sozialen Rundschreiben der Päpste und andere kirchliche Dokumente. Mit einer Einführung v. O. von Nell- Breuning und J. Schasching. Hg. v. Bundesverband der Katholischen Arbeit- nehmerbewegung Deutschlands (KAB), Kevelaer [7]1989.

ders., Wirtschaft und Gesellschaft heute. Bd. 1-3, Freiburg 1956-1960.

Oelinger, J., Christliche Weltverantwortung, Köln 1968.

Pfürtner, S. H. und W. Heierle, Einführung in die katholische Soziallehre, Darm- stadt 1980.

Rauscher, A., Personalität, Solidarität, Subsidiarität, Köln 1975.

Roos, L., Befreiungstheologien und katholische Soziallehre. 1. und 2., Köln 1985.

Schasching, J., Die soziale Botschaft der Kirche von Leo XIII. bis Johannes XXIII. Im Auftrag hg., Innsbruck (usw.) 1962.

Schneider, L., Subsidiäre Gesellschaft. Implikative und analoge Aspekte eines Sozialprinzips, Paderborn 1983.

Utz, A. F., Ethische und soziale Existenz. Ges. Aufsätze aus Ethik und Sozial- philosophie 1970-1983. Hg. v. H. B. Streithofen, Walberberg 1983.

ders., Sozialethik. Mit internationaler Bibliographie. T. 1-T. 2, Heidelberg (usw.) 1958-1963.

Vorgrimmler, H., Katholische Soziallehre, in: Katholisches Soziallexikon. Hg. v. A. Klose (u. a.), Innsbruck (usw.) [2]1980, Sp. 1306-1317.

Wallraff, H. J., Katholische Soziallehre Leitideen der Entwicklung? Eigenart, Wege, Grenzen, Köln 1975.

Weber, W., Der soziale Lehrauftrag der Kirche, Köln 1975.

ders., Person in Gesellschaft. Aufsätze und Vorträge vor dem Hintergrund der christlichen Soziallehre 1967-1976, München (usw.) 1978.

7. Kapitel: Grenzen der Ethik

§ 1. Handeln und Erleiden

Engelhardt, P., (Hg.), Zur Theorie der Praxis, Mainz 1970. Habermas, J., Theorie und Praxis, Neuwied-Berlin 1963. Strecker, G., Handlungsorientierter Glaube, Stuttgart 1972.

§ 2. Lebensende

Aries, P., Geschichte des Todes, München, Wien 1980. Barth, K., KD, Bd. III/4, S. 366-683, Zollikon/Zürich 1951. Eibach, U., Recht auf Leben Recht auf Sterben, Wuppertal 21977.

Fuchs, W., Todesbilder in der modernen Gesellschaft, Frankfurt 1969.

Jüngel, E., Tod, Stuttgart/Berlin 1972, 1985.

Kaiser, O. und E. Lohse, Tod und Leben, Stuttgart, Berlin, Köln, Mainz 1977. Rahner, K., Zur Theologie des Todes, Freiburg 1958.

Thielicke, H., Leben mit dem Tod: Der Sinn der Sterbens und seine Bewältigung, Tübingen 1980.

Wolff, H. W., Die Anthropologie des AT, München 1973, [4]1984.

$3. Der Sinn des Lebens

Barth, K., KD, III/3, S. 139 ff., 183 ff., Zollikon/Zürich 1950. Reiner, H., Der Sinn unseres Daseins, Tübingen 21964.

Sauter, G., Was heißt nach Sinn fragen? Eine theologisch-philosophische Orientierung, Göttingen 1982.

Simmel, G., Das Problem des Schicksals, Brücke und Tür. Essays, 1957, S. 8-16. Thielicke, H., Schuld und Schicksal, Gedanken eines Christen über das Tragische, Berlin 1936, 21953.

Tillich, P., Philosophie und Schicksal: KantSt 34 (1929), S. 300-311.

§ 4. Das Leiden und die Theodizeefrage

Gerstenberger, E. und W. Schrage, Leiden, in: Biblische Konfrontationen, Bd. 4, Stuttgart/Berlin/Köln/Mainz 1977.

Hedinger, U., Wider die Versöhnung Gottes mit dem Elend, Zürich 1972. Kitamori, K., Theologie des Schmerzes Gottes, Göttingen 1972.

Krause, B., Leiden Gottes Leiden der Menschen, Eine Untersuchung zur KD Karl Barths, Stuttgart 1980.

Moltmann, J., Der gekreuzigte Gott, München 1972.

Schottroff, L. und D. Sölle, Das Kreuz - Baum des Lebens, Stuttgart 1987.

Sölle, D., Leiden, Stuttgart/Berlin 1973, 1984.

Sparn, W., Leiden, Erfahrung und Denken. Materialien zum Theodizeeproblem, München 1980.

Thaidigsmann, E., Identitätsverlangen und Widerspruch, Kreuzestheologie bei Luther, Hegel und Barth, München 1983.

§ 5. Schuld und Vergebung

Besier, G. und G. Sauter, Wie Christen ihre Schuld bekennen Die Stuttgarter Erklärung 1945, Göttingen 1985.

Drewermann, E., Strukturen des Bösen, Die Urgeschichte in exegetischer psychoanalytischer und philosophischer Sicht, 3 Bde., Paderborn 1981 f.

Hertz, A. u. a., (Hg.), Handbuch der christlichen Ethik, Bd. 3, S. 130 ff., Freiburg/Gütersloh 1982.

Heidegger, M., Sein und Zeit, Tübingen 1927, §§ 58-62.

Honecker, M., Geschichtliche Schuld und kirchliches Bekenntnis, ThZ 42, 1986, S. 132-158.

Kierkegaard, S., Abschließende unwissenschaftliche Nachschrift zu den philosophischen Brocken, bes. § 3 im Abschnitt: Das Pathetische, Gütersloh 1982.

Rahner, K., Schuld und Schuldvergebung als Grenzgebiet zwischen Theologie und Psychotherapie, in: ders., Schriften zur Theologie II. S. 279-297, Einsic- deln 1955.

Ricoeur, P., Symbolik des Bösen, Phänomenologie der Schuld, Freiburg/München 1971.

Stein, E., Schuld im Verständnis von Tiefenpsychologie und Religion, Olten u. Freiburg i. Br. 1978.

색인

신학윤리학

ㅊ

ㅋ

Martin Honecker

신학윤리학

Einführung in die Theologische Ethik

지은이 마르틴 호네크
감수자 유석성

옮긴이 오희천

초판 1쇄 인쇄   2024년 1월 25일
초판 1쇄 발행   2024년 1월 30일

발행인   임용호
교정·교열   김대식·박현숙
영업   이동호 이사
편집디자인   디자인박스
인쇄   천일문화사
제본   영글문화사
발행처   도서출판 종문화사
주소   서울시 은평구 연서로 34길 2 3층
대표전화   02-735-6891
팩스   02-735-6892
출판등록   1997년 4월 1일 제22-392
이메일   jongmhs@naver.com
가격   38,000원
ISBN   979-11-87141-82-2-93190
2024, Jong Munhwasa printed in Korea
잘못된 책은 바꾸어 드립니다.